社会心理学

基础与进展

王彦 著

华东师范大学出版社

图书在版编目(CIP)数据

社会心理学：基础与进展/王彦著.—上海：华东师范大学出版社,2017
ISBN 978-7-5675-7137-2

Ⅰ.①社⋯　Ⅱ.①王⋯　Ⅲ.①社会心理学－教材　Ⅳ.①C912.6-0

中国版本图书馆 CIP 数据核字(2017)第 265220 号

社会心理学：基础与进展

著　　者	王　彦
策划编辑	彭呈军
审读编辑	孙　娟
责任校对	张　雪
装帧设计	刘怡霖

出版发行	华东师范大学出版社
社　　址	上海市中山北路3663号　邮编 200062
网　　址	www.ecnupress.com.cn
电　　话	021-60821666　行政传真 021-62572105
客服电话	021-62865537　门市(邮购)电话 021-62869887
地　　址	上海市中山北路3663号华东师范大学校内先锋路口
网　　店	http://hdsdcbs.tmall.com
印 刷 者	浙江省临安市曙光印务有限公司
开　　本	787×1092　16开
印　　张	28.25
字　　数	559千字
版　　次	2017年11月第1版
印　　次	2017年11月第1次
书　　号	ISBN 978-7-5675-7137-2/B·1099
定　　价	68.00元

出版人　王　焰

(如发现本版图书有印订质量问题，请寄回本社客服中心调换或电话 021-62865537 联系)

目录

第1章 社会心理学概述 / 001

第1节 什么是社会心理学 / 002
  社会心理学的定义 / 002
  社会心理学是一门科学 / 002
  社会心理学与常识 / 003
  社会心理学与社会学 / 005
  社会心理学与人格心理学 / 005

第2节 社会心理学的历史和现状 / 006

第3节 社会心理学主要研究的问题 / 009

第4节 社会心理学的研究方法 / 012
  理论和假设 / 012
  实验室研究与现场研究 / 012
  观察 / 013
  调查 / 014
  相关研究 / 015
  实验研究 / 017
  跨文化研究 / 021

第5节 社会心理学研究中的伦理道德问题 / 024
  欺骗 / 024
  知情同意 / 025
  事后说明 / 025
  最小风险 / 025

小结 / 026

参考文献 / 028

第2章 社会知觉 / 033

第1节 非言语沟通 / 034
  非言语沟通的基本渠道 / 034
  识别谎言 / 038

第2节 归因 / 039
  内部归因与外部归因 / 039
  对应推论 / 040

　　　　共变模型 / 041

　　　　因果归因的其他维度 / 043

　　　　基本归因错误 / 043

　　　　行动者-观察者差异 / 048

　　　　自利性归因 / 049

　　　　防御性归因 / 050

　　　　文化与归因 / 052

　　　　归因与抑郁 / 057

　　第 3 节　印象形成 / 059

　　　　阿希的核心特质和边缘特质研究 / 059

　　　　内隐人格理论 / 061

　　　　认知代数 / 062

　　　　印象形成的认知观点 / 063

　　　　捷径与偏差 / 064

小结 / 067

参考文献 / 068

第 3 章　社会认知 / 084

　　第 1 节　图式 / 085

　　　　图式的作用 / 086

　　　　图式的缺点 / 089

　　　　图式的可提取性和启动 / 090

　　　　图式的持久性 / 093

　　　　自我实现的预言 / 095

　　第 2 节　启发式和自动加工 / 099

　　　　代表性启发式 / 099

　　　　可用性启发式 / 101

　　　　锚定和调整启发式 / 103

　　第 3 节　社会认知的偏差和错误 / 106

　　　　框架效应 / 106

　　　　过度自信 / 108

　　　　错觉思维 / 112

　　　　文化、性别与控制错觉 / 114

第 4 节　情绪与社会认知 / 116

　　情绪影响认知 / 116

　　认知影响情绪 / 117

第 5 节　控制性思维 / 119

　　反事实思考 / 121

　　思维抑制 / 122

　　改善社会认知 / 123

小结 / 124

参考文献 / 126

第 4 章　自我 / 141

第 1 节　自我概念 / 142

　　自我差距理论 / 143

　　自我与文化 / 143

　　自我与性别 / 145

第 2 节　自我认识的来源 / 146

　　社会比较 / 146

　　反射性评价 / 147

　　内省 / 148

　　自我知觉 / 152

　　寻求自我认识的动机：准确性、一致性和自我增强 / 153

　　自我增强与文化 / 154

第 3 节　自尊 / 154

　　自尊的测量 / 155

　　文化与自尊 / 157

　　自我服务偏差 / 157

　　自我认识与心理健康 / 159

第 4 节　自我的调节作用 / 160

　　自我复杂性 / 160

　　工作自我概念 / 161

　　自我觉知 / 162

　　自我效能 / 164

　　选择、控制感与文化 / 166

自我控制 / 167
　第 5 节　自我展示 / 167
　　　逢迎 / 168
　　　谦虚 / 168
　　　自我提升 / 168
　　　自我妨碍 / 169
　　　自我展示的个体差异 / 170
小结 / 172
参考文献 / 174

第 5 章　态度 / 193

第 1 节　态度和态度的来源 / 194
第 2 节　态度与行为的一致性 / 195
　　　态度与行为的不一致 / 195
　　　情境因素 / 196
　　　态度的特异性 / 198
　　　态度的强度 / 198
　　　计划行为理论 / 200
第 3 节　行为影响态度 / 202
　　　角色扮演 / 202
　　　登门槛现象 / 202
　　　认知失调理论 / 203
　　　认知失调与文化 / 210
　　　自我知觉理论 / 211
第 4 节　说服 / 213
　　　沟通者 / 214
　　　信息 / 216
　　　沟通渠道 / 219
　　　受众 / 220
　　　认知反应理论 / 222
第 5 节　抗拒说服 / 224
　　　预先警告 / 225
　　　态度免疫 / 225

阻抗理论 / 227
第 6 节　偏见：种族、性别和其他 / 228
　　偏见的成分 / 228
　　偏见的来源 / 231
　　减少偏见 / 238
小结 / 240
参考文献 / 244

第 6 章　从众 / 262

第 1 节　从众的经典实验 / 263
　　谢里夫的规范形成实验 / 263
　　阿希的群体压力实验 / 264
　　米尔格拉姆的服从权威实验 / 266
第 2 节　从众的原因 / 269
　　信息性社会影响 / 269
　　规范性社会影响 / 272
　　自我合理化 / 276
　　应用从众促进有益行为 / 277
第 3 节　从众的影响因素 / 279
　　群体大小 / 279
　　群体的一致性 / 279
　　群体的凝聚力 / 280
　　群体成员的地位 / 280
　　事先承诺 / 281
　　服从的影响因素 / 281
第 4 节　从众的个体差异和文化差异 / 282
　　个体差异 / 283
　　文化差异 / 284
第 5 节　如何抵制从众 / 285
　　阻抗 / 285
　　保持独特性 / 285
　　少数人影响 / 286
小结 / 286

参考文献 / 288

第 7 章　群体行为 / 295

第 1 节　群体 / 296

　　社会规范 / 296

　　社会角色 / 297

　　地位 / 298

　　凝聚力 / 298

第 2 节　他人在场 / 299

　　社会助长 / 299

　　为什么他人在场会造成唤醒 / 301

　　社会懈怠 / 302

　　社会懈怠的文化差异和性别差异 / 304

　　去个性化 / 304

第 3 节　群体决策和问题解决 / 306

　　群体的决策规则 / 306

　　群体内的信息交流 / 307

　　群体极化 / 308

　　群体盲思 / 310

　　群体问题解决 / 313

　　领导 / 316

　　性别与领导 / 317

　　文化与领导 / 318

第 4 节　竞争、冲突与合作 / 319

　　社会困境 / 319

　　卡车游戏 / 321

　　如何促成合作 / 322

小结 / 326

参考文献 / 328

第 8 章　人际吸引和亲密关系 / 339

第 1 节　人际吸引的要素 / 340

　　　　接近性 / 341

　　　　相似性 / 342

　　　　外表吸引力 / 344

　　　　其他个人特点 / 348

　　　　互惠式喜欢 / 348

　　第2节　人际关系理论 / 349

　　　　社会交换理论 / 349

　　　　公平理论 / 351

　　　　交换关系与共有关系 / 351

　　第3节　亲密关系 / 352

　　　　友谊 / 352

　　　　友谊与性别 / 353

　　　　爱情 / 353

　　　　文化与爱情 / 358

　　　　长期关系中的交换和公平 / 359

　　　　自我表露 / 360

　　　　自我表露与文化和性别 / 361

　　　　亲密关系的结束 / 362

　小结 / 364

　参考文献 / 367

第9章　助人行为 / 377

　　第1节　人们为什么会帮助他人 / 378

　　　　进化心理学 / 378

　　　　社会规范 / 379

　　　　社会交换理论 / 381

　　　　移情与利他 / 382

　　第2节　影响助人的情境因素 / 384

　　　　旁观者数量 / 384

　　　　助人行为的五个步骤 / 385

　　　　环境条件 / 387

　　　　时间压力 / 388

　　　　亲社会榜样 / 389

　　　　文化 / 389

第 3 节　影响助人的个人因素 / 390

　　什么人会提供帮助 / 390

　　什么人容易得到帮助 / 394

第 4 节　增加帮助行为 / 396

　　增加旁观者干预的可能性 / 397

　　亲社会榜样 / 398

　　提高长期帮助的动机 / 398

小结 / 399

参考文献 / 401

第 10 章　攻击 / 408

第 1 节　关于攻击的理论 / 409

　　本能理论 / 410

　　挫折-攻击假说 / 411

　　社会学习理论 / 413

第 2 节　与攻击有关的个人因素和情境因素 / 414

　　神经化学和遗传因素 / 414

　　性别与攻击 / 416

　　人格和归因 / 417

　　令人厌恶的事件：疼痛、不适、挫折等 / 418

　　唤醒 / 419

　　群体和匿名性 / 420

　　攻击线索 / 421

　　文化与攻击 / 421

第 3 节　媒体与攻击行为 / 422

　　媒体暴力与攻击行为 / 422

　　色情内容与攻击行为 / 424

　　媒体内容影响攻击行为的原因 / 425

第 4 节　减少攻击 / 426

　　宣泄？ / 427

　　惩罚？ / 428

　　控制愤怒和减少攻击 / 429

小结 / 431

参考文献 / 433

第1章　社会心理学概述

1951年11月23日,在"常青藤联盟杯"的一场橄榄球比赛中,普林斯顿大学对阵达特茅斯学院。最终普林斯顿大学赢得了比赛,但比赛过程非常粗野,双方都得到了许多黄牌和红牌,而且都有球员受伤。比赛结束后,两所学校互相指责,并对所发生的事情提供了截然不同的说法。接下来,这场关于发生了什么和谁该负责的争论,在两所学校的学生之间愈发激烈。两位社会心理学家对这一事件非常感兴趣,于1954年进行了一项经典实验。他们给两所大学的学生观看比赛录像带,并记录他们就各队犯规次数的判断。结果发现,两所大学的学生对这场比赛的看法差异非常大。普林斯顿大学的学生认为,达特茅斯队球员的犯规行为是普林斯顿队球员的两倍,是对方使得比赛变得野蛮;达特茅斯学院的学生则认为,两个队的犯规行为几乎一样多,双方都有责任。可见,尽管实际上观看的是同一场比赛录像,但两所学校的学生"看见"的是"不同的比赛"。两位学者做出这样的结论:"简而言之,数据表明,并不存在一场'就在那儿'的比赛供人们进行纯粹的'观察'。比赛'存在'于一个人的头脑中,这个人出于自身的目的对事件产生个人化的体验。"(Hastorf & Cantril, 1954)

第1节 什么是社会心理学

如开篇案例所示,社会心理学家研究的问题之一是人们如何感知人和社会事件。社会心理学家关注的其他问题包括态度、人际间的相互作用、人们在群体中的行为,等等。社会心理学并无整齐划一的定义,下面介绍几种较有影响的界定。

·社会心理学的定义

奥尔波特认为,"社会心理学是指使用科学方法,探索个体的思想、情感和行为如何受到实际的、想象的或隐含的他人在场的影响"(Allport, 1954)。

巴伦和伯恩将社会心理学定义为,"探讨个体在社会情境中行为和思维的本质及原因的科学领域"(Baron & Byrne, 2002)。

泰勒等人的定义是,"社会心理学是研究人们如何认识他人、影响他人,以及与他人关系的一门科学"(Taylor, Peplau, & Sears, 2006)。

迈尔斯认为,社会心理学是一门"就人们如何看待他人,如何影响他人,又如何互相关联的种种问题进行科学研究的学科"(Myers, 2012)。

上述定义尽管不尽相同,但都蕴含两个基本要点:一是社会心理学是一门科学;二是社会心理学的研究内容是人与人之间相互作用下的思想和行为。

·社会心理学是一门科学

许多人认为使用各种精密仪器的研究领域才是科学,例如物理、化学、生物学,等等。当人们阅读某些学科的书籍和文献时,往往会遇到不熟悉、日常生活中也不会接触到的概念,例如夸克、反物质、宇宙射线等。而当阅读社会心理学研究时,人们常会感觉很多概念非常熟悉,很多知识自己已经知道。从这一角度来看,社会心理学很难算是一门科学。但实际上这是一种误解,真正的科学只需要满足两个条件,其一是持一套核心的价值观念,其二是拥有一套系统收集数据并检验假设的方法。一些学者认为,以下四种价值观对科学非常重要(Baron & Byrne, 2002):

1. 准确性:以谨慎和准确无误的方式来收集和评价关于世界的信息。
2. 客观性:以没有人为偏差的方式收集和评价这些信息。
3. 怀疑性:在已经被反复验证的准确范围内接受研究发现。
4. 开放性:尽管是非常肯定的观点,但只要存在证据表明这个观点不准确时,改变自己的观点。

社会心理学这门学科遵守上述价值观，并且拥有一套研究社会思想和行为的方法，这些方法将在第4节中阐述，因此它属于科学的范畴。

· 社会心理学与常识

需要注意，社会心理学所研究的问题跟日常生活关系非常密切，例如爱、助人、偏见、从众等。我们都处于社会情境中，与他人存在持续的相互作用，每个人都根据生活经验、传统智慧、文学作品等，形成了自己对社会行为的看法，也就是所谓的常识。因而，很多社会心理学结论看起来就是常识，那么为什么还要进行社会心理学研究来验证这些所谓的"常识"？在某些重大事件发生之后，记者、评论员、批评家和普通大众都会进行思考，并就其原因形成自己的看法。1964年，一名美国女子在家门口被一名歹徒杀死，在持续半个小时的时间里，她不断呼救，并且有几十名居民听到了她的声音，但是没有人帮助她。这一事件发生之后，很多评论家指责人们的冷漠和麻木不仁，认为美国已经变成了一个冷酷的社会。2010年，一名见义勇为者被刺伤之后，躺在纽约皇后区的街道上流血至死，两个小时期间有25人从他身边经过，却没有一个人伸出援手。这类事件发生之后，媒体用"冷漠"来描述见死不救的人们。我们在后面的章节将会看到，这种说法并未抓住事情的本质，依赖于这类看法不能得出准确的结论。下面我们看一下常识与社会心理学的不同。

首先，常识的来源既不可靠也不一致，不足以引导我们形成对社会行为的清楚认识。人们自己的体验并不能代表大部分人或大部分情境下的体验。第2章"社会知觉"和第3章"社会认知"两章中将会阐述，人们的预期影响对事件的理解和解释，导致人们的体验带有很大的主观性，对事件的记忆和思考也常会发生错误。例如，多数人都相信自己比别人更有可能从事无私和慷慨的行为，而这在统计上是不可能成立的（Epley & Dunning, 2000）。并且，很多常识往往是刚好相反的，例如"瘦死的骆驼比马大"和"拔了毛的凤凰不如鸡"，"人无远虑，必有近忧"和"今朝有酒今朝醉"，"宰相肚里能撑船"和"有仇不报非君子"，等等。这些俗话或谚语属于很多人都赞同的常识，然而所持观点完全相反。因而，根据个人的观察和体验以及某些谚语和格言所得的常识，往往不准确和容易出错，或者是不一致和不清晰的。这就需要应用科学的价值观和方法来获得一致和可靠的证据。社会心理学家应用实证的方法，系统地检验有关社会行为的观点，而不是依赖谚语或哲学家、记者、小说家、政治家或某些长辈和智者的观点。对于互相矛盾但都有合理之处的陈述，社会心理学研究也可以确定它们各自成立的条件。

其次，常识存在的另一个问题是，我们在知道事实之后才想到它的存在。研究表明，当我们得知一个结果之后，往往会觉得结果不那么令人惊讶，而是自己预料之中的(Fischhoff, 1975)，这被称为后见之明偏差(hindsight bias)，即在得知某一结果之后，夸大自己预知这个结果将会发生的能力的倾向，也叫做"我早就知道了"(I-knew-it-all-along)现象。在日常生活中，人们常常表现出后见之明偏差。例如，在选举或股市波动之后，多数评论员声称这在他们的意料之中；在9·11恐怖袭击事件发生之后，人们在回溯过去被忽视的线索时，认为袭击即将发生是显而易见的；我们在回头看时，往往责怪自己当初的愚蠢。但实际上，事后看来显而易见的事情在当时并非那么明显，而是在人们得知结果之后才变得"明显"起来。也是由于后见之明偏差，大多数心理学结论看起来都很像常识，人们认为自己早就知道这些结论。

例如，考虑如下陈述："社会心理学家发现，无论是择友还是坠入爱河，那些性格与我们不同的人对我们最有吸引力。"当告诉你这一结论时，你肯定不会感到惊奇，因为有一句俗语叫做"相反相吸"，人们通常认为性格互补的人更匹配。但如果告诉你的是另外一种结论："社会心理学家发现，无论是择友还是坠入爱河，那些性格与我们相似的人对我们最有吸引力。"你同样不会感到惊奇，因为还有一句俗语叫做"物以类聚，人以群分"。问题在于，几乎任何结论都可能经过谚语或俗语的解释而变成常识，当我们知道某一结论时，后见之明偏差使得我们认为它是理所当然、不需证明的。因而，常识总在事后才被证明是正确的，造成人们认为自己现在和过去所知道的比实际情况要多，而将社会科学的发现看成自己已经知道的常识。这正是需要社会心理学这样的科学的原因，它可以帮助人们区分真正的预测和简单的事后聪明。

最后，社会心理学定义的一个关键内涵是，它试图理解社会行为和思想的原因。也就是说，社会心理学家努力去解释行为，而不仅仅是简单的描述，这也与常识存在差别。科学需要发展理论去解释现象，但常识只是描述行为，而不是去理解为什么这些行为会发生。理论的发展和经验检验也使社会心理学区别于常识。社会心理学研究的影响个体行为和思想的可能原因包括：他人的行为和特征、认知过程、环境变量、文化背景、生物因素等。例如，就环境变量而言，温度与攻击之间是倒U形关系：当物理环境达到不舒服的高温时，会增加攻击动机和攻击行为(Anderson, 1989; Rotton & Cohn, 2000)；但是，当温度到达某个点时，即使超过这个温度，攻击行为也不会再随温度的升高而增加(王蕾，黄希庭，2005)。

·社会心理学与社会学

社会心理学家关注人与人之间如何彼此看待、如何互相影响,以及关系如何,而社会学家也对这些问题感兴趣。但是,社会心理学研究的是个体——个体对他人的看法、个体间的相互影响及其关系;而社会学研究的是群体——从小的群体到大的群体,他们并不关心个体的思想、情感和行为。例如,社会学和社会心理学都研究犯罪,社会学家感兴趣的是比较不同人群的犯罪率,例如高收入和低收入群体,为什么美国的犯罪率高于加拿大,等等;社会心理学家则重点研究促使某类个体从事犯罪行为的原因。再以亲密关系研究为例,社会学家更关心婚姻关系、离婚率以及同居比例;而社会心理学家关注的是一名个体如何被另一个体所吸引。另外,尽管社会学家和社会心理学家有时会采用一些共同的研究方法,但社会心理学家更依赖于对某些因素进行操纵的实验方法,从而检验某个或某些因素所起的作用;而社会学家所研究的因素,往往难以操纵或者操纵可能会引发道德问题,因而实验研究较少。

·社会心理学与人格心理学

心理学分支当中的人格心理学也研究个体及其行为原因,与社会心理学关注的研究问题有很多重叠。因此,美国心理学会(American Psychological Association, APA)的第八分会把两个领域放在一个分支中,称作"人格与社会心理学分会"(Society for Personality and Social Psychology),并且把它的期刊叫做《人格与社会心理学期刊》(*Journal of Personality and Social Psychology*)和《人格与社会心理学简报》(*Personality and Social Psychology Bulletin*)。例如,社会心理学与人格心理学都关心人们的从众行为,但前者考察的是,为什么大多数人在某些情况下会选择与他人保持一致;而后者关注,为什么有些人更容易从众,而有些人很少从众,即便是在自己绝对是少数派时也不从众?再以助人行为为例,前者考察的是为什么人多的时候很少有人为需要帮助者提供援手;后者则关注,为什么有些人不顾自身安危,在别人都袖手旁观时提供帮助?可见,社会心理学研究使得人们易受社会情境和他人影响的共同的心理过程;而人格心理学研究使个体与众不同、区别于他人的各项人格特征。简单来说,前者关注个体间的共性,后者关注个体间的区别或者说个性。另外,社会心理学的历史也比人格心理学要短。本书将要提到的很多著名的社会心理学家依然在世,而著名的人格心理学大师,例如弗洛伊德、荣格、马斯洛等,在80年代之前已经辞世。社会心理学与人格心理学在很多主题上可以互为补充,提供对人类行为的整合解释。

常识还是科学结论？

作为本节的结束，请你思考以下陈述是否合理，后文中将逐步呈现社会心理学研究有关这些问题的发现。

1. 如果人们对自己的未来有实际的看法，对自己的能力与特性有精确的评估，对自己对人生的控制度有精确的认识，这对心理健康最有好处。（第4章）
2. 我们参与某一活动获得的报酬越高，我们就会越重视和享受这一活动。（第5章）
3. 惊吓到人们的电视广告通常会产生反效果，不如那些不引起恐惧的广告有效。（第5章）
4. 如果你反复接触某种刺激，例如某个人、某首歌或某幅画，你将变得更加喜欢这些刺激。（第5章）
5. 在选择朋友和爱人时，一个基本原则是相反相吸。（第8章）
6. 处于愉快和糟糕的心情中都会增加人们帮助别人的倾向。（第9章）
7. 当发生紧急事件时，与有很多人在旁相比，当只有一个人在周围时，我们获得帮助的可能性更大。（第9章）
8. 一个人的攻击水平在一生中是相对稳定的。（第10章）

第2节 社会心理学的历史和现状

社会心理学是一门新兴学科，本书将会提到的很多著名的社会心理学家依然在世。一些学者将1908年看作社会心理学的起点，因为这一年有两本以"社会心理学"命名的著作出版，一本是社会学家罗斯（Ross）的《社会心理学》，另一本是心理学家麦独孤（McDougall）的《社会心理学引论》。然而，前者从社会学的角度进行阐述，后者则通篇以本能概念为核心，认为人的社会行为由一连串的本能所构成。这两本著作所阐述的思想，与现代的社会心理学相距甚远。

19世纪末20世纪初，心理学家开始用实验的方法研究群体对个体行为的影响，1898年，特里普利特研究人们骑自行车的速度，发现个体单独骑自行车的速度比一群人一起骑要慢；他还考察卷线速度，发现群体工作比个体工作的效率高（Triplett, 1898）。著名社会心理学家弗劳德·亨利·奥尔波特（Floyd Henry Allport）强调实验方法在社会心理学中的应用，提出社会促进（social facilitation）的概念，即群体中的社会刺激因素可使机械操作的速度和数量有所增加。奥尔波特于1924年出版了《社会心理学》一书，社会心理学对实验方法的重视自此一直持续至今。

社会心理学属于心理学的一个分支，因而心理学发展史上的每种理论流派都对社会心理学产生过一定的影响。弗洛伊德的精神分析理论是动机取向的，强调强大的、天生的冲动或本能。行为主义研究可观察和测量的行为，并且认为现在的行为是过去学习的结果，行为主义心理学家提出的学习机制包括经典条件作用、操作条件作用和观察学习等。格式塔学派关注个体感知和理解人、事、物的方式，认为人们对环境和事件的认识是一个动态的整体，而不是局部的总和。格式塔学派心理学家认为，我们应该研究客观世界出现在人们心中的主观方式，也就是所谓的完形或整体。格式塔学派的代表人之一勒温（Lewin）被公认为现代实验社会心理学之父，他将完形原则扩展到社会知觉上，重视人们对社会情境的主观构建过程。

上述这些传统理论的目的是解释和预测人类所有行为，包括社会行为。但社会心理学家研究的问题多种多样，难以用单一的一般性理论来解释。尽管如此，社会心理学的很多研究领域仍然在很大程度上受到这些理论观点的影响。例如，对社会生活中的动机和情绪的讨论受到精神分析理论的影响；在助人、服从权威、态度形成和改变等研究中，行为主义的学习原理必不可少；而从社会知觉和社会认知，也就是人们如何感知和理解自己、他人以及社会世界的研究中，可以看到格式塔心理学的影响。

近几十年来，随着认知心理学的发展，社会心理学在认知方面的研究大幅增加。社会心理学家相信，人们对社会情境的认知而非客观事实，在很大程度上决定着人们在这些情境中的行为。认知研究的影响体现在多个方面，其中的两个方面非常重要（Baron & Byrne, 2002）。第一，社会心理学试图将有关记忆、推理和决策的基础知识应用于社会思维和行为的研究中。例如，在开篇案例中，两所大学的学生是否因为选择性知觉或记忆导致判断的差异？第二，关于人们如何加工社会信息的兴趣也在不断增加，其加工是以尽量节省加工资源的自动化方式例如启发式（heuristics）为主，还是以更审慎和系统的方式为主？信息加工的差异会大大影响我们对他人的推理、判断和决策。在后面的第2章"社会知觉"、第3章"社会认知"、第5章"态度"、第7章"群体行为"等章节中，我们将会看到认知的关键作用。

社会心理学研究过去主要集中于北美地区，并且大多数研究都使用美国被试。研究者曾经认为，社会心理学的原理和法则适用于所有人，不管其居住地、背景和文化如何。为此，以往研究很少考虑到由于文化、种族和性别差异所造成的个体社会思维和行为的差异。然而近年来，社会心理学家逐渐认识到这些差异的重要性，以及它们对社会行为的影响。例如，强调个人主义（individualism）的文化和强调集体主义（collectivism）的文化存在较大差异。北美和欧洲文化强调独立和个人主义的重要性，而许多非洲、亚洲和拉丁美洲的文化则强调互相依赖和集体主义的重要性。已有很多研究证实，这种差异对自我的许多方面存在重要影响，这在第4章将会详细阐述。而男性和女性之间既有共同点，又在某些社会行为上确实存在差异。由于研究者已经认识到文化、种族和性别差异的重要性，社会心理学形成了逐渐增强的多元文化观，对影响社会思想和行为的这些差异的作用给予更多关注。因此，本书在阐述普遍的行为和心理规律的同时，还格外重视对文化和性别差异的讨论。

尽管社会心理学家强调情境对人类行为的影响，他们也并不否认个体差异的作用。在多数情况下，行为是由个体自身的特点及其所处情境共同决定的。个体的人格特质、信念和预期、动机等可能在情境与行为的关系中起调节变量的作用，亦即加强或削弱情境与行为的关系。例如，相信意志力（willpower）无限的人们，可以进行更长时间的自我控制，而后才想要休息；而相信意志力有限的人们，在短时的自我控制之后就希望休息（Job et al.，2015）。

现代社会心理学的另一个重要趋势是，生物和进化方面的研究不断增加（Buss，1995）。研究证据表明，社会行为的很多方面，例如外表吸引、配偶选择、合作、利他、攻击等，都受到生物和遗传因素的影响。生物因素在社会行为中起作用的观点来自进化心理学，这一领域认为，人类拥有进化出的心理机制，帮助他们解决与生存有关的问题。吸取进化观点的社会心理学家认为，进化规律至少可以应用于社会行为的某些方面。例如，我们对配偶的偏好可能受到进化因素的影响。例如，人们更愿意选择合作、可靠、拥有资源和有繁殖能力的配偶（Buss，1995）。我们的祖先在求偶中对这些特征的追求增加了他们成功繁殖的机会，这又促成了我们对这些特点的偏好。在进化历史上，如果男性选择繁殖能力差的配偶，其繁殖成功的可能性较低；如果女性选择缺乏资源或不愿意在她们和孩子身上投入资源的配偶，其繁殖成功率也较低。进化心理学还认为，我们祖先面临的一些最重要问题是社会性的。人类在社会群体中出生和生活，因此许多进化而来的心理机制都涉及与他人的关系。例如，一些研究者认为，与陌生人在单次博弈游戏中的合作，是一种进化而来的直觉行为模式（Bear & Rand，2016）。需要注意，吸收进化观点的社会心理学家并不认为我们遗传的是具体的社会行为模式，而是认为我们遗传了一些倾向，它们是否会转变为具体的行为还取决于环境。

社会心理学还越来越关注应用，因为它涉及生活的很多方面，包括人们的信念、态度、人际关系等。社会心理学可以帮助人们更好地了解自己、赢得朋友、影响他人和化解纷争。社会心理学家还可将研究中得到的结论应用于其他学科领域。社会思维、社会影响和社会关系的原理对人们的健康福利，对司法程序和法庭上的司法决策，对工作情境中的社会行为，对企业家的成功，对鼓励那些引发人类适应未来社会环境的行为，也有很大的启示作用。因此，应用系统研究发展而来的原理和理论，从而发现和解决实践问题的兴趣，近年来不断增加，本书在理论概念的阐述中，穿插讨论社会心理学的应用。

最后，现代的社会心理学家认为，任何单一的一般理论，例如精神分析或学习理论,都不能充分解释所有研究问题。因而,当前的社会心理学趋向于从不同的理论传统中整合各种观点,例如动机的、进化的、学习的、认知的观点,等等。另外,社会心理学家在发展理论时还有一个趋势,就是努力发展适合特定领域的理论,而不是试图建立一种大一统的、解释所有现象的理论。关注社会行为的某一个特定方面而非全部社会行为的理论叫做中距理论(middle-range theories)。下文将会介绍很多中距理论,分别解释某一范围的行为,例如用于解释攻击行为的挫折攻击理论,用于解释态度改变的认知失调理论,等等。

进化论与配偶选择

动物的寻偶和性行为在很大程度上是由进化决定的,其目的是生殖和保存物种。这一基本原理是否可以应用于人类?进化心理学家已经探讨了这一问题。对雄性来说,如果能找到足够多的配偶,那么它们一年中能进行无数次生殖,只需要付出一点精子和性交时间。而对雌性来说,生育次数有限,每个孩子都需要投入巨大的时间和精力去抚养。因而,雄性和雌性对选择配偶具有不同的策略(Buss & Schmitt, 1993)。雄性的策略是勾引然后遗弃,这是一种短期策略,从而尽可能与更多的雌性生育后代,使后代数量达到最大。而雌性则希望吸引一个帮助自己抚养孩子的既优秀又忠诚的雄性,这是一种长期策略,从而保证自己的孩子聪明健康,并且忠诚且有责任心的伴侣可以帮助自己抚养孩子。进化角度的研究考察的是配偶选择上的偏好,并非实际的择偶行为,但它确实为人类行为提供了有一定合理性的解释。并且,证据显示,进化心理学研究所发现的人类求偶偏好,确实影响真实的配偶选择(Conroy-Beam & Buss, 2016)。另外,必须注意,人类虽然受到进化的影响,但实际的社会行为还不可避免地会受到环境和文化的影响。

第3节 社会心理学主要研究的问题

如同泰勒和迈尔斯对社会心理学的定义所示,社会心理学研究的问题大致可分为三类:一类是社会思维,一类是社会影响,还有一类是社会关系。社会思维包括我们对他人的理解——社会知觉,我们对社会世界的认识——社会认知,我们对现实世界的评价——态度。社会影响包括从众、说服和群体行为。社会关系则包括偏见、人际吸引和亲密关系、助人以及攻击行为。本书大致按照这三部分进行组织。

社会心理学仍是一门新兴学科,一些问题还没有找到确切答案。尽管如此,社会心理学家已经积累了足够的证据,证明了一些重要的观点。在这里对其中的一部分进行简要的说明,在后面的章节中还会继续深入探讨。

观点 1:人们构造自己的社会现实。如开篇案例所示,两所大学的学生看到的是同一场比赛录像,但他们却形成了截然不同的看法。尽管的确存在客观现实,但不同的人会根据自己的知识、经验、信念和价值观,从不同的角度去加以解释,从而形成自己的主观"现实"。如果朋友在约会中迟到,我们可能将其解释为故意迟到,也可能解释为有急事身不由己。社会心理学家重视人们如何知觉、理解和解释社会环境,因为根据主观构建而不是客观现实可以更好地预测人们的行为。例如,假设一名大学生喜欢班上的一个女生,有天他看到她对自己微笑了一下,他会如何行动?关键不在于这位女生的行为,而在于男生对她的微笑的理解。如果他把她的微笑理解为客气的礼貌,他可能什么都不敢做;如果他认为那是鼓励他亲近的信号,他很可能会鼓起勇气去约她出来。因此,人们对社会事件的解释带有主观性,而正是这种主观建构而不是客观现实决定了人们的社会行为和对他人的反应。

观点 2:社会情境的力量非常强大,影响人们的思维、情感和行为。心理学家米尔格拉姆试图探讨社会情境对人的影响。在他设计的一个情境中,研究者要求被试对"学生"不断施加高压电击,结果令人吃惊,多数被试完全服从指令(Milgram,1974)。在另一项著名"斯坦福监狱实验"中,研究者给心理健康的大学生随机分配监狱看守和囚犯的角色,让他们对监狱中的社会角色进行模拟(Haney & Zimbardo,1977)。结果同样出人意料,这些学生迅速进入角色,"看守"变得残忍,"囚犯"变得行为怪异和情绪失控。可见,监狱这一情境规定的角色行为指南对大学生被试产生了强大的影响,足以压倒个体人格的力量。不过,也有研究者指出,那些自愿选择参与监狱实验的被试,在攻击、独裁等与辱虐相关的特质上得分较高,而在移情、利他等特质上得分较低,这意味着可能存在人格和情境的交互作用,而非纯粹的情境作用(Carnahan & McFarland, 2007)。再看一个更贴近生活的例子,想象玩一种两人游戏,每个玩家都必须选择两种策略中的一个:相互竞争,让自己赢可能多的钱,同时使对方输可能多的钱;或者相互合作,使自己和对方都赢一些钱。想想你自己和你的朋友们,你认为自己会怎么玩这个游戏?他们会怎么玩这个游戏?你可能会考虑自己或朋友的性格,然后认为竞争性格的人会更有竞争性。当你做预测时,通常不会考虑社会情境。但实际情况如何呢?一项研究(Ross & Samuels, 1993;见:Ross & Ward, 1996)挑选出一组被认为特别有竞争性或特别合作的学生,然后邀请这些学生玩这个游戏。研究者做了一点操纵,改变游戏的名称,他们告诉一半学生,游戏名称是"华尔街游戏",告诉另一半学生,游戏名称是"社区游戏",其他条件完全一样。结果发现,当游戏被叫做"华尔街游戏"时,大约 2/3 的人做出竞争反应;而当它被称作"社区游戏"时,只有 1/3 的人做出竞争反应。可见,即使是游戏名称这样的情境细节,对人的行为也会产生巨大影响。它传达了关于人们应该怎样表现的信号,透露在这样的情境中什么行为是恰当的。在另一项研究中,在实验室中安排被试处于鼓励合作或鼓励背叛的环境中,只需不到 20 分钟,就造成被试随后的合作行为上的明显差异(Peysakhovich & Rand, 2016)。贯穿本书始终,我们将会看到,社会情境中看似微不足道的方面,可以产生强大的效果(Ross & Ward, 1996)。

观点 3：生物和遗传倾向影响社会行为。社会心理学家很关注社会行为的生物基础。正如进化论心理学家所指出的,我们遗传的天性已经预先设定,使得我们会做出那些曾有助于祖先繁衍和生存的行为。爱情、亲社会行为、攻击行为等都会受到这些因素的影响。社会神经科学(social neuroscience)致力于理解生物系统如何作用于社会过程和行为,并利用生物学概念和方法补充和完善关于社会过程与行为的理论(Cacioppo & Berntson, 1992)。

观点 4：人们的直觉既强大又危险。心理学的一个重大发现是,人们的思维、记忆和态度等都是同时在两个水平上进行的,一个是有意识和有意图的,另一个则是无意识和自动的,也就是直觉。直觉影响人们的情绪反应、对他人的印象、人际关系以及判断和决策,其力量非常强大。但直觉在某些时候也是危险和容易导致错误的。飞机失事的事件很容易引起人们的惊恐,因而人们对乘飞机感到恐惧。尤其让人害怕的是,空难往往会造成飞机上很多人甚至全部乘客丧生。例如,2009 年 6 月,一架法航客机起飞后不久与地面失去联系,机上 228 人全部遇难;2010 年 8 月,一架客机从哈尔滨飞往伊春,抵达机场降落时坠毁,造成 42 人遇难。许多人为了避免飞机的危险而改乘汽车。但实际上,与乘汽车出行相比,飞机的安全程度要高很多。

社会心理学家研究的部分问题

问题(本书章节)

紧握对方的手是否可以给对方留下更好的第一印象?(第 2 章)

人们是否能够准确地识别事件之间的关联?(第 3 章)

人们对自己未来情感的预测是否准确?(第 3 章,第 4 章)

人们对自我的评价或者说自尊通常偏高还是偏低?(第 4 章)

刻板印象一旦形成,是否很难改变?(第 3 章,第 5 章)

人们的态度是否可以被那些未注意到的信息改变?(第 5 章)

当多数人一致持某种错误看法时,你是否会提出反对?(第 6 章)

群体工作还是个体工作的效率高?(第 7 章)

性格相似还是相反的人更容易互相吸引?(第 8 章)

帮助别人的目的是否一定是要求得到回报?(第 9 章)

遭受挫折会增加攻击性吗?(第 10 章)

第4节 社会心理学的研究方法

·理论和假设

由于对日常生活的简单观察可能会导致错误的结论,社会心理学家必须借助一套严密的研究方法来收集数据,从而有效地避免偏差和错误。许多研究的起因是,研究者对现存的理论和解释感到不满意,认为可能有更好的方法来解释人们的行为。为此,他们提出其他的解释,并进行研究来验证。另外,社会心理学研究还经常来自对日常生活中现象的观察,研究者提出假说来解释事情发生的原因,并进行研究来考察假设是否正确。例如,20世纪60年代的美国曾有一名女性被残忍杀害,其间有38名居民袖手旁观。两位社会心理学家认为,有可能目击紧急事件的人数越多,每个人插手干预的可能性就越低(Darley & Latané, 1968)。他们将其称为"旁观者效应"(bystander effect),并实施研究对假设进行了验证。

在科学研究中,理论起着重要作用。如前所述,社会心理学家不仅要描述社会行为,还要解释其原因。这就需要构建理论,理论是指科学家用于解释和预测某些事件或过程的一套整合原则。由理论衍生出可检验的假设,假设是指描述可能存在于事件之间的关系的可检验陈述。社会心理学家可以利用这些假设对理论加以证实,或者对其进行修改,以产生新的理论。因而,理论建构和修改的基本程序如下:首先根据现有证据提出理论;由理论衍生出具体的假设,或对事件关系的预测;进行研究来检验假设;如果结果与假设所预测的相一致,那么对理论准确度的信心增加;如果结果是假设没有得到证实,那么对理论的信心下降,这时需要修改理论或构建新的理论。这一过程反复进行,本书中关于社会行为和心理过程的理论均由这样的过程形成。

·实验室研究与现场研究

在进行研究时,一个需要考虑的问题是研究场所的选择。研究可以在实验室进行,也可以在现场进行。所谓的现场研究是指考察日常生活场景中发生的行为,例如工厂、学生宿舍、地铁、候车室等日常生活场景。在实验室研究中,被试进入一个由研究者选择和控制的环境,例如大学或研究所里的心理学实验室。实验室可以只是一个要求被试待在里面完成问卷的房间,也可以包括一些特殊的设备,例如摄像机、单向玻璃、生理记录仪等。在实验室中进行研究的优点是可以对实验环境进行控制,将外来因素的影响降到最低,并排除实验过程中的意外事件。因而,在实验室中研究者可以很好地控制各项变量，准确地探讨某一变量对另一变量的影响，内部效度（所谓内部效度指的是确保影响因变量的只有自变量）高。现场研究最主要的优点是，有更大的真实性，因而结果可以推广到现实生活情境中，外部效度（外部效度指的是一项研究的结果能被推广到其他情境或其他人身上的程度）高。现场研究还可以考察一些实验室中无法研究的极端变量或情境，例如自然灾害、犯罪和战争。并且，由于现场研究在日常场景中进行，被试的表现更加自然。但现场研究的主要缺陷是，难以对变量进行操纵和测量，容易受到外在因素的干扰。

· 观察

直接观察和记录所发生的行为是一种基本的研究方法。在观察研究中，研究者只需记录不同情况下发生了什么，不能去试图改变被观察者的行为，甚至要尽最大努力避免自己被发现。例如，一项研究考察的是温度对按汽车喇叭的作用（Baron, 1976）。研究者安排一个助手开着汽车在红灯亮了之后在斑马线处停下，并在绿灯亮了之后仍然不动。另一名助手躲在灌木丛后面，记录后面的汽车在鸣喇叭之前等待的准确时间。结果表明，司机在热天比在冷天时更快地按喇叭。这种观察方法中观察者与被观察者之间完全没有互动，也叫自然观察法。另一种观察法叫做参与观察（participant observation），观察者与被观察者之间产生互动，但观察者尽量不对情境进行任何改变。例如，为了研究助人行为，研究者在公共场所假装出现紧急情况，观察有多少人愿意提供帮助。另外一个例子来自 50 多年前，美国有一群信徒相信地球某天将会毁灭，有一艘飞船将降落并及时把他们救走。一些研究者希望密切观察这群人，并记录下他们在幻想破灭时的反应。为了深入地观察和记录，研究者需要加入这个团体，并假装自己也相信世界末日即将来临（Festinger, Riecken, & Schachter, 1956）。这一研究发现，当预言的地球毁灭没有来到时，信徒们并没有放弃他们的信仰，反而是更加坚定地相信经过修改的预言。费斯廷格等就此提出了认知失调理论（见第 5 章）。

使用观察法必须避免研究者预先持有的观念的影响，因而这类研究必须保证评分者信度（inter-judge reliability）。评分者信度指的是，两名或两名以上的评判者对同一组数据进行独立观察和记录时，不同评判者之间的一致性程度。如果不同的评判者得出的观察结果相同，研究者就能肯定这些观察结果并不是个人主观扭曲的印象。

研究者不仅可以观察当前的现实生活中的行为，还可以考察某种文化中所累积的文献记录或档案，例如日记、小说、杂志、报纸、广告、机构报告等，这叫做档案分析（archival analysis）。档案分析的好处是，有大量资料可供选用，并且，它不局限于某一个历史时期,可以检验人们的社会行为和信念随时间的演变。例如,有研究者感兴趣的是,暴力行为是否与经济困难导致的挫折感有关。为此,他们利用美国南方腹地1882年至1930年的历史数据进行分析,结果发现,在棉花价格下降和通货膨胀压力增加的年份,针对黑人的私刑发生的频率更高(Tolnay & Beck, 1995)。还有研究者曾对多种媒体和出版物上的新闻和广告照片等进行档案分析(Archer, Iritani, Kimes et al., 1983)。他们发现,在不同文化和不同类型的媒体中,男性大多以特写的方式呈现,强调头部和脸部;女性则以远距离的方式呈现,强调身材。二十多年以后,德国学者考察了描绘男性和女性的这一不同方式在互联网上是否仍然存在(Szillis & Stahlberg, 2007)。结果表明,与女性教授和女性政治家相比,男性教授和男性政治家被更多地突出脸部。

观察法的局限在于,某些特定种类的行为很难观察,原因是它们很少发生或通常在私下里发生,例如紧急事件、暴力犯罪等。而档案分析使用的数据往往是杂乱无章的,未必存在研究者需要的资料。观察法还局限于特定的人群、情境或某种特定的活动,如果需要归纳概括并加以推广,观察法就不再适用。另外,观察法只是提供对现象的描述,更进一步地预测和因果关系分析需要其他的研究方法。

· 调查

研究者可以访问大量被试,要求他们就一些关于他们的态度和行为的问题做出回答。调查常以问卷方式进行,被试在研究者编制好的问卷上,就一些关于自己的态度、情绪、信念等方面的问题做出回答。问卷调查的好处在于可以迅速收集到大量信息,并且可以测量一些难以直接观察的变量,例如犯罪、性行为等。但是,要保证问卷调查的可靠性,必须满足一定的要求。第一,被试必须具有代表性,也就是说研究选取的样本必须能够代表所要研究的总体。只有当调查的结果能够反映一般大众的反应,而不只是实际接受测验的人们的反应时,调查结果才是有效的。例如,如果要研究一个城市的大学生对某个问题的态度,研究者不可能研究这个城市的所有大学生,只能选择一定数量的学生作为代表,但选择的这些学生必须尽可能地代表整个总体。研究获得代表性样本的常用方法是抽取随机样本(random sample),也就是保证总体中每名个体有同等的概率被选中。如果样本是随机样本,就可以假定他们的反应能够代表总体。而如果试图从非代表性的样本中得出一般性结论,就有可能犯下错误。例如,1936年有一本名为《文学文摘》的杂志进行了一项调查,调查者向一千万美国读者邮寄明信片,询问人们在即将进行的大选中会投票给谁。根据两百万名读者的回复,共和党候选人兰登(Landon)将以绝对优势胜过民主党候选人罗斯福(Roosevelt)。但是,最终的选举结果却是罗斯福大获全胜。这项调查的错误在于，只从电话簿和汽车主注册名单获取样本，而实际投票的大多数人却并不富裕，买不起电话和汽车。因此，《文学文摘》使用了一个不具代表性的样本，从而得出了错误的结论。

问卷调查要注意的第二点是，问卷中问题的排列顺序、答案选项的编制和排列顺序以及问题和选项的措辞都可能会影响结果。例如，当问及"日本政府是否应该对美国工业品在日本的销售数量设定限额"时，大多数美国人给予否定回答(Schuman & Ludwig, 1983)。但是，当被试先回答另一个问题，即"美国政府是否应该对日本工业品在美国的销售数量设定限额"时，大多数人认为美国有权力设定限额，那么再被问到关于日本的问题时，为了保持一致，2/3的美国人会做出肯定回答。再来看一下答案选项的影响。在一项全国性调查中，两位研究者要求美国被试回答："当前我们国家面临的最重大问题是什么？"如果以开放性问题的形式询问，只有1%的人提到公共教育质量；但是，如果询问："当前我们国家面临的最重大问题是什么？能源短缺、公共教育质量、堕胎合法化、或是其他？"则有32%的被试会认为公共教育是最重大的问题(Schuman & Scott, 1987)。最后，问题的精确措辞也会影响被调查者的回答。例如，从逻辑上说，"禁止"和"不允许"表达的是同样的意思。然而，询问"你认为美国是否应该允许公开发表反民主的演说"和"你认为美国是否应该禁止公开发表反民主的演说"得到的回答有很大差异。62%的人对前一个问题回答是不应该允许，但对后一个问题，46%的人回答应该禁止(Rugg, 1941)。

另外，调查研究还需注意被试反应的准确性。直接的问题，例如提问人们对某一问题的看法，或者他们通常会做出什么样的反应，相对来说比较容易回答。然而，当要求人们预测自己对某些假设情境的反应时，往往会得到不正确的回答。研究发现，对积极事件而言，人们往往高估赢得大奖、获得职位等造成的快乐体验的强度和持续时间；而对消极事件，人们尤其会高估其引发的痛苦体验的强度和持续时间(Gilbert et al., 1998)。并且，人们对自己行为的原因，经常做出错误的报告。他们对自己行为起因的回答，多数与流行的常识理论和信念相关，与真正影响其行为的因素关系不大(Nisbett & Wilson, 1977)。

· 相关研究

相关研究探索的是两个或多个因素之间的关系。如果两个变量之间存在相关，那么就可以从一个变量预测另一个变量。例如，如果已婚夫妇的某些行为模式（例如互相间的恶意批评）与将来离婚的可能性存在相关，那么就可以根据夫妻交往方式预测其是否会离婚。相关研究可以计算相关系数，其范围从−1到0再到+1。正值表示当一个变量高时，另一个变量也高，即正相关；负值表示当一个变量高时，另一个变量却低,即负相关;0则表示两个变量之间没有相关,即一个变量高时,另一个变量有可能高,也有可能低,无法互相预测。例如,身高和体重之间呈正相关,年龄与男性头发数量之间呈负相关,而身高与穿衣服的多少没有相关。相关系数绝对值的高低表示相关程度的高低,相关度越高,从一个变量信息预测另一个变量的准确性就越高。社会心理学家在采用相关研究时,需要对每个变量进行测量,然后用统计方法计算变量之间是否存在相关,以及相关的方向和程度如何。但是,仅仅发现变量之间的相关关系,并不能保证一个变量的变化导致了另一个变量的变化。假设两个变量A和B之间存在相关,它们之间的因果关系有多种可能:A是B的原因;B是A的原因;也可能第三个变量C导致了A和B。这三种情况甚至有可能并存。

例如,一位心理学家想要检验"见面时紧紧地握手可以给对方留下更好的第一印象"这一假设(Chaplin et al., 2000)。那么,研究者可以安排一些陌生人进行握手,测量他们相互握手的特点和初次见面的彼此印象。如果两者之间存在正相关,就可能对假设提供支持。假定结果确实在握手力度与第一印象之间发现了+0.5的正相关,那么这说明了什么?一种可能是,紧紧地握手可以引起良好的第一印象。但是,还存在第二种可能,即第一眼印象较好的人才会互相紧紧地握手。还有一种可能是,握手力度大的人本来就更友好、自信和外向,这些因素引起了正面的第一印象。另一个类似的例子是,曾有一种流行观点认为低自尊导致了一系列的问题行为,例如学业成就低、药物滥用、青少年怀孕等。这种方向性因果关系假设推动了许多提升自尊的教育项目。但研究证据表明,自尊与学业成就等领域的相关更可能呈相反的方向,即学业成就等领域的高表现导致了高自尊(Kruger, Vohs, & Baumeister, 2008)。

第三变量问题,指的是两个变量之间的相关,实际上并不是由于两者之间有直接的因果关系,而是因为这两个变量分别都与第三变量相关,而这个第三变量在研究中可能并未测量。例如,美国私立学校的学生的成绩往往高于公立学校,这是否意味着私立学校的教育质量高于公立学校?为了回答这一问题,单单评估学校类型与学业成就之间的相关是不够的。学业成就与父母教育程度、父母职业、社会经济地位等家庭背景因素都有关系。因此,家庭背景因素很可能是这个问题中的第三变量,影响到学校类型与学业成就之间的关系。也就是说,家庭环境优越的学生学习成绩更好,他们也更有可能进入私立学校。研究者采用更复杂的统计技术,将其他变量的影响排除,结果显示当学生家庭背景和一般智力因素被排除后,学校类型与学业成就之间几乎不存在关系(Berliner & Biddle, 1995)。再如,很多研究发现儿童观看暴力节目的时间长短与其攻击行为的数量之间存在正相关(例如:Huesmann, 1982)。这可能意味着观看电视暴力节目导致了儿童的攻击行为;但也有可能相反,有攻击性的儿童对电视暴力节目特别感兴趣;还有可能存在第三个变量,例如贫穷或挫折,导致了儿童看更多的电视暴力节目和更有攻击性。要明确因果关系的方向,必须进行操纵自变量的实验研究。

相关研究的优点是,它往往发生在真实的情境中,研究者可以考察某些难以操纵的变量,例如种族、性别、社会地位等,也可以在不适合进行干预的情况下实施研究,例如考察父母虐待、灾难经历等因素。并且相关研究效率较高,可以用问卷调查的方式进行,通常可以在短时间内收集很多信息。但是,相关研究最大的劣势就是研究结果的模糊性,即无法确定因果关系。两个变量之间的共同变化可以使我们运用一个变量对另一个变量进行预测,但是相关却不能清楚说明因果关系。

·实验研究

由于相关研究无法分辨因果关系,社会心理学家必须在实验室或现场模拟日常生活过程,在可行又不违背伦理道德的前提下,进行实验研究。研究者系统地改变一个或多个变量,测量这些改变对另一个或多个变量的影响。由研究者操纵的变量称作自变量(independent variable),而被测量的变量叫做因变量(dependent variable),因为它可能依赖于自变量的操纵。在一个实验中,被试被分配到自变量的不同水平,然后系统地测量被试行为的差异,以确定因变量的变化是否由自变量引起。如果结果是肯定的,那么研究者可以初步认为,自变量和因变量之间存在因果联系。

例如,前面提到观看电视暴力节目与攻击行为之间关系的问题,如果想要确定因果关系,需要进行实验研究。在一个研究中,男孩被随机分配到两种条件中的一种。第一组男孩观看一部暴力电影,第二组男孩观看一部非暴力电影。随后,要求所有男孩充当"教师"角色,可以自由地根据自己的意愿给犯错的"学生"以电击。被试施加的电击强度被作为攻击行为的指标。这个实验发现,看了暴力电影的男孩比看了非暴力电影的男孩实施的电击强度更大(Hartmann, 1969)。在这个研究中,自变量是男孩所看的电影类型,因变量是男孩对他人施加的电击强度。实验提供了清楚的证据,证明因变量的变化是由自变量引起的。注意这里的实验研究通过直接干预——让男孩观看不同类型的电影——来获得数据;而在相关研究中,研究者并未试图去操纵变量,而是对自然的变化进行记录。

实验法最重要的优点是,如果操纵和实施得当,它能够确定变量之间的因果关系。因此,它成为社会心理学家常用的方法。有数据显示,大约3/4的社会心理学研究采用了实验的方法(Higbee, Millard, & Folkman, 1982)。但是,实验研究必须满足一些要求,才能保证收集到的数据真实可靠。

第一个要求:各种实验条件下的被试必须做到随机分配(random assignment)。这是因为,如果被试在教育、文化、智力水平等因素上存在差异,那么无法保证其行为上的差异确实来自自变量操纵。随机分配意味着,每名被试都有同等的概率被分配到某实验条件下。这样一来,前面实验中的两组被试应该在任何可能的变量上,比如家庭地位、智力水平、教育、初始暴力状态等方面,具有相同的平均水平。那么,两组间出现的暴力行为的差异就可以归为两组之间唯一存在区别的因素,即是否观看了带有暴力的电影。

第二个要求:要避免实验者偏差(experimenter bias),即由实验者引起的对被试行为的有意或无意的影响。如果实验者有意或无意地暗示被试按照某一方式反应,被试很容易按照暗示进行反应。例如,在媒体暴力研究中,一个急切的实验者可能期望观看暴力电影的男孩攻击性强,于是他/她可能会给这组被试一些微妙的暗示,鼓励他们给出更强的电击。一个假定在某些情境下女性比男性更容易提供帮助的研究者,在进行研究时,实验者可能会微笑、点头赞同和与女性被试进行更多的目光交流,无意间鼓励女性提供帮助。要解决实验者偏差,一种方法是让实际进行实验操作的人(例如研究者的助手)不知道研究的假设,或者不知道被试处于哪种实验条件下;第二种方法是使实验过程标准化,保证除了预先操纵的条件外,其他因素在各个实验条件之间没有任何不同,例如所有指示语都用书面、录音或计算机呈现。

第三个要求:要避免被试偏差,即来自被试一方的偏差。实验中的线索可能会告诉被试哪些行为是实验者所预期的,这叫做要求特征(demand characteristics)。被试可能察觉的线索包括实验者的措辞、语调、手势、表情,等等。被试可能希望努力弄清实验的目的,并努力做出他们猜测实验者希望他们做出的行为,也就是所谓的"好被试";他们也有可能出于逆反心理,做出与实验者的期望相反的行为(Weber & Cook, 1972)。而且有些时候,被试可能仅仅因为知道被研究就有意或无意地改变了自己的行为。因此,实验者需要将实验过程标准化,向被试保证他们的个人信息不会被公开,不让被试知道研究目的和研究假设,以及在可能的情况下,让被试不知道当时自己正在被研究。例如,假设研究者想要考察被试与陌生人交谈的行为,他可能会告诉被试,这是一个调查消费偏好的研究。在被试等候进入实验室时,研究者会观察他们在等候室里是否会互相交谈,或者研究者安排一个实验助手进入等候室,考察被试是否会主动与其交谈。这样一来,被试以为自己将要参加一个实验,却不会想到研究者真正感兴趣的是他们在等候室里的行为。这可以有效地减少被试偏差。

社会心理学家经常使用实验研究的方法,但是它通常在实验室进行,可以研究的被试人数和类型有限,并且需要严格控制很多因素,往往与真实的社会情境有所区别。因此,实验研究的外部效度经常受到质疑,也就是说大家会怀疑实验结果在多大程度上能够推广到真实的生活情境和其他人群。例如,对于群体大小会影响人们在紧急事件中的助人行为这一假说,研究者需要安排一个实验来检验它。但出于实施和道德方面的考虑,不可能安排一起真实的谋杀案,只能创设一个尽量逼真且吓人的情境。为此,两位研究者安排被试进行群体讨论,讨论者各自待在独立房间里,通过麦克风和耳机进行讨论。讨论进行几分钟后,被试在耳机里听到一位讨论者正经历癫痫发作,研究者关注的是离开房间去寻找病人的被试比例。结果发现,当被试与5人一起讨论时,只有31%的被试给予帮助;当被试认为只有其他两个人知道有人发病时,62%的被试会提供帮助;当被试认为自己是唯一一个听到有人癫痫发作的人时,85%的被试都会提供帮助(Darley & Latané, 1968)。这一结果证实,旁观者人数确实影响助人行为的比例。由于实验法只能提供对真实情境的模拟,并且必须控制所有额外因素,对被试进行随机分配,以保证其内部效度,有人会批评这种实验研究与真实生活的差距很大。被试在实验室中通过耳机听到有人癫痫发作与人们在生活中目睹杀人事件究竟相差多大?这就是研究者需要关注的外部效度问题。

前文已经提到,外部效度是指一项研究的结果能够推广到其他情境或其他人身上的程度。也就是说,外部效度包括情境推广和人群推广两部分。为了使实验情境中的结果能够推广到现实生活中,研究者需要尽量使研究真实。从现实真实性(mundane realism)——实验与现实生活情境的相似程度——的角度看,实验情境与日常生活事件的相似度不高,真实性较低(Aronson & Carlsmith, 1968)。但是,更重要的是心理真实性(psychological realism),即实验所引发的心理过程与日常生活中所发生的心理过程的相似程度(Aronson, Wilson, & Brewer, 1998)。尽管实验的现实真实性可能不高,但如果它引发的心理过程类似日常生活事件所引发的,这个实验的心理真实性很高,那么就可以将其结果推广到日常生活中。为了保证研究结果可以推广到总体,最好的方法是随机抽取样本。但是,对于多数实验而言,随机抽取样本难以实施并且花费太大。很多研究者假定,他们研究的是基本的心理过程,这些心理过程是人们普遍拥有的,因此不必一定要考察来自不同年龄、职业、地区和文化下的被试。社会心理学家经常使用大学生被试,在实验室情境中对其进行研究,并据此确立关于真实社会情境的人际交往和群体行为理论(Sears, 1986; Myers, 2012)。但是,大学生被试并非是人类总体的随机样本。数据显示,大多数研究被试来自西方文化,受教育水平高,所在的国家工业化程度高、富裕和民主,但这一文化背景的人群仅占全球人口的12%(Henrich, Heine, & Norenzayan, 2010)。

对于研究者所假定的心理过程的普遍性,重复研究(replication)可以对其进行检验,即针对不同的被试总体和不同的情境对某项研究尝试进行重复。当一项研究的结果在不同人群、不同城市、不同情境等情况下得以重复时,我们就可以确定这一结果的可靠性和可推广性(Nosek et al., 2015)。一项对100个实验和相关研究的直接重复研究显示,当初被证实显著的效应中只有不到一半得以重复(Open Science

Collaboration, 2015)。2007年的一项研究发现,当人们被带有宗教含义的词语启动时,他们在独裁者游戏中分给匿名陌生人的金钱更多(Shariff & Norenzayan, 2007)。然而,近期的一个重复研究认为,带有宗教含义的词语影响独裁者游戏中金钱分配这一效应是不可靠的,或者限于某些特定方法或人群(Gomes & McCullough, 2015)。类似地,近期的一些研究未能重复出成就词语启动对成绩表现的促进作用(Harris et al., 2013),身体温度对人际温暖感受的影响(Lynott et al., 2014),等等。当然,也有一些效应得以广泛重复,证实其可靠性。例如,实验室研究显示,如果有武器在场,被试更有可能做出攻击性行为,称作武器效应(Berkowitz & LePage, 1967)。这一效应在现场研究、不同文化、不同年龄、不同攻击性测量等情况下都得以重复(Anderson, Benjamin, & Bartholow, 1998)。随着互联网的广泛普及,不少研究者在互联网上招募被试,对其在实验室研究和大学生样本中得到的效应进行重复研究。研究显示,互联网上的被试在性别、社会经济地位、地区和年龄等方面有更广泛的分布,并且一些研究发现用互联网研究与传统实验室研究得出的规律非常相似(Gosling et al., 2004)。不过,在互联网上实施实验时,被试的流失率(attrition rate)较高,并且流失率在不同实验条件之间可能存在系统性差异,这会破坏研究的内部效度(Zhou & Fishbach, 2016)。

另外,元分析(meta-analysis)方法可以帮助研究者统计多项研究的结果,从而确定自变量的效果是否可靠。在使用元分析方法时,研究者首先需要找到尽量多的关于同一主题的研究,然后使用统计方法从这些研究中提取和总结信息。元分析的目的是对研究所得的效应大小(effect size)进行一个总体估计,也就是估计自变量对因变量影响的效果大小,或者说实验处理所造成的效果大小。因此,如果元分析发现平均效应较大,那么可以肯定地下结论说自变量对因变量的影响较大。另外,元分析方法也可以用来检验不同研究之间的一致性或差异性程度。如果不同研究的结果一致性很高,那么这些结果正确的可能性就很大。而如果不同研究的结果并不一致,元分析还可以帮助研究者发现不一致的原因,例如可能是由于控制变量问题或者样本差异问题。在本书中提到的多数结论都在不同的情境和不同人群中得到了证实,很多主题都有元分析的证据,因此可以相信它们的可靠性。例如,第7章将会讨论旁观者人数对助人行为的削弱作用,这一结果在多种文化、多种类型的人群、多种情境、多种类型的紧急事件等各种情况下都得到了证实(Aronson, Wilson, & Akert, 2004)。元分析方法对于探讨社会行为的文化普遍性和差异以及性别普遍性和差异也很有帮助。例如,如果元分析发现某个现象的性别差异的平均效应很小,那么这个性别差异可以忽略不计;如果元分析发现某种现象在不同文化下的研究结果有很高的一致性,那么这种现象很可能是跨文化普遍的。

从上述讨论可见,内部效度和外部效度几乎总是面临权衡取舍,这属于社会心理学家经常面对的基本困境(Aronson & Carlsmith, 1968)。很难在一个研究中保证二者都很高。通常,多数心理学家选择优先保证内部效度,在实验室中进行实验研究,控制所有潜在变量,对被试进行随机分配,从而保证自变量与因变量之间的因果关系。也有学者偏好进行现场实验来保证外部效度。通过重复研究,可以达到很高的内部和外部效度。

另外,有些因素难以用实验进行操纵,或者虽然可以操纵,但违背伦理道德。例如,假设研究者认为父母对孩子的虐待与孩子的问题行为之间存在联系。严格的实验方法需要将被试分为两组,一组接受父母的虐待,另一组则否,然后考察两组孩子间问题行为的差异。但这显然是不符合社会伦理道德规范的,研究者只能对自然的行为进行观察和记录,然后考察两个变量之间的相关。这也是自然观察和相关研究有其存在价值的原因。因而,任何研究方法都有利有弊,社会心理学家需要根据具体要研究的问题,选择最适合的方法来实施研究。

·跨文化研究

跨文化心理学(cross-cultural psychology)"研究不同的文化和种族群体中个体的心理社会功能的相似性和差异,它力图发现在个体水平上的心理变量与在群体水平上的文化、社会、经济、生态和生物变量之间的关系,并探讨个体对变化中的群体变量的实际体验(Kagitcibasi & Berry, 1989)"。从上述定义可以看出,跨文化心理学既关注人类心理规律的普遍性,又重视文化和种族差异;它探讨宏观水平变量与个体行为之间的关系,有助于找出具有普遍性和文化特异性的心理特点及其机制;最后,它还关心时代变迁造成的宏观环境变化对个体的影响。在跨文化框架内探索社会心理学的研究者秉承了上述思路,力图深入理解文化与社会行为之间的相互影响。在本书中将会讨论很多具有跨文化普遍性或者文化特异性的现象。例如,世界各地的人们对几种基本情绪表情(例如高兴、生气、害怕、悲伤等)的表达和理解非常一致,原始土著社会的居民也可以理解他们从未见过的西方人的表情(Ekman & Friesen, 1971)。一种主要的文化差异是个人主义文化与集体主义文化的区别,前者强调独立和个人主义,后者强调相互依赖和集体主义,文化取向上的这种差异影响社会行为的许多方面(Markus & Kitayama, 1991)。

跨文化社会心理学研究在方法学上有一定的难度和复杂性。它并不是简单地前往另一种文化,将研究材料翻译为当地的语言,然后进行重复研究就可以完成的。研究者不能把自己文化中的看法和概念带入到不熟悉的文化中。研究者不能让被试认识到他们正在参加跨文化比较研究。研究者还必须确保不同文化下的人们以相同的方式理解刺激材料、测量工具、变量和研究情境的含义。例如,在材料的翻译方面,需要保证从一种语言翻译成另一种语言时,被试理解的含义是一样的。一种常见的翻译方法是回译(back-translation),首先从测量工具最初被创造出的语言翻译为第二种语言;然后,由双语者将其翻译回原始语言,这名翻译者不能看到原始版本;将原始版本与翻译回来的版本进行比较,可以发现有问题的翻译并加以修改(Brislin, Lonner, & Thorndike, 1973)。并且,这里的翻译强调的不是逐字逐句的语言上的精确翻译,而是要求翻译前后的语言在两种文化下具有等价的含义,为此可能需要替换一些具体的描述词,以达到含义相同。

跨文化研究有两种不同的策略或途径,一种是普遍性(etic)途径,另一种是特殊性(emic)途径(Pike, 1967; Berry, 1969)。这两个词来自语言学的概念,分别源自语音学(phonetics)和音素学(phonemic),语音学研究人类语言的普遍特征,并不特指某一具体语言;而音素学研究特定语言的语音及其负载的含义,对任何一种语言都是独特的。跨文化研究的普遍性途径假定行为和心理规律是普遍的,并据此展开研究,直到发现文化差异的证据。特殊性途径从集中研究特定文化群体的独特属性开始。多数跨文化研究是从"强加的普遍性"(imposed-etic)开始,把西方概念和测量方法应用于非西方文化,认为这些概念和测量在新的文化情境下具有相同的含义,但实际上并不确定这些概念和工具应用到相异文化下究竟是否合适。而如果遵循特殊性途径,先在不同的特定文化背景下进行研究,在研究累积的基础上结合比较不同文化下的特殊性,就可以发展出具有"获得的普遍性"(derived-etic)的测量工具,真正找到具有普遍性的行为和心理特征。

有学者指出,美国和其他国家研究者在考察跨文化社会行为上经历了几个发展阶段(Smith, Bond, & Kagitcibasi, 2006)。第一个阶段是重复研究,如前文所述,这是确保研究效度的重要方法,因此,来自不同国家的研究者互相合作,试图检验在一种文化下发现的现象是否可以在其他文化下得到重复。在第6章将会提到阿希的群体压力实验,这个实验证明,当一些实验者的同谋就线段长度问题一致做出明显错误的判断时,真实的实验被试有时候也会给出错误判断(Asch, 1957)。阿希最初发现被试的反应中有大约37%是从众的。有研究者对134个采用阿希从众范式的研究进行元分析,其中97个研究采用美国被试,其余研究的被试来自16个其他国家(Bond & Smith, 1996)。结果发现,欧洲被试的从众反应低于美国被试,而另外的其他国家被试的平均从众反应高于美国被试。这些结果表明,同样的标准程序在世界的不同地方造成不同的效应,需要一种理论来解释这一文化差异。另外,尽管阿希等研究者称他们实验中发现的现象为从众,但实际上被试的反应并不总是由于从众,也许被试是怀疑自己的视力,也许是为了避免让做出错误回答的人尴尬。第6章将讨论米尔格拉姆的服从权威实验,第7章将介绍社会懈怠效应,这些研究也在不同国家进行了重复研究,发现了文化差异的存在:有些国家未出现显著效应,有些国家得到的效应与美国被试相反。不过,这些研究也提示文化差异的一个重要方面——集体主义与个人主义的区别,这有助于解释这些效应差异。另外,社会心理学研究在很大程度上依赖于大学生被试,这些被试与一般人群是有区别的。在进行跨文化比较时,大学生被试为主的现象尤其会带来问题。在发达国家,大学生占他们年龄段人群的比例较大,而在不那么发达的国家,只有很小一部分人能够上大学,这些人可能属于精英阶层。对这两个样本进行跨文化比较是很有问题的,应该尽量保证在不同文化下抽样的人群具有可比性。

随着社会心理学研究在世界各地的实施,跨文化研究进入第二个阶段,研究者认识到实验方法的一些缺陷,一些研究者主张去除方法中心主义(decentring research method),提倡研究方法的多元化。在这个过程中,本土心理学(indigenous psychology)开始兴起,来自主流美国社会心理学的实验方法不再占核心地位,更多元化、在特定文化内适用的方法更多地被采用。本土心理学提倡的观念有,例如,作为研究者应该是特定文化内的当地人;在研究心理或行为现象时应考虑到社会文化情境;重视特定文化内独特的现象;根据自身文化而不是西方文化的知识传统构思研究,等等(Yang, 2000)。不过,本土心理学研究带来了另外的问题,例如,某种文化下的概念是该文化唯一具有的,还是在其他文化中也有类似的概念?如果是后者,如何在不具备标准化方法的情况下证明这一点?如果是前者,这只是为数不多的细微独特现象,还是非常重要和大量以至于影响到人类心理和行为的普遍性?无论如何,本土心理学还是提供了有价值的洞见。例如,第一个阶段的不少跨文化研究只是直接比较不同国家被试的平均分数,这些分数基于相同的实验程序得出。但是,无法得知一个听起来相似的概念在不同的文化背景下是否具有相同的含义。要发现一个概念的含义,需要确定在每种文化背景内部与它有关的因素。如果发现一种现象在不同的文化背景下有相同的相关因素,那么可以比较肯定研究的是等价的现象。因此,这一阶段的重要贡献是提醒研究者:如果想要验证一个概念是否具有跨文化普遍性,最好在不同文化内部实施一系列并行的研究,而不是简单地只比较这个概念上不同国家的平均分数(Smith, Bond, & Kagitcibasi, 2006)。

在第三个也就是当前阶段,来自不同国家的社会心理学家在平等的基础上越来越多地进行合作,依赖于清晰阐述的理论和方法来解释文化差异(Smith, Bond, & Kagitcibasi, 2006)。首先,当前研究通常基于某一文化内部和外部的研究者之间平等的合作。特殊性研究者很容易假定他们文化的某些方面是独特的;而来自文化外部的、强加的普遍性研究者又很容易假定他们的测量抓住了特定文化的所有重要方面。这两方的平等合作可以互相补充不足。因此,好的跨文化研究应该整合普遍性和特殊性两种视角。其次,现有研究在测量上有较大进步。一些研究需要测量态度、信念或价值观,使用的工具是评定量表,例如"利克特量表"、"语义差别量表"等。

例如，5点的利克特量表需要被试回答同意或不同意一些陈述的程度，1代表强烈不同意，2代表不同意，3代表中立，4代表同意，5代表强烈同意。这类量表的结果容易受到默认反应偏差(acquiescent response bias)的影响，即一些人倾向于对陈述做出"是"的反应，而且默认反应偏差被证实存在文化差异。这一偏差可能会造成解释跨文化比较结果时的误解，有可能是它造成的结果差异，而不是研究者真正想要考察的差异。因此，现在的研究考虑到默认反应偏差的可能性，均衡需要积极反应和需要消极反应的条目，或者用统计方法估计和扣除这一偏差的效应。最后，跨文化心理学家已经发展出一些理论来指导他们的研究。早期的跨文化研究往往随意选择两个国家来进行比较，并不考虑为什么要选择它们。而当前研究具有理论方面的指导，关于文化的界定、选择以及如何测量某些变量都会在某种理论框架下进行。这些理论具体讨论了文化如何影响社会行为，在本书后续章节会具体介绍。

第5节 社会心理学研究中的伦理道德问题

二战期间，纳粹德国和日本都曾在囚犯身上进行医学实验。这一历史引发了人们开始关注对人类被试进行研究的伦理道德问题。在社会心理学领域，对伦理道德的考虑主要集中于研究中的欺骗(deception)。另外，有些研究可能会对被试造成心理上的伤害。

·欺骗

研究为了提供对真实世界的模拟，需要使研究情境尽可能真实，这就需要使用欺骗。例如，在观看电视暴力节目与攻击行为关系的研究中，被试以为自己在对一名"学生"施加电击。但实际上，电击是伪造的，研究者不可能安排"学生"接受真正的电击，但必须使被试相信他们真的在电击别人，这就产生了欺骗。这种实验是否会使被试因为伤害了他人而内疚？当被试得知电击是假的时，他们是否感到被愚弄了？大约1/3的社会心理学研究为了模拟真实情境而使用了某种程度的欺骗。并且，为了避免被试偏差的出现，研究者也需要向被试隐瞒真实的实验意图和程序。例如，在检验温度与攻击之间关系的研究中，如果被试知道实验目的，他们可能做出与自然条件下不同的反应：可能在很热时表现出高的攻击性以迎合研究者的期望；或者刚好相反，在很热时尽量克制自己，避免愤怒和攻击。

欺骗的使用引发了很多伦理道德方面的问题。例如，什么时候对被试隐瞒研究实情是合理的？是否应该做可能会伤害被试的事情？如果研究有巨大价值，是否可以让被试冒被伤害的风险？为此，美国心理学会关于研究中的欺骗的指导方针明确指出,要使研究中的欺骗获得批准,需要满足如下条件:研究必须具有充分的科学价值;研究者必须证明除了欺骗没有任何同样有效的程序;研究中可能会影响被试参与的自愿性的信息不能欺骗被试;必须在事后对被试解释研究中的欺骗(American Psychological Association,1992)。具体说来,为了保护被试,心理学研究必须满足三个条件,即知情同意(informed consent)、事后说明(debriefing)和最小风险(minimal risk)。

· 知情同意

在被试决定参与研究之前,尽可能多地给予他们关于实验程序以及他们需要做什么的信息,然后被试自行决定是否愿意参与,这就是知情同意。被试应该知道研究的步骤和可能的风险,并且有拒绝参与和在任何时间退出研究的权利。对社会心理学家而言,有些时候必须向被试隐瞒某些关于实验的信息或者欺骗被试。因此,知情同意不能在所有研究中都充分实现,但是研究者应该尽可能多地提供关于研究的信息,以及在研究结束时进行事后说明。

· 事后说明

在研究结束后,研究者必须向被试解释研究目的和研究细节,包括欺骗和为什么必须要欺骗。被试有权利得知这些信息,并且应该有机会提出问题和表达自己的情感。而且,如果被试感觉他们的数据被误用,或者他们的权利受到侵犯,他们有权收回数据。当被试得到尊重,并与研究者进行讨论时,他们可以容易地从研究导致的不适中摆脱,很少有人会因被欺骗而耿耿于怀(Epley & Huff, 1998; Kimmel, 1998)。

· 最小风险

研究要遵守的第三个道德原则是,要努力将研究对被试造成的潜在风险降到最低。一个可以参考的指导原则是,被试参与研究可能遇到的风险不应该比日常生活中的风险更大。社会心理学研究可能会引起的风险之一是侵犯被试的隐私权。某些研究问题,例如性、吸毒、酗酒、违法等,必须通过保守秘密和匿名参与等措施保护和尊重被试的隐私。在一项研究中,研究者考察人们的个人空间受到侵犯时的应激反应(Middlemist, Knowles, & Matter, 1976)。实施研究的场所是盥洗室,研究者进行精心安排,控制一名研究者的同伙与盥洗室中一位不知情的使用者之间的个人距离。研究者通过一个隐藏的棱镜,记录被试开始小便的时间和小便的持续时间。这项研究中的被试不会知道他们曾经参与过研究。从严格意义上说,这项研究侵犯了被试的隐私权。但是,也有人认为,盥洗室是允许实施研究的公共场所,并且被试没有受到伤害,他们最好也不要知道他们参与过这项研究。

社会心理学研究可能导致的第二类风险是各种各样的应激。参与研究的被试可能会感觉疲倦、焦虑、紧张、愤怒和恐惧,还有一些研究会伤害被试的自尊。我们在"社会知觉"一章将会看到,有的研究考察人们对失败和成功的归因,这些研究经常会给被试制造虚假的失败体验。被试可能因失败而感到不适,并且得知被欺骗也是一种不愉快的体验。比较极端的例子是一项对人们的情绪体验和情绪表达进行考察的研究(Landis,1924)。这名研究者希望捕捉人们的情绪表情,因而使用引发强烈情绪的刺激条件。例如,他会在被试毫无准备时点燃一个爆竹,给被试呈现吓人的严重受损的皮肤病照片,或者让被试把手放到一桶水里,被试不知道的是水里有三只活青蛙。不少学者批评,这种引发强烈消极情绪的实验是不道德的。

如果研究存在风险,应该允许被试被暴露于多大的风险下呢?首先要遵守的原则是知情同意。研究者应该尽可能告知被试足够的信息,让被试自己决定是否参与。如果出于避免被试偏差的考虑,不能让被试得知研究的所有信息,那么就应该保证研究风险不会超过被试在日常生活中也会遇到的风险。人们在现实生活中也会有困扰,例如被同伴拒绝,考试不尽如人意或者受到上司批评等。社会心理学研究的欺骗,造成的困扰和伤害,很可能比真实生活要短暂和温和得多。另外一个各种研究监督机构经常用于评估风险的标准是,被试在研究结束离开时必须处于与研究开始前几乎同样的身体和心理状态下。也就是说,研究造成的情绪、态度、自我认识等不应该持续到被试的正常生活中。

总之,现有的证据表明,只要欺骗是有目的和必要的,多数被试对实验中的欺骗并没有太多的消极反应;只要研究者措施得当,研究中引发的焦虑、痛苦、自尊下降等不会有持续的后果。社会心理学家采用科学的方法实施研究,在遵守道德规范的前提下,尽量避免各种偏差和错误,对帮助人们理解社会行为作出了很大的贡献。

小结

1. 社会心理学是研究人们如何看待他人,影响他人以及互相关联的科学。
2. 社会心理学遵循科学的价值观,并且拥有一套研究社会思想和行为的方法。
3. 社会心理学与常识存在根本区别。常识既不可靠也不清晰,常识往往在事后才被证明是正确的,而且常识仅止于描述,社会心理学努力对原因进行解释。
4. 社会心理学家研究个体,社会学家则研究群体。社会心理学家研究个体间共同的心理过程，人格心理学家则关注个体间的不同，两个学科的不同视角互为补充。

5. 1908年出版了两本以社会心理学命名的著作，分别为社会学家和心理学家所著。1924年，奥尔波特出版了《社会心理学》。

6. 社会心理学受到精神分析、行为主义和格式塔学派的一些思想的影响。

7. 现代社会心理学在认知方面的研究大幅增加，采纳多元文化观，并考虑个体差异与社会情境的交互作用。此外，还重视生物和进化因素对社会行为的影响，越来越关注应用。社会心理学家不再试图建立统一的理论，而是构建解释特定范围内行为的中距理论。

8. 社会心理学研究社会思维、社会影响和社会关系。社会心理学的重要观点包括：人们构造自己的社会现实，社会情境的力量非常强大，生物和遗传倾向影响社会行为，人们的直觉既强大又危险，等等。

9. 社会心理学家构建理论，由理论衍生出具体的假设，开展研究检验假设，然后根据研究结果确认理论或修改理论。

10. 实验室研究可以对环境进行控制，内部效度高；现场研究则贴近日常生活情境，外部效度高。

11. 观察研究提供对社会行为的自然记录，包括自然观察和参与观察。使用观察法必须保证评分者信度。研究者还可以进行档案分析，考察文化中积累的文献记录或档案。

12. 问卷调查可以测量人们的态度、情绪、信念等，要保证调查的可靠性，被试必须具有代表性，问卷编制要注意措辞、顺序，注意被试反应的准确性。

13. 相关研究探讨两个或多个变量之间的关系，它不能确定因果关系，适用于无法或不适合操纵变量的情形。相关的方向和程度由相关系数表示。

14. 实验研究对自变量进行操纵，考察因变量的变化，从而确定因果关系。实验研究需要注意对被试进行随机分配，要避免实验者偏差和被试偏差。

15. 实验研究的外部效度可能受到质疑，尽管实验的现实真实性不高，但它的心理真实性可以很高。心理学家往往面临外部效度和内部效度之间的权衡。另外，有些因素难以控制，或控制是不道德的。

16. 通过重复研究和元分析，效度可以得到保证。元分析方法总结关于某一主题的多项研究，对实验处理造成的平均效应大小进行估计，并且可以检验不同研究之间的一致性或差异性程度。

17. 跨文化心理学研究不同文化和种族群体中个体的心理社会功能的相似性和差异。跨文化研究有一定的难度和复杂性，需要注意很多问题。在翻译刺激材料时，一种常用的方法是回译。

18. 跨文化研究有两种不同的途径，一种是普遍性途径，假定行为和心理规律是普遍的;另一种是特殊性途径,从研究特定文化群体内的独特属性开始。

19. 跨文化社会心理学研究经历了几个发展阶段,第一个阶段是重复研究,检验一种文化下发现的现象在其他文化下是否可以重复;第二个阶段是本土心理学的发展,提倡多元化、适合特定文化的研究方法;第三个阶段,不同国家的社会心理学家在平等的基础上彼此合作,用清晰的理论和方法解释文化差异。

20. 为了尽可能避免偏差,以及更贴近真实生活,社会心理学研究可能需要欺骗被试。美国心理学会就研究中的欺骗问题提出了指导方针。为了保护被试,研究应该满足知情同意、事后说明和最小风险三个条件。在研究前给予被试足够的信息,由被试自己决定是否参与;在研究后就研究目的和细节与被试进行讨论;被试参与研究可能遇到的风险不应该比日常生活中的风险大,要保证被试离开研究的状态与研究前一样。

参考文献

Allport, F. H. (1924). *Social Psychology*. Boston: Houghton Mifflin Company.

Allport, G. (1954). *The Nature of Prejudice*. Reading, MA: Addison-Wesley.

American Psychological Association. (1992). Ethical principles of psychologists and code of conduct. *American Psychologist*, 47, 1597–1611.

Anderson, C. A. (1989). Temperature and aggression: Ubiquitous effects of heat on occurrence of human violence. *Psychological Bulletin*, 106, 74–96.

Anderson, C. A., Benjamin, A. J., & Bartholow, B. D. (1998). Does the gun pull the trigger? Automatic priming effects of weapon pictures and weapon names. *Psychological Science*, 9, 308–314.

Archer, D., Iritani, B., Kimes, D., & Barrios, M. (1983). Face-ism: Five studies of sex differences in facial prominence. *Journal of Personality and Social Psychology*, 45, 725–735.

Aronson, E., & Carlsmith, J. M. (1968). Experimentation in social psychology. In G. Lindzey & E. Aronson (Eds.), *The handbook of social psychology* (Vol. 2, pp. 1–79). Reading, MA: Addison-Wesley.

Aronson, E., Wilson, T. D., & Akert, R. M. (2004). *Social Psychology* (5th edition). Upper Saddle River: Prentice Hall.

Aronson, E., Wilson, T. D., & Brewer, M. B. (1998). Experimental methods. In D. T. Gilbert, S. T. Fiske, & G. Lindzey (Eds.), *The handbook of social psychology* (4th ed., Vol. 1, pp. 99–142). New York: McGraw-Hill.

Asch, S. E. (1957). An experimental investigation of group influence. In Walter Reed Army Institute of Research, *Symposium on preventive and social psychiatry* (pp. 15–17). Washington, DC: U. S. Government Printing Office.

Baron, R. A. (1976). The reduction of human aggression: A field study of the influence of incompatible responses. *Journal of Applied Social Psychology*, 6, 260 – 274.

Baron, R. A., & Byrne, D. (2002). *Social Psychology* (10th edition). Boston, MA: Pearson/Allyn and Bacon.

Bear, A., & Rand, D. G. (2016). Intuition, deliberation, and the evolution of cooperation. *Proceedings of the National Academy of Sciences*, 113, 936 – 941.

Berkowitz, L., & LePage, A. (1967). Weapons as aggression-eliciting stimuli. *Journal of Personality and Social Psychology*, 7, 202 – 207.

Berliner, D. C., & Biddle, B. (1995). *The manufactured crisis: Myths, fraud, and the attack on America's public schools*. Reading, MA: Addison-Wesley.

Berry, J. W. (1969). On cross-cultural comparability. *International Journal of Psychology*, 4, 119 – 128.

Bond, M. H., & Smith, P. B. (1996). Culture and conformity: A meta-analysis of studies using Asch's (1952b, 1956) line judgment task. *Psychological Bulletin*, 119, 111 – 137.

Brislin, R. W., Lonner, W. J., & Thorndike, R. M. (1973). *Cross-cultural research methods*. New York: Wiley.

Buss, D. M. (1995). Evolutionary psychology: A new paradigm for psychological science. *Psychological Inquiry*, 6, 1 – 30.

Buss, D. M., & Schmitt, D. P. (1993). Sexual strategies theory: An evolutionary perspective on human mating. *Psychological Review*, 100, 204 – 232.

Cacioppo, J. T., & Berntson, G. G. (1992). Social psychological contributions to the decade of the brain: Doctrine of multilevel analysis. *American Psychologist*, 47, 1019 – 1028.

Carnahan, T., & McFarland, S. (2007). Revisiting the Stanford Prison Experiment: Could participant self-selection have led to the cruelty? *Personality and Social Psychology Bulletin*, 33, 603 – 614.

Chaplin, W. F., Phillips, J. B., Brown, J. D., Clanton, N. R., & Stein, J. L. (2000). Handshaking, gender, personality, and first impressions. *Journal of Personality and Social Psychology*, 79, 110 – 117.

Conroy-Beam, D., & Buss, D. M. (2016). Do mate preferences influence actual mating decisions? Evidence from computer simulations and three studies of mated couples. *Journal of Personality and Social Psychology*, 111, 53 – 66.

Darley, J. M., & Latané, B. (1968). Bystander intervention in emergencies: Diffusion of responsibility. *Journal of Personality and Social Psychology*, 8, 377 – 383.

Ekman, P., & Friesen, W. V. (1971). Constants across cultures in the face and emotion. *Journal of Personality and Social Psychology*, 17, 124 – 129.

Epley, N., & Dunning, D. (2000). Feeling "holier than thou": Are self-serving assessments produced by errors in self-or social prediction? *Journal of Personality and Social Psychology*, 79, 861 – 875.

Epley, N., & Huff, C. (1998). Suspicion, affective response, and educational benefit as a result of deception in psychology research. *Personality and Social Psychology Bulletin*, 24, 759 – 768.

Festinger, L., Riecken, H., & Schachter, S. (1956). *When prophecy fails*. Minneapolis: University of Minnesota Press.

Fischhoff, B. (1975). Hindsight≠foresight: The effects of outcome knowledge on judgment under uncertainty. *Journal of Experimental Psychology: Human Perception and Performance*, 1, 288–299.

Gilbert, D. T., Pinel, E. C., Wilson, T. D., Blumberg, S. J., & Wheatley, T. P. (1998). Immune neglect: A source of durability bias in affective forecasting. *Journal of Personality and Social Psychology*, 75, 617–638.

Gomes, C. M., & McCullough, M. E. (2015). The effects of implicit religious primes on dictator game allocations: A preregistered replication experiment. *Journal of Experimental Psychology: General*, 144, e94–e104.

Gosling, S. D., Vazire, S., Srivastava, S., & Oliver, J. (2004). Should we trust web-based studies? A comparative analysis of six preconceptions about Internet questionnaires. *American Psychologist*, 59, 93–104.

Haney, C., & Zimbardo, P. G. (1977). The socialization into criminality: On becoming a prisoner and a guard. In J. L. Tapp & F. L. Levine (Eds.), *Law, justice and the individual in society: Psychological and legal issues* (pp. 198–223). New York: Holt, Rinehart & Winston.

Harris, C. R., Coburn, N., Rohrer, D., Pashler, H. (2013). Two Failures to Replicate High-Performance-Goal Priming Effects. *PLOS ONE*, 8, e72467.

Hartmann, D. P. (1969). Influence of symbolically modeled instrumental aggression and pain cues on aggressive behavior. *Journal of Personality and Social Psychology*, 11, 280–288.

Hastorf, A. H., & Cantril, H. (1954). They saw a game: A case study. *Journal of Abnormal and Social Psychology*, 49, 129–134.

Henrich, J., Heine, S. J., & Norenzayan, A. (2010). The weirdest people in the world? *Behavioral and Brain Sciences*, 33, 61–135.

Higbee, K. L., Millard, R. J., & Folkman, J. R. (1982). Social psychology research during the 1970s: Predominance of experimentation and college students. *Personality and Social Psychology Bulletin*, 8, 180–183.

Huesmann, L. R. (1982). Television violence and aggressive behavior. In: D. Pearl, L. Bouthilet, and J. Lazar (Eds.), *Television and behavior: Ten years of scientific progress and implications for the 80's* (pp. 126–137). Washington, DC: U. S. Government Printing Office.

Job, V., Bernecker, K., Miketta, S., & Friese, M. (2015). Implicit theories about willpower predict the activation of a rest goal following self-control exertion. *Journal of Personality and Social Psychology*, 109, 694–706.

Kagitcibasi, C., & Berry, J. W. (1989). Cross-cultural psychology: Current research and trends. *Annual Review of Psychology*, 40, 493–531.

Kimmel, A. J. (1998). In defense of deception. *American Psychologist*, 53, 803–805.

Kruger, J. I., Vohs, K. D., & Baumeister, R. F. (2008). Is the allure of self-

Esteem a mirage after all? *American Psychologist*, 63, 64 - 65.

Landis, C. (1924). Studies of emotional reactions II: General behavior and facial expression. *Comparative Psychology*, 4, 447 - 509.

Latané, B., & Darley, J. M. (1968). Group inhibition of bystander intervention. *Journal of Personality and Social Psychology*, 10, 215 - 221.

Lynott, D., Corker, K. S., Wortman, J., Connell, L., Donnellan, M. B., Lucas, R. E., & O'Brien, K. (2014). Replication of "experiencing physical warmth promotes interpersonal warmth" by Williams and Bargh (2008). *Social Psychology*, 45, 216 - 222.

Markus, H., & Kitayama, S. (1991). Culture and the self: Implications for cognition, emotion, and motivation. *Psychological Review*, 98, 224 - 253.

McDougall, W. (1909. First published 1908). *An Introduction to Social Psychology* (2nd edition). London: Methuen & Co.

Middlemist, R. D., Knowles, E. S., & Matter, C. F. (1976). Personal space invasions in the lavatory: Suggestive evidence for arousal. *Journal of Personality and Social Psychology*, 33, 541 - 546.

Milgram, S. (1974). *Obedience to authority*. New York: Harper and Row.

Myers, D. G. (2012). *Social Psychology* (11th edition). Boston, MA: McGraw-Hill.

Nisbett, R. E., & Wilson, T. D. (1977). Telling more than we can know: Verbal reports on mental processes. *Psychological Review*, 84, 231 - 259.

Nosek, B. A., Alter, G., Banks, G. C., Borsboom, D., Bowman, S. D., Breckler, S. J., ... Yarkoni, T. (2015). Promoting an open research culture: Author guidelines for journals could help to promote transparency, openness, and reproducibility. *Science*, 348, 1422 - 1425.

Open Science Collaboration. (2015). Estimating the reproducibility of psychological science. *Science*, 349, 943.

Peysakhovich, A., & Rand, D. G. (2016). Habits of virtue: Creating norms of cooperation and defection in the laboratory. *Management Science*, 62, 631 - 647.

Pike, K. (1967). *Language in relation to a unified theory of the structure of human behavior*. The Hague, NL: Mouton.

Ross, E. A. (1908). *Social Psychology: An Outline and Source Book*. New York: The Macmillan Company.

Ross, L., & Samuels, S. M. (1993). The predictive power of personal reputation versus labels and construal in the Prisoner's Dilemma Game. *Unpublished manuscript*. Palo Alto, CA: Stanford University.

Ross, L., & Ward, A. (1996). Naïve realism: Implications for social conflict and misunderstanding. In T. Brown, E. Reed, & E. Turiel (Eds.), *Values and knowledge* (pp. 103 - 135). Hillsdale, NJ: Erlbaum.

Rotton, J., & Cohn, E. G. (2000). Violence is a curvilinear function of temperature in Dallas: A replication. *Journal of Personality and Social Psychology*, 78,

1074-1081.

Rugg, D. (1941). Experiments in wording questions: II. *Public Opinion Quarterly*, 5, 91-92.

Schuman, H., & Ludwig, J. (1983). The norm of even-handedness in surveys as in life. *American Sociological Review*, 48, 112-120.

Schuman, H., & Scott, J. (1987). Problems in the use of survey questions to measure public opinion. *Science*, 236, 957-959.

Sears, D. O. (1986). College sophomores in the laboratory: Influence of a narrow database on social psychology's view of human nature. *Journal of Personality and Social Psychology*, 51, 515-530.

Shariff, A. F., & Norenzayan, A. (2007). God is watching you: Priming God concepts increases prosocial behavior in an anonymous economic game. *Psychological Science*, 18, 803-809.

Smith, P. B., Bond, M. H., & Kagitcibasi, C. (2006). *Understanding social psychology across cultures*. London: Sage Publications Ltd.

Szillis, U., & Stahlberg, D. (2007). The face-ism effect in the Internet: Differences in facial prominence of women and men. *International Journal of Internet Science*, 2, 3-11.

Taylor, S. E., Peplau, A. L., & Sears, D. O. (2006). *Social Psychology* (12th edition). Englewood Cliffs, NJ: Prentice Hall.

Tolnay, S. E., & Beck, E. M. (1995). *A Festival of Violence: An Analysis of Southern Lynchings, 1882-1930*. Urbana: University of Illinois Press.

Triplett, N. (1898). The dynamogenic factors in pace making and competition. *American Journal of Psychology*, 9, 507-533.

Weber, S. J., & Cook, T. D. (1972). Subject effects in laboratory research: An examination of subject roles, demand characteristics, and valid inference. *Psychological Bulletin*, 77, 273-295.

Yang, K. S. (2000). Monocultural and cross-cultural indigenous approaches: The royal road to the development of a balanced global psychology. *Asian Journal of Social Psychology*, 3, 241-263.

Zhou, H., & Fishbach, A. (2016). The pitfall of experimenting on the web: How unattended selective attrition leads to surprising (yet false) research conclusions. *Journal of Personality and Social Psychology*, 111, 493-504.

王蕾,黄希庭.(2005).温度与攻击的研究回顾与展望.心理科学进展,13,686—693.

第 2 章 社会知觉

  1991年在美国爱荷华大学,一名叫卢刚的中国留学生因对学校及导师心怀不满,开枪打死了该校3位教授、1位副校长、1名中国留学生后,饮弹自尽。同年,密歇根的一名邮局工作人员,在失业后没能找到新的工作,他来到曾工作过的邮局,开枪杀死了他的上司、几名同事和几名路人。这两起惨剧发生之后,中美两国的多家媒体都对这些事件进行了报道,并对两人的杀人原因给出解释。两位心理学家比较了中文和英文报纸上的文章,发现英文的《纽约时报》将惨剧归结为凶手个人,例如"他是一个邪恶的、被黑暗蒙蔽心智的人",而中文的《环球期刊》则更强调环境原因,例如"他与导师的关系很差"、"就业方面的竞争非常激烈"等(Morris & Peng, 1994)。

社会知觉(social perception)指的是人们试图理解他人的过程。作为社会动物，他人对我们来说非常重要。例如，有研究表明，在非睡眠时间里，大学生有大约30%的时间是花在与他人交谈上(Mehl & Pennebaker, 2003)。可见，人们经常与他人打交道，在这一过程中，人们努力理解他人的情感，推测他人行为背后的原因，形成对他人的印象并努力给别人留下良好印象，等等。本章将介绍社会知觉方面的研究，分为三个部分：非言语沟通，归因，以及印象形成。

第1节 非言语沟通

人们主要通过三种渠道沟通信息，一种是言语沟通，即言谈的内容；另一种是非言语沟通，即不包括口头言语的个体间的交流，包括面部表情、目光接触、身体语言等；第三种是泛言语沟通，即将言谈内容去掉之后剩下的言语信号，例如音调、语速等(Richmond et al., 1991)。研究者经常将后两类统称为非言语沟通(Knapp & Hall, 1997)。非言语线索可以告诉我们关于他人感受的信息。与言语线索相比，这些表现相对难以控制，甚至在人们试图隐藏其内部感受时，非言语线索仍然会泄漏真实的感受(DePaulo, 1992)。有些非言语线索可以重复言语信息，或者辅助其完整的表达；有些非言语线索则与言语线索相矛盾；有些时候非言语线索还可以代替言语线索来表达一定的含义(Ekman, 1965)。如果我们能够有效地利用非言语沟通，就可以对他人的情感状况做出更准确的判断。并且，有些时候，即使我们并没有有意地关注他人发出的非言语线索和试图发现他人的感受，这些线索仍然会影响我们。例如，当聆听他人阅读一篇演讲稿时，虽然听者试图注意演讲的内容，而没有注意阅读者的情绪状态，但阅读者声音中流露出的情绪仍会影响听众的心情(Neumann & Stack, 2000)，这叫做情绪感染(mood contagion)，即情绪感受自动地由一个人转移到另一个人的过程。

人们在体验不同情绪时倾向于表现为不同的行为。研究表明，关于人们内在情绪状态的信息通常由几种基本渠道来传递：面部表情、目光接触、身体语言、个人空间、触摸以及副语言。研究者通常分别地对非言语沟通的各种渠道进行研究，但在日常生活中，多种非言语线索往往同时出现(Archer & Akert, 1980)。

· 非言语沟通的基本渠道

面部表情

当你想到愉快或悲伤的事情时，你的面部表情很可能会发生变化。特定的面部表情是与特定的情绪相对应的。而且，很多时候人们能够通过某人的面部表情识别其当时的情感。达尔文(1872)的进化理论认为,情绪具有适应功能和生存价值,所有人类成员都有相似的情绪反应模式。心理学家艾科曼(Ekman)等人力图证明,面部表情具有普遍性,在各种文化中都是一样的。他们给阿根廷、巴西、智利、日本和美国被试呈现人脸照片,结果发现所有国家的被试都能成功地识别对应某种情绪的面部表情。并且,即使是在从未接触过现代文化、与世隔绝的一些土著文化中,被试也能正确识别出他们从未见过的西方人的表情(Ekman & Friesen, 1971)。很多研究证据证实,有7种情绪表情在全世界以相同的方式表达,并且人们可以根据这些表情推测他人正在体验的情绪,这7种情绪是,高兴、惊奇、生气、厌恶、害怕、悲伤和轻蔑(Ekman & Friesen, 1986)。

需要注意,上述研究考察的只是几种基本的情绪,而实际上人们的情绪往往以混合的方式发生,例如又悲又喜、又惊又怒等。并且,每种情绪反应在强度上也可以有很大的差异。因此,人们能够表达非常丰富的情绪。另外,尽管面部表情能够揭示他人的情绪,但表情发生的情境也会影响人们的判断。当情境线索和面部表情不一致时,人们有可能会根据情境线索判断他人的情绪。例如,当看到表现恐惧的脸的照片,但同时阅读一个暗示照片上的人很愤怒的故事时,很多人会把照片上的脸描述为愤怒而不是恐惧(Carroll & Russell, 1996)。不过,也有证据表明,当情境与面部表情不一致时,面部表情为潜在情绪提供了准确指引(Rosenberg & Ekman, 1995)。有些时候,人们会努力掩盖自己的情绪,使得别人无法知道他们的真实情感。例如,当别人说了伤害你的话时,你可能会压抑自己的情绪,尽量不在脸上表现出来,目的是不让对方的伤害目的得逞。有研究让被试观看一些遭受身体损害的人的幻灯片,一些被试被要求压抑自己的情感表达(Richards & Gross, 1999)。结果发现,那些被要求压抑情绪的被试做得很好。但是,情绪压抑会导致血压升高,以及更多的负面情绪体验(Butler et al. , 2003)。

另外,每种文化下的情绪表达规则有所不同,这些规则规定了人们应该表达出哪一种情绪(Matsumoto & Ekman, 1989)。例如,美国文化抑制男性表达悲伤等情绪;日本的传统文化则约束女性不得表现爽朗的笑容,西方女性则不受这种规范限制(Ramsey, 1981; La France, Hecht, & Paluck, 2003)。日本人还常以笑容和笑声来掩饰负面的情绪表情,他们与西方人相比面部表情较少(Aune & Aune, 1996)。在美国,面带微笑的人被看作是和善、友好和值得信赖的;但在日本和韩国,微笑有时会被认为对重要的事情态度轻佻(Dresser, 1994)。尽管美国人和中国人都把微笑的脸看作代表友好,但是,中国人还认为这些人缺乏自制力和镇静(Albright et al. , 1997)。因此,由于情绪混合、情境与表情的矛盾、人们压抑情绪表达和文化差异等原因,人们对面部表情的解读有可能会出错。

目光接触

在社会交往中,目光接触可以传递信息。例如,人们把来自他人的注视看作是喜欢和友好的表示(Kleinke,1986);而如果对方避免目光接触或转移目光,我们会认为他/她不友好、不喜欢自己,或是害羞(Zimbardo,1977)。虽然注视通常被理解为表达喜欢和积极情绪,但也有例外的时候。如果一个人不顾对方的反应持续注视他人,就会被认为是在瞪视(staring)。瞪视经常被理解为愤怒和敌意,被瞪视的人容易表现出攻击性(Ellsworth & Carlsmith,1973),人们对瞪视的反应可能是迅速中止交往甚至离开现场(Greenbaum & Rosenfield,1978)。为此,有学者建议,当发生道路冲突时,驾驶员应该避免与违反交通规则的驾驶员的目光接触,否则可能会导致对方的攻击行为,因为对方已经处于高唤起状态(Bushman,1998)。因此,目光接触可以表达相反的含义,情绪的正负取决于当时的情境。此外,关于目光接触的社会规范存在文化差异,一些文化(例如尼日利亚、波多黎各和泰国)认为直接的目光接触是不礼貌的,尤其是在面对地位较高者时,更是提倡避免直接目光接触(Aronson,Wilson,& Akert,2004)。

身体语言

由身体或身体某部分的姿势、位置或动作所提供的知觉线索叫做身体语言(body language)。身体语言经常暴露人们的情绪状态,大量的动作尤其是身体一部分对另一部分所做的触摸、摩擦、抓弄等动作,往往表明情绪的唤起。这些动作的频率越大,唤起或紧张水平越高(Baron & Byrne,2002)。较大幅度的动作,包括整个身体的移动,也能提供关于他人情绪状态甚至是表面特质的重要信息(Baron & Byrne,2002)。例如,有研究表明,在芭蕾舞中危险的、具有威胁性的角色更多表现出对角线状或直角的姿势,而热心的、富有同情心的角色则展示更多圆滑的姿势(Aronoff,Woike,& Hyman,1992);与收缩、封闭的姿势相比,扩张、展开的姿势代表更高的权力(Carney,Cuddy,& Yap,2010)。另外,手势也可以传达丰富的信息,一些手势在特定文化中具有清楚、易懂的含义。但需要注意,手势并不具有普遍性,每种文化下有自己独特的表达含义的手势,这些手势不一定能被其他文化下的人们理解,甚至可能被误解(Archer,1997)。例如,在美国,拇指与食指接触,其他手指竖起来的手势表示"好"或"没问题";在法国代表"零";在中东一些国家是猥亵的手势,类似于美国人竖起中指的意思。

个人空间

非言语沟通还可以通过运用个人空间来进行。通常,朋友比陌生人站的距离要近,希望使自己显得友好的人会缩短与他人的距离,彼此感到性吸引的人距离也比较近。人们能够意识到他人与自己的距离以及对自己是否有兴趣（Aiello & Cooper, 1972; Patterson & Sechrest, 1970; Allgeier & Byrne, 1973）。使用个人空间的规则具有文化差异（Hall, 1969）。例如，西方人感觉舒适的距离通常比东方人要远一些。

触摸

人们对触摸的反应取决于很多因素，包括触摸自己的人是谁，触摸的性质，触摸发生的情境，等等（Baron & Byrne, 2002）。根据这些因素，触摸可以表示爱情、性兴趣、控制、关心甚至攻击。研究表明，如果触摸是适当的，被触摸者会做出积极反应（Smith, Gier, & Willis, 1982）。握手是很多文化都接受的触摸陌生人的方式。研究表明，紧紧地握手可以给对方留下良好的第一印象；并且，握手还可以揭示人们的人格，由持续时间、紧握度、力量和活力构成的握手指数与人格的几个方面显著相关，例如开放性和外倾性（Chaplin et al., 2000）。不同文化中人们彼此碰触的频率有所不同，频率较高的文化例如中东、南美和南欧的国家，频率较低的文化例如北美、北欧、巴基斯坦等地区和国家。另外，同性之间亲密接触例如拉手、勾肩搭背，在美国等文化中很少见，而在韩国和埃及却是常见现象（Aronson, Wilson, & Akert, 2004）。

副语言

言语形式的变化被称作副语言（paralanguage），是指话语之外说话人声音中的所有变化，包括音调变化、音量大小、节奏、言语中的停顿等（Taylor, Peplau, & Sears, 2006）。副语言当中包含很多含义，尤其是情感意义（Banse & Scherer, 1996）。

非言语沟通的多种渠道

在日常生活中，社会交往通常同时通过多种渠道进行。有研究者考察了人们利用多种非言语线索的准确性（例如：Archer & Akert, 1980）。他们构建了一种非言语沟通解码任务，称作社会解释任务（social interpretation task, SIT）。社会解释任务由20幕自然发生的行为录像构成，被试观察并倾听真实人物的实际对话及其非言语行为。每一幕录像长度约一分钟，被试在看完这段真实的互动场景之后，回答关于其中人物或人物彼此间关系的问题。结果发现，非言语线索对于人们准确理解录像内容是不可或缺的，他们使用几种不同的非言语渠道来帮助自己选择正确答案。例如，他们注意录像中人物的声调、身体位置和姿势、目光接触、触摸等方面的不同（Archer & Akert, 1980）。另外，一些人在解读非言语线索方面的能力较强，例如外向的人表现更好（Lieberman & Rosenthal, 2001）；并且，女性比男性更善于解读和表达非言语行为（Rosenthal & DePaulo, 1979）。

·识别谎言

当人们说谎时,他们的面部表情、身体姿势和动作以及副语言等方面都会有所变化。研究者认为,当人们试图欺骗别人时,他们可能非常平静地说谎,但是非言语线索可能会暴露他们在说谎这一事实,这被叫做非言语泄露(nonverbal leakage)(例如:Ekman & Friesen, 1974)。当我们留意这些非言语线索时,就有可能成功地识别谎言。

谎言的非言语线索

第一种有效的线索是微表情,即瞬间闪现的面部表情。在一个情绪唤起事件之后,微表情迅速出现并且很难抑制(Ekman, 1985)。因此,密切关注微表情可以发现人们的真实感受。例如,当你询问某个人是否喜欢某本书时,你发现一个表情之后紧跟着另一个表情,例如瞬间的皱眉之后表现微笑,这就是说谎的信号。第二种线索是副语言线索。音调提高,比正常情况简短的回答,反应前的犹豫,更多的言语错误等,都是说谎的特征(Zuckerman, DePaulo, & Rosenthal, 1981; Stiff et al., 1989)。第三种线索是目光接触,说谎的人比说实话的人更经常眨眼、瞳孔更大;他们与人的目光接触水平较低或者较高,因为他们企图通过直视别人的眼睛来造成诚实的假象(Kleinke, 1986)。第四类线索是,说谎的人有时会表现出夸张的面部表情。例如笑得更多、更夸张,或者表现出超常的、过分的悲伤。第五类线索是不同的渠道之间表达不一致,这是因为说谎的人很难同时控制所有通道。例如,一个想要表现热情友好的人可能会微笑并与他人目光接触,但身体却远离而不是贴近别人(DePaulo, Stone, & Lassiter, 1985)。另外,当人们试图隐瞒或说谎时,他们可能可以控制言语内容和面部表情,但身体动作和副语言线索可能会泄露他们的意图。例如,与改变声调相比,说谎者能更成功地改变面部表情(Zuckerman et al., 1981)。

影响谎言识别的因素

尽管有如此多的非言语线索可供利用,但一般而言,觉察谎言并不如觉察真实信息的准确性那么高(DePaulo, 1992)。如果预先知道某人可能要说谎,是否能对觉察谎言有所帮助?答案很可能是否定的。当得知别人试图欺骗我们时,由于认知能力有限,我们只能关注他们的言语,或者只能关注他们的非言语线索,很难同时关注二者。并且,我们识别谎言的动机越高,就越可能仔细关注别人到底说了些什么,而没有留意能更好地揭示谎言的非言语线索。一项研究要求被试判断录像中的人是否在说谎,为了操纵动机,一半被试被告知回答情况代表其智力和社会技能水平,另一半被试则没有接受这样的指示语。结果发现,低动机组比高动机组被试判断的准确性更高(Forrest & Feldman, 2000)。可见,识别谎言的动机越强,效果反而越差。另外,从说谎者的角度看,当人们说谎的动机很强时,他们实际上更容易被觉察,原因是他们努力控制非言语行为而表现得不自然(DePaulo, Lemay, & Epstein, 1991)。

尽管我们识别相同文化的人们的谎言比识别其他文化的人们的谎言更为准确,但即使是对来自不同文化的人们的谎言,我们识别的准确性也高于随机猜测(Bond & Atoum, 2000)。也就是说,我们能够发现来自其他文化的人在说谎,非言语线索似乎不需要翻译。在别人说实话时,女性比男性更善于解读非言语线索,但是男性对谎言的觉察能力比女性强。这可能是由于女性比男性更礼貌,尽管她们有能力觉察谎言的非言语线索,但是在面对欺骗时,她们出于礼貌会关闭这项功能(Rosenthal & DePaulo, 1979)。有研究显示,在理解口头语言上存在严重缺陷的失语症患者,与正常控制组被试相比,在识别谎言方面准确率更高,其原因可能是前者能更好地识别面部表情线索(Etcoff et al., 2000)。

有研究者指出,无意识过程有助于谎言识别(Reinhard et al., 2013)。一系列实验显示,与被鼓励进行审慎的意识加工的被试相比,被阻止意识加工的被试探测说谎的准确率更高。这是由于无意识思维过程允许人们整合用于准确探测谎言的丰富信息(Reinhard et al., 2013;综述见:Street & Vadillo, 2016; ten Brinke, Vohs, & Carney, 2016)。

第2节 归因

人们经常试图理解他人行为背后的原因。当一个推销员夸你长得漂亮时,他是真心这样认为,还是只是在奉承你?你精心准备后去赴一个约会,但对方似乎对你不感兴趣,这是为什么?你看到一位父亲在责骂他的女儿,这是因为他脾气粗暴,还是因为女儿做了错事?人们经常思考事情为什么会发生,尤其是当一些预料之外的事件或消极事件发生时(Weiner, 1985)。正如开篇案例所示,在惊人的惨剧发生之后,人们对凶手行为背后的原因进行猜测和讨论。社会心理学家构建归因理论,描述人们解释自己和他人行为起因的方式。

· 内部归因与外部归因

海德(Heider, 1958)被公认为"归因理论之父",他对归因的讨论在现今的研究中仍占据一定的位置。海德认为,人们如同业余的科学家,以"朴素心理学"或"通俗心理学"的方式解释日常生活事件。他认为人们在尝试解释他人行为时,有可能做内部归因(internal attribution),即认为该个体的行为原因与其人格、态度或个性有关,也叫性格归因(dispositional attribution);也有可能做外部归因(external attribution),即认为该个体的行为原因与其所处的情境有关,也叫情境归因(situational attribution)。例如,当我们分析责骂女儿的父亲行为的原因时,如果认为这是由于父亲本人脾气粗暴或不善于管教孩子,就是在做内部归因;如果认为这是由于女儿与行为不端的男性交往,就是在做外部归因。这种简单的内部和外部归因二分法是海德最有价值的贡献之一,并且对人们的生活影响很大。

研究发现,已婚夫妻经常分析伴侣的行为,特别是对方的消极行为(Hewstone & Fincham, 1996)。婚姻美满的夫妻倾向于对伴侣的消极行为做外部归因("他之所以说话刻薄是因为他的工作压力太大"),而婚姻不幸的夫妻则对伴侣的消极行为做内部归因("他说话刻薄是因为他是个自私的混蛋"或"他说话刻薄是因为他根本不在乎我")。类似地,当伴侣表现出积极行为时,婚姻美满的夫妻倾向于做内部归因("他送花给我是因为他真心爱我"),婚姻不幸的夫妻倾向于做外部归因("他送花给我是因为碰巧有人给了他一束花")。这两种截然不同的归因模式对婚姻关系有很大的影响。将好事做内部归因、坏事做外部归因有助于促进关系,而相反的归因模式则会产生痛苦,破坏婚姻关系。

海德还认为,尽管内部归因和外部归因都有可能,但比较而言人们更偏好做内部归因。人们把注意力放在人身上,往往容易忽略情境,倾向于认为行为起因是个体的性格。海德提出的二分法和人们对内部归因的偏好影响重大,后续研究将对这两个问题不断进行探讨,下文还会进一步地讨论。

·对应推论

琼斯和戴维斯(Jones & Davis, 1965)提出对应推论理论(correspondent inference theory),描述了人们在什么样的条件下更容易从他人的行为推断其特质。他们指出,人们在对他人行为进行推理时,会考虑是否满足一些条件,如果满足则做性格归因,如果不满足则不认为行为代表这个人的性格。第一个条件是社会赞许性,社会赞许的行为往往不能清楚表明个体的性格,而低社会赞许的行为则可以揭示真正的个性。例如,如果一个人在工作面试中表现得友好和外向,我们很难确定他究竟是性格如此,还是为了获得工作而有意这样表现;但如果他在面试中表现得内向、害羞和退缩,我们可以更肯定地推测他确实性格内向。第二个条件是行为是否是自由选择的。自由选择的行为可以告诉我们一个人的内在特点,但如果是个体被迫做出的行动,我们很难知道个体真实的性格和态度。第三个条件是非共同效果(noncommon effects),即由某种特殊的原因而不是其他任何明显的原因所引起的效果。琼斯和戴维斯认为,我们应该关注他人产生非共同效果的行为,因为根据这些行为可以更多地了解他们。例如,假设一个你不太熟悉的朋友刚刚订婚,她的未婚夫长得很帅,性格很好,很富有,并且很爱你的朋友。通过她与这个人订婚这件事,你能够了解她什么呢?但如果她的未婚夫没有稳定的收入,性格特别讨厌,对你朋友也不太好,唯一好处就是长得帅。那么她与这个人订婚能告诉你什么?你可以肯定,她选择丈夫时更注重外表吸引力而不是性格和财富等其他因素。因此,根据琼斯和戴维斯的理论,在他人的行为是社会赞许性低的、自由选择的,以及产生非共同效果时,才能做出更准确的、关于他人性格特点的推断。需要指出,琼斯和戴维斯的理论阐述了在何种条件下,更适合根据他人行为推论其特质,或者说提出了有助于理性归因的建议。而人们实际的归因不一定满足琼斯和戴维斯所提出的条件,因而可能会出现偏差和错误,下文将会提及。

·共变模型

凯利(Kelley,1967,1973)认为人们在进行归因时,会注意并思考多种信息,他的归因理论被称为共变模型(covariation model)。凯利指出,为了对一个人的行为做出归因,人们对可能原因的存在与否和该行为的发生与否两者之间的模式,进行系统化的观察。在归因时,应该收集和检查三种重要的共变信息,分别是一致性(consensus)信息、独特性(distinctiveness)信息和一贯性(consistency)信息(Kelley,1967)。一致性信息是指对于相同的刺激,其他人做出与行为者相同行为的程度。独特性信息指的是,某个行为者对不同刺激做出相同反应的程度。一贯性信息是指在不同的时间和环境下,某项行为出现于同一行为者和同一刺激之间的频率。例如,假设你在一堂课上看到一名学生在睡觉,你会把他的行为归因为什么?根据凯利的理论,你应该思考三个问题:其他学生是否也在这堂课上睡觉(一致性信息)?这名学生在其他课程的课堂上是否也睡觉(独特性信息)?这名学生是否总在这门课程的课堂上睡觉(一贯性信息)?

凯利认为,结合这三种信息,我们就可以做出相应的归因。当行为的一致性和独特性都低,但一贯性高时,我们很可能会做内部归因。例如,如果其他学生在这堂课上不睡觉,这名学生在其他课程的课堂上也睡觉,并且这名学生总在这门课的课堂上睡觉,我们就会认为这名睡觉的学生是个懒惰、不认真听课的人。当行为的一致性、独特性和一贯性都很高时,我们很可能会做外部归因。例如,如果其他学生也在这堂课上睡觉,这名学生在其他课程的课堂上不睡觉,并且这名学生总在这门课的课堂上睡觉,我们就会认为原因出在这门课程上,有可能是课程比较乏味。当行为的一贯性低时,我们无法清楚地做内部或外部归因,我们会采取某种特殊的外部或情境归因,认为由于环境中的某种特殊因素导致了这一行为。例如,如果这是这名学生第一次在这门课的课堂上睡觉,我们会认为也许他昨晚有事没有睡好,导致今天上课时睡觉。结合这三种信息做出的归因见表2.1。

表2.1 共变模型:为什么这名学生在上课时睡觉?

一致性	独特性	一贯性	归因
低:其他学生在这堂课上不睡觉。	低:这名学生在其他课程的课堂上也睡觉。	高:这名学生总在这门课的课堂上睡觉。	内部归因:原因在这名学生,例如他/她懒惰。
高:其他学生在这堂课上也睡觉。	高:这名学生在其他课程的课堂上不睡觉。	高:这名学生总在这门课的课堂上睡觉。	外部归因:原因在这门课程。
低或高。	低或高。	低:这是这名学生第一次在这门课的课堂上睡觉。	特殊情况:特定时刻的某些因素导致。

共变模型假定人们以理性、逻辑的方式来进行因果归因。凯利的理论引发了大量研究来检验这一看法是否正确。结果证实,人们确实经常以共变模型所预测的方式进行归因(例如:Fösterling, 1989; White, 2002)。但是,存在两种例外情况。首先,人们并不总能拥有所有三类信息。第二,研究表明,独特性信息和一贯性信息对人们的因果归因影响较大,而一致性信息经常被忽略。在一个实验中,被试阅读了关于两个研究报告的信息,这两个研究报告的结果令人惊讶(Nisbett & Borgida, 1975)。例如,在一个研究中,15 名被试中有 11 名被试没有帮助一名明显疾病发作的病人,直到这名病人窒息。在被试阅读这些信息后,研究者要求被试评价救助病人研究中一名始终没有提供帮助的个体的行为,在多大程度上是由该人的个性因素决定的。结果发现,尽管被试得知研究中大多数人的行为反应是类似的,这种一致性信息却没有起作用,没有使得他们对个体的行为进行情境归因(Nisbett & Borgida, 1975)。另外一些研究也证实,人们在进行归因时更多依赖于独特性信息和一贯性信息(Wright, Luus, & Christie, 1990),独特性信息和一贯性信息对因果归因的影响是一致性信息的几倍(McArthur, 1972)。另外,凯利还探讨了一条影响因果归因的原则,叫做折扣原则(discounting principle)(Kelley, 1972)。折扣意味着,当其他潜在原因同时存在时,某个行为原因的重要性将降低。例如,一天早上你的老板表扬你的工作非常出色,你认为老板真心满意你的工作,心里非常高兴。吃过午饭后,老板把你叫去问你是否愿意承担一项额外的、非常困难的任务。现在你不再那么重视第一个可能的原因(老板真心满意你的工作),因为存在另外一个可能

的原因,即老板想让你同意承担额外的工作才表扬你。研究表明,折扣原则确实影响人们的归因(Morris & Larrick, 1995),但是它的作用并不十分普遍(McClure, 1998)。

总之,凯利理论的假定是人们理性地收集和分析信息,然后系统地、逻辑地进行因果归因。尽管人们的归因在一定程度上符合凯利的假设,但在很多时候人们的实际归因会偏离归因理论的预测,忽视一致性信息,以及出现错误和偏差,例如基本归因错误。

· 因果归因的其他维度

除了内部和外部原因之外,人们在归因时还会考虑其他维度:影响行为的因素是跨时间稳定的,还是随时间而变的? 这些因素是否是可控的,如果想改变或影响它们,是否可以做到(Weiner, 1993, 1995)? 这两个维度独立于之前讨论的内部和外部因素。行为的某些内部原因,例如人格特质和能力,是非常稳定的(Miles & Carey, 1997)。而某些内部原因则通常是易变的,例如动机、健康和疲劳。类似地,一些外部原因是可控的,例如如果愿意,就能够增加在工作上的努力程度;一些外部原因则是不可控的,例如残疾和慢性疾病。证据表明,在试图理解他人行为背后的原因时,人们会关注这三个维度:内部/外部、稳定/不稳定、可控/不可控(Weiner, 1985, 1995)。这些考虑也影响人们对一些重要问题的结论,例如某人是否应该为自己的行为负责任(Graham, Weiner, & Zucker, 1997)。

· 基本归因错误

在解释他人行为时,多数人都持有一种假定,即认为人们的所作所为根源在于他们的内在性格和特质,也就是他们是什么样的人,而不是他们所处的情境。这种推论人们的行为与他们的性格相一致的倾向叫做对应偏差(correspondence bias)(Jones, 1979)。而社会心理学家一再证实,社会情境对行为的影响非常巨大。人们在对他人行为进行归因时,高估内在性格因素、低估外部情境因素的倾向如此强烈,以至于被称作基本归因错误(fundamental attribution error)(Ross, 1977; Ross & Nisbett, 1991)。

在一项经典研究中,琼斯和哈里斯(Jones & Harris, 1967)让大学生阅读一篇短文,内容是支持或反对卡斯特罗在古巴的统治。研究者告诉一半学生,作者可以自由选择自己支持或反对的立场,告诉另一半学生,作者对于自己的立场无法选择,他被指定写支持或反对的文章。在前一种条件下,大学生可以确定地推测短文内容反映了作者的态度。而在后一种条件下,由于作者是按照指派的立场进行写作,因此文章内容不能反映作者的态度。但是,在这种情况下,被试还是倾向于认为,文章内容反映了作者的态度到底是支持还是反对卡斯特罗。被试只是做了一些小的调整,而对作者到底是支持还是反对卡斯特罗仍是根据其写作内容来进行评估,认为这反映了他们真实的想法(见图2.1)。

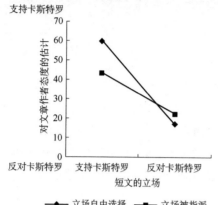

即使被试知道作者的文章主题是被指派的,他们也会假定作者所写的内容反映了其对卡斯特罗的态度。也就是说,人们对作者的行为会做内部归因(Jones & Harris, 1967)。

图 2.1　基本归因错误

在另一项实验中,研究者进行了一项模拟测验游戏(Ross, Amabile, & Steinmetz, 1977)。研究者随机指定一些大学生扮演考官,另一些大学生扮演考生,还有一些大学生充当旁观者。研究要求扮演考官的被试编制一些证明自己知识面丰富的难题,于是这些被试想尽办法出一些自己知道答案但别人很可能不了解的问题。结果很容易预料,那些扮演考生的被试难以回答出这些问题。最后,研究者要求所有被试对扮演考官和考生的被试的学识打分。在这样的情境中,提问一方显然是有利的。但是,扮演考生和旁观者的被试却给扮演考官的被试很高的分数,认为他们确实懂得很多(见图2.2)。

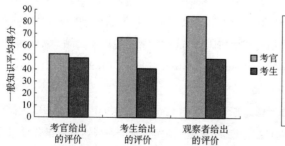

所有参加模拟测验游戏的考生和旁观者都认为那些扮演考官的被试懂得非常多的知识。实际上,这些学生只是因为扮演考官,才从表面上看显得更有知识。这种错误认识证实了基本归因错误(Ross, Amabile, & Steinmetz, 1977)。

图 2.2　对考官和考生一般知识的评价

将他人的行为归因于个性因素为什么会被称作基本归因错误？这并不意味着所有的内部归因都是错误的，因为有些时候人们的行为确实反映了其个性。然而基本归因错误的重点是，人们在解释他人行为时，倾向于低估或忽视情境的作用。有很多证据表明，社会情境对行为有非常大的影响，这也是社会心理学家关注的主题。但是，当将这样的证据呈现给人们时，例如告知被试，研究表明大多数人在时间匆忙时不会帮助需要帮助的人，被试仍然将一名个体的不帮助行为归因于个性(Pietromonaco & Nisbett, 1982)。这与前文所述人们忽视一致性信息的倾向是一致的。后续研究不断证实，即使行为很明显地受到环境的限制，人们还是坚持做内部归因(例如：Lord, Scott, Pugh, & Desforges, 1997; Newman, 1996)。归因的重要之处是它会影响人们对很多问题的看法和政治立场。例如，那些认为贫穷和失业是由个人原因造成(例如懒惰和不努力)的人们，通常不支持帮助这些人的政策；相反，那些将贫穷归因于社会原因(例如缺少机会、受歧视)的人们，则更支持给予穷人帮助的政策(Weiner, Osborne, & Rudolph, 2011)。

为什么人们会出现基本归因错误？原因之一是，当我们尝试解释他人行为时，我们注意的焦点往往是人，而不是周围的情境(Baron & Misovich, 1993)，并且影响他人行为的情境因素通常是我们看不到的(Gilbert & Malone, 1995)。因此，情境信息难以获得，而人却有很高的知觉显著性(perceptual salience)，容易成为注意焦点且貌似很重要，从而我们倾向于认为人是引起行为的唯一合理和符合逻辑的原因(Heider, 1958)。在一项研究中，2名男学生假装进行一段对话，实际上他们是实验者的同谋，对话完全是预先规定好的(Taylor & Fiske, 1975)。在每轮实验中，有6名真实的被试参加，他们坐在围绕对话两人的指定的位置上(见图2.3)。其中2名被试分别坐在2名对话者的两侧，他们可以清楚地看到2名对话者；另外4名被试分别坐在2名对话者后方，他们可以看到一名对话者的背面和另一名对话者的正面。通过这种安排，研究者操纵了被试可以看得最清楚的对话者，也就是视觉上最显著的人。坐在对话者两侧的被试(观察者1和2)能够清楚地看到对话者A和B，坐在对话者A后方的被试(观察者3和4)能够清楚地看到对话者B，坐在对话者B后方的被试(观察者5和6)能够清楚地看到对话者A。在2名实验同谋的对话结束之后，被试回答有关2名对话者的问题。例如，谁主导对话的进行以及谁选择谈论的主题？对话的结果如何？从被试的回答可见，他们看得最清楚的人，被他们认为对对话最有影响(见图2.4)。虽然实际上所有被试听到的对话是完全相同的，但只看到A正面的人(观察者5和6)，认为是A主导对话并选择谈话主题；只看到B正面的人(观察者3和4)，认为是B主导对话并选择谈话主题；而能够清楚地看到A和B的被试(观察者1和2)，认为两人共同主导对话。

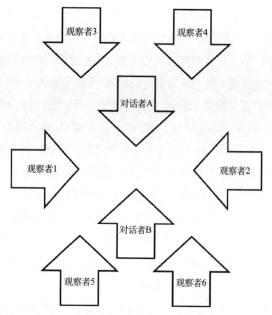

图 2.3 操纵知觉显著性的实验（Talor & Fiske，1975）

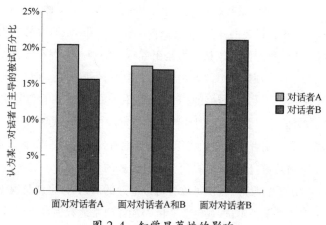

图 2.4 知觉显著性的影响

由于人们的注意焦点更多地放在人身上，而不是周围环境，并且环境很难看到或了解，所以人们普遍会低估或忽视环境的影响。这有助于解释为什么基本归因错误如此普遍。那么，为什么我们把注意焦点放到人身上，就会使得我们高估人对自身行为的决定作用？原因涉及在"社会认知"一章将会详细讨论的心理捷径之一，即所谓的锚定和调整启发式（anchoring and adjustment heuristic）。这里先做一个简单的说明，锚定和调整意味着人们在做判断时，从一个参考点开始，然后从这个参考点做出调整之后做判断（Tversky & Kahneman，1974）。问题在于有时参考点是武断和没有意义的，而人们的调整往往不够充分，过度地"锚定"在最初的参考点上。基本归因错误很可能是这一启发式的一项副产品。人们在进行归因时,经常会以自己注意的焦点作为起始点。例如,当我们看到某人文章中的观点强烈支持卡斯特罗的统治时,我们最初的倾向就是从个体的性格方面来解释,认为该人强烈支持卡斯特罗。但是,我们知道这个人的立场是被指定的而不是自己选择的,因此我们考虑到情境的作用,对我们的归因进行调整。然而,锚定和调整启发式的固有问题是调整不够充分。因而,在琼斯和哈里斯的实验中,即使被试知道作者无法自由选择文章主题,也仍然认为作者所写的内容在一定程度上代表了其自身的观点。也就是说,他们从短文主题代表作者观点这一起始点开始,进行了不充分的调整(Quattrone,1982)。

有研究者根据已有证据认为,人们在归因时经历的是一个两阶段的过程(Gilbert, 1989, 1991, 1993)。在第一阶段,我们首先做内部归因,即假定他人行为的起因是个性因素。在第二阶段,我们再试着考虑他人所处的情境,对这个内部归因进行调整,但是这一阶段的调整往往不够充分。通常第一个阶段的内部归因迅速且自发地进行,而第二个阶段根据情境进行的调整需要更多的努力和有意识注意的参与。因此,如果我们在解释他人行为时先入为主,或者忙于其他事情而无法集中注意力,或者不愿意想得太多,或者很疲倦等,就很有可能跳过第二个调整的阶段,直接做出极端的内部归因(Gilbert & Hixon, 1991)。而如果我们在做出最终的归因之前有意识地减慢速度并谨慎地思考,或者希望得到尽可能准确的归因,或者怀疑目标对象的行为时,我们就会进入归因过程的第二个阶段,对最初的内部归因进行一定的调整(Burger, 1991)。

需要注意,将行为归因于个体的内在因素并不见得一定是错误的。有些时候,将行为归因于内部因素是有效率的,并且具有一定的准确性(Gilbert & Malone, 1995)。但问题在于,即使在情境的作用非常清楚时,人们也会表现出这种偏差。例如,尽管我们知道被指定的立场不能代表作者或演讲者的真实观点,在测验游戏中担任考官是有优势的,我们仍然会犯基本归因错误,并且往往认识不到这种偏差的存在。另外,人们的归因随时间过去会发生变化。例如,在听到某人以某一指定立场辩论时,如果要求听众立即做出归因,人们会认为辩论立场代表了辩论者自己的观点,但在一周之后进行归因时,人们会更关注情境的作用(Burger, 1991)。另一项研究考察了投票者对总统选举结果的归因(Burger & Pavelich, 1994)。研究者发现,在选举结束后第二天,大部分人认为选举结果说明获胜者很有个人魅力或者其地位和身份比较特殊,而在一年后,只有三分之一的人将结果归因于获胜者的人格特质,大部分人更重视当时的情境因素。对六届美国总统选举的相关评论的分析发现,随着时间推移,人们越来越重视情境的影响(Burger & Pavelich, 1994)。

·行动者-观察者差异

人们的基本归因错误出现在对他人的行为进行归因时,而对自己的行为,人们则倾向于用情境因素来进行解释。这种在观察他人的行为时偏好做性格归因,在解释自己的行为时更重视情境因素的倾向,叫做行动者-观察者差异(actor/observer difference)(Jones & Nisbett, 1971)。例如,如果你看到一位母亲正在大声责骂她的孩子,你可能会觉得她教育孩子的方式有问题,不是个好母亲。但是,这位母亲自己却可能会觉得,工作和家庭的压力太大造成自己表现出这样的行为。

在一项研究中,研究者让男性大学生回答一些问题,回答这些问题需要对自己和自己最好朋友的行为做出解释(Nisbett et al., 1973)。例如一个问题是:"在过去的一年中,你为什么喜欢最常约会的女孩?"和"在过去的一年中,你最好的朋友为什么喜欢他最常约会的女孩?"研究者对被试的回答进行编码,从而确定他们的归因类型。例如,如果回答"她是一个非常轻松的人",这被认为是情境归因;而如果回答"我需要一个能够轻松相处的人",这被认为是个性归因。这项研究发现,被试在解释喜欢自己女朋友的原因时,他们给出情境原因的数量是个性原因的两倍;而当解释最好朋友喜欢女朋友的原因时,他们给出的情境原因和个体原因的数量大致相当。当被试回答选择自己专业和朋友选择专业的原因时,归因模式也类似:解释自己时,做出情境归因和个性归因的数量大致相等;而当解释朋友时,做出个性归因的数量是情境归因的4倍。综合这一研究的结果可见,个体用个性因素解释自己和他人行为的数量大致相同,但用情境因素解释自己行为的数量是解释他人的两倍。一篇综述性文章总结了行动者-观察者差异的研究结果,发现在绝大多数研究中,行动者和观察者都倾向于更多地进行个性因素的归因;而在进行情境归因时,与解释他人行为相比,人们更愿意对自己的行为进行情境归因(Watson, 1982)。人们在预测自己对未来事件(例如得知成绩或总统选举的结果)的情绪反应时,很容易忽略自身人格特质(例如幸福感、神经质和乐观)的作用(Quoidbach & Dunn, 2010)。

造成这种行动者-观察者差异的原因之一仍是知觉显著性(Jones & Nisbett, 1971)。当我们观察他人时,人是注意的中心,情境被忽视;而当我们观察自己时,注意是向外的,指向周围的其他人、物体和事件等,而对自己没有那么多的注意。因此,行动者和观察者在解释行为原因时,分别受到对各自而言最显著和突出的信息的影响:对观察者而言,显著的是人,因而做内部归因;而对行动者而言,显著的是情境,因而做外部归因(Malle & Knobe, 1997; Ross & Nisbett, 1991)。如果行动者-观察者差异的原因是对二者而言显著的信息的不同,那么,让二者交换位置可能会影响归因。在一项研究中,研究者录制了一段录像,其中有两个被试完成一段初次见面的对话,同时有两台摄像机完成录像工作(Storms,1973)。这一研究发现,随后没有观看谈话录像和观看的录像与自己原来的角度相同的被试,出现行动者-观察者差异;但是,有一组被试在谈话后观看自己对面的摄像机拍摄的录像,结果这组被试的归因刚好反了过来,他们当中的行动者对自己的行为做性格归因,而当中的观察者对行动者的行为做情境归因。可见,视角的不同会显著影响个体的归因(Storms,1973)。

行动者-观察者差异的第二个原因是,行动者比观察者掌握更多关于自己本身的信息。行动者知道自己因为什么事情而做出某种行为,也清楚自己的行为在不同时间和不同情境下的变化(Baxter & Goldberg,1987; Malle & Knobe,1997)。例如,你作为一名老师在课堂上非常健谈和活跃,那么你的学生很可能会对你做出个性归因,认为你很外向。但实际你知道自己在不同情境中的表现是不一样的,上课或与朋友在一起时表现很外向,而与陌生人在一起时则会很害羞。因而,你作为行动者认为自己是随情境变化的,而学生作为观察者则认为你是一个外向的人。并且,我们越是缺乏在不同情境下观察他人行为的机会,就越容易将其行为归因于个性(Gilovich,1987)。当要求被试看某个人的录像带,并让被试向别人描述录像带中人的行为时,二手的印象更极端(Gilovich,1987)。部分原因是由于重述使得个体将注意集中在人而不是环境身上(Baron et al.,1997)。类似地,人们从朋友那里听说后形成的对某人的印象,通常比朋友对该人的第一手印象更极端(Prager & Cutler,1990)。如果对某些人直接观察,最好是在不同情境下对他们进行观察,可以使我们对他们所处的情境更加敏感(Idson & Mischel,2001)。而对那种我们不了解或间接听说的陌生人,我们更容易进行特质归因。

有些时候,行动者-观察者差异会减弱。例如,当他人的行为使我们产生移情时,我们有可能会根据情境因素解释他人行为(Regan & Totten,1975)。不过,移情并不总是会发生。

·自利性归因

假设你拿到期中考试的考卷之后,发现自己的成绩是 95 分。你会用什么来解释这个好成绩? 你很可能会拿内部原因来解释:你很聪明,你付出了很多精力来学习,等等。而如果你发现自己得了 65 分呢? 你很可能会关注外部因素:考试太难,老师评分不公平,等等。这种将自己的成功归因于内部、性格因素,将失败归因于外部、情境因素的倾向,叫做自利性归因(self-serving attributions)(Miller & Ross,1975)。在职业体育比赛这一领域中,经常可以看到自利性归因。在比赛取胜之后,运动员和教练将其归因于内部因素,例如运动员能力高,而将失败归因于外部因素,例如运气差，裁判不公平，对手发挥太好，等等（Lau & Russell, 1980; Lalonde, 1992）。哪些人更有可能做自利性归因？研究者考察了运动员的技巧、经验、运动种类（个体运动还是团体运动）等因素对归因类型的影响（Roesch & Amirkhan, 1997）。他们发现，经验较少的运动员比经验丰富的运动员更多地做自利性归因，技艺高超的运动员比能力较差的运动员更多地做自利性归因，个体运动的运动员比团体运动的运动员更多地做自利性归因。

在婚姻关系中，存在一种性质类似的归因偏差。1979年，心理学家罗斯和西科里进行了一项研究，要求37对夫妇完成一份关于双方关系的调查问卷（Ross & Sicoly, 1979）。问卷的内容是要求双方评估，他们在20项活动中所承担的责任，这些活动包括做饭、洗碗、清理房间、照顾孩子、沟通情感等。结果发现，在其中的16项活动中，如果将夫妻双方认为自己所承担的责任比例相加，所得数值超过了百分之百，研究者将其称为归因中的自我中心偏差（egocentric bias），指的是对于与他人共同完成的结果，个体认为自己承担了更多的责任。

其他研究也不断证实，司机、政治家、公司主管、企业员工、学生、教师等都表现出自利性归因（Kingdon, 1967; Davis & Stephan, 1980）。例如，公司主管将利润上升归因于自己的管理能力，将利润下滑归因为经济不景气；政治家将选举胜利归因于自己的声誉和策略，将选举失利归因于自己无法控制的因素；等等。自利性归因在很多时候会造成人际冲突，例如夫妻关系不和谐，员工间彼此抱怨，谈判时互不相让等（Kruger & Gilovich, 1999）。不过在有的时候，自利性归因具有适应意义。例如，将被解雇归因于外部因素的工人会更努力地寻找工作，并且更容易找到新工作，而把失业归因于内部原因的工人则正好相反（Schaufeli, 1988）；将成功归因于自身的稳定特点，可以使人们更容易在未来尝试类似的任务（Taylor & Brown, 1988）。

人们进行自利性归因有多种原因，多数研究者认为，动机因素和认知因素的结合导致了这一归因偏差。例如，错误的期望，对成功的渴望，对自尊的保护等。从动机的角度看，通过找到对自己有利的因果关系，可以保持或提高自尊（Snyder & Higgins, 1988）。另外，由于人们非常关注如何在别人面前表现自己，通过将失败的结果归因为外部因素，可以为自己保持脸面（Weary & Arkin, 1981）。最后，由于人们期望成功，因此造成了信息加工的某种倾向，导致自利性归因（Ross, 1977）。

· **防御性归因**

在我们拥有的各种自我认识当中，有关我们自己难免一死以及灾难可能会发生在我们身上的认识，是最难以接受的（Greening & Chandler, 1997）。当悲剧事件例如强奸、绝症、致命意外等发生时，即使是发生在陌生人身上，它们也会让我们惊慌。

这些悲剧提醒我们,既然它们会发生在别人身上,那么它们也会发生在我们自己身上。因此人们会采取各种办法否认这些事实,方法之一是进行防御性归因(defensive attributions),也就是使我们不受脆弱以及难免一死等感受困扰的解释。

防御性归因的一种形式是不切实际的乐观(unrealistic optimism),即认为好事比较可能发生在自己身上,而比较不可能发生在别人身上;坏事则比较可能发生在别人身上,而比较不可能发生在自己身上(Regan, Snyder, & Kassin, 1995)。早期研究表明,在其他条件相同的情况下,个体认为正性结果发生的概率比负性结果要高(Irwin, 1953)。而当涉及自身生活中的正性和负性事件时,这种趋势更加明显。一项研究要求大学生回答,与同性别的其他同校学生相比,一些事件发生在自己身上的概率(Weinstein, 1980)。这些事件包括拥有自己的房子,喜欢毕业后的工作,活过80岁,有酗酒问题,离婚,无法生育,患心脏病,遭遇枪击等。结果发现,平均而言,大学生认为自己经历正性事件的概率比其他人高15%,而经历负性事件的概率比其他人低20%。人们在许多领域中都表现出不切实际的乐观,例如女性对患乳腺癌的态度和男性对患前列腺癌的态度(Clarke et al., 2000),毒品使用者对自己过度使用药物的危险的态度(McGregor et al., 1998),赌徒对自己赢得彩票的态度(Rogers, 1998),以及摩托车驾驶员对自己发生严重事故的态度(Rutter, Quine, & Albery, 1998),青春期后期的年轻人对自己被艾滋病感染的态度(Abrams, 1991),人们对自己遭遇地震的态度(Burger & Palmer, 1991),成为犯罪中的受害者的态度(Perloff & Fetzer, 1986),等等。另外,人们对与自己关系亲密的人的未来的看法也很乐观。例如,当要求大学生评价自己、好朋友以及一个偶然相识者,在未来经历大量积极和消极事件的可能性时,他们非常乐观地看待自己和好朋友的未来,而对一个偶然相识者未来的看法则要悲观得多(Regan, Snyder, & Kassin, 1995)。不过,近年有研究者指出,不切实际的乐观的现有研究存在一些方法学上的问题,需谨慎解读(Harris & Hahn, 2011)。

研究发现,乐观与心理健康存在正相关(Armor & Taylor, 1996)。例如,当要求学生评价自己和同校的其他学生将来经历各种积极和消极事件的可能性时,非抑郁被试认为自己的未来比一般人的未来更美好,但抑郁被试则刚好相反(Pyszczynski, Holt, & Greenberg, 1987)。但是,不切实际的乐观也会带来不利的后果。由于相信自己总能免于不幸,人们往往不去采取应有的预防措施,从而导致糟糕的结果。例如,过分乐观的学生倾向于在考试前不做充分的准备(Goodhart, 1986),相信自己与他人相比不太可能怀孕的女大学生不愿意采用避孕措施(Burger & Burns, 1988),被殴打过的女性对重回虐待过她们的男性身边所冒的风险有不切实际的乐观态度(Martin et al., 2000),那些结婚时相信自己将来离婚的可能性是零的伴侣,有一半以离婚告终(Baker & Emery, 1993)。

防御性归因的另一种形式是公平世界的信念(belief in a just world),即相信善有善报,恶有恶报(Lerner, 1980)。人们不断地从媒体中看到各种不幸,这意味着这些不幸也可能发生在自己身上。处理这些信息的一种方法是,相信坏事只发生在坏人身上,或者至少只会发生在那些做出愚蠢行为或决定的人身上。我们是好人,我们不会那样愚蠢和不小心,因此坏事不会发生在自己身上。在一项研究中,以抽签的方式选择一名被试参与记忆任务,其余被试作为观察者(Lerner & Simmons, 1966)。当这名抽中者的记忆出现错误时,就要接受电击。当观看受害者接受十分痛苦的电击之后,研究者让观察者对其进行评价。结果发现,当观察者无力改变受害者的命运时,他们经常会否定和贬低受害者。公平世界的信念也来自我们从小接受的教育,认为人们得到他们应得的,这也导致对不幸者的贬低。

很多研究都发现,犯罪或意外的受害者常被认为是咎由自取,这称作"责怪受害人"(blaming the victim)现象(Walster et al., 1966)。一项研究让被试阅读有关一位男性和女性交往的详细描述,例如一位女性与上司约好共进晚餐,她来到上司的家,每人喝了一杯红酒。一半被试阅读的故事有一个好的结局:"他把我带到沙发旁,握着我的手向我求婚。"这些被试不认为这个结局有什么奇怪的地方,并且十分赞赏男女主人公的表现。另外一半被试阅读的故事结局则完全不同:"他随后变得十分粗暴,把我推倒在沙发上,强奸了我。"当看到这种结局时,被试认为它在所难免,并且指责那位女性在故事前段的行为非常不妥(Carli & Leonard, 1989; Carli, 1999)。因此,那些相信公平世界的人,认为被强奸的受害者一定行为轻佻(Abrams et al., 2003),遭受虐待的配偶一定是因为犯错才挨打(Summers & Feldman, 1984),穷人注定过不上好日子(Furnham & Gunter, 1984),生病的人应该为他们的疾病负责(Gruman & Sloan, 1983),失败者能力较差(Baron & Hershey, 1988)。通过使用这样的归因方式,人们相信不幸和失败不会发生在自己身上,从而不必为自己的安全忧虑。

·文化与归因

研究者曾经认为,基本归因错误、自利性归因以及防御性归因等归因偏差具有普遍性,任何地区的人在归因时都会使用这些认知捷径(Norenzayan, Choi, & Nisbett, 1999)。但是,社会心理学家越来越关注文化对社会行为的作用。由于情境对个体行为影响很大,文化也可以被认为是一种强大的情境力量。北美和西欧的很多国家强调个人自主,个体被认为是独立的、自治的,行为反映了其内在特点、动机和价值观(Markus & Kitayama, 1991)。而东亚、非洲和中南美的很多国家则强调群体,个体从自己所属的社会群体中获得自我感。因此,两种文化下人们的归因方式很可能存在差异。

归因的文化差异

如前所述,使用西方被试进行的研究不断证实基本归因错误的存在,即人们倾向于将他人的行为归因为个性因素。一种可能是,强调个人自由和自主的个人主义文化通过社会化过程,使得其成员学会从性格而不是情境中寻找原因(Dix, 1993)。相反,在强调群体成员身份、相互依赖以及服从群体规范的集体主义文化中,社会化过程可能教导成员用情境而不是个体原因来解释行为(Triandis, 2001; Markus & Kitayama, 1991)。不同的社会化过程可能造成的一个结果是,集体主义文化中的人们比个体主义文化中的人们表现出较少的基本归因错误。很多研究者对这一假设进行了检验。

在琼斯和哈里斯(Jones & Harris, 1967)的经典实验之后,很多研究利用这一实验的变式进行了文化间比较。在这一实验设计中,被试阅读一篇文章,文章作者的立场是被事先指定的,随后要求被试对作者的真实立场进行评定。结果在美国被试中发现了基本归因错误,他们认为作者所表达的态度就是其真实的态度;而韩国、日本和中国被试也认为作者的文章表明了其真实的偏向(Choi & Nisbett, 1998; Krull et al., 1999)。但是,当情境因素更加突出时,两种文化的差异出现。研究者让被试经历与他们将要对其做出判断的目标人物相同的过程,以此来使情境信息更加突出。与目标人物一样,被试在写文章时也被指定了一个不是自己自由选择的立场。最后,让被试对目标人物的态度做出判断,这时他们应该认识到目标人物与他们自己经历过的一样,被情境所限制,因此所写的文章不代表其真实的态度。结果发现,在对目标人物做判断时,美国被试仍然犯基本归因错误,仍旧认为文章揭示了一些关于目标人物真实立场的信息;而在集体主义文化中,被试将情境信息考虑在内,对目标人物做出的内部归因大大减少(Choi & Nisbett, 1998; Choi, Nisbett, & Norenzayan, 1999)。

在另一项研究中,研究者分析了两则刊登在报纸上的发生在美国的大规模谋杀事件,一个案件的凶手是一位中国研究生,另一个案件的凶手是一名白人邮政工人(见开篇案例)。结果发现,英文报纸比中文报纸更多地将两名凶手的行为归因于性格因素(Morris & Peng, 1994)。还有研究者比较了印度和美国人对常见事件的解释,发现印度人更关注外部背景,美国人则倾向于进行内部归因(Miller, 1984)。例如,一位美国人对邻居的逃税行为的解释是:"她就是那种人,总想压过别人。"而一位印度人对一名欠债者的解释是:"他失业了,他没有办法还钱。"这项研究的被试包括8岁、11岁、15岁的未成年人和成年美国人及印度人,要求被试解释一个认识的人的行为,有些行为带来好结果,有些行为带来坏结果(Miller, 1984)。他们发现,印度人所做的情境解释是美国人的两倍,美国人所做的性格归因是印度人的两倍;归因负面行为比归因正面行为的差异更大,这可能是由于人们认为正面行为或亲社会行为对性格的诊断性较差。并且,文化差异随着社会化逐渐增加:美国和印度儿童之间的相似性高于两国的成年人;随着年龄增长,美国人的性格归因增多,而印度人的性格归因数量不变。

在描述相识者时,印度人的描述包含情境,提到角色、社会身份和职业;美国人的描述通常缺乏情境,只包含抽象的人格特质(Shweder & Bourne, 1982)。在要求被试用以"我是……"开头的20条陈述描述自己时,美国被试使用抽象的人格特质(例如"我是好奇的"、"我是真诚的")的数量是日本被试的3倍;日本被试对自己的描述更多反映了社会身份(例如"我是一名京叶学生"),或者提到特定的情境(例如"我是一个在周五晚上玩麻将的人")(Cousins, 1989)。也就是说,日本人的自我描述是情境化而不是抽象的,是特定的而不是一般性的;在韩国、中国等东亚国家也有类似发现。另外,美国人无意地从行为推断人格特质,甚至都没有觉察到自己在这样做,这叫做自发特质推理(spontaneous trait inference)(Newman, 1993)。而在与东亚文化类似的西班牙文化中,没有发现自发特质推理。甚至在对动物行为和物理运动的解释上,也存在东西方差异。当要求解释一条鱼游离鱼群的行为时,中国被试倾向于提到外部因素,美国被试倾向于提到内部因素;当看到物体因水力、磁力或空气动力而运动时,美国被试更多地认为该物体的运动是由内部因素引起的(Morris & Peng, 1994)。

总结已有研究可以认为,基本归因错误在所有研究过的文化中都存在(Krull et al., 1999)。但是,在集体主义文化中,由于人们的文化价值观和经验的影响,他们可能会抑制这种性格归因的倾向,与个人主义文化中的人相比,他们在归因时更有可能考虑到情境信息,特别是在情境信息非常突出以及备受关注时。集体主义文化中的人们并非不进行性格归因,而是更有可能注意到情境对行为的影响(Choi, Nisbett, & Norenzayan, 1999)。从前面讨论的归因两阶段过程来看,各种文化下的人们可能都从同一个起始点出发,自动地对他人做出性格归因,表现出对应偏差。而在第二个阶段,集体主义文化中的人们会查看情境,他们将情境考虑在内,从而对自己最初的归因进行修改,而个人主义文化中的人则倾向于跳过第二个阶段,从而保持了最初的性格归因(Choi et al., 2003; Knowles et al., 2001)。

在对行动者-观察者差异的考察中,研究者发现,在对作为行动者的自己进行归因时,美国和韩国被试没有太大差异,他们对自己都做出了情境归因;差异出现在作为观察者对他人进行归因时,美国人更有可能认为他人的行为是由其性格引起的,而韩国人更有可能认为他人的行为是由情境引起的(Choi & Nisbett, 1998)。其他研究考察了自利性归因,发现这一偏差的强度随文化的不同有所差异,与强调个人自主的文化相比,它在那些强调群体和谐的文化中表现较弱(Oettingen, 1995)。中国传统文化重视谦虚和人际和谐,并不鼓励将成功归因于自己,而是归因于他人例如老师或父母,或者学校的教育质量等情境因素(Bond,1996)。而西方国家则强调个人成就,鼓励对成功的内部归因。研究表明,美国学生更多地将成功归功于自己,而中国学生和美籍华人则更多将成功归因于情境因素(Lee & Seligman, 1997)。对失败的归因则相反,美国人从情境中寻找原因来解释失败,而中国人则将失败归结为内部原因(Anderson, 1999)。并且,日本学生与加拿大学生相比,较少表现出不切实际的乐观(Heine & Lehman, 1995)。公平世界的信念也存在文化差异。有研究者认为,在一个大多数人都相信公平世界的社会中,经济和社会不平等会被看成是"公平"的(Furnham, 1993)。在这些社会中,人们相信穷人和弱势群体之所以所得较少,是因为他们本来应该得到的就少。因此,公平世界的信念可以被用来为不公平进行辩护。研究表明,与贫富分化不那么明显的文化相比,在贫富分化极端严重的文化中,公平世界归因更常见(Dalbert & Yamauchi, 1994; Furnham, 1993)。例如,印度和南非的被试在公平信念量表上的得分比美国、澳大利亚、中国香港和津巴布韦被试要高,而得分最低即最不相信公平世界的是英国人和以色列人(Furnham, 1993)。

文化差异的原因

从上述讨论可见,因果归因的文化差异相当明显,在采用不同物体和事件的多种研究范式中都得到证实。这种差异的焦点在哪里?根据两阶段的归因理论,人们首先进行不费力的(effortless)性格推断,然后进行费力的(effortful)情境纠正(Gilbert, 1993)。那么,文化差异可能来自:东亚被试先情境推理然后性格纠正,美国被试先性格推理然后情境纠正;或者,东亚被试与美国被试的性格归因类似,而东亚被试所做的情境纠正多于美国被试;或者,最初的性格归因就是东亚被试比美国被试弱(Choi, Nisbett, & Norenzayan, 1999)。总结已有跨文化研究证据可见,更有可能的是第二种情形:东亚被试所做的情境归因较强,而性格归因方面东亚被试与美国被试类似。

在日常生活中,人们经常根据一个人过去行为的信息,预测这个人未来的行为。而人格特质也可以用来预测未来行为。研究发现,美国被试根据(即便是少量的)他人过去行为的信息对未来行为做出自信的预测,并且高估人格特质的预测效力(Kunda & Nisbett, 1986)。在一个研究中,给被试提供一名行动者在一个过去情境中的行为的信息,要求美国被试和中国被试对这个人未来的行为进行预测(Norenzayan, Choi, & Nisbett, 1999)。在一种条件下,被试阅读两名目标个体在一个具体行为上的个体差异信息,该差异暗示一种人格特质但没有提到特质词,然后要求被试预测他们相信这一个体差异也会反映在另一种行为(这种行为意味着同一特质)上的程度。在另一种条件下,被试阅读类似的基于个体差异信息的行为描述,但描述中提到明确的特质(例如"乐于助人"),然后预测他们相信这一个体差异在未来会保持稳定的程度。结果表明,东亚被试与美国被试一样使用人格特质来预测未来行为,根据具体行为信息来推测跨情境的行为稳定性,他们也会进行自发特质推理(Norenzayan, Choi, & Nisbett, 1999)。

尽管有些时候东亚被试和美国被试都犯基本归因错误,未考虑情境因素的作用,但是,当突出情境信息时,文化差异很明显,东亚被试比美国被试更能认识到情境因素的影响,美国被试依然忽略非常突出的情境信息(Choi & Nisbett, 1998)。这个研究在前文已经介绍过。在另外的研究中,研究者让被试了解一名目标个体在环境保护问题上主张一种或另一种立场(Masuda & Kitayama, 1996; Gilbert & Jones, 1986)。在标准的无选择条件下,研究者告诉被试,由于实验需要两种态度立场之一的录像,目标个体被要求在录像机前读支持一种立场的短文。在这种条件下,美国被试和日本被试都表现出基本归因错误。在另一种条件下,两名被试一起参加实验,其中一名随机选择的被试从两个相同的信封中做出选择,信封里包含将由目标个体读的短文。然后,目标个体在一个录像机面前读被试选择的短文,另一名被试观看了整个过程。在这种条件下,美国被试依然表现出基本归因错误,而日本被试的基本归因错误完全消失。可见,当情境特征突出时,日本被试与美国被试表现出显著差异,前者比后者更有可能考虑情境限制的作用。

基本归因错误的文化差异与不同文化下人们持有的关于人类行为原因的通俗理论(folk theory)相一致。研究者询问被试,他们同意描述人类行为的三种不同哲学的程度(Norenzayan, Choi, & Nisbett, 1999)。一种是强烈的性格主义哲学,认为"人们如何行为主要由他们的人格决定";第二种是强烈的情境主义哲学,认为行为"主要由情境决定";第三种是相互作用主义(interactionist)哲学,认为行为"总是由人格和情境共同决定"。结果发现,韩国和美国被试赞同第一种哲学的程度类似;但是,韩国被试赞同情境主义哲学和相互作用主义哲学的程度强于美国被试。因果归因上的文化差异也与不同文化中人们对人格的看法相一致。研究者给被试施测一份量表,它测量人们对两种不同人格理论的同意程度(Norenzayan, Choi, & Nisbett, 1999)。一种理论是实体(entity)理论,相信行为是由相对固定的内部倾向例如人格、智力、道德品质决定的;另一种是增长(incremental)理论,认为行为依赖于情境,任何内部倾向都有可能发生变化。韩国被试在很大程度上否认实体理论,而美国被试赞同实体理论和增长理论的程度相同。

为什么东方人比西方人更能认识到情境的影响?人种学、历史学、哲学等许多领域的学者认为,至少从公元前6世纪开始,西方与东方(特别是中国和受中国影响较大的文化)的知识传统就很不一样。古希腊人持分析(analytic)思想,焦点是根据客体的属性对其分类,利用与它的类别成员身份有关的规则来解释它的行为。而古代中国人持整体(holistic)思想,他们对客体存在的场(field)很感兴趣,倾向于根据客体与场的关系来解释它的行为(Norenzayan & Nisbett, 2000)。相应地,古希腊和中国的科学和数学分别的强项和弱项差别很大：古希腊科学寻找解释事件的普遍规律,关注根据客体的本质来分类；中国科学更实用和具体,不关心基础或普遍法则。现代的东亚人与古代中国人类似,关注场和情境在决定事件上的作用。西方文明则受古希腊影响,主要关注客体。不同文化对场和客体的差异性关注得到了研究证据支持。与这种区别有关的一个概念是场依存(field dependence),即难以将客体与它所处的场或环境区分开来。测量场依存通常采用棒框测验(rod-and-frame test),被试需要把一个矩形框架中的小棒调整为竖直的,且周围没有其他参照物。如果框架的朝向影响被试对小棒的竖直判断和调整,说明被试是场依存的,如果不影响,说明被试是场独立的。跨文化研究表明,东亚被试比美国被试场依存的程度高(Ji, Peng, & Nisbett, 2000)。

那么,为什么西方人发展出分析式认知,东方人发展出整体式认知？也许原因主要在于生态和经济因素(Nisbett et al., 2001)。在中国,人们比欧洲人早几百年从事密集的农业活动。农民需要彼此合作,并且农业限制了人们的迁移,人们需要维持和谐关系和大量合作,社会本质上是集体主义的。在中国,人们对社会环境的注意可能推广到对世界的整体式理解。在古希腊,山脉延伸到海洋,地理条件造成大规模农业不太可能存在。人们通过养殖动物、捕鱼和贸易为生。这些职业不那么需要密切合作,因此希腊人是高度个人主义的。个人主义鼓励只注意客体和与客体有关的目标,社会环境可以被忽略。因此,整体认知和分析认知分别源自历史上的集体主义和个人主义取向。这一观点得到了研究支持：当前的农民比猎人和工业化人群更加场依存；在紧密的社会约束下生活的美国种族群体比其他群体更加场依存；重视社会关系协调的个体比不关注社会关系的个体更加场依存(Witkin et al., 1974)。

尽管跨文化研究发现了动机、认知、思维方式等方面的文化差异,但这些差异并非是静态和一成不变的。通过一些启动任务,可以让东方人和西方人都转向或者更为个人主义,或者更为集体主义的思维方式(Oyserman & Lee, 2008)。研究显示,当处于中性条件下时,中国人的思维方式更为整体,与西方文化下的分析思维方式有所区别(Zhou et al., 2012)。但是,在经受短时的控制感剥夺之后,中国被试转向分析式思维,并且这有助于恢复控制感。

· 归因与抑郁

多种因素与抑郁有关,其中之一是人们对生活事件的归因,这些归因影响抑郁的产生、严重程度和持续时间的长短。与大多数人表现的自利性归因偏差不同,抑郁的人倾向于采用相反的归因模式。他们将消极的结果归因于持久的内部原因,例如性格或能力的欠缺,将积极的结果归因于暂时的外部原因,例如运气好或他人对自己的特别帮助。因此,这些人感觉难以控制发生在自己身上的事情。

抑郁的归因模型来源于一项动物研究,研究中一些狗反复遭受无法逃避的电击(Overmier & Seligman, 1967)。随后,这些狗即使处在可以逃脱电击的情况下,也不会采取行动帮助自己,而是被动地忍受电击,表现出动机缺失。这些狗似乎认为没有什么能让自己减轻痛苦,这种错误的知觉被称为习得性无助(learned helplessness)(Maier, Seligman, & Solomon, 1969)。塞利格曼将习得性无助的观点应用到人类研究中,他认为,当人们感觉自己无法控制重要的生活事件时,抑郁就产生了(Seligman, 1975)。根据塞利格曼的看法,抑郁症患者患病的部分原因可能与他们生活中有过重大的失去控制力的经历有关。但是,并非每个人在失去了一次重大的控制力之后都会变得抑郁。因此,塞利格曼等人在 1978 年修正了习得性无助理论,加入人们对这些事件的归因(Abramson, Seligman, & Teasdale, 1978)。他们认为,当人们感到无法控制重要的生活事件,以及将这些事件归因为内部的(是自己的原因而不是环境的原因)、稳定的(不是暂时的而是永久的)和涵盖一切的(这会影响生活的各个方面而不仅仅是这一个方面)原因时,抑郁就产生了。一些人具有消极的归因风格,即倾向于将消极事件归因于内部的、稳定的、涵盖一切的原因。这种消极的归因风格造成这些人在消极事件发生时容易产生抑郁(Abramson, Seligman, & Teasdale, 1978; Peterson & Seligman, 1984)。

针对抑郁的归因模型,有足够证据表明抑郁者比不抑郁者更倾向于对消极结果做出内部的、稳定的、涵盖一切的归因(Brewin, 1985; Peterson & Seligman, 1984)。这些证据来自:实验室研究,被试对实验条件下诱发的挫折进行归因(Kuiper, 1978);现场研究,人们对自然发生的消极生活事件做出归因(Zautra, Guenther, & Chartier, 1985);档案数据,从日记、其他书面或口头材料中收集对消极事件的归因(Peterson, Luborsky, & Seligman, 1983);以及问卷调查研究,对一般性归因风格的评估(Peterson & Seligman, 1984)。塞利格曼等人编制了一套归因风格问卷,其中包括 6 个假设的积极事件和 6 个假设的消极事件(Seligman et al., 1979)。研究者总结被试对这些事件的归因,并比较抑郁被试和非抑郁被试的回答。结果显示,与抑郁被试相比,非抑郁被试对积极事件更倾向于做出内部的、稳定的、涵盖一切的归因,对消极事件的归因则刚好相反(Seligman et al., 1988)。研究者还考察了在与成就有关的事件上归因风格不同的大学生,对糟糕的考试成绩如何做出反应(Metalsky, Halberstadt, & Abramson, 1987)。结果发现,刚得知成绩时,所有大学生的情绪反应完全取决于他们的成绩,但是在两天后,那些考得差且具有消极归因风格的学生,更有可能继续保持抑郁情绪。

因此,消极的归因风格是可能会引起抑郁的一种高危因素。一些新的治疗方式着重改变抑郁者的归因,让他们对成功的结果自信,并停止为消极结果尤其是不可避免的消极结果自责,转而把某些失败看作是不可控的外部因素的结果。这些治疗方式确实取得了一定的成功(Bruder et al., 1997;Robinson, Berman, & Neimeyer, 1990)。

第3节 印象形成

印象形成(impression formation)指的是我们对他人形成印象的过程。当我们看到一个人的照片,遇到一个人,阅读关于某人的描述等的时候,就会迅速形成对该人的印象。对我们而言,对他人形成某种印象似乎是一种自然且不可避免的认知活动,而且我们经常根据少量信息迅速且不费力地形成这些印象。最早促使社会心理学家开始关注印象形成的研究来自阿希(Asch, 1946)。

·阿希的核心特质和边缘特质研究

阿希在他的经典论文中进行了这样的阐述:"我们一见到某个人,就会立即在头脑中形成与他的性格有关的某种印象。匆匆一瞥、寥寥数语就足以让我们对一个极其复杂的生命有大致的了解。我们知道,这种印象形成的速度惊人并且没有丝毫困难……我们所具有的这种了解他人性格的惊人能力……是社会生活的先决条件。这些印象以什么样的方式形成?是否有一些规律制约着这些过程?"(Asch, 1946, 258页)

阿希受到格式塔心理学的影响,认为周围世界的每个部分只有在与其他部分或刺激的关联中才能被解释和理解。他认为,为了形成对他人的印象,我们通常必须至少掌握该人的几项特征。但是,我们不会将几种从他人身上观察到的特征简单相加来形成印象,而是以相互关联的方式,形成一种一般的整体印象。因此,阿希希望考察人们如何在心理或认知上组织各种特征以形成整体印象。他为此设计了一种巧妙的实验方法,即著名的"热情-冷漠"实验范式。在实验中,阿希给被试呈现一张写有多种特质的词表,让被试假定一个陌生人具有这些特质,然后要求他们描述对这个人的印象。例如,一组被试得到的词表是"聪明、熟练、勤勉、热情、果断、老练、谨慎",另一组被试得到的词表是"聪明、熟练、勤勉、冷漠、果断、老练、谨慎"。被试阅读词表之后,要写一段符合对这个陌生人的总体印象的描述;另外,被试还要从18

对词义相反的形容词中,选出他们认为最能形容这个人的词。可以看出,两张词表唯一的区别是"热情"被换成了"冷漠",其他特质完全相同。如果被试是通过将特质简单相加的方式形成印象,那么对两张词表形成的印象应该相差不大。但结果并不是这样。例如,一名"热情"组被试对该人的描述是:"这个人如果相信某事是正确的,就希望别人了解他的观点,并真诚地与他人讨论,而且愿意看到自己的观点占上风。"一名"冷漠"组被试对该人的描述是:"一个相当势利的人,他的成功和聪明使得他觉得自己高人一等,他精于算计并且冷漠无情。"(Asch,1946,263页)显然前者的描述更为正面。并且,与阅读包含"冷漠"的词表的被试相比,阅读包含"热情"的词表的被试更倾向于认为这个人慷慨、快乐、性格温和、友好、受欢迎和利他。这些结果证明,在描述某人的词表中仅改变一个词就可以引起人们对这个人所形成的整体印象的变化。这个形容词的改变所引起的变化影响很大,但并未对所有方面都造成影响。在我们对他人形成印象时,"热情"一词激活了慷慨、快乐、友好等特征。阿希认为,"热情"和"冷漠"两个词属于核心特质(central traits),即那些对印象形成起主要作用,并被认为与其他许多特征关联很高的特质。当要求被试把词表中的特质形容词按照决定某人印象的重要性排序时,"热情"组的被试有49％把"热情"一词排在7个词中的第一位或第二位;"冷漠"组的被试有48％把"冷漠"一词排在第一位或第二位。

在另一个实验中,阿希对上述两个词表做了一点变化,将"热情"换为"礼貌",将"冷漠"换为"粗鲁",其他步骤类似。结果发现,被试根据这两张词表对陌生人形成的印象高度一致;当要求被试将单词按重要性排序时,90％的被试将"礼貌"列为最不重要的三个词之一,54％的被试将"粗鲁"列为最不重要的三个词之一。阿希认为这些特质属于边缘特质(peripheral traits),与这些特质关联的特质较少。

对阿希研究的一个主要批评是,他的实验使用的是对人的描述,而不是真实的人。凯利在真实生活情境下重复了阿希的研究(Kelly,1950)。他在一位客座教授开始讲座之前,给每位选修心理学课程的学生一份关于这位教授的人格描述。一半学生拿到的描述是阿希研究中使用的包含"热情"一词的词表,另一半学生拿到的是包含"冷漠"一词的词表。然后,这位教授主持了一场20分钟的讨论。最后,要求学生对这位教授从多个方面加以评价。结果发现,尽管这两组学生听到的是同一位教授主持的同一场讨论,他们对主讲者的印象却差别很大(见表2.2)。另外,"热情"组的学生还以更友好的方式与主讲者进行交流,更多地回应他的笑话,并在讨论中积极参与。这表明,对主讲者的描述不仅影响了学生对他的印象,而且进一步改变了人们对他的具体行为。

表 2.2 "热情"和"冷漠"对其他特质评价的影响(Kelly, 1950)

特质	"热情"组	"冷漠"组
自我中心的	6.3	9.6
不善交际的	5.6	10.4
不受欢迎的	4.0	7.4
严肃的	6.3	9.6
易怒的	9.4	12.0
不幽默的	8.3	11.7
粗鲁的	8.6	11.0

阿希关于印象形成的一些基本观点对这一领域产生了持久影响,后续研究在更广阔的情境和条件下检验了印象形成过程。其中一项研究考察了大学教授所表现的热情程度与学生对其品质的书面评价之间的关系(Best & Addison, 2000)。在这项研究中,教师表现出各种阿希定义的热情或冷漠的行为。当教师在言语和行动上表现出热情时,学生就会在情绪指标方面给这些教授更高的评价。另一项研究探讨了人们怎样对那些他们认为可能会成为朋友、约会对象、合作者或雇员的人形成印象(Shaw & Steers, 1996)。研究者为被试提供了目标对象的外表、典型行为方式、基本人格特质和人口统计方面的信息,并要求被试根据这些信息选出自己心目中这四类人的最佳人选。结果发现,除了约会对象外,人们在选择其他三种关系时,更注重人格特质而最少关注外表。另外,男性更加注重外表信息,特别是在选择约会对象时,而女性更注重人格特质方面的信息。还有一项研究将阿希的理论应用于网络人际关系(McKenna & Bargh, 2000)。

· 内隐人格理论

正如阿希的经典实验所证实,特质之间并非互相独立,而是彼此关联,尤其是其中的核心特质被认为与很多其他特质相联系。因此,有研究者认为,人们持有内隐人格理论(implicit personality theory),这一理论由人们关于哪些类型的人格特质会组合在一起的观点组成(Schneider, 1973; Sedikides & Anderson, 1994)。例如,很多人都认为善良的人也很慷慨大方,吝啬的人也是暴躁易怒的。人们根据内隐人格理论,运用少数已知的特征来推测他人还具有哪些特点。内隐人格理论帮助我们迅速形成对他人的印象,但有些时候也会引起偏差。

内隐人格理论随着时间和经验的积累而发展。我们每人都有一套关于哪些人格特质组合在一起的独特理论,但是我们也有一些与他人相似的理论(Gervey et al., 1999)。这是由于内隐人格理论与文化有关,它们由一代传给下一代,并且不同文化之间内隐人格理论很可能存在差异(Chiu et al., 2000)。例如,对美国人而言,一个乐于助人的人也是真诚的,一个务实的人也很谨慎(Rosenberg, Nelson, & Vivekananthan, 1968)。美国人还有一种与外表吸引力有关的内隐人格理论,认为"美的就是好的",即那些外表漂亮的人一定也拥有一些好的品质(Jackson, Hunter, & Hodge, 1995)。

另一项研究证实了内隐人格理论的文化差异(Hoffman, Lau, & Johnsons, 1986)。在西方文化中,说某人具有"艺术型"人格意味着,这个人很有创造性、性格热烈、神经敏感并且生活狂放不羁。在中国没有关于"艺术型"人格的内隐人格理论,但却有另外一种西方文化中不存在的人格类型,叫做"世故型"人格,指的是一个人在世界上摸爬滚打,精于处世之道,顾及家人,社交能力强并且沉默自制。研究者认为文化中的内隐人格理论会影响人们对他人形成印象的方式。他们用中文和英文陈述一些故事,故事中描写了"艺术型"或"世故型"人格的人,但没有给出明确的语言标签。研究者让以英文为母语的被试阅读英文版故事,让一组中英双语被试阅读中文版故事,另一组中英双语被试阅读英文版故事,然后让被试写下对故事中人物的印象。研究者检查的是被试列出的一些符合"艺术型"或"世故型"内隐人格理论的、故事中并没有列出的人格特质。结果发现,英语为母语的被试和阅读英文故事的中英双语被试,对"艺术型"人物形成了与其内隐人格理论一致的印象,而阅读中文故事的中英双语被试则对"世故型"人物形成了与其内隐人格理论一致的印象。

·认知代数

20世纪70年代早期,印象形成研究探讨的主要问题是,我们如何将有关他人的分散信息整合为统一的印象。尽管阿希的研究促使很多学者从整体的角度去考虑印象形成,但是也有一些研究者认为,人们对信息的整合遵循代数原则。很多实验被设计来检验两种可能性,一种可能是我们将分散的信息累加到一起形成关于他人的统一印象,第二种可能是我们将信息进行平均来形成某种印象。前者被称作累加原则(addictive principle),后者被称作平均原则(averaging principle)。例如,一个陌生人被描述为拥有两种非常好的特质,例如诚实、通情达理,另一个陌生人被描述为拥有这两种非常好的特质和两种一般好的特质,例如诚实、通情达理、刻苦、令人信服。如果人们遵循累加原则,那么第二个陌生人给人的印象应该更好,因为他拥有更多积极的特质。但是,如果人们以平均的方式整合信息,那么第一个陌生人给人留下的印象更好,因为两个非常好的特质再加上两个一般好的特质进行平均,平均值会降低。一系列研究证实了平均原则胜过累加原则(Anderson, 1959, 1965a)。进一步研究对平均原则进行了修改,提出加权平均模型(weighted averaging model),这一模型对印象形成的预测更为准确。根据加权平均原则,人们对他们看重的特质给予更高的权重,在各项信息与权重相乘后再平均(Anderson, 1968, 1973)。

·印象形成的认知观点

认知代数研究没有考虑一些重要的问题,例如,我们最初遇到他人时,注意的是哪些信息?当我们第一次遇到别人时,并不会对所有有关该人的信息给予同样的关注,而是注意某些我们认为最有用的信息。为了形成持久的印象,我们必须记住各种信息,以便日后的回忆。我们对他人的印象在一定程度上依赖于我们自己的动机、预期等。因此,从基本认知过程的角度去考察印象形成是很有帮助的。

一项研究考察的是,当人们遇到他人时,寻找的是什么样的信息(DeBruin & Van Lange, 2000)。研究者安排被试与陌生人进行游戏,这个游戏既要与对手合作又要与对手竞争。在开始之前,被试先获得有关对手的信息。第一条信息是关于对手的价值观或特质是积极(例如,体谅和助人)还是消极的(例如,不体谅和不助人)。然后,被试收到有关对手能力的信息,这些信息也是积极或消极的(例如,胜任任务或不胜任任务)。研究者记录被试阅读这些信息所用的时间,目的是确定被试对哪种类型的信息更感兴趣。结果表明,被试花大量时间阅读关于对手特质的信息;在阅读有关对方特质的信息时,他们在消极信息上花的时间更长;当收到有关对手特质的消极信息后,被试花更少时间阅读有关该人能力的信息。这表明人们首先注意的是与他人特质、价值观和原则有关的信息,然后才注意与能力有关的信息。

很多社会心理学家相信,对他人的印象包括两个主要成分,一个成分是与所形成的特质印象一致的具体行为,即特质的范例;第二个成分是反复观察他人行为之后抽象形成的心理概要,即抽象概念(Klein, Loftus, & Plog, 1992; Smith & Zarate, 1992)。一些研究者强调具体行为范例的重要性,认为我们在对他人进行判断时,我们回忆他人行为的范例,在范例的基础上形成判断。另一些研究者强调抽象概念的作用,认为当我们对他人进行判断时,我们要对以前形成的抽象概念进行回忆,然后运用这些抽象概念形成印象。研究表明,行为范例和抽象概念都对印象形成起到一定的作用(例如:Budesheim & Bonnelle, 1998; Klein & Loftus, 1993)。最初我们对他人的印象主要包括各种具体的行为范例,随着接触的增加,我们对他人的印象则主要由对其具体行为多次观察之后形成的心理抽象构成(Sherman & Klein, 1994)。

动机和情绪在印象形成中也起着一定作用。我们在下一章将会详细阐述,人们尽可能地节省认知资源,在印象形成时也是如此,人们往往依赖少量信息迅速形成对他人的印象。印象形成的连续模型(continuum model)认为,某些情况下,人们使用以快速的启发式策略为基础的加工过程,这种过程的特征是迅速确定个体属于哪种类别和该个体的特质,而当人们需要进行精确的归类或个体不符合自己的归类,或者人们有深入了解该个体的需要时,他们采用更细致、系统和综合的方式形成对他人的印象(Fiske & Neuberg, 1990)。例如,当看到一名个体时,我们会自动且迅速地对他/她进行归类,例如"工程师"、"流浪汉"、"警察"等。我们对该人的印象将会建立在其所在的类别基础之上,个人化的信息则被同化到关于类别的总体印象中(Fiske & Neuberg, 1990)。但是,当人们有准确认识他人的动机时,印象形成将会更加系统和复杂。如果我们希望印象形成更准确,我们将会关注他人作为个体所具有的一些独特的特质(Fiske, Lin, & Neuberg, 1999)。当个体面对一个权力更高的人时,他们会花更多的努力去形成关于他人的准确印象(Stevens & Fiske, 2000)。其他一些研究也发现,追求准确印象的目的使得信息搜集更广泛和偏差更少,带来更为审慎和系统的信息加工(例如:Boudreau, Baron, & Oliver, 1992; Chen, Shechter, & Chaiken, 1996)。人们的情绪和心境也会影响印象形成。当人们的情绪被唤起时,倾向于以更极端的方式看待他人(Stangor, 1990)。当心境愉快时,人们以更积极的眼光看待他人,当心境较差时,人们以更消极的眼光看待他人(Isen, 1999)。并且,在积极心境中,人们更多采用花费时间和努力较少的类别加工,根据他人所属的社会类别推断该人的特点,而在消极心境中,人们更多采用逐条的、细致的和系统的信息加工过程(Edwards & Weary, 1993)。

· 捷径与偏差

人们通常是在只获得了少量信息的情况下,运用一些心理捷径,迅速对他人形成印象,因此难免出现一些可以预测的偏差和错误。

初始效应

阿希在他的印象形成研究中,还考察了信息呈现的顺序对被试形成的印象的影响(Asch, 1946)。在一个实验中,阿希让被试描述他们对一个假定的个体的印象,这名个体拥有某些特定的特征。一半被试看到的特征描述是"嫉妒心强、固执、冲动,但勤勉、聪明",另一半被试看到的特征描述是"聪明、勤勉,但冲动、挑剔、固执且嫉妒心强"。阿希发现,这些特征中顺序靠前的特征比顺序靠后的特征对人们印象形成的影响更大一些,这种现象被称作初始效应或首因效应(primacy effect)。阿希实验中的前一组被试更容易把这名个体看成是情绪化的。另一位研究者做了一个对名叫"吉姆"的人形成印象的实验(Luchins, 1957)。实验中杜撰了两段关于吉姆生活片断的材料,一段把吉姆描写成友好且外向的人,另一段把吉姆写成不友好且内向的人,并把这两段材料以不同顺序组合呈现给被试。第一组被试只看友好外向的那段材料;第二组被试先看友好外向的材料,后看不友好内向的材料;第三组被试先看不友好内向的材料,后看友好外向的材料;第四组被试只看不友好内向的材料。结果发现,四组被试中认为吉姆是个友好的人的比例分别是95%、78%、18%和3%,同样出现了初始效应。这些研究结果说明,第一印象(first impression)非常重要,它对后来的认知影响很大。需要注意,初始效应并不意味着只有最先出现在序列内的信息才能导致初始效应,而是有关进入位置及其对判断的影响的一个总体描述,凡是顺序靠前的信息都可能影响较大(Anderson,1965b)。当然,初始效应并不仅作用于印象形成过程,在其他需要对序列信息做出评价的情境中,初始效应都会发生作用。而且,在某些情况下,最后出现的信息比先出现的信息影响更大,这叫做近因效应(recency effect)。研究发现,如果在前一部分信息与后一部分信息之间有一段时间间隔,则容易出现近因效应;而如果前后两部分信息连贯呈现,然后间隔一段时间后再做出判断或决策,则容易出现首因效应(Miller & Campbell,1959;Hoch,1984)。

对比与同化

背景信息会影响我们对他人的印象,背景的影响可能造成对比或同化(Eiser,1990)。对比(contrast)指的是做出的判断与环境背景方向相反的一种歪曲效应。例如,在男性评价一张照片中女性的吸引程度之前,如果他们先看过一部描述漂亮女性的电视剧,那么对这名女性的评价会比没看过电视剧的男性的评价要低(Kenrick & Gutierres,1980)。实验室研究也发现,在那些刚看过杂志中女性裸体照片的男性眼里,普通女性甚至其妻子的吸引力都会减少(Kenrick,Gutierres,& Goldberg,1989);观看诱发强烈性欲的色情电影也会降低对自己伴侣的满意度(Zillmann,1989)。对比效应也会影响自我评价,在看过代表理想化瘦体形的模特照片之后,女性的自尊会下降,社交体型焦虑程度和身体不满意程度上升(Thornton & Maurice,1997)。同化(assimilation)指的是做出的判断与环境背景方向相同的一种歪曲效应。例如,同时呈现一张高吸引力人的照片和一张普通照片,被试对普通照片的评价要高于单独呈现时对它的评价(Geiselman,Haight,& Kimata,1984)。对比和同化都体现了情境对社会判断的影响,但二者的影响方向刚好相反。那么,哪些因素决定出现对比还是同化?研究发现,当在一个比较浅的层面上对个体信息进行加工时,可能出现的是同化,而当对个体的信息进行更为详尽和系统的加工时,同化不太可能出现(Thompsons et al.,1994),如果人们有追求精确的动机,也不大可能出现同化(Stapel,Koomen,& Zeelenberg,1998)。

晕轮效应

桑代克发现,当军队主管评价下属军官的智力、体能、领导能力和性格时,有关这些不同方面的评价往往是高度相关的(Thorndike, 1920)。例如,智力与体能的评价相关为0.51,智力与领导能力的评价相关为0.58,智力和性格的评价相关为0.64。桑代克将此命名为晕轮效应(halo effect),即根据单一属性评价他人,对他人形成一般印象。这一效应的典型例子是"美丽晕轮效应"。许多领域的研究都证实了美丽晕轮效应的存在。例如,老师倾向于认为那些外表有吸引力的孩子在学习上更聪明、更成功(Clifford & Walster, 1973);与长相一般或长相较差的作者相比,相貌有吸引力的作者的文章通常得到更高的评价(Landy & Sigall, 1974)。并且,人们还认为漂亮的人拥有很多社会赞许的特质。例如,在其他方面相同的情况下,人们认为漂亮的人更快乐、更性感、更热情、更开朗、聪明和成功(例如:Jackson, Hunter, & Hodge, 1995; Eagly et al., 1991);在韩国,人们将外表吸引与正直和关心他人这些被重视的品质相联系(Wheeler & Kim, 1997)。在一项研究中,被试观看一些人的照片,这些人看上去分别是有魅力、无魅力和中等的,然后让被试评价这些人的某些特点(Dion, Berscheid, & Walster, 1972)。这些特点包括受欢迎性、维持婚姻的能力、职业地位等,本来与外表有无魅力是无关的。结果显示,有魅力的人得到的评价最高,被试倾向于认为他们更受欢迎,更容易找到称心的职业和理想的伴侣,以及家庭更幸福等。

刻板印象

前文已经提到,人们在见到某人时,往往会自动地先把该人归入某一类别,然后根据记忆中存储的有关社会类别的信息对其形成印象。这种类别化过程非常迅速,性别、种族、年龄、国别等都是一些常见的分类特征。刻板印象(stereotype)即是根据某人所属的群体类别赋予该个体一些属性并对其形成的看法。例如,美国文化对黑人有普遍的刻板印象,认为他们与暴力相关联(Payne, 2001)。人们对性别也持有普遍的刻板印象,例如认为女性比男性温柔,男性比女性更果断(Deaux & Lewis, 1984)。人们的刻板印象通常有一定的根据,例如研究确实发现,女性倾向于表现出较高的社交敏感性、友善性,以及更关心别人,男性则倾向于表现出较高的支配性、控制性和独立性(Eagly & Wood, 1991)。并且,刻板印象建立于经验之上,是简化世界、节省认知资源的有效方法。然而,刻板印象是对一个群体全体成员的概括,并将相同的特征应用于每个成员,无视成员彼此间的差异。如果完全根据某人所属的社会类别对其形成印象,很可能会忽视个体间的差异,并且很难因新信息的出现而发生改变。在本书的"偏见:种族、性别和其他"一节我们还会看到,刻板印象是偏见的认知基础,并且会造成破坏性影响。

小结

1. 社会知觉是指人们试图理解他人的过程,包括非言语沟通、归因、印象形成等。

2. 不包括口头言语的个体间的交流属于非言语沟通,例如面部表情、目光接触、身体语言、音调、语速等。

3. 情绪的表达和识别具有适应和生存价值,基本的 7 种情绪在各种文化下以面部表情表达的方式类似,并且能被其他文化中的个体识别。这 7 种基本情绪是高兴、惊奇、生气、厌恶、害怕、悲伤和轻蔑。尽管基本情绪具有普遍性,但由于人们经常表达混合情绪、情绪压抑以及情绪表达规则的文化差异,人们对表情的解读有可能会出错。

4. 注视通常被认为是表达喜欢和积极的情绪,但如果持续瞪视可能会被理解为敌意。一些文化不提倡与地位较高者直接目光接触。身体的姿势和动作、个人空间和触摸等均可在特定情境下表达一定的含义。

5. 非言语线索可以暴露个体正在撒谎这一事实,如果人们关注微表情、副语言线索、目光和面部表情以及通道间的不一致等信息,就可能识别出谎言。说谎者的动机和试图识别谎言者的动机以及无意识过程均会影响识别是否成功。

6. 尽管女性更擅长表达和识别非言语线索,但由于礼貌倾向,她们对谎言的识别比男性差。

7. 归因理论试图对人们解释自己和他人行为起因的方式进行描述。归因理论的创始人是海德,他认为人们对他人行为的解释分为两类,一类是内部归因;另一类是外部归因。

8. 对应推论理论认为,人们对于满足非社会赞许、自由选择以及产生非共同效果这三条标准的行为,进行内部归因。

9. 凯利的共变模型指出,人们收集一致性、独特性和一贯性三方面的信息,对他人行为的原因进行推断,做出内部归因、外部归因或者归因于特定时刻的情境因素。尽管有一些研究证据支持共变模型,但是,人们并不总能获得三类信息,并且一致性信息常被人们忽略。

10. 人们在归因时还会考虑稳定和可控等维度。

11. 人们在解释他人行为时,往往高估内在性格因素,低估外部情境因素的影响,这被称作基本归因错误或对应偏差。出现基本归因错误的原因之一是,人们在解释他人行为时,关注的焦点是知觉上显著的人,而不是周围的环境。

12. 归因过程包括两个阶段,第一个阶段是迅速且自动的内部归因,第二个阶段根据情境对最初的内部归因进行调整。但由于锚定的作用,后来的调整往往不够充分。

13. 人们在作为观察者解释他人行为时容易出现基本归因错误，而在作为行动者解释自己行为时，则重视情境因素的作用，这叫做行动者-观察者差异。造成这种差异的原因包括知觉显著性和可得信息的差异。

14. 这种将自己的成功归因于内部、性格因素，将失败归因于外部、情境因素的倾向，叫做自利性归因。动机和认知因素的结合导致了这一归因。

15. 为了避免受到关于我们自身难免一死以及灾难可能降临在自己身上等认识的困扰，人们常会进行防御性归因。一种形式是不切实际的乐观，即认为好事比较可能发生在自己而不是别人身上，坏事则比较可能发生在别人而不是自己身上。另一种形式是公平世界的信念，即相信善有善报、恶有恶报。

16. 基本归因错误在多种文化下都存在，但集体主义文化中的人们在归因时更有可能考虑到情境因素，尤其是情境信息突出时。自利性归因在东方文化中较弱，在描述自己和他人时，东亚被试更多提到社会身份和情境，美国被试多使用人格特质。

17. 归因上的文化差异的主要原因在于，东方人比西方人更关注情境因素的作用，而对性格因素关注的文化差异较小。这与东方人的整体式认知、西方人的分析式认知有关。而整体与分析认知的区别又源自历史、生态和社会因素。

18. 当个体倾向于将消极事件归因于内部的、稳定的和涵盖一切的原因时，他们在经历消极事件后可能发展成抑郁。

19. 印象形成描述的是我们对他人形成印象的过程。

20. 阿希最早展开印象形成研究，他发现某些特质被认为与其他特质关联很高，并对印象形成起主要作用，这些特质叫做核心特质。

21. 人们持有关于哪些类型的人格特质会组合在一起的观点，即内隐人格理论。内隐人格理论与文化有关。

22. 认知代数的观点认为，人们对信息的整合遵循代数原则，例如将信息平均起来形成某种印象，即平均原则。

23. 印象形成的连续模型认为，在某些情况下，人们依据少量信息、利用启发式策略迅速形成对他人的印象，这可以节省认知资源；而在需要精确等动机的影响下，人们采用更系统的方式来形成对他人的印象。

24. 人们运用心理捷径对他人形成印象时，会出现一些偏差和错误，包括初始效应、对比与同化、晕轮效应、刻板印象等。

参考文献

Abrams, D. (1991). AIDS: What young people believe and what they do. *Paper presented at the British Association for the Advancement of Science conference.*

Abrams, D., Viki, G. T., Masser, B., & Bohner, G. (2003). Perceptions of stranger and acquaintance rape: The role of benevolent and hostile sexism in victim blame and rape proclivity. *Journal of Personality and Social Psychology*, 84, 111–125.

Abramson, L. Y., Seligman, M. E. P., & Teasdale, J. D. (1978). Learned helplessness in humans: Critique and reformulation. *Journal of Abnormal Psychology*, 87, 49–74.

Aiello, J. R., & Cooper, R. E. (1972). The use of personal space as a function of social affect. *Proceedings of the 80th Annual Convention of the American Psychology Association*, 7, 207–208.

Albright, L., Malloy, T. E., Qi, D., Kenny, D. A. et al. (1997). Cross-cultural consensus in personality judgments. *Journal of Personality and Social Psychology*, 73, 270–280.

Allgeier, E. R., & Byrne, D. (1973). Attraction toward the opposite sex as a determinant of physical proximity. *Journal of Social Psychology*, 90, 213–219.

Anderson, C. A. (1999). Attributional style, depression, and loneliness: A cross-cultural comparison of American and Chinese students. *Personality and Social Psychology Bulletin*, 25, 482–499.

Anderson, N. H. (1959). Test of a model for opinion change. *Journal of Abnormal and Social Psychology*, 59, 371–381.

Anderson, N. H. (1965a). Averaging versus adding as a stimulus combination rule in impression formation. *Journal of Experimental Social Psychology*, 70, 394–400.

Anderson, N. H. (1965b). Primacy effects in personality impression formation using a generalized order effect paradigm. *Journal of Personality and Social Psychology*, 2, 1–9.

Anderson, N. H. (1968). A simple model for information integration. In R. P. Abelson et al. (Eds.), *Theories of cognitive consistency: A sourcebook* (pp. 731–743). Chicago: Rand McNally.

Anderson, N. H. (1973). Cognitive algebra: Integration theory applied to social attribution. In L. Berkowitz (Ed.), *Advances in experimental social psychology*. New York: Academic Press.

Archer, D. (1997). Unspoken diversity: Cultural differences in gestures. *Qualitative Sociology*, 20, 79–105.

Archer, D., & Akert, R. M. (1980). The encoding of meaning: A test of three theories of social interaction. *Sociological Inquiry*, 50, 393–419.

Armor, D. A., & Taylor, S. E. (1996). Situated optimism: Specific outcome expectancies and self-regulation. In M. P. Zanna (Ed.), *Advances in experimental social psychology*. San Diego, CA: Academic Press.

Aronoff, J., Woike, B. A., & Hyman, L. M. (1992). Which are the stimuli in facial displays of anger and happiness? Configurational bases of emotion recognition. *Journal of Personality and Social Psychology*, 62, 1050–1066.

Aronson, E., Wilson, T. D., & Akert, R. M. (2004). *Social Psychology* (5th edition). Upper Saddle River: Prentice Hall.

Asch, S. E. (1946). Forming impressions of personality. *Journal of Abnormal and Social Psychology*, 41, 258–290.

Aune, K. S., & Aune, R. K. (1996). Cultural differences in the self-reported experience and expression of emotions in relationships. *Journal of Cross-Cultural Psychology*, 27, 67–81.

Baker, L. A., & Emery, R. E. (1993). When every relationship is above average: Perceptions and expectations of divorce at the time of marriage. *Law and Human Behavior*, 17, 439–450.

Banse, R., & Scherer, K. R. (1996). Acoustic profiles in vocal emotion expression. *Journal of Personality and Social Psychology*, 70, 614–636.

Baron, J., & Hershey, J. C. (1988). Outcome bias in decision evaluation. *Journal of Personality and Social Psychology*, 54, 569–579.

Baron, R. A., & Byrne, D. (2002). *Social Psychology* (10th edition). Boston, MA: Pearson/Allyn and Bacon.

Baron, R. M., & Misovich, S. J. (1993). Dispositional knowing from an ecological perspective. *Personality and Social Psychology Bulletin*, 19, 541–552.

Baron, R. S., David, J. P., Inman, M., & Brunsman, B. M. (1997). Why listeners hear less than they are told: Attentional load and the teller-listener extremity effect. *Journal of Personality and Social Psychology*, 72, 826–838.

Baxter, T. L., & Goldberg, L. R. (1987). Perceived behavioral consistency underlying trait attributions to oneself and another: An extension of the actor-observer effect. *Personality and Social Psychology Bulletin*, 13, 437–447.

Best, J., & Addison, W. (2000). A preliminary study of perceived warmth of professor and student evaluations. *Teaching of Psychology*, 27, 60–62.

Bond, C. F., Jr., & Atoum, A. O. (2000). International deception. *Personality and Social Psychology Bulletin*, 26, 385–395.

Bond, M. H. (1996). Chinese values. In M. H. Bond (Ed.), *The handbook of Chinese psychology* (pp. 208–226). Hong Kong: Oxford University Press.

Boudreau, L. A., Baron, R. M., & Oliver, P. V. (1992). Effects of expected communication target expertise and timing of set on trait use in person description. *Personality and Social Psychology Bulletin*, 18, 447–451.

Brewin, C. R. (1985). Depression and causal attributions: What is their relation? *Psychological Bulletin*, 98, 297–309.

Bruder, G. E., Stewart, M. M., Mercier, M. A., Agosti, V., Leite, P., Donovan, S., & Quitkin, F. M. (1997). Outcome of cognitive-behavioral therapy for depression: Relation to hemispheric dominance for verbal processing. *Journal of Abnormal Psychology*, 106, 138–144.

Budesheim, T. L., & Bonnelle, K. (1998). Te use of abstract trait knowledge and behavioral exemplars in causal explanations of behavior. *Personality and Social Psychology Bulletin*, 24, 575–587.

Burger, J. M. (1991). Change in attributions over time: The ephemeral fundamental attribution error. *Social Cognition*, 9,182-193.

Burger, J. M., & Burns, L. (1988). The illusion of unique invulnerability and the use of effective contraception. *Personality and Social Psychology Bulletin*, 14,264-270.

Burger, J. M., & Palmer, M. L. (1991). Changes in and generalization of unrealistic optimism following experiences with stressful events: Reactions to the 1989 California earthquake. *Personality and Social Psychology Bulletin*, 18,39-43.

Burger, J. M., & Pavelich, J. L. (1994). Attributions for presidential elections: The situational shift over time. *Basic and Applied Social Psychology*, 15,359-371.

Bushman, B. J. (1998). Effects of television violence on memory for commercial messages. *Journal of Experimental Psychology: Applied*, 4,1-17.

Butler, E. A., Egloff, B., Wilhelm, F. H., Smith, N. C., & Erickson, E. A. (2003). The social consequences of expressive suppression. *Emotion*, 3,48-67.

Carli, L. L. (1999). Cognitive reconstruction, hindsight, and reactions to victims and perpetrators. *Personality and Social Psychology Bulletin*, 25,966-979.

Carli, L. L., & Leonard, J. B. (1989). The effect of hindsight on victim derogation. *Journal of Social and Clinical Psychology*, 8,331-343.

Carney, D. R., Cuddy, A. J. C., & Yap, A. J. (2010). Power posing: Brief nonverbal displays affect neuroendocrine levels and risk tolerance. *Psychological Science*, 21, 1363-1368.

Carroll, J. M., & Russell, H. A. (1996). Do facial expressions signal specific emotions? Judging emotion from the face in context. *Journal of Personality and Social Psychology*, 70, 205-218.

Chaplin, W. F., Phillips, J. B., Brown, J. D., Clanton, N. R., & Stein, J. L. (2000). Handshaking, gender, personality, and first impressions. *Journal of Personality and Social Psychology*, 79,110-117.

Chen, S., Shechter, D., & Chaiken, S. (1996). Getting at the truth or getting along: Accuracy versus impression-motivated heuristic and systematic processing. *Journal of Personality and Social Psychology*, 71,262-275.

Chiu, C., Morris, M. W., Hong, Y., & Menon, T. (2000). Motivated cultural cognition: The impact of implicit cultural theories on dispositional attribution varies as a function of need for closure. *Journal of Personality and Social Psychology*, 78,247-259.

Choi, I., & Nisbett, R. E. (1998). Situational salience and cultural differences in the correspondence bias and in the actor-observer bias. *Personality and Social Psychology Bulletin*, 24,949-960.

Choi, I., Dalal, R., Kim-Prieto, C., & Park, H. (2003). Culture and judgment of causal relevance. *Journal of Personality and Social Psychology*, 84,46-59.

Choi, I., Nisbett, R. E., & Norenzayan, A. (1999). Causal attribution across cultures: Variation and universality. *Psychological Bulletin*, 125,47-63.

Clarke, V. A., Lovegrove, H., Williams, A., & Macpherson, M. (2000). Unrealistic optimism and the Health Belief Model. *Journal of Behavioral Medicine*, 23,367-376.

Clifford, M. M., & Walster, E. H. (1973). The effect of physical attractiveness on teacher expectation. *Sociology of Education*, 46, 248 – 258.

Cousins, S. D. (1989). Culture and self-perception in Japan and the United States. *Journal of Personality and Social Psychology*, 56, 124 – 131.

Dalbert, C., & Yamauchi, L. A. (1994). Belief in a just world and attitudes toward immigrants and foreign workers: A cultural comparison between Hawaii and Germany. *Journal of Applied Social Psychology*, 24, 1612 – 1626.

Darwin, C. (1872). *The expression of the emotions in man and animals*. London: John Murray.

Davis, M. H., & Stephan, W. G. (1980). Attributions for exam performance. *Journal of Applied Social Psychology*, 10, 235 – 248.

Deaux, K., & Lewis, L. (1984). Structure of gender stereotypes: Interrelationships among components and gender label. *Journal of Personality and Social Psychology*, 46, 991 – 1004.

DeBruin, E. N., & Van Lange, P. A. M. (2000). What people look for others: Influences of the perceiver and the perceived on information selection. *Personality and Social Psychology Bulletin*, 26, 206 – 219.

DePaulo, B. M. (1992). Nonverbal behavior and self-presentation. *Psychological Bulletin*, 111, 203 – 243.

DePaulo, B. M., Lemay, C. S., & Epstein, J. (1991). Effects of importance success and expectations for success on effectiveness of deceiving. *Personality and Social Psychology Bulletin*, 1, 14 – 24.

DePaulo, B. M., Stone, J. I., & Lassiter, G. D. (1985). Deceiving and detecting deceit. In B. R. Schlenker (Ed.), *The self and social life* (pp. 323 – 370). New York: McGraw-Hill.

Dion, K., Berscheid, E., & Walster, E. (1972). What is beautiful is good. *Journal of Personality and Social Psychology*, 24, 285 – 290.

Dix, T. (1993). Attributing dispositions to children: An interactional analysis of attribution in socialization. *Personality and Social Psychology Bulletin*, 19, 633 – 643.

Dresser, N. (1994, May 9). *Even smiling can have a serious side*. Los Angeles Times, pp. 1, 5.

Eagly, A. H., & Wood, W. (1991). Explaining sex differences in social behavior: A meta-analytic perspective. *Personality and Social Psychology Bulletin*, 17, 306 – 315.

Eagly, A. H., Ashmore, R. D., Makhijani, M. G., & Longo, L. C. (1991). What is beautiful is good, but … : A meta-analytic review of research on the physical attractiveness stereotype. *Psychological Bulletin*, 110, 109 – 128.

Edwards, K., & Weary, G. (1993). Depression and the impression-formation continuum: Piecemeal processing despite the availability of category information. *Journal of Personality and Social Psychology*, 64, 636 – 645.

Eiser, J. R. (1990). *Social judgment*. Pacific Grove, CA: Brooks/Cole.

Ekman, P. (1965). Communication through nonverbal behavior: A source of information about an interpersonal relationship. In S. S. Tomkins & C. E. Izard (Eds.),

Affect, cognition, and personality (pp. 390 - 442). New York: Springer-Verlag.

Ekman, P. (1985). *Telling lies*. New York: Norton.

Ekman, P., & Friesen, W. V. (1971). Constants across cultures in the face and emotion. *Journal of Personality and Social Psychology*, 17, 124 - 129.

Ekman, P., & Friesen, W. V. (1974). Detecting deception from the body or face. *Journal of Personality and Social Psychology*, 29, 288 - 298.

Ekman, P., & Friesen, W. V. (1986). A new pan-cultural facial expression of emotion. *Motivation and Emotion*, 10, 159 - 168.

Ellsworth, P. C., & Carlsmith, J. M. (1973). Eye contact and gaze aversion in aggressive encounter. *Journal of Personality and Social Psychology*, 33, 117 - 122.

Etcoff, N. L., Ekman, P., Magee, J. J., & Frank, M. G. (2000). Lie detection and language comprehension. *Nature*, 405, 139.

Fiske, S. T., & Neuberg, S. L. (1990). A continuum of impression formation, from category-based to individuating processes: Influences of information and motivation of attention and interpretation. In M. P. Zanna (Ed.), *Advances in experimental social psychology* (Vol. 23, pp. 1 - 73). New York: Academic Press.

Fiske, S. T., Lin, M. H., & Neuberg, S. L. (1999). The continuum model: Ten years later. In S. Chaiken & Y. Trope (Eds.), *Dual process theories in social psychology* (pp. 231 - 254). New York: Guilford.

Forrest, J. A., & Feldman, R. S. (2000). Detecting deception and judge's involvement: Lower task involvement leads to better lie detection. *Personality and Social Psychology Bulletin*, 26, 118 - 125.

Fösterling, F. (1989). Models of covariation and attribution: How do they relate to the analogy of analysis of variance? *Journal of Personality and Social Psychology*, 57, 615 - 625.

Furnham, A. (1993). Just world beliefs in twelve societies. *Journal of Social Psychology*, 133, 317 - 329.

Furnham, A., & Gunter. B. (1984). Just world beliefs and attitudes towards the poor. *British Journal of Social Psychology*, 23, 265 - 269.

Geiselman, R. E., Haight, N. A., & Kimata, L. G. (1984). Context effects on the perceived physical attractiveness of faces. *Journal of Personality and Social Psychology*, 20, 409 - 424.

Gervey, B. M., Chiu, C., Hong, Y., & Dweck, C. S. (1999). Differential use of person information in decisions about guilt versus innocence: The role of implicit theories. *Personality and Social Psychology Bulletin*, 25, 17 - 27.

Gilbert, D. T. (1989). Thinking lightly about others: Automatic components of the social inference process. In J. S. Uleman & J. A. Bargh (Eds.), *Unintended thought* (pp. 189 - 211). New York: Guilford Press.

Gilbert, D. T. (1993). The assent of man: Mental representation and the control of belief. In D. M. Wegner & J. W. Pennebaker (Eds.), *The handbook of mental control* (pp. 57 - 87). Englewood Cliffs, NJ: Prentice Hall.

Gilbert, D. T. (1991). How mental systems believe. *American Psychologist*, 46, 107-119.

Gilbert, D. T., & Hixon, J. G. (1991). The trouble of thinking: Activation and applications of stereotypical beliefs. *Journal of Personality and Social Psychology*, 60, 509-517.

Gilbert, D. T., & Jones, E. E. (1986). Perceiver-induced constraint: Interpretations of self-generated reality. *Journal of Personality and Social Psychology*, 50, 269-280.

Gilbert, D. T., & Malone, P. S. (1995). The correspondence bias. *Psychological Bulletin*, 117, 21-38.

Gilovich, T. (1987). Second-hand information and social judgment. *Journal of Experimental Social Psychology*, 23, 59-74.

Goodhart, D. E. (1986). The effects of positive and negative thinking on performance in an achievement situation. *Journal of Personality and Social Psychology*, 51, 117-124.

Graham, S., Weiner, B., & Zucker, G. S. (1997). An attributional analysis of punishment goals and public reactions to O. J. Simpson. *Personality and Social Psychology Bulletin*, 23, 331-346.

Greenbaum, P., & Rosenfield, H. W. (1978). Patterns of avoidance in responses to interpersonal staring and proximity: Effects of bystanders on drivers at a traffic intersection. *Journal Personality and Social Psychology*, 36, 575-587.

Greening, L., & Chandler, C. C. (1997). Why it can't happen to me: The base rate matters, but overestimating skill leads to underestimating risk. *Journal of Applied Social Psychology*, 27, 760-780.

Gruman, J. C., & Sloan, R. P. (1983). Disease as justice: Perceptions of the victims of physical illness. *Basic and Applied Social Psychology*, 4, 39-46.

Harris, A. J. L., & Hahn, U. (2011). Unrealistic optimism about future life events: A cautionary note. *Psychological Review*, 118, 135-154.

Heider, F. (1958). *The psychology of interpersonal relations*. New York: Wiley.

Heine, S. J., & Lehman, D. R. (1995). Cultural variation in unrealistic optimism: Does the West feel more invulnerable than the East? *Journal of Personality and Social Psychology*, 68, 595-607.

Hewstone, M., & Fincham, F. (1996). Attribution theory and research: Basic issues and applications. In M. Hewstone, W. Stroebe, and G. M. Stephenson (Eds.), *Introduction to social psychology: A European perspective*. Oxford, England: Blackwell.

Hoch, S. J. (1984). Availability and interference in predictive judgment. *Journal of Experimental Psychology: Learning, Memory, and Cognition*, 10, 649-662.

Hoffman, C., Lau, I., & Johnsons, D. R. (1986). The linguistic relativity of person cognition: An English-Chinese comparison. *Journal of Personality and Social Psychology*, 51, 1097-1105.

Idson, L. C., & Mischel, W. (2001). The personality of familiar and significant people: The lay perceiver as a social-cognitive theorist. *Journal of Personality and Social Psychology*, 80,585 - 596.

Irwin, F. W. (1953). Stated expectations as functions of probability and desirability of outcomes. *Journal of Personality*, 21,329 - 335.

Isen, A. M. (1999). Positive affect. In T. Dalgleish & M. Power (Eds.), *The Handbook of Cognition and Emotion* (pp. 521 - 539). Sussex, England: Wiley.

Jackson, L. A., Hunter, J. E., & Hodge, C. N. (1995). Physical attractiveness and intellectual competence: A metaanalytic review. *Social Psychology Quarterly*, 58, 108 - 123.

Ji, L., Peng, K., & Nisbett, R. E. (2000). Culture, control, and perception of relationships in the environment. *Journal of Personality and Social Psychology*, 78,943 - 955.

Jones, E. E. (1979). The rocky road from acts to dispositions. *American Scientist*, 34,107 - 117.

Jones, E. E., & Davis, K. E. (1965). From acts to dispositions: The attribution process in person perception. In L. Berkowitz (Ed.), *Advances in experimental social psychology* (Vol. 2, pp. 220 - 266.). New York: Academic Press.

Jones, E. E., & Harris, V. A. (1967). The attribution of attitudes. *Journal of Experimental Social Psychology*, 3,2 - 24.

Jones, E. E., & Nisbett, R. E. (1971). The actor and the observer: Divergent perceptions of the causes of behavior. In E. E. Jones, D. E. Kanouse, H. H. Kelley, R. E. Nisbett, S. Valins, & B. Weiner (Eds.), *Attribution: Perceiving the causes of behavior* (pp. 79 - 94). Morristown, NJ: General Learning Press.

Kelley, H. H. (1967). Attribution theory in social psychology. In D. Levine (Ed.). *Nebraska symposium on motivation* (Vol. 15, pp. 192 - 238). Lincoln: University of Nebraska Press.

Kelley, H. H. (1972). Attribution in social interaction. In E. E. Jones et al. (Eds.), *Attribution: Perceiving the causes of behavior* (pp. 1 - 26). Morristown, NJ: General Learning Press.

Kelley, H. H. (1973). The processes of causal attribution. *American Psychologist*, 28,107 - 128.

Kelly, H. (1950). The warm-cold variable in first impressions of persons. *Journal of Personality*, 18,431 - 439.

Kenrick, D. T., & Gutierres, S. E. (1980). Contrast effects and judgments of physical attractiveness: When beauty becomes a social problem. *Journal of Personality and Social Psychology*, 38,131 - 140.

Kenrick, D. T., Gutierres, S. E., & Goldberg, L. L. (1989). Influence of popular erotica on judgments of strangers and mates. *Journal of Experimental Social Psychology*, 25,159 - 167.

Kingdon, J. W. (1967). Politicians' beliefs about voters. *The American Political Science Review*, 61,137 - 145.

Klein, S. B., & Loftus, J. (1993). Behavioral experience and trait judgments about the self. *Personality and Social Psychology Bulletin*, 16,740-745.

Klein, S. B., Loftus, J., & Plog, A. E. (1992). Trait judgments about the self: Evidence from the encoding specificity paradigm. *Personality and Social Psychology Bulletin*, 18,730-735.

Kleinke, C. L. (1986). Gaze and eye contact: A research review. *Psychological Bulletin*, 100,78-100.

Knapp, M, L., & Hall, J. A. (1997). *Nonverbal communication in human interaction*. Orlando, FL: Harcourt Brace.

Knowles, E. D., Morris, M., Chiu, C., & Hong, Y. (2001). Culture and the process of person perception: Evidence for automaticity among East Asians in correcting for situational influences on behavior. *Personality and Social Psychology Bulletin*, 27, 1344-1356.

Kruger, J., & Gilovich, T. (1999). "I cynicism" in everyday theories of responsibility assessment: On biased assumptions of bias. *Journal of Personality and Social Psychology*, 76,743-753.

Krull, D. S., Loy, M. H., Lin J., Wang, C., Chen, S., & Zhao, X. (1999). The fundamental correspondence bias in individualist and collectivist cultures. *Personality and Social Psychology Bulletin*, 25,1208-1219.

Kuiper, N. A. (1978). Depressed and causal attributions for success and failure. *Journal of Personality and Social Psychology*, 36,236-246.

Kunda, Z., & Nisbett, R. E. (1986). The psychometrics of everyday life. *Cognitive Psychology*, 18,195-224.

La France, M., Hecht, M A., & Paluck, E. L. (2003). The contingent smile: A meta-analysis of sex differences in smiling. *Psychological Bulletin*, 129,305-334.

Lalonde, R. N. (1992). The dynamics of group differentiation in the face of defeat. *Personality and Social Psychology Bulletin*, 18,336-342.

Landy, D., & Sigall, H. (1974). Beauty is talent: Task evaluation as a function of the performer's physical attractiveness. *Journal of Personality and Social Psychology*, 29,299-304.

Lau, R. R., & Russell, D. (1980). Attributions in sports pages: A field test of some current hypotheses about attribution research. *Journal of Personality and Social Psychology*, 39,29-38.

Lee, Y. T., & Seligman, M. E. P. (1997). Are Americans more optimistic than the Chinese? *Personality and Social Psychology Bulletin*, 23,32-40.

Lerner, M. J. (1980). *The belief in a just world: A fundamental delusion*. New York: Plenum.

Lerner, M. J., & Simmons, C. H. (1966). Observer's reaction to the "innocent victim": Compassion or rejection? *Journal of Personality and Social Psychology*, 4,203-210.

Lieberman, M. D., & Rosenthal, R. (2001). Why introverts can't always tell who likes them: Multitasking and nonverbal decoding. *Journal of Personality and Social Psychology*, 80,294-310.

Lord, C. G., Scott, K. O., Pugh, M. A., & Desforges, D. M. (1997). Leakage beliefs and the correspondence bias. *Personality and Social Psychology Bulletin*, 23,824-826.

Luchins, A. S. (1957). Primacy-recency in impression formation. In. C. Hovland (Ed.), *The order of presentation in persuasion* (pp. 33-61). New Haven, CT: Yale University Press.

Maier, S. F., Seligman, M. E. P., & Solomon, R. S. (1969). Pavlovian fear conditioning and learned helplessness. In B. A. Campbell, & R. A. Church (Eds.), *Punishment and aversive behavior* (pp. 229-243). New York: Appleton-Century Crofts.

Malle, B. F., & Knobe, J. (1997). Which behaviors do people explain? A basic actor-oberver asymmetry. *Journal of Personality and Social Psychology*, 72,288-304.

Markus, H., & Kitayama, S. (1991). Culture and the self: Implications for cognition, emotion, and motivation. *Psychological Review*, 98,224-253.

Martin, A. J., Berenson, K. R., Griffing, S., Sage, R. E., Madry, L., Bingham, L. E., & Primm, B. J. (2000). The process of leaving an abusive relationship: The role of risk assessments and decision certainty. *Journal of Family Violence*, 15,109-122.

Masuda, T., & Kitayama, S. (1996). Correspondence bias in Japan. *Unpublished manuscript*, Kyoto University, Japan.

Matsumoto, D., & Ekman, P. (1989). American-Japanese differences in intensity ratings of facial expressions of emotion. *Motivation and Emotion*, 13,143-157.

McArthur, L. A. (1972). The how and what of why: Some determinants and consequences of causal attribution. *Journal of Personality and Social Psychology*, 22,171-193.

McClure, J. (1998). Discounting causes of behavior: Are two reasons better than one? *Journal of Personality and Social Psychology*, 74,7-20.

McGregor, C., Darke, S., Ali, R., & Christie, P. (1998). Experience of non-fatal overdose among heroin users in Adelaide, Australia: Circumstances and risk perceptions. *Addiction*, 93,701-711.

McKenna, K., & Bargh, J. (2000). Plan 9 from cyberspace: The implications of the Internet for personality and social psychology. *Personality and Social Psychology Review*, 4,57-75.

Mehl, M. R., & Pennebaker, J. W. (2003). The sounds of social life: A psychometric analysis of students' daily social environments and natural conversations. *Journal of Personality and Social Psychology*, 84,857-870.

Metalsky, G. I., Halberstadt, L. J., & Abramson, L. Y. (1987). Vulnerability to depressive mood reactions: Toward a more powerful test of the diathesis-stress and causal mediation components of the reformulated theory of depression. *Journal of Personality and Social Psychology*, 52,386-393.

Miles, S. M., & Carey, G. (1997). Genetic and environmental architecture of human aggression. *Journal of Personality and Social Psychology*, 72,207-217.

Miller, D. T., & Ross, M. (1975). Self-serving biases in attribution of causality: Fact or fiction? *Psychological Bulletin*, 82, 213 - 225.

Miller, J. G. (1984). Culture and the development of everyday social explanation. *Journal of Personality and Social Psychology*, 46, 961 - 978.

Miller, N., & Campbell, D. T. (1959). Recency and primacy in persuasion as a function of the timing of speeches and measurements. *Journal of Abnormal and Social Psychology*, 59, 1 - 9.

Morris, M. W., & Larrick, R. P. (1995). When one casts doubt on another: A normative analysis of discounting in causal attribution. *Psychological Review*, 102, 331 - 335.

Morris, M. W., & Peng, K. (1994). Culture and cause: American and Chinese attributions for social and physical events. *Journal of Personality and Social Psychology*, 67, 949 - 971.

Neumann, R., & Stack, F. (2000). "Mood contagion": The automatic transfer of mood between persons. *Journal of Personality and Social Psychology*, 79, 211 - 223.

Newman, L. S. (1993). How individualists interpret behavior: Idiocentrism and spontaneous trait inference. *Social Cognition*, 11, 243 - 269.

Newman, L. S. (1996). Trait impressions as heuristics for predicting future behavior. *Personality and Social Psychology Bulletin*, 22, 395 - 411.

Nisbett, R. E., & Borgida, E. (1975). Attribution and the psychology of prediction. *Journal of Personality and Social Psychology*, 32, 932 - 943.

Nisbett, R. E., Caputo, C., Legant, P., & Marecek, J. (1973). Behavior as seen by the actor and as seen by the observer. *Journal of Personality and Social Psychology*, 27, 154 - 165.

Nisbett, R. E., Peng, K., Choi, I., & Norenzayan, A. (2001). Culture and systems of thought: Holistic versus analytic cognition. *Psychological Review*, 108, 291 - 310.

Norenzayan, A., & Nisbett, R. E. (2000). Culture and casual cognition. *Current Directions in Psychological Science*, 9, 132 - 135.

Norenzayan, A., Choi, I., & Nisbett, R. E. (1999). Eastern and Western folk psychology and the prediction of behavior. *Unpublished manuscript*, University of Michigan, Ann Arbor.

Norenzayan, A., Choi, I., & Nisbett, R. E. (1999). Eastern and Western perceptions of causality for social behavior: Lay theories about personalities and situations. In D. A. Prentice & D. T. Miller (Eds.), *Cultural divides: Understanding and overcoming group conflict* (pp. 239 - 272). New York: Russell Sage Foundation.

Oettingen, G. (1995). Explanatory style in the context of culture. In G. M. Buchanan & M. E. P. Seligman (Eds.), *Explanatory style*. Hillsdale, NJ: Erlbaum.

Overmier, J. B., & Seligman, M. E. P. (1967). Effects of inescapable shock upon subsequent escape and avoidance learning. *Journal of Comparative and Physiological Psychology*, 89, 358 - 367.

Oyserman, D., & Lee, S. W. S. (2008). Does culture influence what and how we think? Effects of priming individualism and collectivism. *Psychological Bulletin*, 134, 311 – 342.

Patterson, M. L., & Sechrest, L. B. (1970). Interpersonal distance and impression formation. *Journal of Personality*, 38, 161 – 166.

Payne, B. K. (2001). Prejudice and perception: The role of automatic and controlled processes in misperceiving a weapon. *Journal of Personality and Social Psychology*, 81, 181 – 192.

Perloff, L. S., & Fetzer, B. K. (1986). Self-other judgments and perceived vulnerability of victimization. *Journal of Personality and Social Psychology*, 50, 502 – 510.

Peterson, C., & Seligman, M. E. P. (1984). Causal explanations as a risk factor for depression: Theory and evidence. *Psychological Review*, 91, 347 – 374.

Peterson, C., Luborsky, L., & Seligman, M. E. P. (1983). Attributions and depressive mood shifts: A case study using the symptom-context method. *Journal of Abnormal Psychology*, 92, 96 – 103.

Pietromonaco, P. R., & Nisbett, R. E. (1982). Swimming upstream against the fundamental attribution error: Subjects' weak generalizations from the Darley and Batson study. *Social Behavior and Personality*, 10, 1 – 4.

Prager, I. G., & Cutler, B. L. (1990). Attributing traits to oneself and to others: The role of acquaintance level. *Personality and Social Psychology Bulletin*, 16, 309 – 319.

Pyszczynski, T., Holt, K., & Greenberg, J. (1987). Depression, self-focused attention, and expectancies for positive and negative future life events for self and others. *Journal of Personality and Social Psychology*, 52, 994 – 1001.

Quattrone, G. A. (1982). Behavioral consequences of attributional bias. *Social Cognition*, 1, 358 – 378.

Quoidbach, J., & Dunn, E. W. (2010). Personality neglect: The unforeseen impact of personal dispositions on emotional life. *Psychological Science*, 21, 1783 – 1786.

Ramsey, S. J. (1981). The kinesics of femininity in Japanese women. *Language Sciences*, 3, 104 – 123.

Regan, D. T., & Totten, J. (1975). Empathy and attribution: Turning observers into actors. *Journal of Personality and Social Psychology*, 32, 850 – 856.

Regan, P. C., Snyder, M., & Kassin, S. M. (1995). Unrealistic optimism: Self-enhancement or person positivity? *Personality and Social Psychology Bulletin*, 21, 1073 – 1082.

Reinhard, M. A., Greifeneder, R., & Scharmach, M. (2013). Unconscious processes improve lie detection. *Journal of Personality and Social Psychology*, 105, 721 – 739.

Richards, J. M., & Gross, J. J. (1999). Composure any cost? The cognitive consequences of emotion suppression. *Personality and Social Psychology Bulletin*, 25, 1033 – 1044.

Richmond, V. P., McCroskey, J. C., & Payne, S. K. (1991). *Nonverbal behavior in interpersonal relations* (2nd edition, pp. 117 – 138). Englewood Cliffs, NJ: Prentice Hall.

Robinson, L. A., Berman, J. S., & Neimeyer, R. A. (1990). Psychotherapy for the treatment of depression: A comprehensive review of controlled outcome research. *Psychological Bulletin*, 108, 30 – 49.

Roesch, S. C., & Amirkhan, J. H. (1997). Boundary conditions for self-serving attributions: Another look at the sports pages. *Journal of Applied Social Psychology*, 27, 245 – 261.

Rogers, P. (1998). The cognitive psychology of lottery gambling: A theoretical review. *Journal of Gambling Studies*, 14, 111 – 134.

Rosenberg, E. L., & Ekman, P. (1995). Conceptual and methodological issues in the judgment of facial expressions of emotion. *Motivation and Emotion*, 19, 111 – 138.

Rosenberg, S., Nelson, S., & Vivekananthan, P. S. (1968). A multidimensional approach to the structure of personality impressions. *Journal of Personality and Social Psychology*, 9, 283 – 294.

Rosenthal, R., & DePaulo, B. M. (1979). Sex differences in accommodation in nonverbal communication. In R. Rosenthal (Ed.), *Skill in nonverbal communication: Individual differences* (pp. 68 – 103). Cambridge, MA: Oelgeschlager, Gunn & Hain.

Ross, L. (1977). The intuitive psychologist and his shortcomings: Distortions in the attribution process. In L. Berkowitz (Ed.), *Advances in experimental social psychology* (Vol. 10, pp. 173 – 220). Orlando, FL: Academic Press.

Ross, L. (1977). The intuitive scientist and his shortcoming. In L. Berkowitz (Ed.), *Advances in experimental social psychology* (Vol. 10, pp. 174 – 221). New York: Academic Press.

Ross, L., & Nisbett, R. E. (1991). *The person and the situation: Perspectives of social psychology*. New York: McGraw-Hill.

Ross, L., Amabile, T., & Steinmetz, J. (1977). Social roles, social control and biases in the social perception process. *Journal of Personality and Social Psychology*, 37, 485 – 494.

Ross, M., & Sicoly, F. (1979). Egocentric biases in availability and attribution. *Journal of Personality and Social Psychology*, 37, 322 – 336.

Rutter, D. R., Quine, L., & Albery, I. P. (1998). Perceptions of risk in motorcyclists: Unrealistic optimism, relative realism, and predictions of behaviour. *British Journal of Psychology*, 89, 681 – 696.

Schaufeli, W. B. (1988). Perceiving the causes of employment: An evaluation of the causal dimensions in a real-life situation. *Journal of Personality and Social Psychology*, 54, 347 – 356.

Schneider, D. J. (1973). Implicit personality theory: A review. *Psychological Bulletin*, 79, 294 – 309.

Sedikides, C., & Anderson, C. A. (1994). Causal perceptions of inter-trait relations: The glue that holds person types together. *Personality and Social Psychology Bulletin*, 21, 294 – 302.

Seligman, M. E. P. (1975). *Helplessness: On depression, development and death*. San Francisco: W. H. Freeman.

Seligman, M. E. P., Abramson, L. Y., Semmel, A., & von Baeyer, C. (1979).

Depressive attributional style. *Journal of Abnormal Psychology*, 88, 242 – 247.

Seligman, M. E. P., Castellon, C., Cacciola, J., Schulman, P., Luborsky, L., Ollove, M., & Downing, R. (1988). Explanatory style change during cognitive therapy for unipolar depression. *Journal of Abnormal Psychology*, 97, 13 – 18.

Shaw, J., & Steers, W. (1996). Effects of perceived sex, search goal, and target person attributes on information search and impression formation. *Journal of Social Behavior and Personality*, 11, 209 – 227.

Sherman, J. W., & Klein, S. B. (1994). The development and representation of personality impressions. *Journal of Personality and Social Psychology*, 67, 972 – 983.

Shweder, R. A., & Bourne, E. J. (1982). Does the concept of the person vary cross-culturally? In A. J. Marsella & G. White (Eds.), *Cultural conceptions of mental health and therapy* (pp. 97 – 137). Boston: Reidel.

Smith, D. E., & Gier, J. A., & Willis, F. N. (1982). Interpersonal touch and compliance with a marketing request. *Basic and Applied Social Psychology*, 3, 35 – 38.

Smith, E. R., & Zarate, M. A. (1992). Exemplar-based model of social judgment. *Psychological Review*, 99, 3 – 21.

Snyder, C. R., & Higgins, R. L. (1988). Excuses: Their effective role in the negotiation of reality. *Psychological Bulletin*, 104, 23 – 35.

Stangor, C. (1990). Arousal, accessibility of trait constructs, and person perception. *Journal of Experimental Social Psychology*, 26, 305 – 321.

Stapel, D. A., Koomen, W., & Zeelenberg, M. (1998). The impact of accuracy motivation on interpretation, comparison, and correction processes: Accuracy X knowledge accessibility effects. *Journal of Personality and Social Psychology*, 74, 878 – 893.

Stevens, L. E., & Fiske, S. T. (2000). Motivated impressions of a powerholder: Accuracy under task dependency and misperception under evaluation dependency. *Personality and Social Psychology Bulletin*, 26, 907 – 922.

Stiff, J. B., Miller, G. R., Sleight, C., Mongeau, P. J., Gardelick, R., & Rogan, R. (1989). Explanation for visual cue primacy in judgments of honesty and deceit. *Journal of Personality and Social Psychology*, 56, 555 – 564.

Storms, M. D. (1973). Videotape and the attribution process: Reversing actors' and observers' points of view. *Journal of Personality and Social Psychology*, 27, 165 –175.

Street, C. N. H., & Vadillo, M. A. (2016). Can the unconscious boost lie-detection accuracy? *Current Directions in Psychological Science*, 25, 246 – 250.

Summers, G., & Feldman, N. S. (1984). Blaming the victim versus blaming the perpetrator: An attributional analysis of spouse abuse. *Journal of Social and Clinical Psychology*, 2, 339 – 347.

Taylor, S. E., & Brown, J. D. (1988). Illusion and well-being: A social psychological perspective on mental health. *Psychological Bulletin*, 103, 193 – 210.

Taylor, S. E., & Fiske, S. T. (1975). Point of view and perceptions of causality. *Journal of Personality and Social Psychology*, 32, 439 – 445.

Taylor, S. E., Peplau, A. L., & Sears, D. O. (2006). *Social Psychology* (12th edition). Englewood Cliffs, NJ: Prentice Hall.

ten Brinke, L., Vohs, K. D., & Carney, D. R. (2016). Can ordinary people detect deception after all? *Trends in Cognitive Sciences*, 20,579-588.

Thompsons, E. P., Roman, R. J., Moskowitz, G. B., Chaiken, S., & Bargh, J. A. (1994). Accuracy motivation attenuates covert priming: The systematic reprocessing of social information. *Journal of Personality and Social Psychology*, 66,474-489.

Thorndike, E. L. (1920). A constant effort in psychological ratings. *Journal of Applied Psychology*, 4,25-29.

Thornton, B., & Maurice, J. (1997). Physique contrast effect: Adverse impact of idealized body images for women. *Sex Roles*, 37,433-439.

Triandis, H. C. (2001). Individualism-collectivism and personality. *Journal of Personality*, 69,907-924.

Tversky, A., & Kahneman, D. (1974). Judgment under uncertainty: Heuristics and biases. *Science*, 185,1124-1131.

Walster, E., Aronson, V., Abrahams, D., & Rottman, L. (1966). Importance of physical attractiveness in dating behavior. *Journal of Personality and Social Psychology*, 4,508-516.

Watson, D. (1982). The actor and the observer: How are their perceptions of causality divergent? *Psychological Bulletin*, 92,682-700.

Weary, G., & Arkin, R. C. (1981). Attributional self-presentation. In J. H. Harvey, W. J. Ickes, & R. F. Kidd (Eds.), *New directions in attribution research* (Vol. 3, pp. 223-246). Hillsdale, NJ: Erlbaum.

Weiner, B. (1985). An attributional theory of achievement motivation and emotion. *Psychological Review*, 92,548-573.

Weiner, B. (1985). "Spontaneous" causal thinking. *Psychological Bulletin*, 97,74-84.

Weiner, B. (1993). On sin versus sickness: A theory of perceived responsibility and social motivation. *American Psychologist*, 48,957-965.

Weiner, B. (1995). *Judgments of responsibility: A foundation for a theory of social conduct*. New York: Guilford.

Weiner, B., Osborne, D., & Rudolph, U. (2011). An attributional analysis of reactions to poverty: The political ideology of the giver and the perceived morality of the receiver. *Personality and Social Psychology Review*, 15,199-213.

Weinstein, N. D. (1980). Unrealistic optimism about future life events. *Journal of Personality and Social Psychology*, 39,806-820.

Wheeler, L., & Kim, Y. (1997). What is beautiful is culturally good: The physical attractiveness stereotype has different content in collectivistic cultures. *Personality and Social Psychology Bulletin*, 23,795-800.

White, P. A. (2002). Causal attribution from covariation information: The evidential evaluation model. *European Journal of Social Psychology*, 32,667-684.

Witkin, H. A., Dyk, R. B., Faterson, H. F., Goodenough, D. R., & Karp, S. A.

(1974). *Psychological differentiation*. Potomac, MD: Erlbaum.

Wright, E. F., Luus, C. A. E., & Christie, S. D. (1990). Does group discussion facilitate the use of consensus information in making causal attributions? *Journal of Personality and Social Psychology*, 59, 261–269.

Zautra, A. J., Guenther, R. T., & Chartier, G. M. (1985). Attributions for real and hypothetical events: Their relation to self-esteem and depression. *Journal of Abnormal Psychology*, 94, 530–540.

Zhou, X., He, L., Yang, Q., Lao, J., & Baumeister, R. F. (2012). Control deprivation and styles of thinking. *Journal of Personality and Social Psychology*, 102, 460–478.

Zillmann, D. (1989). Aggression and sex: Independent and joint operations. In H. L. Wagner & A. S. R. Manstead (Eds.), *Handbook of psychophysiology: Emotion and social behavior* (pp. 407–440). Chichester, England: John Wiley.

Zimbardo, P. G. (1977). *Shyness: What it is and what you can do about it*. Reading, MA: Addison-Wesley.

Zuckerman, M., DePaulo, B. M., & Rosenthal, R. (1981). Verbal and nonverbal communication of deception. In L. Berkowitz (Ed.), *Advances in experimental social psychology* (Vol. 14, pp. 2–60). New York: Academic Press.

Zuckerman, M., Larrance, D. T., Spiegel, N. H., & Klorman, R. (1981). Controlling nonverbal displays: Facial expressions and tone of voice. *Journal of Experimental Social Psychology*, 17, 506–524.

第3章 社会认知

　　1968年,心理学家罗森塔尔和他的助手雅格布森与一所小学合作,对这所小学的学生进行了一种一般能力测验(Rosenthal & Jacobson, 1968)。这所小学的教师被告知,这项测验是"哈佛应变能力测验",该测验的成绩可以预测学生未来的学术成就。测验结束后,每个班级的班主任都得到了一份名单,上面列出了测验得分在前20%的学生。但是,实际上名单上的学生是被随机分配到这一条件下的,这些学生与其他学生的唯一区别是,教师以为他们将会很有发展潜力。结果发现,8个月之后,名单上的学生的智力确实比其他学生提高大,这种现象被称作皮格马利翁效应,也叫自我实现的预言。

社会认知(social cognition)指的是人们对自身和社会世界的思考,包括如何选择、解释、识记和使用社会信息来做出判断和决策。心理学家区分两种类型的社会认知(综述见:Deutsch, Gawronski, & Hofmann, 2017; Evans, 2008; Kahneman, 2011; Sherman, Gawronski, & Trope, 2014):一种是自动化思维(automatic thinking),即迅速、自动和不费力的、无意识的思维,也称直觉过程(intuitive processes)、冲动过程(impulsive processes);另一种是有意识的控制性思维(controlled thinking),即有意识的、有一定目的、自发的思维,需要更多的努力和思考,也称审慎过程(deliberate processes)、反思过程(reflective processes)。由于面临信息非常之多,而时间和人的认知资源是有限的,人们经常依靠自动化思维,从而有效地节省心理资源。人们在学习和掌握技能(例如音乐和运动)的过程中,最初要通过意识控制来遵守新学习的规则,但随着练习的进行会逐渐变成直觉和自动化的过程(Kruglanski & Gigerenzer, 2011)。有研究者发现,当人们受到干扰而分心,从而难以进行意识思考时,无意识思考反而能使人们在复杂问题上做出更好的决策(Dijksterhuis et al., 2006)。不过,也有研究者质疑这一无意识思考效应(例如:Lassiter et al., 2009)。自动化思维的常见形式有运用图式,在思考社会世界时采用一些经验法则和捷径等。

第1节 图式

人们对社会环境的自动思考是以过去的经验和知识为基础的,因此才能迅速地对新情况进行判断,并且具有一定的准确性。例如,当我们走进一家从未去过的快餐店时,我们知道应该去柜台点餐而不是坐在餐桌旁等待服务员,这是因为我们的心理"剧本"自动告诉我们,在快餐店里应该这样行动。图式(schemas)是人们用于组织他们关于某个主题的知识、关于周围的社会世界的心理结构,这种心理结构是社会思维的基本成分,影响人们所注意、思考和识记的信息(Taylor & Crocker, 1981)。图式包括关于多种事物的知识,例如某些特别的人,某种社会角色,我们自己,以及特定的事件,等等(Eckes, 1995)。其中,描述特定事件的图式叫做脚本(Abelson, 1976),它包含在某段时间内按一定顺序出现的行为序列。例如关于在一家餐馆里点菜、进行一次约会等事件的图式都属于脚本。当图式运用于特定群体时,称为刻板印象,例如关于某些职业、某种性别、某些种族的刻板印象。需要注意,文化塑造人们拥有的图式,来自不同文化的人们所持有的关于自身和世界的图式很可能有所不同。图式一旦形成,就会对社会认知产生很大影响,进而影响社会行为。图式的主要作用在于,人们可以利用它们来解释周围的环境。当我们进入新的环境或遭遇新事物时,我们不是从零开始建立理解,而是搜索记忆中与当前情境有关的图式并加以应用。并且,当图式本身非常强大,发展得很好时,它的作用更加强大(Stangor & McMillan, 1992);当需要付出的心理努力即认知负荷比较高时,图式的作用也更强(Kunda, 1999)。

·图式的作用

图式是组织我们的先前经验和知识的心理结构,在面对新的信息时,图式迅速且自动地发挥作用,帮助我们对新的信息进行理解和解释。当我们面对的是可以以多种方式加以解释的、有一定模糊性的信息时,图式的作用尤其重要。它能够帮助我们填补空白,对不完整的信息进行推测,加入与图式相一致的信息。在一项研究中,大学生被告知将有一位客座教师给他们上课,为了让被试产生关于这位教师的图式,研究者给被试提供了一份教师的简要介绍(Kelly, 1950)。大学生随机收到两种介绍中的一个,一个版本是:"认识他的人认为他非常热心、勤奋、严格、实际并且行事果断",另一个版本只是将"非常热心"换成"非常冷漠",其他部分完全相同。随后,客座教师带领学生进行了20分钟的课堂讨论,研究者让大学生评定对他的印象。由于这时大学生接受的信息并不太多,带有模糊性,凯利认为他们可能会利用先前看到的介绍中所提供的图式去填补空白。结果确实如此,与期待他是一位冷漠老师的大学生相比,期待他是一位热心老师的大学生对他的评价要高得多,虽然他们看到的是同一位老师的完全相同的表现。这一结果说明图式影响人们根据模糊信息做出的判断。并且,信息越模糊,人们就越有可能利用图式来填补信息。而当真实的信息很确定和清晰时,人们不会依赖于图式去填补。例如,当客座教师是一个明显自大骄傲的人时,"热情"和"冷漠"条件下的学生都将该老师评定为自高自大的,他们不再利用先前的图式来填充空白。

与围绕图式这一主题进行的研究类似,另外一些研究也发现人们的信念和预期(认知因素)以及愿望和情绪(动机因素)在很大程度上影响对新信息的知觉和解释。在第1章介绍过,由于立场不同,普林斯顿大学和达特茅斯学院的学生对同一场比赛的知觉截然不同。有研究者认为,由于选择性知觉的作用,对立双方中的每一方都会认为媒体或调解人是不公平的,偏向与他们立场相反的一方,这叫做敌意媒体效应(Vallone, Ross, & Lepper, 1985)。在另一个研究中,研究者调查学生对两种假设的研究结果的评价(Lord, Ross, & Lepper, 1979)。一半学生支持死刑,另一半学生则反对死刑;一项研究结果支持死刑具有威慑力量,另一项研究结果则驳斥死刑具有威慑力量的观点。当给被试阅读两个研究结果时,发现支持和反对死刑的学生分别接受了与他们的观点相同的证据,强烈反驳与其观点相反的证据。后续研究也发现,混合的信息引发被试对信息的仔细思考,导致他们强烈批评与自己的信念相反的观点,最后将信息知觉为支持自己的观点(Munro & Ditto, 1997)。这些研究表明,人们预先的信念、预期以及动机方面的因素会影响人们对新信息的解释。

　　图式对人们记忆的影响也很大。这种影响体现在两个方面:一方面,与图式相一致的信息通常记忆效果更好;另一方面,图式影响记忆的重构。对于前者,很多研究比较了与图式一致、不一致或无关的信息的记忆成绩。在一个实验中,被试观看一段录像,其中有一名女性正和丈夫坐在家里(Madey & Gilovich, 1993)。一半被试被告知这名女性是图书馆管理员,另一半被试被告知这名女性是服务员。在录像中,这名女性的一些特征与图书馆管理员一致,例如戴着眼镜,吃着沙拉,喝着葡萄酒,弹奏着钢琴;另外一些特征与服务员一致,例如房间里有保龄球,没有书橱,吃着巧克力蛋糕。随后,或者在一周之后,要求被试回忆录像中的细节,结果发现被试分别对与自己的图式一致的内容回忆得更好。不过,与图式不一致的信息并不总是回忆得差,与图式一致或不一致的信息都容易记住,而与图式无关的信息容易忘记(Hastie & Kumar, 1979)。另外,与图式完全不一致的信息,即在特定情境下与预期不吻合的信息,有时也会进入到记忆中(Stangor & McMillan, 1992)。有研究表明,当图式刚刚发展,或者图式已经非常完善时,人们对不一致信息的记忆更好(Ruble & Stangor, 1986);而图式处于中等构建程度的人则容易记住那些与图式一致的信息(Higgins & Bargh, 1987)。从已有的大量研究来看,通常,被试报告记住和使用与图式一致的信息远远多于记住和使用与图式不一致的信息(Stangor & McMillan, 1992)。不过,一种可能是,与图式不一致的信息在记忆中也很深刻,但是人们倾向于报告与图式一致的信息。并且,究竟与图式一致的信息还是不一致的信息记忆效果更好,还与使用的记忆测量方法有关。

　　关于记忆的重构过程,请你考虑下面这段话:"记忆可以被比作大脑中的储存器,我们将一些东西存入这个容器,等到需要的时候,再从这个容器中取出。有些时候,一些东西会从这个容器中漏掉,这时我们就会忘记一些事情。"听起来很有道理,是吗? 在一项调查中,大约85%的大学生同意这种说法(Lamal, 1979)。但是,心理学研究表明,这段陈述存在严重错误。记忆并不是储存在记忆容器中的过去经验的拷贝。相反,我们是在提取的时候才对记忆进行构建(Myers, 2005)。我们使用当前的情感和预期来整合信息碎片,重构我们的过去。因此,我们很容易利用当前的知识修改我们的记忆,尽管这一过程可能是无意识的(Myers, 2005)。为了演示记忆的重构性,请你尝试一下心理学家迈尔斯(Myers, 2005)推荐的一个方法:闭上眼睛,回忆你过去经历过的一个愉快场景,当你在脑海中重现这一场景之后,再继续阅读下文的内容。你在这个场景中看到你自己了吗? 如果你回答"是",那么你一定是重构了这个场景,因为事实上你不可能看到过自己,除非你是在照镜子。若人们在一个事件发生之后收到关于该事件的误导性信息,会造成对原始事件的记忆歪曲,这称作误导信息效应(misinformation effect)。例如,人们将停车标志错误地回忆为让行标志,将锤子错误回忆为螺丝刀,等等(综述见:Loftus,2005,2017)。

图式对记忆的重构起着很大作用,人们经常使用与图式相一致的信息来填补空白。人们会记住一些真实存在的信息,尤其是图式引导我们注意的那些信息(Fiske,1993);同时人们也记住了一些根本不存在的,实际上是在后来无意中加入的信息(Darley & Akert,1993;Markus & Zajonc,1985)。记忆的重构倾向于与人们的图式保持一致。例如,在一项研究中,被试阅读一名叫芭芭拉的女性和一名叫杰克的男性的交往故事(Carli,1999)。在两人约会了一段时间之后,他们到滑雪场的一间小屋度周末。在一种条件下,被试看到的故事以杰克向芭芭拉求婚结束;在另一种条件下,被试看到的故事以杰克强奸了芭芭拉告终。两周之后,被试参加记忆测验,在测验中他们阅读很多关于杰克和芭芭拉的情况描述,然后判断这些细节是否曾在故事中出现过。结果发现,在"求婚"条件下,被试错误地记起了一些与求婚图式相一致的细节,例如"杰克希望芭芭拉去见他的父母",或者"杰克送给芭芭拉12朵玫瑰"。而在"强奸"条件下,被试错误地记起一些与强奸图式相一致的细节,例如"杰克喜欢喝酒",或者"杰克不被女性喜欢"。这些细节从来没有出现在故事中,但是人们在"求婚"或"强奸"条件下倾向于认为它们存在。人们使用与图式相一致的信息来填补空白,这也造成,随着时间过去,图式变得更加强有力并且很难改变。另外的两名研究者所做的两个实验也证实了图式对记忆重构所起的作用(Loftus & Palmer,1974)。在一个实验中,被试观看有关一场车祸的7个不同的电影片段,这些片段的长度从5到30秒不等。每看完一个电影片段,被试需要回答一系列问题,其中包括汽车的行驶速度有多快。1/5的被试需要回答:"两车互相接触到对方的时候,车子的行驶速度有多快?"其余的学生各有1/5需要回答类似的问题,只是把"接触"(contacted)分别换成"撞到"(hit)、"碰撞"(bumped)、"相撞"(collided)或"撞碎"(smashed)。结果发现,被试的速度估计受到问题形式所启动的图式的影响,例如回答"撞碎"问题的被试估计的速度比回答"接触"问题的被试估计的速度平均快9英里。在第二个实验中,被试观看一段长度为一分钟的影片,影片中显示了一起长度为4秒钟的多辆车相撞的事故。1/3的被试被问到:"当汽车互相撞碎时,车子的速度大约是多少?"1/3的被试被问到:"当汽车互相撞到时,车子的速度大约是多少?"另外1/3的被试不需要判断汽车的速度。一周后,被试回答一系列问题,研究者感兴趣的是,被试回忆时是否认为他们看到过车祸中撞碎的玻璃。结果发现,"撞碎"条件下被试估计的速度更快,并且他们报告看到撞碎玻璃的比例更大。而事实上,影片的车祸中并没有撞碎的玻璃,被试在重构记忆时认为玻璃被撞碎了。

· 图式的缺点

图式帮助我们将过去的经验和知识有序地组织起来,在面对新信息时,图式帮助我们迅速有效地了解新情况。并且,图式影响人们注意、思考和记忆的信息。需要注意,图式的这些作用在某些时候对人们的社会认知是有利的,但在有些时候会扭曲人们对社会情境的理解。如果人们自动使用了错误的图式,就会导致错误。例如,对某些人群的刻板印象就是一种错误或片面的图式。刻板印象在有些时候甚至会导致惨剧的发生。

1999年2月,4名白人警察慢慢接近一个名叫迪阿诺的黑人,他们怀疑迪阿诺可能是一系列强奸案的罪犯。但实际上迪阿诺是一名小贩,没有任何犯罪记录。当警察走近迪阿诺时,他伸手去拿钱包,可能是想出示证件。4名警察对黑人伸手进口袋这一举动非常警觉,他们立即开枪射击,迪阿诺身中41枪,当场死亡。在美国另一个城市辛辛那提,6年中共有15名黑人被警察杀死,而这6年中没有一名白人被警察杀死(Singer, 2002)。在这些案件中,警察看到黑人做出某些举动时,毫不犹豫地认为他们是在拿武器,因此迅速开枪。一些心理学家考察了美国人对黑人的刻板印象,研究它是否会影响人们对某个人是否持有武器的知觉。这些心理学家假设,如果人们对黑人持有刻板印象,在遇到黑人时就会迅速利用这种刻板印象,认为他们更有可能持有武器。在一个研究中,非黑人大学生观看一组在电脑上快速放映的图片(Payne, 2001)。前一张图片是一张面部图,后一张图片则描绘一个工具或一把枪。研究者要求被试只注意后一张图片,如果看到的是一个工具,尽可能迅速且准确地按下一个键,如果看到的是一把枪,尽可能迅速且准确地按下另一个键。被试大约只有0.5秒的时间辨认图片并按键。在一半情境中,第一张图片呈现的是白人的面部,另一半情境中第一张图片呈现的是黑人的面部。结果发现,人脸的种族影响人们对第二张图片的知觉。当第一张图片是黑人的脸时,人们更容易将工具误认为枪,并且即使对工具的反应正确,反应时间也较长。

在另一个研究中,被试完成的任务更接近警察面临的情境(Correll, Park, Judd, & Wittenbrink, 2002)。被试玩一个视频游戏,游戏中他们可以看到真实场景中年轻人的照片,例如在公园、火车站或人行道,其中一半年轻人是美国黑人,另一半是白人;每组照片中又有一半人手持枪支,另一半人拿着没有威胁的物品,例如钱包、手机或相机。研究者告知被试,如果游戏中的年轻男子手持武器就按"射击"键,如果该年轻男子没有武器就按"不射击"键,被试有大约半秒钟的时间做决定。研究还模拟现实中警察所面临的风险和收益,被试在每轮游戏中都会赢得或失去点数。如果被试没有射击无武器者,赢得5点;如果被试射击持有武器者,赢得10点;如果被试射击无武器者,失去 20 点;如果被试没有射击有武器者,失去 40 点。最后一种类似于真实生活中,如果警察没有射击持有武器的罪犯,将会对公众构成生命威胁。结果表明,当游戏中的人物是黑人时,无论他是否持有武器,被试都更有可能开枪。这说明,当黑人没有持枪时,被试将会犯严重错误,打死一名没有武器的人,并且这种条件下错误的比例在四种条件中是最高的。而如果男子是白人,无论他持枪与否,被试所犯错误的数量是相同的。在上述两个研究中,被试必须迅速做出反应,因此他们没有时间思考,只能在自动化思维的指导下行动。美国文化对黑人与暴力之间的联系存在普遍的刻板印象,这种刻板印象在特定的情况下会影响自动化思维。正是这种自动应用的对黑人的刻板印象,造成了警察误杀黑人的惨剧。并且,最有可能犯误杀黑人错误的人正是那些强烈地持有某种刻板印象,相信黑人与暴力存在联系的人(Correll, Park, Judd, & Wittenbrink, 2002)。关于特定社会群体的刻板印象对人们的认知和行为的影响在后续章节还会继续讨论。

图式的另一个问题是,图式一旦形成就很难改变,即使当人们面临与之相违背的信息时也会保持不变(Kunda & Oleson, 1995)。当我们遇到与我们的图式不一致的信息时,我们也不一定会改变我们的图式。我们可能会将这些信息归入与图式不一致的子范畴中(Richards & Hewstone, 2001)。另外,图式有些时候能够自我实现,它可能会导致社会世界发生变化,使得原本并不成立的预期变成现实(Rosenthal & Jacobson, 1968)。这两个问题将在稍后进一步讨论。

·图式的可提取性和启动

人脑中有多种多样的图式,当面临社会世界中的模糊信息时,人们会利用哪一个图式来解释这些信息?例如,当你在一辆公共汽车上,看到一名男性语无伦次、自言自语,不礼貌地盯着车上的人看(Aronson, Wilson, & Akert, 2004),你将如何解释他的行为?你会使用"酗酒者"还是"精神病人"的图式来解释他?为什么你会选择那个图式?研究者认为,人们在特定情形下采用的图式受图式的可提取性影响。可提取性(accessibility)指的是图式和概念在人们头脑中所处位置的优越性,以及当人们对社会世界做出判断时,使用这些图式和概念的可能性有多大(Ford & Thompson, 2000; Higgins, 1996)。可提取性有两类,第一种是图式本身的特点,第二种是因某些因素造成图式暂时的可提取性增加。在第一种情况中,由于过去经验的作用,有些图式的可提取性累积性地提高(Chen & Anderson, 1999; Rudman & Borgida, 1995)。这样的图式总是比较活跃的,并随时可能运用到模糊情境中。例如,如果你家中有人经常酗酒,那么对你来说,与"酗酒者"有关的特征及其对应的图式的可提取性就会越来越高。因此,当你看到车上那名男子的行为时,"酗酒者"图式很容易被调动出来。相反,如果你家里有人患有精神病,那么关于精神病的特征和行为就更容易被提取出来。在这两种情况下,你对这名男性的解释是不同的,由于你头脑中图式可提取性的差异,你使用了不同的图式。第二种可提取性指的是由于某些临时原因,图式暂时变得容易提取(Bargh, 1996; Stapel & Koomen, 2000)。这意味着,这些特定的图式并不总是容易提取的,而是由于在面对模糊信息之前人们的所想所为而暂时变得容易提取。例如,假设你在看到公共汽车上的这名男性之前,看过一部描述精神病人的电影,那么关于精神病人的图式在你头脑中暂时变得容易提取,你很可能认为他精神有问题。相反,假设你正好刚从车窗看到一名酒鬼正拿着酒瓶往嘴里灌酒,那么你很可能会认为公共汽车上这名胡言乱语的男性喝醉了(Aronson, Wilson, & Akert, 2004)。这些现象被称为启动(priming),即最近的经历提高了某个图式、特征或概念的可提取性的过程。刚看过的电影启动了关于精神病人的特征,那么这些特征更有可能被用来解释新遇到的事件,例如公共汽车上的这名男性,即使这个新的事件与先前的启动经历并无联系。

一个研究很好地说明了启动效应的存在(Higgins, Rhole, & Jones, 1977)。在这个研究中,被试被告知参加的是两个互不相干的实验。第一个实验是知觉研究,被试需要辨别不同的颜色,同时需要识记一系列词语;第二个实验是阅读理解研究,被试阅读关于一个叫做唐纳德的人的一段话,然后产生对他的印象。在第一个实验中,被试被分为两组,一组识记的词语中包括"大胆"、"自信"、"独立"和"坚持不懈"等;另一组被试识记的词语中包括"鲁莽"、"自负"、"冷漠"和"顽固不化"等。第二个实验中,对唐纳德的描述的一个例子是这样的:"唐纳德花了很多时间来寻找他所谓的刺激。他曾经攀登过麦金利山脉,仅靠一艘小皮划艇在科罗拉多急流上漂流,驾驶一辆几乎要报废的汽车,并在对航船不甚了解的情况下驾驶一艘螺旋发动机小艇。他曾经多次冒着受伤甚至是死亡的危险。现在他又在寻找新的刺激了。他想,或许他能够跳伞或驾驶航船横渡大西洋。通过他的行事方式,人们不难想象,唐纳德很了解他有出色地完成许多事情的能力。与热情投入这些事情相反,唐纳德与人们的交流很有限,他认为他并不真正需要任何人的帮助。一旦唐纳德下定决心要做某件事,他都会尽可能将它做好,并不在乎过程多长,难度多大。他几乎从不改变主意,即使有时候改变主意对他可能更好(Higgins, Rhole, & Jones, 1977)。"这段对唐纳德的描述中,很多行为都是模糊的,既可以从正面解释,认为他具有值得敬佩的冒险精神,也可以从负面解释,认为他是个鲁莽的人。尽管被试被告知两个实验并无关联,但实际上研究者感兴趣的正是前一个实验对后一个的影响。被试识记的词语对某些特征进行了启动,从而影响被试对唐纳德形成的印象。实验结果发现,被试对唐纳德行为的解释取决于正面还是负面的特征被启动。识记过"大胆"、"自信"、"独立"和"坚持不懈"等词语的被试随后对唐纳德形成了正面印象,他们将他看成是讨人喜欢、喜爱新挑战的人;而之前识记过"鲁莽"、"自负"、"冷漠"和"顽固不化"等词语的被试则对唐纳德形成了负面印象,认为他是一个爱冒不必要风险的、傲慢的人。

需要注意,并非所有识记的词语都会影响人们对唐纳德的印象。在有的实验条件下,被试所识记的词语也是既包括正面的(例如"灵巧的"),也包括负面的(例如"无礼的")。然而这些词语并不适合用于描述唐纳德的行为,对被试形成的印象并没有影响。因此,启动效应意味着激活某些图式,使得这些图式更容易被用来解释新的信息(Wyer & Srull, 1981)。但是,启动效应的发生有一个必要条件,即先前被启动的图式在内容上要能够用于解释后来的新信息,如果新的信息与先前被激活的图式没有任何关联,这些图式不会被用上(Higgins & Bargh, 1987)。因此,图式必须同时具有可提取性和可运用性,才能影响人们对社会世界的解释(Aronson, Wilson, & Akert, 2004)。

启动效应是自动化思维的一个很好的例子,它发生得非常迅速,通常没有意识的参与,使得过去的经历以人们意识不到的方式影响现在的思维、情感和行为(Greenwald & Banaji, 1995)。在一系列经典研究中,被试首先完成一个用词语组成句子的任务,这个任务中包含一些分别与礼貌和粗鲁有关的词,结果显示被启动粗鲁概念的被试更有可能在随后打断实验者的谈话,类似地,在组句子任务中被启动年老概念的被试,在随后走向电梯的速度明显减慢(Bargh, Chen, & Burrows, 1996)。并且,被试没有觉察到启动对其行为的影响。人们所处的环境、所接受的感觉刺激,也会影响社会判断和社会行为。在一个研究中,儿童和成人在观看插有食品广告的电视节目之后,对广告中并未出现的食物的摄入量提高(Harris, Bargh, & Brownell, 2009)。另一类启动效应体现在感觉体验、身体姿势和动作等的影响中。感到身体温暖的被试,与感觉冷的被试相比,更有可能将陌生人评价为慷慨和关心他人,并且他们对朋友也更慷慨(Williams & Bargh, 2008)。身体清洗起到心理分离(psychological separation)的作用,将人们与过往事件分离开来,从而降低先前经历对当前行为的影响(Dong & Lee, 2017)。感觉体验和身体状态对思维、情感和行为的影响,属于具身认知(embodied cognition)的研究范畴(综述见:Meier et al., 2012)。

另外,即使刺激以极快的速度闪过,以至于人们根本无法有意识地觉察到,也可能会发生启动。在一个研究中,以极快的、以至于被试只能看到一道闪光的速度在电脑屏幕上呈现一些词语(Bargh & Piertromonaro, 1982)。这些词语中一些与"敌意"有关,例如敌对和恶意,一些是中性词,例如水和之间。然后,被试阅读关于某个人的一段描述,这个人的行为既可以被解释为敌意的,也可以被解释为没有敌意的。例如,一名推销员在敲门,主人公没有让他进门。结果发现,被试用经过启动的特征来解释主人公的行为：看见过与"敌意"有关词语的人比看过中性词语的人更多地认为主人公具有敌意。并且，这里说的"看到"并非严格地看到，被试实际上并不知道他们"看到"了这些词语。这也再一次证实，启动效应是自发和无意识的。在一系列研究中，阈上和阈下呈现的词语都被证实影响了人们在赌博游戏中的决策行为（Payne, Brown-Iannuzzi, & Loersch, 2016）。不过，关于启动效应的可重复性，近年来存在一些争议（综述见：Weingarten et al., 2016）。

· 图式的持久性

图式一旦形成，往往很难发生改变，即使人们遇到与之相违背或证明其错误的信息，仍然倾向于保持不变。例如，一名婴儿在夜里哭叫，假设保姆认为牛奶喂养造成了这个婴儿肚子疼痛："想一下，母牛的牛奶显然更适合小牛而不是婴儿。"如果后来婴儿被诊断为发高烧，这名保姆是否仍然会坚持牛奶造成腹痛的观点（Ross & Anderson, 1982）？为了检验这一可能，研究者给被试灌输一条错误的信息，在被试接受这条信息之后，再试图否定它。在一个研究中，被试拿到一叠卡片，上面写着真实或伪造的遗嘱（Ross, Lepper, & Hubbard, 1975）。告诉被试，研究目的是考察决策过程中的生理过程的影响和作用，要求被试猜测哪些遗嘱是真实的。被试每做出一个猜测，研究者都会告知他是否猜对了。随着实验的进行，有一半被试发现自己对这个任务完成得相当好，25张卡片中猜对了24张，远远超过一般被试的表现；另一半被试发现自己只答对了25张卡片中的10张，这比一般被试的表现要差。接下来，研究者告诉被试，之前给他们的反馈都是假的，实际上被试只是被随机分配到两种实验条件下：不管被试是否猜得正确，一种条件下他们都会被告知猜对了24张，另一种条件下的被试都会被告知猜对了10张。也就是说，反馈完全是虚假的。现在，研究者拿出一份最终的调查问卷，请被试回答他们认为自己实际上答对了多少张，以及下次面对相同难度的测验时将会答对多少张。在这个实验中，被试已经形成了自己擅长还是不擅长完成这类任务的图式。但是，后来被试又得知关于图式的证据是虚假的。研究者千方百计确保被试理解，他们得到的反馈都是随机给出的，与其表现一点关系都没有。但是，对最终调查问卷的分析表明，那些得到"成功"反馈的被试仍然相信他们答对了较多的题目，并且在下次测验中将会比得到"失败"反馈的被试做得更好。

这一现象叫做固着效应（perseverance effect）或信念固着（belief perseverance）：人们关于自己和社会世界的信念会保持下去，即使知道支持这些信念的证据是虚假的也仍会这样。在类似于遗嘱实验的研究中，当人们得到反馈时，他们向自己解释为什么做得如此之好或如此之差，并且回忆与他们的表现相一致的证据。即使最终知道反馈是虚假的,这些观点仍然会产生影响,使得他们认为自己实际上真的擅长或不擅长这类任务(Davies, 1997; Anderson & Lindsay, 1998; Sherman & Kim, 2002)。研究固着效应的实验通常这样进行:首先向被试灌输一种信念,直接宣称某个结论是正确的,或者向被试出示一些轶事证据;接着,要求被试解释为什么该结论是正确的;最后,研究者告诉被试真相,先前的结论是为实验目的人为编造的,试图让被试完全推翻最初的结论。结果发现,通常只有大约25%的被试推翻原来的结论,而大部分被试仍然坚持对他们已经接受的结论的解释。例如,研究者给被试提供两个具体的例子,要求他们根据例子确定,倾向于冒险的人会是好的还是差的消防队员(Anderson, Lepper, & Ross, 1980)。一组被试看到的例子是,一名倾向于冒险的人是一名成功的消防队员,而一名谨慎的人则是不成功的;另一组被试看到的例子则刚好相反。在两组被试分别形成了自己的理论,即冒险的人究竟能否成为好的消防队员之后,要求每位被试写下对自己理论的解释。一旦被试产生自己的解释,它将独立于先前产生这种信念的信息而存在。也就是说,当最初的例子完全被推翻时,被试仍然坚持自己生成的解释:第一组被试继续相信,冒险的人将是好的消防队员,第二组被试则继续相信,冒险的人将是差的消防队员。前面提到的死刑研究也证实了类似的问题:支持或反对死刑的双方在面临混合的证据时,都只接受与他们的观点相同的证据,极力反驳与其观点相背的证据,最终的结果是分别更坚持自己最初的决定(Lord, Ross, & Lepper, 1979)。

这些实验都说明,一旦人们拥有某种图式,就会对挑战这种图式的信息持封闭和反对态度,拒绝接受反驳自己信念的信息,因此图式会坚持存在下去。例如,一旦我们考虑过一名被指控的人为什么是有罪的,一个令人讨厌的陌生人为什么那样行动,或者某个看好的股票的价值为什么可能上升,那么我们的解释即使在面临相反的挑战证据时仍会坚持下去(Davies, 1997; Jelalian & Miller, 1984)。图式的这种固着现象在司法领域也有重要的应用,例如法官在法庭上可能会发现一些错误的证词,或者一些被打上"不可接受"标签的证词。但是,即使法官要求陪审团忽略这些信息,由于图式的固着作用,即使这些证词被证明是失实的,陪审团也已经根据它们形成了自己的观念,很难再发生改变。

那么,有什么方法能够纠正固着效应? 有研究者认为,解决的办法是解释为什么相反的观点或信念会成立。一些研究者重复了死刑研究,新增加了两种实验条件(Lord, Lepper, & Preston, 1984)。在一种实验条件下,要求被试"尽可能客观和无偏差"地对证据进行评估,结果发现这种指导语是无效的,被试与没有接受指导语的控制组被试表现完全相同,仍然只接受与观点一致的证据。在第二种条件下,要求被试考虑相反的观点:"请你考虑一下,如果这些研究产生了支持相反观点的结果,你对这些研究证据会做出高还是低的评价?"结果发现,当想象了相反的发现之后,这些被试在评价支持或反对自己观点的证据时,偏差大大减少。另外的研究也发现,解释为什么相反的理论可能是正确的,例如为什么一个谨慎而不是冒险的人可能是好的消防队员,可以有效地减少或消除信念固着(Anderson,1982;Anderson & Sechler,1986)。并且,解释为什么其他可能的结果会出现,而不一定必须是相反的,也可以驱使人们仔细考虑多种可能性(Hirt & Markman,1995)。

·自我实现的预言

开篇案例中,心理学家罗森塔尔给教师灌输了一些本来并不成立的信念。但是,当老师们相信这些信念时,这些信念和预期最终变成了现实,这种现象叫做自我实现的预言(self-fulfilling prophecy)。自我实现的预言一词最初由默顿在1948年提出,他认为:"自我实现的预言是指,对情况的错误定义引发了一种新行为,这种新行为使得最初的错误概念变成了真实的(Merton,1948)。"也就是说,当人们形成某种图式之后,往往根据这种图式去采取行动,结果不知不觉地通过他们对待他人和对待周围事件的方式,使得最初可能是错误的图式最终变成现实。关于他人的图式的自我实现通常这样发生:首先,人们对其他人怎么样产生一个预期;接着,这种预期会影响他们如何对待他人;最后,这种对待他人的方式会致使那个人的行为与人们最初的预期相一致,使得这一预期成为现实(Aronson,Wilson,& Akert,2004)。罗森塔尔和雅格布森将他们发现的现象称为"皮格马利翁效应",该词来自萧伯纳的歌剧《皮格马利翁》(Pygmalion),即《窈窕淑女》(My Fair Lady)。剧中的一名卖花姑娘经过亨利·希金斯教授的精心调教,变成了一位真正的淑女。

从罗森塔尔和雅格布森的研究开始,有大量研究考察了对他人的预期的自我实现,包括专门对教师期望的考察。结果表明,教师的期望对学生的表现具有重要影响(Brophy,1983)。需要注意,研究中的教师通常并不认为自己对部分学生偏心,他们并没有有意识地对被标定为"优秀"的学生给予更多的注意和鼓励。因此,自我实现的预言是一种自动化思维的例子(Chen & Bargh,1997)。在罗森塔尔和雅格布森的研究中,教师们报告说,他们在那些被标定为"更有潜力"的学生身上花的时间较少。然而,后来的研究发现,老师以不同的方式对待"有潜力"的学生:为这些学生创造了一种更温暖的情感环境,给他们更多的个人注意、鼓励和支持,给他们更丰富、难度更大的学习资料,对他们的学习给予更多更好的反馈,给他们更多课堂参与的机会和时间(Jussim,1986;Rosenthal,1994)。并且,学生对老师的期望也有自我实现效果,那些以为自己的老师非常优秀的学生觉得老师非常出色和有趣,他们实际上学到的东西也更多(Feldman & Theiss,1982)。

人们对不同性别的个体持有的刻板印象也可能会自我实现。在美国,小学女生在阅读、作文、社会学习以及数学标准化测验中,成绩都比小学男生好;但是到了初中阶段,女生开始落后;到了高中,男生在各种标准化测验中的成绩都比女生成绩好(Reis & Park, 2001)。在大学的学生评价测验(SAT)中,男生在数学和语文部分的成绩都比女生好(Mau & Lynn, 2001)。尽管女性与男性的性别差异可能存在生物基础,但仅此一点不足以解释现存的差异(Hyde, 1997)。当询问老师,他们的学生中谁在学业上最有天分时,大部分老师提到的学生都是男生。许多老师,包括女性老师,都认为男生比女生更聪明,更有可能在学术上获得成功(Jussim & Eccles, 1992)。父母和学生自己也持类似观点(Raety, Vaenskae, Kasanen, & Kaerkkaeinen, 2002)。因此,女生的学业成绩较差,有可能是教师和父母期望的自我实现。在一个研究中,研究者花了多年时间观察和比较教师对待男生和女生的方式(Sadker & Sadker, 1994)。他们发现了很多男生比女生得到的待遇更好的例子。例如,一位教师正在给学生讲解难题,她找了一名女生举着数学课本,以便让每个人都可以看到。这位老师将几乎全部注意力放在男生身上,而总是背对着女生。在取得她同意之后,这位老师的举动被拍摄下来,用于制作一个讨论校园性别歧视的电视节目。但是,这位教师仍然对男生更好,说明要认识到期望对行为的巨大影响非常困难。在另一个研究中(Jussim, 1993),一名9个月大的婴儿被带到大学课堂上,研究者让一半大学生相信这名婴儿的名字是基斯(Keith)(男孩名字),一半相信这名婴儿的名字是凯伦(Karen)(女孩名字)。然后,要求大学生谈论对这名婴儿的印象,包括身体特点、课堂上的行为以及人格。当情境提供了具体证据,即身体特点和课堂上的行为时,基斯和凯伦两个名字没有造成差异。但是,当没有具体证据来判断人格时,刻板印象影响判断。与对凯伦的评语相比,大学生认为基斯更好动、吵闹、主动和粗暴。

自我实现的预言也使得种族刻板印象容易持续下去。在一项实验中,研究者设置面试情境,考察种族刻板印象的作用(Word, Zanna, & Cooper, 1974)。他们相信,人们往往会通过非言语线索表现出对他人的态度。例如,当人们对某人持有正面态度时,他们会靠近该人,进行高度目光接触,肩部相对和身体前倾;而对那些不喜欢的人,人们会很快中止会面,并与他们保持更远的距离。在实验中,在被试不知情的前提下,研究者分配被试充当面试官,安排实验助手充当应试者。然后,对白人被试面试黑人实验助手和白人被试面试白人实验助手的情形进行比较。他们记录面试过程的几个特征:面试时间长短,面试官出现语言错误的次数,面试官与助手之间的物理距离。实验结果表明,被试面试白人的时间比面试黑人的时间多了35%,被试面试黑人比面试白人时多犯了50%的言语错误(反映了不适感),被试选择的离应试者的距离,对黑人比对白人要远7%。也就是说,出于预期不同,被试对待黑人和白人的方式有显著不同。在第二个实验中,研究者安排一个实验助手充当面试官,按照前一个实验中被试对待黑人的方式来对待新一批的被试,结果发现这些被试在面试过程中表现得非常糟糕。也就是说,对黑人的刻板印象导致对他们的区别对待,这种区别对待使得白人被试都会表现很差,可见种族刻板印象也能够自我实现。这也是种族歧视一直持续下来的原因之一。

在教育、司法、金融、体育运动等多个领域,都发现存在自我实现的预言(Kassin, Goldstein, & Savitsky, 2003; Rosenthal, 2003)。例如,当储户因某些谣言相信银行没有偿还能力,将要破产时,往往会抢着去银行提取他们的储蓄,而银行手上通常没有足够的钱来满足所有储户的要求,结果就会导致本来运作良好的银行最终破产。实际上,正是储户的信念导致了他们恐惧的事情的发生。如果人们预期股价将会上涨,就会纷纷前去购买股票,结果可能是股价真的上涨;相反,如果人们相信股价将会下跌,他们会纷纷抛售手里持有的股票,结果会真的造成股价下跌。因此,有经济学家指出,股市的疯狂上下摇摆往往是由于人们的预期因各种因素上下波动的缘故。在一个研究中,一批被试担任篮球"教练"角色,另一批被试充当篮球"选手"角色,并通过实验操纵"教练"对于"选手"罚球能力的预期(Weaver, Moses, & Snyder, 2016)。结果显示,"教练"分配给他们预期高能力的"选手"更多的罚球机会,这些"选手"的罚球进球率更高,从而证实了"教练"的预期,而"教练"在任务结束后对这些"选手"的罚球能力变得更有信心。在现实生活中,教练可能会根据关于种族、性别、阶层或身体特征的刻板印象产生关于运动员能力的预期,而这些预期尽管有时并不准确,却会影响到运动员的实际成绩表现。

人们一旦产生对他人的信念或预期,就会引发他人做出某些行为,结果是支持和证明了最初的信念,这叫做行为确认(behavioral confirmation)(Snyder, 1984)。在一个实验中,研究者考察了男性对女性吸引力的刻板印象如何自我实现(Snyder, Tanke, & Berscheid, 1977)。在实验中,男性被试得到一张将与他们通过电话进行谈话的女性的照片,一半被试得到的照片是外表非常有吸引力的,另外一半被试得到的照片是外表没有吸引力的。实际上,这些女性的照片是另外挑选的,根本不是与男性对话的人。接着,男性被试与"照片中的女性"进行了10分钟的电话通话,这段谈话被录音。谈话之后,男性被试完成一份问卷,回答他对与他谈话的女性的印象。结果发现,那些认为交谈对象外表吸引人的男性,认为对方更亲切、镇定、幽默以及擅长社交。并且,更重要的是,研究者还要求一些不知道实验目的、假设和对话双方情况的独立评分者倾听录音并做出判断。结果是,这些独立评分者的评价是,与以为交谈对象没有吸引力的男性相比,相信自己正与一位有吸引力的女性交谈的男性听起来更善于交际、更宽容、外向、幽默等。并且,那些开始被知觉为外表有吸引力的女性在实际谈话中听起来也更善于交际、更镇定等。也就是说,男性头脑中的信念促使他们以特定的方式对待女性,这种互动使得女性做出他们期望的表现。

在另一个研究中,大学生被试被告知他们将要面试另外一名学生(Snyder & Swann, 1978)。研究者告诉一半被试,将与他们会面的学生是内向的,告诉另一半被试,将与他们会面的学生是外向的。然后,研究者给被试提供一份问卷,让他们选择一些问题在面试的过程中向那名学生提问。结果发现,那些被告知这名学生外向的被试,会选择一些外向型问题,例如:"要想让聚会活跃起来你会怎么做?"而那些被告知这名学生内向的被试,会选择例如"是什么原因使你很难向别人敞开心扉?"这样的问题。这些不同类型的问题,会使得前者显得很外向,后者显得很内向。

上述大量研究结果同时也证实了自我实现预言的危害。它们使得人们错误的信念倾向于坚持下去,因为人们认为自己的信念有证据支持。但问题是,证据确实存在,但这些证据是因为错误的图式所引发出来的,并非原本就是事实。也就是说,"人们引用真实的后果来证实他们一开始就是正确的"(Merton, 1948)。然而,由于自我实现的预言通常不知不觉地发生作用,人们往往意识不到这一原理,导致性别、种族等方面的刻板印象很难被根除,错误的信念也通常会被坚持下去。有研究提示,鼓励人们有意地思考与自己的预期相反的可能性,并努力根据这种相反的信念去行事,可能可以减少或消除自我实现的预言(Russo & Schoemaker, 1989)。不过,确定且行之有效的策略还需要进一步研究探讨。

尽管众多的研究证实自我实现的预言经常发生,但这并不意味着所有的情况下期望都能自我实现,甚至任意修改现实。研究表明,自我实现的预言有一定的局限性。例如,当面试官分神、无法集中足够的精力去注意他们正在面试的人时,自我实现的预言最有可能发生(Harris & Perkins, 1995)。当面试官集中注意力时,他们通常可以暂时放下基于性别、种族、工作经历、毕业学校等方面的预期,考察面试者的真实表现。也就是说,正如我们对图式更容易发生作用的情境的讨论所示,当人们的认知资源不足以应付当前的情境时,自动化的思维作用更大,期望就更容易自我实现。当人们很重视信息,有准确理解对方的动机时,期望的作用要小一些(Devine, Hirt, & Gehrke, 1990)。当被错误预期的目标人物认识到别人对自己的误解时,他们会努力采取行动去纠正它(Hilton & Darley, 1985)。例如,如果你知道一个同学认为你对人冷淡,你可能会想办法去证实其观点的错误。这里引出了一个问题,当别人的误解或错误预期与你对自己的看法不一致时,前者的预期倾向于自我实现,你的自我概念倾向于驱使你去反驳该预期,二者谁会胜出?在一个实验中,研究者引导一些知觉者认为目标人物是外向或是内向的,但实际上这些人的性格刚好相反(Swann & Ely, 1984)。结果发现,目标人物的自我概念(即他们认为自己外向或内向)起主要作用,也就是说在知觉者与目标人物接触过程中,知觉者会逐渐改变最初的预期,与对方的自我概念相一致。后续研究表明,当目标人物的自我概念不太清晰,或者知觉者的期望不违背其自我概念时,知觉者的期望会发挥主要作用,最终自我实现;而当目标人物的自我概念非常确定时,自我概念会起主导作用,导致知觉者的行动和信念发生变化(Snyder & Haugen, 1995)。较低的期望不会毁掉一个真正有能力的学生,较高的期望也不太可能神奇地将一个学习吃力的孩子变成最优秀的学生。现实生活中预期并非都是错误的,而是基于有一定准确性的社会知觉,期望并不总是能起到颠倒真实世界的效果(Jussim, 1991)。例如,如果老师认为某些学生成绩优异,往往有一定的根据。研究表明,自我实现的预言对低成就学生的影响最大(Madon, Jussim, & Eccles, 1997)。对于这些学生而言,如果老师预期他们学不好,他们会变得更糟糕;如果老师期望他们可以进步,则可能在一定程度上扭转他们不利的处境。

第2节 启发式和自动加工

社会环境异常复杂,充斥着大量信息和不确定性,而人们的认知资源却是有限的,往往需要在有限的时间内迅速做出判断和决策。人们处理这一难题的方式是利用自动化思维。早在1979年,认知心理学的奠基人之一赫伯特·西蒙(Herbert Simon)就曾指出:"与人类所生活的环境的复杂性相比,人类的思维能力非常有限(Simon, 1979)。"因此,他认为人类的思维并非完全理性,而是倾向于采用一些"足够"好的解决方法来应付复杂的环境。也就是说,人们经常使用一些心理捷径来迅速做出判断和决策,这些心理捷径被阿莫斯·特沃斯基(Amos Tversky)和丹尼尔·卡尼曼(Daniel Kahneman)称作启发式(heuristics)。启发式指的是人们为迅速有效地做出判断和决策,所应用的一些心理捷径和经验法则。人们使用这些捷径的前提是:第一,它们必须提供一套快速和简单地处理大量社会信息的方式,即让我们花费较少的认知资源;第二,它们必须在多数情况下有合理的准确性,也许它们不见得总能得到最佳结果,但是它们可以帮助我们在短时间内做出还算不错的决定(Gilovich & Griffin, 2002)。需要注意,尽管启发式思考具有一定的准确性,但在某些情况下,它们可能并不适合当前的任务,或者被错误使用,从而导致可以预测的偏差。

·代表性启发式

假设有一天你第一次遇见你的邻居,和她聊天时,你发现她的穿着比较传统,她家里井然有序,有个非常大的书房,她看上去比较文雅也有点害羞。后来,你发现她从不提及她以什么谋生。她是生意人、内科医生、服务员、律师、舞蹈演员还是图书馆员?要做出猜测,你可能会把她的表现与这些职业中典型成员的表现进行比较。她是否与某种职业的成员很相似?迅速地进行考虑之后,你可能会得出结论,认为她可能是一名图书馆员。如果你使用这种方法来判断邻居的职业,你就是在使用代表性启发式(representativeness heuristic),即根据某一事物与某典型事物的相似程度来进行归类。更一般地,代表性启发式是指,人们根据"A在多大程度上能够代表B,或者说 A 在多大程度上与 B 相似",来判断事件发生的可能性(Tversky & Kahneman, 1974)。A 和 B 意味着什么取决于具体情境。如果你正在估计 A 来自 B 的可能性,那么 A 就是一个例子或一个样本,B 则是一个种类或样本总体,例如,你对邻居职业的判断就是这一种。如果你试图判断 A 在多大程度上是 B 导致的,那么A 可能是一个事件的结果,B 则是事件发生的过程或原因。例如,B 可能是掷硬币的过程,而 A 则是一系列投掷中有 6 次是国徽,需要判断的是出现这种结果的可能性。

使用代表性法则,你可以迅速地对邻居的职业做出猜测,而不必一项项进行分析和排除。这样的判断具有一定的准确性,因为特定群体的成员确定有可能具有某些特点。但是,当人们采取代表性启发式时,常常会忽略其他一些重要的信息,从而影响判断的准确性。一种非常重要的信息是基率信息(base rate information),即关于总体中不同类型的成员所占的相对比例,或者不同类型事件发生的相对频率的信息(Tversky & Kahneman, 1973)。在猜测邻居职业的例子中,人群中从事各种职业人数的相对比例即是基率信息,例如生意人大约是图书馆员的几十倍。在这种情况下,尽管你的邻居看上去更像一个图书馆员,她是个生意人的概率也远高于她是图书馆员的概率。因此,合理的猜测应该是生意人,应用代表性启发式的你做出了错误的判断。在一个实验中,特沃斯基和卡尼曼告知被试,一群心理学家对由 30 名工程师和 70 名律师组成的样本进行了访谈和人格测试,然后对这 30 名工程师和 70 名律师进行了简短的描述(Tversky & Kahneman, 1973)。接着,被试将看到从这 100 个描述中随机抽取的 5 个描述,对于每个描述,研究者要求被试在 0 至 100 的量表上选择它描述了一名工程师的概率。例如一段描述是这样的:"杰克今年 45 岁。他已经结婚并有 4 个孩子。他通常比较保守、谨慎和雄心勃勃。他对政治和社会事件并没有多大的兴趣,他将大部分的业余时间都用在了自己的爱好上面,例如家里的木工活、航海以及数字游戏。"这段描述看起来与工程师更相似,因此多数被试认为它描述工程师的概率非常高。但是,被试忽略了基率信息,即工程师的比例只有 30%,合理的猜测应该是在 30% 左右,最多只比 30% 稍高一点。特沃斯基和卡尼曼采用的其他实验条件同样证实,当要求被试估计从 100 个描述中随机抽取一个,该描述是工程师的可能性时,被试使用给定的基率信息;但是,当给被试提供关于个体的描述性信息时,被试就倾向于根据该个体是否与某群体成员更相似来做判断,而不是使用基率信息(Tversky & Kahneman, 1973)。

在另外的时候,人们根据代表性来做判断,以至于忽略基本的概率原则。考虑这段陈述:"琳达,31 岁,单身,坦率直言,性格开朗。她所学的专业是哲学。当她还是一个学生的时候,她就非常关注歧视和社会公正问题,同时参加了反对核武器的活动。"请从以下选项中选出可能性更高的选项:A. 琳达是一个银行出纳;B. 琳达是一个银行出纳,同时是一个活跃的女权主义者。你会选择哪一项?这就是特沃斯基和卡尼曼要求被试回答的问题(Tversky & Kahneman, 1982a)。他们发现,90%以上的被试认为 B 更有可能。但实际上,两个事件同时发生(既是银行出纳又是活跃的女权主义者)的概率不可能高于单个事件发生(银行出纳)的概率。特沃斯基和卡尼曼把这种现象叫做结合谬论(conjunction fallacy)(Tversky & Kahneman, 1983)。代表性启发式还使得人们相信赌徒谬论(gambler's fallacy),即认为一系列结果相同的独立事件之后必然会跟随着一个相反的结果(Tversky & Kahneman, 1974)。例如,假设在连续 5 次投掷一枚硬币之后,结果都是反面朝上,那么下一次投掷是正面朝上的概率有多少?很多人认为这个概率大于 0.5,因为之前 5 次都是反面向上,下一次更可能出现正面来平衡这一情况。但实际上,先前的投掷对接下来的投掷完全没有影响。人们的错误信念也是由代表性启发式造成的,5 次反面朝上和 1 次正面朝上看起来比连续 6 次反面朝上对一个随机事件更具有代表性(Tversky & Kahneman, 1974)。

·可用性启发式

请你考虑这样的几个问题:学心理学的大学生有多少?溜冰的时候会摔断腿吗?你认识的一个朋友是有主见的人吗?通常,你会根据头脑中容易想出的例子来回答这些问题。如果你想到很多认识的人是心理学系的,你会觉得读心理学的大学生非常多。如果你想起有几个人是在溜冰中摔断了腿,你会觉得在溜冰时摔断腿的可能性非常大。如果你很容易地想到这个朋友表现得很有主见的例子,你会下结论说他/她是有主见的,而如果你很容易想到他/她没主见的例子,例如他/她被推销员说服,购买了一些不需要的产品,那么你觉得他/她是没主见的。根据头脑中能够想起一个例子的容易程度或想起的例子的数量多少来判断一个事件的可能性或频率,叫做可用性启发式(availability heuristic)(Tversky & Kahneman, 1973)。

可用性启发式可以帮助人们迅速做出判断,不需要太多的认知资源。例如,如果你很容易地想起认识的人中有很多是学心理学的,那么你觉得心理学系的学生很多,如果你很难想起这样的人,你会认为学心理学的人很少(Rothman & Hardin, 1997)。很多时候,某些事件之所以容易想起,确实是因为它们经常发生,这时,可用性启发式是一种估计事件发生频率的有效途径。但是在有些时候,最容易想起的事情不一定最经常发生,一些因素可能会扭曲可用性。例如,如果你本身是学心理学的,你认识的很多人都是心理学系的,那么你想起的例子是带有偏差的,你可能会高估读心理学的学生人数。在英语当中,第三个字母是 k 的单词的数量是第一个字母是 k 的单词的两倍。但是,当要求母语为英语的被试回答,第一个字母是 k 的单词多,还是第三个字母是 k 的单词多时,多数被试回答说 k 打头的单词多(Tversky & Kahneman, 1973; Tversky & Kahneman, 1982b)。这是因为,人们更容易想起以 k 开头的单词,不太容易想出 k 是第三个字母的单词,因此错误地估计了这两类单词的相对比例。

一般而言,与抽象、平淡的统计信息相比,具体、生动的信息更引人注意和容易回忆,对人们的判断和决策影响较大,甚至导致偏差。在一项实验中,研究者比较了大学课程评估的统计数据与生动的描述相比的有效性(Borgida & Nisbett, 1977)。实验中的第一组被试读到一个来自上学期学生对该课程评分的统计结果,第二组被试面对面听取了 1 至 4 名学生对课程的评估报告,第三组被试没有得到任何信息。之后,要求被试列出 27 门课程中哪些是他们最有可能选择的课程。由于第一组被试得到了几乎所有学生的评估结果,合理的情况应该是他们最容易接受推荐的课程。但结果并非如此,只听取少数学生的评估意见的第二组被试明显更多地选择了推荐的课程,比得到统计信息的第一组和未得到信息的第三组都要多。这是由于对课程的生动评价可用性更高,因此对决策的影响更大。类似地,假设你从一份专业杂志中得知一款汽车得到的消费者综合评价最高,当你打算买这辆车时,你的一个同事向你描述了关于这款汽车出毛病的一个生动故事,你是否会改变主意?研究发现,这样的故事很容易打消新车购买者从统计信息中建立的信心(Nisbett et al., 1976)。

在法庭上,生动信息也可以起到很大作用。一项研究证实了信息生动性对陪审团最终决策的影响(Reyes, Thompson, & Bower, 1980)。在研究中,被试首先阅读一个关于酒后驾驶的案例,被告在圣诞节晚会以后驾车回家,撞倒了一个停车标志,最后与一辆垃圾车相撞。由于没有进行酒精测试,需要根据一些证据来进行判断。在读完被告的一个简单人格描述之后,被试将读到 9 条由辩方提供的无罪证据,也会读到 9 条由控方提供的被告有罪的证据。每条证据将用生动或平淡的方式提供给不同的被试。例如,控方的平淡证据是这样描述的:"在他出门的路上,桑德斯(被告)沿着桌子蹒跚而行,将一个盘子打落在地上。"同样的证据用生动方式是这样描述的:"在他出门的路上,桑德斯(被告)沿着桌子蹒跚而行,将一个蘸酱的盘子碰到了地上,酱在粗毛绒的地毯上溅了一地。"辩方的平淡证据这样描述:"垃圾车的驾驶员承认,在晚上,垃圾车是很难辨认的,因为该车的颜色是灰色的。"同样的信息用生动方式是这样描述的:"垃圾车的司机承认垃圾车是灰色的,他说:'因为它整天在垃圾堆里打滚,你觉得我应该怎么做,难道把它涂成紫色吗?'"一半被试得到的是辩方的生动证据描述和控方的平淡证据描述,另一半被试得到的是辩方的平淡证据描述和控方的生动证据描述。当被试读完 18 条描述之后,要求判断他们认为桑德斯有罪的程度,然后被试离开。在 48 小时之后,被试返回,研究者首先要求被试尽可能回忆两天前读到的 18 条证据,然后"像第一次遇到这些证据一样"做出有罪程度判断,不需要跟之前的判断一致。结果发现,在刚读完 18 条证据之后,证据的生动性并不影响被试的判断,但在 48 小时之后,生动信息的影响更大,控方生动证据条件下的被试更多认为被试是有罪的。

由于可用性启发式可能会导致人们对事件发生可能性和频率的错误估计,它容易造成人们知觉到的风险与实际的风险脱节(Allison, McQueen, & Schaerfl, 1992)。研究者请美国被试考虑,成对事件中的哪一个更可能是造成美国人死亡的原因,例如"糖尿病"对"谋杀"、"龙卷风"对"雷击"、"车祸"对"胃癌",等等(Combs & Slovic, 1979)。结果发现,人们往往认为死于谋杀的可能性大于糖尿病,死于龙卷风的可能性大于雷击,死于车祸的可能性大于胃癌。但是,实际统计数据刚好是相反的。特沃斯基和卡尼曼认为,人们根据在头脑中想起某些事件的容易程度来估计其发生的可能性,由于车祸、龙卷风和谋杀是媒体经常报道的,导致它们比那些实际发生频率更高的事件(胃癌、雷击和糖尿病)更容易被想起来(Tversky & Kahneman, 1973)。类似地,一些容易想象但是并不经常发生的致死原因往往被高估,而一些普通但更常见的致死原因常被忽略。例如,在外国旅行的美国人往往高估其遭到恐怖分子袭击的可能性(Paulos, 1986);人们认为飞机不太安全,宁愿开车进行远距离旅行,但实际上汽车事故的可能性远高于飞机。

人们还会利用可用性来做出有关自己的判断。有研究者认为,人们往往没有关于自己特质的稳定图式(Markus, 1977),因此可能会根据能够回忆起自己过去行为例子的容易程度来进行自我判断。为了检验这一可能,研究者控制人们回忆自己过去行为的容易程度(Schwarz et al., 1991)。在一种条件下,要求被试回忆出 6 次自己表现得有主见的行为,在另一种条件下,要求被试写出 12 次有主见的行为。最后,要求被试评定自己的主见程度。结果发现,对于只要求回忆 6 个行为例子的被试,他们倾向于认为自己是有主见的,因为想到 6 个例子并不难。相反,对于要求回忆 12 个行为例子的被试,他们倾向于认为自己不太有主见,因为想到这么多的例子太难。当要求回忆没主见的例子时,效果也是类似的。这些结果说明,人们在做出有关他人或有关自己的判断时,都会用到可用性启发式。

·锚定和调整启发式

假设在你面前有一个幸运转盘,上面有很多数字,你转动这个转盘一下,它停在数字为 65 的位置上。现在,请你回答,非洲国家的数量在联合国国家总数中所占的百分比是大于65%还是小于65%。大部分的回答可能是小于65%。接下来,请你估计一下,非洲国家的数量在联合国中实际占的百分比有多少。这是特沃斯基和卡尼曼的一项实验中的一个条件(Tversky & Kahneman, 1974)。另一组被试转动幸运转盘得到的数字是10,接下来他们要回答类似的两个问题:非洲国家的数量在联合国国家总数中所占的百分比是大于10%还是小于10%?非洲国家的数量在联合国中实际占的百分比是多少?这个实验的结果发现,尽管被试得到的幸运数字与需要回答的问题并无实质联系,被试仍然受到这个随机提供的数字的影响。对于分到数字65这一条件下的被试,他们回答非洲国家所占百分比的平均值是45%,而分到数字10这一条件下的被试,他们回答的平均值是25%。特沃斯基和卡尼曼认为被试使用了锚定和调整启发式(anchoring and adjustment heuristic),即个体在进行判断时,以一个数字或数值为起始点,并根据这个起始点进行调整,但这种调整往往并不充分(Tversky & Kahneman, 1974)。

　　人们在进行某些估计时,根据一些初始参考值进行调整,这在很多时候是一种有效的策略,尤其当这些初始值是有效的并具有一定的信息价值时。假设你是一名法官,需要决定给一名强奸罪犯判定的刑期。在做决定时,你需要考虑很多相关的事实,例如罪行的严重程度、法律中建议的量刑指导原则、被告再次犯罪的可能性、检察官建议的刑期等,这些都是有价值的信息。例如,如果一名有经验的检察官建议刑期为80年,那么80年应该是一个合理的起始点,因为这名检察官经验丰富并且了解案情,你在他所建议的刑期基础上进行调整是一个很好的策略。有研究表明,与检察官建议做出较短刑期判决相比,当检察官建议做出较长刑期判决时,法官在虚构的强奸案件中给出的刑期判决明显更长(Englich & Mussweiler, 2001)。

　　但是,有些时候起始点可能是没有价值或完全无关的,然而人们仍然会受其影响。例如,虚拟强奸判决的研究还发现,一名计算机系的大一学生给出较长刑期的建议之后,尽管所有法官都声称这名大一学生的建议不会影响他们的判决,但实际上,与听取大一学生给出较短刑期建议的条件相比,这些法官最终决定的刑期更长(Englich & Mussweiler, 2001)。也就是说,尽管人们知道这名计算机系学生的建议没有根据,也认为自己不会受其影响,但事实上他们还是不由自主地被"锚定"在这些无根据的建议值上。类似地,法官在判决时有可能会受到自己头脑中闪过的无关数字的影响,比如前一天刚参加过父亲的80岁生日,那么判决的刑期可能会比刚好想起3这个数字要长一些。在一个研究中,给实验组的被试一个任意的身份号码,这个号码在1928至1935的范围中,要求被试把这个号码抄到自己的问卷上,控制组的被试没有得到号码(Wilson et al., 1996)。接下来,通过某种方式将实验组被试的注意引到这个号码上,例如让他们判断这个号码是否高于1940,但是被试被明确告知这个号码与其他问题没有任何关联。最后,要求两组被试估计当地黄页中所列出的医师的数量。结果发现,控制组被试给出的估计平均是 219,而实验组被试给出的估计平均为 631。也就是说,实验组被试的反应明显受到无关的、任意的锚的影响。并且,当明确警告这组被试,身份号码可能会影响他们的数字判断时,这些被试给出的数字估计仍为 539。由此可见,任意的起始值对人们的影响非常大,即使他们知道这些值是没有意义或者是错误的,锚定效应仍然会在不知不觉中发生。

锚定和调整启发式的另一个特点是,当人们从起始值进行调整时,这种调整往往是不充分的,离合理的判断相距甚远(Epley & Gilovich, 2001)。例如,请你估计一下一张 0.1 毫米厚的纸,当对折 100 次之后会有多厚?你肯定知道厚度会比较大,但是真正的厚度会让你震惊!一张 0.1 毫米厚的纸对折 100 次后的厚度是 $1.27×10^{23}$ 公里,是地球与太阳之间距离的大约 800000000000000 倍。你的估计来自最初几次对折后的厚度,尽管你知道应该往大里调整,但是你不可能调整到如此充分。一个类似的问题是,假设将全世界人的血液集中在一个立方体中,这个立方体的边长将有多长?你在思考时会先考虑全世界的人口数量即大约 60 亿,这是一个很高的锚定值,接着你会往小的方向调整,但是这种调整同样也不太可能足够充分。据估计,答案大约只有不到 300 米。特沃斯基和卡尼曼的另一个实验也说明了锚定和调整启发式的特点(Tversky & Kahneman, 1974)。在实验中,要求一组被试估计 $1×2×3×4×5×6×7×8$ 得到的乘积,另一组被试估计 $8×7×6×5×4×3×2×1$ 得到的乘积。结果发现,前一组被试估计的中数是 512,后一组被试估计的中数是 2250。可见,被试以前面几个数字的乘积为基础,做向上的调整,第一组被试起始值较低,最终估计也较低,第二组被试起始值较高,最终估计要比前一组高一些。但实际上这道问题的答案是 40320,也就是说两组被试的调整都不够充分。

锚定和调整的作用在许多不同的实验条件和情境下都得到了证实,包括非数字的情境和现实生活(综述见:Furnham & Boo, 2011; Wegener et al., 2010)。研究发现,向法官陈述证据的顺序如果是先严重后轻微,会导致更严厉的判决(Greenberg, Williams, & O'Brein, 1986);事先的锚值可以影响被试对自己完成任务的估计,进而影响他们在任务中的坚持性(Cervone & Peake, 1986);房地产代理商得到的房产评估价格信息会影响他们对房地产价格的最终判断(Northcraft & Neale, 1987);问题中的锚值会影响人们对核战争爆发可能性的判断(Graham & Krammer, 1986);等等。因此,对于推销员、谈判专家、广告人、政治家等试图说服他人的人而言,一开始就采取一个有利于自己的极端立场,可以有效地将对方锚定在这个立场上,从而得到满意的效果。应对锚定效应的可能方法是,针对原有的锚定值,确定一个反方向的极端的锚定值(Plous, 1993)。

第3节 社会认知的偏差和错误

正如前文所述,人们利用图式和启发式去处理日常生活中的大量社会信息。通常,这些策略可以帮助人们迅速有效地对新信息做出反应,以及迅速做出一定合理性的判断和决策。但是,在有些条件下,图式和启发式会导致我们误入歧途。另外,人们的社会认知还有其他一些特点,同样可能导致我们犯下一些错误。下文将对这些偏差和错误进行讨论。

· 框架效应

特沃斯基和卡尼曼提出了"框架"(framing)的概念,所谓的决策框架是指:"决策者所拥有的与某一特定选择有关的行动、结果以及一切可能情况的一系列概念(Tversky & Kahneman, 1981)。"他们认为,决策框架部分由问题形式决定,部分由社会规范、习惯和决策者的性格特征决定。在框架这一概念提出之前和之后的很多研究都是围绕问题形式展开的,框架效应(framing effect)也常被定义为陈述问题或选项的形式对人们的判断和决策的影响。在一个实验中,要求被试从两个度假地点中做出选择,研究者操纵给被试阅读的问题的版本(Shafir, 1993)。一组被试阅读的是"喜欢"版本,其中提供了关于这两个度假地点的信息,例如地点 A 有"一般的天气、一般的海滩、中等质量的宾馆、中等温度的水和一般的夜生活",地点 B 有"许多阳光、华丽的海滩和珊瑚礁、超现代的宾馆、非常冷的水、非常大的风和没有夜生活",被试需要回答喜欢哪一个度假地点。另一组被试阅读的是"取消"版本,他们得到关于两个度假地点的信息与前一组被试完全相同,唯一区别是需要回答他们决定取消哪一个度假地点。结果发现,当询问喜欢哪一个时,67%的被试选择了地点 B,但是,当要求他们取消一个选项时,48%的被试回答他们将取消地点 B。也就是说,在"喜欢"问题下 67%的被试选择 B,而在"取消"问题下这个比例下降为 52%,一个简单的词语变化导致了 15%的变化。这表明,问题的措辞方式对决策可以有很大影响。在这个实验中,"喜欢"问题把人们的注意力集中在选项的正面特征上,他们收集证据去支持某个选择;而"取消"问题则把人们的注意力集中在选项的负面特征上,他们收集证据去反对某个选择,导致决策发生了转变。

在民意调查中,措辞的微小变化经常会对人们的回答造成很大影响。在很早的一个民意测验中,一组调查对象回答的问题是:"你认为美国是否应该允许公开发表反民主的演说?"另一组调查对象回答的问题是:"你认为美国是否应该禁止公开发表反民主的演说?(Rugg, 1941)"结果表明,前一组调查对象中有62%认为不应该

"允许"公开发表反民主的演说,后一组调查对象中有 46% 认为应该"禁止"公开发表反民主的演说。实际上两个问题问的是同一件事情,但是回答"不应该允许"的人比回答"禁止"的人多出了 16%。之后的很多年里,允许与禁止造成的回答差异在多项研究中得到了证实。例如,与"允许"问题相比,"禁止"问题使得支持演讲自由的人数大增(Schuman & Presser, 1981);在偷窥、禁止青少年观看 X 级片、高速公路上用盐来化雪等问题上,"不允许"和"禁止"存在明显差异(Hipper & Schwartz, 1986);调查对象中只有 29% 的人赞成进行"反堕胎"的宪法修订,但是有 50% 的人赞成进行"保护未出生生命"的宪法修订(Budiansky, 1988)。当英国居民被询问,自己的国家拥有核武器是否会让他们感到安全时,40% 的人持肯定态度,50% 的人持否定态度,10% 的人没有明确意见,但是当问题中的"安全"被改为"更加安全"时,50% 的人认为拥有核武器让他们感觉更加安全,36% 的人认为拥有核武器让他们感觉更加不安全(Lelyveld, 1986)。另外一些研究发现,与没有包括中间选项的迫选问题相比,引入中间选项会使得很多人选择中立(Converse & Schuman, 1970);开放性问题与提供几个备选项的封闭性问题会导致不同的调查结果(Schuman & Scott, 1987);提供给人们的答案选项的数量和类型影响人们的回答(Schwarz et al., 1985)。在一个模拟审判的实验中,被试作为陪审团的一员,需要确定对一家从事欺骗性广告的公司进行罚款的金额(Dunegan, 1996)。在一种条件下,被试看到的是对该公司行为的正面描述,例如"有 20% 的可能,这家公司不知道其广告具有欺骗性",在另一种条件下,被试看到的是对该公司行为的负面描述,例如"有 80% 的可能,这家公司知道其广告具有欺骗性"。尽管这两种描述表达的信息是完全相同的,但是,阅读正面描述的被试建议罚款的平均金额为 40153 美元,而阅读负面描述的被试建议罚款的平均金额为 78968 美元。

在决策中,经常要考虑的问题是收益和损失,人们需要比较哪个选项会带来最大的收益,或者哪个选项会带来最小的损失。研究表明,到底是考虑决策所带来的收益,还是考虑决策所带来的损失,人们最终做出的决策很可能是不一样的(Tversky & Kahneman, 1981)。假设你必须从两个选项中选择一个:选项 A 是肯定会获得 250 美元;选项 B 是有 25% 的概率获得 1000 美元,75% 的概率什么也得不到。你会选择其中的哪一个?再来考虑另一个决策,你必须从如下两个选项中选择一个:选项 C 是肯定输掉 750 美元;选项 D 是有 75% 的概率输掉 1000 美元,25% 的概率什么也不输掉。你会选择哪一个?特沃斯基和卡尼曼发现,在前一种决策情境中,84% 的被试选择了 A,在后一种决策情境中,87% 的被试选择了 D。研究者认为,当面临收益时,人们往往是回避风险的,对于期望值相等的 A 和 B 两个选项,他们倾向于选择有确定收益的 A 选项;而当面临损失时,人们往往是偏好风险的,对于期望值相等的 C 和 D 两个选项,他们倾向于赌一赌运气,选择风险更大的 D 选项

(Tversky & Kahneman, 1981)。一般而言,如果对被试强调的是选择带来的收益,被试的行为可能会很谨慎,而如果强调的是选择带来的损失,被试则很可能会更冒险一些(Roney, Higgins, & Shah, 1995)。利用类似的逻辑,特沃斯基和卡尼曼研究了医疗决策中的框架效应。实验中一组被试阅读这样一段描述:"假设美国正遭受一种病毒的袭击,这种病毒可能会导致600人丧生。现在有两套应对这种病毒的方案:如果采纳方案A,将能挽救200人的生命;如果采纳方案B,有1/3的概率挽救600人的生命,2/3的概率无法挽救任何人。"第二组被试阅读另一种描述:"假设美国正遭受一种病毒的袭击,这种病毒可能会导致600人丧生。现在有两套应对这种病毒的方案:如果采纳方案C,400人将会死亡;如果采纳方案D,有1/3的概率无人死亡,2/3的概率600人都会死亡。"结果发现,当以第一种即获救的框架呈现选项时,72%的被试选择A方案,而当以第二种即生命丧失的框架呈现选项时,78%的被试选择D方案,只有22%的被试选择C方案。实际上,方案A和方案C、方案B和方案D是完全等价的。当以获救框架呈现时,多数人是风险规避的,而当以生命丧失框架呈现时,多数人变得更愿意冒风险了。有关医疗决策的其他研究也得到了类似结果,如果需要从放射和手术治疗肺癌当中做出选择,当从存活概率的角度来描述信息时,只有18%的被试选择放射治疗,当从死亡率角度来描述信息时,则有44%的被试会选择放射治疗。并且,框架效应不只存在于病人中,那些有经验的内科医生和学过统计学与决策理论的研究生同样受到决策框架的影响(McNeil et al., 1982)。

在现实生活中,人们经常根据可能的结果做出决策。对个体来说,有必要考虑不同的措辞,看看决策是否会改变。例如,"如果我被要求拒绝而不是选定一个选项,我的选择会有怎样的变化?"类似地,在决策时,应该尽量既在收益框架,也在损失框架中去考虑。即使不一定能因此做出最佳决定,但至少使你不会容易受到一些表面线索的影响甚至误导。研究显示,低卷入(low involvement)的人们更容易受框架影响,而如果警告人们偏差的可能性则会消除高卷入(high involvement)被试的框架效应(Cheng & Wu, 2010)。

·过度自信

过度自信(overconfidence)指的是比真实状况更自信的倾向,即高估自己信念的准确性。在最早的一个关于过度自信的研究中,被试由8名临床心理学家、18名心理学专业的研究生和6名心理学专业的本科生构成(Oskamp, 1965)。要求被试阅读一名叫基德的29岁男性的个案研究,这一个案分为四个部分,第一部分介绍他是一名退伍老兵,目前在一个花艺工作室当助理;第二部分介绍他12岁以前的童年时代;第三部分介绍基德的中学和大学时代;第四部分介绍他服役的经历和之后的生活。被试在阅读完每一部分之后都要回答一系列相同的问题,这些问题来自个案,但被试需要对基德的人格产生一个临床诊断。每个问题通常包括5个迫选的选项,被试在做出选择之后,还要估计他们对答案正确的信心有多少,信心评分从20%(完全随机猜测,毫无信心)到100%(完全确信)。这个研究的结果发现,三类被试(临床心理学家、心理学研究生、心理学本科生)的评分没有显著差异;随着被试阅读信息量的增加,他们的信心也跟着增加,但准确率却几乎没有上升。在阅读完第一部分之后,被试回答对了26%的题目,平均信心估计为33%,相差不大,但随着阅读信息的增加,信心与准确率之间的差距越来越大,在阅读完第四部分之后,被试的信心估计比准确率大约高了26%。后续研究证实,人们往往对自己的判断过于自信,尤其是在他们难以做出准确判断的时候。例如,一系列实验发现,当人们正确率只有50%,即随机水平的时候,人们的信心评分却达到65%至70%,涉及的任务包括判断12幅图画的作者来自欧洲还是亚洲,12只股票在给定时间段内会看涨还是看跌,等等(Lichtenstein & Fischhoff, 1977)。还有一些研究提问被试一般性知识问题,计算被试的自信程度。例如:"我有98%的把握相信,莫扎特的出生时间在_____年至_____年之间。"结果发现,大部分被试都过度自信:大约30%的正确答案都落在他们98%的信心判断区间之外(Kahneman & Tversky, 1979);当被试认为正确答案有90%的概率会落在他们给出的范围内时,实际上有40%至70%的正确答案都落在他们回答的范围之外(Russo & Schoemaker, 1989)。并且,即使在人们百分之百确信自己的答案时,他们的正确率通常只有70%至85%(Fischhoff, Slovich, & Lichtenstein, 1977)。

过度自信不只出现在对不熟悉的知识或难题进行回答时,在更接近日常生活的、更常见的社会判断中也存在这一现象。在一个实验中,大学生在通过访谈了解目标个体的背景、爱好、学业兴趣、愿望等方面的信息之后,预测目标个体对一系列二选一问题的回答,并对自己预测的自信度进行评定(Dunning, Griffin, Milojkovic, & Ross, 1990)。结果表明,在目标对象是陌生人时,大学生猜对了63%,但他们的自信水平为75%;在对方是室友时,他们猜对了68%,但自信水平为78%。人们在判断他人是否在讲真话、估计约会对象的性史、估计室友的活动偏好等方面也表现出明显的过度自信(DePaulo et al., 1997; Swann & Gill, 1997)。并且,能力不足反而会促进过度自信倾向(Kruger & Dunning, 1999)。权力这一心理体验也会造成决策时的过度自信(Fast et al., 2012)。

人们对自己行为的估计也常是过于自信的。研究者让在校大学生估计,自己明年会不会有一门课不及格,选定一个专业或者搬出校园居住等事情发生(Vallone et al., 1990)。结果发现,尽管平均起来大学生对他们的预测有84%的信心度,但实际上他们错误的比例几乎是预测的两倍。即使那些对他们预测有100%的信心的大学生,也有15%的时候是错误的。当估计他们在一个任务上成功的机会时,例如一门专业考试,离真相揭露的时间越远,人们就越自信;到了考试的那一天,失败的可能性变得更明显,人们的信心通常会下降(Gilovich, Kerr, & Medvec, 1993)。另外,人们经常低估自己达到一个目标所需要花费的时间、金钱和精力,这叫做计划谬误(planning fallacy)。在一个实验中,询问大学生他们会在下周的什么时候完成一个学习项目,从什么时候开始这个项目,估计一共需要花费多少时间(Buehler, Griffin, & Ross, 1994)。一周过后,再询问完成项目的情况如何。结果是,尽管开始时所有学生都估计自己能完成该项目,但最终有一半学生没能完成,并且那些完成项目的学生所花的时间也比他们的估计平均多5天。在另一个实验中,研究者请心理学系的学生尽可能准确地估计完成一篇论文需要多长时间,包括平均时间、一切进展顺利完成论文所需要的时间和遇到一切可能发生的困难所需要的最长时间(Buehler, Griffin, & Ross, 1994)。学生们估计,一般情况下完成一篇论文平均需要34天,一切顺利则只要28天,如果遇到最困难的情况,大约需要49天。而真实的情形却是,这些学生完成论文花了56天。多数人都会有这样的经历,最初确定自己能够按照计划写完论文,但最后却是在交稿的前一夜才将论文赶出来;预先做好了复习计划,但是却发现一直拖到临近考试之前才去看书。通常计划不能起到作用,而最后期限则是最有效的因素,有2/3以上的被试在最后期限前一天完成任务(Buehler, Griffin, & Ross, 1994)。不只是大学生,各种职业的人都会在工作中表现出过度自信。例如工程计划者往往会低估工程所需的时间和费用;投资专家通常确信自己能够获得超过股市平均回报率的收益;编辑非常确定某部作品一无是处,但最终这部作品却赢得大奖并且销量突破纪录等等。

不过,研究也发现,人们并不总是过度自信,过度自信部分取决于信心评分如何得出,部分取决于决策者做出什么类型的判断(Ronis & Yates, 1987)。例如,人们回答一般性知识题目时过度自信的程度更高。并且,一些特殊职业或专长的人,例如桥牌高手、专业赌徒以及气象台的天气预报员,表现出较少的过度自信,或者没有过度自信(Keren, 1987; Murphy & Brown, 1984; Lichtenstein, Fischhoff, & Phillips, 1982)。但一般而言,过度自信现象在大部分人中是普遍存在的。

为什么人们会过度自信?为什么人们没有从过往经验中吸取教训,矫正自己的自我评价,使其更客观、更现实一些呢?原因之一是,人们倾向于把错误的判断回忆为它们几乎是正确的。一项研究请学术界人士和政府专家预测未来的一些政治事件,结果发现,专家对自己的预测有80%的信心度,但实际上的准确率不到40%。然而,当思考这些判断时,这些专家错误地相信自己基本上或几乎是正确的(Tetlock, 1998, 1999)。第二个原因是,人们倾向于寻找支持而不是反对自己信念的证据。在一个实验中,研究者给被试呈现由三个数字组成的序列,这个序列符合某种规律,例如 3、6、9(规律是任意三个按上升顺序排列的数字),被试的任务是发现这一规律(Wason,1960)。被试可以任意产生由三个数字组成的序列,研究者告知他们数字是否符合规律,以帮助他们发现规律。当被试确信已经发现这个规律时,就可以停下来并公布自己的答案。结果发现,几乎没有被试发现这一规律,但他们又确信自己已经发现,29名被试中有23名发现了一个错误的规律。例如,被试往往会产生一个错误假设(例如依次加3的三个数字),然后尝试支持性的数字序列(例如尝试4,7,10),而不是尝试去证伪某个假设。这种寻找证实自己预先假设的信息的倾向叫做证实偏差(confirmation bias)。在另一个实验中,给被试呈现一组卡片,每张卡片的一面是数字、另一面是字母,要求被试检验一条关于卡片的假设是否正确(Johnson-Laird & Wason,1977)。例如一条假设是:"如果卡片的一面是元音字母,那么另一面是偶数数字。"呈现的一组卡片的两面分别是E、K、4、7。要求被试回答,如果要检验这一假设是否正确,至少需要翻开哪几张卡片。结果发现,大部分大学生选择了E和4,也就是翻开就能证实这条假设的卡片,而真正的正确答案是E和7,即检查那些具有元音字母和奇数的卡片,看是否能证伪这条假设。人们寻找证实性信息的倾向在很多任务和情境中得到了广泛的证实(Darley & Fazio,1980)。

从过度自信的研究可见,不管是表现非常自信的他人,还是非常有信心的自己,都有可能高估了自身信念的准确性。那么,如何纠正过度自信呢?一种方法是即时反馈,即在做出判断之后得到有规律的反馈(Lichtenstein & Fischhoff,1980)。研究证实,对被试进行反馈训练,可以有效地消除过度自信。天气预报员之所以很少存在过度自信,就是因为他们每天都会得到清晰的反馈信息,因此他们可以准确地估计自己的正确率。不过,除了某些特殊职业外,即时反馈较难实施,因此实用意义比较有限。第二种方法是,让人们思考他们的判断可能出错的原因,也就是迫使他们考虑证明他们的信念不成立或驳斥其信念的信息(Koriat, Lichtenstein, & Fischhoff,1980)。在一项研究中,被试需要回答二选一的一般知识性问题,并估计回答正确的可能性。一组被试被分配到控制条件下,只需要回答问题和估计正确的可能性,另一组被试被分配到原因条件下,被试在选择答案之前需要为每个备选答案列出支持和反对的理由。结果发现,控制条件下的被试表现出典型的过度自信,而原因条件下的被试准确率更高,并且准确率与他们的估计之间相当匹配。研究者认为,起作用的主要是对反对理由的思考,当被试考虑他们偏好的选项为什么可能出错时,过度自信得到了有效的控制(Koriat, Lichtenstein, & Fischhoff,1980)。

· 错觉思维

人们思维中常犯的一类错误是试图从随机事件中寻找规律,这称作错觉思维(illusory thinking)。错觉思维的一种形式是相关错觉(illusory correlation),即人们认为两个事件之间存在相关,而实际上二者之间没有关联。当人们预期发现某种重要的联系时,就很容易将一些随机事件联系起来,错误地知觉到相关。在一个实验中,研究者给被试呈现一个假设的 50 天的造云实验的结果(Ward & Jenkins, 1965)。他们告知被试,50 天中的哪些天造了云,哪些天下了雨。实际上这些信息只是一些随机混合,有时候造云后下了雨,有时候造云后没有下雨。但是,人们开始相信他们真的在造云和下雨之间发现了关系,这与他们对造云效果的预期相吻合。对两个变量之间关系的估计,即评估二者是否协同变化,称为协变评估(covariation assessment)。正如造云实验所示,人们进行协变评估时经常会出错。在另一个研究中,研究者给被试呈现许多词对,屏幕左侧出现的词语总是熏肉、狮子、花、船等,右侧出现的词语总是蛋、老虎、笔记本等,左侧的词与右侧每个词配对出现的概率是一样的(Chapman, 1967)。被试往往认为,当屏幕左侧出现"熏肉"时,右边出现"鸡蛋"的可能性最大,当左侧出现"狮子"时,右侧出现"老虎"的可能性最大。实际上,这样的关联是根本不存在的,由于这些词之间存在语义联系,被试便错误地认为它们的出现是相关的。在另外的研究中,要求心理医生利用罗夏墨迹测验来识别男性同性恋(Chapman & Chapman, 1969)。结果发现,多数心理医生认为男同性恋者更多将墨迹解释为臀部或肛门、生殖器等,而这样的规律是根本不存在的。研究者认为,这些心理医生因对同性恋的刻板印象而形成了这种相关错觉。一些研究者认为,出现相关错觉可能与代表性启发式和可用性启发式的使用有关,这一看法得到了很多研究证据支持(Mullen & Johnson, 1990)。

假设一篇论文中提供了 250 名病人的纪录,他们出现头晕症状和患大脑肿瘤的情况如表 3.1 所示(Nisbett & Ross, 1980)。那么,从表中的数据来看,头晕与大脑肿瘤之间是否存在关联?如果要计算头晕症状与大脑肿瘤之间是否相关,需要表 3.1 中的哪些数据?根据表中的数据,很多人会认为头晕与脑瘤之间存在联系,因为出现头晕且患肿瘤的人数最多,有 160 人,而且,头晕且患肿瘤与不头晕且未患肿瘤的人数之和,远大于无头晕症状且患肿瘤与头晕且未患肿瘤的人数之和。然而,这种判断是错误的,因为只有当一个事件发生的概率取决于另一个事件是否发生时,这两个事件才是相关的。为确定头晕与大脑肿瘤之间是否存在相关,需要所有四个单元格中的数据。而从表 3.1 的数据可见,大脑肿瘤患者头晕与不头晕的比例为 160∶40 即 4∶1,而非大脑肿瘤患者头晕与不头晕的比例为 40∶10,也是 4∶1。因此,是否头晕与患大脑肿瘤根本没有关系。多数个体判断这类问题时都会出现错误。研究表明,健康专家也会错误地判断症状与疾病之间的关系。在一个实验中,研究者向护士呈现 100 张病历卡片,要求护士判断病历中的症状与疾病之间是否存在联系(Smedslund, 1963)。每张卡片包括两部分内容,一部分是病人是否出现某种特殊症状(若出现则记为 + A,若未出现则记为 - A),另一部分是病人是否患有某种疾病(若患有该疾病则记为 + F,若未患则记为 - F)。在 100 张卡片中,37 张为 + A 和 + F,33 张为 - A 和 + F,17 张为 + A 和 - F,13 张为 - A 和 - F。结果表明,86% 的护士错误认为二者之间存在正相关,只有 7% 的护士回答正确,7% 的护士放弃回答。多数护士回答,他们根据 + A 和 + F 共同出现的频率来进行判断,因此得出正相关的结论。另外一些研究也表明,人们在判断两个事件的共存关系时存在困难,他们倾向于根据两个事件同时发生的概率来进行判断(Crocker, 1981)。

表 3.1　头晕症状与大脑肿瘤的数据

		大脑肿瘤	
		患者	非患者
头晕	有症状	160	40
	无症状	40	10

当人们相信两个事件存在联系时,往往只注意二者同时出现的情形,从而错误地认为存在支持证据证明它们之间存在相关。例如,你也许认为你想起某个朋友时他就会打电话给你,因为你只注意了你想起他而他又打电话来的例子,而没有留意当想起他但他没有打电话来,以及没想起他但他打电话来的情形。一些人相信上帝能够听到他们的祈祷,从而使他们的愿望成真,因为他们记得自己向上帝祈祷且愿望实现的例子(Nisbett & Ross, 1980)。然而,这种判断只考虑了"祈祷"和"愿望成真"同时出现的情形,类似于表 3.1 左上角 160 人的格子。要做出正确判断,必须收集和利用所有四个格子的信息,包括祈祷且愿望成真的次数,祈祷且没有应验的次数,未祈祷又愿望成真的次数,以及未祈祷且愿望没有成真的次数。但是,人们通常很少关注那些没有发生的事情,因此会做出错误的关系判断(Nahinsky & Slaymaker, 1970)。

错觉思维的另一种形式是控制错觉(illusion of control),即人们通常相信他们对于随机事件拥有比实际情况更多的控制(综述见:陈雪玲等,2010)。在一个研究中,要求被试猜测研究者投掷 30 次硬币的结果,每次猜测之后都给予反馈,在猜测完 30 次后,要求被试回答一些有关他们猜测成绩的问题(Langer & Roth, 1975)。被试猜测的准确率是预先设定好的,每名被试都只能猜对其中的 15 次。但是,1/3 的被试开始时的猜测成绩较好,最先4次都是正确的,1/3的被试开始时的猜测成绩较差,最初4次都是错误的,1/3的被试的猜测结果是随机安排的。结果显示,开始时成绩较好的被试对他们猜测成绩的评估远高于其他被试,他们相信自己能够预测和控制硬币投掷的结果。并且,大约40%的被试认为练习能够提高预测成绩,25%的被试认为分心会影响他们预测的成绩,虽然他们的任务是预测一个随机事件。研究者对赌博行为的观察和实验研究也发现了控制错觉。在投掷骰子时,当人们希望掷出较小的数字时,他们就会出手轻柔,如果希望掷出较大的数字,他们往往出手较重(Henslin,1967)。在一个实验中,被试参加一项博彩游戏,一些彩票上有他们熟悉的标志,另一些上面是他们不熟悉的标志,被试可以选择自己挑选彩票还是由实验者进行分配(Langer,1975)。在被试得到彩票之后,他们可以选择继续保留彩票,还是换成另一种获胜机会更大的彩票。结果发现,与其他人相比,自己选择彩票或者获得了有熟悉标志的彩票的被试,更愿意保留得到的彩票。研究者认为,选择和熟悉使得被试产生控制错觉。另外的研究也发现,当要求被试出售彩票时,与由别人分配彩票号码的被试相比,自己抽取彩票的被试要价是前者的四倍;当与一个笨拙而紧张的人玩随机游戏时,人们比与一个精明自信的人玩所下的注要大得多;掷骰子或转轮盘会增加人们的信心(Langer,1977;Wohl & Enzle,2002)。大量研究一致发现,人们行动时就如同他们能够预测或控制随机事件(Presson & Benassi,1996;Thompson,Armstrong,& Thomas,1998)。请回答:"如果你不希望上课的时候被老师叫到,或者希望被叫到,这样会增加老师确实叫到你的概率吗?"如果你认为不希望被叫到这件事就不会发生,这就是一种控制错觉:你认为对事件的思考会影响这一随机事件的发生概率。有研究者指出,人们所形成的关于自己在意识愿望的控制下采取行为的感觉可能是一种错觉,实际上这些行为可能是自动化的或由外部环境所控制(Wegner,2002)。例如,儿童在既没有向游戏机内投币,也没有看过操作说明书时,疯狂地操作控制杆,这是因为他们觉得当自己操作控制杆时,游戏机在做出反应,他们没能认识到自己实际上并未控制正在发生的事情。

尽管对控制的知觉很可能是一种错觉,但这种控制感对身体和心理健康有重要影响。研究发现,与那些由他人全权支配的老年人相比,对日常活动有微弱控制的老年人活的时间更长和更健康(Langer & Rodin,1976);当被试认为自己可以随时停止一些伤害刺激(例如电击或强噪声)时,即使实际上他们并没有行使自己的控制权,他们的焦虑程度也比其他被试要低得多(Averill,1973)。

· 文化、性别与控制错觉

控制错觉在北美被试中证据充分和普遍存在,他们相信个人能控制随机事件。

但是，东亚被试对他们控制环境的个人能力不那么自信：与美国学生相比，日本学生对他们的行动与积极事件之间的关联不那么肯定(Mahler, 1974)；与加拿大被试相比，日本被试对他们控制环境的个人能力较不自信(Heine & Lehman, 1995)。另外，尽管在美国被试中发现了知觉到的控制与任务成绩之间的正相关，在东亚被试中没有发现这一关系(Ji, Peng, & Nisbett, 2000)。那么，这是否意味着东亚被试不存在控制错觉？不一定是这样。多数控制感研究考察的是个人控制(personal control)，即行动者试图通过个人努力控制情境，这是北美文化下典型的控制概念。东亚被试有可能有夸大的集体控制(collective control)感，即知觉到作为群体或集体对环境的控制，这在东亚文化中更重要。在集体主义文化中，社会行为的单位经常是群体而不是个体，因此人们很有可能体验到的是集体控制错觉而不是个人控制错觉。另外，控制错觉也存在性别差异：个人控制感对美国男性比美国女性更重要(Ji, Peng, & Nisbett, 2000)。这可能与自我概念的性别差异有关，美国女性赞同独立型自我的程度与美国男性相似，但是她们支持关系型自我的程度高于男性，即关注个体间的情感联系(Cross & Madson, 1997)。由于美国女性关注情感联系，她们在与他人一起工作时可能会体验到控制感的上升。为此，有研究者试图考察文化和性别对控制感的预测作用。

在一个研究中，美国和日本的大学生得知，根据4次彩票抽取的结果，他们将被分配到不愉快条件或控制条件下(Yamaguchi et al., 2005)。研究者告诉被试，不愉快条件下的被试需要喝下一杯苦味饮料，而控制条件下的被试不需要。在研究开始时，被试单独来到实验室，研究者给被试提供上述信息，然后将被试分到两种条件下，一种是群体条件，另一种是个体条件。在群体条件下，告诉被试他或她是一个四人小组的一员，其他三名成员在另外的房间里，他们四个人作为一个群体将被分配到不愉快或控制条件下；每名成员可以抽一次彩票，根据四个人抽取的彩票上的数字之和，决定他们的结果。在个体条件下，被试一个人将抽四次，根据四次彩票的数字之和，决定自己的结果。关于彩票，两组被试都得到如下信息：每张彩票上有一个个位数字(0至9之间)，如果个人抽取(个体条件)或群体抽取(群体条件)的四个数字之和超过15，他们将被分配到控制条件下，被试被分配到控制条件的概率略高于0.5。接下来，被试抽一次彩票(群体条件)或四次彩票(个体条件)。在打开彩票之前，要求被试完成一份问卷，其中有两个问题是关键的因变量：估计他们被分配到不愉快条件下的百分比，他们相信不会被分配到不愉快条件的信心分数，采用7点利克特量表，1代表完全相信，7代表完全不相信。结果显示，对于美国被试，美国男性在个体条件下比在群体条件下更多估计他们会被分配到控制条件下，美国女性的趋势与男性相反，不过未达到显著水平。对于日本被试，日本男性在群体条件下比在个体条件下更多估计他们会被分配到控制条件下，日本女性的趋势与男性类似，不过未达到显著水平。可见,日本男性对集体控制随机事件的能力更乐观,而美国男性对个人控制随机事件的能力更乐观。因此,前者表现为集体控制错觉,后者表现为个人控制错觉。而美国女性和日本女性未表现出明显的个人和集体控制错觉。研究者认为,在看重自主和独立的美国社会,男性必须内化个人控制感,对个人控制的知觉高于实际情况;在看重人际和谐的日本,男性对集体控制环境的能力更有信心。而美国和日本女性都比男性更看重人际关系,对于个人或集体控制环境的兴趣较低,因此控制感对女性不如对男性那么重要,她们没有表现出控制错觉。另外,集体控制错觉在集体主义文化下可能有适应意义,而个人控制错觉在个人主义文化下有适应性(Yamaguchi et al.,2005;Taylor & Brown, 1994)。

第4节 情绪与社会认知

人们的情感与社会认知即加工、储存、回忆和使用社会信息的方式之间存在复杂的相互作用(Forgas, 1995;Isen & Baron, 1991)。二者的关系是双向的:情绪和心情强烈影响社会认知,认知也会对情绪和心情有所影响。例如,心情好的时候,人们会觉得周围的人和事物都是美好的。另一方面,人们对自己的唤醒状态的解释引发相应情绪(Schachter, 1964)。

·情绪影响认知

研究者有时候会用一些方法让被试高兴起来,例如送给被试一份意外礼物,让他们读一篇幽默文章,或者引导他们把思维集中于过去的某段快乐时光,从而使被试处于愉快的情绪中。用类似的方法,研究者也可以唤起被试的消极情绪。人们所处的情绪状态会影响对社会世界的感知和判断,包括对自我和他人的印象,对新刺激的反应,等等。研究表明,当人们处于愉快的情绪中时,他们对新刺激的第一反应更加积极,不管这些刺激是人、食物还是地点(Mayer & Hanson, 1995)。即使是有经验的面试官也会受到他们当时心情的影响,当心情较好时,他们给予前来面试的人更高的评价(Robbins & DeNisi, 1994)。高兴的人往往喜欢周围的一切,例如自己的健康、自己的汽车、周围的其他人、未来,甚至是政治(Fiske & Taylor, 1991)。在愉快情绪的作用下,人们眼里的世界更加美好(Johnson & Tversky, 1983)。心情好的人也更愿意帮助别人(Isen, 1999)。相反,当人们情绪低落时,他们眼里的人际关系显得糟糕,自我印象下降,对未来的希望变得渺茫,他人的行为似乎包含敌意(Brown & Taylor, 1986;Mayer & Salovey, 1987)。

情绪也会影响人们的记忆。当人们处于积极情绪时,倾向于储存或回忆积极的信息,当人们处于消极情绪时,倾向于储存或回忆消极的信息,这叫做心境一致性记忆(mood-congruent memory)(Mayer, Gayle, Meehan, & Harrman, 1990)。因此,坏心情会启动人们对消极事件的记忆(Bower, 1987)。抑郁的个体很难回忆曾经有过的快乐时光,因为当他们处在消极情绪中时,更经常回忆起的是消极事件(Anderson, Spielman, & Bargh, 1992)。

在一项研究中,研究者通过催眠,引发被试愉快或糟糕的心情,然后让被试观看一盘自己与他人交谈的录像带,这盘录像带是在前一天录制的(Forgas, Bower, & Krantz, 1984)。结果发现,当被试处于愉快情绪时,他们对自己所看到的非常满意,能够发现表明自己镇静、感兴趣和善于社交的许多例子,而如果被试情绪低落,同样的录像带显示的好像是一个完全不同的自己,他们觉得录像中的自己非常拘谨、紧张和不善言辞。在研究的最后,研究者将被试唤回到积极的情绪状态中,他们眼里的世界重新变得美好。并且,有研究指出,人们并没有把这种知觉的变化归因为情绪的转变,而是认为世界真的不同了(Ross & Fletcher, 1985)。

情绪也会影响自动化思维的使用。高兴的人决策过程很快,他们更容易使用图式(例如刻板印象)和心理捷径(Mayer & Hanson, 1995)。消极情绪会降低人们的思考速度,他们的决策更加缓慢和谨慎,对问题的分析更细致,但这不一定会导致更加准确的判断或决策(Gannon, Skowronski, & Betz, 1994)。在一个研究中,研究者让一半被试观看一个滑稽的电视片段,使他们处于积极的情绪中,让另一半被试观看山、水等风景,使他们处于中性情绪(Park & Banaji, 2000)。然后,让被试指出不同的名字(这些名字属于美国黑人或美国白人)是属于"罪犯"的范畴,还是属于"政客"的范畴。结果发现,好心情增加了刻板印象的使用,心情好的被试更多把黑人名字放入"罪犯"的范畴,把白人名字放入"政客"的范畴。研究者推测,当人们处于好的心境时,他们不想做任何会破坏好心情的事情,而认真、系统的思维是比较困难和费力的,他们通常会避免这种思考。

·认知影响情绪

认知对情绪的影响有多种方式,其一是认知影响情绪的发生。在著名的双因素理论中,沙赫特认为,情绪体验是生理唤醒和认知评价的结合,人们考虑当时的情境,对生理唤醒进行主观评价,从而产生相应的情绪(Schachter, 1964)。例如,当人们高度唤醒,同时情境中有一些可用于解释这种唤醒的线索时,被试很容易被误导,例如,将自己的生理唤醒归因为对一名女性的兴趣(Dutton & Aron, 1974)。

认知影响情绪的第二种方式是对包含强烈情感成分的图式的激活。例如,当人们迅速将某人归类于某个群体时,就会认为该个体拥有群体的一些特征,而对其所在群体的情感反应也会延续到该个体身上。在后面章节有关偏见和刻板印象的内容还将继续讨论这一问题。

人们经常通过思考来调节自己的情绪,这是认知影响情绪的第三种方式。人们有时候会假定消极或悲惨事件的发生不可避免,也就是调整他们关于消极事件发生可能性的想法,以此来减轻情绪痛苦。在一个实验中,研究者操纵剧本的结果,要求被试评估本来可以成功的可能性(Tykocinski, 2001)。研究者给被试阅读一个剧本,被试假定自己为了购买一件大减价的商品正在赶往一家商店。实验分为三个条件:一组被试知道他们成功地及时赶到那家商店;第二组被试阅读的结果是他们失败了,他们赶到商店时,商店已经关门了;第三组被试阅读的剧本是,他们仍在去往商店的路上,还不知道到底是否会在商店关门前赶到。研究者还操纵被试要买的商品的降价幅度,以及来操纵被试赶往商店的动机大小。在读完剧本之后,第一组(成功组)和第二组(失败组)被试对他们本来可以成功赶到商店的可能性进行等级评定,第三组(不知道结果组)被试对将来他们及时赶到商店的可能性进行等级评定。研究者预测,那些没能及时赶到商店的被试会调低及时到达的可能性,尤其在降价幅度较大的情况下,以此来减轻失望所造成的打击。而那些成功的和不知道结果的被试则不会表现出这种模式。结果确实如此。也就是说,人们有些时候通过反事实思考来减少失望带来的痛苦,通过在心理上降低成功的可能性,例如告诉自己"我从来就没有机会成功",可以减少失望的痛苦,从而有效达到调节情绪的目的(Tykocinski, 2001)。另外一种调节情绪的认知机制涉及对诱惑的接受。当人们处于消极情绪,例如感到情绪低落或痛苦时,很多人会沉溺于暂时使自己感觉更好的活动,虽然明知道这些活动对自己是有害的,例如吃让人发胖的美食,看电视来打发时间,等等。一些研究者认为,人们之所以会去从事那些暂时让自己感到愉快但又有潜在害处的活动,认知因素起到一定作用。当人们经历强烈的消极情感时,他们有时会有意识地选择接受诱惑(Tice, Bratslavky, & Baumeister, 2001)。这些研究者认为,人们并不是自动地接受诱惑,而是一种思考后的选择,当人们面对强烈的消极情感时,降低这些情感变成了最主要的目标,他们为了达到这一目标可以做任何事情。在一个研究中,让被试阅读一些故事来获得好的或坏的心境,例如故事内容是他们挽救了一个孩子的生命,或者因他们闯红灯而导致一个孩子丧失生命。然后,一半被试被告知,过一段时间他们的心情将会变好,另一半被试被告知,由于研究者点燃了可以进行芳香治疗的蜡烛,他们的心情将被冻结,不会发生太大变化。接下来,被试得知自己要做一份智力测验,并得到成绩反馈,在测验之前,他们有15分钟的时间可以做练习来准备测验。最后,研究者让被试待在一个房间里,房间内有练习测验的材料和一些分心材料,例如有吸引力和诱惑性的材料是有趣的谜语、电视比赛、流行杂志等。研究者想要确定,与有好心情的被试相比,有坏心情的被试是否会花更多时间在这些分心任务上,并且,这种接受诱惑的现象是否只发生在被试相信自己能够改变心情的条件下。结果表明,处于坏心情中的人们更多地花时间在分心任务上,并且这只发生在他们认为这样可以改变自己心情的条件下(Tice, Bratslavky, & Baumeister, 2001)。可见,接受诱惑是减少消极情绪的一种策略,并且它是一种有意识选择的策略,并非简单地无法抑制冲动。需要注意,尽管这种方法在短时间内可以减轻消极体验,但长期来说可能会危害身体健康和幸福。

第5节 控制性思维

自动化思维在日常生活中占据重要地位,人们可以利用自动化思维有效应对很多情境。不过有些时候思维显然是受到意识控制的,尤其涉及一些重要的判断和决定时,并且人们也会努力进行控制思维以纠正自动化思维中的错误。控制性思维属于有意识、有意图目的、自发和需要努力的思维。这意味着,人们往往可以根据自己的意愿打开或关闭这种思维,能够意识到所思考的内容,以及它需要一定的心理资源。自动化思维不需要意识努力,可以不费力地与其他事情同时进行,但控制性思维需要专心进行。因此,人们必须具备动机以及投入时间和精力,才能进行控制性思维。当发生错误的代价较小,以及人们不太重视判断或决策的准确性时,自动化思维起主导作用,人们不会努力去检查或纠正它。例如在看电视时,假如节目当中出现广告,多数人不会花费精力去考虑广告中究竟说了些什么,而是自动化地相信或登记广告中的信息。而当人们具有仔细分析信息的动机,并且拥有这样做的心理能力时(例如并未感到疲劳或分神),他们会停止自动化思维,进行控制性思维,更加认真地评估信息的内容。如果人们的动机不高,或者因某种原因疲劳或分心时,他们又会依赖自动化思维,受信息的表面特征的影响(Petty & Wegener, 1999)。其他研究也表明,当涉及的任务具有重要意义从而能够引起足够关注,或者当出错的代价较高时,人们会使用更复杂、需要更多努力的策略,从而做出更精细、更准确的判断(Kruglanski & Webster, 1996; Trope & Lieberman, 1996)。

在第2章和本章前面提到,人们经常会受到无关起始值的影响,最终的判断过度地"锚定"在这个起始点上。这是由于,人们自动地将这个起始点作为思考的出发点,通常没有意识到自己在这样做,然后再以控制性思维来进行调整,但调整往往不够充分。人们在进行归因时,最初也是自动地做内部归因,然后控制性思维对内部归因进行有意识的调整。但是,当人们繁忙、疲倦或无法集中注意时,往往会跳过有意识调整这一步,或者调整得不够充分,导致出现基本归因错误。有研究者指出,人们对于刚看到或听到的事情,会自动地采取相信的态度,接下来,再评估所见所闻是否属实,如果怀疑其真实性就会加以拒绝(Gilbert, 1991)。这一过程的第一步是自动发生的,也就是无意识、无须费力的,而评估真实性和拒绝部分却属于控制性思维,需要动机和心理资源才能进行。如果人们身体疲倦、心不在焉或者缺乏动机,就很容易直接相信所接受的信息,跳过评估和拒绝接受这两个步骤,结果可能是相信了错误的信息。

控制性思维通常可以减少犯错误或出现偏差的可能,使得判断更精细和准确。但是,谨慎的思考并不总是有益的,甚至可能会带来负面后果。特别是,当人们努力去思考自己的一些自动或内隐态度时,可能会误入歧途。在一个实验中,研究者要求大学生品尝几种草莓酱,并进行等级排列(Wilson & Schooler, 1991)。一些大学生只需要在品尝草莓酱之后排列等级,另一些大学生则需要分析他们对这些酱的反应,即说出自己对每种产品的感受如何。研究者认为,当人们进行认真思考时,他们想到的理由是最容易想出和容易描述的,但是这些理由并不见得是最重要的。因此,认真思考后的大学生可能会被自己报告的理由所误导,做出不太准确的判断。为了检验这一推测,研究者比较了三组被试:一组被试需要进行味觉判断,并分析他们做出这些味觉判断的理由;第二组被试只需要做味觉判断,不需要分析理由;第三组被试是味觉方面的专家,他们的职业就是比较产品的不同味道。结果发现,只做简单判断的被试与专家的评定结果最接近。可见,这里的味觉判断在一定程度上是自动形成的,而如果对其进行有意识的分析,反而会对自己的感觉把握不准。为此,有研究者提出,控制人们社会行为的心理过程与人们用于解释自己行为的心理过程是不同的(Wilson, 1985, 2002)。因此,理性的解释可能会忽略真正指导行为的内心态度。在一系列研究中,人们对人或事物的态度通常可以准确地预测后来的行为(Wilson, Dunn, Kraft, & Lisle, 1989)。但是,如果首先让人们分析他们的情感,那么他们随后的态度报告将不能很好地预测行为。例如,约会中的情侣对关系的幸福感能够预测他们几个月后是否仍在约会。但是,如果让被试首先列出他们能够想到的他们的关系为什么是好或坏的原因,然后再评价幸福程度,那么被试的态度报告将不能预测关系的未来。仔细考虑双方关系的过程使得个体更多关注那些容易用言语描述的因素,而这些因素实际上不如另一些难以描述的因素重要。在另一个实验中,研究者让被试从两张艺术海报中选一张带回家(Wilson et al., 1993)。研究者要求一组被试首先描述他们喜欢一张幽默海报的原因,这张海报的正面特征比较容易描述,另一组被试则只是根据直觉选择了另外的海报。几周之后,与根据直觉选择的被试相比,那些理性地列出原因的被试对自己选择的海报更不满意。上述研究发现谨慎分析反而出错,这很可能是因为人们对某些人或事的态度是内隐的和自动形成的,因此理性分析无法察觉这些真实的态度,导致判断出错(Wilson, Lindsey, & Schooler, 2000)。

·反事实思考

控制性思维的一种形式是反事实思考(counterfactual thinking),即在心理上改变过去的某些环节,或者想象另外一种不同的可能性,以便认为事情可能会有所不同(Gilovich & Medvec, 1995; Roese, 1997; Kahneman & Miller, 1986)。例如,如果你因一分之差没有通过考试,你可能会想"如果我再多答对一道题目就好了",这就是在进行反事实思考。人们可能设想更坏的情形,即进行向下的反事实思考,也可以想象更好的情形,即进行向上的反事实思考。通常,前者的好处是可以让我们心里好过一些,后者则帮助人们考虑如何做得更好,从而在将来做出出色的表现(Roese, 1997)。不过,向上的反事实思考会使人出现消极情绪。

一般而言,在心理上越容易想象不同的结果或越容易改变结果,以及涉及的事件越重要,人们的情绪反应就越强烈和越持久(Landman, 1993; Miller & Taylor, 2002; Roese & Hur, 1997)。在体育比赛结束时,铜牌获得者往往比银牌获得者更快乐,这是由于前者更容易想象自己没有获得奖牌的情形,而后者更容易想象自己站在冠军领奖台上的情景(Medvec, Madey, & Gilovich, 1995)。不同方向的反事实思考导致了相反的情绪。只差一点就能赶上飞机,只差一点就能获胜,只差一点就能通过考试的人们更容易进行反事实思考,也更多地体验到遗憾、悔恨等消极情绪(Medvec & Savitsky, 1997; Sanna et al., 2003)。而如果刚好躲过一次负面结果(例如输掉比赛,遭遇车祸),人们则会感觉自己很幸运(Teigen et al., 1999)。一些研究者考察了曾经丧偶或失去孩子的人,他们发现,人们想象悲剧有可能逆转的次数越多,他们报告的忧伤程度就越深(Davis et al., 1995)。如果人们反复思考生活中的负面事件,想象与之不同的另一种结果,可能会带来消极后果,甚至成为抑郁的诱因之一(Lyubomirsky, Caldwell, & Nolen-Hoeksema, 1993)。因此,想象更好的结果并集中于如何更好地处理那种情况,可以帮助人们拥有控制感,提供努力的动力和增加未来成功的可能性(Roese & Olson, 1997),但是,如果人们的注意力反复集中在糟糕的结果上,则是不明智的。随着人们步入老年,改变后悔情境的机会越来越少,与成功老龄化的老人相比,不成功老龄化(例如抑郁)的老人对后悔事件的神经生理反应更强烈(Brassen et al., 2012)。

有些时候,人们做了某件事情,但结果是不好的;有些时候,人们没有做某件事情,但结果发现如果做了会得到更好的结果。那么,当考虑比实际更好的情形时,哪种条件下人们更后悔一些? 研究表明,在短期内,人们通常对作为(action)比不作为(inaction)更后悔(Zeelenberg, van der Pligt, & Manstead, 1998),而随着时间的流逝,人们对那些没有去做的事情(不作为)更加后悔(Gilovich & Medvec, 1994)。例如,很多成年人最后悔的是年轻时候没有认真对待学业,或者"我真希望我在多年以前就告诉父母我爱他们",等等(Kinnier & Metha, 1989; Gilovich & Medvec, 1994)。

通常,反事实思考是有意识和需要努力的:我们知道自己正在思考过去的事情或其他的可能性;反事实思考会占据很多心理资源,使得我们无法考虑其他事情。不过,它并不总是有意图的,有时候人们并不想过多地思考"如果……那么……",但却难以关闭这种想法。因此,反事实思考并非在所有情况下都满足严格的控制性思维的条件。

· **思维抑制**

控制性思维起作用的另一种情形是当人们试图进行思维抑制(thought suppression)时,尽量避免想起某些希望忘记的事物。很多时候,人们会努力去压抑一些想法,例如想到美味的点心、分手的情人、老板的斥骂、吸烟的快乐、演讲时自己看上去多么傻,等等。根据一些研究者的看法,成功地压抑一些不想要的想法依赖于两个相互作用的过程:一个是监控过程,这一过程是自动化的,作用是在意识中搜寻想要进入的不受欢迎的想法;另一个是操作过程,需要有意识的努力,作用是尝试找到其他事情来思考以转移注意力(Wegner, 1992, 1994)。因此,监控过程告诉人们出现了不受欢迎的想法,一旦发现之后,操作过程负责引开注意力,这两个过程密切合作,通常可以成功地抑制不受欢迎的想法。但是,当人们疲倦、心不在焉或信息超载时,监控过程会不断地查找不受欢迎的想法,但需要努力和心理资源的操作过程没有能力阻止这些想法,不受欢迎的想法便会以更快的速度不断进入意识。因此,在你尽最大努力想要避免想起某事时,如果你很疲劳或分心,这些想法就很容易进入意识并不经意地流露出来。另外,思维抑制会消耗很多情感和体力。在一个研究中,大学生每天写一篇有关私人问题的文章,连续三天(Petrie, Booth, & Pennebaker, 1998)。在每写完一段之后,要求一些被试压抑有关刚才所写内容的所有想法,持续时间为5分钟。结果发现,与那些不需要压抑自己想法的被试相比,处于压抑状态中的被试出现了明显的免疫功能下降。在另一个研究中,询问曾经堕胎的女性在多大程度上努力去压抑有关堕胎的想法(Major & Gramzow, 1999)。结果表明,这些女性报告自己尽量不想堕胎的次数越多,她们的心理压力就越大。可见,过度压抑某些想法可能会影响身体和心理健康。

人们进行思维抑制,通常是把它作为影响自己的感受和行为的一种手段。例如,不去想那些让你生气的人或事,是为了避免生气,不去想那些让你感到悲伤的事情,是为了避免情绪低落。有些时候,人们进行思维抑制是出于他人的要求。例如,心理治疗师可能会告诉一个希望戒酒的人,要尽量避免想起饮酒的快乐。如果该个体能够成功抑制这一想法,那么对治疗是有帮助的。但是如果思维抑制失败,就会导致这名个体关注自己的失败,失去继续努力和治疗的动力(Kelly & Kahn, 1994)。另外,有些人由于个人特质的原因,更容易思维抑制失败。研究发现,阻抗(reactance)较高的人更难抑制自己的想法(Kelly & Nauta, 1997)。阻抗指的是当知觉到自己的个人自由受到威胁时会出现较大的消极反应。在一个研究中,首先用测验区分高阻抗和低阻抗的个体;然后要求他们想起频率很高的想法,并将它们抑制或者将它们写在纸上;最后,被试评定自己知觉到的对这些强行闯入的想法的控制感和感受到的困扰。结果发现,当要求表达那些强行闯入的想法时,高阻抗与低阻抗的被试没有区别,但是,当要求抑制这些想法时,高阻抗者报告无法抑制的频率更高,并且更多地受到这些想法困扰(Kelly & Nauta, 1997)。与直接压抑相比,分心、思维推迟、冥想、注意训练、自我肯定等间接策略,在控制不想要的想法方面效果更好(Wegner, 2011)。

· 改善社会认知

正如前文所述,人类思维是非常高效的,自动化思维使得我们可以迅速加工信息并做出反应,控制性思维帮助我们谨慎地处理信息,从而使得判断更加准确。大量研究证实,人们在加工社会信息时经常会依靠自动化思维。有研究者认为,有意识的控制思维所起的作用比较有限(Wegner, 2002)。自动化思维尽管效率很高,但是它难免会导致可以预测的偏差和错误,例如过度自信、错觉思维等。并且,一些研究者认为,实验研究实际上高估了自动化思维的力量,因为现实生活并不像实验那样,给被试提供清楚的证据并告知正在测量认知能力(Nisbett & Ross, 1980)。社会思维的偏差有时候影响不大,但有些时候却可能会造成严重的甚至悲剧性的后果。那么,如何纠正社会思维的错误,让人们的判断和推理更加准确、更加完善? 一些心理学家建议,应该像教授其他知识一样,教授人们如何加工社会信息(Dawes, 1980)。一条简单且实用的建议是,从不同的角度去看待问题(Plous, 1993)。例如,当要求人们思考与自己观点相反的论点,或自己为什么可能会出错的原因时,信念固着和过度自信大大减少;当将一个问题放到不同的框架中去考虑时,框架效应有所减少;考虑与初始值相反的锚定点可以降低锚定效应;转变视角或移情可以减少行动者-观察者归因差异;等等(Anderson, Lepper, & Ross, 1980; Mussweiler, Strack, & Pfeiffer, 2000; Storms, 1973; Regan & Totten, 1975)。另一种方法是直接教给人们一些关于如何识别偏差和正确进行推理的基本统计和方法论原理,并希望人们将其应用于日常生活。例如,训练人们识别自身的自动化思维中可能的错误来源;设立有关逻辑和日常社会判断的统计学课程;列举生动的实际生活事例来演示基本原则;等等(Nisbett & Ross, 1980)。研究发现,大学统计课程、研究设计训练甚至是短暂的课程都可以改进人们的推理过程(Nisbett et al., 1987; Malloy, 2001)。如果人们感到难以控制自己的思维,他们更有可能产生结构寻求(structure seeking)(Ma et al., 2017)。

小结

1. 社会认知是指人们对自身和社会世界的思考,包括如何选择、解释、识记和使用社会信息来做出判断和决策。

2. 社会认知分为两类,一种是迅速、自动和不费力的、无意识的思维,即自动化思维,另一种是有意识的、有一定目的的、自发的思维,即控制性思维。

3. 图式是人们用于组织他们关于某个主题的知识、关于周围社会世界的心理结构。描述特定事件的图式叫做脚本,关于特定社会群体的图式叫做刻板印象。图式的使用是自动化思维的一种形式。

4. 图式帮助人们组织过去的知识和经验,从而影响人们对新信息的知觉和解释。与图式相一致的信息更容易记忆。图式还影响记忆的重构。

5. 图式有些时候会扭曲人们对社会世界的理解。一些错误的图式,例如刻板印象,可能会导致严重后果。

6. 图式的可提取性,即图式和概念在人们头脑中所处位置的优越性以及当人们对社会世界做出判断时,使用这些图式和概念的可能性有多大。可提取性可能是图式本身稳定的特点,也可能由于暂时的启动造成可提取性提高。

7. 图式一旦形成,即使有证据提示它可能是错误的,人们也倾向于坚持下去。人们经常根据自己的图式采取行为,可能会造成本来并不成立的图式最终变成现实,这称作自我实现的预言。

8. 人们处理复杂社会世界的方法是使用心理捷径或启发式。它们可以帮助人们有效地处理信息,并有一定的准确性,但在有些时候会导致偏差和错误。

9. 人们经常根据某一事物与某典型事物的相似程度来进行归类,这叫做代表性启发式。这种判断有时候会忽视基线信息或基本的概率原则。

10. 根据头脑中能够想起一个例子的容易程度或想起例子的数量多少来判断一个事件发生的可能性或频率,叫做可用性启发式。可用性启发式使得人们更容易受到生动而具体的信息的影响,以及知觉到的风险不一定与实际风险相符。

11. 个体在进行判断时,以一个数字或数值为起始点,并根据这个起始点进行调整,但这种调整往往不充分,这叫做锚定和调整启发式。如果起始点是误导性的或没有任何价值，人们的判断过度锚定在它上面，就会导致错误。

12. 框架效应是指陈述问题或选项的形式对人们的判断和决策的影响。当在收益框架下决策时，人们通常是回避风险的，而在损失框架下，人们往往更冒险一些。

13. 人们经常有比真实状况更自信的倾向，即高估自己信念的准确性，这叫做过度自信。过度自信的原因之一是，人们倾向于寻找证实自己信念而不是证伪的证据。

14. 人们试图从随机事件中寻找规律的倾向叫做错觉思维。

15. 将没有关联的事件认为存在相关的趋势叫做相关错觉，这往往是由于人们仅仅根据两个事件同时发生的频率来进行相关判断。

16. 人们通常相信他们对于随机事件拥有比实际情况更多的控制，这叫做控制错觉。

17. 北美男性主要表现出个人控制错觉，而东亚男性主要表现为集体控制错觉。另外，北美女性和东亚女性没有表现出明显的个人或集体控制错觉，这可能与她们的关系取向有关。

18. 情绪对社会认知影响很大。愉快情绪下的人们对周围的人、事、物以及自己的知觉更加积极。人们还倾向于储存和回忆与当前情绪一致的信息，这叫做心境一致性记忆。好心情的人还更多使用图式和启发式思维。

19. 认知影响对生理唤醒的解释；认知还会激活包含强烈情感成分的图式。

20. 人们可以通过认知来调节情绪。人们通过将消极结果想象为不可避免，可以减轻情绪痛苦。在处于消极情绪时，人们会有意识地接受诱惑，从事一些短时间内使情绪好转，但长期来看可能有害的活动。

21. 控制性思维需要有认真分析信息的动机，以及足够的心理资源。控制性思维通常可以提高判断的准确性。但是，当人们有意识地分析一些内隐的或自动的态度或喜好时，可能会误入歧途。

22. 人们有时会在心理上改变过去的某些环节，或者想象另外一种不同的可能性，以便认为事情可能会有所不同，这叫做反事实思考。容易想象的事情和影响重大的事情更容易引起反事实思考，进而产生后悔或幸运的感觉。

23. 思维抑制指的是尽量避免想起某些希望忘记的事物。思维抑制包括两个过程，一个是自动地搜寻不受欢迎想法的监控过程，另一个是需要有意识努力的、尝试转移注意力的操作过程。

24. 通过从不同的角度看待问题，教授人们识别偏差的方法和正确进行推理的基本统计和方法论原理，可以改善社会思维。

参考文献

Abelson, R. P. (1976). Script processing in attitude formation and decision making. In J. S. Carroll & J. W. Payne (Eds.), *Cognition and social behavior* (pp. 33 - 46). Hillsdale, NJ: Erlbaum.

Allison, S. T., McQueen, L. R., & Schaerfl, L. M. (1992). Social decision making processes and the equal partitionment of shared resources. *Journal of Experimental Social Psychology*, 28, 23 - 42.

Anderson, C. A. (1982). Inoculation and counter-explanation: Debiasing techniques in the perseverance of social theories. *Social Cognition*, 1, 126 - 139.

Anderson, C. A., & Lindsay, J. J. (1998). The development, perseverance, and change of naïve theories. *Social Cognition*, 16, 8 - 30.

Anderson, C. A., & Sechler, E. S. (1986). Effects of explanation and counter explanation on the development and use of social theories. *Journal of Personality and Social Psychology*, 50, 24 - 34.

Anderson, C. A., Lepper, M. R., & Ross, L. (1980). Perseverance of social theories: The role of explanation in the persistence of discredited information. *Journal of Personality and Social Psychology*, 39, 1037 - 1049.

Anderson, S. M., Spielman, L. A., & Bargh, J. A. (1992). Future-event schemas and certainty about the future: Automaticity in depressives' future-event predictions. *Journal of Personality and Social Psychology*, 63, 711 - 723.

Aronson, E., Wilson, T. D., & Akert, R. M. (2004). *Social Psychology* (5th edition). Upper Saddle River: Prentice Hall.

Averill, J. R. (1973). Personal control over aversive stimuli and its relationship to stress. *Psychological Bulletin*, 80, 286 - 303.

Bargh, J. A. (1996). Automaticity in social psychology. In A. W. Kruglanski (Ed.), *Social psychology: Handbook of basic principles* (pp. 169 - 183). New York: Guilford.

Bargh, J. A., & Piertromonaro, P. (1982). Automatic information processing and social perception: The influence of trait information presented outside of conscious awareness on impression formation. *Journal of Personality and Social Psychology*, 43, 437 - 449.

Bargh, J. A., Chen, M., & Burrows, L. (1996). Automaticity of social behavior: Direct effects of trait construct and stereotype-activation on action. *Journal of Personality and Social Psychology*, 71, 230 - 244.

Borgida, E., & Nisbett, R. E. (1977). The differential impact of abstract vs. concrete information on decisions. *Journal of Applied Social Psychology*, 7, 258 - 271.

Bower, G. H. (1987). Commentary on mood and memory. *Behavioral Research and Therapy*, 25, 443 - 455.

Brassen, S., Gamer, M., Peters, J., Gluth, S., & Büchel, C. (2012). Don't look back in anger! Responsiveness to missed chances in successful and nonsuccessful aging. *Science*, 336,612 – 614.

Brophy, J. E. (1983). Research on the self-fulfilling prophecy and teacher expectations. *Journal of Educational Psychology*, 75,631 – 661.

Brown, J. D., & Taylor, S. E. (1986). Affect and the processing of personal information: Evidence for mood-activated self-schemata. *Journal of Experimental Social Psychology*, 22,436 – 452.

Budiansky, S. (1988, July 11). The numbers racket: How polls and statistics lie. *U. S. News & World Report*, pp. 44 – 47.

Buehler, R., Griffin, D., & Ross, M. (1994). Exploring the "planning fallacy": When people underestimate their task completion times. *Journal of Personality and Social Psychology*, 67,366 – 381.

Carli, L. L. (1999). Cognitive reconstruction, hindsight, and reactions to victims and perpetrators. *Personality and Social Psychology Bulletin*, 25,966 – 979.

Cervone, D., & Peake, P. K. (1986). Anchoring, efficacy, and action: The influence of judgmental heuristics on self-efficacy judgments. *Journal of Personality and Social Psychology*, 50,492 – 501.

Chapman, L. J. (1967). Illusory correlation in observational report. *Journal of Verbal Learning and Behavior*, 6,151 – 155.

Chapman, L. J., & Chapman, J. P. (1969). Genesis of popular but erroneous psychodiagnostic observations. *Journal of Abnormal Psychology*, 72,193 – 204.

Chen, M., & Bargh, J. A. (1997). Nonconscious behavioral confirmation processes: The self-fulfilling consequences of automatic stereotype activation. *Journal of Experimental Social Psychology*, 33,541 – 560.

Chen, S., & Anderson, S. M. (1999). Relationships from the past in the present: Significant-other representations and transference in interpersonal life. In M. P. Zanna (Ed.), *Advances in experimental social psychology* (Vol. 31, pp. 123 – 190). San Diego, CA: Academic Press.

Cheng, F., & Wu, C. (2010). Debiasing the framing effect: The effect of warning and involvement. *Decision Support Systems*, 49,328 – 334.

Combs, B., & Slovic, P. (1979). Newspaper coverage of causes of death. *Journalism Quarterly*, 56,837 – 843,849.

Converse, P. E., & Schuman, H. (1970, June). "Silent majorities" and the Vietnam war. *Scientific American*, pp. 17 – 25.

Correll, J., Park, B., Judd, C. M., & Wittenbrink, B. (2002). The police officer's dilemma: Using ethnicity to disambiguate potentially threatening individuals. *Journal of Personality and Social Psychology*, 83,1314 – 1329.

Crocker, J. (1981). Judgment of covariation by social perceivers. *Psychological Bulletin*, 90,272 – 292.

Cross, S. E., & Madson, L. (1997). Models of the self: Self-construals and gender. *Psychological Bulletin*, 122,5 – 37.

Darley, J. M., & Akert, R. M. (1993). Biographical interpretation: The influence of later evens in life on the meaning of and memory for earlier events. *Unpublished manuscript*, Princeton University.

Darley, J. M., & Fazio, R. H. (1980). Expectancy confirmation processes arising in the social interaction sequence. *American Psychologist*, 35, 867-881.

Davies, M. F. (1997). Belief persistence after evidential discrediting: The impact of generated versus provided explanations on the likelihood of discredited outcomes. *Journal of Experimental Social Psychology*, 33, 561-578.

Davis, C. G., Lehman, D. R., Wortman C. B., Silver, R. C., & Thompson, S. C (1995). The undoing of traumatic life events. *Personality and Social Psychology Bulletin*, 21, 109-124.

Dawes, R. M. (1980). You can't systematize human judgment: Dyslexia. In R. A. Shweder (Ed.), *New directions for methodology of social and behavioral science: Fallible judgment in behavioral research* (pp. 67-78). San Francisco: Jossey-Bass.

DePaulo, B. M., Charlton, K., Cooper, H., Lindsay, J. J., & Muhlenbruck, L. (1997). The accuracy-confidence correlation in the detection of deception. *Personality and Social Psychology Review*, 1, 346-357.

Deutsch, R., Gawronski, B., & Hofmann, W. (Eds). (2017). *Reflective and impulsive determinants of human behavior*. New York, NY: Psychology Press.

Devine, P. G., Hirt, E. R., & Gehrke, E. M. (1990). Diagnostic and confirmation strategies in trait hypothesis testing. *Journal of Personality and Social Psychology*, 58, 952-963.

Dijksterhuis, A., Bos, M. W., Nordgren, L. F., & van Baaren, R. B. (2006). On making the right choice: The deliberation-withoutattention effect. *Science*, 311, 1005-1007.

Dong, P., & Lee, S. W. S. (2017). Embodiment as procedures: Physical cleansing changes goal priming effects. *Journal of Experimental Psychology: General*, 146, 592-605.

Dunegan, K. J. (1996). Fines, frames, and images: Examining formulation effects on punishment decisions. *Organizational Behavior and Human Decision Processes*, 68, 58-67.

Dunning, D., Griffin, D. W., Milojkovic, J. D., & Ross, L. (1990). The overconfidence effect in social prediction. *Journal of Personality and Social Psychology*, 58, 568-581.

Dutton, D. G., & Aron, A. P. (1974). Some evidence for heightened sexual attraction under conditions of high anxiety. *Journal of Personality and Social Psychology*, 30, 510-517.

Eckes, T. (1995). Features of situations: A two-mode clustering study of situation prototype. *Personality and Social Psychology Bulletin*, 21, 366-374.

Englich, B., & Mussweiler, T. (2001). Sentencing under uncertainty: Anchoring effects in the courtroom. *Journal of Applied Social Psychology*, 31, 1535-1551.

Epley, N., & Gilovich, T. (2001). Putting the adjustment back in the anchoring and adjustment heuristics: Differential processing of self-generated and experimenter-provided anchor. *Psychological Science*, 12, 391-396.

Evans, J. St. B. T. (2008). Dual-processing accounts of reasoning, judgment, and social cognition. *Annual Review of Psychology*, 59,255 – 278.

Fast, N. J. , Sivanathan, N. , Mayer, N. D. , & Galinsky, A. D. (2012). Power and overconfident decision-making. *Organizational Behavior and Human Decision Processes*, 117, 249 – 260.

Feldman, R. S. , & Theiss, A. J. (1982). The teacher and student as Pygmalions: Joint effects of teacher and student expectations. *Journal of Educational Psychology*, 74,217 – 223.

Fischhoff, B. , Slovich, P. , & Lichtenstein, S. (1977). Knowing with certainty: The appropriateness of extreme confidence. *Journal of Experimental Psychology: Human Perception and Performance*, 3,552 – 564.

Fiske, S. T. (1993). Social cognition and social perception. *Annual Review of Psychology*, 44,155 – 194.

Fiske, S. T. , & Taylor, S. E. (1991). *Social cognition* (2nd edition). New York: McGraw-Hill.

Ford, T. E. , & Thompson, E. P. (2000). Preconscious and postconscious processes underlying construct accessibility effects: An extended search model. *Personality and Social Psychology Review*, 4,317 – 336.

Forgas, J. P. (1995). Mood and judgment: The affect infusion model (AIM). *Psychological Bulletin*, 117,39 – 66.

Forgas, J. P. , Bower, G. H. , & Krantz, S. E. (1984). The influence of mood on perceptions of social interactions. *Journal of Experimental Social Psychology*, 20,497 – 513.

Furnham, A. , & Boo, H. C. (2011). A literature review of the anchoring effect. *The Journal of Socio-Economics*, 40,35 – 42.

Gannon, K. M. , Skowronski, J. J. , & Betz, A. L. (1994). Depressive diligence in social information processing: Implications for order effects in impressions and for social memory. *Social Cognition*, 12,263 – 280.

Gilbert, D. T. (1991). How mental systems believe. *American Psychologist*, 46, 107 – 119.

Gilovich, T. , & Griffin, D. W. (2002). Introduction: Heuristics and biases, now and then. In T. Gilovich, D. W. Griffin, & D. Kahneman (Eds.), *Heuristics and biases: The psychology of intuitive judgment* (pp. 1 – 18). New York: Cambridge University Press.

Gilovich, T. , & Medvec, V. H. (1994). The temporal pattern to the experience of regret. *Journal of Personality and Social Psychology*, 67,357 – 365.

Gilovich, T. , & Medvec, V. H. (1995). The experience regret: What, when, and why. *Psychological Review*, 102,379 – 395.

Gilovich, T. , Kerr, M. , & Medvec, V. H. (1993). Effect of temporal perspective on subjective confidence. *Journal of Personality and Social Psychology*, 64,552 – 560.

Graham, T. W. , & Krammer, B. M. (1986). The polls: ABM and Star Wars: Attitudes toward nuclear defense, 1945 – 1985. *Public Opinion Quarterly*, 50, 125 – 134.

Greenberg, J. , Williams, K. D. , & O'Brein, M. K. (1986). Considering the harshest verdict first: Biasing effects on mock juror verdicts. *Personality and Social Psychology Bulletin*, 12, 41 - 50.

Greenwald, A. G., & Banaji, M. R. (1995). Implicit social cognition: Attitudes, self-esteem, and stereotypes. *Psychological Review*, 102, 4 - 27.

Harris, J. L., Bargh, J. A., & Brownell, K. D. (2009). Priming effects of television food advertising on eating behavior. *Health Psychology*, 28, 404 - 413.

Harris, M B., & Perkins, R. (1995). Effects of distraction on interpersonal expectancy effects: A social interaction test of the cognitive busyness hypothesis. *Social Cognition*, 13, 163 - 182.

Hastie, R., & Kumar, P. A. (1979). Person memory: Personality traits as organizing principles in memory for behavior. *Journal of Personality and Social Psychology*, 37, 25 - 38.

Heine, S. J., & Lehman, D. R. (1995). Cultural variation in unrealistic optimism: Does the West feel more invulnerable than the East? *Journal of Personality and Social Psychology*, 68, 595 - 607.

Henslin, M. (1967). Craps and magic. *American Journal of Sociology*, 73, 316 - 330.

Higgins, E. T. (1996). Knowledge application: Accessibility, applicability, and salience. In E. T. Higgins & A. R. Kruglanski (Eds.), *Social psychology: Handbook of basic principles* (pp. 133 - 168). New York: Guilford Press.

Higgins, E. T., & Bargh, J. A. (1987). Social cognition and social perception. *Annual Review of Psychology*, 38, 369 - 425.

Higgins, E. T., Rhole, W. S., & Jones, C. R. (1977). Category accessibility and impression formation. *Journal of Experimental Social Psychology*, 13, 141 - 154.

Hilton, J. L., & Darley, J. M. (1985). Constructing other persons: A limit on the effect. *Journal of Experimental Social Psychology*, 21, 1 - 18.

Hipper, H., & Schwartz, N. (1986). Not forbidding isn't allowing: The cognitive basis of the forbid-allow asymmetry. *Public Opinion Quarterly*, 50, 87 - 96.

Hirt, E. R., & Markman, K. D. (1995). Multiple explanation: A consider-an-alternative strategy for debiasing judgments. *Journal of Personality and Social Psychology*, 69, 1069 - 1088.

Hyde, J. S. (1997). Mathematics: Is biology the cause of gender differences in performance? In M. R. Walsh (Ed.), *Women, men, and gender: Ongoing debates* (pp. 271 - 273). New Haven, CT: Yale University Press.

Isen, A. M. (1999). Positive Affect. In T. Dalgleish & M. J. Power (Eds.), *Handbook of Cognition and Emotion*. Chichester, UK: John Wiley & Sons, Ltd.

Isen, A. M., & Baron, R. A. (1991). Affect and organizational behavior. In B. M. Staw & L. L. Cummings (Eds.), *Research in organizational behavior* (Vol. 15, pp. 1 - 53). Greenwich, CT: JAI Press.

Jelalian, E., & Miller, A. G. (1984). The perseverance of beliefs: Conceptual perspectives and research developments. *Journal of Social and Clinical Psychology*, 2, 25 - 56.

Ji, L. J., Peng, K., & Nisbett, R. E. (2000). Culture, control, and perception of relationships in the environment. *Journal of Personality and Social Psychology*, 78,943–955.

Johnson, E. J., & Tversky, A. (1983). Affect, generalization, and the perception of risk. *Journal of Personality and Social Psychology*, 45,20–31.

Johnson-Laird, P. N., & Wason, P. C. (1977). A theoretical analysis of insight into a reasoning task. In P. N. Johnson-Laird & P. C. Wason (Eds.), *Thinking* (pp. 143–157). Cambridge, U. K.: Cambridge University Press.

Jussim, L. (1986). Self-fulfilling prophecies: A theoretical and integrative review. *Psychological Review*, 93,429–445.

Jussim, L. (1991). Social perception and social reality: A reflection-construction model. *Psychological Review*, 98,54–73.

Jussim, L. (1993). Accuracy in interpersonal expectation: A reflection-construction analysis of current and classic research. *Journal of Personality*, 61,637–668.

Jussim, L., & Eccles, J. S. (1992). Teacher expectations: II. Construction and reflection of student achievement. *Journal of Personality and Social Psychology*, 63,947–961.

Kahneman, D. (2011). *Thinking, fast and slow*. New York: Farrar, Straus and Giroux.

Kahneman, D., & Miller, D. T. (1986). Norm theory: Comparing reality to it alternatives. *Psychological Review*, 93,75–88.

Kahneman, D., & Tversky, A. (1979). Intuitive prediction: Biases and corrective procedures. *Management Science*, 12,313–327.

Kassin, S. M., Goldstein, C. C., & Savitsky, K. (2003). Behavioral confirmation in the interrogation room: On the dangers of presuming guilt. *Law and Human Behavior*, 27,187–203.

Kelley, H. H. (1950). The warm-cold variable in first impressions of persons. *Journal of Personality*, 18,431–439.

Kelly, A. E., & Kahn, J. H. (1994). Effects of suppression of personal intrusive thoughts. *Journal of Personality and Social Psychology*, 66,998–1026.

Kelly, A. E., & Nauta, M. M. (1997). Reactance and thought suppression. *Personality and Social Psychology Bulletin*, 23,1123–1132.

Keren, G. (1987). Facing uncertainty in the game of bridge: A calibration study. *Organizational Behavior and Human Decision Processes*, 39,98–114.

Kinnier, R. T., & Metha, A. T. (1989). Regrets and priorities at three stages of life. *Counseling and Values*, 33,182–193.

Koriat, A., Lichtenstein, S., & Fischhoff, B. (1980). Reasons for confidence. *Journal of Experimental Psychology: Human Learning and Memory*, 6,107–118.

Kruger, J., & Dunning, D. (1999). Unskilled and unaware of it: How difficulties in recognizing one's own incompetence lead to inflated self-assessments. *Journal of Personality and Social Psychology*, 77,1121–1134.

Kruglanski, A. W., & Gigerenzer, G. (2011). Intuitive and deliberate judgments are based on common principles. *Psychological Review*, 118,97–109.

Kruglanski, A. W., & Webster, D. M. (1996). Motivated closing of the mind: "Seizing" and "freezing". *Psychological Review*, 103, 263 - 283.

Kunda, Z. (1999). *Social cognition: Making sense of people*. Cambridge, MA: MIT Press.

Kunda, Z., & Oleson, K. C. (1995). Maintaining stereotypes in the face of disconfirmation: Constructing grounds for subtyping deviants. *Journal of Personality and Social Psychology*, 68, 565 - 579.

Lamal, P. A. (1979). College student common beliefs about psychology. *Teaching of Psychology*, 6, 155 - 158.

Landman, J. (1993). *Regret: The persistence of the possible*. New York: Oxford University Press.

Langer, E. J. (1975). The illusion of control. *Journal of Personality and Social Psychology*, 32, 311 - 328.

Langer, E. J. (1977). The psychology of chance. *Journal for the Theory of Social Behavior*, 7, 185 - 208.

Langer, E. J., & Rodin, J. (1976). The effects of choice and enhanced personal responsibility for the aged: A field experiment in an institutional setting. *Journal of Personality and Social Psychology*, 34, 191 - 198.

Langer, E. J., & Roth, J. (1975). Heads I win, tails it's chance: The illusion of control as a function of the sequence of outcomes in a purely chance task. *Journal of Personality and Social Psychology*, 32, 951 - 955.

Lassiter, G. D., Lindberg, M. J., González-Vallejo, C., Bellezza, F. S., & Phillips, N. D. (2009). The deliberation-without-attention effect: Evidence for an artifactual interpretation. *Psychological Science*, 20, 671 - 675.

Lelyveld, J. (1986, October 5). Britain heads for nuclear war at polls. *New York Times*, p. E2.

Lichtenstein, S., & Fischhoff, B. (1977). Do those who know more also know more about how much they know? *Organizational Behavior and Human Performance*, 20, 159 - 183.

Lichtenstein, S., & Fischhoff, B. (1980). Training for calibration. *Organizational Behavior and Human Performance*, 26, 149 - 171.

Lichtenstein, S., Fischhoff, B., & Phillips, L. D. (1982). Calibration of probabilities: The state of the art to 1980. In D. Kaheman, P. Slovic, & A. Tversky (Eds.), *Judgment under uncertainty: Heuristics and biases* (pp. 306 - 334). Cambridge, England: Cambridge University Press.

Loftus, E. F. (2005). Planting misinformation in the human mind: A 30-year investigation of the malleability of memory. *Learning and Memory*, 12, 361 - 366.

Loftus, E. F. (2017). Eavesdropping on memory. *Annual Review of Psychology*, 68, 1 - 18.

Loftus, E. F., & Palmer, J. C. (1974). Reconstruction of automobile destruction: An example of the interaction between language and memory. *Journal of Verbal*

Learning and Verbal Behavior, 13,585-589.

Lord, C. G., Lepper, M. R., & Preston, E. (1984). Considering the opposite: A corrective strategy for social judgment. *Journal of Personality and Social Psychology*, 47,1231-1243.

Lord, C. G., Ross, L., & Lepper, M. (1979). Biased assimilation and attitude polarization: The effects of prior theories on subsequently considered evidence. *Journal of Personality and Social Psychology*, 37,2098-2109.

Lyubomirsky, S., Caldwell, N. D., & Nolen-Hoeksema, S. (1993). Effects of ruminative and distracting responses to depressed mood on retrieval of autobiographical memories. *Journal of Personality and Social Psychology*, 75,166-177.

Ma, A., Landau, M. J., Narayanan, J., & Kay, A. C. (2017). Thought-control difficulty motivates structure seeking. *Journal of Experimental Psychology: General*, 146,1067-1072.

Madey, S. F., & Gilovich, T. (1993). Effect of temporal focus on the recall of expectancy-consistent and expectancy-inconsistent information. *Journal of Personality and Social Psychology*, 65,458-468.

Madon, S., Jussim, L., & Eccles, J. (1997). In search of the powerful self-fulfilling prophecy. *Journal of Personality and Social Psychology*, 72,791-809.

Mahler, I. (1974). A comparative study of locus of control. *Psychologia*, 17,135-139.

Major, B., & Gramzow, R. H. (1999). Abortion as stigma: Cognitive and emotional implications of concealment. *Journal of Personality and Social Psychology*, 77,735-745.

Malloy, T. E. (2001). Difference to inference: Teaching logical and statistical reasoning through on-line interactivity. *Behavior Research Methods, Instruments, and Computers*, 33,270-273.

Markus, H. R. (1977). Self-schemata and processing information about the self. *Journal of Personality and Social Psychology*, 35,63-78.

Markus, H. R., & Zajonc, R. B. (1985). The cognitive perspective in social psychology. In G. Lindzey & E. Aronson (Eds.), *Handbook of social psychology* (3rd edition, Vol. 1, pp. 137-230). New York: McGraw-Hill.

Mau, W., & Lynn, A. (2001). Gender differences on the Scholastic Aptitude Test, the American College Test, and college grades. *Educational Psychology*, 21,133-136.

Mayer, J. D., & Hanson, E. (1995). Mood-congruent judgment over time. *Personality and Social Psychology Bulletin*, 21,237-244.

Mayer, J. D., & Salovey, P. (1987). Personality moderates the interaction of mood and cognition. In K. Fiedler & J. Forgas (Eds.), *Affect, cognition, and social behavior* (pp. 87-99). Toronto: Hogrefe.

Mayer, J. D., Gayle, M., Meehan, M. E., & Harrman, A. K. (1990). Toward better specification of the mood-congruency effect in recall. *Journal of Experimental Social Psychology*, 26,465-480.

McNeil, B. J., Pauker, S. G., Sox, H. C., Jr., & Tversky, A. (1982). On the elicitation of preferences for alternative therapies. *New England Journal of Medicine*, 306, 1259-1262.

Medvec, V. H., & Savitsky, K. (1997). When doing better means feeling worse: The effects of categorical cutoff points on counterfactual thinking an satisfaction. *Journal of Personality and Social Psychology*, 72, 1284-1296.

Medvec, V. H., Madey, S. F., & Gilovich, T. (1995). When less is more Counterfactual thinking an satisfaction among Olympic medalists. *Journal of Personality and Social Psychology*, 69, 603-610.

Meier, B. P., Schnall, S., Schwarz, N., & Bargh, J. A. (2012). Embodiment in social psychology. *Topics in Cognitive Science*, 4, 705-716.

Merton, R. K. (1948). The self-fulfilling prophecy. *Antioch Review*, 8, 193-210.

Miller, D. T., & Taylor, B. R. (2002). Counterfactual thought, regret, and superstition: How to avoid kicking yourself. In T. Gilovich, D. W. Griffin, & D. Kahneman (Eds.). *Heuristics and biases: The psychology of intuitive judgment* (pp. 367-378). New York: Cambridge University Press.

Mullen, B., & Johnson, C. (1990). Distinctiveness-based illusory correlations and stereotyping: A meta-analytic integration. *British Journal of Social Psychology*, 29, 11-28.

Munro, G. D., & Ditto, P. H. (1997). Biased assimilation, attitude polarization, and affect in reactions to stereotype-relevant scientific information. *Personality and Social Psychology Bulletin*, 23, 636-653.

Murphy, A. H., & Brown, B. G. (1984). A comparative evaluation of objective and subjective weather forecasts in the United States. *Journal of Forecasting*, 3, 369-393.

Mussweiler, T., Strack, F., & Pfeiffer. (2000). Overcoming the inevitable anchoring effect: Considering the opposite compensates for selective accessibility. *Personality and Social Psychology Bulletin*, 260, 1142-1150.

Myers, D. G. (2005). *Social Psychology*, 8th edition. New York: McGraw-Hill.

Nahinsky, I. D., & Slaymaker, F. L. (1970). Use of negative instances in conjunctive identification. *Journal of Experimental Psychology*, 84, 64-84.

Nisbett, R. E., & Ross, L. (1980). *Human inference: Strategies and shortcomings of social judgment*. Englewood Cliffs, NJ: Prentice-Hall.

Nisbett, R. E., Borgida, E., Crandall, R., & Reed, H. (1976). Popular induction: Information is not always informative. In J. S. Carroll & J. W. Payne (Eds.), *Cognition and social behavior* (Vol. 2, pp. 227-236). Hillsdale, NJ: Lawrence Erlbaum Associates.

Nisbett, R. E., Fong, G. T., Lehman, D. R., & Cheng, P. W. (1987). Teaching reasoning. *Science*, 238, 625-631.

Northcraft, G. B., & Neale, M. A. (1987). Experts, amateurs, and real estate: An anchoring-and-adjustment perspective on property pricing decisions. *Organizational Behavior and Human Decision Processes*, 39, 84-97.

Oskamp, S. (1965). Overconfidence in case study judgments. *Journal of*

Consulting Psychology, 29, 261 – 265.

Park, J., & Banaji, M. R. (2000). Mood and heuristics: The influence of happy and sad states on sensitivity and bias in stereotyping. *Journal Personality and Social Psychology*, 78, 1005 – 1023.

Paulos, J. A. (1986, November 24). Orders of magnitude. *Newsweek*, pp. 12 – 13.

Payne, B. K. (2001). Prejudice and perception: The role of automatic and controlled processes in misperceiving a weapon. *Journal of Personality and Social Psychology*, 81, 181 – 192.

Payne, B. K., Brown-Iannuzzi, J. L., & Loersch, C. (2016). Replicable effects of primes on human behavior. *Journal of Experimental Psychology: General*, 145, 1269 – 1279.

Petrie, K. J., Booth, R. J., & Pennebaker, J. W. (1998). The immunological effects of thought suppression. *Journal of Personality and Social Psychology*, 75, 1264 – 1272.

Petty, R. E., & Wegener, D. T. (1999). The elaboration likelihood model: Current status and controversies. In S. Chaiken & Y. Trope (Eds.), *Dual-process theories in social psychology* (pp. 41 – 72). New York: Guilford Press.

Plous, S. (1993). *The Psychology of Judgment and Decision Making*. New York: McGraw-Hill.

Presson, P. K., & Benassi, V. A. (1996). Illusion of control: Ameta-analytic review. *Journal of Social Behavior and Personality*, 11, 493 – 510.

Raety, H., Vaenskae, J., Kasanen, K., & Kaerkkaeinen, R. (2002). Parents' explanations of their child's performance in mathematics and reading: A replication and extension of Yee and Eccles. *Sex Roles*, 46, 121 – 128.

Regan, D., & Totten, J. (1975). Empathy and attribution: Turning observers into actors. *Journal of Personality and Social Psychology*, 32, 850 – 856.

Reis, S. M., & Park, S. (2001). Gender differences in high-achieving students in math and science. *Journal for the Education of the Gifted*, 25, 52 – 73.

Reyes, R. M., Thompson, W. C., & Bower, G. H. (1980). Judgmental biases resulting from differing availabilities of arguments. *Journal of Personality and Social Psychology*, 39, 2 – 12.

Richards, Z., & Hewstone, M. (2001). Subtyping and subgrouping: Processes for the prevention and promotion of stereotype change. *Personality and Social Psychology Review*, 5, 52 – 73.

Robbins, T. L., & DeNisi, A. S. (1994). A closer look at interpersonal affect as a distinct influence on cognitive processing in performance evaluations. *Journal of Applied Psychology*, 79, 341 – 353.

Roese, N. J. (1997). Counterfactual thinking. *Psychological Bulletin*, 121, 133 – 148.

Roese, N. J., & Hur, T. (1997). Affective determinants of counterfactual thinking. *Social Cognition*, 15, 274 – 290.

Roese, N. J., & Olson, J. M. (1997). Counterfactual thinking: The intersection of affect and function. In M. P. Zanna (Ed.), *Advances in experimental social psychology* (Vol. 29, pp. 1 – 59). San Diego, CA: Academic Press.

Roney, C. J. R., Higgins, E. T., & Shah, J. (1995). Goals and framing: How outcome focus influences motivation and emotion. *Personality and Social Psychology Bulletin*, 21, 1151-1160.

Ronis, D. L., & Yates, J. F. (1987). Components of probability judgment accuracy: Individual consistency and effects of subject matter and assessment method. *Organizational Behavior and Human Decision Processes*, 40, 193-218.

Rosenthal, R. (1994). Interpersonal expectancy effects: A 30-year perspective. *Current Directions in Psychological Science*, 3, 176-179.

Rosenthal, R. (2003). Covert communication in laboratories, classrooms, and the truly real world. *Current Directions in Psychological Science*, 12, 151-154.

Rosenthal, R., & Jacobson, L. (1968). *Pygmalion in the classroom: Teacher expectation and pupils' intellectual development*. New York: Holt, Rinehart & Winston.

Ross, L., & Anderson, C. A. (1982). Shortcomings in the attribution process: On the origins and maintenance of erroneous social assessments. In D. Kahneman, P. Slovic, & A. Tversky (Eds.), *Judgment under uncertainty: Heuristics and biases*. New York: Cambridge University Press.

Ross, L., Lepper, M. R., & Hubbard, M. (1975). Perseverance in self-perception and social perception: Biased attributional processes in the debriefing paradigm. *Journal of Personality and Social Psychology*, 32, 880-892.

Ross, M., & Fletcher, G. J. O. (1985). Attribution and social perception. In G. Lindzey & E. Aronson (Eds.), *The Handbook of Social Psychology*, 3rd ed (pp. 73-122). New York: Random House.

Rothman, A. J., & Hardin, C. D. (1997). Differential use of the availability heuristic in social judgment. *Personality and Social Psychology Bulletin*, 23, 123-128.

Ruble, D. N., & Stangor, C. (1986). Stalking the elusive schema: Insights from developmental and social-psychological analyses of gender schemas. *Social Cognition*, 4, 261-277.

Rudman, L. A., & Borgida, E. (1995). The afterglow of construct accessibility: The behavioral consequences of priming men to view women as sexual objects. *Journal of Experimental Social Psychology*, 31, 493-517.

Rugg, D. (1941). Experiments in wording questions: II. *Public Opinion Quarterly*, 5, 91-92.

Russo, J. E., & Schoemaker, P. J. H. (1989). *Decision traps: Ten barriers to brilliant decision making and how to overcome them*. New York: Simon & Schuster.

Sadker, M., & Sadker, D. (1994). *Failing at fairness: How America's schools cheat girls*. New York: Scribner.

Sanna, L. J., Parks, C. D., Meier, S., Chang, E. C., Kassin, B. R., Lechter J. L., Turley-Ames, K. J., & Miyake T. M. (2003). A game of inches Spontaneous use of counterfactuals by broadcasters during major league baseball playoffs. *Journal of Applied Social Psychology*, 33, 455-475.

Schachter, S. (1964). The interaction of cognitive and physiological determinants of emotional state. In L. Berkowitz (Ed.), *Advances in experimental social psychology* (Vol.1, pp. 48 - 81). New York: Academic Press.

Schuman, H., & Presser, S. (1981). *Questions and answers in attitude surveys: Experiments on question form, wording, and context*. Orlando, FL: Academic Press.

Schwarz, N., Bless, H., Strack, F., Klumpp, G., Rittenauer-Schatka, H., & Simmons, A. (1991). Ease of retrieval as information: Another look at the availability heuristic. *Journal of Personality and Social Psychology*, 61, 195 - 202.

Schwarz, N., Hippler, H., Deutsch, B., & Strack, S. (1985). Response scales: Effects of category range on reported behavior and comparative judgments. *Public Opinion Quarterly*, 49, 388 - 395.

Shafir, E. (1993). Choosing versus rejecting: Why some options are both better and worse than others. *Memory and Cognition*, 21, 546 - 556.

Sherman, D. K., & Kim, H. S. (2002). Affective perseverance: The resistance of affect to cognitive invalidation. *Personality and Social Psychology Bulletin*, 28, 224 - 237.

Sherman, J. W., Gawronski, B., & Trope, Y. (Eds.). (2014). *Dual-process theories of the social mind*. New York, NY: Guilford Press.

Simon, H. A. (1979). *Models of thought* (Vol. 1, p. 3). New Haven: Yale University Press.

Singer, M. (2002, May 20). A year of trouble. New Yorker, pp. 42 - 46.

Smedslund, J. (1963). The concepts of correlation in adults. *Scandinavian Journal of Psychology*, 4, 165 - 173.

Snyder, M. (1984). When belief creates reality. In L. Berkowitz (Ed.), *Advances in Experimental Social Psychology* (Vol. 18, pp. 247 - 305). New York: Academic Press.

Snyder, M., & Haugen, J. A. (1995). Why does behavioral confirmation occur? A functional perspective on the role of the target. *Personality and Social Psychology Bulletin*, 21, 963 - 974.

Snyder, M., & Swann, W. B., Jr. (1978). Hypothesis-testing processes in social interaction. *Journal of Personality and Social Psychology*, 36, 1202 - 1212.

Snyder, M., Tanke, E. D., & Berscheid, E. (1977). Social perception and interpersonal behavior: On the self-fulfilling nature of social stereotypes. *Journal of Personality and Social Psychology*, 35, 656 - 666.

Stangor, C., & McMillan, D. (1992). Memory for expectancy-congruent and expectancy-incongruent information: A review of the social and social developmental literatures. *Psychological Bulletin*, 111, 42 - 61.

Stapel, D. A., & Koomen, W. (2000). How far do we go beyond the information given? The impact of knowledge activation on interpretation and inference. *Journal of Personality and Social Psychology*, 78, 19 - 37.

Storms, M. (1973). Videotape and the attribution process: Reversing actors' and observers' points of view. *Journal of Personality and Social Psychology*, 27, 165 - 175.

Swann, W. B., Jr., & Ely, R. J. (1984). A battle of wills: Self-verification versus behavioral confirmation. *Journal of Personality and Social Psychology*, 46, 1287 - 1302.

Swann, W. B., Jr., & Gill, M. J. (1997). Confidence and accuracy in person perception: Do we know what we think we know about our relationship partners? *Journal of Personality and Social Psychology*, 73, 747 - 757.

Taylor, S. E., & Brown, J. D. (1994). Positive illusions and well-being revisited: Separating fact from fiction. *Psychological Bulletin*, 116, 21 - 27.

Taylor, S. E., & Crocker, J. (1981). Schematic bases of social information processing. In E. T. Higgins, C. P. Herman, & M. P. Zanna (Eds.), *Social cognition: The Ontario Symposium* (Vol. 1, pp. 89 - 134). Hillsdale, NJ: Erlbaum.

Teigen, K. H., Evensen, P. C., Samoilow D. K., & Vatne, K. B. (1999). Good luck and bad luck: How to tell the difference. *European Journal of Social Psychology*, 29, 981 - 1010.

Tetlock, P. E. (1998). Close-call counterfactuals and belief-system defenses: I was not almost wrong but I was almost right. *Journal of Personality and Social Psychology*, 75, 639 - 652.

Tetlock, P. E. (1999). Theory-driven reasoning about plausible pasts and probable futures in world politics: Are we prisoners of our preconceptions? *American Journal of Political Science*, 43, 335 - 366.

Thompson, S. C., Armstrong, W., & Thomas, C. (1998). Illusions of control, underestimations, and accuracy: A control heuristic explanation. *Psychological Bulletin*, 123, 143 - 161.

Tice, D. M., Bratslavky, E., & Baumeister, R. F. (2001). Emotional distress regulation takes precedence over impulse control: If you feel bad, do it! *Journal of Personality and Social Psychology*, 80, 53 - 67.

Trope, Y., & Lieberman, A. (1996). Social hypothesis testing: Cognitive and motivational mechanisms. In E. T. Higgins & A. W. Kruglanski (Eds.), *Social Psychology: Handbook of basic principles* (pp. 239 - 270). New York: Guilford Press.

Tversky, A., & Kahneman, D. (1973). Availability: A heuristic for judging frequency and probability. *Cognitive Psychology*, 5, 207 - 302.

Tversky, A., & Kahneman, D. (1974). Judgment under uncertainty: Heuristics and biases. *Science*, 185, 1124 - 1131.

Tversky, A., & Kahneman, D. (1981). The framing of decisions and the psychology of choice. *Science*, 211, 453 - 458.

Tversky, A., & Kahneman, D. (1982a). Judgments of and by representativeness. In D. Kahneman, P. Slovic, & A. Tversky (Eds.), *Judgment under uncertainty: Heuristics and biases* (pp. 84 - 98). Cambridge, England: Cambridge University Press.

Tversky, A., & Kahneman, D. (1982b). Judgment under uncertainty: Heuristics and Biases. In D. Kahneman, P. Slovic, & A. Tversky (Eds.), *Judgment under uncertainty: Heuristics and biases* (pp. 3 - 20). Cambridge, England: Cambridge University Press.

Tversky, A., & Kahneman, D. (1983). Extensional versus intuitive reasoning: The conjunction fallacy in probability judgment. *Psychological Review*, 90, 293–315.

Tykocinski, O. E. (2001). I never had a chance: Using hindsight tactics to mitigate disappointments. *Personality and Social Psychology Bulletin*, 27, 376–382.

Vallone, R. P., Griffin, D. W., Lin, S., & Ross, L. (1990). Overconfident prediction of future actions and outcomes by self and others. *Journal of Personality and Social Psychology*, 58, 582–592.

Vallone, R. P., Ross, L., & Lepper, M. R. (1985). The hostile media phenomenon: Biased perception and perceptions of media bias in coverage of the Beirut massacre. *Journal of Personality and Social Psychology*, 49, 577–585.

Ward, W. C., & Jenkins, H. M. (1965). The display of information and the judgment of contingency. *Canadian Journal of Psychology*, 19, 231–241.

Wason, P. C. (1960). On the failure to eliminate hypotheses in a conceptual task. *Quarterly Journal of Experimental Psychology*, 12, 129–140.

Weaver, J., Moses, J. F., & Snyder, M. (2016). Self-Fulfilling Prophecies in Ability Settings. *The Journal of Social Psychology*, 156, 179–189.

Wegener, D. T., Petty, R. E., Blankenship, K. L., & Detweiler-Bedell, B. (2010). Elaboration and numerical anchoring: Implications of attitude theories for consumer judgment and decision making. *Journal of Consumer Psychology*, 20, 5–16.

Wegner, D. M. (1992). You can't always think what you want: Problems in the suppression of unwanted thoughts. In M. Zanna (Ed.), *Advances in experimental social psychology* (Vol. 25, pp. 193–225). San Diego, CA: Academic Press.

Wegner, D. M. (1994). Ironic processes of mental control. *Psychological Review*, 101, 34–54.

Wegner, D. M. (2002). *The illusion of conscious will*. Cambridge, MA: MIT Press.

Wegner, D. M. (2011). Setting free the bears: escape from thought suppression. *American Psychologist*, 66, 671–680.

Weingarten, E., Chen, Q., McAdams, M., Yi, J., Hepler, J., & Albarracin, D. (2016). From primed concepts to action: A meta-analysis of the behavioral effects of incidentally-presented words. *Psychological Bulletin*, 142, 472–497.

Williams, L. E., & Bargh, J. A. (2008). Experiencing physical warmth promotes interpersonal warmth. *Science*, 322, 306–307.

Wilson, T. D. (1985). Strangers to ourselves: The origins and accuracy of beliefs about one's own mental states. In J. H. Harvey & G. Weary (Eds.), *Attribution in contemporary psychology* (pp. 9–36). New York: Academic Press.

Wilson, T. D. (2002). *Strangers to ourselves: Discovering the adaptive unconscious*. Cambridge, MA: Harvard University Press.

Wilson, T. D., & Schooler, J. (1991). Thinking too much: Introspection can reduce the quality of preferences and decisions. *Journal of Personality and Social Psychology*, 60, 181–192.

Wilson, T. D., Dunn, D. S., Kraft, D., & Lisle, D. J. (1989). Introspection, attitude change, and attitude-behavior consistency: The disruptive effects of explaining why we feel the way we do. In L. Berkowitz (Eds.), *Advances in experimental social psychology*, Vol. 22 (pp. 287–343). San Diego, CA: Academic Press.

Wilson, T. D., Houston, C. E., Etling, K. M., & Brekke, N. (1996). A new look at anchoring effects: Basic anchoring and its antecedents. *Journal of Experimental Psychology: General*, 125, 387–402.

Wilson, T. D., Lindsey, S., & Schooler, T. Y. (2000). A model of dual attitudes. *Psychological Review*, 107, 101–126.

Wilson, T. D., Lisle, D. J., Schooler, J. W., Hodges, S. D., Klaaren, K. J., & LaFleur, S. J. (1993). Introspecting about reasons can reduce post-choice satisfaction. *Personality and Social Psychology Bulletin*, 19, 331–339.

Wohl, M. J. A., & Enzle, M. E. (2002). The deployment of personal luck: Sympathetic magic and illusory control in games of pure chance. *Personality and Social Psychology Bulletin*, 28, 1388–1397.

Word, C. O., Zanna, M. P., & Cooper, J. (1974). The nonverbal mediation of self-fulfilling prophecies in interracial interaction. *Journal of Experimental Social Psychology*, 10, 109–120.

Wyer, R. S., Jr., & Srull, T. K. (1981). Category accessibility: Some theoretical and emprirical issues concerning the processing of social stimulus information. In E. T. Higgins, C. P. Herman, & M. P. Zanna (Eds.), *Social cognition: The Ontario symposium* (Vol. 1, pp. 161–198). Hillsdale, NJ: Erlbaum.

Yamaguchi, S., Gelfand, M., Ohashi, M. M., & Zemba, Y. (2005). The cultural psychology of control: Illusions of personal versus collective control in the United States and Japan. *Journal of Cross-Cultural Psychology*, 36, 750–761.

Zeelenberg, M., van der Pligt, J., & Manstead, A. S. R. (1998). Undoing regret on Dutch television: Apologizing for interpersonal regrets involving actions or inactions. *Personality and Social Psychology Bulletin*, 24, 1113–1119.

陈雪玲, 徐富明, 刘腾飞, 蒋多, 张军. (2010). 控制幻觉的研究方法、形成机制和影响因素. 心理科学进展, 18, 800–809.

第4章 自我

1923年,班廷(Banting)和麦克劳德(Macleod)因发现胰岛素,获得诺贝尔奖。班廷声称,麦克劳德作为实验室领导者,更多时候是研究的障碍而不是帮助者。麦克劳德则在有关该发现的演讲中删除了班廷的名字(Ross, 1981)。人们经常将成功的功劳归于自己,将失败的责任归于他人。在婚姻、选举、工作、考试、驾驶等多个领域,多数人都认为自己的贡献超过他人,自己的能力超过平均水平(Myers, 2012)。是否所有人对自己的评价都偏高?还是有很多人遭受低自我评价的困扰?准确的自我评价是否是心理健康所必需的?这些是本章将要讨论的部分问题。

心理学家非常关注人们如何思考和评价自己，以及这些对自己的思考和评价如何影响其他心理过程和行为。人们对自己非常关注，这造成他们常会高估他人关注自己行动和外表的程度，这称作聚光灯效应（spotlight effect）（Gilovich, Medvec, & Savitsky, 2000）。当个体的外表发生变化时，他们往往会高估别人留意到这种变化的可能性（Lawson, 2010）。

人们对自我的认识包括很多方面，例如：我的性格是什么样的？我最擅长的事情是什么？我尽量回避什么场合？我最不擅长做什么事情？自我概念（self-concept）指的是人们对自己是什么样的人的认识，它描述人们如何思考自己。请你回答"我是谁？"这个问题，将你的回答综合到一起，就是你的自我概念。自尊（self-esteem）则是指人们对自己的评价，它描述人们对自己的感受。本章将会讨论自我认识的结构、来源、自我评价、自我的作用以及人们如何展示自我。

第1节　自我概念

自我概念的组成成分是自我图式（self-schemas），即帮助人们组织关于自己的知识的心理结构，它影响人们所注意、思考和识记的关于自身的信息。如果使用20个形容词作为测验材料，让第一组被试思考这些形容词在多大程度上能描述他们自己，让第二组被试思考这些形容词的含义，或者这些形容词在多大程度上能用来描述其他人。最后测试对这些形容词的记忆，结果通常是，前一组被试的回忆成绩更好，这叫做自我参照效应（self-reference effect），即人们对与自己有关的信息的加工和记忆更有效的倾向（Higgins & Bargh, 1987）。研究显示，相比他人的行动，人们对自己的行动记忆更好（Ross & Sicoly, 1979），对自己说过的话比他人说过的话记得更清楚（Greenwald, 1981）。另外，与自我有关的材料的记忆优势只在评价性词语上出现，并且，对他人越熟悉，自我参照效应越弱，例如判断一个词是否描述了"你最好的朋友"，所得的回忆率与自我有关词语的回忆率类似（Keenan & Baillet, 1980）。研究者认为，与自我有关材料的高回忆率是因为这些材料得到了高度的组织和精细的加工（Greenwald & Banaji, 1989; Klein & Loftus, 1988）。当人们思考自我时，例如判断自己的人格特质或者报告自己的喜好时，会一致激活一个称作腹内侧前额叶皮层（ventromedial prefrontal cortex）的脑区（Amodio & Frith, 2006）。

自我概念不仅包括我们现在是什么样子的自我图式，还包括在未来可能成为自我概念组成部分的描述，即可能自我（possible selves）（Markus & Nurius, 1986）。多数可能自我包括我们希望成为的样子，例如富有、成功和被爱，少数可能自我包括我们害怕成为的样子,例如贫穷、失败和孤独。积极的可能自我帮助人们规划自己的行为去实现目标(Ruvolo & Markus, 1992),而消极的可能自我则激励个体不断行动去避免它们(Oyserman & Markus, 1990)。

·自我差距理论

人们的真实自我和想要成为或应该成为的自我之间往往存在差距,这些差距可能会造成强烈的情绪反应。理想自我(ideal self)指的是我们希望自己成为的自我,应该自我(ought self)指的是我们应该成为的自我。自我差距(self-discrepancy)理论认为,当我们知觉到自己与理想自我之间存在差距时,会引发失望、不满或悲伤等与沮丧有关的情绪,以及自尊的下降,而知觉到自己与应该自我之间存在差距时,将会引发焦虑情绪(Higgins, 1987, 1989; Higgins & Bargh, 1987; Higgins, Shah, & Friedman, 1997)。对于个体越重要的人格特质,自我差距所引发的情绪就越强烈(Higgins et al., 1994)。

·自我与文化

当检查不同文化下人们对"我是谁?"这一问题的答案时,会发现一定的文化差异。例如,美国人更多给出的是有关个人特点的信息,例如"我很外向",而肯尼亚人更多提到自己的群体身份,例如"我是家里的第三个孩子"(Ma & Schoeneman, 1997);美国学生更有可能给出抽象的、内在品质的自我描述,而日本学生更多提到自己的社会关系(Kanagawa, Cross, & Markus, 2001)。在流行个人主义的西方文化中,人们强调自己的独特性和与他人的区别,持独立的自我(independent self):以自己内在的想法、感受和行为来定义自我。而亚洲、非洲和中南美洲地区的人们则重视集体主义,看重人与人之间的关系,持相互依赖的自我(interdependent self):以自己和他人的关系来定义自我,认识到自己的行为经常受到他人想法、感受和行为的影响(Markus & Kitayama, 1991)。因此,相互依赖自我的人有很多个自我,与父母一起时的自我、工作时的自我、与朋友一起时的自我,等等(Cross, Liao, & Josephs, 1992)。与此相对应,文化差异影响在做出关于自我和亲密他人的判断时所激活的脑区:来自集体主义文化的被试,在判断自我和母亲时,激活内侧前额皮层的程度类似;来自个人主义文化的被试,判断自我时激活内侧前额皮层的程度强于判断母亲时(Zhu et al., 2007)。表 4.1 是一份测量自我概念独立性和相互依赖性的量表(Singelis, 1994)。

表 4.1　测量自我概念的独立性和相互依赖性

请选择一个数字表示你同意或不同意下列每一个条目的程度,1 表示非常不同意,7 表示非常同意。
非常不同意 1　2　3　4　5　6　7 非常同意

(1) 我的快乐取决于周围其他人的快乐。
(2) 即使我很不赞同群体成员的决定,我还是会避免和他们起争执。
(3) 对我来说,尊重团体的决定很重要。
(4) 如果我的兄弟姐妹失败了,我会觉得自己也要负责。
(5) 在与我接触的人中,我尊敬有权威的人。
(6) 当我为教育和职业发展制定计划时,我必须要考虑父母的建议。
(7) 在教室中发表讲话对我而言并不是问题。
(8) 我很高兴能被给予单独的奖励与表扬。
(9) 在我的人格特征中与他人不同的部分对我而言更重要。
(10) 独立于其他人之外而存在的自我认同,对我来说非常重要。
(11) 能够自己照料自己,对我来说是最重要的事情。
(12) 我喜欢以直接的、坦白的态度面对自己刚认识的人。

注:上述条目来自辛格利斯(Singelis, 1994)设计的量表,原量表包括 12 个测量独立性和 12 个测量相互依赖性的条目,这里列出的只是其中的一部分。前 6 个问题测量相互依赖性,后 6 个问题测量独立性。

　　独立和相互依赖自我的区别对认知、情绪和动机均有影响(Markus & Kitayama, 1991)。具有独立自我概念的人们将自己看作是独特的,认为自己与他人是不同的,而对于具有相互依赖自我的人而言,自己和他人是非常相似的(Kitayama et al., 1990)。当要求描述熟人时,印度人的描述多为情境特异的,即提供特定的情境或人际背景,例如"当发生争吵时,他总忍不住要插话",而美国人主要提供的是独立于情境的描述,例如"他很自制"(Shweder & Bourne, 1984)。而在对他人行为进行归因时,如第 2 章所述,集体主义文化中的人们更有可能注意到情境对行为的影响(Choi, Nisbett, & Norenzayan, 1999)。当呈现一种水下面的场景时,日本人经常描述环境和客体之间的关系,美国人则更注意环境中最突出的客体(Nisbett, 2003)。如果呈现一张里面有一个男人、一个女人和一个孩子的图片,要求儿童指出这三者之间哪两个是相似的或者一起的,会发现中国和美国儿童的差异。中国儿童主要是关系导向的,他们把女人和孩子归在一起,因为"妈妈照顾孩子",而美国儿童主要根据类别成员身份或共享的特征来划分客体,例如把男人和女人归在一起,因为"他们都是成年人"。

　　随着自我建构(self construal)的不同,许多情绪的引发条件也有所不同,并且,表达或体验哪些情绪,强度和频率如何,也有很大的差异(Markus & Kitayama,

1991)。拥有独立自我的个体通常经历以自我为中心(ego-focused)的情绪,例如骄傲或沮丧,而相互依赖自我的个体通常经历以他人为中心(other-focused)的情绪,例如同情和羞愧(Markus & Kitayama,1991)。对于日本学生来说,快乐是伴随着积极的社会参与而来的,感到亲密、友好和尊敬,而对美国学生而言,快乐常常伴随脱离的情绪,感到强有力、优秀和自豪(Kitayama & Markus,2000)。

自我建构的文化差异还影响人们的动机。引导自我认识的动机之一是自我增强(self-enhancement)需要,即对自己感觉良好、避免感觉不好的需要(Brown & Arkin,2010)。有研究者认为,积极地看待自己只是个人主义文化的特征,而集体主义文化不鼓励这种动机,甚至在一定程度上是自我批评的(self-critical)(Heine & Lehman,1995;Heine et al.,1999)。例如,在对未来会发生什么事情的预测上,加拿大人比日本人表现出更多不切实际的乐观(Heine & Lehman,1995)。第2章曾讨论过自利性归因偏差,即将好的结果归因于自己,坏的结果归因于情境。但是,在相互依赖自我为主的国家中,例如日本,人们却没有出现这种偏差,甚至是呈现相反的趋势,即自我批评和自我贬低(Takata,1987)。近年来,神经科学方法越来越多地应用于文化心理学,探讨文化影响自我、注意、认知和动机的神经机制(Han et al.,2013;Kitayama & Uskul,2011)。

·自我与性别

男性和女性在自我概念上有所不同,女性比男性对关系的相互依存感更高。女性比男性拥有更多关系性相互依赖(relational interdependence),她们更关注其亲密关系,例如对配偶或孩子的感受,而男性拥有更多集体性相互依赖(collective interdependence),他们更关心自己在较大群体中的群体成员身份,从儿童到成年之后均存在这一性别差异(Gabriel & Gardner,1999;Cross & Madson,1997)。从小的时候开始,女孩就更有可能发展亲密的友谊,与他人合作和关注社会关系,而男孩更注重他们的群体成员身份。到成年之后,女性更重视与少数亲密伙伴的亲密与合作。如果要求人们描述他们生活中的积极或消极情绪事件,或者考察人们在一起谈论的话题,女性倾向于提到个人关系,更有可能讨论个人话题,以及表露个人情绪,而男性则谈论涉及较大群体的事件,例如与足球队队员在一起的经历(Davidson & Duberman,1982;Gabriel & Gardner,1999)。不过需要注意,尽管男性与女性的自我概念存在差异,但是他们在心理上的差异远少于其共同之处(Deaux & LaFrance,1998)。表4.2是一份测量关系性相互依赖的量表,女性的平均分数通常高于男性(Cross,Bacon,& Morris,2000)。

表4.2 测量关系性相互依赖(Cross, Bacon, & Morris, 2000)

请选择一个数字表示你同意或不同意下列每一个条目的程度,1 表示非常不同意,7 表示非常同意。
非常不同意 1 2 3 4 5 6 7 非常同意

(1) 我的亲密关系反映了我是什么样的人。
(2) 当我感觉和某个人很亲密时,我经常觉得这个人是我的重要一部分。
(3) 当与我亲密的某个人取得重要成绩时,我通常有强烈的自豪感。
(4) 我认为,通过了解我的亲密朋友和他们是什么样的人,可以抓住我最重要的部分。
(5) 当我想到自己时,我经常也想到我的亲密朋友或家庭。
(6) 如果一个人伤害了和我亲密的人,我自己也感觉受到伤害。
(7) 一般来说,我的亲密关系是我的自我形象的一个重要部分。
(8) 总体而言,我的亲密关系与我对自己的感受没有什么联系。
(9) 我的亲密关系对我的自我认识不重要。
(10) 我的自豪感来自我视为亲密朋友的人是什么样的人。
(11) 当我与某人建立亲密关系时,我通常对这个人产生强烈的认同感。

注:将第8和第9题进行反向计分,如果选择1,那么计为7,如果选择2,那么计为6,依此类推,然后将11个条目的分数相加,分数越高,表明关系性相互依赖越高。

第2节 自我认识的来源

自我认识有多种来源,包括物理世界,我们的角色和社会身份,我们与他人的比较,其他人对我们的评价,对自己的内省和自我知觉,所处的文化,等等(Myers, 2012; Brown & Arkin, 2010; Taylor, Peplau, & Sears, 2006)。

· 社会比较

人们了解自己的重要途径是与他人进行比较,例如判断自己是否贫穷、慷慨、聪明等,可以将自己的表现与他人相比。社会比较理论(social comparison theory)认为,人们通过将自己与他人比较来得知自己的能力和态度(Festinger, 1954)。利昂·费斯廷格(Leon Festinger)首先提出这一理论,他的假设包括以下几点:人们希望准确评价自己的态度和能力;当缺乏客观标准或者对自己在某一领域的表现不太确定时,人们通过与他人比较来评价自己;人们倾向于将自己与相似水平的人进行比较。费斯廷格的理论得到了部分研究支持(Wood, 1989; Suls, Martin, & Wheeler, 2000)。并且,研究发现,人们进行的比较不只包括能力和态度,还包括情感、人格和成就等(Taylor, Peplau, & Sears, 2006)。

但是，费斯廷格认为人们进行社会比较的唯一目的是寻求准确的自我认识，这一点受到了后续研究的质疑。准确认识自己只是比较的原因之一，有些时候人们进行社会比较的目的是为了对自己感觉良好，即自我增强（self-enhancement），还有些时候，比较的目的是知道自己可以努力的方向，即自我提升（self-promotion）。因此，将自己与在某个特点或能力方面比自己差的人进行比较，即向下的社会比较（downward social comparison），可以让自己感觉良好（Lockwood，2002）。例如，成绩中等的人与成绩很差的人比较，可以使自我感觉变好；癌症患者与病情更重的病人相比较，对自己的治疗效果更乐观。当目的是提升自己时，人们会进行向上的社会比较（upward social comparison），即将自己与在某方面更强的人进行比较，可以知道自己努力的方向和能够期待的理想水平（Blanton et al.，1999）。

因此，费斯廷格的社会比较理论需要进行一定的扩展。总而言之，当希望准确评估自己时，人们将自己与相似的人进行比较；当希望对自己感觉良好时，人们与不如自己的人进行比较；当希望发现可以努力的方向时，人们与超过自己的人进行比较。

·反射性评价

人们也经常根据他人对自己的评价来获得自我认识。例如，如果别人称赞我们乐于助人，我们可能会将这些特点融入自我概念；根据父母、老师或同伴给予自己的反馈，我们可以衡量自己的人格特点、学业成绩、受欢迎程度等（Felson & Reed，1986；Leary et al.，1998；Jussim et al.，1992）。

研究者指出，与我们的自我概念有关的并非他人实际上如何评价自己，而是我们觉得他们如何评价我们（Cooley，1902；Mead，1934）。社会学家查尔斯·霍顿·库利（Charles Horton Cooley）提出镜像自我（looking-glass self）的概念，认为个体把他人作为镜子，根据他人眼中的自己来认识自我。镜像自我的概念得到了扩展，研究者将人们所知觉到的他人对自己的反应称作反射性评价（reflected appraisal）（Kinch，1963）。在一项研究中，信奉天主教的学生观看一张教皇皱眉的照片之后，对自己的人格特征进行评价，结果发现他们对自己的评价比看过同样照片的非天主教学生要差（Baldwin，Carrell，& Lopez，1990）。这一结果表明，教皇皱眉的照片影响了教徒对他们自己的认识。

一种反射性评价的模型认为，他人对于我们的真实想法是他人的真实评价，我们对这些想法的知觉是知觉到的评价，我们对自己的看法是自我评价。真实评价影响知觉到的评价，知觉到的评价又影响自我评价。因此，我们对他人如何评价自己的知觉而不是他人的真实评价决定了自我评价（Kinch，1963）。大量研究考察真实评价、知觉到的评价与自我评价之间的关系,对这一模型进行了检验(Felson,1993;Kenny & DePaulo,1993)。研究结果对这一模型只有限的支持。实际上,人们对了解特定他人对自己的看法并非十分擅长。并且,知觉到的评价与自我评价只是相关关系,因果关系并不明确。人们也并不像该模型所假设的那样,被动地接受他人眼中的自己,而是主动地、选择性地加工社会信息(Felson,1993)。

· 内省

内省(introspection)是指个体向内心世界探索,检查自己的想法、情感和动机的过程。例如,如果想要知道自己是否感情丰富,可以考虑自己在葬礼上是否容易感到悲伤。内省表面上看是一种了解自己的可靠方式。但实际上,研究发现,人们并不像多数人认为的那样经常思考自己,并且,即使进行内省,人们也并不总能准确地觉察到自己的想法(Aronson,Wilson,& Akert,2004)。

在一项研究中,年龄在19至63岁的、来自不同公司的被试携带一个呼叫装置,在一个星期的时间内,从上午7点30到晚上10点30,每天呼叫装置都会响7至9次,每次被呼叫时被试需要回答一系列与他们当时的活动、想法和心情有关的问题(Csikszentmihalyi & Figurski,1982)。在收集被试的回答之后,研究者对其进行归类。被试一些回答包括对自己的认识,例如"我很伤心","这一天我真懒",另一些回答则涉及工作、杂事、时间等。结果如图4.1所示,可见人们想到自己的次数非常少,只占大约8%,甚至少于"没想什么"。因此,我们并不经常进行内省,日常想法主要是关于日常生活和关于他人的。当我们将注意力集中在自己身上时,将处于自我觉知(self-awareness)状态,会根据自己内在的标准和价值观来评价和比较自己的行

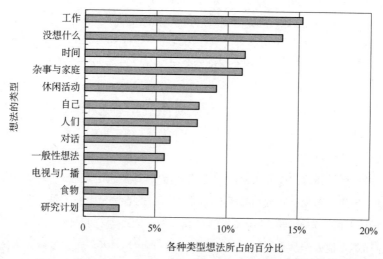

图4.1 "你在想什么?"(Csikszenmihalyi & Figurski,1982)

为(Duval & Silvia, 2002)。环境中的一些事件可以激发自我觉知,例如知道别人正在注视自己,听到自己的声音,看到录像中的自己或注视镜子中的自己。当注意力集中于自己时,人们会觉察到自己的行为与内部标准之间的差异。如果能够改变行为去符合内部标准,人们将会改变行为,如果无法改变行为,那么人们会避免进行自我觉知(Moskalenko & Heine, 2003)。自我觉知的程度存在个体差异,表4.3 的内向性自我意识(private self-consciousness)量表可以用来测量自我觉知的习惯性倾向(Fenigstein, Scheier, & Buss, 1975)。

表 4.3 内向性自我意识量表

请用 1—5 的数字表示同意或不同下列陈述的程度,1 表示非常不同意,5 表示非常同意。

(1) 我总是努力地要了解自己。
(2) 一般而言,我很少意识到自己。
(3) 我经常反省自己。
(4) 我经常成为自己幻想的对象。
(5) 我从来没有好好地审视过自己。
(6) 我通常很注意自己的内在感受。
(7) 我总是不断地检查自己的动机。
(8) 我有时候觉得好像我在某个地方监督自己。
(9) 我很容易觉察到自己心情的变化。
(10) 当我解决问题时,我会意识到我的头脑运作的方式。

将题目(2)和(5)的答案反向计分,即如果选 1 则变为 5,如果选 2 则变为 4,依此类推。然后将 10 个答案相加,得分越高,表明注意力越集中于自己。一项研究发现的大学生样本的平均得分是 26 分(Fenigstein, Scheier, & Buss, 1975)。

自我分析的准确性

当人们的注意力集中于自己,并思考自己内心的情感和想法、分析自己行为的原因时,会给出看似合理的答案,但实际上我们的自我分析经常是错误的(Myers, 2012)。例如,人们错误地把下雨天的忧郁归因为生活空虚,把过吊桥的兴奋归因为受他人吸引(Schwarz & Clore, 1983; Dutton & Aron, 1974)。在一个实验中,大学生接受一系列逐渐增强的电击(Nisbett & Schachter, 1966)。一部分被试预先吃一片假药,并被告知该药会导致心悸、发抖等(其实正好是电击带来的症状)。结果发现,吃过药的人所忍受的电击强度是没吃药的人的 4 倍。但是,这些被试却大多否认药物的作用。在另一个研究中,大学生连续 5 个星期每天都要记录自己当天的心情(Wilson, Laser, & Stone, 1982)。他们还要记录可能影响自己心情的因素,例如当天的天气、睡眠时间、星期几等。5 周之后,要求他们估计每个因素在多大程度上影响自己的心情。结果如表 4.4 所示,人们对影响自己心情的因素的估计并不准确。例如,多数人认为自己的心情与前一天晚上睡眠时间的多少有关,但实际上睡眠量与心情之间几乎没有相关。可见,被试经过内省之后,产生了一些看似合理的说法,但实际上却是错误的(Wilson, 2002; Wegner, 2002)。

表 4.4 对心情原因的判断(Wilson, Laser, & Stone, 1982)

因素	主观估计的相关	实际相关
睡眠时间	0.33	0.04
星期五	0.60	0.05
星期六	0.59	0.13
天气	0.49	0.27
健康	0.51	0.51
人际关系	0.59	0.50
食物	0.16	0.35

如果内省无法告诉我们感受的原因,那么我们的原因判断来自哪里?一些研究者认为,当人们尝试发现自己感受和行为背后的原因时,会依赖因果理论(causal theory),即关于自己的感受和行为的起因的理论,通常从文化中学习得来(Nisbett & Wilson, 1977)。在一个实验中,研究者让一部分被试在噪声环境下看一部纪录片,另一部分被试观看影片时则没有噪声(控制条件)。影片结束后,被试对影片进行喜好评分,然后,被试回答噪声是否影响其评分(Nisbett & Wilson, 1977)。结果表明,看影片时受噪声干扰的人,对影片的评分并不低于控制条件,但是,被试却报告说噪声降低了他们对影片的评分。可见,被试持有的因果理论是噪声影响影片评分,但事实却并非如此。另一些研究发现,有一些看起来不会影响人们判断的因素,即在因果理论之外的因素,实际上却会对人们的判断产生影响。例如,一项研究要求人们评价购物中心里衣物的质量(Nisbett & Wilson, 1977)。结果发现,展示台上衣物的摆放位置影响人们的喜好,人们更喜欢展示柜台上偏右的衣物。但是,当被试对自己的选择原因进行内省时,却完全不知道位置会影响判断。人们内省时并不仅仅依赖于因果理论,还会考虑许多关于自己的信息,例如自己过去如何反应,以及在做出选择前碰巧在想什么(Wilson, 2002)。并且,当行为的原因很明显,正确的解释又符合自己的直觉时,原因推测是准确的(Gavanski & Hoffman, 1987)。例如,高中生可以分辨一所大学的特点(例如规模大小、学费和离家的距离)能在多大程度上影响自己对该大学的反应(Wright & Rip, 1981)。不过总体而言,人们对行为和情感原因以及目前想法的内省经常会出错。一些学者认为,对自己想法和感受的内省实际上会降低而不是提高自我认识的准确性(Wilson & LaFleur, 1995; Wilson & Hodges, 1992; Wilson et al., 1993)。

由于人们往往难以真正理解自己行为和感受的原因,因此往往产生看似合理的理由,而这些理由很可能是错误的。并且,我们有可能会说服自己去相信这些理由,进而改变自己对自身感受的看法,以符合这些看似合理的理由(Aronson, Wilson, & Akert, 2004)。如果要求人们分析自己为什么爱上某人,他们往往把注意力集中在看似合理和易于表达的原因上,从而暂时忽视了真实的原因(Wilson, Lindsey, & Schooler, 2000)。而这些看似合理的原因有可能会改变人们对爱人的看法(Wilson & Kraft, 1993)。

行为和情感预测的准确性

人们不只是在解释自己行为和情感的原因时会犯错,在预测自己未来行为和情感时也同样不太准确(Myers, 2012)。研究发现,如果让大学生预测接下来两个月内经历不同事件的可能性,例如谈恋爱、生病等,他们的自我预测并不比根据平均经历做出的预测更准确(Shrauger, 1983)。约会中的情侣对双方关系的预测过于乐观,而父母和室友的预测更加准确(MacDonald & Ross, 1999)。在一项研究中,要求大学生预测自己是否会为慈善活动至少买一枝花,并预测同学中可能购买的比例(Epley & Dunning, 2000)。结果是,80%以上的大学生预测自己会购买,但实际上只有43%的人购买,这与他们对其他人购买比例的预测即56%更接近。在另一个实验中,84%的被试预测自己将会在金钱游戏中与其他人合作以共同获益,但实际上只有61%的人这样做,并且这与被试对其他人的合作比例预测即64%更接近。可见,有时候人们预测他人行为比预测自己行为更加准确(Epley & Dunning, 2000)。

很多重要决定,例如工作、结婚等,都涉及对未来情感的预测,人们会选择自认为将会最大化积极情感体验的选项。但是,我们能够准确预测自己未来的情感吗?答案很可能是"否"。研究发现,人们很难预测自己未来情绪的强度和持续时间(Wilson & Gilbert, 2003)。人们会错误地预测自己谈一场浪漫的恋爱、收到礼物、输掉选举、赢得比赛和被侮辱后的感觉(Gilbert & Ebert, 2002; Loewenstein & Schkade, 1999)。注意,这并不意味着我们预测自己赢得比赛后会高兴是错误的,而是说好消息带来的愉快痕迹比我们的预期消失得快。同样,坏消息带来的消极情绪也比我们的想象消失得要快。高估情绪事件的持久影响的倾向叫做影响偏差(impact bias),尤其是对于消极事件的估计更是如此(Wilson & Gilbert, 2013)。例如,一项研究要求助理教授预测自己在获得教职或没有获得教职几年后的快乐程度,多数人认为正面结果对他们的快乐非常重要,但实际上,当事件发生几年后再次调查时,得到教职和未得到教职的人几乎同样快乐(Gilbert et al., 1998)。研究者在非常广泛的领域中都发现了影响偏差,例如对艾滋病病毒检测阳性、赢钱、跟伴侣分手、支持的球队赢得或输掉比赛、误了火车等的反应;不过,有些时候人们又会低估情绪事件的影响,这取决于事件的持续时间、强度、概率和心理距离等因素(Buechel, Zhang, & Morewedge, 2017)。

一些学者用聚焦错觉(focusing illusion)来解释情感预测偏差(Kahneman et al., 2006; Loewenstein & Schkade, 1999; Schkade & Kahneman, 1998)。他们认为,人们预测自己对特定事件的情感反应时,往往集中于这一事件,而不考虑其他将会发生的事件。由于过分关注消极事件,未考虑到非聚焦事件的影响,导致高估自己的痛苦。另一些学者提出免疫忽视(immune neglect)的概念,认为人们往往忽视自己的心理免疫系统所起的作用(Gilbert et al., 1998; Wilson & Gilbert, 2003)。当发生重大的消极事件时,人们的心理免疫机制将会激活,保护个体免于过分抑郁。对心理免疫机制的忽视造成我们比自己的预期更容易适应残疾、失恋、考试不及格、失去教职等消极事件。相反,轻微的坏事则不会激活我们的心理免疫系统,所引发的痛苦反而持续更长时间(Gilbert et al., 2004)。还有研究者指出,人们往往将过去的预测错误地记忆为与实际体验相一致,因而难以认识到自己的预测错误,导致没能从过去的预测错误中学习和未能有效调整以后的预测(Meyvis, Ratner, & Levav, 2010)。尽管人们会为情感预测错误付出代价(例如决策错误),但这些偏差也可能具有一些适应性功能(Miloyan & Suddendorf, 2015)。

·自我知觉

自我知觉理论(self-perception theory)认为,当我们的态度和感受处于不确定或模棱两可的状态时,我们会观察自己的行为和该行为发生时的情境,借此来推论自己的态度和感受(Bem, 1972)。如果我们很确定自己的感受,那么并不需要观察行为来推测,只有在不确定时,我们才尤其可能通过自己的行为来了解自己的感受。并且,人们会判断自己的行为是否真正反映了自己的感受,还是受到了情境的影响。这与第3章的归因过程非常相似,我们通过观察他人的行为及其发生的情境来推测该人的态度和感受,自我知觉理论认为我们也用同样的方法来推测自己。

研究表明,人们确实用这样的方式推测自己的态度(Olson & Hafer, 1990)、情绪(Laird, 1974; Schachter & Singer, 1962)和动机(Lepper, Greene, & Nisbett, 1973)。在一个实验中,诱导被试在读一系列卡通故事时做出微笑或皱眉的动作,结果发现,被试认为微笑时读的卡通比皱眉时读的卡通更有趣,更喜欢它们(Laird, 1974)。类似地,当人们用牙齿咬住一支钢笔时(会牵动笑肌),与仅仅用嘴唇含住它相比(不会牵动笑肌),感觉卡通片更有趣(Strack, Martin, & Stepper, 1988)。在一个经典实验中,研究者给一部分被试注射肾上腺素,使他们进入唤起状态,即体温升高、心跳加速和呼吸急促等,另一部分被试则注射不会引起任何生理效果的安慰剂

(Schachter & Singer, 1962)。接下来被试填写一份问卷，其中有很多非常隐私且带有侮辱性的问题。旁边一名被试(实际上是研究者的同谋)做出了愤怒的反应，大发脾气。这个时候，被注射肾上腺素的被试比被注射安慰剂的被试反应更强烈。这是因为，被试感受到唤起，但是并不知道是注射肾上腺素的效果，而且，其他被试表现得非常愤怒。结果是，被试找到了一个合理解释自己的唤起状态的原因，他们也变得愤怒。因此，人们进行自我知觉，对自己的唤起状态寻找看似合理的解释，尽管有时候并不正确(Schachter & Singer, 1962)。另外，与奖励总是会增加动机的看法相反，研究发现，支付报酬让人们做他们本来就喜欢做的事情会破坏其内在动机(Lepper, Greene, & Nisbett, 1973)。自我知觉理论认为，这是由于人们将自己的行为归因于奖励，从而削弱原本存在的兴趣。自我知觉理论及其研究将在第5章继续讨论。

· 寻求自我认识的动机：准确性、一致性和自我增强

当人们寻求关于自己的知识时，并非处于完全中立的立场无偏地接受信息，而是受到多种动机的驱使(Brown & Arkin, 2010)。有些时候，人们想要知道有关自我的真实情况，不管是好的还是坏的，这时驱动人们的动机是准确性动机(Trope, 1986)。准确的自我认识使得我们能够预测和控制我们未来的绩效(Trope & Bassok, 1982)。第二类动机是一致性动机，它促使人们寻求和相信与自己所认为的自我相一致的信息，回避不一致的信息(例如 Swann, 1990)。一致性动机在一些有影响的理论中占有重要地位。例如，认知失调理论(cognitive dissonance theory)认为两种不一致的想法会让人感觉不舒服，因而人们努力避免这种状态(Festinger, 1957)。这一理论的修正观点认为，两种不一致的想法其中之一必须属于个体对自我的信念(Aronson, 1968)。自我验证理论(self-verification theory)则主张，一旦人们有了关于自己的想法，他们就会努力证明这些自我观念(Swann, 1990, 1996)。第三类动机是自我增强动机(self-enhancement motive)，即人们希望对自己感觉良好和维持自尊(Sedikides, 1993)。自我增强动机得到了研究者的广泛关注，他们认为寻求积极的自我认识是人们的基本要求(Heine et al., 1999)。早在1890年，威廉·詹姆斯在《心理学原理》一书中就曾指出，人们喜欢对自己感觉良好，努力去体验积极情绪和避免消极情绪。使用多种不同范式的研究结果一致指出，人们拥有积极的自我认识，并且主动寻求信息来维持这种认识。例如，多数人认为自己在合意的品质和能力上比一般人表现更好(Greenwald, 1980)，在对成功和失败进行归因时倾向于出现自我服务偏差(Campbell & Sedikides, 1999)，高估自己对环境事件的控制(Langer, 1975)，对未来进行判断时过度乐观(Weinstein & Klein, 1995)，等等。一

些学者进一步探讨了自我认识与心理健康之间的关系,他们发现心理健康往往与积极的自我认识相关联,这种将自己看得比真实状况更积极的现象被称作积极错觉(positive illusion)(Taylor & Brown, 1988)。准确性、一致性和自我增强这三类动机在下文还会继续讨论。

· 自我增强与文化

自我增强是否是一种全世界普遍的现象?多数自我增强的研究证据来自北美和西欧的被试,而跨文化研究发现,东方被试(例如中国、日本、印度)自我增强的程度低于西方人,乃至根本不表现出自我增强(Heine & Hamamura, 2007)。有研究者认为,自我增强动机存在文化差异,原因是由于不同的自我建构(self-construal)。他们认为,个人主义文化下的人们以独立型自我为主,他们寻求积极看待自己的动机很强,而集体主义文化下的人们以相互依赖型自我为主,他们的自我增强动机很弱甚至缺乏(Heine et al., 1999)。但是,另一种观点认为,各种文化下的人们都寻求积极地看待自己,但是提倡集体主义的东方文化不鼓励这一动机的表达,而是要求人们谦虚甚至自我批评(Sedikides, Gaertner, & Vevea, 2005)。

近来的研究表明,东方文化下也存在自我增强现象:日本大学生相信自己比其他人在社会看重的特质和能力(例如重视朋友、负责任)上表现更好(Brown & Kobayashi, 2002);尽管集体主义文化被试的自我增强水平低于个人主义文化被试,但这种文化差异主要是由谦虚造成的(Kurman, 2003);东方人更多进行策略式的而不是直白的自我增强(Heine & Hamamura, 2007);等等。另外,采用不同自我增强指标进行跨文化比较的结果有所不同:在与谦虚指标关系密切的自我增强测量中,集体主义文化被试的自我增强弱于个人主义文化被试;而在与谦虚相关较低的自我增强测量中,集体主义文化被试的自我增强倾向与个人主义文化被试一样强(Kurman, 2002)。从国内的研究来看,当处于为所属群体争面子的情境中时,中国被试表现出明显的自我增强(王轶楠,钟向阳,2007)。尽管争论仍在继续,但是从现有的证据来看,东方人也具有自我增强倾向,只是与西方人的表现形式和特点有所不同。

第3节 自尊

自尊(self-esteem)是我们对自己做出的评价。自尊概念的使用有多种方式(Brown & Arkin, 2010)。很多时候,自尊用来描述人们通常是如何看待自己的,属于个性方面的变量。它持续时间久,具有跨时间和跨情境的一致性,因此这类自尊也叫做整体自尊或特质自尊(Brown & Arkin, 2010)。第二种使用自尊的方式是指个体评价自己的能力和个性的方式,例如学业自尊、社交自尊、工作自尊等。有些学者将这类自尊称为自信或自我效能感,而另一些学者则称之为自我评价(self-evaluation)(Brown & Arkin, 2010)。整体自尊和自我评价之间存在相关,高自尊的人比低自尊的人认为自己有更多的积极品质。但是,二者之间的因果关系却并不清楚。自尊的认知模型假定存在一个自下而上的过程,认为具体领域的自我评价是形成整体自尊的基础(Crocker & Wolfe, 2001; Pelham & Swann, 1989)。例如,一个将自己看作是聪明的、有魅力的、漂亮的人,可能会有较高的整体自尊。而自尊的情感模型则假定存在一个自上而下的过程,认为整体上自尊更高的人相信自己拥有很多积极的品质,即因果关系的方向是从整体自尊到具体的自我评价(Brown, Dutton, & Cook, 2001; Brown, 1993)。例如,高自尊的人可能会对自己的外表、能力等方面评价较高。第三种方式是用自尊来指代瞬间的情绪状态,特别是由好或坏的结果所引发的情绪(Brown & Arkin, 2010),这种情绪被称作自我价值感(feelings of self-worth)或状态(state)自尊,与整体自尊或特质(trait)自尊相对(Butler, Hokanson, & Flynn, 1994)。二者主要的区别在于特质自尊是持久的,而状态自尊是暂时的。例如,当一个人获得升职后,状态自尊大大提高。一些研究者认为,可以给被试提供积极或消极的反馈,例如告诉他们在某测验上得分很高或很低,暂时地创造出一种高或低的状态自尊(Greenberg et al., 1992; Leary et al., 1995)。

·自尊的测量

研究者最初使用自我报告法来测量自尊,最常用的是罗森伯格的自尊量表,如表 4.5 所示(Rosenberg, 1965)。它测量的是整体自尊,即人们总体上如何看待自己,不涉及具体的品质和特性。

表 4.5　罗森伯格自尊量表

请用 0—3 的数字指出你在多大程度上同意或不同意下列说法。0 代表完全不同意,1 代表不同意,2 代表同意,3 代表完全同意。

(1) 有时候我认为自己一无是处。
(2) 我认为自己很不错。
(3) 总的来说,我倾向于认为自己是个失败者。
(4) 我希望对自己能有更多尊敬。
(5) 有时候我确实感觉自己很没用。
(6) 我认为自己是个有价值的人,至少不比别人差。
(7) 总体上,我对自己很满意。

(8) 我感觉自己没有多少值得骄傲的地方。
(9) 我觉得自己有很多优秀的品质。
(10) 我可以做得和大多数人一样好。

注：首先把题目(1)、(3)、(4)、(5)、(8)的得分反过来，即 0 变为 3，1 变为 2，2 变为 1，3 变为 0，然后将 10 个题目的分数相加，分数越高，自尊水平越高(Rosenberg, 1965)。

另一个测量自尊的工具是得克萨斯社会行为问卷(Texas social behavior inventory, TSBI)(Helmreich & Stapp, 1974)。它经常被用来测量整体自尊，但实际上它测量的是个体感觉自己在社交场合中的舒适度和胜任度。还有其他一些使用自我报告法测量自尊的工具(Marsh, 1990；Harter, 1986)，这些量表既测量人们在各个领域如何评价自己，也包含测量总体自尊的子量表。

使用自我报告法测量自尊的方法经常使用，并且效度得到了证实。但是，这种方法可能会受到自我展示的影响，人们可能歪曲自己的回答以给人创造一个良好的印象(Brown & Arkin, 2010)。另外，这类方法测量的主要是外显自尊，近来的一些研究逐渐转向间接的、内隐的自尊测量方法(Greenwald & Banaji, 1995)。内隐自尊是指在对同自我相联或相关的事物进行评价时，做出积极评价的态度倾向，这种倾向无法通过内省来确定(Greenwald & Banaji, 1995)。这类方法比自我报告法更隐蔽，人们并不知道正在测量自尊，用这类方法的研究可以发现一些外显研究无法发觉的现象。例如，由于个人主义与集体主义文化的差异，使用自尊量表得出自尊分数，往往会发现前者高于后者。但是，在内隐的测量中，研究发现，与不包含自己名字的字母表相比，日本学生更喜欢有自己名字的字母表，也更喜欢与出生日期相关的数字(Kitayama & Rarasawa, 1997)。这表明，集体主义文化中的人们可能也存在类似的高自尊。一种较新的内隐自尊测量方法是内隐联想测量(implicit association test, IAT)(Greenwald, McGhee, & Schwartz, 1998)，有研究者认为它是测量内隐自尊的最好方法(Bosson, Swann, & Pennebaker, 2000)。IAT 记录的指标是反应时，它通过一种计算机化的分类任务，测量自我词(例如"我的"、"自己")分别与积极的(例如"成功"、"诚实")和消极的属性词(例如"丑陋"、"卑鄙")之间自动化联系的紧密程度，从而测量个体内隐自尊的相对强度。测量内隐自尊的内隐联想测验包括两种基本的分类任务：一种是要求把自我词和积极的属性词归为一类，即进行相容的归类；另一种是要求把自我词和消极的属性词归为一类，即进行不相容的归类。一般而言，进行相容的归类时，被试反应时短，进行不相容的归类时，被试反应时长，不相容归类和相容归类的反应时之差即为内隐自尊的指标，差值越大，表示被试内隐自尊水平越高。内隐联想测验被广泛应用于内隐自尊测量，信度和效度均得到了证实(Greenwald & Farnham, 2000; Egloff & Schmukle, 2002;蔡华俭,2003;张镇,李幼穗,2004)。

· 文化与自尊

研究表明,东方人的自尊水平显著低于西方人(Heine et al., 1999)。这是否意味着集体主义文化中的个体对自己的总体评价显著低于个人主义文化中的个体? 通常,发现自尊有文化差异的研究多数采用自陈式的外显测量,例如罗森伯格的自尊量表。这种测量会受到自我展示和社会赞许性的影响。东方文化提倡谦虚,人们即便在心里对自己评价很高,也不愿意明显地表示出来。因此,外显自尊测量可能无法准确地测量东方人的自尊,而内隐自尊测量也许能弥补自陈式测量的不足。现有的内隐自尊测量有例如内隐联想测验、评价性启动(evaluative priming)、姓名字母和生日数字偏好等。很多研究都证实集体主义文化中的被试也有较高的自尊:日本大学生对自己姓名中的字母以及生日中的数字表现出显著偏好(Kitayama & Rarasawa, 1997);日本被试在内隐联想测验中表现出明显的内隐自尊(Kobayashi & Greenwald, 2003);中国大学生对自我持有明显的积极和肯定评价(蔡华俭,2006);对中国、日本、美国三国大学生的研究表明,三个群体拥有类似的内隐自尊(Yamaguchi et al., 2007)。因此,积极的内隐自尊是跨文化普遍的现象。

· 自我服务偏差

高自尊通常是有好处的,而低自尊则有消极的影响(Leary, Schreindorfer, & Haupt, 1995)。高自尊有利于培养主动、乐观和愉快的感觉(Baumeister et al., 2003),消极的自我评价则与孤独、抑郁和失败后更差的任务表现等相关联(McWhirter, 1997; Brown et al., 1986; Tafarodi & Vu, 1997)。不过,高自尊的人在受到批评或面对威胁时,更可能表现为暴力行为(Bushman & Baumeister, 1998)。大量研究证实,多数人都对自己感觉良好,即表现出自我服务偏差(self-serving bias)。这种偏差表现在多个方面,包括对积极和消极事件的解释,对个人特质水平的估计,对未来的判断,等等(Myers, 2012)。

人们往往将成功归因为自己的才能和努力,将失败归因为运气、任务的困难等外部因素(Campbell & Sedikides, 1999)。类似地,运动员将成功归因于自己,将失败归因于裁判和对手(Lalonde, 1992);政治家将选举胜利归因于自己的魅力和勤奋,将失败归因于不可控的外部因素(Kingdon, 1967);等等。详细内容可见第2章的自利性归因。人们做出自利性归因的原因之一是,通过找到对自己有利的因果关系,可以保持或提高自尊(Snyder & Higgins, 1988)。

当与他人进行比较时,人们也会表现出自我服务偏差。在多数主观的和社会赞许的方面,大部分人都认为自己高于平均水平(Myers, 2012)。例如,多数司机认为自己比一般司机驾车更安全和熟练(McKenna & Myers, 1997);86%的澳大利亚人对自己工作表现的评价高于平均水平(Headey & Wearing, 1987);多数外科医生认为自己治疗的患者的死亡率低于平均水平(Gawande, 2002);多数成年人认为自己对父母的赡养好于自己的兄弟姐妹(Lerner et al. , 1991)。甚至社会心理学家也会表现出这种偏差,他们认为自己比大多数社会心理学家更道德(Van Lange, Taris, & Vonk, 1997)。人们还倾向于认为自己擅长的事情是更重要的,这样也有助于维持自尊(Hill, Smith, & Lewicki, 1989)。

在判断自己的未来时,人们往往持有不切实际的乐观想法。一项研究要求大学生评价他们自己、好朋友和一个偶然相识者在未来经历各种积极和消极事件的可能性(Regan, Snyder, & Kassin, 1995)。积极事件包括有幸福长久的婚姻,毕业时成绩在班里排名中上,有一个智力超常的孩子,活过80岁等;消极事件包括有酗酒问题,被解雇,40岁之前有一次心脏病发作,成为一次暴力犯罪的受害者,等等。结果发现,人们非常乐观地看待自己的未来,认为自己更有可能经历各种积极事件,而其他人更有可能经历各种消极事件,对朋友的看法也较为乐观,尽管比自己稍差一些(Regan, Snyder, & Kassin, 1995)。采用类似方法的很多研究都证实了人们拥有不切实际的乐观想法(见:Weinstein & Klein, 1995)。乐观主义有助于提高自我效能、健康和幸福感(Segerstrom, 2001)。但是,过度的乐观有时候会带来不利的后果。例如,在赌博时,即便连续不断地在输钱,乐观者比悲观者更会坚持下去(Gibson & Sanbonmatsu, 2004);以离婚告终的夫妻中绝大多数在当初结婚时认为自己绝不可能离婚(Baker & Emery, 1993)。高估自己冲动控制能力的吸烟者,更有可能让自己暴露于诱惑,例如让香烟触手可及或者接近正在吸烟的人,这会造成戒烟失败(Nordgren, van Harreveld, & van der Pligt, 2009)。

人们还倾向于过高估计他人对自己观点的同意程度,或者高估他人像自己一样做出不良或不成功行为的可能性,这叫做虚假普遍效应(false consensus effect)(Krueger & Clement, 1994; Marks & Miller, 1987)。例如,当一个人对别人说谎之后,就会觉得其他人也都是不诚实的(Sagarin, Rhoads, & Cialdini, 1998);吸烟者倾向于高估人群中吸烟者的比例(Sherman et al. , 1983);对另一种族持有消极看法的人假定许多其他人也拥有消极的刻板印象(Krueger, 1996)。在一个研究中,研究者询问大学生是否愿意带着一个巨大的广告牌在校园里走30分钟,有人同意,有人不同意。但是,不管同意还是拒绝的大学生都认为2/3的大学生会做出与他们一样的选择,而他们的估计不可能都是正确的(Ross, Greene, & House, 1977)。而人们在社会赞许的特点和能力上,或者在自己表现得不错或取得成功时,往往会低估这些特点和能力的普遍性,即虚假独特效应(false uniqueness effect)(Goethals, Messick, & Allison, 1991)。

·自我认识与心理健康

一些研究者认为,正确地认识自己是心理健康的关键(Jahoda, 1958; Maslow, 1950)。但是,如前文所述,大量研究表明人们的自我感觉比真实的自我要好,并且对自己的未来盲目乐观。另外,人们也夸大自己产生预期结果的能力,即表现出控制错觉(illusion of control)(Langer, 1975)。研究发现,低自尊是导致抑郁的一个高危因素(Brown et al., 1986),在面临失败时,低自尊的人比高自尊的人有更强烈的情绪困扰(Dutton & Brown, 1997);非抑郁的被试认为自己的未来比一般人更美好,抑郁被试却不这样认为(Pyszczynski, Holt, & Greenberg, 1987);非抑郁被试的自评明显高于其他人对自己的评价,而抑郁被试则倾向于正确地看待自己(Campbell & Fehr, 1990);非抑郁被试高估其产生预期结果的能力,抑郁被试虽然也高估,但程度较低(Alloy & Abramson, 1988);等等。可见,抑郁个体的自我认识不如非抑郁个体那么积极,甚至可能拥有正确的自我认识,为此有学者称之为抑郁的现实主义(depressive realism)(Mischel, 1979)。不过,抑郁个体并不见得真的持有正确的自我认识。例如,轻度抑郁的个体以既不积极也不消极的眼光看待自己,严重抑郁的个体用不切实际的消极眼光看待自己(Ruehlman, West, & Pasahow, 1985)。因此,可靠的结论是,抑郁个体的自我认识不如非抑郁个体积极,但也不一定更正确(Brown & Arkin, 2010)。

由此可见,目前的研究结果不支持正确的自我认识是心理健康的必要条件这一观点。一些研究者认为,心理健康与过度积极的自我认识相关联(Alloy & Abramson, 1988; Greenwald, 1980; Lazarus, 1983; Taylor & Brown, 1988)。两位学者泰勒和布朗将这种比真实情况更积极的自我认识称作积极错觉(positive illusion)(Taylor & Brown, 1988; Taylor & Brown, 1994)。他们认为,大部分正常人没有正确的自我观念,人们具有过分积极的自我观念,并且,积极错觉有益于心理健康。研究者公认心理健康包括:有主观幸福感;有能力形成和维持良好的人际关系;有能力参加建设性的、有意义的工作;有能力应对生活挑战,获得成长(Ryff, 1995; Jourard & Landsman, 1980)。研究发现,积极错觉与这些标准均有关联。幸福的人具有积极的自我观念,有很高的个人控制感,积极地看待未来(Myers & Diener, 1995)。一项研究要求 82 对夫妻根据很多维度评价自己和配偶,结果发现,与正确看待双方的夫妻相比,对配偶的看法比配偶的自我认识更积极的夫妻,对双方的关系感到更满意(Murray, Holmes, & Griffin, 1996a, 1996b)。与自我看法比较消极、谦虚的人相比,积极看待自己的人在工作中表现更为出色(Dweck & Leggett, 1988)。控制感可以帮助人们应对轻微的、短暂的应激源(Averill, 1973),还能帮助人们应对自然发生的应激生活事件(Thompson & Spacapan, 1991)。在面临应激情境时,乐观者积极尝试解决问题,或者以最积极的态度看待该情境(Scheier et al. , 1989; Carver et al. , 1993)。恐惧管理理论(terror management theory)认为,当想到自己难免死亡时会产生焦虑,而自尊有助于缓解这一焦虑(Greenberg, Pyszczynski, & Solomon, 1986; Harmon-Jones et al. , 1997)。

不过需要注意,尽管积极错觉有很多好处,但是如果走向极端,将会造成危害。过分的积极错觉可能造成消极的人际关系、不适宜的坚持、不良的自我调节、对身体健康的威胁等(Brown & Arkin, 2010)。例如,认为自己控制力很强的人制定的目标太高,而实际上无法达到,导致较差的结果(Baumeister, Heatherton, & Tice, 1993);人们常会高估自己的冲动控制能力,这造成他们让自己过多暴露于诱惑,从而更容易导致冲动行为(Nordgren, van Harreveld, van der Pligt, 2009)。与自尊有所重叠但又不同的概念是自恋(narcissism),自恋的个体自我评价偏高,对他人缺乏同情,自恋对人际关系有害(Campbell, Rudich, & Sedikides, 2002)。当受到他人负面评价时,自恋的个体更有可能攻击这些人(Bushman & Baumeister, 1998)。

第 4 节 自我的调节作用

自我概念和自尊的研究考察了人们如何看待自己,以及人们的自我认识从何而来。研究者逐渐开始考虑人们对自身的看法如何影响他们对事件和经验的解释,如何影响他们的思想、情绪和行为(Markus & Wurf, 1987)。

·自我复杂性

自我认识在记忆中是有组织的,可能是一种等级结构。随着年龄的增长,人们关于自身的知识日益丰富,这个结构的变化越来越大。自我的组成结构带来许多问题,一个问题是,个体以多种不同的方式看待自己,还是以有限的几种方式看待自己。对某些人而言,这种结构是复杂的和完美整合的,对另一些人而言,这种结构是简单的和高度分化的。林威尔用自我复杂性(self-complexity)来指代这种个体差异(Linville, 1985, 1987)。例如,一名大学生可能认为自己的主要身份是学生,因而非常注重自己的学业表现,另一名大学生则可能用更复杂的方式来认识自己,分别从学生、女儿、女朋友、运动员和兼职职员等不同角度来认识自己(Linville, 1985;

Woolfolk et al.，1995）。

研究者利用卡片分类任务来测量自我复杂性（Linville，1985，1987），给被试提供大量卡片，每张卡片上都有一个描述特质或特征的词语（例如幽默的、理智的、冲动的等），然后要求被试根据不同的背景或关系，对这些词进行分类。被试所分的类别越多，而且类别之间的重合度越小，其自我复杂性得分就越高。例如，一个高自我复杂性的个体用多种不同方式看待自己，包括与他人一起、与朋友一起、与家庭成员一起、在学校、独处和在聚会上，并且对自己的描述在各个类别之间重合很少；而一名低自我复杂性的个体只用有限的几种方式描述自己，只包括在学校、与朋友一起和独处，并且类别之间高度重叠，例如三种情境下的描述都包括"随意的"。

林威尔认为，自我复杂性的差异影响人们对积极事件和消极事件的反应。个体的自我复杂性越低，对积极或消极事件的反应就越极端。拥有简单自我概念的人在他们特别看重的领域中获得成功将会欣喜若狂，但失败则受到沉重打击。而比较复杂的人，当遭遇失败时，其他方面的自我将起到缓冲作用。因此，自我复杂性成为帮助个体应对逆境的缓冲器（Linville，1985，1987；Niedenthal，Setterlund，& Wherry，1992；Showers & Ryff，1996）。

不过，复杂的自我概念也可能造成消极后果。在一个研究中，要求大学生描述他们的五种社会角色中的每一种，例如："作为一名学生、朋友、恋人、子女和职员，你的责任感如何？"然后，计算自我概念的差异系数，结果发现高的自我概念差异与抑郁、神经质和低自尊相联系（Donahue et al.，1993）。可见，更多是否意味着更好取决于这些特性是否匹配，多重特性只有在彼此很好地结合的前提下才是有益的（Woolfolk et al.，1995）。

· 工作自我概念

人们以多种方式看待自己，但是在特定的时间和特定的情境下，只有部分自我概念在起作用，影响我们的思维、情绪和行为。在特定时刻被激活的自我概念被称作工作自我概念（working self-concept）（Markus & Kunda，1986），也有学者称之为当前的自我表征、自我识别、现象自我、自发的自我概念等（Brown & Arkin，2010）。

影响工作自我概念的因素包括个人因素和情境因素。人们通常看待自己的方式影响其工作自我概念（Markus & Kunda，1986）；与低自尊的人相比，高自尊的人更多地用积极的词汇来形容自己（Brown & Mankowski，1993）。心境也影响自我概念的激活，当高兴时，人们更容易想起自己的优点，当悲伤时，人们更容易想起自己的缺点（Brown & Taylor，1986）。低自尊的人的自我概念尤其容易受到心境的影响（Smith & Petty，1995）。人们也可以有意地激活特定的自我概念。例如，人们会考虑当前的情境,然后激活一个恰当的自我概念(Snyder,1979)。另外,人们希望对自己感觉良好,因此会激活与成功相关联的自我概念(Kunda & Sanitioso, 1989)。最后,一些药物(例如减缓抑郁、焦虑的药物)会改变人们对自身的看法(Kramer, 1993)。

在情境因素方面,社会角色、社会背景和近期发生的事件会影响工作自我概念。个体当前扮演的社会角色影响其对自己的看法(Roberts & Donahue, 1994)。另外,有研究者认为,人们所处的社会背景影响其自我概念,个体以能够从社会背景中分离出来的方式看待自己,这称作独特性假设(McGuire & McGuire, 1981, 1988)。在一个研究中,被试用任何语言描述自己,研究者根据很多维度对这些描述进行编码,最后考察在个体的社会环境中每种描述的独特性(McGuire & McGuire, 1981, 1988)。结果发现,特征的独特性越强,个体越有可能用这种特征来描述自己。例如,学龄儿童中,非常高或非常矮的孩子有27%都自发注意到自己的身高,而中等高度的孩子只有17%的人注意到身高。最后,近期发生的事件也会影响自我概念的激活,例如考试失败会让个体感觉自己无能。研究发现,近期事件影响工作自我概念的方式通常依赖于人格变量。例如,失败尤其会使低自尊的人消极地看待自己(Brown & Dutton, 1995)。而高自尊的人会做出不同的反应,他们在经历失败后会在其他特征上积极地评价自己。例如,在智力测验上成绩不佳时,高自尊的人会认为自己社会能力很强(Brown & Smart, 1991)。

工作自我概念的研究表明,人们对自己的看法会发生变化,这是否意味着自我概念并不稳定和持久? 这里需要注意,激活自我概念和改变自我概念是不同的。上述研究考察的是在特定时刻激活某个自我概念的影响因素,并且结论很确定,很多因素会影响工作自我概念。而对于自我概念是否容易改变,存在一定的争论。但多数证据表明,人们的自我概念在30岁以后非常稳定(McCrae & Costa, 1994; Mortimer, Finch, & Kumka, 1982)。并且,在现实世界中,人们主动地选择和建构自己所处的社会情境,这些选择和建构受到他们对自己看法的影响,又反过来验证和加强了原本的自我概念,这促进了自我概念的稳定性(Swann & Hill, 1982)。

· **自我觉知**

正如第2节所述,尽管多数时候我们关注的是外部环境,但是有些时候人们的注意力会集中于自己,这种状态称作自我觉知(Duval & Wicklund, 1972)。一些生活经历可以使注意自发地指向自己,例如看到镜子中的自己,观看自己的照片,得知他人正在评估自己,身为群体中的少数派,等等(Taylor, Peplau, & Sears, 2006)。杜瓦尔和威克郎德(Duval & Wicklund, 1972)指出,关注焦点的差异对动机具有重要影响。他们认为,当人们关注自己时,会将他们自身当前的状态与某一相关标准进行比较,当发觉自己达到或超过标准时,会产生积极情绪,否则会产生消极情绪。杜瓦尔和威克郎德认为,由于知觉到的差异使得个体处于一种不舒服的状态,可以通过两种途径来减少差异。一种是使得自己的行为与标准一致,另一种方法是将注意力从自身转向外部环境,从而避免考虑差异。例如,假设你从商店橱窗中看到了自己,当你凝视自己时,注意到自己的头发不太整齐。根据自我觉知理论,当你看到橱窗中自己的影像时,你的注意力转向自己。这种注意转移使得你注意到当前状态与某些标准之间的差异,因此产生了消极情绪。为了降低这种消极情绪,你会努力把头发弄整齐,而如果因为某些原因你无法整理好头发,你会努力将注意力转向外部环境来减轻不舒服的感觉(Brown & Arkin, 2010)。卡弗和希尔(Carver & Scheier, 1981)同样认为自我觉知促使个体将自己的当前状态与标准进行比较。但是,他们认为,只有个体在认为差异无法被消除时才会产生消极情绪。也就是说,个体的情绪反应并非取决于差异,而是取决于他们对差异是否可以消除的期望。卡弗和希尔(1981)也同意行为调节由减轻令人感觉不舒服的愿望所驱动的看法。

后续研究证实,自我注意使得人们将自己与标准进行比较,例如外表、智力表现、运动能力、道德品质等(Macrae, Bodenhausen, & Milne, 1998)。人们试图与标准保持一致,根据标准评估自己的行为,确定它是否符合标准,并且不断调整行为,直到与标准一致或放弃标准。研究发现,当个体期望自己能够消除差异时,自我觉知会增加对任务的坚持性,当个体预期自己无法消除差异时,自我觉知会降低对任务的坚持性(Carver, Blaney, & Scheier, 1979)。类似地,对成功有高期望的个体的自我觉知产生高绩效,而对成功有低期望的个体则相反(Carver & Scheier, 1982a)。另外,一些人非常关注自己,他们花费大量时间来研究自己的想法和情感,这些人被认为具有高度的内向性自我意识(private self-consciousness)(Carver & Scheier, 1982b)。另一些人不太关注自己,较少内省,这些个体不具有高度的内向性自我意识。自我觉知的个体差异可以用表 4.3 的量表进行测量(Fenigstein, Scheier, & Buss, 1975)。

当过分缺乏自我觉知时,自我调节将会失败。当人们处于群体中时,匿名性往往会导致个体失去个性,出现去个性化(deindividuation)。这个时候个体的道德感松弛,容易出现反社会行为和暴力行为(Mullen, 1986; Diener & Wallbom, 1976)。例如,一项研究中声称给大学生进行一项智力测验,被试有作弊的机会。一半被试被安排在镜子面前完成测验,即处于高自我觉知状态,另一半被试没在镜子前面,即处于低自我觉知状态。结果发现,前一组被试中作弊学生只占 7%,而后一组被试中作弊学生占 71%,也就是说自我觉知的降低会破坏道德行为(Diener &

Wallbom，1976）。另外，酒精也会降低人们的自我觉知，从而无法使人们将当前的行为与适当的标准进行比较，因此饮酒的人会做出正常情况下不会做的行为(Hull，1981）。

但是，过度的自我觉知也会削弱自我调节。对自身的过度关注导致个体将自己的行为与相关标准做比较，过多地考虑自己的行为，可能会干扰正常水平的发挥(Baumeister，1984）。过度的自我意识还可能会产生自我破坏行为(Baumeister & Scher，1988）。当自我觉知变得过分强烈和令人厌恶时，人们会将吸烟、喝酒、寻求刺激等自我破坏行为作为降低自我觉知的手段，借此来逃离自我觉知(Baumeister & Scher，1988；Hull & Young，1983）。研究者认为，消极的经历会导致高度的自我觉知，个体为了摆脱这种不良状态，当其他努力失败时，甚至会企图自杀(Baumeister，1990a）。最后，焦虑或抑郁会使个体的注意力长期集中于自己，从而影响个体在具体任务和社会情境中有效监控自身行为的能力(Baumeister，1990b）。当面对失败时，抑郁的个体花更多时间关注自己(Greenberg & Pyszczynski，1986）。个体长期关注自我，集中于真实行为与理想状态之间的差距，而又无法减少这一差距，最终加强了消极的自我看法，使得抑郁的自我关注风格持续下去(Pyszczynski et al.，1989）。

·自我效能

人们关于他们自身能否成功的信念对自我调节过程影响很大，班杜拉称之为自我效能(self-efficacy)(Bandura，1986）。高自我效能的人相信自己有能力完成任务、克服困难、达成目标和获得成功。低自我效能的人不相信自己能够达到目标，怀疑自己的能力。对自己能力和效率的自信可以带来正面的结果，例如更有坚持性，较少焦虑和抑郁，生活更健康，学业成就更高(Bandura et al.，1999；Scheier & Carver，1992）。在日常生活中，自我效能指引人们设定有挑战性的目标，并且在面对困难时更有坚持性(Stajkovic & Luthans，1998）。自我效能是高度具体化的，它控制着对具体能力的具体知觉，随情境不同有所不同，并非一种普遍的信念(Cervone，1997）。并且，自我效能仅仅基于人们的部分实际能力，在任何领域，具有较高自我效能的人并不比较低自我效能的人更有能力(Brown & Arkin，2010）。班杜拉认为，自我说服或有意的吹捧并不能从根本上增加个体的自我效能。自我效能主要来自成功体验。在一些领域，例如减肥、戒烟、提高学习成绩等方面，当通过努力获得成功时，个体的自我效能就会提高(Bandura，1997）。

对自我效能的微妙操纵能够影响行为。在一个研究中，在意识以下给老年人呈现启动词,这些词分为积极和消极的年龄类型词,例如"贤明"、"智慧"、"博学"和"下降"、"遗忘"、"衰老"(Levy,1996)。被试意识以上只是知觉到光的闪烁或模糊的光。但是,积极的启动词会导致被试记忆自我效能的提高,消极的词则会导致被试记忆自我效能的降低。在中国,老年人的形象比较正面,记忆自我效能可能较高,与西方国家通常观察到的随着年老记忆下降相比,似乎记忆下降的程度要低一些(Schacter, Kaszniak, & Kihlstrom, 1991)。

自我效能还需要结合另外一个因素,才更有可能带来积极的后果。罗特(Rotter, 1973)提出了控制点(locus of control)概念,描述人们将结果知觉为由自身的努力和行动内部控制的,还是由运气或外在力量外部控制的程度。罗特设计了一套量表来测量个体的控制点,其中的陈述包括"从长远来看,人们在世界上获得他们应得的尊敬"或"不幸的是,不管人们如何努力,他们的价值都被忽视","发生在我身上的事是我自己所作所为的结果"或"有时候我感觉我对我的生活方面没有足够的控制",等等。被试回答同意或不同意每条陈述的程度。研究发现,那些内部控制点的人,即认为命运由自己控制的人,在学校表现更好,成功停止吸烟,系安全带,直接应对婚姻问题,收入高,并且延迟满足以达到长期目标(Findley & Cooper, 1983; Lefcourt, 1982; Miller et al. , 1986)。

在一项经典研究中,一些狗反复遭受无法逃避的电击,随后它们即使处在可以逃脱的情况下,也被动地忍受电击而不是采取行动帮助自己,表现为完全的动机丧失(Seligman & Maier, 1967)。塞利格曼认为,当有机体控制特定事件的努力多次失败后,将会认为自己无法控制任何事件。他把这种从经验中习得的、认为自己无法控制周围事件的知觉称作习得性无助(learned helplessness)(Seligman, 1975)。塞利格曼等人将动物研究的结果推广到人类,认为控制感对于心理健康非常重要,一旦有过多次无法控制重大事件的经历,个体有可能发展为抑郁(Abramson, Seligman, & Teasdale, 1978)。

研究表明,提供选择可以明显增强个体的控制感(Taylor & Brown, 1988; Rotter, 1966),以及提高内在动机(deCharms, 1968; Deci & Ryan, 1985)。控制感和内在动机又可以带来身体和心理上的好处。当养老院中的老人可以选择是否想养盆植物,以及选择自己喜欢的植物时,一段时间后他们的身体健康状况有所上升(Langer & Rodin, 1976)。对环境有一定的控制权的囚犯,例如可以选择想看的电视频道,可以开关电灯,较少出现健康问题和蓄意破坏举动(Ruback, Carr, & Hopper, 1986)。住在专门机构中的人们如果可以选择早餐吃什么,什么时候去看电影,是否晚睡或早起,那么他们会活得更久和更快乐(Timko & Moos, 1989)。因此,当个体拥有选择的机会时,即便这些选择可能是微不足道、偶然甚至是错觉的,他们也会更快乐,在选定的活动中表现更好以及更满意;而当选择被剥夺时,人们会缺乏内在动机,表现较差以及身体和心理健康水平下降(Dember, Galinsky, & Warm, 1992; Langer & Rodin, 1976; Schulz & Hanusa, 1978; Brehm, 1966)。当人们缺少控制感时,他们更有可能出现错觉的模式知觉,例如在噪声图中看到图像,出现错觉相关和阴谋论,发展出迷信活动(Whitson & Galinsky, 2008)。不过,也有学者认为,自由和选择过多会带来消极后果,导致生活满意度下降和抑郁增加(Schwartz, 2000)。当选项数量从 6 种增加到 24 种时,消费者购买的可能性反而降低,并且其满意度也下降(Iyengar & Lepper, 2000)。这一选择过载(choice overload)效应在不同领域中得以证明,影响人们的满意度、后悔和决策推迟等(Chernev, Böckenholt, & Goodman, 2015)。

·选择、控制感与文化

拥有选择是否有益与人们所在的文化有关。对持有独立自我的个体而言,通过个人选择可以表达自己的喜好和内在属性,因而与内在动机关系密切(Nix et al., 1999)。而对持有相互依赖自我的个体,个人选择没有太大价值,因为个体的目标主要是完成社会义务和维持与所在群体的和谐关系,并且,个人选择甚至可能是一种威胁,尤其当个人的喜好不同于所在群体的喜好时,因此个体可能希望他人为自己做决定(Iyengar & Lepper, 2002)。在一个研究中,研究者要求在日本上学的美国和日本学生列出在一个工作日内做出决定的数量,以及每个决定对自己的重要性(Iyengar & Lepper, 1999)。结果表明美国学生比日本学生知觉到的选择多出 50%,并且他们也认为自己的选择非常重要。在另外的实验研究中,研究者操纵为自己没有选择机会的被试做决定的个体的身份(Iyengar & Lepper, 1999)。在第一个实验中,被试是亚裔和欧裔美国儿童,第一种条件下儿童为自己从 6 个活动中选择一个,第二种条件下由陌生人为儿童从 6 个中选一个,第三种条件下儿童的母亲为他/她从 6 个中选一个。对被试随后的活动成绩和内在动机的比较发现,亚裔儿童在母亲选择时成绩和动机最高,自己选择次之,陌生人选择最差;欧裔儿童在自己选择时成绩和动机最高,母亲和陌生人选择时都较低。第二个实验也证明,对亚裔被试而言,群体内的同伴为他/她做选择时个体的动机最高和学习效果最好,而欧裔被试在自己选择时动机最高和学习效果最好。其他研究同样证实,个人选择对独立自我概念的个体非常重要,而相互依赖自我的个体自己选择和他人选择的差别不大(Heine & Lehman, 1997; Cialdini et al., 1999)。因此,对于西方个人主义文化中的个体,即便是微小、偶然甚至是错觉的选择机会也可以明显提高其内在动机、任务成绩以及身体和心理健康水平(Deci & Ryan, 1985; Langer & Rodin, 1976; Taylor & Brown, 1988)。而集体主义文化中的个体则是在重要的或群内的他人为自己做决定时动机更高,完成任务的成绩也更好(Iyengar & Lepper, 1999)。

· **自我控制**

自我控制(self-control)是指对自身冲动、欲望或习惯反应进行改变、约束和控制,目的是为了实现长远目标(Baumeister & Heatherton, 1996)。自我控制的能力非常重要,有助于个体的适应性功能,例如遵守道德约束、法律、社会规范等规则和制度。良好的自我控制与学业和职业成功、满意的人际关系、身心健康相联系,而缺乏自我控制则与不健康饮食、药物和酒精滥用、暴力和攻击行为、非理性消费等行为相关联(Moffitt et al., 2011; Tangney, Baumeister, & Boone, 2004)。

个体在努力进行一段时间的自我控制之后,自我控制的能力或意愿会降低,这称作自我损耗(ego depletion)(Baumeister et al., 1998)。自我控制的力量模型(strength model)认为,所有的自我控制活动都依赖于共同的资源,而这种资源是有限的(Muraven & Baumeister, 2000)。当先前的自我控制活动将资源消耗殆尽时,就会造成后续的自我控制失败。在经典的自我损耗实验中,需要努力进行自我控制的被试(例如强制自己吃萝卜而不是巧克力曲奇),在随后的难题上坚持的时间更短(Baumeister et al., 1998)。自我损耗会增加各种各样的冲动和去抑制行为：攻击(DeWall et al., 2007)、不当性行为(Gailliot & Baumeister, 2007)、冲动购买(Vohs & Faber, 2007),等等(综述见：Hagger et al., 2010)。不过,自我损耗效应及其有效资源解释在近期受到了一定的质疑(例如：Carter et al., 2015; Inzlicht, Schmeichel, & Macrae, 2014;回应见：Baumeister & Vohs, 2016)。

第5节 自我展示

人是社会性动物,在社会交往中很关注自己给别人留下的印象。人们试图控制给别人留下的印象,努力让他人以自己期望的方式来看待自己,这叫做自我展示(self-presentation),也叫印象管理(impression management),尽管两个概念在某些细微方面存在差异(Goffman, 1959; Schlenker, 1980)。戈夫曼(Goffman, 1959)认为,自我展示就像演戏,人们注意自己的外表、行为表现、使用道具、安排情境、进行预演,努力让周围的人相信自己是某种人。自我展示可以促进社会交往(Goffman, 1959),获得物质或社会奖赏(Jones, 1990),以及说服自己,让自我感觉更好(Schlenker, 1980)。自我展示通常是一种有意的行为,例如在工作面试中有意表现自己努力和尽责,但是,在熟悉的情境下,自我展示可能已经成为习惯(Baumeister,

Hutton, & Tice, 1989)。

自我展示的策略多种多样,琼斯(Jones)指出有五种常见的自我展示策略,分别是逢迎(ingratiation)、自我提升(self-promotion)、威胁(intimidation)、榜样化(exemplification)和哀求(supplication)(Jones, 1990; Jones & Pittman, 1982)。其他自我展示策略还包括谦虚(modesty)、自我妨碍(self-handicapping)等。

· 逢迎

逢迎指的是用奉承和赞美来使别人喜欢自己,特别是让地位比自己高的人喜欢自己(Jones & Wartman, 1973)。通过模仿、恭维和支持他人,可以有效地讨好对方(Jones, 1990)。但是,逢迎过度可能会适得其反,如果逢迎对象感觉到你不真诚,会不相信并讨厌你(Jones, 1964)。不过,多数情况下人们希望自己受欢迎并且被人喜欢,不愿意相信别人表现出来的喜爱是虚假或有目的的,因此只需要稍微狡猾一点,逢迎通常都是很成功的自我展示策略(Jones & Wartman, 1973)。

· 谦虚

一种与逢迎类似的让别人喜欢自己的方式是谦虚,即贬低自己,夸奖他人。而很多时候,人们对外展示的自我与他们真正的自我感觉是不同的,实际上只是虚伪的谦虚。在一个研究中,大学生在公开场合夸奖他们的辩论对手,而在私底下却贬低对方(Gould, Brounstein, & Sigall, 1977)。另一个研究要求大学生写一篇题目为"一次重要的成功经历"的文章,要求一些被试署名并准备当众宣读,另一些被试匿名且不需要宣读(Baumeister & Ilko, 1995)。结果发现,前者经常提到他人的支持和帮助,而匿名者则主要描述自己的努力。当我们胜过别人,并且担心他人对自己的看法,担心自己的成功会让别人怨恨和嫉妒时,我们就会使用这种谦虚的自我展示(Exline & Lobel, 1999)。

· 自我提升

自我提升与逢迎是为了不同的目的,逢迎者希望让别人喜欢,自我提升者希望让别人相信自己的能力(Jones & Pittman, 1982)。自我提升是指传达自己的积极信息,可以通过自己的行为,也可以通过讲述自己的积极事件。很多时候,人们会混合使用逢迎和自我提升两种策略,既让人喜欢,又让人相信自己有能力。人们不仅会展示自己做过的成功事情,还展示自己与成功的、地位较高的、著名人物之间的联系,即便这些联系很微弱或牵强(Cialdini & De Nicholas, 1989)。例如,一个人可能会说他见到过某个明星,或者他与某个领导人物是同乡,或者说他的朋友是富翁,就是试图通过与成功人物的联系来影响别人对他的印象。

但是,自吹自擂容易被认为是骄傲自大,而谦虚是一种受推崇的品质,为此人们可能会采用间接的自我提升策略,例如谦卑自夸(Wittels, 2012)。谦卑自夸(humblebrag)是指掩盖在抱怨或谦虚之下的自我吹捧,在日常生活和社交媒体中很常见。人们相信它是一种有效的自我提升策略,但研究显示谦卑自夸者会被认为是不真诚的,进而引发他人的消极反应(Sezer, Gino, & Norton, 2017)。

·自我妨碍

人们为自己制造障碍和借口,以便在表现不佳时避免被责备和自责的策略,叫做自我妨碍(Baumeister & Scher, 1988)。例如,在期末考试前一天晚上,一些学生可能会熬夜玩乐,第二天睡眼蒙眬地去考试,这样可以将低成绩归因于睡眠不足;一名运动员可能疏于练习,这样可以将失败归因于缺乏练习,而不是能力不足。人们之所以设置障碍来阻碍自己获得成功,目的是后来失败时将失败归因于这些障碍,而不是自己能力不足,从而有效地保护自我形象(Berglas & Jones, 1978)。而如果侥幸获得成功,那么更好,因为在不利的条件下都能够取得好成绩,说明自己格外能干。

进行自我妨碍的策略有两种,一种是行为的自我妨碍(behavioral self-handicapping),即故意制造真正的障碍来降低成功的可能性,例如疲倦、酗酒、药物、减少付出的努力、在重大事情之前不准备,等等(Sharp & Getz, 1996; Deppe & Harackiewicz, 1996)。在一个研究中,给大学生进行所谓的智力测试,他们答出了一些智力难题(Berglas & Jones, 1978)。接下来,告知被试他们得分最高,然后给他们呈现两种药丸,被试必须服用其中的一种,才能继续下面的题目。一种药丸可以促进智力活动,一种药丸则会干扰智力活动。结果发现,多数被试选择的是第二种药丸。

第二种方法是自我报告的阻碍(self-reported handicaps),即用事先准备好的理由来应付万一出现的失败,例如声称自己生病、焦虑、害羞、心情不好、身体不适、创伤性经历,等等(Snyder & Higgins, 1988; Baumgardner, Lake, & Arkin, 1985)。这些理由可以减少失败对自己的负面影响,保护自我形象。在一个研究中,研究者引导被试相信自己将会在接下来的记忆测验中表现很差(Baumgardner, Lake, & Arkin, 1985)。然后,告知一半被试不好的情绪会影响记忆成绩,另一半被试则没有得到关于情绪会影响记忆的信息。最后,所有被试都在测验前报告自己的情绪状况。结果发现,前一组被试比后一组被试报告出的情绪更消极,很可能是因为公开宣称自己情绪不佳可以提前为后面记忆成绩的糟糕表现找借口。

尽管自我妨碍策略在短期内可以保护自我形象不受伤害,但是,习惯性进行自我妨碍的人们更可能采取退缩的策略,更关注消极结果。结果是,他们有糟糕的学习习惯,学业成绩更差,心理调节能力也较差(Zuckerman, Kieffer, & Knee, 1998)。并且,他人并不总是会被一个人的自我妨碍策略所蒙蔽,人们不喜欢那些他们发现正在进行自我妨碍的人(Rhodewalt et al., 1995; Hirt, McCrea, & Boris, 2003)。

·自我展示的个体差异

人们经常进行自我展示,但是对于自己公众形象的关注程度,以及想要表现的形象种类方面,存在显著的个体差异。自我监控(self-monitoring)指的是在较广的生活情境中进行自我展示的倾向(Snyder, 1987)。对某些人而言,有意识的自我展示可能已经是一种生活方式,他们不断监控自己的行为,注意他人的反应,调整自己的行为以达到社会赞许的效果。因此,高自我监控的人不断根据周围环境调整自己的行为,甚至会支持一些自己实际上并不赞成的观点,以与环境合拍(Snyder, 1987; Zanna & Olson, 1982)。低自我监控的人则较少关心别人是怎么想的,更多受自己内在想法的指引,更多按照自己的感觉和信念来说话和行事(McCann & Hancock, 1983)。斯奈德(Snyder)等人编制了一套自我监控量表,见表4.6,用于测量人们在多大程度上监视和控制自己在公众面前的行为(Snyder, 1974)。

表4.6 自我监控量表

请回答如下的问题,并在"是"或"否"上面画圈。

是 否	1. 我发现自己很难模仿别人的行为。
是 否	2. 我的行为通常反映了自己真实的内心体验、态度和信念。
是 否	3. 在聚会或社交场合,我不会试图说或做一些讨别人喜欢的事。
是 否	4. 我只会为自己相信的观点辩护。
是 否	5. 我可以针对一些我一无所知的主题发表即兴演说。
是 否	6. 我认为自己只不过是在演戏,并以此打动或取悦别人。
是 否	7. 当对自己的行为没有把握时,我会通过观察别人的行为来寻找线索。
是 否	8. 我可能会成为一名好演员。
是 否	9. 我很少根据朋友的意见来选择电影、图书或音乐。
是 否	10. 我有时会向别人表达出比实际更深刻的情绪体验。
是 否	11. 相对于独自一人,和别人在一起时看喜剧我更容易发笑。

是	否	12. 在人群中,我很少成为注意的焦点。
是	否	13. 在不同的情境中或者与不同的人在一起,我的行为方式会完全不同。
是	否	14. 我并不特别擅长讨别人喜欢。
是	否	15. 即使我觉得很无聊,我也装得很高兴。
是	否	16. 我并不总是我看起来的那个样子。
是	否	17. 我不会改变自己的观点或行为来取悦别人或者赢得他们的喜爱。
是	否	18. 我曾经考虑过做一个演艺人士。
是	否	19. 为了能够友好相处并被人喜欢,我倾向于成为人们所期望的样子。
是	否	20. 我从不擅长看手势猜字谜,以及即兴表演之类的游戏。
是	否	21. 我不太会改变自己的行为来适应不同的人和环境。
是	否	22. 在聚会时,我不会打断别人的欢笑和故事。
是	否	23. 和人在一起的时候我总感觉有些尴尬,表现也不如实际那么好。
是	否	24. 如果为了一个好结果,我可以看着别人的眼睛若无其事地说谎。
是	否	25. 即使我非常不喜欢别人,我也会装得很友好。

注:在 5、6、7、8、10、11、13、15、16、18、19、24、25 上回答"是"得 1 分,在 1、2、3、4、9、12、14、17、20、21、22、23 上回答"否"也得 1 分。将总分相加,得分在 12 分或以下表示低自我监控,得分在 13 分或以上表示高自我监控(Snyder, 1974)。

自我监控的个体差异影响很多社会行为。与低自我监控的人相比,高自我监控者更多关注他人在社会情境中的行为方式,更喜欢提供了明确行为指导的社会情境,对那些看重公众行为的职业(例如表演、销售和公共关系等)更感兴趣,在察言观色方面更老练,更擅长与拥有各种心情的人沟通,态度和公共行为的一致性程度更低,更可能有很多不同类型的、分别适合不同活动的朋友(Snyder, 1979, 1987)。

另一个衡量自我展示个体差异的概念是外向性自我意识(public self-consciousness),即个体关注自己公开的、可观察到的一面的程度,见表 4.7 的外向性自我意识量表(Fenigstein, Scheier, & Buss, 1975)。外向性自我意识高的个体高度意识到自己作为社会实体的一面,对自己的公众形象考虑很多。外向性自我意识低的个体很少意识到自己作为社会实体的一面,很少考虑自己的公众形象(Scheier & Carver, 1982)。自我监控得分高的人往往外向性自我意识的得分也高,二者具有很多共同特征(Tomarelli & Shaffer, 1985)。不过,这两个概念还是存在区别的,自我监控是动机取向的,高自我监控的人非常希望成为适合情境的人,而外向性自我意识不是动机取向的,高分者不一定想成为适合情境的人,他们只是注意到了自己处在社会情境中。另一个重要区别是,自我监控高的人喜欢社会交往场合,让他们有机会展示自己的行为技巧,而外向性自我意识高的人不一定会四处寻找"表演"的机会(Brown & Arkin, 2010)。

表 4.7　外向性自我意识量表

判断下列陈述在多大程度上描述了你的特征,并在相应的数字上画圈。
0(特别不像)　1　2　3　4(特别像)

(1) 我关注自己的做事风格。　　　　　　0　1　2　3　4
(2) 我关注展示自己的方式。　　　　　　0　1　2　3　4
(3) 我能意识到自己看待问题的方式。　　0　1　2　3　4
(4) 我总是担心不能塑造一个好的印象。　0　1　2　3　4
(5) 我出门前的最后一件事就是照镜子。　0　1　2　3　4
(6) 我关注别人如何看待我。　　　　　　0　1　2　3　4
(7) 我总是能注意到自己的外表。　　　　0　1　2　3　4

注:把所有 7 个条目的得分相加,得分越高,外向性自我意识越强(Fenigstein, Scheier, & Buss, 1975)。

小结

1. 自我概念是指人们对自己是什么样的人的认识,自尊则是指人们对自己的评价。

2. 自我概念的基本成分是自我图式,它是一种认知结构,帮助人们组织关于自身的信息。人们对与自己有关的信息的加工和记忆更有效的倾向,这叫做自我参照效应。

3. 自我概念还包括未来可能成为自我概念组成部分的描述。真实的自我与我们希望成为的自我之间的差距导致抑郁相关的情绪,真实的自我与我们应该成为的自我之间的差距引发焦虑相关的情绪。

4. 个人主义文化中的人们持有独立的自我,他们以自己内在的想法、感受和行为来定义自我。集体主义文化中的人们持有相互依赖的自我,他们以自己与他人的关系来定义自我。

5. 关系性相互依赖的程度女性比男性高,女性更重视亲密关系,男性更关心群体成员身份。

6. 自我认识的来源多种多样,包括物理世界,我们的角色和社会身份,我们与他人的比较,其他人对我们的评价,对自己的内省和自我知觉,所处的文化,等等。

7. 费斯廷格提出社会比较理论,认为人们将自己与他人进行比较来得知自己的能力和态度。他认为人们有准确评估自己的需要,当不确定自身能力和表现时,会与类似的人进行比较以确定自己的水平。

8. 一些研究证据支持社会比较理论,但是也需要必要的修正,准确认识自己只是社会比较的原因之一,自我增强和自我提升是另外两个常见的比较原因。与比自己差的人比较可以让自己感觉良好,与比自己强的人比较可以得知自己能够预期的理想水平。

9. 人们还根据知觉到的他人对自己的评价来认识自己,不一定与他人对自己的实际评价相吻合。

10. 内省即思考自己,是另一种认识自我的方式,但并不经常进行。而且,内省的准确性存在一些问题。例如,人们对自身情感、想法和行为原因的分析往往并不准确,在预测自己未来的行为和情感时也经常出现偏差或错误。

11. 当注意力转向自己时,个体处于自我觉知状态。内向性自我意识量表可以用来测量自我觉知的个体差异。

12. 当我们的态度和感受处于不确定或模棱两可时,我们会观察自己的行为和该行为发生时的情境,借此来推测自己的态度和感受,这叫做自我知觉。

13. 驱使人们认识自己的动机包括准确性动机、一致性动机和自我增强动机。一些研究者认为自我增强是人们的普遍需要。自我增强的程度存在文化差异,但是具体原因仍有争论。某些自我增强测量的文化差异小于另一些,或未发现文化差异。

14. 有时候,自尊是用来描述人们通常是如何看待自己的,即整体自尊或特质自尊。有时候,自尊是指个体对自己的局部特征的评价。自尊还可以用来指代瞬间的情绪状态,特别是由好的或坏的结果所引发的情绪,即状态自尊。

15. 罗森伯格的自尊量表经常被用来测量人们的整体自尊。但是,自我报告法无法测量人们的内隐自尊。内隐联想测验是测量内隐自尊的较新方法。集体主义文化中的被试的外显自尊水平低于个人主义中的被试,但是内隐自尊的水平没有文化差异。

16. 多数人的自尊偏高,表现在多个方面。包括自利性归因,认为自己好于平均水平,过度乐观,以及虚假普遍性和虚假独特性。

17. 一些研究者认为,大部分人的自我认识比真实情况更积极,称作积极错觉。他们认为,正确认识自己并非心理健康的必要条件,相反,积极错觉有助于心理健康。

18. 自我复杂性指的是人们在自我的组成结构的复杂程度上的个体差异。在遭遇失败时,高的自我复杂性可以起到缓冲作用。

19. 在特定时刻和特定情境,只有部分自我概念被激活,这称作工作自我概念。个人因素和情境因素都会影响自我概念的激活。

20. 当个体的注意力转向自己时,会将自身状态与某种标准进行比较,导致积极或消极情绪。面对现状与标准的差异,个体可以使自己与标准相一致,也可以将注意力从自己转向外部环境。

21. 自我效能是指人们对自己能力和效率的自信,它是对具体能力的知觉。自我效能影响心理健康、坚持性、学业和工作成绩。

22. 人们将事件知觉为内部控制或是外部控制的程度存在个体差异。对周围事件的控制感对心理健康非常重要。在个人主义文化中,拥有个人选择权可以提高控制感,带来多种益处。在集体主义文化中,个体在内群体成员为自己做决定时表现更好。

23. 自我控制是指对自身冲动、欲望或习惯反应进行改变、约束和控制,目的是为了实现长远目标。个体在努力进行一段时间的自我控制之后,自我控制的能力或意愿会降低,这称作自我损耗。

24. 人们试图控制给别人留下的印象,努力让他人以自己期望的方式来看待自己,这叫做自我展示。自我展示的策略包括逢迎、谦虚、自我提升、自我妨碍等。

25. 人们为自己制造障碍和借口,以便在表现不佳时避免被责备和自责的策略,叫做自我妨碍。一种方法是制造真正的障碍来进行行为上的自我妨碍,另一种方法是用事先准备好的理由来进行自我报告的妨碍。

26. 人们进行自我展示的程度存在个体差异,自我监控和外向性自我意识可以衡量自我展示的个体差异。

参考文献

Abramson, L. Y., Seligman, M. E., & Teasdale, J. D. (1978). Learned helplessness in humans: Critiques and reformulation. *Journal of Abnormal Psychology*, 87, 49–74.

Alloy, L. B., & Abramson, L. Y. (1988). Depressive realism: Four theoretical perspectives. In L. B. Alloy (Ed.), *Cognitive processes in depression* (pp. 223–265). New York: Guilford.

Amodio, D. M., & Frith, C. D. (2006). Meeting of minds: The medial frontal cortex and social cognition. *Nature Reviews Neuroscience*, 7, 268–277.

Aronson, E. (1968). Dissonance theory: Progress and problems. In R. P. Abelson, E. Aronson, W. J. McGuire, T. M. Newcomb, M. J. Rosenberg, & P. H. Tannenbaum (Eds.), *Theories of cognitive consistency: A sourcebook* (pp. 5–27). Skokie, IL: Rand McNally.

Aronson, E., Wilson, T. D., & Akert, R. M. (2004). *Social Psychology* (5th edition). Upper Saddle River: Prentice Hall.

Averill, J. R. (1973). Personal control over aversive stimuli and its relationship to stress. *Psychological Bulletin*, 80, 286–303.

Baker, L. A., & Emery, R. E. (1993). When every relationship is above average:

Perceptions and expectations of divorce at the time of marriage. *Law and Human Behavior*, 17,439-450.

Baldwin, M. W. , Carrell, S. E. , & Lopez, D. F. (1990). Priming relationship schemas: My advisor and the Pope are watching me from the back of my mind. *Journal of Experimental Social Psychology*, 26,435-454.

Bandura, A. (1986). *Social foundations of thought and action*. Englewood Cliffs, NJ: Prentice Hall.

Bandura, A. (1997). *Self-efficacy: The exercise of control*. New York: Freeman.

Bandura, A. , Pastorelli, C. , Barbaranelli, C. , & Caprara, G. V. (1999). Self-efficacy pathways to childhood depression. *Journal of Personality and Social Psychology*, 76,258-269.

Baumeister, R. F. (1984). Choking under pressure: Self-consciousness and paradoxical effects of incentives on skillful performance. *Journal of Personality and Social Psychology*, 46,610-620.

Baumeister, R. F. (1990a). Suicide as escape from self. *Psychological Review*, 97, 90-113.

Baumeister, R. F. (1990b). Anxiety and deconstruction: On escaping the self. In J. M. Olson & M. P. Zanna (Eds.), *Self-inference processes: The Ontario Symposium* (Vol. 6, pp. 259-291). Hillsdale, NJ: Erlbaum.

Baumeister, R. F. , & Heatherton, T. F. (1996). Self-regulation failure: An overview. *Psychological Inquiry*, 7,1-15.

Baumeister, R. F. , & Ilko, S. A. (1995). Shallow gratitude: Public and private acknowledgement of external help in accounts of success. *Basic and Applied Social Psychology*, 16,191-209.

Baumeister, R. F. , & Scher, S. J. (1988). Self-defeating behavior patterns among normal individuals: Review and analysis of common self-destructive tendencies. *Psychological Bulletin*, 104,3-22.

Baumeister, R. F. , & Vohs, K. D. (2016). Strength model of self-regulation as limited resource: Assessment, controversies, updates. In J. Olson and M. Zanna (Eds.), *Advances in Experimental Social Psychology* (Vol. 54, pp. 67-127). Cambridge, MA: Academic Press.

Baumeister, R. F. , Bratslavsky, E. , Muraven, M. , & Tice, D. M. (1998). Ego depletion: Is the active self a limited resource? *Journal of Personality and Social Psychology*, 74,1252-1265.

Baumeister, R. F. , Campbell, J. D. , Krueger, J. I. , & Vohs, K. D. (2003). Does high self-esteem cause better performance, interpersonal success, happiness, or healthier lifestyles? *Psychological Science in the Public Interest*, 4,1-44.

Baumeister, R. F. , Heatherton, T. F. , & Tice, D. M. (1993). When ego threats lead to self-regulation failure: Negative consequences of high self-esteem. *Journal of Personality and Social Psychology*, 64,141-156.

Baumeister, R. F. , Hutton, D. G. , & Tice, D. M. (1989). Cognitive processes during deliberate self-presentation: How self-presenters alter and misinterpret the behavior of their interaction partners. *Journal of Experimental Social Psychology*, 25, 59–78.

Baumgardner, A. H., Lake, E. A., & Arkin, R. M. (1985). Claiming mood as a self-handicap. *Personality and Social Psychology Bulletin*, 11, 349–357.

Bem, D. J. (1972). Self-perception theory. In L. Berkowitz (Ed.), *Advances in experimental social psychology* (Vol. 6, pp. 1–62). New York: Academic Press.

Berglas, S., & Jones, E. E. (1978). Drug choice as a self-handicapping strategy in response to noncontigent success. *Journal of Personality and Social Psychology*, 36, 405–417.

Blanton, H., Buunk, B. P., Gibbons, F. X., & Kuyper, H. (1999). When better-than-others compare upward: Choice of comparison and comparative evaluation as independent predictors of academic performance. *Journal of Personality and Social Psychology*, 76, 420–430.

Bosson, J. K., Swann, W. B., & Pennebaker, J. W. (2000). Stalking the perfect measure of implicit self-esteem: the blind and the elephant revisited? *Journal of Personality and Social Psychology*, 79, 631–643.

Brehm, J. W. (1966). *A theory of psychological reactance*. New York: Academic Press.

Brown, G. W., Andrews, B., Harris, T. O., Adler, Z., & Bridge, L. (1986). Social support, self-esteem, and depression. *Psychological Medicine*, 16, 813–831.

Brown, J. D. (1993). Self-esteem and self-evaluation: Feeling is believing. In J. Suls (Ed.), *Psychological perspective on the self* (Vol. 4, pp. 27–58). Hillsdale, NJ: Lawrence Erlbaum Associates.

Brown, J. D., & Arkin, R. M. (2010). *The self* (2nd edition). New York: Psychology Press.

Brown, J. D., & Dutton, K. A. (1995). The thrill of victory, the complexity of defeat: Self-esteem and people's emotional reactions to success and failure. *Journal of Personality and Social Psychology*, 68, 712–722.

Brown, J. D., & Kobayashi, C. (2002). Self-enhancement in Japan and America. *Asian Journal of Social Psychology*, 5, 145–168.

Brown, J. D., & Mankowski, T. A., (1993). Self-esteem, mood, and self-evaluation: Changes in mood and the way you see you. *Journal of Personality and Social Psychology*, 64, 421–430.

Brown, J. D., & Smart, S. A. (1991). The self and social conduct: Linking self-representations to prosocial behavior. *Journal of Personality and Social Psychology*, 60, 368–375.

Brown, J. D., & Taylor, S. E. (1986). Affect and the processing of personal information: Evidence for mood-activated self-schemata. *Journal of Experimental Social Psychology*, 22, 436–452.

Brown, J. D., Dutton, K. A., & Cook, K. E. (2001). From the top down: Self-esteem and self-evaluation. *Cognition and Emotion*, 15, 615–631.

Buechel, E., Zhang, J., & Morewedge, C. (2017). Impact bias or underestimation? Outcome specifications predict the direction of affective forecasting errors. *Journal of Experimental Psychology: General*, 146, 746–761.

Bushman, B. J., & Baumeister, R. F. (1998). Threatened egotism, narcissism, self-esteem, and direct and displaced aggression: Does self-love or self-hate lead to violence? *Journal of Personality and Social Psychology*, 75, 219–229.

Butler, A. C., Hokanson, J. E., & Flynn, H. A. (1994). A comparison of self-esteem liability and low trait self-esteem as vulnerability factors for depression. *Journal of Personality and Social Psychology*, 66, 166–177.

Campbell, J. D., & Fehr, B. (1990). Self-esteem and perceptions of conveyed impressions: Is negative affectivity associated with greater realism? *Journal of Personality and Social Psychology*, 58, 122–133.

Campbell, W. K., & Sedikides, C. (1999). Self-threat magnifies the self-serving bias: A meta-analytic integration. *Review of General Psychology*, 3, 23–43.

Campbell, W. K., Rudich, E. A., & Sedikides, C. (2002). Narcissism, self-esteem, and the positivity of self-views: Two portraits of self-love. *Personality and Social Psychology Bulletin*, 28, 358–368.

Carter, E. C., Kofler, L. M., Forster, D. E., & McCullough, M. E. (2015). A series of meta-analytic tests of the depletion effect: Self-control does not seem to rely on a limited resource. *Journal of Experimental Psychology: General*, 144, 796–815.

Carver, C. S., & Scheier, M. F. (1981). *Attention and self-regulation: A control-theory approach to human behavior*. New York: Springer-Verlag.

Carver, C. S., & Scheier, M. F. (1982a). Outcome expectancy, locus of attribution for expectancy, and self-directed attention as determinants of evaluations and performance. *Journal of Experimental Social Psychology*, 18, 184–200.

Carver, C. S., & Scheier, M. F. (1982b). Control theory: A useful framework for personality-social, clinical, and health psychology. *Psychological Bulletin*, 92, 111–135.

Carver, C. S., Blaney, P. H., & Scheier, M. F. (1979). Reassertion and giving up: The interactive role of self-directed attention and outcome expectancy. *Journal of Personality and Social Psychology*, 37, 1859–1870.

Carver, C. S., Pozo, C., Harris, S. D., Noriega, V., Scheier, M. F., Robinson, D. S., Ketcham, A. S., Moffat, F. L., Jr., & Clark, K. C. (1993). How coping mediates the effects of optimism on distress: A study of women with early stage breast cancer. *Journal of Personality and Social Psychology*, 65, 375–390.

Cervone, D. (1997). Social-cognitive mechanisms and personality coherence: Self-knowledge, situational beliefs, and cross-situational coherence in perceived self-efficacy. *Psychological Science*, 8, 43–50.

Chernev, A., Böckenholt, U., & Goodman, J. (2015). Choice overload: A conceptual review and meta-analysis. *Journal of Consumer Psychology*, 25, 333–358.

Choi, I., Nisbett, R. E., & Norenzayan, A. (1999). Causal attribution across cultures: Variation and universality. *Psychological Bulletin*, 125, 47–63.

Cialdini, R. B., & De Nicholas, M. E. (1989). Self-presentation by association. *Journal of Personality and Social Psychology*, 57, 626 – 631.

Cialdini, R. B., Wosinska, W., Barrett, D. W., Butner, J., & Gornik-Durose, M. (1999). Compliance with a request in two cultures: The differential influence of social proof and commitment/consistency on collectivists and individualists. *Personality and Social Psychology Bulletin*, 25, 1242 – 1253.

Cooley, C. H. (1902). *Human nature and the social order*. New York: Schocken Books.

Crocker, J., & Wolfe, C. T. (2001). Contingencies of self-worth. *Psychological Review*, 108, 593 – 623.

Cross, S. E., & Madson, L. (1997). Models of the self: Self-construals and gender. *Psychological Bulletin*, 122, 5 – 37.

Cross, S. E., Bacon, P. L., & Morris, M. L. (2000). The relational-interdependent self-construal and the relationships. *Journal of Personality and Social Psychology*, 78, 791 – 808.

Cross, S. E., Liao, M-H., & Josephs, R. (1992). A cross-cultural test of the self-evaluation maintenance model. *Paper presented at the American Psychological Association convention*.

Csikszentmihalyi, M., & Figurski, T. J. (1982). Self-awareness and aversive experience in everyday life. *Journal of Personality*, 50, 15 – 28.

Davidson, L. R., & Duberman, L. (1982). Friendship: Communication and interpersonal patterns in same-sex dyads. *Sex Roles*, 8, 809 – 822.

Deaux, K., & LaFrance, M. (1998). Gender. In D. T. Gilbert, S. T. Fiske, & G. Lindzey (Eds.), *The handbook of social psychology* (4th ed., Vol. 1, pp. 788 – 828). New York: McGraw-Hill.

deCharms, R. (1968). *Personal causation*. New York: Academic Press.

Deci, E. L., & Ryan, R. M. (1985). *Intrinsic motivation and self-determination in human behavior*. New York: Plenum.

Dember, W. N., Galinsky, T. L., & Warm, J. S. (1992). The role of choice in vigilance performance. *Bulletin of Psychonomic Society*, 30, 201 – 204.

Deppe, R. K., & Harackiewicz, J. M. (1996). Self-handicapping and intrinsic motivation: Buffering intrinsic motivation from the threat of failure. *Journal of Personality and Social Psychology*, 70, 868 – 876.

DeWall, C., Baumeister, R., Stillman, T., & Gailliot, M. (2007). Violence restrained: Effects of self-regulation and its depletion on aggression. *Journal of Experimental Social Psychology*, 43, 62 – 76.

Diener, E., & Wallbom, M. (1976). Effects of self-awareness on antinormative behavior. *Journal of Research in Personality*, 10, 413 – 423.

Donahue, E. M., Robins, R. W., Roberts, B. W., & John, O. P. (1993). The divided self: Concurrent and longitudinal effects of psychological adjustment and social roles on self-concept differentiation. *Journal of Personality and Social Psychology*, 64,

834-846.

Dutton, D. G., & Aron, A. P. (1974). Some evidence for heightened sexual attraction under conditions of high anxiety. *Journal of Personality and Social Psychology*, 30,510-517.

Dutton, K. A., & Brown, J. D. (1997). Global self-esteem and specific self-views as determinants of people's reactions to success and failure. *Journal of Personality and Social Psychology*, 73,139-148.

Duval, T. S., & Wicklund, R. A. (1972). *A theory of objective self-awareness*. New York: Academic Press.

Duval, T. S., & Silvia, P. J. (2002). Self-awareness, probability of improvement, and the self-serving bias. *Journal of Personality and Social Psychology*, 82,49-61.

Dweck, C. S., & Leggett, E. L. (1988). A social-cognitive approach to motivation and personality. *Psychological Review*, 95,256-273.

Egloff, B., & Schmukle, S. (2002). Predictive validity of an implicit association test for assessing anxiety. *Journal of Personality and Social Psychology*, 83,1441-1455.

Epley, N., & Dunning, D. (2000). Feeling 'holier than thou': Are self-serving assessments produced by errors in self- or other prediction? *Journal of Personality and Social Psychology*, 79,861-875.

Exline, J. J., & Lobel, M. (1999). The perils of outperformance: Sensitivity about being the target of a threatening upward comparison. *Psychological Bulletin*, 125,307-337.

Felson, R. B. (1993). The (somewhat) social self: How others affect self-appraisals. In J. Suls (Ed.), *Psychological perspectives on the self* (Vol. 4, pp. 1-27). Hillsdale, NJ: Lawrence Erlbaum Associates.

Felson, R. B., & Reed, M. D. (1986). Reference groups and self-appraisals of academic ability and performance. *Social Psychology Quarterly*, 49,103-109.

Fenigstein, A., Scheier, M. F., & Buss, A. H. (1975). Public and private self-consciousness: Assessment and theory. *Journal of Consulting and Clinical Psychology*, 43,522-527.

Festinger, L. (1954). A theory of social comparison processes. *Human Relations*, 7,117-140.

Festinger, L. (1957). *A theory of cognitive dissonance*. Stanford, CA: Stanford University Press.

Findley, M. J., & Cooper, H. M. (1983). Locus of control and academic achievement: A literature review. *Journal of Personality and Social Psychology*, 44,419-427.

Gabriel, S., & Gardner, W. L. (1999). Are there "his" and "hers" types of interdependence? The implications of gender differences in collective versus relational interdependence for affect, behavior, and cognition. *Journal of Personality and Social Psychology*, 77,642-655.

Gailliot, M. T., & Baumeister, R. F. (2007). The physiology of willpower: Linking blood glucose to self-control. *Personality and Social Psychology Review*, 11,303-327.

Gavanski, I., & Hoffman, C. (1987). Awareness of influences on one's own judgments: The roles of covariation detection and attention to the judgment process. *Journal of Personality and Social Psychology*, 52,453 - 463.

Gawande, A. (2002). *Complications: A surgeon's notes on an imperfect science*. New York: Metropolitan Books, Holt and Company.

Gibson, B., & Sanbonmatsu, D. M. (2004). Optimism, pessimism, and gambling: The downside of optimism. *Personality and Social Psychology Bulletin*, 30,149 - 160.

Gilbert, D. T., & Ebert, J. E. (2002). Decisions and revisions: The affective forecasting of changeable outcomes. *Journal of Personality and Social Psychology*, 82, 503 - 514.

Gilbert, D. T., Lieberman, M. D., Morewedge, C. K., & Wilson, T. D. (2004). The peculiar longevity of things not so bad. *Psychological Science*, 15,14 - 19.

Gilbert, D. T., Pinel, E. C., Wilson, T. D., Blumberg, S. J., & Wheatley, T. P. (1998). Immune neglect: A source of durability bias in affective forecasting. *Journal of Personality and Social Psychology*, 75,617 - 638.

Gilovich, T., Medvec, V. H., & Savitsky, K. (2000). The spotlight effect in social judgment: An egocentric bias in estimates of the salience of one's own actions and appearance. *Journal of Personality and Social Psychology*, 78,211 - 222.

Goethals, G. R., Messick, D. M., & Allison, S. T. (1991). The uniqueness bias: Studies of constructive social comparison. In J. Suls & T. A. Wills (Eds.), *Social comparison: Contemporary theory and research*. Hillsdale, NJ: Erlbaum.

Goffman, E. (1959). *The presentation of self in everyday life*. Garden City, NY: Doubleday.

Gould, R., Brounstein, P. J., & Sigall, H. (1977). Attributing ability to an opponent: Public aggrandizement and private denigration. *Sociometry*, 40,254 - 261.

Greenberg, J., & Pyszczynski, T. (1986). Persistent high self-focus after failure and low self-focus after success: The depressive self-focusing style. *Journal of Personality and Social Psychology*, 50,1039 - 1044.

Greenberg, J., Pyszczynski, T., & Solomon, S. (1986). The causes and consequences of a need for self-esteem: A terror management theory. In R. F. Baumeister (Ed.), *Public self and private self* (pp. 189 - 212). New York: Springer-Verlag.

Greenberg, J., Solomon, S., Pyszczynski, T., Rosenblatt, A., Burling, J., Lyon, D., Simon, L., & Pinel, E. (1992). Why do people need self-esteem? Converging evidence that self-esteem serves an anxiety-buffering function. *Journal of Personality and Social Psychology*, 63,913 - 922.

Greenwald, A. G. (1980). The totalitarian ego: Fabrication and revision of personal history. *American Psychologist*, 35,603 - 618.

Greenwald, A. G. (1981). Self and memory. *The Psychology of Learning and Motivation*, 15,201 - 236.

Greenwald, A. G., & Banaji, M. R. (1989). The self as a memory system:

Powerful but ordinary. *Journal of Personality and Social Psychology*, 57,41-54.

Greenwald, A. G., & Banaji, M. R. (1995). Implicit social cognition: Attitudes, self-esteem, and stereotypes. *Psychological Review*, 102,4-27.

Greenwald, A. G., & Farnham, S. D. (2000). Using the Implicit Association Test to measure self-esteem and self-concept. *Journal of Personality and Social Psychology*, 79,1022-1038.

Greenwald, A. G., McGhee, D. E., & Schwartz, J. L. K. (1998). Measuring individual differences in implicit cognition: The implicit association test. *Journal of Personality and Social Psychology*, 74,1464-1480.

Hagger, M. S., Wood, C., Stiff, C., & Chatzisarantis, N. L. (2010). Ego depletion and the strength model of self-control: A meta-analysis. *Psychological Bulletin*, 136,495-525.

Han, S., Northoff, G., Vogeley, K., Wexler, B. E., Kitayama, S., & Varnum, M. E. W. (2013). A cultural neuroscience approach to the biosocial nature of the human brain. *Annual Review of Psychology*, 64,335-359.

Harmon-Jones, E., Simon, L., Greenberg, J., Pyszczynski, T., Solomon, S., & McGregor, H. (1997). Terror management theory and self-esteem: Evidence that increased self-esteem reduces mortality salience effects. *Journal of Personality and Social Psychology*, 72,24-36.

Harter, S. (1986). Processes underlying the construction, maintenance, and enhancement of the self-concept in children. In J. Suls & A. G. Greenwald (Eds.), *Psychological perspective on the self* (Vol. 3, pp. 137-181). Hillsdale, NJ: Lawrence Erlbaum Associates.

Headey, B., & Wearing, A. (1987). The sense of relative superiority-central to well-being. *Social Indicators Research*, 20,497-516.

Heine, S. J., & Hamamura, T. (2007). In search of East Asian self-enhancement. *Personality and Social Psychology Review*, 11,1-24.

Heine, S. J., & Lehman, D. R. (1995). Cultural variation in unrealistic optimism: Does the West feel more invulnerable than the East? *Journal of Personality and Social Psychology*, 68,595-607.

Heine, S. J., & Lehman, D. R. (1997). Culture, dissonance, and self-affirmation. *Personality and Social Psychology Bulletin*, 23,389-400.

Heine, S. J., Lehman, D. R., Markus, H. R., & Kitayama, S. (1999). Is there a universal need for positive self-regard? *Psychological Review*, 106,766-794.

Helmreich, R., & Stapp, J. (1974). Short forms of the Texas Social Behavior Inventory (TSBI), an objective measure of self-esteem. *Bulletin of the Psychonomic Society*, 4,473-475.

Higgins, E. T. (1987). Self-discrepancy: A theory relating self and affect. *Psychological Review*, 94,319-340.

Higgins, E. T. (1989). Continuities and discontinuities in self-regulatory and self-evaluative processes: A developmental theory relating self and affect. *Journal of*

Personality, 57, 407–444.

Higgins, E. T., & Bargh, J. A. (1987). Social cognition and social perception. *Annual Review of Psychology*, 38, 369–425.

Higgins, E. T., Roney, C. J. R., Crowe, E., & Hymes, C. (1994). Ideal versus ought predilections for approach and avoidance: Distinct self-regulatory systems. *Journal of Personality and Social Psychology*, 66, 276–286.

Higgins, E. T., Shah, J., & Friedman, R. (1997). Emotional responses to goal attainment: Strength of regulatory focus as moderator. *Journal of Personality and Social Psychology*, 72, 515–525.

Hill, T., Smith, N. D., & Lewicki, P. (1989). The development of self-image bias: A real-world demonstration. *Personality and Social Psychology Bulletin*, 15, 205–211.

Hirt, E. R., McCrea, S. M., & Boris, H. I. (2003). "I know you self-handicapped last exam": Gender differences in reactions to self-handicapping. *Journal of Personality and Social Psychology*, 84, 177–193.

Hull, J. G. (1981). A self-awareness model of the causes and effects of alcohol consumption. *Journal of Abnormal Psychology*, 90, 586–600.

Hull, J. G., & Young, R. D. (1983). Self-consciousness, self-esteem, and success-failure as determinants of alcohol consumption in male social drinkers. *Journal of Personality and Social Psychology*, 44, 1097–1109.

Inzlicht, M., Schmeichel, B. J., & Macrae, C. N. (2014). Why self-control seems (but may not be) limited. *Trends in Cognitive Sciences*, 18, 127–133.

Iyengar, S. S., & Lepper, M. R. (2002). Choice and its consequences: On the costs and benefits of self-determination. In Tesser, A. (Ed.), *Self and motivation: Emerging psychological perspectives* (pp. 71–96). Washington D. C.: American Psychological Association.

Iyengar, S. S., & Lepper, M. R. (1999). Rethinking the value of choice: A cultural perspective on intrinsic motivation. *Journal of Personality and Social Psychology*, 76, 349–366.

Iyengar, S. S., & Lepper, M. R. (2000). When choice is demotivating: Can one desire too much of a good thing? *Journal of Personality and Social Psychology*, 79, 995–1006.

Jahoda, M. (1958). *Current concepts of positive mental health*. New York: Basic Books.

Jones, E. E. (1964). *Ingratiation: A social psychological analysis*. New York: Appleton-Century-Crofts.

Jones, E. E. (1990). *Interpersonal perception*. New York: W. H. Freeman.

Jones, E. E., & Pittman, T. S. (1982). Toward a general theory of strategic self-presentation. In J. Suls (Ed.), *Psychological perspectives on the self* (Vol. 1, pp. 231–262). Hillsdale, NJ: Lawrence Erlbaum Associates.

Jones, E. E., & Wartman, C. (1973). *Ingratiation: An attributional approach*. Morristown, NJ: General Learning Press.

Jourard, S. M., & Landsman, T. (1980). *Healthy personality: An approach from *the viewpoint of humanistic psychology* (4th ed.). New York: Macmillan.

Jussim, L., Soffin, S., Brown, R., Ley, J., & Kohlhepp, K. (1992). Understanding reactions to feedback by integrating ideas from symbolic interactionism and cognitive evaluation theory. *Journal of Personality and Social Psychology*, 62,402 - 421.

Kahneman, D., Krueger, A. B., Schkade, D., Schwarz, N., & Stone, A. A. (2006). Would you be happier if you were richer? A focusing illusion. *Science*, 312,1908 - 1910.

Kanagawa, C., Cross, S. E., & Markus, H. R. (2001). Who am I? The cultural psychology of the conceptual self. *Personality and Social Psychology Bulletin*, 27,90 - 103.

Keenan, J. M., & Baillet, S. D. (1980). Memory for personally and socially significant events. In R. S. Nickerson (Ed.), *Attention and performance* (Vol. 8, pp. 651 - 669). Hillsdale, NJ: Lawrence Erlbaum Associates.

Kenny, D. A., & DePaulo, B. M. (1993). Do people know how others view them? An empirical and theoretical account. *Psychological Bulletin*, 114,145 - 161.

Kinch, J. W. (1963). A formalized theory of the self-concept. *American Journal of Sociology*, 68,481 - 486.

Kingdon, J. W. (1967). Politicians' beliefs about voters. *The American Political Science Review*, 61,137 - 145.

Kitayama, S., & Markus, H. R. (2000). The pursuit of happiness and the realization of sympathy: Cultural patterns of self, social relations, and well-being. In E. Diener & E. M. Suh (Eds.), *Subjective well-being across cultures*. Cambridge, MA: MIT Press.

Kitayama, S., & Rarasawa, M. (1997). Implicit self-esteem in Japan: Name letters and birthday numbers. *Personality and Social Psychology Bulletin*, 23,736 - 742.

Kitayama, S., & Uskul, A. K. (2011). Culture, mind, and the brain: Current evidence and future directions. *Annual Review of Psychology*, 62,419 - 449.

Kitayama, S., Markus, H., Tummala, P., Kurokawa, M., & Kato, K. (1990). Culture and self-cognition. Unpublished manuscript.

Klein, S. B., & Loftus, J. (1988). The nature of self-referent encoding: The contributions of elaborative and organizational process. *Journal of Personality and Social Psychology*, 55,5 - 11.

Kobayashi, C., & Greenwald, A. G. (2003). Implicit-explicit differences in self-enhancement for Americans and Japanese. *Journal of Cross-Cultural Psychology*, 34, 522 - 541.

Kramer, P. D. (1993). *Listening to Prozac*. New York: Penguin Books.

Krueger, J. (1996). Personal beliefs and cultural stereotypes about racial characteristics. *Journal of Personality and Social Psychology*, 71,536 - 548.

Krueger, J., & Clement, R. W. (1994). The truly false consensus effect: An ineradicable and egocentric bias in social perception. *Journal of Personality and Social Psychology*, 67,596 - 610.

Kunda, Z., & Sanitioso, R. (1989). Motivated changes in the self-concept.

Journal of Experimental Social Psychology, 25,272 - 285.

Kurman, J. (2002). Measured cross-cultural differences in self-enhancement and the sensitivity of the self-enhancement measure to modesty response. *Cross-Cultural Research*, 36,73 - 95.

Kurman, J. (2003). Why is self-enhancement low in certain collectivist cultures?: An investigation of two competing explanations. *Journal of Cross-Cultural Psychology*, 34,496 - 510.

Laird, J. D. (1974). Self-attribution of emotion: The effects of expressive behavior on the quality of emotional experience. *Journal of Personality and Social Psychology*, 29,475 - 486.

Lalonde, R. N. (1992). The dynamics of group differentiation in the face of defeat. *Personality and Social Psychology Bulletin*, 18,336 - 342.

Langer, E. J. (1975). The illusion of control. *Journal of Personality and Social Psychology*, 32,311 - 328.

Langer, E. J., & Rodin, J. (1976). The effects of choice and enhanced personal responsibility for the aged: A field experiment in an institutional setting. *Journal of Personality and Social Psychology*, 34,191 - 198.

Lawson, T. J. (2010). The social spotlight increases blindness to change blindness. *Basic and Applied Social Psychology*, 32,360 - 368.

Lazarus, R. S. (1983). The costs and benefits of denial. In S. Breznitz (Ed.), *Denial of stress* (pp. 1 - 30). New York: International University Press.

Leary, M. R., Haupt, A. L., Strausser, K. S., & Chokel, J. T. (1998). Calibrating the sociometer: The relationship between interpersonal appraisals and state self-esteem. *Journal of Personality and Social Psychology*, 74,1290 - 1299.

Leary, M. R., Schreindorfer, L. S., & Haupt, A. L. (1995). The role of low self-esteem in emotional and behavioral problems: Why is low self-esteem dysfunctional? *Journal of Social and Clinical Psychology*, 14,297 - 314.

Leary, M. R., Tambor, E. S., Terdal, S. K., & Downs, D. L. (1995). Self-esteem as an interpersonal social monitor: The sociometer hypothesis. *Journal of Personality and Social Psychology*, 68,518 - 530.

Lefcourt, H. M. (1982). *Locus of control: Current trends in theory and research.* Hillsdale, NJ: Erlbaum.

Lepper, M. R., Greene, D., & Nisbett, R. E. (1973). Undermining of children's intrinsic interest with extrinsic rewards: A test of the "overjustification" hypothesis. *Journal of Personality and Social Psychology*, 28,129 - 137.

Lerner, M. J., Somers, D. G., Reid, D., Chiriboga, D., & Tierney, M. (1991). Adult children as caregivers: Egocentric biases in judgments of sibling contributions. *The Gerontologist*, 31,746 - 755.

Levy, B. (1996). Improving memory in old age through implicit self-stereotyping. *Journal of Personality and Social Psychology*, 71,1092 - 1107.

Linville, P. W. (1985). Self-complexity and affective extremity: Don't put all your eggs in one cognitive basket. *Social Cognition*, 3,94 - 120.

Linville, P. W. (1987). Self-complexity as a cognitive buffer against stress-related illness and depression. *Journal of Personality and Social Psychology*, 52,663 - 676.

Lockwood, P. (2002). Could it happen to you? Predicting the impact of downward comparisons on the self. *Journal of Personality and Social Psychology*, 82,343 -358.

Loewenstein, G. , & Schkade, D. (1999). Wouldn't it be nice? Predicting future feelings. In D. Kahneman, E. Diener, & N. Schwarz (Eds.), *Understanding wellbeing: Scientific perspectives on enjoyment and suffering* (pp. 85 - 105). New York: Russell Sage Foundation.

Ma, V. , & Schoeneman, T. J. (1997). Individualism versus collectivism: A comparison of Kenyan and American self-concepts. *Basic and Applied Social Psychology*, 19,261 - 273.

MacDonald, T. K. , & Ross, M. (1999). Assessing the accuracy of predictions about dating relationships: How and why do lovers' predictions differ from those made by observers? *Personality and Social Psychology Bulletin*, 25,1417 - 1429.

Macrae, C. N. , Bodenhausen, G. V. , & Milne, A. B. (1998). Saying no to unwanted thoughts: Self-focus and the regulation of mental life. *Journal of Personality and Social Psychology*, 74,578 - 589.

Marks, G. , & Miller, N. (1987). Ten years of research on the false-consensus effect: An empirical and theoretical review. *Psychological Bulletin*, 102,72 - 90.

Markus, H. , & Kitayama, S. (1991). Culture and the self: Implications for cognition, emotion, and motivation. *Psychological Review*, 98,224 - 253.

Markus, H. , & Kunda, Z. (1986). Stability and malleability of the self-concept. *Journal of Personality and Social Psychology*, 51,858 - 866.

Markus, H. , & Nurius, P. (1986). Possible selves. *American Psychologist*, 41, 954 -969.

Markus, H. , & Wurf, E. (1987). The dynamic self-concept: A social psychological perspective. *Annual Review of Psychology*, 38,299 - 337.

Marsh, H. W. (1990). A multidimensional, hierarchical model of self-concept: Theoretical and empirical justification. *Educational Psychology Review*, 2,77 - 172.

Maslow, A. H. (1950). Self-actualizing people: A study of psychological health. *Personality, Symposium No. 1*,11 - 34.

McCann, C. D. , & Hancock, R. D. (1983). Self-monitoring in communicative interactions: Social cognitive consequences of goal-directed message modification. *Journal of Experimental Social Psychology*, 19,109 - 121.

McCrae, R. R. , & Costa, P. T. , Jr. (1994). The stability of personality: Observations and evaluations. *Current Directions in Psychological Science*, 3,173 - 175.

McGuire, W. J. , & McGuire, C. V. (1981). The spontaneous self-concept as affected by personal distinctiveness. In M. D. Lynch, A. A. Norem-Hebeisen, & K. J. Gergen (Eds.), *Self-concept: Advances in theory and research* (pp. 147 - 171.). Cambridge, MA: Balinger.

McGuire, W. J., & McGuire, C. V. (1988). Content and process in the experience of self. In L. Berkowitz (Ed.), *Advances in experimental social psychology* (Vol. 21, pp. 97 – 144). New York: Academic Press.

McKenna, F. P., & Myers, L. B. (1997). Illusory self-assessments — Can they be reduced? *British Journal of Psychology*, 88, 39 – 51.

McWhirter, B. T. (1997). A pilot study of loneliness in ethnic minority college students. *Social Behavior and Personality*, 25, 295 – 304.

Mead, G. H. (1934). *Mind, self, and society*. Chicago: University of Chicago Press.

Meyvis, T., Ratner, R. K., & Levav, J. (2010). Why don't we learn to accurately forecast feelings? How misremembering our predictions blinds us to past forecasting errors. *Journal of Experimental Psychology: General*, 139, 579 – 589.

Miller, P. C., Lefcourt, H. M., Holmes, J. G., Ware, E. E., & Saleh, W. E. (1986). Marital locus of control and marital problem solving. *Journal of Personality and Social Psychology*, 51, 161 – 169.

Miloyan, B., & Suddendorf, T. (2015). Feelings of the future. *Trends in Cognitive Sciences*, 19, 196 – 200.

Mischel, W. (1979). On the interface of cognition and personality: Beyond the person-situation debate. *American Psychologist*, 34, 740 – 754.

Moffitt, T. E., Arseneault, L., Belsky, D., Dickson, N., Hancox, R. J., Harrington, H., et al. (2011). A gradient of childhood self-control predicts health, wealth, and public safety. *Proceedings of the National Academy of Sciences*, 108, 2693 – 2698.

Mortimer, J. T., Finch, M. D., & Kumka, D. (1982). Persistence and change in development: The multidimensional self-concept. In P. B. Baltes & O. G. Brim, Jr. (Eds.), *Life span development and behavior* (Vol. 4, pp. 263 – 313). New York: Academic Press.

Moskalenko, S., & Heine, S. J. (2003). Watching your troubles away: Television viewing as a stimulus for subjective self-awareness. *Personality and Social Psychology Bulletin*, 29, 76 – 85.

Mullen, B. (1986). Atrocity as a function of lynch mob composition: A self-attention perspective. *Personality and Social Psychology Bulletin*, 12, 187 – 197.

Muraven, M., & Baumeister, R. F. (2000). Self-regulation and depletion of limited resources: Does self-control resemble a muscle? *Psychological Bulletin*, 126, 247 – 259.

Murray, S. L., Holmes, J. G., & Griffin, D. W. (1996a). The benefits of positive illusions: Idealization and the construction of satisfaction in close relationships. *Journal of Personality and Social Psychology*, 70, 79 – 98.

Murray, S. L., Holmes, J. G., & Griffin, D. W. (1996b). The self-fulfilling nature of positive illusions in romantic relationships: Love is not blind but prescient. *Journal of Personality and Social Psychology*, 71, 1155 – 1180.

Myers, D. G. (2012). *Social Psychology* (11th edition). Boston, MA: McGraw-Hill.

Myers, D. G., & Diener, E. (1995). Who is happy? *Psychological Science*, 6, 10 – 19.

Niedenthal, P. M., Setterlund, M. B., & Wherry, M. B. (1992). Possible self-complexity and affective reactions to goal-relevant evaluation. *Journal of Personality and Social Psychology*, 63,5-16.

Nisbett, R. (2003). *The geography of thought: How Asians and Westerners think differently ... and why*. New York: Free Press.

Nisbett, R. E., & Schachter, S. (1966). Cognitive manipulation of pain. *Journal of Experimental Social Psychology*, 2,227-236.

Nisbett, R. E., & Wilson, T. D. (1977). Telling more than we can know: Verbal reports on mental processes. *Psychological Review*, 84,231-259.

Nix, G. A., Ryan, R. M., Manly, J. B., & Deci, E. L. (1999). Revitalization through self-regulation: The effects of autonomous and controlled motivation on happiness and vitality. *Journal of Experimental Social Psychology*, 35,266-284.

Nordgren, L. F., van Harreveld, F., & van der Pligt, J. (2009). The restraint bias: How the illusion of self-restraint promotes impulsive behavior. *Psychological Science*, 20, 1523-1528.

Olson, J. M., & Hafer, C. L. (1990). Self-inference processes: Looking back and ahead. In J. M. Olson & M. P. Zanna (Eds.), *Self-inference processes: The Ontario symposium* (Vol.6, pp.293-320). Hillsdale, NJ: Lawrence Erlbaum Associates.

Oyserman, D., & Markus, H. R. (1990). Possible selves and delinquency. *Journal of Personality and Social Psychology*, 59,112-125.

Pelham, B. W., & Swann, W. B. (1989). From self-conceptions to self-worth: On the sources and structure of global self-esteem. *Journal of Personality and Social Psychology*, 57, 672-680.

Pyszczynski, T., Hamilton, J. C., Herring, F. H., & Greenberg, J. (1989). Depression, self-focused attention, and the negative memory bias. *Journal of Personality and Social Psychology*, 57,351-357.

Pyszczynski, T., Holt, K., & Greenberg, J. (1987). Depression, self-focused attention, and expectancies for positive and negative future life events for self and others. *Journal of Personality and Social Psychology*, 52,994-1001.

Regan, P. C., Snyder, M., & Kassin, S. M. (1995). Unrealistic optimism: Self-enhancement or person positivity. *Personality and Social Psychology Bulletin*, 21,1073-1082.

Rhodewalt, F., Sanbonmatsu, D. M., Tschanz, B., Feick, D. L., & Waller, A. (1995). Self-handicapping and interpersonal tradeoffs: The effects of claimed self-handicaps on observers' performance evaluations and feedback. *Personality and Social Psychology Bulletin*, 21,1042-1050.

Roberts, B. W., & Donahue, E. M. (1994). One personality, multiple selves: Integrating personality and social roles. *Journal of Personality*, 62,199-218.

Rosenberg, M. (1965). *Society and the adolescent self-image*. Princeton, NJ: Princeton University Press.

Ross, L. (1981). The "intuitive scientist" formulation and its developmental implications. In J. H. Havell & L. Ross (Eds.), *Social cognitive development: Frontiers and possible futures*. Cambridge, England: Cambridge University Press.

Ross, L., Greene, D., & House, P. (1977). The "false consensus effect": An egocentric bias in social perception and attribution processes. *Journal of Experimental Social Psychology*, 13, 279 - 301.

Ross, M., & Sicoly, F. (1979). Egocentric biases in availability and attribution. *Journal of Personality and Social Psychology*, 37, 322 - 336.

Rotter, J. B. (1973). Internal-external locus of control scale. In J. P. Robinson & R. P. Shaver (Eds.), *Measures of social psychological attitudes*. Ann Arbor, MI: Institute for Social Research.

Rotter, J. B. (1966). Generalized expectancies for internal versus external control of reinforcement. *Psychological Monographs: General and Applied*, 80, 1 - 28.

Ruback, R. B., Carr, T. S., & Hopper, C. H. (1986). Perceived control in prison: Its relation to reported crowding, stress, and symptoms. *Journal of Applied Social Psychology*, 16, 375 - 386.

Ruehlman, L. S., West, S. G., & Pasahow, R. J. (1985). Depression and evaluative schemata. *Journal of Personality*, 53, 46 - 92.

Ruvolo, A. P., & Markus, H. R. (1992). Possible selves and performance: The power of self-relevant imagery. *Social Cognition*, 10, 95 - 124.

Ryff, C. D. (1995). Psychological well-being in adult life. *Current Directions in Psychological Science*, 4, 99 - 104.

Sagarin, B. J., Rhoads, K. v. L., & Cialdini, R. B. (1998). Deceiver's distrust: Denigration as a consequence of undiscovered deception. *Personality and Social Psychology Bulletin*, 24, 1167 - 1176.

Schachter, S., & Singer, J. E. (1962). Cognitive, social, and physiological determinants of emotional states. *Psychological Review*, 69, 379 - 399.

Schacter, D., Kaszniak, A., & Kihlstrom, J. (1991). Models of memory and the understanding of memory disorders. In T. Yanagihara & R. Petersen (Eds.), *Memory disorders: Research and clinical practice*. New York: Marcel Dekker.

Scheier, M. F., & Carver, C. S. (1982). Two sides of the self: One for you and one for me. In J. Suls & A. G. Greenwald (Eds.), *Psychological perspectives on the self* (Vol. 2, pp. 123 - 157). Hillsdale, NJ: Lawrence Erlbaum Associate.

Scheier, M. F., & Carver, C. S. (1992). Effects of optimism on psychological and physical well-being: Theoretical overview and empirical update. *Cognitive Therapy and Research*, 16, 201 - 228.

Scheier, M. F., Mathews, K. A., Owens, J. F., Magovern, G. J., Lefebvre, R. C., Abbott, R. A., & Carver, C. S. (1989). Dispositional optimism and recovery from coronary artery bypass surgery: The beneficial effects on physical and psychological well-being. *Journal of Personality and Social Psychology*, 57, 1024 - 1040.

Schkade, D. A., & Kahneman, D. (1998). Does living in California make people happy? A focusing illusion in judgments of life satisfaction. *Psychological Science*, 9, 340 - 346.

Schlenker, B. R. (1980). *Impression management: The self-concept, social identity, and interpersonal relations*. Monterey, CA: Brooks/Cole.

Schulz, R., & Hanusa, B. H. (1978). Long-term effects of control and predictability-enhancing interventions: Findings and ethical issues. *Journal of Personality and Social Psychology*, 36,1194–1201.

Schwartz, B. (2000). Self-determination: The tyranny of freedom. *American Psychologist*, 55,79–88.

Schwarz, N., & Clore, G. L. (1983). Mood, misattribution, and judgments of well-being: Informative and directive functions of affective states. *Journal of Personality and Social Psychology*, 45,513–523.

Sedikides, C. (1993). Assessment, enhancement, and verification determinants of the self-evaluation process. *Journal of Personality and Social Psychology*, 65,317–338.

Sedikides, C., Gaertner, L., & Vevea, J. L. (2005). Pancultural self-enhancement reloaded: a meta-analytic reply to Heine (2005). *Journal of Personality and Social Psychology*, 89,539–551.

Segerstrom, S. C. (2001). Optimism and attentional bias for negative and positive stimuli. *Personality and Social Psychology Bulletin*, 27,1334–1343.

Seligman, M. E. (1975). *Helplessness: On depression, development and death*. San Francisco: W. H. Freeman.

Seligman, M. E., & Maier, S. F. (1967). Failure to escape traumatic shock. *Journal of Experimental Psychology*, 74,1–9.

Sezer, O., Gino, F., & Norton, M. I. (2017). Humblebragging: A Distinct — and Ineffective — Self-Presentation Strategy. *Journal of Personality and Social Psychology*, doi: 10.1037/pspi0000108.

Sharp, M. J., & Getz, J. G. (1996). Substance use as impression management. *Personality and Social Psychology Bulletin*, 22,60–67.

Sherman, S. J., Presson, C. C., Chassin, L., Corty, E., & Olshavsky, R. (1983). The false consensus effect in estimates of smoking prevalence: Underlying mechanisms. *Personality and Social Psychology Bulletin*, 9,197–208.

Showers, C. J., & Ryff, C. D. (1996). Self-differentiation and well-being in a life transition. *Personality and Social Psychology Bulletin*, 22,448–460.

Shrauger, J. S. (1983). The accuracy of self-prediction: How good are we and why? *Paper presented at the Midwestern Psychological Association convention*.

Shweder, R. A., & Bourne, E. J. (1984). Does the concept of the person vary cross-culturally? In R. A. Shweder & R. A. LeVine (Eds.), *Culture theory: Essays on mind, self, and emotion* (pp.158–199). Cambridge, England: Cambridge University Press.

Singelis, T. M. (1994). The measurement of independent and interdependent self-construals. *Personality and Social Psychology Bulletin*, 20,580–591.

Smith, S. M., & Petty, R. E. (1995). Personality moderators of mood congruency effects on cognition: The role of self-esteem and negative mood regulation. *Journal of Personality and Social Psychology*, 68,1092–1107.

Snyder, C. R., & Higgins, R. L. (1988). Excuses: Their effective role in the negotiation of reality. *Psychological Bulletin*, 104, 23 - 35.

Snyder, M. (1974). Self-monitoring of expressive behavior. *Journal of Personality and Social Psychology*, 30, 526 - 537.

Snyder, M. (1979). Self-monitoring processes. In L. Berkowitz (Ed.), *Advances in experimental social psychology* (Vol. 12, pp. 85 - 128). New York: Academic Press.

Snyder, M. (1987). *Public appearances/private realities: The psychology of self-monitoring*. New York: Freeman.

Stajkovic, A. D., & Luthans, F. (1998). Self-efficacy and work-related performance: A meta-analysis. *Psychological Bulletin*, 124, 240 - 261.

Strack, F., Martin, L. L., & Stepper, S. (1988). Inhibiting and facilitating conditions of the human smile: A nonobstrusive test of the facial feedback hypothesis. *Journal of Personality and Social Psychology*, 54, 768 - 777.

Suls, J., Martin, R., & Wheeler, L. (2000). Three kinds of opinion comparison: The triadic model. *Personality and Social Psychology*, 4, 219 - 237.

Swann, W. B., Jr. (1990). To be adored or to be known? The interplay of self-enhancement and self-verification. In R. M. Sorrentino & E. T. Higgins (Eds.), *Motivation and cognition* (Vol. 2, pp. 408 - 448). New York: Guilford Press.

Swann, W. B., Jr. (1996). *Self-traps: The elusive quest for higher self-esteem*. New York: W. H. Freeman.

Swann, W. B., Jr., & Hill, C. A. (1982). When our identities are mistaken: Reaffirming self-conceptions through social interaction. *Journal of Personality and Social Psychology*, 43, 59 - 66.

Tafarodi, R. W., & Vu, C. (1997). Two-dimensional self-esteem and reactions to success and failure. *Personality and Social Psychology Bulletin*, 23, 626 - 635.

Takata, T. (1987). Self-deprecative tendencies in self-evaluation through social comparison. *Japanese Journal of Experimental Social Psychology*, 27, 27 - 36.

Tangney, J. P., Baumeister, R. F., & Boone, A. L. (2004). High self-control predicts good adjustment, less pathology, better grades, and interpersonal success. *Journal of Personality*, 72, 271 - 324.

Taylor, S. E., & Brown, J. D. (1988). Illusion and well-being: A social psychological perspective on mental health. *Psychological Bulletin*, 103, 193 - 210.

Taylor, S. E., & Brown, J. D. (1994). Positive illusions and well-being revisited: Separating fact from fiction. *Psychological Bulletin*, 116, 21 - 27.

Taylor, S. E., Peplau, A. L., & Sears, D. O. (2006). *Social Psychology* (12th edition). Englewood Cliffs, NJ: Prentice Hall.

Thompson, S. C., & Spacapan, S. (1991). Perceptions of control in vulnerable populations. *Journal of Social Issues*, 47, 1 - 21.

Timko, C., & Moos, R. H. (1989). Choice, control, and adaptation among elderly residents of sheltered care settings. *Journal of Applied Social Psychology*, 19, 636 - 655.

Tomarelli, M. M., & Shaffer, D. R. (1985). What aspects of self do self-monitors monitor? *Bulletin of the Psychonomic Society*, 23, 135 – 138.

Trope, Y. (1986). Self-enhancement, self-assessment, and achievement behavior. In R. M. Sorrentino & E. T. Higgins (Eds.), *Handbook of motivation and cognition* (pp. 350 – 378). New York: Guilford Press.

Trope, Y., & Bassok, M. (1982). Confirmatory and diagnosing strategies in social information gathering. *Journal of Personality and Social Psychology*, 43, 22 – 34.

Van Lange, P. A. M., Taris, T. W., & Vonk, R. (1997). Dilemmas of academic practice: perceptions of superiority among social psychologists. *European Journal of Social Psychology*, 27, 675 – 685.

Vohs, K. D., & Faber, R. (2007). Spent resources: Self-regulatory resource availability affects impulse buying. *Journal of Consumer Research*, 33, 537 – 547.

Wegner, D. M. (2002). *The illusion of conscious will*. Cambridge, MA: MIT Press.

Weinstein, N. D., & Klein, W. M. (1995). Resistance of personal risk perceptions to debiasing interventions. *Health Psychology*, 14, 132 – 140.

Whitson, J. A., & Galinsky, A. D. (2008). Lacking control increases illusory pattern perception. *Science*, 322, 115 – 117.

Wilson, T. D. (2002). *Strangers to ourselves: Discovering the adaptive unconscious*. Cambridge, MA: Harvard University Press.

Wilson, T. D., & Gilbert, D. T. (2003). Affective forecasting. *Advances in Experimental Social Psychology*, 35, 346 – 413.

Wilson, T. D., & Gilbert, D. T. (2013). The impact bias is alive and well. *Journal of Personality and Social Psychology*, 105, 740 – 748.

Wilson, T. D., & Hodges, S. D. (1992). Attitudes as temporary constructions. In L. L. Martin & A. Tesser (Eds.), *The construction of social judgments* (pp. 37 – 65). Hillsdale NJ: Lawrence Erlbaum Associates.

Wilson, T. D., & Kraft, D. (1993). Why do I love thee? Effects of repeated introspections about a dating relationship on attitude toward the relationship. *Personality and Social Psychology Bulletin*, 19, 409 – 418.

Wilson, T. D., & LaFleur, S. J. (1995). Knowing what you'll do: Effects of analyzing reasons on self-prediction. *Journal of Personality and Social Psychology*, 68, 21 – 35.

Wilson, T. D., Laser, P. S., & Stone, J. I. (1982). Judging the predictors of one's mood: Accuracy and the use of shared theories. *Journal of Experimental Social Psychology*, 18, 537 – 556.

Wilson, T. D., Lindsey, S., & Schooler, T. Y. (2000). A model of dual attitudes. *Psychological Review*, 107, 101 – 126.

Wilson, T. D., Lisle, D. J., Schooler, J. W., Hodges, S. D., Klaaren, K. J., & LaFleur, S. J. (1993). Introspecting about reasons can reduce post-choice satisfaction. *Personality and Social Psychology Bulletin*, 19, 331 – 339.

Wittels, H. (2012). *Humblebrag: The art of false modesty*. New York, NY: Grand Central Publishing.

Wood, J. V. (1989). Theory and research concerning social comparisons of personal attributes. *Psychological Bulletin*, 106, 231–248.

Woolfolk, R. L., Novalany, J., Gara, M. A., Allen, L. A., & Polino, M. (1995). Self-complexity, self-evaluation, and depression: An examination of form and content within the self-schema. *Journal of Personality and Social Psychology*, 68, 1108–1120.

Wright, P., & Rip, P. D. (1981). Retrospective reports on the causes of decisions. *Journal of Personality and Social Psychology*, 40, 601–614.

Yamaguchi, S., Greenwald, A. G., Banaji, M. R., et al. (2007). Apparent universality of positive implicit self-esteem. *Psychological Science*, 18, 498–500.

Zanna, M. P., & Olson, J. M. (1982). Individual differences in attitudinal relations. In M. P. Zanna, E. T. Higgins, & C. P. Herman, *Consistency in social behavior: The Ontario symposium*, Vol. 2. Hillsdale, NJ: Erlbaum.

Zhu, Y., Zhang, L., Fan, J., & Han, S. (2007). Neural basis of cultural influence on self-representation. *NeuroImage*, 34, 1310–1316.

Zuckerman, M., Kieffer, S. C., & Knee, C. R. (1998). Consequences of self-handicapping: Effects on coping, academic performance, and adjustment. *Journal of Personality and Social Psychology*, 74, 1619–1628.

蔡华俭.(2003).内隐自尊效应及内隐自尊与外显自尊的关系.心理学报,35,796—801.

蔡华俭.(2006).泛文化的自尊——基于中国大学生的研究证据.心理学报,38,902—909.

王轶楠,钟向阳.(2007).一项从自我呈现角度针对中国人自我增强的研究.社会心理科学,22,174—177.

张镇,李幼穗.(2004).内隐自尊的研究趋势及测量方法.心理科学,27,961—963.

第5章 态度

有这样一个寓言：一名犹太裁缝在一个反犹太人的街区开了一家店。为了把这个裁缝赶出去，每天都有一群年轻人跑到他的店门口大喊："犹太人！犹太人！"裁缝想出了一个办法，当那群人再来店门口叫时，他说，任何叫他"犹太人"的人都将得到5块钱，并给了每个人5块钱。第二天，这群年轻人高兴地跑来大叫："犹太人！犹太人！"裁缝给了每个人2块钱，并解释说今天只能付这么多。这些年轻人也还是比较满意地离开了。接下来的几天，裁缝每次只给这群年轻人每人5毛钱，并再次解释他只能付这么多钱。这些年轻人决定不再来喊叫，他们临走时冲着裁缝大叫："你只给5毛钱，还想让我们喊你犹太人，真是做梦！"

在这个故事中,为什么这些年轻人本来愿意"免费"骚扰裁缝,但是当裁缝最终付给他们5毛钱时,他们却不愿意这么做了?为什么他们的态度和行为会发生这样的改变?认知失调理论给出了合理的解释,本章后文将会具体阐述。

第1节 态度和态度的来源

态度(attitude)指的是对某物、某事、某人或某种观念的评价性反应,表现在个体的信念、情感和行为倾向中(Olson & Zanna, 1993)。态度包含三个成分,分别是认知成分、情感成分和行为成分。认知成分指的是对态度对象的想法和信念,情感成分指的是对态度对象积极或消极的情绪反应,行为成分指的是个体对态度对象的行为倾向。例如,想象个体对一辆汽车的态度,个体对这辆车的信念可能是它比较小巧和省油,看到它的情绪反应可能是比较兴奋,对它的行为反应是倾向于去汽车展厅试驾并考虑购买。这些部分共同构成对这辆车的态度。尽管几乎所有态度都包含认知、情感和行为三个成分,但是一种态度很有可能以其中的某个成分为主要的基础(Zanna & Rempel, 1988)。

很少有人会对所有事物、人、观点等持完全中立的态度,而是对其有积极或消极的评价。例如,有人认为抽烟有害健康,有人提倡保护环境,有人反对死刑,等等。这些态度从何而来?研究发现,态度可能存在一定的遗传性。同卵双生子的态度比异卵双生子更相似,即便他们在不同的家庭长大并且互不相识(Waller et al., 1990; Hershberger, Lichtenstein, & Knox, 1994)。另外,遗传因素对某些态度的影响比另一些态度更大。例如,有研究发现,涉及内在偏好(例如对音乐或食物)的态度比认知上更强的态度(例如对死刑、对未接触过的人和事)更多受到遗传因素的影响(Tesser, 1993)。并且,遗传性高的态度比遗传性低的态度更难改变,并且前者对行为的影响更大(Crelia & Tesser, 1996)。

尽管遗传因素可能影响态度,但态度更多受到社会经验的影响,由学习而来。学习经由经典的条件作用、操作性条件作用或观察学习产生。经典的条件作用指的是,一种起初为中性的刺激与一种本来就能引发某种反应的刺激反复结合出现,最终中性刺激也能引发这种反应。很多情绪反应都是经过经典的条件作用学习形成。例如,某种巨大的声音原本就会让儿童产生恐惧反应,当将一种中性刺激例如某种视觉刺激与该声音反复结合几次之后,儿童就会在见到这种视觉刺激时也产生恐惧反应。在对某种事物形成情绪反应之后,人们可能会对这种事物形成进一步的态度,这样的态度属于以情感为基础的态度(Walther, 2002; Cacioppo et al., 1992)。在一个研究中,给被试看一个陌生人的日常生活照片,同时给被试快速呈现一些引起积极或消极情绪的照片,这些情绪照片的呈现速度很快,被试无法意识到其存在

(Krosnick et al., 1992)。一组被试看的是引起积极情绪的照片,另一组被试看的是引起消极情绪的照片。结果发现,前一组被试对陌生人的态度更积极,这表明在没有意识到刺激的情况下也能发生经典的条件作用,进而影响人们的态度。

习得态度的另一种方式是通过操作性条件作用,即产生积极结果的行为被加强,产生消极结果的行为被削弱。因此,当人们对态度对象采取某种行为之后,如果得到积极结果,就会对该态度对象形成正面态度,如果得到消极结果,就会对该态度对象形成负面态度。例如,如果一名儿童玩电子游戏,随后遭到了父母的批评,这名儿童会对电子游戏形成负面态度。有些时候,父母通过奖励或批评直接鼓励或反对某种态度,孩子会形成与父母类似的态度。

人们还可以通过观察学习习得某些态度,即使并未直接受到奖励或惩罚。人们经常模仿那些强大和重要的人物,例如孩子模仿父母,人们也经常从大众媒体中习得态度。

有些时候,人们的态度是根据相关的事实和信息而形成的。例如,在购买一辆汽车之前,你可能会通过各种途径收集相关的信息,得知某辆汽车的安全、性能、价格等属性与自己希望的相符,从而对该汽车形成正面态度。这类态度属于以认知为基础的态度。需要注意,人们并不总是有动机和能力去收集有关态度对象的信息,因此很多时候人们在还不了解态度对象的情况下,就已经先产生情感反应或行为,从而形成了态度。

最后,有些态度是人们根据自己对某一态度对象所表现出的行为的观察而形成的。正如自我知觉理论所述,当态度模糊不清时,人们可能会观察自己的行为来推测态度。

第2节 态度与行为的一致性

态度是社会心理学中的核心概念,原因之一是态度强烈地影响社会思维,并且它还经常影响人们的行为。很多研究者都相信态度是行为的重要决定因素。然而,到了20世纪60年代,研究者越来越多地认识到,态度和行为之间的联系其实很弱,根据某个人的态度很难预测其具体行为。

·态度与行为的不一致

在一个经典研究中,一位教授花了两年时间和一对中国夫妇环游美国,总共在184家餐馆和66家旅店停留过(LaPiere, 1934)。当时的美国人对亚洲人非常歧视,但是在绝大多数情况下他们都得到了礼貌的招待,只有一家饭店拒绝接待他们。在旅行结束一段时间之后,这位教授给所有他们到过的旅店和饭店的店主寄了一封信,询问他们是否愿意为中国客人提供服务。结果在他收到的 128 封回信中,有 92% 的回信表示他们不愿意招待中国客人。也就是说,这些店主面对中国客人所表现出的行为与他们的回信所表现出的态度差异很大。社会心理学家威克总结了包含各种人群、各种态度和多种行为的研究,得出的结论是,人们表达出的态度几乎不能预测他们的行为(Wicker, 1969)。例如,学生对作弊的态度与他们实际上的作弊可能几乎没有关系;人们对教堂的态度与周日做礼拜的行为只有较低的相关;人们自我描述的种族态度与实际情境下的行为几乎是无关的。

在另一个研究中,被试面临两个任务,一个任务很诱人,被试可以获得有可能中奖 30 美元的彩票,另一个任务很无聊,没有什么好处(Batson et al., 1995)。被试必须分配一项任务给自己,把另一项任务分配给假定的第二名被试。结果发现,20 人中只有 1 人相信分配诱人任务给自己是道德的,然而实际上却有 80% 的人这样做了。也就是说,人们显得认可道德标准,而实际上却不愿意放弃个人利益,这称作道德伪善(moral hypocrisy)(Batson et al., 1999)。可见,在这里态度和行动之间是分离的。

由此可见,人们所做的与所说的并不一致,因此试图通过改变态度来改变行为的努力经常失败。例如,有关吸烟危害的警告对于吸烟者影响很小;公众已经认识到长期观看暴力电视节目造成人们冷漠和残忍,很多人呼吁减少暴力节目,但是他们依然观看凶杀节目;安全驾驶的呼吁对于降低事故率的效果远小于限速、隔离高速公路和酒后驾驶惩罚(Etzioni, 1972)。

总体而言,考察行为的控制因素的研究表明,外部社会影响的作用很大,而内部因素例如人格和态度的作用很小(Myers, 2012; Mischel, 1968)。因此,一些研究者提出,态度对外显行为不会造成太大影响(Wicker, 1969)。然而,从 20 世纪 70 年代早期开始,一些研究指出,态度和行为之间还是比较一致的,只是这种一致性受到很多因素的影响。因此,后续的研究集中于考察决定态度与行为一致性高低的条件(Kraus, 1995)。下面将会讨论其中的部分因素。

· 情境因素

常用的态度测验测量的是人们表达出来的外显态度,而表达出来的态度受到很多外部因素的影响,不一定反映人们的真实想法。例如,当你去朋友家吃饭时,如果主人问你对食物满意吗,大多数人都会说他们很满意,不管实际感觉如何;不记名投票和记名投票的结果往往相差很大。也就是说,我们经常会说我们认为别人希望我们说的话,公开表现的态度与私下的想法不一定相同。

为了测量人们的真实态度,除了直接询问之外,研究者想出了很多评估态度的方法。一种方法是测量面部肌肉反应(Cacioppo & Petty,1981)。在"社会知觉"一章提到,与言语陈述相比,面部肌肉等非言语线索相对难以控制,甚至在人们试图隐藏内部感受时,非言语线索仍然会泄露真实的感受(DePaulo,1992)。

第二种方法是使用内隐联想测验(implicit association memory,IAT)测量内隐的态度。内隐态度指的是非随意的、不受控制的、经常是无意识的态度(Greenwald & Banaji,1995;Fazio & Olson,2003)。IAT是一种计算机化的分类任务,被试对词语或图画进行分类,记录的指标是被试的反应时,考察人们将一些概念关联起来的速度(Greenwald, McGhee, & Schwartz,1998;Greenwald, Nosek, & Banaji,2003)。例如,如果被试将正面词汇与胖人照片联系起来的速度慢于将正面词汇与瘦人照片联系起来的速度,表明被试对胖人有内隐的负面态度。内隐联想测验的示例可以参见 http://implicit.harvard.edu/implicit 这一网站。外显态度和内隐态度在各种领域都能有效预测行为,例如种族偏见、消费者态度、政治立场、性别态度等(Greenwald et al.,2009)。神经科学研究也发现了内隐态度的神经基础:内隐态度的激活涉及杏仁核,而检测和调节内隐态度则分别由前扣带皮层和背外侧前额叶皮层参与(Stanley, Phelps, & Banaji,2008)。

第三种方法称作伪管道(bogus pipeline)方法,是一种欺骗被试使得他们暴露自己真实态度的方法(Jones & Sigall,1971)。首先让被试确信一台机器可以利用他们的生理反应测量他们私下的态度,然后要求被试预测机器的读数,从而揭示其真实态度。具体说来,在实验中,被试手持一个锁定的轮子,当轮子解锁时,会将一个指针转向左边,代表不同意,或者将指针转向右边,代表同意。研究者将电极连接到被试的手臂上,声称机器能够测量微小的肌肉反应,从而测量被试将轮子转左(不同意)或转右(同意)的倾向。为了演示这台机器的神奇效果,研究者询问被试一些问题。在一段炫目的灯光闪烁和声音之后,机器上的仪表显示出被试的态度,然而其实这些显示是根据被试在一个已经忘记了的先前调查中表达的态度做出来的。每名被试都会被愚弄,确信这台机器的有效性。之后,将机器的仪表盘盖起来,再询问被试一些关于其态度的问题,要求被试猜测仪表上将会如何显示。在这个时候,被试往往会暴露出自己真实的态度。例如,用伪管道方法发现白人学生对黑人的态度比纸笔测验的结果更负面(Jones & Sigall,1971)。类似地,当人们相信测谎仪能够辨认谎言时,他们更有可能报告真正的事实和想法。

由于诸多情境因素影响实际行为,因此特定情境下的行为很难预测。但是,如果将许多情境下的行为加以平均,那么各种因素彼此抵消,这种平均的行为是可以预测的。例如,研究发现,根据人们对宗教的一般态度很难预测他们下个周末是否会去祈祷,这是因为很多因素都可能影响是否参与,例如天气、传教士、心情等。但是,宗教态度可以很好地预测一段时间中宗教行为的总数量(Fishbein & Ajzen, 1974)。因此,当我们关注总的或平均的行为,而不是单个行为时,态度的作用更明显。

·态度的特异性

态度的特异性指的是态度针对具体客体而不是普遍事物的程度。当测量的态度与行为处于同样的特异性水平时,态度就能很好地预测行为。如果测量的态度是一般性的,例如对亚洲人的态度,而行为是非常特定的,例如是否帮助某个特定的亚洲人,态度和行为之间不会有很好的对应(Ajzen & Fishbein, 1977; Ajzen, 1982, 2002)。一项综述表明,在27个这样的研究中,有26个研究中的态度没能预测行为。但是,在另外26个研究中,测量的态度与情境直接关联,所有这些研究中的态度都能够预测行为。例如,有一个研究试图预测18至38岁的女性使用避孕药的可能性(Davidson & Jaccard, 1979)。结果如表5.1所示,询问被试的问题越具体,态度与实际的具体行为之间的相关就越高。

表5.1 特异性提高态度与行为之间的相关

测量的态度(特异性由低到高)	与未来两年内使用避孕药行为的相关
对避孕的态度	0.08
对避孕药的态度	0.32
对使用避孕药的态度	0.52
对未来两年内使用避孕药的态度	0.57

大量研究证实,特定且相关的态度确实能够预测行为(Armitage & Conner, 2001)。例如,对避孕套的态度可以预测避孕套使用(Albarracin et al., 2001);对回收再利用的态度,而不是对环境问题的一般态度,能够预测对回收再利用的参与(Oskamp, 1991);对身体健康的笼统态度不能预测具体的锻炼行为和饮食习惯;等等。因此,如果想要改变人们的具体行为,也应该从改变他们的具体态度开始。

·态度的强度

当态度强烈而清晰时,对行为的影响很大,而比较微弱和模糊的态度往往与行为不一致(Petkova, Ajzen, & Driver, 1995)。态度的强度包含多个成分:态度的极端程度,即由态度引起的情感反应的强度;态度的重要性,即个体关注态度的程度以及本人受态度影响的程度；态度的知识，即个体对态度对象知道多少；态度的可获得性（accessibility），即态度在各种情境下进入大脑的容易程度（Petty & Kronsick, 1995）。研究表明，这些成分都影响态度的强度，并且它们之间互相关联（Kronsick et al., 1993）。例如，人们掌握的有关态度对象的信息量越多，态度就越强。一项研究发现，了解环保信息越多的学生，他们的环保行为与他们对环境的态度越一致（Kallgren & Wood, 1986）。

态度重要性的决定因素之一是既得利益，即态度与持有这种态度的个体的相关程度，也就是说针对客体或问题的态度对个体来说是否有重要意义。研究表明，既得利益越大，态度对行为的影响就越大（Crano & Prislin, 1995）。在一个研究中，通过电话访谈一所大学的学生，询问他们会不会参加一个反对把合法喝酒年龄从18岁推迟到21岁的活动（Sivacek & Crano, 1982）。可以预测，21岁以下的年轻人会受到新法规的影响，他们在这个问题上有既得利益。而在新法规生效前就已年满21岁的年轻人则没有既得利益。因此，研究者预测，与后一组人相比，前一组人对这一法规的态度与他们的行为更加一致，更可能同意参加这个活动。结果确实如此，高既得利益组有47%的人同意参加该反对活动，低既得利益组只有12%的人同意参加该反对活动。

态度的可获得性指的是态度客体与个体对该客体的评价之间的联系紧密程度，可以通过人们报告态度的速度来衡量（Fazio, 2000）。当态度容易从记忆中提取和报告出来时，行为与态度的一致性更高。容易提取的态度之所以会对行为影响很大，原因之一是，只要态度对象一出现或者被提及，关于它的态度就会自动被激活（Smith, Fazio, & Cejka, 1996）。

在一项研究中，研究者在一次选举之前和选举之后做了电话调查（Bassili, 1995）。在选举之前，询问选民他们会投哪个党的票，以及这是否是他们最后的决定，还是认为自己有可能改变主意。在选举之后，向选民询问他们实际的选举行为。选举前态度可获得性的衡量指标是选民回答"你将会投谁的票？"这个问题所花的时间，根据每人反应速度不同进行校准。结果发现，那些最快给出答复的人，即最容易获得自己态度的人，最有可能按照他们所说的那样去投票。而且，不管高可获得组还是低可获得组选民，他们在选举之前都报告说自己不会改变主意，也就是说，可获得性比自我报告更有效地预测实际行为。另一个研究考察的是人们对消费品的态度和行为之间的关系中可获得性的作用（Fazio, Powell, & Williams, 1989）。首先，人们对几种产品做出态度评定，例如不同品牌的口香糖和糖果，用人们回答态度问题的反应时来测量态度的可获得性。然后，在桌上放置10种产品，排成两行，每行5种，告知被试可以任选5种产品作为这次研究的报酬带回家。结果发现，态度是否决定他们选择的产品取决于态度的可获得性。态度可获得性高的人们，态度与行为高度一致,而态度可获得性低的人们,二者之间的一致性相对较低。后者的产品选择更多受到环境因素的影响,例如更可能选择位置容易看到和随手可及的产品。也正因为如此,企业努力将自己的产品摆放在超市货架最显眼的位置上,至少可以促成态度可获得性低的顾客的购买。

那么,态度如何变得容易获得?研究表明,与从别人那里听说或者从资料中得知有关的信息相比,基于直接经验的态度更容易获得(Fazio, 1995)。在一个研究中,一所大学中的部分学生亲身经历了住房短缺,不得不在几周的时间里住在条件较差的临时住房里,另一部分学生则立即得到了长期住房,没有经历住房短缺,他们只是听别人说过或者从报纸上看到过相关消息(Regan & Fazio, 1977)。研究者测量了学生对住房危机的态度以及他们采取可能的行动的兴趣,例如是否愿意签名并散发请愿书以及加入委员会以研究这个危机等。结果发现,亲身经历住房危机的学生的态度与行为联系非常密切,而没有直接经验的学生其态度与行为并不总是相关。

另一个决定态度是否容易获得的因素是态度的表达频率。研究发现,如果个体有很多机会表达自己的态度,那么这种态度更有可能影响其行为(Fazio, 1989);经常表达自己的某种态度,这种态度会变得更加极端(Downing, Judd, & Brauer, 1992);表达某种态度的机会越多,人们越会认为这种态度对自己而言非常重要(Blascovich et al. , 1993)。另外,如果要求人们思考自己的态度,态度会影响他们的行为(Snyder & Swann, 1976)。当唤起人们的自我觉知时,人们更关注自己的内在信念,态度与行为的一致性被加强(Gibbons, 1978)。引起自我觉知的方法之一是让人们在镜子面前行动(Carver & Scheier, 1981)。例如,研究者发现,几乎所有大学生都认为作弊是不道德的,但是他们是否会照此行动?一项研究声称测量大学生的智商,暗中观察他们是否会作弊(Diener & Wallbom, 1976)。结果发现,当被试各自单独做题时,71%的学生会作弊,但是,另一组被试在一面镜子面前做题,同时听录有自己说话声音的磁带,则只有7%的学生作弊。

·计划行为理论

对于态度如何影响行为,最有影响的理论是艾吉仁和菲什拜因(Ajzen & Fishbein, 1980)提出的理性行为理论(theory of reasoned action),后发展为计划行为理论(theory of planned behavior)(Ajzen & Fishbein, 1980; Ajzen, 1985)。计划行为理论主要用于解释,当人们有足够的时间思考自己的态度时,态度与有计划和有意行为之间的关系。这一理论指出,当人们有时间思考他们即将做出的行为时,预测行为的最好方法是考察他们的行为意图(behavioral intention),而行为意图又是由三个因素决定的,分别是指向行为的态度(attitude toward the behavior)、主观规范(subjective norm)和知觉到的行为控制(perceived behavioral control)。

计划行为理论认为,只有指向行为的特定态度,而不是一般性的态度,才能预测行为。如前所述,关于避孕药服用的问题越特定,态度就越能预测行为(Davidson & Jaccard, 1979)。而拉皮尔(LaPiere, 1934)的研究中人们的态度和行为之所以不一致,是因为他所询问的态度问题是店主是否愿意招待中国人,这是过于宽泛的态度。如果询问更特定的问题,例如是否愿意接待一对有教养的、穿着体面的、由一位美国教授陪同的中国夫妇,店主的回答很可能更接近他们的真实行为。

除了测量针对行为的态度,还必须测量人们的主观规范,即人们关于他们看重的人将如何看待该特定行为的信念。人们会推测其伴侣、朋友等重要人物对自己将如何行动的期望,在行动时考虑这些期望。在一项研究中,研究者试图预测怀孕女性在孩子出生后会用母乳喂养还是用牛奶喂养婴儿(Manstead, Proffitt, & Smart, 1983)。在孕妇分娩之前,测量她们的行为意图,例如是否愿意用母乳喂养;对该行为的态度,例如是否认为母乳喂养能够加强母婴之间的情感联系,这种联系有多重要;以及主观社会规范,例如孕妇的丈夫、母亲、好朋友和医生更偏向哪种喂养方式,她有多强的动机遵从他们的愿望。结果发现,对该行为的态度和主观规范可以很好地预测行为意图,而行为意图又可以很好地预测分娩后实际的母乳喂养。

人们的行为意图还受到他们认为自己实施该行为的容易程度所影响,即受知觉到的行为控制影响。如果人们认为某种行为很难做到,那么他们就不会产生强烈的行为意图,如果人们认为某种行为很容易做到,那么行为意图就可能比较强烈。例如,在有减肥意向的女生中,只有那些相信自己能够控制体重而且相信只要努力就能成功减肥的女生,才会真正实现减肥目标(Schifter & Ajzen, 1985)。那些感觉自己无力减肥的女生,减肥的渴望对行为的影响很小。另一项研究综述也证明,在态度和主观规范之外再加入对行为控制的知觉,与只有前两者相比,增加了对意图与行为关系的预测能力,尤其当行为本身存在潜在的行为控制问题时,例如减肥或戒烟。只包含前两个因素的模型称作理性行为理论,而加入知觉到的行为控制这一因素的模型即计划行为理论。

计划行为理论存在一些局限,例如没有包含外界条件限制、过去的行为习惯、知觉到的易感性和恐惧等因素(Boyd & Wandersman, 1991; Ajzen & Madden, 1986),但是它仍可以帮助我们理解态度是如何影响行为的。很多研究证实,通过询问指向行为的态度、主观规范和知觉到的行为控制,可以增强预测人们经过思考和计划的行为的能力,例如接受何种工作,是否系好安全带,是否去做疾病检查,是否使用安全套等(Albarracin et al., 2001; Trafimow & Finlay, 1996)。这一模型也可以很好地预测人们吸食各种成瘾药品的意图,例如大麻、酒精、烟草、摇头丸(Orbell et al.，2001；Morojele & Stephenson，1994）。

第3节 行为影响态度

在满足一些条件时，态度对行为的影响很大，而有些时候，行为也会影响态度。当人们做了某些事情之后，他们的态度可能会跟着发生改变。

·角色扮演

角色指的是处于特定社会位置的人被期望表现出的行为。当我们接受一个新的社会角色时，我们会努力使自己的行为符合社会规范。最初我们会感觉有点虚假，因为我们只是在扮演这种角色，但是不久之后我们就会适应这种角色，并且角色要求的行为已经变成了我们的自然行为。斯坦福大学的心理学教授津巴多实施了一项经典研究，演示了角色扮演的强大作用，这项研究被称作斯坦福监狱实验（Zimbardo，1972）。津巴多对大学生志愿者进行了很多心理测验和面试，他从中挑选出一些遵纪守法、情绪稳定、身体健康的普通人。然后，通过随机抛硬币的方式，指派一些学生充当囚犯角色，另一些学生则充当看守。扮演囚犯的大学生穿上囚服，被关进单人牢房，扮演看守的大学生则身着制服、携带警棍和哨子。在这些学生开始扮演自己的角色之后，很快就发生了很大的变化。看守开始贬低犯人，制造一些残酷的规则，并对违反规则的囚犯施加体罚。一些囚犯进行反抗，而失败后遭到残忍的惩罚，一些囚犯被动顺从，丧失尊严，变得冷漠。津巴多原计划进行两周的实验，但是在实验开始之后，很多囚犯出现了严重的应激反应，他们情绪激动、思维混乱甚至抑郁。在实验的第6天，津巴多被迫中止了这一原定两周的实验。从这一研究可见，模拟的监狱情境和人们扮演的角色创造出真实的行为，他们的态度也随之发生改变。不管是在实验室还是现实生活情境中，比较人们在接受一个新的角色之前和之后的态度，往往会发现变化。例如，从事管理或专业工作的女性会逐渐形成更加自信和果断的人格特征。

·登门槛现象

影响他人的一个有效技巧是利用登门槛现象（foot-in-the-door phenomenon），即当人们先接受了一个小的请求之后，就更有可能在后来接受一个更大的请求。为了让别人同意一个请求，可以从小的请求开始，然后逐步升级（Cialdini，2000）。

在一个研究中，研究者假扮为安全驾驶的志愿者，请求加利福尼亚人在院子前放置一个巨大又不太美观的"安全驾驶"标牌,结果只有 17% 的人答应这个请求。在另一种条件下,研究者先提出一个小的请求,请人们放置一个 3 英寸大的"做一个安全的驾驶者"的标志,几乎所有人都答应下来。两周之后,研究者再去请求放置一块大而难看的标牌,结果有 76% 的人表示同意(Freedman & Fraser, 1966)。

由于登门槛技巧如此有效,它被广泛应用于产品销售、募捐、献血等多个领域。很多推销者正在使用这一技巧,他们首先提一个小请求并得到人们的同意,然后接下来就会进行产品推销。例如,一些电话推销者假装是市场调查人员,请你在电话中回答几个简单的问题。一旦你答应下来并回答了问题,你就更有可能让他们继续说下去,甚至于购买他们推销的产品。在一项利用互联网进行的研究中,研究者在聊天室里发出求助请求,例如:"我的电子邮件出问题了,你能给我发一封电子邮件吗?"如果在这之前先请对方帮一个小忙,例如:"我刚开始学习使用电脑,你可以告诉我怎么看别人的头像吗?"研究者得到帮助的比例从 2% 上升到 16%(Markey, Wells, & Markey, 2002)。登门槛技术还经常用于慈善募捐。当直接接触多伦多郊区居民时,46% 的人会为癌症团体捐款,而当在前一天请人们佩戴一个别针宣传这一活动,人们都会同意这样做,接下来捐款的比例增加为两倍(Pliner et al., 1974)。如果首先邀请法国互联网使用者签署一个反对地雷的声明,他们为儿童地雷受害者组织捐款的比例从 1.6% 上升到 4.9%(Guéguen & Jacob, 2001)。

登门槛技巧的一种变式称作虚报低价法(low-ball technique)。汽车推销员经常使用这种方法。首先,汽车推销员向顾客提供一项非常诱人的交易,例如一个明显低于市场价的价格,顾客会因为价格便宜而答应购买汽车并开始办理购买手续。这个时候,推销员会借口老板不同意,或者忘记加上一项配件的价格,将价格提高。尽管这时价格已经不那么便宜,人们仍然会购买。心理学家西奥迪尼用了大约三年的时间,潜入推销员、募捐者、广告商等人群当中,从中学习了很多常用的影响策略(Cialdini, 2000)。他在一家汽车经销商假装学徒期间,学习到虚报低价技巧,后来对这一技巧进行测试。在一项研究中,他在学生上课的路上接近他们,并询问学生是否愿意参加一项实验(Cialdini et al., 1978)。大部分学生同意参加,接着他告诉学生实验将在星期六早上 7 点开始。尽管大部分学生不喜欢在星期六早上 7 点参加实验,但几乎所有对最初请求说"是"的学生,都准时到场参加了实验。而如果一开始就告诉学生实验将在星期六早上 7 点开始,然后再问他们是否愿意参加,同意的学生很少,准时到实验室的学生更少。

·认知失调理论

为什么行为会影响态度? 一种著名的解释是费斯廷格提出的认知失调理论

(cognitive dissonance theory)，认为人们的态度之所以发生改变是因为他们想保持认知间的一致性(Festinger, 1957)。失调指的是认知不一致所引发的不愉快的紧张状态。这一理论认为，当两种或多种想法和信念即认知发生不一致时，人们会感到失调，为了解决这种不舒服的状态，人们经常会调整自己的想法。认知失调理论经常用于解释态度与行为之间不一致时发生的现象。认知失调理论的支持者最初认为，任何不一致的想法或观点都会引起失调(Festinger, 1957; Festinger & Aronson, 1960; Brehm & Cohen, 1962)。但是，后续研究表明，并不是所有认知不一致都会让人感到不舒服。当相互不一致的态度和行为对自我而言有重要意义，乃至威胁其自我形象时，认知失调最为严重(Aronson, 1968, 1998; Greenwald & Ronis, 1978)。当人们表达与真实态度相违背的态度时，所体验到的失调会激活背侧前扣带皮层和前脑岛，这表明认知失调在脑中存在神经表征(van Veen et al., 2009)。

当发生认知失调时，有多种方式可以减少失调。一种方式是改变自己的行为，使得行为与失调的认知彼此之间一致；第二种方式是改变认知，使其与行为相一致；第三种方式是增加新的认知，以减少认知失调的程度(Aronson, Wilson, & Akert, 2004)。例如，吸烟者很可能会经历失调，他们承认吸烟有害健康，但同时又继续吸烟。如何减少这种失调？一种方式是戒烟，这时行为变得与吸烟有害的认知相一致。但是，很多人都无法成功戒烟，他们会通过其他方式来降低失调。研究发现，尝试戒烟但失败的人们，成功地降低了他们对吸烟的危害性的认知(Gibbons, Eggleston, & Benthin, 1997)。例如，他们说服自己，吸烟不一定会导致癌症。有些吸烟者会增加新的认知，例如相信过滤嘴会过滤掉大部分毒素；有些人认为吸烟可以使人放松，因此值得冒险。另外，人们还可以认为某种认知失调并不重要，也就是将失调琐碎化(trivialization)，认为现在面临的这个问题对自己并不重要，该问题的任何态度或行为上的失调都无关紧要(Simon, Greenberg, & Brehm, 1995)。最后，人们还可以采取间接策略减少失调的影响，即不改变态度与行为之间的不一致，而是努力减少由失调引起的不愉快的负面情绪(Steele, 1988)。自我肯定理论(self-affirmation theory)认为，为了降低失调引起的不适感，人们努力恢复受到失调威胁的积极的自我评价。例如，假设一个人认为有必要对汽水罐进行回收利用，但是却发现自己经常将汽水罐扔在附近的垃圾箱里。这时会产生认知失调，这个人可以通过改变态度来解决，例如让自己相信回收利用不那么必要。而自我肯定理论认为，这个人可以提醒自己是个好人，从而容忍不一致。在一个研究中，研究者要求被试写一篇支持所在大学提高学费的文章，而之前所有被试都是反对提高学费的(Steele & Lui, 1983)。在自我肯定条件下，被试写完文章后有机会确认他们身上相关的价值观和特性，而在控制组条件下，被试没有这样的机会。最后，所有被试表明他们对提高学费的支持度。结果表明，控制组被试为了与行为一致改变了他们的态度，而自我肯定组被试则没有改变态度。可见，如果给予人们机会来重建他们积极的自我认识，他们就能够容忍不一致(Steele, 1988)。

反态度行为

反态度行为(counterattitudinal behavior)指的是与态度相矛盾的行为，即说与自己真实态度相违背的话，或者做出与自己态度不符的事。个体被诱导说出或做出与其真实态度不一致的事情的情境被称作强迫顺从情境或劝诱顺从情境(forced-compliance/induced-compliance situations)。在这种情境下，如果人们能够为自己的行为找到足够的外部理由，例如为了获得大笔奖励，或者为了避免严厉惩罚，那么他们不会体验到失调。而如果无法找到外部理由，人们将会体验到失调，往往会调整自己的态度来减轻失调。认知失调理论预测，当个体做出违背自己态度的行为之后，与给予大的奖励相比，给予个体小的奖励，往往会使得个体产生更大的认知失调，从而引起更多的态度改变(Riess & Schlenker, 1977)。

费斯廷格和他的学生卡尔史密斯进行了一个经典实验，证实了较小的诱因可以导致较大的态度改变这一现象(Festinger & Carlsmith, 1959)。60名斯坦福大学的男性学生被随机分为三组，分别为1美元组、20美元组和控制组。首先，要求每名被试完成一项非常枯燥的任务，例如把线轴放到一个盘子里，然后清空盘子，再把盘子装满，如此不断重复，这些无聊的重复工作总共持续一个小时。然后，告知被试研究目的是为了探讨，如果人们预先被告知工作内容很有趣，任务是否会完成得更好。接下来，要求控制组的被试评价他们的实验任务是否有趣。而对于1美元组和20美元组的被试，实验者要求他们告诉等候在外的被试刚才的任务很有趣，在这两组被试向别人说谎之后，1美元组被试得到1美元的报酬，20美元组被试得到20美元的报酬。最后，所有被试对最初的任务进行评价。三组被试中的哪一组对实验任务的评价最高？从表面上看，似乎高报酬会产生更好的效果。但是，实验结果表明，1美元组被试对任务的评价远高于其他两组。费斯廷格和卡尔史密斯认为，得到1美元的被试产生了认知失调，即"这项任务非常无聊"和"我告诉别人这是一项非常愉快的任务，并获得了1美元"两者相互冲突。为了减轻这种失调感，这组被试调整了自己对任务的态度，即说服自己任务是有趣的。费斯廷格和卡尔史密斯称之为理由不足(insufficient justification)，即当外部理由不足以解释自己的行为时，人们通过寻找内部理由来降低失调。而对于20美元组的被试，他们对自己说谎可以找到充分的理由，即为了获得20美元的报酬，因此他们不会体验到失调，也就不会改变对这项无聊任务的态度。

理由不足效应在很多领域中得到了证实。在一项实验中，研究者诱导大学生写出支持警察镇压学生行为的文章，并且提供不同数量的报酬给他们，在写完文章之后，评估他们对警察行动的真实态度(Cohen, 1962)。结果发现，诱因越小，人们越相信自己文章中所表达的观点，而如果诱因很大，人们有充分的外部理由去写文章，就不会相信自己所写的。在另外的研究中，研究者诱导那些原本相信吸食大麻有害的学生，让他们编写并背诵赞成吸食大麻及游说使其合法化的演说录像，其中一部分人得到大量报酬，另一部分人只得到少量报酬(Nel, Helmreich, & Aronson, 1969)。结果表明，报酬越低，人们对大麻的使用及其合法化的态度就越软化。并且，研究显示，不一定必须伤害别人，不诚实的行为本身就足以引发失调以及态度改变(Harmon-Jones et al., 1996)。在本章开始的例子中，犹太裁缝通过使用5块钱的奖励，成功地转变了那群年轻人的动机，使得他们认为自己喊叫的理由是为了赚钱。最后，当裁缝拒绝提供充分的奖励时，那群年轻人的反应是不再喊叫。

反态度行为和理由不足可以解释很多社会现象，也可以帮助解决一些社会问题。在一个实验中，研究者诱使一些白人大学生写下与其原来的态度相反的文章，公开支持他们学校内一项有争议的提案，即将黑人学生的奖学金增加一倍(Leippe & Eisenstadt, 1994)。而这一提案意味着白人学生能够获得的奖学金将减少。这些学生产生了失调，解决的方法是，他们说服自己确实同意这一提案。并且，这些白人学生对黑人的整体态度也变得更友好了。可见，劝诱顺从的方式可能可以改变种族歧视。认知失调理论还可用于预防艾滋病传染。尽管人们知道艾滋病是一个严重的问题，而使用安全套可以显著降低感染艾滋病病毒的危险，但是只有很少人在每次性行为时都使用安全套。在一个研究中，要求两组大学生撰写一篇演讲稿，描述艾滋病的危险，并宣传每次性行为时使用安全套(Aronson, Fried, & Stone, 1991)。一组学生只撰写演讲稿，另一组学生在写完演讲稿之后，在摄像机面前背诵这些观点并被录下来，接着告诉他们这些录像将放给高中生看。另外，要求每组中各一半的被试将他们没有使用安全套的情形列出。可以预期，那些为高中生制作录像，而又列出自己曾经没有使用安全套的情形的被试，将感觉到高度的失调，因为他们觉察到自己的伪善(hypocrisy)。为了解决失调，他们需要表现出自己所宣传的行为。研究者发现，当被试有机会买到便宜的安全套时，伪善条件下的被试购买安全套的比例远高于其他条件下的被试。并且，在几个月之后，经历最大失调的学生仍然报告说经常使用安全套。因此，当让人们意识到自己公开宣称支持的事情与自己的所作所为并不相符时，他们会体验到失调，进而采取行动来消除所说与所做之间的矛盾。这一规律可以用来帮助人们做出有益行为，例如使用安全带、戒烟、减肥、安全性行为等。

更小的诱因导致更大的态度改变这一原理也适用于使用惩罚的情境。行为主义的学习原理告诉我们，当某一行为出现之后招致惩罚时，这一行为再次出现的可能性降低。那么，是否惩罚越严厉效果越好？从改变行为的角度看，似乎是这样的。

然而，认知失调理论预测，严厉的惩罚会使人们将自己不做某事的原因完全归因于惩罚，而不会产生真正的态度改变，只有当惩罚强度不足以构成充分理由时，人们才会产生失调，进而思考自己为什么不做某件事，导致内心真正贬低自己不去做的这件事情。很多不良行为都会遭到惩罚，例如超速驾驶、考试作弊、欺负同学等。但严厉的惩罚教会人们的是避免被抓住，而不是真心认为这些行为是不好的。例如，如果一名儿童经常欺负较小的孩子，家长可以采取的惩罚方式包括比较轻微的处罚，例如严厉地盯着他，也包括非常严厉的处罚，例如狠狠地打他/她一顿。惩罚越严厉，孩子在家长在场时不敢动手的可能性就越大，但是，当家长不在时，孩子很可能会更厉害地欺负别人。也就是说，严厉惩罚是一种充分的外部理由，儿童知道自己不打人的原因是害怕惩罚。如果采用轻微的惩罚，儿童会体验到失调，因为轻微处罚提供的外部理由并不充分，儿童必须采取措施将自己不欺负别人的行为合理化。因此，他/她会说服自己，欺负别人不是一件自己喜欢的事情，从而建立内部理由，进而形成一套持久的价值观。在一个以学龄前儿童为被试的研究中，研究者试图改变儿童对玩具的偏好（Aronson & Carlsmith, 1963）。研究者首先询问儿童对几种玩具的喜欢程度，然后指出一种某个儿童最喜欢的玩具，告诉他/她说不能再玩了。一半儿童被告知，如果他们继续玩这个玩具的话，将会受到轻微的处罚，另一半儿童则被告知，如果继续玩的话将会受到严厉的处罚。接着，研究者离开房间，让儿童面对其他玩具和儿童所喜欢但被禁止玩的玩具。结果发现，所有儿童都没有玩禁止玩的玩具。几分钟之后，研究者回到房间，询问每名儿童对各个玩具的喜欢程度。结果表明，轻微处罚威胁组儿童对被禁止玩的玩具的喜欢程度比实验开始时降低，而严厉处罚威胁组儿童仍然很喜欢那个被禁止玩的玩具，甚至比原来更喜欢。这是因为，轻微处罚威胁组儿童没有去玩自己喜欢的玩具，但又缺乏充分的外部理由，因此他们使自己相信，自己不去玩的原因是已经不怎么喜欢它了；而严厉处罚威胁组的儿童知道自己不玩的原因是害怕惩罚，他们不会改变自己对玩具的态度。可见，即便是年幼的儿童，也会因为认知失调而导致自我说服，产生态度改变。并且，这种自我说服产生的态度改变是很持久的。一位研究者重复了禁止玩玩具的实验，并在几个星期后再次试探儿童是否会去玩被禁止玩的玩具（Freedman, 1965）。结果表明，轻微处罚威胁组的儿童绝大多数自愿决定不玩禁止玩的玩具，而严重处罚威胁组的儿童绝大多数会去玩禁止玩的玩具。可见轻微处罚威胁的影响至少可以持续数周之久。总之，非常大的奖赏或者非常严厉的惩罚，会为行为提供强大的外部理由。如果想要人们产生稳定的态度或行为改变，应该使用轻微的奖赏或处罚，做到刚好能够诱发行为改变，但又不足以成为外部理由。这个时候，人们会进行自我说服，产生真正且持久的态度改变。而大量的奖赏或严厉的惩罚只能产生暂时的行为改变，但无法引起真正的态度改变。

决策后失调

当人们需要在两个或多个选项中做出选择时,也会引发认知失调。不管面临的决策是买什么商品、上哪所大学、和谁约会等,往往会存在两个甚至更多诱人的选项。而在做出决策之后,我们往往会认识到,所选择的东西有不好的地方,而所放弃的东西又有好的地方,这时就会产生认知失调。在做出决定之后所产生的失调称作决策后失调,减轻这种失调的方法通常是,提高对选中对象的评价,降低对未选中对象的评价。

在一个最早的实验中,研究者假装进行顾客调查,要求女大学生根据商品的吸引力和优点,为8种商品打分,这8种商品包括烤面包机、收音机、电吹风等(Brehm,1956)。在评分之后,研究者给被试提供两种商品,告知被试可以从中选择一种作为参与调查的报酬。在被试做出决定之后,将她们选择的商品包装好交给她们。20分钟之后,每名被试再次对所有商品打分。研究者安排了三种条件:第一组被试需要从两种评分接近并且均较高的商品中选择一种;第二组被试需要从两种评分相差较大、一种很高一种很低的商品中选择一种;第三组被试不需要选择,可以直接得到自己评分最高的商品。研究者预测,第一组被试产生的认知失调最厉害,最需要采取措施来减轻失调。实验结果表明,在重新评价8件商品时,高失调组被试提高了对自己选中的商品的评分,降低了对自己放弃的商品的评分。并且,决策后对选中选项评价的提升,并不是由于预先存在的偏好的作用。在一个研究中,让被试以为参加的是一个阈下决策的研究,被试根据所谓的无意识偏好从一系列看不见的假期中做出选择,而实际上研究者并未呈现任何假期选项(Sharot, Velasquez, & Dolan, 2010)。在选择之后,所谓"选中的选项"和"没选中的选项"将显示给被试,被试会更喜欢自以为选中的选项。另外,失调后态度改变是一个自动化的过程,不需要外显记忆和意识加工的参与:失忆症患者和认知负载下的正常被试都表现出与控制组被试类似的态度改变(Lieberman et al., 2001)。研究者在4岁的学龄前儿童和卷尾猴中都发现了类似的决策后偏好改变(Egan, Santos, & Bloom, 2007)。

可见,在做出决定之后,为了减轻失调,人们会改变对选中对象和未选中对象的评价。并且,决定越重要以及越难改变,减轻失调的需求就越厉害。对于赛马场上的赌徒而言,在他们排队准备下注时,决定仍然是可以改变的,因而不会有严重的失调。而一旦他们付出赌金之后,决定就再也无法改变了。研究者预测,不可反悔是一个重要因素,赌徒在付出赌金的几分钟之后会比付出赌金之前的几分钟有更强烈的消除失调的需要。在一个实验中,研究者拦截前往窗口投注赌金的人们,询问他们的胜算把握有多少,研究者还拦截投注完毕正要离开窗口的人们,询问他们同样的问题(Knox & Inkster, 1968)。结果发现,已经投注的人们比尚未投注的人们对胜算更加肯定。而在排队到离开窗口的这几分钟时间里,并没有发生能够提高胜算的事情，唯一发生的事情是已经下注，无法反悔，因此改变了人们心理上对获胜的感觉。另一个研究采用类似的实验程序，采访刚刚投过票的选民和马上将要投票的选民（Frenkel & Doob，1976）。结果发现，相对于投票前的选民，投票后的选民更倾向于相信他们所选的候选人就是最佳候选人，最有可能赢得选举。

当做出道德方面的决定后，人们也会感觉到失调，进而改变自己的道德观念。例如学生在面对考试是否作弊的选择时，一旦做出了决定，他们对作弊的态度就会发生改变。起初两个人对作弊可能持有类似的态度，而一旦一个人权衡之后做出决定作弊，另一个人挣扎之后决定不作弊，两个人对作弊的态度就会拉开差距，这是他们各自减轻失调的结果。研究者在一所小学里调查了6年级学生对作弊的态度，然后安排学生参加竞赛性的考试，获胜者可以赢得奖品（Mills，1958）。研究者将考试安排为不靠作弊几乎不可能赢，学生很容易就能作弊，研究者还让学生产生作弊也不会被人发现的感觉。这个时候，有些学生会作弊，而有些学生不会作弊。第二天，再次调查学生对作弊的态度。结果发现，曾经作弊的学生对作弊变得比较宽容，而拒绝作弊的学生对作弊的态度变得更加严厉。可见，在困难的道德决定之后产生的失调，会使得人们的道德感被加强或减弱。

神经科学研究正在揭示决策后态度改变的机制。在从同样有吸引力的选项中做出选择时，所记录的脑区活动（右侧额下回、内侧额顶区和腹侧纹状体活动上升，前脑岛活动下降）能预测随后的态度改变程度（Jarcho, Berkman, & Lieberman, 2010）。这提示决策过程中体验到的冲突快速激活合理化和冲突解决过程，不需要刻意进行。在另一个研究中，决策过程中体验到的认知失调程度由前扣带皮层和背外侧前额叶皮层表征，并且决策不仅影响自我报告的态度，而且还改变由纹状体所表征的态度神经信号（Izuma et al.，2010）。

为努力寻找理由

如果人们为获得某种东西付出了很多努力，最终得到了它，却发现这件东西并不像起初想象得那么好，这时也会产生严重的认知失调。为了减轻失调，人们倾向于提高对该目标的喜欢程度。很多社团所采用的入会仪式利用的就是这一点，即经历了千辛万苦才得到某件东西的人比不怎么费力气就得到它的人对这件东西会更加珍惜。在一个实验中，大学生可以选择自愿加入一个社团，定期见面讨论有关性心理学的各种观点（Aronson & Mills，1959）。1/3的被试需要经历一个非常苛刻并且让人不舒服的筛选才能加入，1/3的被试只需要经历一个简单程序就可以加入，最后1/3的被试不需要任何筛选就可以加入。在加入社团之后，被试听到一段社团成员讨论的录音，这段讨论非常沉闷和没有价值。在听完讨论之后，每名被试对讨论打分，包括是否喜欢这些讨论，听到的讨论是否有趣，参与者是否聪明等。结果支持认知失调理论的预期,只需付出一点努力或者完全不需要努力的被试不喜欢该讨论,他们对讨论的评价非常低,而经过努力才加入的被试却已经说服自己,这个讨论确实有其价值,他们尽可能地找出讨论中好的方面,从而为自己付出的努力找到理由。在另一个研究中,被试需要经历身体上的痛苦,才能加入某个组织(Gerard & Mathewson, 1966)。结果表明,被试在加入一个团体的过程中遭受的电击越多,之后他们就越会说服自己新团体和团体中的活动有趣和有吸引力。在现实世界中,一些部落的成年仪式、一些大学兄弟会的入会仪式、一些军事组织和团体的新兵训练,都会采取严格甚至残忍的方式。在一个原始部落中,十几岁的男孩在成年仪式中要经历毒打、酷寒、干渴等折磨,才能加入成年人的行列(Whiting, Kluckhohn, & Anthony, 1958)。在美国的一些大学中,兄弟会的入会仪式也包含类似的残酷考验,并且很难禁止。之所以这些团体要采取这样的入会仪式,目的就是为了让未来的成员感觉这个团体更有价值和有吸引力,从而提高团体的凝聚力。美国海军陆战队的新兵也会遭到严酷的折磨,而之后他们会更加看重自己所加入的这个群体。总之,如果个体为了达到目标,自愿经历非常困难甚至是痛苦的过程,那么他们会觉得这个目标更有吸引力。

引发失调的条件

认知失调并非在所有条件下都会发生,一些研究考察了引发失调的必要条件。首先,只有当个体认为行为由自己自由选择时,与态度不一致的行为才会引发失调。一项研究让学生写一篇与自己观点相违背的文章,并让部分学生认为自己可以选择写或者不写,让另一部分学生认为自己没有选择(Linder, Cooper, & Jones, 1967)。在每种实验条件下,都各有一半学生得到2.5美元,另一半学生得到0.5美元。结果发现,在被试可以自由选择的条件下,出现了失调效应,反态度行为得到的报酬越少,被试发生的态度改变就越大。而在没有选择的情况下,没有出现失调,报酬越多,态度改变就越大。在另一个实验中,研究者让被试阅读贬低律师的笑话并进行录音(Hobden & Olson, 1994)。结果发现,当被试是主动选择参与该实验而非被迫时,阅读笑话会让他们对律师产生更多的消极态度。可见,个体对自己行为选择的知觉是失调导致态度改变的必要条件。其次,当个体发现行为结果对他们自己或他人有消极影响,并且认为自己应该为后果负责时,才会发生认知失调(Cooper & Scher, 1994)。

·认知失调与文化

文化是否会影响认知失调的产生?在个人主义社会中,个体将自己视为独立的,不同于环境中的其他人,而在集体主义社会中,个体将自己视为互相依赖的,与他人的联系必不可少(Markus & Kitayama,1991)。一些研究者认为在后一种社会中,减少失调的行为可能更为少见(Triandis,1995)。相互依赖型自我概念个体的目标是维护集体和谐,而不是独立自我概念所驱动的自我合理化。一项研究采用加拿大人和日本人作为被试,比较分别代表个人主义文化和集体主义文化的两种文化下的认知失调(Heiner & Lehman,1997)。研究者假装正在进行唱片市场研究,要求被试从 40 张 CD 唱片中挑选出 10 张他们最想要的唱片。接着,让他们在从"根本不喜欢这张 CD"到"非常喜欢这张 CD"的量表上对这 10 张唱片进行评分。然后,研究者让被试从自己给出的分数排名位于中间位置的两张 CD(例如第 5 位和第 6 位)中挑选一张,带回家作为参与研究的报酬。最后,要求被试再次评定一下 10 张唱片,研究者比较被试的第二次评价与第一次评价。根据认知失调理论的预测,当从第 5 名和第 6 名中选择一个之后,个体会调整自己的态度,对选定的 CD 的评分提高,对未选定的 CD 的评分降低。研究结果显示,加拿大被试确实出现这种变化,但是,日本被试的选择并未造成评价的变化。为此,研究者认为,认知失调只有在独立自我概念的个体中才会发生,对这些个体而言保持自我概念的一致性非常重要(Heiner & Lehman,1997)。

但是,也有学者认为,集体主义文化下也可以发生认知失调和自我合理化,只是引发的条件和减少失调的策略有所不同。在日本,人们不仅在表达了令人厌烦的任务其实有趣之后会产生失调,而且当人们观察到他们所认识和喜欢的人做出这种表达时也会发生认知失调,这名个体的态度会发生改变以与朋友的谎言保持一致(Sakai,1999)。与私下做出选择相比,当以为自己的选择被公开时,日本被试为自己的选择辩护的程度更强,美国被试则刚好相反(Imada & Kitayama,2010)。一些研究者对经典的商品选择范式进行补充,加入了为朋友做选择这一条件,并对不同文化的被试进行比较(Hoshino-Browne et al., 2005)。结果发现,西方人在为自己选择食物时体验到更高的失调,而东方人则是为朋友选择食物时体验到更大的失调。他们认为,当文化中重要的自我概念受到威胁时,人们会体验到失调并采取措施来减轻失调。对西方人而言,当为自己做出决定之后,需要证实其合理,对东方人而言,出于人际间关注,当为朋友做出决定之后,需要证明其合理。

· 自我知觉理论

贝姆提出的自我知觉理论,对于行为如何影响态度给出了另一种解释(Bem,1972)。自我知觉理论认为,人们对自己的态度、情绪以及其他一些内部状态的认识和发现,部分是通过观察自己在各种情况下的行为来实现的;由于内部线索微弱、模糊和难以解释,人们的自我认识经常需要根据所观察到的外部行为及其发生的情境推断得出。

自我知觉理论可以解释费斯廷格和卡尔史密斯的经典实验。对于告诉别人某个任务很有趣并得到1美元报酬的被试,当被问到他们觉得该任务有多有趣时,他们会进行推测:"我说这项任务很有趣,并得到了1美元,1美元不足以让我说谎,因此我是真的觉得这项任务有趣。"对于获得20美元的被试,他们推测:"我之所以说这项任务很有趣,是为了赚20美元,其实我并不觉得该任务有趣。"因此,自我知觉理论和认知失调理论对这一实验做出的预测是相同的。但是,二者存在区别:认知失调理论强调人们具有减少内部矛盾或失调状态的动机,而自我知觉理论则认为人们自然地推断行为背后的原因。从认知失调的角度看,态度是强烈且持久的,当人们说或做与态度不一致的事时,就会感觉到不愉快的紧张状态,只有当消除不一致时,紧张才会解除。而自我知觉理论则并未提到与态度不一致的行为是否引起紧张和不适,而是假定当人们的态度较弱时,会根据自己的行为及其情境去推测它。

自我知觉理论可以解释很多现象。登门槛技术之所以有效,是因为当个体答应了他人的一个小请求之后,会认为自己是一个乐于助人、通情达理的人,从而增加了继续答应请求的可能性(Burger & Caldwell, 2003)。关于奖励与行为和态度之间的关系,自我知觉理论认为,给人们提供奖励让他们做本来就喜欢的事情会带来负面效果:人们将行为归因于报酬,会削弱原本存在的内部动机和兴趣,这称作过度合理化效应(over-justification effect),很多研究都证实了这一现象(Deci & Ryan, 1991)。而如果人们在没有报酬或强迫做自己喜欢的事情时,他们会将自己的行为归因为对该活动的兴趣。例如,当付钱让儿童玩智力游戏时,尽管他们当时玩游戏的行为增加,但是他们后来继续玩游戏的行为少于那些没有报酬的儿童(Boggiano et al., 1987)。

人的情绪体验、态度和行为等也会受自我知觉的影响,面部表情和身体反馈会影响人们的内心感受和行为。例如,被诱发出微笑表情的人感觉更快乐并且觉得卡通片更幽默(Schnall & Laird, 2003),尤其是当在镜子中看到自己的表情时(Kleinke, Peterson, & Rutledge, 1998)。在另一个实验中,研究者声称要测试耳机装置,要求大学生在收听广播社论时头部做水平运动或垂直运动(Wells & Petty, 1980)。结果表明,与头部做水平运动(类似于摇头)的被试相比,头部做垂直运动(类似于点头)的被试更有可能赞同社论的观点。当在计算机屏幕上呈现水平或垂直运动的产品时,由于消费者被隐蔽地诱导分别做出摇头或点头的动作,他们对产品的评价也相应受到影响(Förster, 2004)。由于手臂交叉与成就情境中的坚持相关联,研究显示要求被试交叉手臂增加了他们在不可解决字谜上的坚持时间(Friedman & Elliot, 2008)。与收缩性(contractive)身体姿势相比,做出扩展性(expansive)姿势的被试唾液中的睾丸酮水平更高,皮质醇水平更低,体验到更高的权力感,并更能容忍风险(Carney, Cuddy, & Yap, 2010);在参加工作面试之前的准备阶段,与做出低权力姿势(收缩的、封闭的)的被试相比,做出高权力姿势(扩展的、开放的)的被试在面试中表现更好,更有可能被录用(Cuddy et al., 2015)。关于权力姿势的生理和行为效应,既有支持也有反对的研究证据(综述见:Carney, Cuddy, & Yap, 2015;质疑见:Simmons & Simonsohn, 2017)。

认知失调理论和自我知觉理论做出的预测在多数情况下都类似,它们也都可以解释大部分的研究发现(Greenwald, 1975)。因此,现在倾向于认为两种理论都是正确的,只是二者适用的情境略有不同,而很多情况下二者都是适用的。当行为与明确和重要的态度发生冲突,或者行为导致个体感觉自己有责任的负面后果时,失调被激活,人们调整态度来减轻紧张。失调引发的紧张甚至可以从心率加快和排汗增加上表现出来(Losch & Cacioppo, 1990)。而当态度并未完全形成、比较模糊或不太重要时,人们通过自我知觉来推测自己的态度(Fazio, 1987)。

第4节　说服

在我们所处的世界中,每天都有大量人试图对我们进行说服(persuasion),也就是利用各种信息来改变我们的态度。电视和报纸杂志上的广告试图说服我们某种产品更好;公益组织试图说服我们支持保护环境或为慈善事业捐款;政治家试图说服我们支持他们的政治理念;等等。那么,作为试图说服他人的个体或团体,应该如何组织信息、如何传递它们以达到最大地改变受众态度的效果?社会心理学家对这个问题进行了研究,其中早期的研究来自二战期间,耶鲁大学的霍夫兰德及其同事所做的说服研究(Hovland, Lumsdaine, & Sheffield, 1949)。霍夫兰德等人为了鼓舞美国士兵的士气,系统研究了训练影片和历史文档对新兵关于战争的态度和观念的影响。二战结束之后,他们通过操纵某个因素而保持其他因素不变的方法,继续研究哪些因素的什么特征使得沟通更有说服力。他们考察的因素包括信息的沟通者(communicator)、信息、沟通渠道以及受众。沿用这一思路的研究称作耶鲁态度改变法。另一类研究则试图了解个体在对沟通信息做出反应时的想法,借此理解态度改变过程,这类研究被称作认知反应理论(cognitive response theory)(Greenwald, 1968)。下面我们首先讨论与说服有关的沟通者、信息、沟通渠道和受众这四个因素,然后再来看认知反应理论的主要内容。

·沟通者

同样的话由不同的人说出来,效果往往明显不同。具有哪些特征的沟通者更有说服力?研究发现,可信度(credibility)和吸引力(attractiveness)是两个重要而不同的沟通者特征。

可信度

可信度高的沟通者比可信度低的沟通者更有说服力。通常,人们会觉得专家所说的话更可信。如果沟通者以专家身份被介绍给受众,或者呈现来自专业信息来源的信息,受众更容易被说服。在一个研究中,被试听到关于是否应该无处方销售某种药物的沟通信息(Hovland & Weiss, 1951)。这些信息被说成是来自《新英格兰医学期刊》,或者被说成来自大众通俗月刊。结果表明,可信度高的来源更能促使受众的态度改变。除了专业知识或专家身份,沟通者是否公正和是否值得信赖也会影响可信度。如果沟通者发表的言论站在其自身立场的对立面,不能给他/她自己带来好处,我们倾向于相信他/她。例如,如果罪犯采取有害自身利益的立场,主张强化执法机构的权力,那么他/她会很有说服力。如果受众相信沟通者并不是在试图说服自己,他们也会更相信沟通者。研究者让一些大学本科生去偷听研究生的谈话,这段谈话与偷听者是有关的(Walster & Festinger, 1962)。当声称谈话者不知道有人偷听时,这段谈话对偷听者的影响力比声称谈话者知道有人偷听时更大。在这些研究中主要起作用的是受众进行的归因,如果他们将沟通者的立场归因为个人偏见或自私自利的动机,可信度下降,如果归因为客观事实,可信度上升。因此,当沟通者站在预料之外的立场时,人们更有可能把信息归因为证据,更容易被说服(Wood & Eagly, 1981)。另外,说话速度比较快的个体的可信度高于说话速度较慢的,从而更有说服力(Miller et al., 1976)。

需要注意,就当时的说服效果而言,高可信度沟通者的影响更大,但是,随着时间流逝,沟通者可信度的效应将会减弱。一项研究操纵了沟通者的可信度,发现在立即测量时,高可信度产生更大的态度改变,但是在三周以后,这种可信度造成的差异减少,高可信度沟通者造成的态度改变量减少,低可信度沟通者造成的态度改变量增加(Kelman & Hovland, 1953),这种效应被称作睡眠者效应(sleeper effect)(综述见:Kumkale & Albarracín, 2004)。它出现的原因存在争议,一种可能是随着时间过去,信息本身和信息的来源在记忆中发生了分离,人们只记得信息的内容,忘记其来源,造成态度的延迟改变(Kelman & Hovland, 1953)。

吸引力

沟通者的吸引力可以来自多个方面，包括外表的吸引力、与受众的相似性以及其他可以增加受众对沟通者的喜欢的因素。正如晕轮效应所示，人们倾向于认为外表漂亮的人是仁慈的、诚实的、聪明的、有说服力的、有社交能力的、可爱的等（Eagly et al., 1991）。当论点来自外表有吸引力的沟通者时，会更有说服力（Chaiken, 1979）。人们喜欢在衣着、态度、性格、生活方式、背景等方面与自己相似的人，不喜欢与自己不相似的人。人们更容易相信与自己相似的人，更多地受到他们的影响。在一个研究中，黑人中学生观看了一个提倡正确牙齿护理的录像，第二天评估他们牙齿的清洁水平（Dembroski, Lasater, & Ramirez, 1978）。结果发现，听到来自黑人牙医的倡议的学生的牙齿更干净。通常，人们对来自自己喜欢或认同的群体的信息，更容易接受（Terry & Hogg, 1996）。因此，成功的推销员和政治家往往努力提高自己外表方面的吸引力，或者表现出与受众有相似的爱好或态度。

还有其他一些因素决定受众是否喜欢沟通者。研究发现，对一个新刺激的重复接触可以增加对该刺激的喜欢程度，这称作曝光效应（mere exposure effect）（Zajonc, 1968）。在一个实验中，一张人脸多次迅速地在屏幕上闪过，人们并没有有意识地看到它（Bornstein, Leone, & Galley, 1987）。然而，即便是这种意识以下的重复接触也会增加喜欢，并且被试受这张脸主人观点的影响更大。人们也会更喜欢那些喜欢他们或者声称喜欢他们的人。一项研究让某个研究生赞赏被试所在的学校，或者赞赏另外一所学校，从而操纵被试喜欢该研究生的程度（Wood & Kallgren, 1988）。结果很明显，在前一种条件下他更让被试喜欢，在后来他发表反对环保的言论时，被试产生的态度改变更大。即便人们知道他人有求于自己，仍然会喜欢称赞他们的人（Drachman, deCarufel, & Insko, 1978）。仅仅知道别人喜欢自己，就可以使我们更容易被说服（Berscheid & Walster, 1978; Howard, Gengler, & Jain, 1995, 1997）。有一位被载入吉尼斯世界纪录的、号称世界上最伟大的汽车推销员乔·吉拉德（Joe Girard），他成功的秘诀就是努力让顾客喜欢他，例如每个月给顾客寄送问候卡片，卡片上永远会有的一句话就是"我喜欢你"（Cialdini, 2000）。与讨人喜欢的刺激（例如明星、球队、音乐、好消息等）建立联系也可以增加被喜欢的程度（Cialdini, 2000）。总之，当通过某种途径增加吸引力和喜欢时，说服效果也会随之增加。

那么，如果可信度和吸引力二者无法兼顾，哪个因素更重要一些呢？一项研究发现，对于打算购买油漆的顾客而言，一个刚购买了与他们的计划同样多数量的普通人比购买了20倍数量的专家影响力更大（Brock, 1965）。但是，当涉及的问题关于牙齿卫生时，一位著名的牙医（不相似的专家信息源）比一名来自当地学校的学生（相似的非专家信息源）更有说服力（Olson & Cal, 1984）。如何解释这两类研究结果？有研究者认为，关键在于某个问题涉及的是主观偏好还是客观事实（Goethals & Nelson, 1973）。如果某种选择关系到个人价值观、品味或生活方式，那么相似的沟通者更有影响；如果需要的是对事实做判断，不相似的人，最好是专家，能够提供更可靠的信息。

·信息

沟通信息的内容和呈现方式也对说服效应影响很大。与信息有关的因素包括：采用理性信息还是调动情绪的信息，提倡与受众立场相差很大还是很小的观点，提供单方面信息还是双方面信息，如何安排信息出现的顺序，等等。

理性还是情感

逻辑性很强、说理性的信息更有影响，还是感染情绪的信息更有影响？答案部分取决于受众。受过良好教育的、善于分析的人们比受教育程度低的、不善分析的人们更容易对理性信息做出反应（Hovland, Lumsdaine, & Sheffield, 1949; Cacioppo et al., 1996）。对当前问题卷入程度不高的受众，其情感反应比信念更能预测他们的偏好（Abelson et al., 1982）。另外，态度的形成过程有所不同，有些是以认知为基础的态度，有些是以情感为基础的态度。研究表明，前者更容易受理性信息的影响发生改变，而后者则需要通过情感来改变（Fabrigar & Petty, 1999）。一项实验比较了理性诉求和情感诉求对不同类型态度的影响（Shavitt, 1990）。实验中涉及的态度对象是不同类型的产品，一些是实用性产品，例如空调和咖啡，人们对这类产品的态度通常是对产品的客观特点进行评估后建立的；另一些是与社会认同有关的产品，例如香水、贺卡，人们对这类产品的态度往往反映了对自己在他人面前形象的关注，更多以情感为基础。实验结果显示，人们对与态度类型相一致的广告反应更积极。如果态度是以认知为基础的，那么强调产品实用性的广告更有效；如果态度是以情感为基础的，那么强调价值观和社会认同的广告更为有效。

有些沟通信息努力引发人们的恐惧情绪，借此来改变人们的态度，公益广告经常会采取这种方式，劝说人们安全驾驶、戒烟、戒酒、远离毒品、安全性行为等。研究发现，在说服人们减少吸烟、经常刷牙、打预防针、小心驾驶方面，唤起恐惧的信息很有效（Muller & Johnson, 1990）；唤起恐惧的图片能够有效改变青少年对酒和饮酒行为的态度（Levy-Leboyer, 1988）；唤起恐惧心理可以增强人们对疾病和预防信息的兴趣（Ruiter et al., 2001）；等等。有研究者认为，人们产生的恐惧情绪越多，他们对说服信息的反应就越强烈（Robberson & Rogers, 1988）。不过，引发恐惧并不总是会增加信息的说服力。例如，很多人尽管害怕艾滋病，但是仍然不使用安全套；许多人害怕抽烟带来死亡,但是仍继续抽烟。研究显示,当恐惧与一项令人愉快的活动相关联时,人们反应经常不是改变行为,而是否认事实(Aronson,1997)。人们之所以否认,是因为当他们不知道如何避免危险时,恐惧会令人无法面对。因此,不仅要让人们害怕一个事件,还应该让他们认识到解决方法并且相信自己有能力实施这一解决方法,这样一来唤起恐惧的信息才更有效(Ruiter et al.,2001)。一项研究组织吸烟者观看了一部描述肺癌的生动的电影,然后让他们阅读一些关于如何戒烟的具体指示的小册子(Leventhal,Watts,Pagano,1967)。结果显示,这组被试减少的吸烟量明显高于只看电影或只看小册子的被试。这是因为,观看电影让他们害怕,使得他们认真阅读小册子去学习如何戒烟。可见,一些通过恐吓人们试图改变态度的努力之所以失败,是因为它们虽然让人害怕,但是没能提供帮助人们减轻恐惧的具体建议(Ruiter,Abraham,& Kok,2001)。

与原有态度的差距

沟通者试图传递的信息与受众原有态度的差距(discrepancy)也会影响说服效果。一般而言,差距越大,个体改变态度的压力就越大(Hovland & Pritzker,1957)。但是,与人们原有观点差距太大的信息也可能会造成他们怀疑沟通者的可信度(Eagly & Telaak,1972)。研究发现,人们对于在自己接受范围之内的结论比较开放(Liberman & Chaiken,1992)。因此,很难简单地下结论说究竟是差距很大的信息还是差距很小的信息造成较大的态度改变。

有研究者提出,当提倡一个与受众原有观点差距很大的立场时,可靠的信息源造成更大的观点改变(Aronson,Turner,& Carlsmith,1963)。他们的研究发现,差距与沟通者的可信度之间存在交互作用:当可信度较高时,差距最大的信息造成最大的态度改变;当可信度较低时,中等差距的信息比差距更小和差距更大的信息造成的态度改变更大。在另一个实验中,研究者请一位诺贝尔奖得主(高可信度)和一位普通讲师(低可信度)就一般人每晚所需的睡眠时间发表自己的看法(Bochner & Insko,1966)。结果表明,高可信度的沟通者可以成功说服人们接受与原有观点差距较大的观点。另外,受众的卷入程度也有影响。高度卷入的受众所能接受的观点范围比较狭窄,中等差距的信息也会让他们觉得太激进(Rhine & Severance,1970)。因此,当沟通者的可信度较高,并且受众不是很关注当前问题时,提倡一个差距很大的立场,会造成较大的态度改变。

单面信息和双面信息

提供单面(one-sided)信息指的是只提供有利于沟通者立场的信息,而双面(two-sided)信息指的是同时提供支持和反对沟通者立场的信息。单面信息还是双面信息更有效？一个实验证实了双面信息的说服效果更好(Werner et al., 2002)。在这个实验中，研究者希望提高铝的回收率。他们在大学教学楼的垃圾桶上贴上宣传标语，例如："请不要把铝罐头盒扔进来！请把它们放进一楼入口附近的回收站。"他们还另外提供了一条说服信息，承认和对主要的反对观点做出回应，例如："这可能不太方便。但是这很重要！"结果发现，回收率达80%，是没有任何信息时的两倍，也高于其他信息条件。

单面信息和双面信息的说服效果还取决于受众最初的观点。对于原本就同意要提倡的观点的受众，单面信息更有效；而对于那些持对立观点的人，双面信息更有说服力(Hovland, Lumsdaine, & Sheffield, 1949)。如果人们知道或者将要知道对立的论据，双面信息更有说服力，效果更持久(Jones & Brehm, 1970)。例如，一个模拟审判的研究发现，如果被告一方在原告方提出不利自己的证据之前首先提出这些证据，会变得更可信(Williams, Bourgeois, & Croyle, 1993)。可见，单面信息会使了解状况的受众想到对立的观点，并认为沟通者有偏见。因此，应该让受众暴露于对立的观点，提供双面信息。另外，正面说服对乐观者更有效，而负面信息对悲观者更有效(Geers, Handley, & McLarney, 2003)。

首因效应和近因效应

如果观点对立的两方进行辩论或演讲比赛，那么，先出场的人更有利还是后出场的人更有利？在"社会知觉"一章提到，最先出现的信息容易形成第一印象，进而影响对后续信息的解释，因此会出现首因效应。而另一方面，人们对最近出现的信息记忆更好，又会造成近因效应。在说服情境中，究竟是首因效应还是近因效应更明显？在一个实验中，给大学生阅读一份实际审判的简化记录，考察顺序效应的影响(Miller & Campbell, 1959)。研究者将原告的证词和论据放在一个部分，被告的证词和论据放在另一个部分中，被试阅读这两个部分。一周之后，当要求被试表明他们的观点时，多数人站在首先阅读的信息一方。在第2个实验中，研究者先给被试阅读一部分证词，一周之后，给他们阅读另一部分证词，并要求他们立即表明他们的观点。结果与前一个实验刚好相反，出现的是近因效应。可见，第一部分信息被遗忘，第二部分信息记忆得更好。因此，如果两种信息紧接着呈现，并且受众经过一段时间之后表明立场，会出现首因效应，最先听到的观点对受众影响更大；如果两种信息之间有足够长的时间间隔，并且受众在第二段信息之后马上表明立场，会出现近因效应，他们对后一段信息的记忆更加深刻。事物呈现的序列顺序对内隐偏好和选择有明显影响：人们更可能表现出对第一个推销员推荐的产品的内隐偏好，更可能加入第一个遇见的群体，以及更可能选择第一个呈现的商品(Carney & Banaji, 2012)。

·沟通渠道

在传递信息时,应该采用书面、口头、大众媒体或是其他渠道？它们的说服效果如何？研究者在一所大学中进行了持续一周的保持校园清洁的标语宣传,例如要求大学生"保持校园美丽"、"让我们清除我们的垃圾"等(Paloutzian, 1979)。这些标语每天早上被放到学生的信箱里,并在整个校园所有显眼的布告栏里张贴。在宣传开始的前一天,研究者把垃圾放在一个人流较多的道路旁的垃圾桶附近,然后他藏在一边记录180名经过者的行为,发现没有一个人捡起垃圾。在宣传的最后一天,他重复这次测试,发现180人中只有2个人捡起了垃圾。可见,人们对书面宣传很少有反应。另一个研究考察口头言语的影响,发现牧师的布道很少改变人们对于种族问题的态度(Crawford, 1974)。不过,受众被动接受的信息也并不总是全无影响。媒体中的广告宣传可以使产品卖出高价,让候选人赢得更多选票等。正如曝光效应所示,个体重复暴露于不熟悉的刺激会产生对它的喜欢。重复也让事情显得更可信(McGlone & Tofighbakhsh, 2000)。研究证实,多数人同意大众媒体影响态度,不过是其他人的态度,而不是他们自己的态度(Duck, Hogg, & Terry, 1995)。但是,对于人们更熟悉和更重要的事情,媒体的影响要小一些(McGuire, 1986)。

人际间影响与媒体影响

对我们影响最大的并非媒体,而是与他人之间的接触。一个研究考察了美国某个地区的政治说服(Eldersveld & Dodge, 1954)。研究者将不想为修订城市宪章投赞成票的市民分为三组。一组所见所听仅限于大众媒体,19%的人改变想法并投赞成票。第二组市民收到4封支持修订的信件,45%的人投赞成票。第三组市民被面对面劝说,75%的人投赞成票。在另一个持续三年的研究中,研究者试图减少中年人心脏病的发病率,他们让三个小型城市的居民接受不同类型的影响,比较其效果(Maccoby, 1980)。一个城市的居民只接受当地常规的传媒,第二个城市的居民通过电视、广播、报纸和信件等方式得知冠心病的危险以及降低发病率的方法,第三个城市的居民除了上述媒体外,还接受面对面的私人接触。结果非常明显,那些既受到传媒影响又接受私人接触的居民,健康习惯的改变最为明显。

媒体并非不起作用,人际沟通中的很多想法仍来自媒体。有研究者提出沟通的两步流程,认为多数媒体首先影响观念领导者,然后这些人再影响其他人(Katz, 1957)。因此,即便媒体不一定直接影响人们的态度,它们也有较大的间接影响。而且,不同媒体的影响是不一样的,通常媒体越逼真,它的信息的说服力就越强。因此说服力从大到小的顺序依次是:现场、录像、录音和文字。然而,人们对文字信息的理解和记忆效果通常最好,而理解是说服的第一步。因此,如果信息难以理解,那么文字信息的说服效果最好,因为读者可以按照自己的速度来接受信息(Chaiken & Eagly, 1976)。研究者给大学生提供理解简单或困难的信息,以文字、录音或录像的方式呈现(Chaiken & Eagly, 1976)。结果发现,理解困难的信息以文字呈现时最有说服力,而理解简单的信息以录像呈现时最有说服力。可见,当信息以文字呈现时,受众自己控制接收速度,而信息以电视呈现时,媒体控制信息传递的速度。电视将人们的注意力从信息本身转移到沟通者,使人们更关注沟通者的吸引力等周边线索(Chaiken & Eagly, 1983)。

·受众

受众的性质也会影响沟通过程,有些类型的人相对于另一些人更容易被说服,某种特点的人更容易受到某类信息的影响,等等。

年龄

研究者对年轻人和老年人持续调查多年,结果发现老年人的态度通常比年轻人的态度变化小(Sears, 1981)。不过,也有研究发现,接近生命尽头的老年人再次变得容易发生态度改变,可能是由于这个时候他们的态度强度有所下降(Visser & Krosnick, 1998)。而18岁至25岁左右的年轻人正处于态度形成的关键时期,这个时期的态度更容易发生改变,但这时所形成的态度往往会在成年中期都保持稳定(Krosnick & Alwin, 1989)。正如一项现场研究所显示,一所大学的学生在大学期间处于一种自由精神的氛围之下,结果发现他们比那些来自同样背景的人的观点要自由得多,并且这种态度持续到50年之后(Alwin, Cohen, & Newcomb, 1991)。近年的一项研究显示,中年人比年轻人和老年人更能抵制态度改变,这是由于他们处于高权力的社会角色中(Eaton et al., 2009)。

人格特点

有研究者发现,自尊水平较低的个体理解信息的速度较慢,因此较难说服,而自尊水平较高的个体尽管理解信息,但往往坚持自己的观点,因此中等自尊水平的人更容易受影响(Rhodes & Wood, 1992)。这项研究还发现,智力水平较低的人通常比智力水平较高的人更容易受影响。教条主义(dogmatism)这一人格特征也与说服效果有关,它指的是思想封闭、不开放、遵从权威的倾向。教条主义倾向弱的个体容易被强有力的论据所说服,而教条主义倾向强的个体容易受到专家的影响,只要信息来自专家,他们对有说服力或无说服力的信息同等接受(DeBono & Klein,

1993)。

有些人比其他人更喜欢和乐于思考,这类人拥有较高的认知需求(need for cognition),表 5.2 的量表可以用于测量认知需求。这一人格特质反映的是一个人从事和喜欢费劲的认知活动的程度(Cacioppo et al., 1996)。认知需求高的人更有可能关注有关的论据,而认知需求低的人更多地受到周边线索的影响,例如沟通者的可信度和吸引力。下文还会继续讨论。

表 5.2　认知需求量表(Cacioppo et al., 1996)

用 1—5 的数字表明下列陈述在多大程度上符合你。
1＝完全不符合,2＝不太符合,3＝不确定,4＝比较符合,5＝完全符合

1. 我喜欢复杂问题甚于简单问题。
2. 我很乐意负责处理需要大量思考的状况。
3. 我认为思考不是件有趣的事。
4. 我宁愿做一些不需要太多思考的事,也不愿做那些会挑战我思考能力的事。
5. 对于很可能需要进行深入思考的状况,我会尽量避免。
6. 我能从长时间冥思苦想中得到满足。
7. 除非必要,否则我不会费力去思考。
8. 与长期计划相比,我更喜欢思考小型的日常计划。
9. 我喜欢那些一学会就不需要再动脑筋的工作。
10. 依靠思考能力让自己出人头地的想法很吸引我。
11. 我喜欢那种需要提出新的问题解决办法的工作。
12. 学习新的思考方式无法引起我的强烈兴趣。
13. 我比较喜欢生活中充满了需要我去解决的难题。
14. 进行抽象思维的想法很吸引我。
15. 与进行一项相对重要但却不需要做太多思考的工作相比,我更喜欢困难、重要的智力型工作。
16. 在完成一项费脑筋的工作之后,我感到的是解脱而不是满足。
17. 对我来说,把工作完成就足够了,我不在乎是如何做的、为什么要这样做。
18. 即便对我个人不造成任何影响,我也会对某一个问题深思熟虑。

计分:将题目 3、4、5、7、8、9、12、16、17 的回答反向计分,如果回答 1 就改为 5,回答 2 的改为 4,回答 3 的不变,回答 4 的改为 2,回答 5 的改为 1。然后,将所有 18 题的分数相加。

分心

当人们的注意力被分散时,他们更容易被说服(Festinger & Maccoby, 1964)。这可能是由于他们无暇反驳沟通信息传达的观点。在一个研究中,被试一边听取反对组织兄弟会的演讲,一边看电影(Festinger & Maccoby, 1964)。一半被试观看的是这个演讲的影片,另一半被试观看的是一部针对现代艺术的讽刺影片。因此,后一组被试被分心的程度更大。结果表明,起初并不同意演讲观点的被试在分心条件

下出现了更大的态度改变。但是,广告中的性和暴力内容往往并不能促进记忆,增强购买意图,这可能是由于性和暴力引起的分心妨碍了人们对广告信息的加工(Bushman, 2005; Lull & Bushman, 2015)。

·认知反应理论

认知反应理论(cognitive response theory)试图阐述人们在对说服信息做出反应时所产生的想法,从而理解态度和态度改变过程(Greenwald, 1968)。这一理论认为,态度改变取决于某个信息引发的反驳(counterarguing)论点的多少和类型。如果某个信息清晰易懂,但是充满了没有说服力的论据,那么受众可以容易地反驳这个信息,不会被它说服。如果某个信息提供了有说服力的论据,那么受众更有可能被说服。有些信息本身说服力不大,但是如果受众因为分心而无法进行思考,那么也有可能被说服。

认知反应理论还讨论了什么时候应该强调沟通的中心因素,例如论据的强度、论证的逻辑,什么时候应该强调沟通的周边因素,例如沟通者的可信度和吸引力、信息的长度。有些时候,人们会对获得的信息进行深入思考和推敲,这个时候应该强调中心因素;另外一些时候,人们不去认真分析信息本身,这个时候应该强调周边因素。Petty 和 Cacioppo(1986)两位研究者提出了精细加工可能性模型(elaboration likelihood model),区分人们对说服信息的不同反应(Petty & Cacioppo, 1986; Teeny, Briñol, & Petty, 2017)。他们认为有些时候,人们有动机和能力认真思考论据内容,经由中心路径被说服(central route to persuasion);有些时候,人们没有动机和能力去分析论据本身,而是受到周边线索的影响,经由周边路径被说服(peripheral route to persuasion)。所谓的周边线索(peripheral cue)指的是与论据的真正价值并无联系的线索,例如沟通者的可信度和吸引力、信息数量、让人产生愉快情绪的音乐和画面等。类似地,另一位研究者(Chaiken, 1980)区分了系统加工(systematic processing)和启发式加工(heuristic processing):前者指的是认真考虑信息的内容和包含的论点,这种加工很费劲和占用信息加工资源;后者指的是使用简单的规则和心理捷径,例如"专家的建议值得相信"、"这么长的论述一定是有道理的",这种加工无需太多努力,可以自动地对说服信息做出反应。这两种理论的基本观点大致相同,下面主要用精细加工可能性模型的术语进行讨论。

加工说服信息的动机

人们是否会认真思考沟通信息的内容,决定因素之一是涉及的问题对他们有多重要,也就是所谓的个人关联性(personal relevance)或问题卷入(issue involvement)。当某件事对个体而言有严重后果时,这件事的个人关联性较高,个体更有可能思考跟它有关的信息。例如,假设你听说你所在的大学打算要提高学费,这是一件个人关联性高的事情,你会认真考虑增加学费的观点是否有道理。而如果你听说另外一座城市的一所大学将要提高学费,你不会仔细思考有关的信息。在一项研究中,大学生听取有关大学四年级学生毕业前是否必须通过主修课程综合考试的演讲(Petty, Cacioppo, & Goldman, 1981)。研究者告知一半被试,大学正在考虑实施综合考试,因此对这些学生而言在他们毕业时可能必须通过考试,这对他们是一件个人关联性很高的事情。研究者告知另一半被试,他们所在大学 10 年以后才会考虑实施综合考试,这是一件很遥远的事情。研究中还引入了另外两个变量:一个变量是论据的强度,一半被试听到的是有很强说服力的论据,另一半被试听到的是说服力较弱的论据;另一个变量是周边线索,操纵的是演讲者的声望,一半被试被告知演讲者是普林斯顿的著名教授,另一半被试被告知演讲者是一名高中生。结果如图 5.1 所示,人们是认真思考演讲的内容并确定论据是否有说服力,还是仅根据演讲者身份决定自己是否同意,依赖于该问题的个人关联性。当问题对被试而言比较重要时,他们很大程度上受到论据强度的影响,也就是通过中心路径被说服,高说服力的论据更能说服他们。当问题的个人关联性较低时,他们更多受周边线索影响,也就是通过周边路径被说服,来自专家的信息更能说服他们,而论据的强度不太重要(Petty, Cacioppo, & Goldman, 1981)。可见,当事件与个体关系密切时,该个体会思考沟通信息的内容,并根据论据强弱决定是否要改变态度;当事件与个人关系不密切时,个体则会使用心理捷径,根据周边线索来决定是否改变态度,例如"权威人士值得信赖"、"长的信息更可信"等(Chaiken & Maheswaran, 1994)。

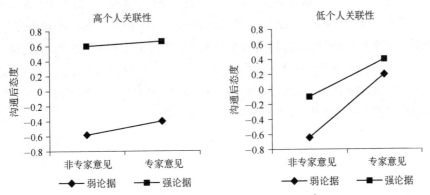

图 5.1 个人关联性影响说服的路径(Petty, Cacioppo, & Goldman, 1981)

除了问题的个人关联性,个体的人格特点也会影响说服遵循的路线。认知需求高的个体喜欢认真思考,更有可能通过中心路径形成态度,而认知需求低的人喜欢节省脑力资源,更可能依赖周边线索形成态度(Cacioppo et al., 1996)。

加工说服信息的能力

有些时候,尽管人们有认真思考沟通信息的动机,但是信息太过复杂,他们太忙、太疲劳或者其他事情分散了注意,使得他们没有能力去认真思考论据本身时,他们更容易受周边线索影响(Petty, Wells, & Brock, 1976)。分心的人之所以更容易被说服,也是因为他们没有能力认真推敲信息内容(Petty & Brock, 1981)。

两种说服路线的应用

对于任何想要改变他人态度的人,不管是广告商、销售员、政客或是普通人,两种说服路线的区分都非常重要。当信息类型符合信息接收者的被说服路径时,就能增加接收者被说服的可能性(Petty, Wheeler, & Bizer, 2000)。因此,沟通者应该根据想要说服的对象的特点,调整沟通过程的各个要素。例如,人们对于食品、饮料、烟草和服饰等商品的看法往往不是经过深思熟虑后形成的,因此这些产品的广告经常使用周边线索,例如将产品与漂亮且令人愉快的视觉形象或音乐联系起来。而如果是计算机这类产品,消费者会花精力去进行仔细考虑和比较,因此计算机广告会提供有说服力的性能、价格等信息。沟通者也喜欢引导我们对信息进行启发式加工,或者希望我们不去认真思考论据,因为这个时候我们的态度更容易发生改变。

不过,需要注意,对论据进行认真思考后形成态度的人们,与根据周边线索形成或改变态度的人相比,更有可能长期坚持这种态度,更可能表现出行为与态度的一致性,也更能抵抗相反观点的说服(Petty, Haugtvedt, & Smith, 1995; Petty & Briñol, 2012)。在一项研究中,人们通过分析论证逻辑或者根据周边线索改变态度(Chaiken, 1980)。实验结束的10天之后,当对被试进行电话采访时,发现通过分析论证逻辑改变态度的被试保持新态度的可能性更高。因此,如果想要达到稳定持久的态度与行为改变,最好还是经由中心路线达到说服。很多研究考察了刺激人们思考的方式,包括使用反问句,呈现多个演讲者(每名演讲者提供一条论据而不是由一名演讲者提供所有论据),让人们感觉对评估信息负有责任,使用放松的姿势而不是站姿,重复信息以及使人们集中注意等(Harkins & Petty, 1987)。这些研究表明,刺激思考使得强的信息更有说服力,使得弱的信息更无说服力。

第5节 抗拒说服

我们每天面对大量各式各样的说服信息,但并不是所有时候我们都会改变态度。为什么有些时候我们没有被说服?如何采取措施抵抗说服?

· 预先警告

当预先得知别人的说服目的,即获得预先警告(forewarning)时,人们更有可能不被说服。在一项研究中,被试为中学生,一半被试得知 10 分钟后他们会听到一个名为"为什么不允许年轻人驾车"的演讲,另一半被试直到演讲开始时才知道演讲的题目(Freedman & Sears, 1965)。结果表明,演讲对于事先知情的被试的影响要小。在法庭上,辩护律师有时候会预先警告陪审团原告将要提出的证据。在模拟陪审团中,这种预先警告会减少证据的冲击(Dolnik, Case, & Williams, 2003)。当我们得知别人试图改变我们的某个态度时,在预先警告与实际沟通之间的间隙,让我们有时间产生更多的相反观点(Petty & Cacioppo, 1977)。当态度比较重要时,预先警告尤其可以起到抵制说服的作用(Krosnick, 1989)。但是,当被预先警告的人认为某个问题不重要时,他们在接受信息之前就会同意该观点,以免后来显得容易上当受骗(Wood & Quinn, 2003)。

很多时候,我们预先就知道他人正在试图说服自己。看电视时,我们知道节目中间会插入很多商业广告,这些广告的目的就是为了改变我们的态度,促使我们购买他们宣传的产品。为了避免受到广告影响,人们会关闭声音,切换频道,离开去做别的事情,或者将电视节目录制下来,随后播放时跳过当中的广告。为了避免广告被忽视或有意跳过,广告商想尽办法在电视节目中宣传他们的产品或品牌,这被称作产品内置(product placement)。例如支付费用在电影或电视剧中加入产品,付钱让产品在流行的电视节目或 MTV 中出现,等等。在 1996 年的《007》电影中,007 使用一辆宝马跑车,剧组得到 300 万美元的报酬,而宝马公司则从电影迷们身上得到 2.4 亿美元的预售额(York, 2001)。产品内置成功的原因之一是人们没有意识到有人正在影响自己的态度和行为。因此预先警告人们有人正在企图改变他们的态度是必要的,尤其对于态度不太稳定的青少年而言。而如果缺乏警告,人们将不注意说服企图,倾向于轻易地接受它们(Sagarin et al., 2002)。

· 态度免疫

有研究者将面对说服信息的人比作受病毒或疾病侵蚀的人,说服信息类似病毒,其说服力越强,造成的破坏即态度改变就越大,而如果人们抵抗说服的能力越强,就能越好地抵制态度改变(McGuire, 1964)。这种观点认为,增强抵抗力的方法之一是态度免疫(attitude inoculation),也就是让人们事先接触少量反对其观点的论证,使他们能够对改变态度的企图产生免疫。这一原理就类似于注射疫苗以防止疾病。在一项研究中,研究者首先收集一些文化中流行的常识,例如"如果可能在每次饭后都刷牙是有好处的"(McGuire, 1964)。接着,他的研究显示,当受到大量可信的对这些信念的攻击时,例如宣称有声望的权威发现太过频繁的刷牙会损伤牙龈,人们的信念很容易发生改变。但是,如果在攻击他们的信念之前,首先对他们的信念进行一次小的挑战作为"免疫接种",并且让他们读或写一篇反驳这一微弱攻击的短文,那么他们就能够更好地抵抗强大的攻击。

另一位研究者也指出:"当你攻击已做出承诺的人,而你的攻击强度又不够大时,你会促成他们做出更极端的行为来保护他们先前的承诺。他们的承诺逐步升级,因为与他们的信念相一致的行动数量增加了(Kiesler, 1971)。"可见,当对人们的态度进行攻击时,攻击的强度非常关键:当发动强烈的攻击时,将会改变对方的态度;而当攻击的强度不足时,反而会加强人们原有的态度。这是因为,当人们的信念受到微弱攻击时他们会采取行动来维护自己的信念,而行动又会加强原有的信念(Kiesler, 1971)。另一个原因是,当受到微弱攻击时,人们会思考相反的论据以进行反驳,反驳可以帮助人们抵制说服(Jacks & Cameron, 2003)。在一个实验中,研究者将被试分为赞成堕胎组和反对堕胎组,然后给被试传递说服信息,被试需要列出在听到说服信息时所产生的所有想法(Eagly et al., 2000)。说服信息有两类,一类是与被试观点符合的信息,一类是与被试观点矛盾的信息,研究者感兴趣的是被试会产生多少赞成想法和反对意见。结果表明,尽管被试能够同样记住与自己态度一致和矛盾的信息,但是他们对与态度矛盾的信息产生更多的反对意见,而对与态度一致的信息产生更多的赞同想法。可见,人们之所以能够抵制说服,原因之一是他们主动提出论据来反驳与自己信念相反的观点,使态度不发生改变。

在现实世界中,态度免疫可以成功地帮助人们抵制说服。很多青少年吸烟、喝酒甚至吸毒,往往是出于同伴压力的影响。在他们所处的年龄段,同伴是重要的社会认同来源,他们很害怕被同伴排斥,因此很容易屈服。态度免疫方法可以帮助他们抵制同伴压力。一个研究小组给青少年提供一些温和的同伴压力版本,并教导他们如何回应这些压力,以及进行抵制吸烟的角色扮演(McAlister et al., 1980)。例如当因为不抽烟而被叫做小鸡时,回答:"如果我吸烟只是为了讨好你,那么我就真是小鸡了。"研究发现,这类预防程序以及角色扮演非常有效,这些学生吸烟的可能性显著下降。

尽管有些国家限制以儿童为对象的广告,但很多国家的电视媒体中都存在大量针对儿童的广告(McGuire, 2002)。研究显示,儿童尤其是8岁以下的儿童:难以区分电视节目和商业广告,无法领会其说服意图;不加区别地相信电视广告;请求或逼迫父母购买广告中的产品(Adler et al., 1980; Palmer & Dorr, 1980)。可见,儿童容易受影响,因此广告商针对儿童进行大量的广告和营销活动。一些研究者试图探索能否教会儿童抵制欺骗性广告。例如,研究者给小学生上了三堂每次半个小时的课程,课堂上分析商业广告(Feshbach, 1980)。儿童观看广告并讨论广告,以此进行态度免疫。例如,在观看了一个玩具广告之后,立即给儿童这个玩具,让儿童像他们在广告中看到的那样玩玩具。这样的经历帮助儿童建立对广告的更现实的理解。

对于试图说服他人的沟通者而言,无效的宣传还不如不进行宣传。如前述研究所示,那些没被说服的人会产生免疫,抵制进一步说服的能力被加强。在一个实验中,要求学生写一篇提倡严格限制着装的文章(Darley & Cooper, 1972)。这一观点与学生原有的立场相违背,并且文章将被发表,因此所有学生都选择不写这篇文章,即便有报酬也不肯写。在拒绝报酬之后,在反对严格限制着装的观点上,他们变得更极端和自信。在公开决定反对严格着装后,他们变得更能抵制这一观点。因此,没有效果的劝说不仅达不到目的,而且会起到反作用,让受众对进一步的说服产生抵抗力。

·阻抗理论

当我们发现别人试图迫使我们改变态度时,我们可能不仅不会改变态度,而且会试图与说服自己的人对着干,接受和加强与他们相反的观点。心理学家提出阻抗理论(reactance theory),认为当人们感到自己实施某种行为的自由受到了威胁时,一种不愉快的阻抗状态被激发;人们可以通过从事受威胁的行为来减少这种不愉快的情绪(Brehm, 1966)。因此,太过强烈的说服攻势,或者严厉的禁止,往往会失败,就是由于人们感到这些说服和禁止威胁了自己的个人自由,他们会努力去抵制这种说服,甚至表现出与其完全相反的行为。例如父母严厉禁止孩子接近香烟会产生反作用,孩子很可能会通过吸烟来对抗这种对自由的限制。在一项研究中,研究者在学校的洗手间贴上标语,试图阻止人们在洗手间的墙上乱写乱画(Pennebaker & Sanders, 1976)。一条使用的标语是"无论如何都不准在墙上乱写乱画",另一条标语相对温和,内容是"请不要在墙上乱写乱画"。两个星期之后,研究者检查贴上标语后是否还有乱写乱画的现象。结果表明,贴有严厉禁止的标语的洗手间比贴有温和标语的洗手间出现更多乱写乱画。类似地,那些受到严厉训诫不要吸烟、嗑药、穿鼻环的人们更有可能实施这些行为,以恢复他们的个人自由和选择的感觉(Dowd et al., 1988)。当专家的推荐与消费者的初始印象相反时,专家主动提供的建议会引起阻抗,消费者不仅会忽略其推荐,甚至还会有意地驳斥这些建议(Fitzsimons & Lehmann, 2004)。

第 6 节 偏见：种族、性别和其他

1954 年，美国最高法院判定，以种族理由将黑人儿童和白人儿童隔离在不同学校就读是非法的。在这项判决中，两位心理学家的研究和证词起了关键作用。在他们的实验中，黑人孩子可以选择白人玩具娃娃或黑人玩具娃娃玩，这两种娃娃除了肤色之外，其他所有方面都是相同的(Clark & Clark, 1947)。而大多数黑人儿童都选择白人娃娃，他们觉得白人娃娃更漂亮一些。可见，黑人儿童从小时候就已经接受了关于自己种族的负面刻板印象，自尊受到了无法弥补的伤害。

偏见是一种非常有害的社会现象，但是它非常普遍。人们持有各种各样的偏见，关于种族的偏见只是其中一种，偏见可能针对的是性别、年龄、国别、出生地、职业、肥胖、疾病等很多方面。心理学家对种族偏见和性别偏见研究得很多，在过去几十年间，这些偏见已经明显减少，然而它们并未消失，而是以更微妙和隐蔽的方式存在。例如，关于女性在数学相关任务上表现差的刻板印象仍然非常普遍，这会造成数学、科技、工程等相关行业较少雇用女性，女性本身也较少选择这类专业。研究显示，男性和女性在一项算术任务上表现类似，但雇主仍然更倾向于雇用男性，其歧视女性候选人的程度与他们在内隐联想测验中表现出的对女性的内隐偏见相关(Reuben, Sapienza, & Zingales, 2014)。

· 偏见的成分

偏见(prejudice)指的是仅仅因为某些人属于某个特定群体，而对这些人所持有的通常是负面的态度。如果对属于某个群体的人持有偏见，就会倾向于用特定的方式来评价这个群体的成员，不考虑个体的个人特点的行为方式，仅根据其群体成员身份来评价和对待他们。作为一种态度，偏见由情感成分、认知成分和行为成分三者构成。偏见的情感成分是指人们对偏见对象怀有消极的情感和情绪，在看到他们或想到他们的时候都会产生这种消极情感。偏见的认知成分称作刻板印象(stereotype)，即概括化地将某些相同的特征归于群体的每个人身上，不考虑群体成员之间的实际差异。偏见的行为成分是歧视(discrimination)，是指根据他人的群体成员身份，对其做出负面、不公正或有害的行为。

刻板印象

如"社会认知"一章所述，刻板印象作为图式的一种，是人们组织知识和简化世界的一种方式。而且，刻板印象可能有一定的根据，例如不同性别的个体在攻击性上确实存在差异。但是，如果仅仅根据刻板印象过度概括属于某个群体的成员，认为每个成员都如同刻板印象所描述的那样，就会出现错误。实际上，群体内的个体差异往往比群体之间的差异要大得多。

刻板印象之所以能够保持，除了因为它是一种经济快捷的信息加工工具之外，还因为它可以自我实现。当人们相信某个群体的成员拥有某些特征时，他们会以特定的方式对待这些群体，这种对待方式可能会使原本并不成立的信念最终变成现实。在一个研究中，研究者安排模拟的工作面试，验证了种族刻板印象的自我实现(Word, Zanna, & Cooper, 1974)。在第一个实验中，白人被试来到实验室，经过抽签之后，被试被分配做面试官，负责面试团队候选人。前来应聘的有白人也有黑人，其实他们都是研究者的助手，经过训练以标准的方式做出回答。研究者记录面试过程中的几个特征，包括：面试时间长短；面试官（真正的被试）出现语言错误的次数，假定这些错误反映了被试的不安；面试官与应聘者（实验助手）之间的物理距离。结果发现，被试面试白人时所花的时间比面试黑人所花时间多35%；被试面试黑人比面试白人时多犯了50%的语言错误；被试选择自己椅子的放置位置，他们坐的位置距离黑人比距离白人要远7%。那么，被试的这些行为会如何影响作为应聘者的人？在第二个实验中，白人被试前来参加面试，面试官是实验助手。实验助手采用第一个实验中人们对待黑人或对待白人的方式来对待这些被试。由独立的不知情评分者对面试录像中被试的表现进行评定。结果显示，与被以第一个实验中对待白人的方式来进行面试的被试相比，那些被以第一个实验中对待黑人的方式来进行面试的被试（第二个实验中是白人），在面试过程中的表现更糟糕，他们被认为比较紧张和没有实力。这两个实验提供了有力证据，证明种族刻板印象的自我实现：如果认为黑人实力较差（本来是错误的信念），对待他们的方式会发生改变，从而使得他们的表现真的比较差（错误信念变成了现实）。

特定群体的成员往往知道他人对自己持有的刻板印象的内容，他们担心自己会证实他人所持有的刻板印象，或者担心他人基于刻板印象评判自己或消极对待自己，这叫做刻板印象威胁(stereotype threat)(Steele, 1997；综述见：Spencer, Logel, & Davies, 2016)，而这些担忧会干扰他们在特定情境中的表现。

在种族方面，人们往往认为白人学生比黑人学生更聪明，认识到这一刻板印象的黑人会受到什么影响？在一个研究中，研究者给斯坦福大学的白人学生和黑人学生施测了一份很难的语言能力测验(Steele & Aronson, 1995)。让一半被试相信研究者感兴趣的是测量他们的智力，让另一半被试相信研究者只是在试验这份测验，他们对评价智力不感兴趣，并且这份测验也不具备信度和效度。通过这种操纵，前一种条件下，黑人学生体验到的刻板印象威胁较高，而后一种条件下黑人学生体验到的刻板印象威胁较低。结果表明：不管是否认为测验用来测量智力，白人学生的表现是一样的；而对于黑人学生而言，如果他们认为测验要用来测量智力，他们的表现水平明显下降。

　　类似地,人们通常认为女生的数学能力不如男生。在一个研究中,给大学生施测一个很难的数学测验,在一种条件下,让被试相信这份测验是用来显示男生和女生在数学能力上的差异的;在另一种条件下,让被试相信这份测验与性别无关(Spencer, Steele, & Quinn, 1999)。结果如图5.2所示,如果女生相信测验与性别无关,她们的成绩与男生一样好;而如果她们相信测验衡量的是性别差异,她们的成绩显著差于男生。并且,如果突出强调情境中的群体成员身份,刻板印象威胁对成绩的影响更大。另外,正面的刻板印象会提高任务成绩。例如,人们认为亚裔学生的数学成绩好于其他种族的学生。一个研究采用亚裔美国女性为被试,让她们完成数学测验(Shih, Pittinsky, & Ambady, 1999)。在测验开始之前,询问一些个人问题,在一种条件下提醒她们自己的性别,在另一种条件下提醒她们自己的亚裔身份。结果表明,与控制组被试相比,当提醒性别时,她们的数学测验成绩明显下降;而提醒亚裔身份时,她们的测验成绩则会提高。

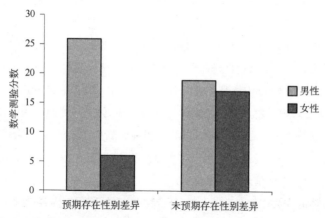

图5.2　刻板印象威胁与女生的数学成绩(Spencer, Steele, & Quinn, 1999)

　　人们对老年人也持有消极的刻板印象,认为他们的记忆、认知和身体能力差于年轻人。研究显示,当提醒老年人关于这类消极的年龄刻板印象时,他们的记忆和认知表现受到消极影响(Lamont, Swift, & Abrams, 2015)。

　　刻板印象威胁效应的机制可以分为三种(Spencer, Logel, & Davies, 2016)。第一种机制是,体验刻板印象威胁的人们有动机去证明针对其社会身份的刻板印象不正确,这种动机带来的压力可能会通过多种途径降低成绩表现:一是压力会造成生理上的唤醒,而这种唤醒会提升人们在简单任务上的表现,削弱人们在困难任务上的表现(O'Brien & Crandall, 2003);其二,提醒消极刻板印象会触发人们对自身的关注、对失败的监控以及对消极想法和情感的压制,而这些过程都会消耗工作记忆，从而削弱任务表现(Schmader, Johns, & Forbes, 2008)。第二种机制是，个体由于受到威胁而采取行动来保护自我价值感。例如采用疏于练习等自我妨碍手段，从而造成任务表现不佳(Steele, Spencer, & Aronson, 2002)。第三种机制是启动效应，当刻板印象被激活时，自动引发与刻板印象相一致的行为(Bargh, Chen, & Burrows, 1996)。

歧视

歧视是针对特定群体的成员的负面行为。例如，相信女性员工的能力不如男性，因此给予她们较低的薪水，这是工作场合中的性别歧视。不过，这种公开的歧视已经在逐步减少，取而代之的是形式更隐蔽的歧视。两个现场实验证实行为上的偏见依然存在。有研究者分派研究小组的成员走访了某地区的90多家汽车经销商，并询问一款新车最便宜的售价(Ayres, 1991)。结果发现，这些经销商给黑人男性的平均售价为11783美元，给黑人女性的平均售价为12237美元，给白人男性的平均售价为11362美元，给白人女性的平均售价为11504美元。在另一个研究中，研究者根据1300份招聘广告的地址寄送了5000份简历，这些简历中的一些使用的是典型的黑人名字，另一些使用的是典型的白人名字(Bertrand & Mullainathan, 2004)。结果显示，使用黑人名字的简历，平均每寄出15份简历才收到一份回复；而使用白人名字的简历，每10份简历就会收到一份回复。

·偏见的来源

偏见是如何产生的？一些学者强调偏见背后的动机，另一些学者分析偏见的社会根源，还有一些研究者从认知过程的角度探讨偏见的形成。

动机根源：群体间竞争

现实冲突理论(realistic conflict theory)认为，群体之间对于有限的资源和权力的竞争必然会产生偏见(Bobo, 1983)。人们争夺的资源例如理想的工作、宽敞的住房、优质的学校、显赫的地位等。这一理论认为，当资源比较短缺时，不同的群体特别容易因竞争这些资源而发展出对彼此的偏见。

1940年，两位研究者收集了美国从1882年到1930年期间每一年的私刑发生率的数据，以及当时的一个重要经济指标：棉花的价格(Hovland & Sears, 1940)。那些年间的大部分私刑发生在美国南方的十几个州里，受害者大多数是黑人。他们发现当棉花价格下降即经济状况不佳时，私刑的数量显著增加；当经济状况好转时，私刑数量也随之回落。他们推测，当经济不景气时，群体之间的竞争加剧，对于其他群体尤其是弱势群体的成员的暴力行为明显增加。第10章将会继续探讨冲突和挫折对攻击行为的影响。

另一项研究生动地展示了两个群体之间的偏见是如何形成和发展的。一群十几岁的男孩参加一个夏令营活动,研究者把他们随机分成两个群体,并让两个群体在相距较远的营区分别驻扎(Sherif et al., 1961)。在第一个阶段,每个群体各自活动,同一群体的成员一起生活和一起玩耍,例如远足、游泳、盖房子等,这段时间是为了加强群体凝聚力。很快,男孩们对各自的群体产生了强烈的认同感,他们给自己的群体起了名字,分别是老鹰队和响尾蛇队,制作了有群体标志的旗帜,还在衣服上印上自己群体的标志物。接下来进入第二个阶段,安排两个群体进行竞争,包括足球比赛、拔河比赛等。获胜者将获得很有吸引力的奖品,因此两个群体之间的竞争非常激烈。随着比赛的进行,群体之间的冲突越来越厉害。一开始,男孩们只是互相谩骂和争吵,接下来就演变成行动,他们袭击对方的屋子,偷走和烧毁对方的旗帜,抢走对方的东西,等等。当冲突变得非常厉害之后,研究者进行干预,取消群体之间的竞争性活动。然而,两个群体之间的偏见在两周之内已经变得非常厉害,他们称对方为小人、告密者、骗子等。这个研究形象地演示了,在资源有限的情况下,人们从竞争迅速演变成全面的冲突,而冲突助长了他们对竞争群体的偏见。这个研究并未就此中止,研究者接下来还要想办法化解两个群体之间的偏见,将在下文讨论。

社会根源: 社会化

社会化(socialization)是指习得价值观、态度和社会规范等的过程。不可否认,孩子的一些偏见是从父母、老师、同伴或媒体上学习得来的。例如,性别刻板印象包括:认为女性主要具有亲和性(communion)的特质,例如有同情心、让人温暖、人际取向等;认为男性主要具有能动性(agency)的特质,例如成就取向、行动取向、独立等。很多文化下的研究都有类似发现。这些性别刻板印象与社会化过程不无关系。父母从孩子幼年时就对男孩和女孩区分对待,他们更多鼓励女儿而不是儿子谈论人际关系,他们给儿子和女儿买不同种类的玩具,鼓励他们参与不同的游戏活动。儿童也通过观察和模仿同性别成年人的行为,习得所谓的性别适当行为。在媒体当中,充满着符合性别刻板印象的描述,例如把男性塑造成比女性更自信、更独立和更有攻击性,显示男性做医生、女性做护士,等等。

一位教师在一群三年级孩子中证实,教师可以教会儿童对他人持有偏见(Elliot, 1977)。这位教师根据眼睛颜色将学生们分组,她告诉学生,蓝色眼睛的人优于棕色眼睛的人,前者更聪明、更友好、更值得信赖等。她要求棕色眼睛的学生在脖子上佩戴特殊的领结,从而让他们能迅速被识别为低等群体的一员。这位老师给蓝眼睛的学生一些特权,他们在课间休息时可以玩得久一些,他们在自助餐厅可以加第二份饭,他们在教室中得到表扬,等等。几个小时之后,这个班级已经变成了一个缩小版的有偏见的社会。"优等"的蓝眼睛孩子嘲笑棕色眼睛的孩子,拒绝与他们一起玩,向老师告他们的状,想出新的限制和惩罚他们的办法,甚至在校园里动手打他们。"劣等"的棕色眼睛孩子变得局促不安、沮丧和情绪低落。他们在当天的课堂测验中表现很差。第二天,教师切换了关于眼睛颜色的刻板印象。她说她犯了一个可怕的错误,实际上棕色眼睛的人才是优等的。她让棕色眼睛孩子把领结戴在蓝色眼睛孩子的脖子上。棕色眼睛孩子很高兴地这样做了,他们还开始报复蓝色眼睛孩子。第三天,这位老师向学生们解释,这两天学生们一直在学习偏见和歧视。学生们讨论了两天中的经历和感受,清楚地理解了偏见的形成和偏见意味着什么。社会化的积极一面是,如果让女大学生接触科学、技术、工程和数学(science, technology, engineering, and mathematics;STEM)领域的同性专家,她们会对这四个领域持更积极的内隐态度、更多的内隐认同,并且表现出在这些领域的效能感和职业追求意愿的提升(Stout et al., 2011)。人们在刻板印象的习得上存在个体差异:模式检测能力高的个体更容易习得和运用刻板印象,不过,当呈现新的信息时,他们也更容易矫正刻板印象(Lick, Alter, & Freeman, 2017)。

认知根源和动机根源: 社会分类和社会认同

"社会认知"一章已经讲到,人们倾向于通过采取简化周围世界的方式来加工信息,而这一倾向在用到群体和群体成员身上时就容易形成偏见。人们简化环境的一种重要方法是归类,也就是把客体归入不同的类别。人们对人也进行归类,把某些特征的人归入一个类别,把不具有这些特征的人归入另一个类别,这属于社会分类。人们往往根据性别、种族、年龄、职业、国别等特征对他人进行归类,从而把人群划分为不同的群体。其中性别和种族也许是最常用的分类特征,因为它们非常明显和突出。

在对人群进行分类之后,我们把一些人看作跟自己同属于一个群体,称作内群体(in-group),并以"我们"称呼这些人,把另一些人看作属于其他的群体,称作外群体(out-group),并以"他们"称呼这些人。社会分类之后,人们看待和对待内群体成员和外群体成员的方式截然不同,这会造成内群体偏好(in-group favoritism)和外群体同质性(out-group homogeneity)效应。

内群体偏好是指,对内群体成员做出更积极的评价和积极的情绪反应,对他们的行为做出更有利的归因,给他们更多的奖励,等等,而对外群体成员则相反。研究者根据非常微小的或人造的差异将陌生人分类,演示了内群体偏好效应。在研究中,根据掷硬币的结果将被试随机分为 X 和 W 两组,或者根据声称的艺术偏好对被试分组(实际上是随机的分配)(Tajfel, 1982)。尽管被试在实验开始之前彼此互不相识,在实验过程中也没有进行交流,但被分到同一群体的人像是亲密朋友或近亲一样。他们更喜欢自己群体内的成员,他们认为内群体成员更有可能拥有令人愉快的人格,比外群体成员在工作上表现更好。

为什么会出现内群体偏好?社会认同(social identity)理论认为,个体自我概念中非常重要的一个部分是群体成员身份,个体所归属的群体是自尊的重要来源(Tajfel & Turner, 1979)。因此,个体有很强的动机认为自己所属的群体(内群体——"我们")优于其他群体(外群体——"他们"),这是偏见和歧视的来源之一。在将人们进行区分时,涉及三个心理过程:首先是归类,我们将自己和他人归入群体以理解社会世界;第二是社会认同,我们将自己与特定群体联系起来,以此来获得自尊;第三是社会比较,我们将自己所属群体(内群体)与外群体进行比较,并偏爱内群体(Tajfel & Turner, 1979; Tajfel, 1982)。这一理论实际上提示两种不同的可能:一种假设是个体在社会分类之后,选择比较优秀的群体来认同,从而提高自尊;第二种假设是,个体进行社会分类,与某个群体产生认同,然后提高对所认同的群体的评价,从而提高自尊。也许这两种机制都在起作用。塔杰菲尔(Tajfel, 1982)的随机分组实验证实了后者,而另一个研究证实了前者。在这个研究中,研究者询问亚利桑那州立大学的学生,上周他们学校的橄榄球队参加的一场比赛的结果(Cialdini et al., 1976)。一些学生被问到的是他们学校球队赢了的一场比赛,另一些学生被问到的则是他们学校球队输了的一场比赛。研究者统计学生们在描述中使用"我们"这个词的比例。结果发现,当描述球队的胜利时,学生们更喜欢使用"我们"这个词,例如"我们赢了休斯敦,17比14";而描述球队的失败时,学生们较少使用"我们",而代之以"他们"或者"亚利桑那州立大学球队",例如"他们输给了密苏里,20比30"或"亚利桑那州立大学球队输了"。这项研究还发现,与输球相比,学生们在本校球队赢球之后更愿意穿上印有校徽的衣服。西奥迪尼称之为"沐浴在反射的荣耀下"(basking in reflected glory)。当支持的球队输球或对手球队赢球时,球迷脑中的前扣带皮层和脑岛激活(与痛苦有关),当支持的球队赢球或对手球队输球时,球迷脑中的腹侧纹状体激活(与愉悦有关)(Cikara, Botvinick, & Fiske, 2011)。

外群体同质性是指高估外群体的成员之间彼此相似(同质)的程度,认为外群体成员之间的同质性高于内群体成员之间的同质性(Linville, Fischer, & Salovey, 1989)。例如人们认为,年老的群体和年轻的群体与自己所属的年龄群体相比,彼此之间在人格特质上更相似。一个研究采用普林斯顿和罗格斯两所大学的男生为被试,让他们观看录像,录像中的一名年轻男性正要就参加听觉实验时听摇滚音乐还是古典音乐做出选择(Quattrone & Jones, 1980)。研究者告诉被试,影片中的年轻人来自普林斯顿大学或罗格斯大学,这样一来,一些被试认为他是本校学生、内群体成员,另一些被试以为他是外群体成员。然后,要求学生对录像中的年轻人会做什么决定进行预测。接下来,在他们得知这名年轻人的决定之后,要求被试预测年轻人所在学校中会有多少人会做一样的决定。结果出现了外群体同质性效应:当年轻人是外群体成员时,被试认为他的选择能够很好地预测他所在学校学生的选择;而如果年轻人是内群体成员,被试认为预测性要低一些。也就是说,个体认为"我们各不相同,他们都是一样的"。为什么会出现外群体同质性效应?原因之一是,人们与内群体成员有较多的交往经验,从而更熟悉他们,了解他们之间的个体差异,与外群体成员接触较少,很少看到他们的个体差异(Linville, Fischer, & Salovey, 1989)。根据这一看法,人们对某一群体越熟悉,那么越会觉得这一群体的成员之间差异较大。

认知根源: 刻板印象的激活

如"社会认知"一章所述,刻板印象作为图式的一种,帮助我们将过去的经验和知识组织起来,并且在面对新信息时,帮助我们迅速有效地了解情况。在社会分类的基础上,刻板印象往往自动地、无意识地被激活。一旦刻板印象被激活,人们的知觉、思维和记忆都会受到影响。一项研究要求大学生估计照片中单独的男性或女性的身高,而实际上照片中男女人物的身高是一样的(Nelson, Biernat, & Manis, 1990)。结果发现,被试总是判断男性个体的身高更高,即便提供现金奖励来提高准确性,以及告诉被试在这个样本中性别不能预测身高,结果依然如此。在另一个研究中,让大学生观看关于一个四年级女孩汉娜(Hannah)的录像,录像或者将汉娜描述为生活在一个贫困的城市区域,父母的社会阶层较低,或者将她描述为生活在富裕的郊区,父母是专业人士(Darley & Gross, 1983)。当要求被试猜测汉娜在不同科目上的能力水平时,两组学生都拒绝使用汉娜的阶层背景来预判她的能力水平,每组被试都根据她的年级评定她的能力水平。一些被试还观看了第二部录像,展示汉娜正在参加一个口头成绩测试,一些问题她回答正确,一些问题她回答错误。结果表明,先前被介绍高阶层汉娜的被试认为她的回答显示了高的能力,后来回忆她回答对了多数问题;先前被介绍低阶层汉娜的被试把她的能力判断为低于年级水平,后来回忆她只答对了大约一半问题。而实际上,两组被试看到的第二部汉娜录像是完全一样的。因此,尽管这些学生声称他们不愿意根据刻板印象来判断汉娜的能力,但实际上他们还是这样做了,只是以比较微妙的形式。在这里刻板印象的影响也许是自动和无意识的,被试不一定认识到自己的偏见。并且,当刻板印象比较强烈,而关于外群体成员的信息又比较模糊时,刻板印象很可能会扭曲人们的信息加工。

另外,有研究者指出,尽管刻板印象会自动激活,但是一些人会通过有意识的控制来克服刻板印象(Devine，1989)。根据这一观点，涉及刻板印象的信息加工包括两个阶段：当遇到某一刻板印象群体的成员或接触一条刻板印象描述时，关于该群体的刻板印象自动地激活，当刻板印象进入脑海中时，可以通过有意识的控制来拒绝或忽略它们。当人们处于繁忙、疲劳或注意力分散状态的时候，自动激活的刻板印象占主导，几乎不会发生意识加工。而如果一个人的偏见不是很深或没有偏见，并且有足够的认知资源，就可以有意识地压制刻板印象。另有研究者指出，不仅意识控制存在个体差异，而且刻板印象的自动激活也存在个体差异(Fazio et al.，1995)。他们认为，人们对于特定群体的态度可以分为三种：不会有自动的刻板印象；会自动激活刻板印象并且乐于表达这些刻板印象；会自动激活刻板印象，但是希望通过意识加以压制。

　　刻板印象不仅会自动激活，而且有些刻板印象本身就是内隐的，人们没有意识到它们的存在。人们的内隐刻板印象会自动激活，从而影响人们的行为和反应。如果问你，你会认为肥胖的人不如瘦人聪明吗？多数人会回答自己不这么认为。然而这种回答只能代表你的外显态度，并且是你愿意承认的外显态度——自己对肥胖的人没有刻板印象。那么在内隐层面呢？有可能跟你的回答一致，也有可能不一致。常用的一种技术是内隐联想测验。在关于体形(胖与瘦)的内隐联想测验中，被试需要对计算机屏幕上呈现的胖人图片、瘦人图片、正性形容词(例如"聪明"、"真诚")、负性形容词(例如"丑陋"、"卑鄙")进行归类反应。在一种实验条件(相容条件)下，胖人和负面形容词的反应键是一样的，在另一种条件(不相容条件)下，胖人与正面形容词的反应键是一样的。如果被试对胖人有内隐的刻板印象，即认为胖是不好的，那么他们在相容试次上的反应时会短于不相容试次。类似地，这种测验也可以用来测量关于种族、肤色、性别、年龄等社会类别的内隐刻板印象。例如如果是关于种族，那么只需把胖人和瘦人的照片换成黑人和白人的照片。而如果是关于性别和职业关联的刻板印象，那么采用男性和女性的照片或姓名，以及传统认为适合男性的职业名称和传统认为适合女性的职业名称，作为测验中呈现的刺激。采用内隐联想范式的研究证实了内隐刻板印象的存在(Greenwald, McGhee, & Schwartz, 1998)。其他测量内隐态度的方法，例如阈下启动效应范式，也可以用来揭示内隐刻板印象(Banaji & Hardin, 1996)。在另外的研究中，被试需要通过按键来对屏幕上突然出现的男性做出"射击"或"不射击"的反应，这名男子可能拿着一把枪，也可能拿着一个无害的物体，例如手电筒(Correll et al.，2002)。结果显示，黑人被试和白人被试都更有可能错误地射击一名手里拿的不是武器的黑人男子，表明他们自动地将黑人和暴力联系起来。这也正是现实生活中美国警察多次误杀黑人男性的原因。

　　如果面对不符合刻板印象的信息，人们会怎么做？由于刻板印象的影响，人们倾向于注意与刻板印象一致的信息，很容易忽视与其不一致的信息。即使确实留意到这样的不一致信息,也会激发他们对这些信息进行反驳和扭曲,让它们显得与刻板印象一致,最终仍会加强刻板印象(Kunda & Oleson, 1995)。一种方法是亚分类(subtyping),即把不符合刻板印象的人归入一个不同的亚类别,认为他们属于一种特殊的类型。例如,英国学龄儿童对警察这一群体的印象非常糟糕,他们认为警察危险和不友好,不过,他们学校中的校警非常友好,因此他们把校警看作是一个特殊的类别,而依然保持对警察总体的糟糕印象(Hewstone, Hopkins, & Routh, 1992)。

认知根源: 归因

在解释他人行为时,人们很容易犯基本归因错误,也就是把他人的行为归因为内部倾向,忽视情境的作用。刻板印象可以说是一种负面的内部倾向或性格归因,也就是把外群体的失败或错误归因于其群体成员的内部倾向(Pettigrew, 1979)。例如很多美国人对黑人的刻板印象是他们有暴力倾向,这是一种性格归因。而当观察到外群体成员的正面行为时,人们又往往进行情境归因,因此保持负面的性格归因不变。在一个研究中,给男性大学生随机配对,然后,在一种条件下,引导一名被试相信对方会非常友好;而在另一种条件下,让一名被试相信对方会非常不友好(Ickes et al., 1982)。接下来,每对人互相认识,并单独相处5分钟。在两种条件下,被试对新认识的人都非常友好,并且对方也对他们非常友好。但是,那些期望对方不友好的被试,把对方的友善归因于情境,认为"他们只是在假装友善而已"。可见,当外群体成员的行为出乎意料地友好时,人们将其归因于情境,而保持负面的性格归因不变。另外,在第2章提到过公平世界信念,即相信不好的事情只会发生在坏人或做出愚蠢决定的人身上。这会造成责怪受害者的现象,即人们把他人的苦难归咎于那些人自己(性格归因),从而认为这些不好的事情不会发生在自己身上。当发现外群体成员遭受磨难时,反而责怪他们罪有应得的倾向,这会进一步加重偏见的程度。

认知根源: 错觉相关

刻板印象之所以能够持续,还跟第3章介绍的错觉相关有关。当人们期待两个事件存在联系时,往往只注意二者同时出现的情形,从而错误地认为存在支持证据证明它们之间存在相关。刻板印象假定群体成员身份与某些特征之间存在相关,例如黑人与暴力。很多刻板印象使人们认为少数群体成员身份与一些消极的特点相关联。为什么会出现这类错觉相关? 一种可能与独特性有关:人们对独特的事件比较敏感,当两件独特事件一起发生时,人们更容易注意到它们,从而认为二者之间存在关联(Hamilton & Gifford, 1976)。在一个研究中,给大学生呈现很多人的幻灯片,这些人或者属于"A组",或者属于"B组",并且陈述两组的成员做了一些好事或坏事。对于A组成员的描述比B组多一倍,但是每组都是每4件不好的事情就对应9件好的事情,这个比例两组是一样的。只是B组成员和不好的事情这两者出现的频率都较低,从而属于独特事件,当二者同时出现时(即B组成员做了不好的事情),格外显眼。结果发现,被试高估了小群体(B组)出现不良行为的概率,因此对B组的评价比较低。在这个实验中,尽管被试预先对两组并没有偏见,但是在加工信息时仍然由于独特性出现了错觉相关,错误地认为B组成员比较糟糕。这个实验刚好演示了少数群体-消极特点的错觉相关的出现。类别学习的注意理论认为,多数派群体的特征比少数派群体的特征更容易习得,这造成人们很容易将与少数派群体相关联的特征和与多数派相关联的特征区分开来的,其后果是更容易产生错误相关(Sherman et al., 2009)。在现实世界中,人们往往已经有预先存在的偏见,错觉相关更容易出现,从而加强刻板印象。

· 减少偏见

偏见如此普遍,有没有可能克服甚至消除偏见?我们已经看到,偏见的认知基础——刻板印象会影响我们注意和加工信息的方式,外界的信息很难改变已有的刻板印象。幸运的是,社会心理学家已经发现了一些减少偏见的有效方法。

社会化

不少偏见都是儿童从父母、老师、同伴、媒体等处习得的,因此,可以从改变早期社会化过程的角度来减少偏见。这就需要父母、老师乃至于整个社会大环境都认识到偏见的存在和害处。随着父母表现出的偏见减少,学校教育中着力于减少偏见,媒体宣传不同群体真实的相同和不同之处,也许能减少偏见。并且,随着社会规范和社会制度的演变,当提倡反偏见的社会规范流行时,经由社会影响过程会改变个体的态度。

接触与合作

但是,人们对外界的信息会进行选择性加工甚至曲解,这就意味着单纯的无偏见信息灌输不一定能起作用。那么,如果增加人们与外群体成员的接触和交流,增进对他们的了解,能否减少人们对于外群体所持的刻板印象?很多学者认为答案是肯定的,他们认为不同群体之间的接触可以减少偏见。事实上,也确实有很多增加群体间接触的努力,最典型的就是美国所做的促进种族融合的尝试。很多政府支持的计划让不同种族的人们住在种族混合的建筑中,学校中废除了种族隔离制度,让不同种族的孩子在同一间教室里学习,等等。尽管有部分研究发现种族融合减少了偏见,但是更多研究的结果是不确定的,甚至有研究显示偏见不降反升。而且,尽管制度要求种族混合的学校,但是学生们依然倾向于与同种族的孩子一起活动。那么,究竟怎样才能促成真正的融合乃至减少偏见?

接着来看谢里夫等人的夏令营研究。当研究者在两个群体之间制造出偏见之后,他们接下来想要消除偏见,尝试的第一个方法就是接触,他们让这些两个群体的男孩花更多的时间在一起。研究者给他们安排的是非竞争性的活动,例如看电影、野餐等。但是,只要两个群体待在一起,他们之间的气氛总是很紧张,经常会发生吵架和打架事件。后来,谢里夫等人采用了一种新的策略,虽然简单但非常有效:让这些男孩必须通过合作才能达成共同的目标。在一次营区旅行途中,卡车突然抛锚,老鹰队和响尾蛇队的孩子必须一起又推又拉,才能让卡车重新发动。还有一次,研究者有意让供水系统出现故障,男孩们很快认识到必须合作才能及时解决问题。逐渐地,两个群体之间的敌意和负面的刻板印象减少了。当要求列出最好的朋友时,很多男孩列出了另一群体的男孩的名字。谢里夫等人的研究提示,要使接触能够减少偏见,群体必须具备相互依赖(mutual interdependence)这一条件:即两个或两个以上群体为了达成对他们都很重要的目标必须相互需要、相互依赖的情境。因此,群体接触减少偏见的第一个条件是,基于共同目标的相互依赖。

第二个条件是地位平等。如果群体之间的地位不平等,那么他们之间的接触依然会遵循刻板印象的模式(Pettigrew, 1969)。第三,群体之间的接触需要发生在友好和非正式的情境中,不同群体的成员之间有机会一对一交流和发展友谊,只有接触频率足够高、接触时间足够长、接触距离足够近,才能达到这一目的(Cook, 1978)。而且,个体与外群体成员之间有了频繁的交流之后,才会相信所认识的外群体成员是该群体的典型成员,从而改变关于外群体的刻板印象(Wilder, 1984)。第四,社会规范和社会制度支持群体间接触(Amir, 1969)。

在通常的课堂和学校情境中,竞争非常激烈,单纯的群体间接触无助于减少种族间偏见和其他形式的偏见,甚至会使它们恶化。如何利用谢里夫的发现,减少学校中的偏见?研究者在学校中尝试鼓励合作学习,其中一种被证明有效的方法叫做拼板教室(jigsaw classroom)。在这种教室中,将学生分割为小的合作小组,小组中的每名学生都必须依赖于其他学生才能学会课程材料和取得好成绩,这种方法可以有效降低偏见和提高儿童的自尊(Aronson et al., 1978)。例如,一个班级的学生被划分为每组六人的小组,每个小组都必须要一起学习某份课程材料。在一个小组中,每名学生分到整份材料的六分之一,每名学生负责理解自己的那一部分,然后把它教给其他学生。很快,大家就认识到,他们必须严密合作才能学会整份材料,每个人都是自己负责的那一部分的专家,他们必须贡献自己掌握的知识,以及鼓励其他人有效地贡献各自的那一部分。最终,小组成员互相依赖、互相鼓励和互相尊重,积极地展开合作学习。研究证实,拼板教室减少了偏见和刻板印象,学生们之间的互相喜爱程度增加,学习成绩提升,学生们的自尊和对学校的喜欢程度都有所提高(Aronson & Osherow,1980)。尽管最初拼板教室是设计用来促成学校内的种族融合和减少种族偏见的,但是它被证实可以用来消除其他形式的偏见,例如对身体残疾或情绪障碍的学生的偏见。在澳大利亚、欧洲、中东、非洲等国家和地区,从小学到大学,拼板技术都取得了很好的效果(Aronson,2008)。拼板技术之所以有效,有多个原因:合作打破了外群体与内群体的壁垒,让大家为共同目标努力;每个人都要教其他人学习知识,由于认知一致性的需要,个体在帮助他人的过程中对他人的好感也增加;要成功地教会别人,个体需要采取他人的视角,体验他人的感受,这会增加移情能力(Aronson,2008;Aronson & Patnoe,2011)。

重新分类

偏见的一个重要来源是社会分类——将世界划分为"我们"和"他们",如何克服这种内群体和外群体的划分?方法是进行重新分类(recategorization),即对内群体与外群体之间分界的调整。一种策略是把原来的内群体和外群体重新划分为一个更大的、更具包含性的上位(superordinate)类别内的成员(Gaertner et al.,1989)。在一个研究中,让一半被试穿上实验室工作服,制造一个内群体,而另一半被试穿着原本的衣服,属于外群体(Dovido et al.,1995)。内群体成员会对外群体成员形成负面评价。接下来,每一群体中的一半被试得到糖块,从而制造一个高级类别。结果发现,包含在高级类别中的内群体成员对外群体成员的评价更积极。当来自不同社会群体的个体把自己看作是一个大的整合的社会实体的一员时,他们看待彼此的态度会更积极,而积极的态度会促成进一步交流和接触,从而减少刻板印象(Gaertner et al.,1989)。因此,通过弱化和消除内群体与外群体之间的界限可以减少偏见。

小结

1. 态度指的是个体对某物、某事、某人或某种观念的评价性反应,表现在个体的信念、情感和行为倾向中。态度有认知、情感和行为三个成分。

2. 态度有一定的遗传性,但它更受社会经验影响。态度可能是以认知为基础,以情感为基础,或者以行为为基础的。

3. 行为并不总是与态度一致。行为与态度的一致性受到很多因素的影响。

4. 为了测量真实的态度,可以测量面部肌肉反应,使用内隐联想测验以及伪管道方法可以测验人们的真实态度。内隐态度指的是非随意的、不受控的、经常是无意识的态度。真实态度与行为的一致性较高。

5. 与行为相对应的特定态度可以更好地预测行为。

6. 强烈的态度与行为较为一致。引起的情绪反应较强的、重要的、可获得性高的态度强度更大。基于直接经验的态度、表达频率高的态度可获得性更高。

7. 计划行为理论主要讨论态度与有计划行为和有意行为之间的关系。当得知指向行为的态度、主观规范和知觉到的行为控制三个因素之后，就可以更好地预测有意行为。

8. 在人们扮演了某种角色之后，态度往往会伴随着发生变化。当人们接受了一个小的请求之后，就更有可能在后来接受一个更大的请求，这叫做登门槛现象。这一现象被广泛应用于需要说服他人的各个领域。登门槛技巧的一种变式是虚报低价法。

9. 行为之所以会影响态度，一种解释是费斯廷格提出的认知失调理论。当两种或多种想法和信念即认知发生不一致时，人们会感到失调，为了解决这种不舒服的状态，人们经常会调整自己的想法。

10. 解决失调的方法包括：改变行为，改变认知，增加新的认知，将失调琐碎化，努力减少负面情绪等。

11. 说与自己真实态度相违背的话，或者做与自己态度不符的事，叫做反态度行为。个体被诱导说出或做出与真实态度不一致的事情的情境叫做劝诱顺从情境。

12. 当人们做出与态度不一致的行为，而又无法用外部理由例如奖励或惩罚来解释自己的行为时，就会寻找内部理由来减轻失调，这叫做理由不足。理由不足效应得到广泛应用，它给出的提示是，如果想要稳定地改变人们的态度或行为，应该使用轻微的奖励或惩罚。

13. 当人们需要在两个或多个选项中做出选择时，也会引发认知失调，这叫做决策后失调。人们可以通过提高对选中选项的评价，降低对未选中选项的评价，来减轻失调。

14. 在付出努力才得到某种并不很好的东西之后，人们会感觉失调，他们倾向于提高对该目标的喜欢程度。

15. 引发认知失调需要具备某些条件，例如行为自由选择，行为有消极结果，失调的认知与自我形象有关，等等。

16. 与相互依赖型自我概念的个体相比，独立型自我概念的个体更容易产生认知失调。不过也有研究显示，相互依赖型自我的个体也能体验认知失调，只是引发的方式和减少失调的策略有所不同。

17. 解释行为影响态度的另一种理论是自我知觉理论，认为人们经常观察自己在多种情况下的行为，据此来推断自己的态度。

18. 自我知觉理论认为，如果奖励人们让他们做本来就喜欢的事情，会使他们将自己的行为归因为奖励,削弱内在动机和兴趣,这叫做过度合理化效应。

19. 面部表情和身体反馈会影响人们的内心感受和行为。这符合自我知觉理论的假设。

20. 对于大部分现象,认知失调理论和自我知觉理论都可以解释,二者的主要区别是,前者强调不一致引发的冲突,后者则强调态度不太清晰时的自我知觉。

21. 说服指的是利用各种信息来改变人们的态度。耶鲁态度改变法考察了信息沟通者、信息、沟通渠道和受众等因素对说服效果的影响。认知反应理论则探讨个体在对沟通信息做出反应时的想法。

22. 高可信度比低可信度的沟通者更有说服力。不过,随着时间过去,高可信度沟通者造成的态度改变量减少,低可信度沟通者造成的态度改变量增加,这叫做睡眠效应。

23. 吸引力高的沟通者更容易引发态度改变,外表有吸引力、与受众相似性、与愉快刺激相关联等因素可以增加沟通者的吸引力。

24. 不同类型的受众对理性信息和情感信息的接受程度不同。以认知为基础的态度更容易受理性信息影响,以情感为基础的态度更容易受情感信息影响。引发适度的恐惧,并提供消除恐惧的方法,可以有效地改变人们的态度。

25. 与受众原有态度的差距、单面信息还是双面信息、首因效应还是近因效应等因素也会影响说服效果,但是对这些因素的操纵必须考虑受众和具体的情境。

26. 人际接触对态度的影响往往大于媒体,越逼真的媒体说服力越强。在选择媒体时需要考虑信息难度。

27. 中年人的态度比年轻人和老年人更难改变;沟通过程中分心的人们更容易被说服。中等自尊水平的人更容易受说服影响;认知需求高的人更愿意思考与问题相关的论据。

28. 认知反应理论阐述人们在对说服信息做出反应时所产生的想法,从而理解态度和态度改变的过程。

29. 精细加工可能性模型区分说服的中心路径和周边路径:有些时候,人们有动机和能力认真思考论据内容,经由中心路径被说服;有些时候,人们没有动机和能力去分析论据本身,而是受到周边线索的影响,经由周边路径被说服。

30. 周边线索指的是与论据的真正价值没有关联的线索,例如沟通者的可信度和吸引力、信息量、让人产生愉快情绪的音乐和画面等。

31. 当涉及的问题比较重要,也就是个人关联性较高时,人们更有可能认真思考沟通信息的内容。认知需求高的人更有可能经由中心路径被说服。分心的个体没有能力认真加工信息,更容易受周边线索影响。

32. 通过中心路径被说服的个体其态度改变更稳定,更能抵抗相反观点。

33. 预先得知他人的说服目的,即得到预先警告时,人们更能抵抗说服。

34. 让人们先接触少量反对其观点的论证,使他们能够对改变态度的企图产生免疫,这叫做态度免疫。态度免疫可以有效地帮助儿童和青少年抵制同伴压力,免受广告影响等。

35. 当人们感觉自己实施某种行动的自由受到威胁时,他们会产生不愉快的阻抗情绪,他们通过从事被禁止的行为来反抗。

36. 偏见是指仅仅因为某些人属于某个特定群体,而对这些人所持有的通常是负面的态度。偏见包含情感、认知和行为三个成分。偏见的情感成分是指人们对偏见对象怀有消极的情感和情绪。偏见的认知成分即刻板印象,指的是概括化地将某些相同的特征归于群体的每个人身上,不考虑群体成员之间的实际差异。偏见的行为成分即歧视,是指根据他人的群体成员身份,对其做出负面、不公正或有害的行为。

37. 刻板印象属于一种图式,因此有很多与图式相同的特点,例如它可以自我实现。而群体成员往往知道他人对自己持有的刻板印象的内容,从而会体验到刻板印象的威胁,担心自己会证实那些刻板印象。刻板印象威胁会损害群体成员的表现。

38. 偏见的来源之一与动机有关,现实冲突理论认为群体对于有限资源和权力的竞争必然会产生偏见。社会认同理论认为,个体所属群体是自尊的重要来源,因而个体喜欢自己所属群体超过其他群体。

39. 很多偏见是通过社会化过程习得的。

40. 从认知上看,简化周围世界的一种方法是进行社会分类,把具有某些特征的人归入一个类别,不具有的人归入另一个类别。人们将与自己属于一个群体的人看作内群体成员——"我们",将不属于一个群体的人看作外群体成员——"他们"。

41. 人们对内群体成员做出更积极的评价和积极的情绪反应,对他们的行为做出更有利的归因,给他们更多的奖励,这叫做内群体偏好。内群体偏好的一种解释是社会认同理论,认为人们通过寻求与特定群体的认同,来提高自尊。

42. 人们高估外群体成员之间彼此相似的程度,认为外群体成员之间的同质性高于内群体成员之间的同质性,这叫做外群体同质性。

43. 刻板印象往往会自动激活,影响人们对信息的注意、解释和记忆。Devine 认为,尽管刻板印象会自动激活,但是有些人可以通过意识控制来拒绝或忽略它们,在这一点上存在个体差异。

44. 有些刻板印象是很隐蔽的,个体自己都不一定意识到它们的存在。内隐联想测验、阈下启动效应等方法可以用来测量内隐刻板印象。

45. 在面对不符合刻板印象的信息时,人们会歪曲这些信息,或者认为不符合刻板印象的人属于特例,从而保持刻板印象不变。

46. 人们在解释外群体成员的失败和错误时,倾向于做性格归因;在解释他们的成功时,倾向于做情境归因。这也会造成刻板印象的保持。错觉相关也是一种造成刻板印象延续的机制。

47. 在满足一定条件的前提下让不同群体彼此接触,有助于减少偏见,这些条件包括:不同群体有共同目标和相互依赖,群体之间地位平等,群体接触非正式、友好和频繁,社会规范和社会制度的支持。

48. 拼板教室是一种减少学校中偏见的有效方法,它将学生分割为小的合作小组,小组中的每名学生都必须依赖于其他学生才能学会课程材料和取得好成绩。拼板教室不仅可以减少偏见,而且还可以提高学生的学习成绩和自尊,增加他们对学校的喜欢。

49. 重新分类,即调整内群体和外群体之间的界限,也有助于减少偏见。其中一种方法是建立把内群体和外群体都包含在内的高级类别。

参考文献

Abelson, R. P., Kinder, D. R., Peters, M. D., & Fiske, S. T. (1982). Affective and semantic components in political person perception. *Journal of Personality and Social Psychology*, 42,619–630.

Adler, R. P., Lesser, G. S., Meringoff, L. K., Robertson, T. S., Rossiter, J. R. & Ward, S. (1980). *The effects of television advertising on children*. Lexington, MA: Lexington Books.

Ajzen, I. (1982). On behaving in accordance with one's attitudes. In M. P. Zanna, E. T. Higgins, & C. P. Herman (Eds.). *Consistency in social behavior: The Ontario Symposium*, Vol. 2. Hillside, NJ: Erlbaum.

Ajzen, I. (1985). From intentions to actions: A theory of planned behavior. In J. Kuhl & J. Beckmann (Eds.), *Action control: From cognition to behavior* (pp. 11–39). Heidelberg, Germany: Springer-Verlag.

Ajzen, I. (2002). Perceived behavioral control, self-efficacy, locus of control, and the theory of planned behavior. *Journal of Applied Social Psychology*, 32,665–683.

Ajzen, I., & Fishbein, M. (1977). Attitude-behavior relations: A theoretical analysis and review of empirical research. *Psychological Bulletin*, 84,888–918.

Ajzen, I., & Fishbein, M. (1980). *Understanding attitudes and predicting social behavior*. Englewood Cliffs, NJ: Prentice Hall.

Ajzen, I., & Madden, T. J. (1986). Prediction of goal-directed behavior: Attitudes, intentions, and perceived behavioral control. *Journal of Experimental Social Psychology*, 22,453–474.

Albarracin, D., Johnson, B. T., Fishbein, M., & Muellerleile, P. A. (2001). Theories of reasoned action and planned behavior as models of condom use: A meta-analysis. *Psychological Bulletin*, 127,142-161.

Alwin, D. F., Cohen, R. L., & Newcomb, T. M. (1991). *Political attitudes over the life span: The Bennington women after fifty years*. Madison, WI: University of Wisconsin Press.

Amir, Y. (1969). Contact hypothesis in ethnic relations. *Psychological Bulletin*, 71,319-342.

Armitage, C. J., & Conner, M. (2001). Efficacy of the theory of planned behaviour: A meta-analytic review. *British Journal of Social Psychology*, 40,471-499.

Aronson, E. (1968). Dissonance theory: Progress and problems. In R. P. Abelson, E. Aronson, W. J. McGuire, T. M. Newcomb, M. J. Rosenberg, & P. H. Tannenbaum (Eds.), *Theories of cognitive consistency: A sourcebook* (pp. 5-27). Chicago: Rand McNally.

Aronson, E. (1997). Bring the family address to American Psychological Society annual convention, reported in *APS Observer*, July/August, pp. 17,34,35.

Aronson, E. (1998). Dissonance, hypocrisy, and the self-concept. In E. Harmon-Jones & J. S. Mills (Eds.), *Cognitive dissonance theory: Revival with revisions and controversies* (pp. 21-36). Washington, DC: American Psychological Association.

Aronson, E. (2008). *The Social Animal* (10th edition). New York: Worth/Freeman.

Aronson, E., & Carlsmith, J. M. (1963). Effect of severity of threat in the devaluation of forbidden behavior. *Journal of Abnormal and Social Psychology*, 66,584-588.

Aronson, E., & Mills, J. S. (1959). The effect of severity of initiation on liking for a group. *Journal of Abnormal and Social Psychology*, 59,177-181.

Aronson, E., & Osherow, N. (1980). Cooperation, prosocial behavior, and academic performance: Experiments in the desegregated classroom. In L. Bickman (Ed.), *Applied social Psychology annual* (Vol. 1, pp. 163-196). Beverly Hills, CA: Sage.

Aronson, E., & Patnoe, S. (2011). *Cooperation in the Classroom: The Jigsaw Method* (3rd edition). London: Pinter & Martin, Ltd.

Aronson, E., Fried, C., & Stone, J. (1991). Overcoming denial and increasing the intention to use condoms through the induction of hypocrisy. *American Journal of Public Health*, 81,1636-1638.

Aronson, E., Stephan, C., Sikes, J., Blaney, N., & Snapp, M. (1978). *The jigsaw classroom*. Beverly Hills, CA: Sage.

Aronson, E., Turner, J. A., & Carlsmith, J. M. (1963). Communicator credibility and communicator discrepancy as determinants of opinion change. *Journal of Abnormal and Social Psychology*, 67,31-36.

Aronson, E., Wilson, T. D., & Akert, R. M. (2004). *Social Psychology* (5th edition). Upper Saddle River: Prentice Hall.

Ayres, I. (1991). Fair driving: Gender and race discrimination in retail car negotiations. *Harvard Law Review*, 104,817-872.

Banaji, M., & Hardin, C. (1996). Automatic stereotyping. *Psychological Science*,

7, 136 - 141.

Bargh, J. A., Chen, M., & Burrows, L. (1996). Automaticity of social behavior: Direct effects of trait construct and stereotype-activation on action. *Journal of Personality and Social Psychology*, 71, 230 - 244.

Bassili, J. N. (1995). Response latency and the accessibility of voting intentions: What contributes to accessibility and how it affects vote choice. *Personality and Social Psychology Bulletin*, 21, 686 - 695.

Batson, C. D., Klein, T. R., Highberger, L., & Shaw, L. L. (1995). Immorality from empathy-induced altruism: When compassion and justice conflict. *Journal of Personality and Social Psychology*, 68, 1042 - 1058.

Batson C. D., Thompson, E. R., Seuferling, G., Whitney, H., & Strongman J. (1999). Moral hypocrisy: Appearing moral to oneself without being so. *Journal of Personality and Social Psychology*, 77, 525 - 537.

Bem, D. J. (1972). Self-perception theory. In L. Berkowitz (Ed.), *Advances in experimental social psychology* (Vol. 6, pp. 1 - 62). New York: Academic Press.

Berscheid, E., & Walster, E. (1978). *Interpersonal attraction*. Reading, MA: AddisonWesley.

Bertrand, M., & Mullainathan, S. (2004). Are Emily and Greg more employable than Lakisha and Jamal? A field experiment on labor market discrimination. *The American Economic Review*, 94, 991 - 1013.

Blascovich, J., Ernst, J. M., Tomaka, J., Kelsey, R. M., Salomon, K. L., & Fazio, R. H. (1993). Attitude accessibility as a moderator of autonomic reactivity during decision making. *Journal of Personality and Social Psychology*, 64, 165 - 176.

Bobo, L. (1983). Whites' opposition to busing: Symbolic racism or realistic group conflict? *Journal of Personality and Social Psychology*, 45, 1196 - 1210.

Bochner, S., & Insko, C. A. (1966). Communicator discrepancy, source credibility, and opinion change. *Jouranl of Personality and Social Psychology*, 4, 614 - 621.

Boggiano, A. K., Barrett, M., Weiher, A. W., McClelland, G. H., & Lusk, C. M. (1987). Use of the maximal-operant principle to motivate children's intrinsic interest. *Journal of Personality and Social Psychology*, 53, 866 - 879.

Bornstein, R. F., Leone, D. R., & Galley, D J. (1987). The generalizability of subliminal mere exposure effects: Influence of stimuli perceived without awareness on social behavior. *Journal of Personality and Social Psychology*, 53, 1070 - 1079.

Boyd, B., & Wandersman, A. (1991). Predicting undergraduate condom use with the Fishbein & Ajzen and the Triandis attitude-behavior models: Implications for public health interventions. *Journal of Applied Social Psychology*, 21, 1810 - 1830.

Brehm, J. W. (1956). Post-decision changes in desirability of alternatives. *Journal of Abnormal Social Psychology*, 52, 384 - 389.

Brehm, J. W. (1966). *A theory of psychological reactance*. New York: Academic Press.

Brehm, J. W., & Cohen, A. R. (1962). *Explorations in cognitive dissonance*. New

York: Wiley.

Brock, T. C. (1965). Communicator-recipient similarity and decision change. *Journal of Personality and Social Psychology*, 1, 650-654.

Burger, J. M., & Caldwell, D. F. (2003). The effects of monetary incentives and labeling on the foot-in-the-door effect: Evidence for a self-perception process. *Basic and Applied Social Psychology*, 25, 235-241.

Bushman, B. J. (2005). Violence and sex in television programs do not sell products in advertisements. *Psychological Science*, 16, 702-708.

Cacioppo, J. T., & Petty, R. E. (1981). Electromyograms as measures of extent and affectivity of information processing. *American Psychologist*, 36, 441-456.

Cacioppo, J. T., Marshall-Goodell, B. S., Tassinary, L. G., & Petty, R. E. (1992). Rudimentary determinants of attitudes: Classical conditioning is more effective when prior knowledge about the attitude stimulus is low than high. *Journal of Experimental Social Psychology*, 28, 207-233.

Cacioppo, J. T., Petty, R. E., Feinstein, J. A., & Jarvis, W. B. G. (1996). Dispositional differences in cognitive motivation: The life and times of individuals varying in need for cognition. *Psychological Bulletin*, 119, 197-253.

Carney, D. R, & Banaji, M. R. (2012). First is best. *PLOS ONE*, 7, e35088.

Carney, D. R., Cuddy, A. J. C., & Yap, A. J. (2010). Power posing: Brief nonverbal displays affect neuroendocrine levels and risk tolerance. *Psychological Science*, 21, 1363-1368.

Carney, D. R., Cuddy, A. J. C., & Yap, A. J. (2015). Review and summary of research on the embodied effects of expansive (vs. contractive) nonverbal displays. *Psychological Science*, 26, 657-663.

Carver, C. S., & Scheier, M. F. (1981). *Attention and self-regulation*. New York: Springer-Verlag.

Chaiken, S. (1979). Communicator physical attractiveness and persuasion. *Journal of Personality and Social Psychology*, 37, 1387-1397.

Chaiken, S. (1980). Heuristic versus systematic information processing and the use of source versus message cues in persuasion. *Journal of Personality and Social Psychology*, 39, 752-766.

Chaiken, S., & Eagly, A. H. (1976). Communication modality as a determinant of message persuasiveness and message comprehensibility. *Journal of Personality and Social Psychology*, 34, 605-614.

Chaiken, S., & Eagly, A. H. (1983). Communication modality as a determinant of persuasion: The role of communicator salience. *Journal of Personality and Social Psychology*, 45, 241-256.

Chaiken, S., & Maheswaran, D. (1994). Heuristic processing can bias systematic processing: Effects of source credibility, argument ambiguity, and task importance on attitude judgment. *Journal of Personality and Social Psychology*, 66, 460-473.

Cialdini, R. B. (2000). *Influence: Science and Practice* (4th Edition). Boston:

Allyn & Bacon.

Cialdini, R. B., Borden, R. J., Thorne, A., Walker, M. R., Freeman, S., & Sloan, L. R. (1976). Basking in reflected glory: Three (football) field studies. *Journal of Personality and Social Psychology*, 34,366 - 375.

Cialdini, R. B., Cacioppo, J. T., Bassett, R., & Miller, J. A. (1978). Lowball procedure for producing compliance: Commitment then cost. *Journal of Personality and Social Psychology*, 36,463 - 476.

Cikara, M., Botvinick, M. M., & Fiske, S. T. (2011). Us versus them: Social identity shapes neural responses to intergroup competition and harm. *Psychological Science*, 22,306 - 313.

Clark, K., & Clark, M. (1947). Racial identification and preference in Negro children. In T. M. Newcomb & E. L. Hartley (Eds.), *Readings in social psychology* (pp. 169 - 178). New York: Holt.

Cohen, A. R. (1962). An experiment on small rewards for discrepant compliance and attitude change. In J. W. Brehm & A. R. Cohen (Eds.), *Explorations in cognitive dissonance* (pp. 73 - 78). New York: Wiley.

Cook, S. W. (1978). Interpersonal and attitudinal outcomes in cooperating interracial groups. *Journal of Research and Development in Education*, 12,97 - 113.

Cooper, J., & Scher, S. J. (1994). Actions and attitudes: The role of responsibility and aversive consequences in persuasion. In T. Brock & S. Shavitt (Eds.), *Persuasion* (pp. 95 - 111). San Francisco: Freeman.

Correll, J., Park, B., Judd, C. M., & Wittenbrink, B. (2002). The police officer's dilemma: Using ethnicity to disambiguate potentially threatening individuals. *Journal of Personality and Social Psychology*, 83,1314 - 1329.

Crano, W. D., & Prislin, R. (1995). Components of vested interest and attitude-behavior consistency. *Basic and Applied Social Psychology*, 17,1 - 21.

Crawford, T. J. (1974). Sermons on racial tolerance and the parish neighborhood context. *Journal of Applied Social Psychology*, 4,1 - 23.

Crelia, R., & Tesser, A. (1996). Attitude heritability and attitude reinforcement: A replication. *Personality and Individual Differences*, 21,803 - 808.

Cuddy, A. J. C., Wilmuth, C. A., Yap, A. J., & Carney, D. R. (2015). Preparatory power posing affects nonverbal presence and job interview performance. *Journal of Applied Psychology*, 100,1286 - 1295.

Darley, J. M., & Gross, P. H. (1983). A hypothesis-confirming bias in labelling effects. *Journal of Personality and Social Psychology*, 44,20 - 33.

Darley, S., & Cooper, J. (1972). Cognitive consequences of forced noncompliance. *Journal of Personality and Social Psychology*, 24,321 - 326.

Davidson, A. R., & Jaccard, J. J. (1979). Variables that moderate the attitude-behavior relation: Results of a longitudinal survey. *Journal of Personality and Social Psychology*, 37,1364 - 1376.

DeBono, K. G., & Klein, C. (1993). Source expertise and persuasion: The moderating role of recipient dogmatism. *Personality and Social Psychology Bulletin*, 19,167 – 173.

Deci, E. L. , & Ryan, R. M. (1991). A motivational approach to self: Integration in personality. In R. Dienstbier (Ed.) Vol. 38. *Perspectives on motivation* (pp. 237 – 288), Lincoln: University of Nebraska Press. Nebraska Symposium on Motivation.

Dembroski, T. M. , Lasater, T. M. , & Ramirez, A. (1978). Communicator similarity, fear arousing communications, and compliance with health care recommendations. *Journal of Applied Social Psychology*, 8,254 – 269.

DePaulo, B. M. (1992). Nonverbal behavior and self-presentation. *Psychological Bulletin*, 111,203 – 243.

Devine, P. G. (1989). Automatic and controlled processes in prejudice: The roles of stereotypes and personal beliefs. In A. R. Pratkanis, S. J. Breckler, & A. G. Greenwald (Eds.), *Attitude structure and function* (pp. 181 – 212). Hillsdale, NJ: Erlbaum.

Diener, E. , & Wallbom, M. (1976). Effects of self-awareness on antinormative behavior. *Journal of Research in Personality*, 10,107 – 111.

Dolnik, L. , Case, T. I. , & Williams, K. D. (2003). Stealing thunder as a courtroom tactic revisited: Processes and boundaries. *Law and Human Behavior*, 27,265 – 285.

Dovido, J. F. , Gaertner, S. L. , Isen, A. M. , & Lowrance, R. (1995). Group representations and intergroup bias: Positive affect, similarity, and group size. *Personality and Social Psychology Bulletin*, 21,856 – 865.

Dowd, E. T. , Hughes, S. , Brockbank, L. , Halpain, D. , Seibel, C. , & Seibel, P. (1988). Compliance-based and defiance-based intervention strategies and psychological reactance in the treatment of free and unfree behavior. *Journal of Counseling Psychology*, 35,363 – 369.

Downing, J. W. , Judd, C. W. , & Brauer, M. (1992). Effects of repeated expressions on attitude extremity. *Journal of Personality and Social Psychology*, 63, 17 – 29.

Drachman, D. , deCarufel, A. , & Insko, C. A. (1978). The extra credit effect in interpersonal attraction. *Journal of Experimental Social Psychology*, 14,458 – 465.

Duck, J. M. , Hogg, M. A. , & Terry, D. J. (1995). Me, us and them: political identification and the third-person effect in the 1993 Australian federal election. *European Journal of Social Psychology*, 25,195 – 215.

Eagly, A. H. , & Telaak, K. (1972). Width of the latitude of acceptance as a determinant of attitude change. *Journal of Personality and Social Psychology*, 23,388 – 397.

Eagly, A. H. , Ashmore, R. D. , Makhijani, M. G. , & Longo, L. C. (1991). What is beautiful is good, but … : A meta-analytic review of research on the physical attractiveness stereotype. *Psychological Bulletin*, 110,109 – 128.

Eagly, A. H. , Kulesa, P. , Brannon, L. A. , Shaw, K. , & Hutson-Comeaux, S. (2000). Why counterattitudinal messages are as memorable as proattitudinal messages: The importance of active defense against attack. *Personality and Social Psychology Bulletin*, 26,1392 – 1408.

Eaton, A. A. , Visser, P. S. , Krosnick, J. A. , & Anand, S. (2009). Social power and attitude strength over the life course. *Personality and Social Psychology Bulletin*, 35,1646 - 1660.

Egan, L. C., Santos, L. R., & Bloom, P. (2007). The origins of cognitive dissonance: Evidence from children and monkeys. *Psychological science*, 18,978 - 983.

Eldersveld, S. J., & Dodge, R. W. (1954). Personal contact or mail propaganda? An experiment in voting turnout and attitude change. In D. Katz, D. Cartwright, S. Eldersveld, & A. M. Lee (Eds.), *Public opinion and propaganda*. New York: Dryden Press.

Elloit, J. (1977). The power and pathology of prejudice. In P. Zimbardo & F. Ruch (Eds.), *Psychology and life* (9th edition). Glenview, IL: Scott, Foresman.

Etzioni, A. (1972, June 3). Human beings are not very easy to change after all. *Saturday Review*, 45 - 47.

Fabrigar, L. R., & Petty, R. E. (1999). The role of the affective and cognitive bases of attitudes in susceptibility to affectively and cognitively based persuasion. *Personality and Social Psychology Bulletin*, 25,363 - 381.

Fazio, R. H. (1987). Self-perception theory: A current perspective. In M. P. Zanna, J. M. Olson, & C. P. Herman (Eds.), *Social influence: The Ontario symposium* (Vol.5, pp.129 - 150). Hillsdale, NJ: Erlbaum.

Fazio, R. H. (1989). On the power and functionality of attitudes: The role of attitude accessibility. In A. R. Pratkanis, S. J. Breckler, & A. G. Greenwald (Eds.), *Attitude structure and function* (pp.153 - 179). Hillsdale, NJ: Erlbaum.

Fazio, R. H. (1995). Attitudes as object-evaluation associations: Determinants, consequences, and correlates of attitude accessibility. In R. E. Petty & J. A. Krosnick (Eds.), *Attitude strength: Antecedents and consequences* (pp. 247 - 282). Mahwah, NJ: Erlbaum.

Fazio, R. H. (2000). Accessible attitudes as tools for object appraisal: Their costs and benefits. In G. Maio & J. Olson (Eds.), *Why we evaluate: Functions of attitudes* (pp.1 - 36). Mahwah, NJ: Erlbaum.

Fazio, R. H., & Olson, M. A. (2003). Implicit measures in social cognition research: Their meaning and uses. *Annual Review of Psychology*, 54,297 - 327.

Fazio, R. H., Jackson, J. R., Dunton, B. C., & Williams, C. J. (1995). Variability in automatic activation as an unobtrusive measure of racial attitudes: A bona fide pipeline? *Journal of Personality and Social Psychology*, 69,1013 - 1027.

Fazio, R. H., Powell, M. C., & Williams, C. J. (1989). The role of attitude accessibility in the attitude-to-behavior process. *Journal of Consumer Research*, 16,280 - 288.

Feshbach, N. D. (1980). The child as "psychologist" and "economist": Two curricula. *Paper presented at the American Psychological Association convention*.

Festinger, L. (1957). *A theory of cognitive dissonance*. Stanford, CA: Stanford University Press.

Festinger, L., & Aronson, E. (1960). The arousal and reduction of dissonance in social contexts. In D. Cartwright & A. Zander (Eds.), *Group dynamics* (pp. 214 -

231). Evanston, IL: Row & Peterson.

Festinger, L., & Carlsmith, J. M. (1959). Cognitive consequences of forced compliance. *Journal of Abnormal and Social Psychology*, 58, 203-210.

Festinger, L., & Maccoby, N. (1964). On resistance to persuasive communications. *Journal of Abnormal and Social Psychology*, 68, 359-366.

Fishbein, M., & Ajzen, I. (1974). Attitudes toward objects as predictors of single and multiple behavioral criteria. *Psychological Review*, 81, 59-74.

Fitzsimons, G. J., & Lehmann, D. R. (2004). Reactance to recommendations: When unsolicited advice yields contrary responses. *Marketing Science*, 23, 82-94.

Freedman, J. L. (1965). Long-term behavioral effects of cognitive dissonance. *Journal of Experimental and Social Psychology*, 1, 145-155.

Freedman, J. L., & Fraser, S. C. (1966). Compliance without pressure: The foot-in-the-door technique. *Journal of Personality and Social Psychology*, 4, 195-202.

Freedman, J. L., & Sears, D. O. (1965). Warning, distraction, and resistance to influence. *Journal of Personality and Social Psychology*, 1, 262-266.

Frenkel, O. J., & Doob, A. N. (1976). Post-decision dissonance at the polling booth. *Canadian Journal of Behavioural Science*, 8, 347-350.

Friedman, R., & Elliot, A. J. (2008). The effect of arm crossing on persistence and performance. *European Journal of Social Psychology*, 38, 449-461.

Förster, J. (2004). How body feedback influences consumers' evaluation of products. *Journal of Consumer Psychology*, 14, 416-426.

Gaertner, S. L., Mann, J., Murrell, A., & Dovido, J. F. (1989). Reducing intergroup bias: The benefits of recategorization. *Journal of Personality and Social Psychology*, 57, 239-249.

Geers, A. L., Handley, I. M., & McLarney, A. R. (2003). Discerning the role of optimism in persuasion: The valence-enhancement hypothesis. *Journal of Personality and Social Psychology*, 85, 554-565.

Gerard, H. B., & Mathewson, G. C. (1966). The effects of severity of initiation on liking for a group: A replication. *Journal of Experimental Social Psychology*, 2, 278-287.

Gibbons, F. X. (1978). Sexual standards and reactions to pornography: Enhancing behavioral consistency through self-focused attention. *Journal of Personality and Social Psychology*, 36, 976-987.

Gibbons, F. X., Eggleston, T. J., & Benthin, A. C. (1997). Cognitive reactions to smoking relapse: The reciprocal relation between dissonance and self-esteem. *Journal of Personality and Social Psychology*, 72, 184-195.

Goethals, G. R., & Nelson, R. E. (1973). Similarity in the influence process: The belief-value distinction. *Journal of Personality and Social Psychology*, 25, 117-122.

Greenwald, A. G. (1968). Cognitive learning, cognitive response to persuasion, and attitude change. In A. G. Greenwald, T. C. Brock, & T. M. Ostrom (Eds.), *Psychological foundations of attitudes* (pp. 147-170). New York: Academic Press.

Greenwald, A. G. (1975). On the inconclusiveness of "crucial" cognitive tests of dissonance versus self-perception theories. *Journal of Experimental Social Psychology*, 11, 490 – 499.

Greenwald, A. G., & Banaji, M. R. (1995). Implicit social cognition: Attitudes, self-esteem, and stereotypes. *Psychological Review*, 102, 4 – 27.

Greenwald, A. G., & Ronis, D. L. (1978). Twenty years of cognitive dissonance: Case study of the evolution of a theory. *Psychological Review*, 85, 53 – 57.

Greenwald, A. G., McGhee, D. E., & Schwartz, J. L. K. (1998). Measuring individual differences in implicit cognition: The implicit association test. *Journal of Personality and Social Psychology*, 74, 1464 – 1480.

Greenwald, A. G., Nosek, B. A., & Banaji, M. R. (2003). Understanding and using the implicit association test: I. An improved scoring algorithm. *Journal of Personality and Social Psychology*, 85, 197 – 216.

Greenwald, A. G., Poehlman, T. A., Uhlmann, E. L., & Banaji, M. R. (2009). Understanding and using the Implicit Association Test: III. Meta-analysis of predictive validity. *Journal of Personality and Social Psychology*, 97, 17 – 41.

Guéguen, N., & Jacob, C. (2001). Fundraising on the Web: The effect of an electronic foot-in-the-door on donation. *Cyberpsychology and Behavior*, 4, 705 – 709.

Hamilton, D. L., & Gifford, R. K. (1976). Illusory correlation in interpersonal perception: A cognitive basis of stereotypic judgments. *Journal of Experimental Social Psychology*, 12, 392 – 407.

Harkins, S. G., & Petty, R. E. (1987). Information utility and the multiple source effect. *Journal of Personality and Social Psychology*, 52, 260 – 268.

Harmon-Jones, E., Brehm, J. W., Greenberg, J., Simon, L., & Nelson, D. E. (1996). Evidence that the production of aversive consequences is not necessary to cognitive dissonance. *Journal of Personality and Social Psychology*, 70, 5 – 16.

Heiner, S. J., & Lehman, D. R. (1997). Culture, dissonance, and self-affirmation. *Personality and Social Psychology Bulletin*, 23, 389 – 400.

Hershberger, S. L., Lichtenstein, P., & Knox, S. S. (1994). Genetic and environmental influences on perceptions of organizational climate. *Journal of Applied Psychology*, 79, 24 – 33.

Hewstone, M., Hopkins, N., & Routh, D. A. (1992). Cognitive models of stereotype change: Generalization and subtyping in young people's views of the police. *European Journal of Social Psychology*, 22, 219 – 234.

Hobden, K. L., & Olson, J. M. (1994). From jest to antipathy: Disparagement humor as a source of dissonance-motivated attitude change. *Basic and Applied Social Psychology*, 15, 239 – 249.

Hoshino-Browne, E., Zanna, A. S., Spencer, S. J., Zanna, M. P., Kitayam, S., & Lackenbauer, S. (2005). On the cultural guises of cognitive dissonance: The case of easterners and westerners. *Journal of Personality and Social Psychology*, 89, 294 – 310.

Hovland, C. I., & Pritzker, H. (1957). Extent of opinion change as a function of amount of change advocated. *Journal of Abnormal and Social Psychology*, 57, 393 – 411.

Hovland, C. I., & Sears, R. R. (1940). Minor studies in aggression: VI. Correlation of lynchings with economic indices. *Journal of Psychology*, 9, 301-310.

Hovland, C. I., & Weiss, W. (1951). The influence of source credibility on communication effectiveness. *Public Opinion Quarterly*, 15, 635-650.

Hovland, C. I., Lumsdaine, A. A., & Sheffield, F. D. (1949). *Experiments on mass communication*. Studies in social psychology in World War II (Vol. III). Princeton, NJ: Princeton University Press.

Howard, D. J., Gengler, C., & Jain, A. (1995). What's in a name? A complimentary means of persuasion. *Journal of Consumer Research*, 22, 200-211.

Howard, D. J., Gengler, C., & Jain, A. (1997). The name remembrance effect: A test of alternative explanations. *Journal of Social Behavior and Personality*, 12, 801-810.

Ickes, W., Patterson, M. L., Rajecki, D. W., & Tanford, S. (1982). Behavioral and cognitive consequences of reciprocal versus compensatory responses to preinteraction expectancies. *Social Cognition*, 1, 160-190.

Imada, T., & Kitayama, S. (2010). Social eyes and choice justification: Culture and dissonance revisited. *Social Cognition*, 28, 589-608.

Izuma, K., Matsumoto, M., Murayama, K., Samejima, K., Sadato, N., & Matsumoto, K. (2010). Neural correlates of cognitive dissonance and choice-induced preference change. *Proceedings of the National Academy of Sciences of the United States of America*, 107, 22014-22019.

Jacks, J. Z., & Cameron, K. A. (2003). Strategies for resisting persuasion. *Basic and Applied Social Psychology*, 25, 145-161.

Jarcho, J. M., Berkman, E. T., & Lieberman, M. D. (2010). The neural basis of rationalization: Cognitive dissonance reduction during decision-making. *Social Cognitive and Affective Neuroscience*, 6, 460-467.

Jones, E. E., & Sigall, H. (1971). The bogus pipeline: A new paradigm for measuring affect and attitude. *Psychological Bulletin*, 76, 349-364.

Jones, R. A., & Brehm, J. W. (1970). Persuasiveness of one-and two-sided communications as a function of awareness there are two sides. *Journal of Experimental Social Psychology*, 6, 47-56.

Kallgren, C. A., & Wood, W. (1986). Access to attitude-relevant information in memory as a determinant of attitude-behavior consistency. *Journal of Experimental Social Psychology*, 22, 328-338.

Katz, E. (1957). The two-step flow of communication: An up-to-date report on a hypothesis. *Public Opinion Quarterly*, 21, 61-78.

Kelman, H. C., & Hovland, C. I. (1953). Reinstatement of the communication in delayed measurement of opinion change. *Journal of Abnormal and Social Psychology*, 48, 327-335.

Kiesler, C. A. (1971). *The psychology of commitment: Experiments linking behavior to belief*. New York: Academic Press.

Kleinke, C. L., Peterson, T. R., & Rutledge, R. R. (1998). Effects of self-generated facial expressions on mood. *Journal of Personality and Social Psychology*, 74, 272-279.

Knox, R. E., & Inkster, J. A. (1968). Postdecision dissonance at post-time. *Journal of Personality and Social Psychology*, 8,319-323.

Kraus, S. J. (1995). Attitudes and the prediction of behavior: A meta-analysis of the empirical literature. *Personality and Social Psychology Bulletin*, 21,58-75.

Krosnick, J. A. (1989). Attitude importance and attitude accessibility. *Personality and Social Psychology Bulletin*, 15,297-308.

Krosnick, J. A., & Alwin, D. F. (1989). Aging and susceptibility to attitude change. *Journal of Personality and Social Psychology*, 57,416-425.

Krosnick, J. A., Betz, A. L., Jussim, L. J., & Lynn, A. R. (1992). Subliminal conditioning of attitudes. *Personality and Social Psychology Bulletin*, 18,152-162.

Krosnick, J. A., Boninger, D. S., Chuang, Y. C., Berent, M. K., & Carnot, C. G. (1993). Attitude strength: One construct or many related constructs? *Journal of Personality and Social Psychology*, 65,1132-1151.

Kumkale, G. T., & Albarracín, D. (2004). The sleeper effect in persuasion: A meta-analytic review. *Psychological Bulletin*, 130,143-172.

Kunda, Z., & Oleson, K. C. (1995). Maintaining stereotypes in the face of discrimination: Constructing grounds for subtyping deviants. *Journal of Personality and Social Psychology*, 68,565-579.

Lamont, R. A., Swift, H. J., & Abrams, D. (2015). A review and meta-analysis of age-based stereotype threat: Negative stereotypes, not facts, do the damage. *Psychology and Aging*, 30,180-193.

LaPiere, R. T. (1934). Attitudes vs. actions. *Social Forces*, 13,230-237.

Leippe, M. R., & Eisenstadt, D. (1994). Generalization of dissonance reduction: Decreasing prejudice through induced compliance. *Journal of Personality and Social Psychology*, 67,395-413.

Leventhal, H., Watts, J. C., & Pagano, F. (1967). Effects of fear and instructions on how to cope with danger. *Journal of Personality and Social Psychology*, 6,313-321.

Levy-Leboyer, C. (1988). Success and failure in applying psychology. *American Psychologist*, 43,779-785.

Liberman, A., & Chaiken, S. (1992). Defensive processing of personally relevant health messages. *Personality and Social Psychology Bulletin*, 18,669-679.

Lick, D. J., Alter, A. L., & Freeman, J. B. (2017, July 20). Superior pattern detectors efficiently learn, activate, apply, and update social stereotypes. *Journal of Experimental Psychology: General*. Advance online publication.

Lieberman, M. D., Ochsner, K. N., Gilbert, D. T., & Schacter, D. L. (2001). Do amnesics exhibit cognitive dissonance reduction? The role of explicit memory and attention in attitude change. *Psychological Science*, 12,135-140.

Linder, D. E., Cooper, J., & Jones, E. E. (1967). Decision freedom as a determinant of the role of incentive magnitude in attitude change. *Journal of*

Personality and Social Psychology, 6, 245 – 254.

Linville, P. W. , Fischer, G. W. , & Salovey, P. (1989). Perceived distributions of characteristics of in-group and out-group members: Empirical evidence and a computer simulation. *Journal of Personality and Social Psychology*, 57, 165 – 188.

Losch, M. E. , & Cacioppo, J. T. (1990). Cognitive dissonance may enhance sympathetic tonus, but attitudes are changed to reduce negative affect rather than arousal. *Journal of Experimental Social Psychology*, 26, 289 – 304.

Lull, R. B. , & Bushman, B. J. (2015). Do sex and violence sell? A meta-analytic review of the effects of sexual and violent media and ad content on memory, attitudes, and buying intentions. *Psychological Bulletin*, 141, 1022 – 1048.

Maccoby, N. (1980). Promoting positive health behaviors in adults. In L. A. Bond & J. C. Rosen (Eds.), *Competence and coping during adulthood*. Hanover, NH: University Press of New England.

Manstead, A. S. R. , Proffitt, C. , & Smart, J. L. (1983). Predicting and understanding mothers' infant-feeding intentions and behavior: Testing the theory of reasoned action. *Journal of Personality and Social Psychology*, 44, 657 – 671.

Markey, P. M. , Wells, S. M. , & Markey, C. N. (2002). Social and personality psychology in the culture of cyberspace. In S. P. Shohov (Ed.), *Advances in psychology research* (Vol. 9, pp. 94 – 113). Hauppauge, NY, US: Nova Science Publishers.

Markus, H. R. , & Kitayama, S. (1991). Culture and the self: Implications for cognition, emotion, and motivation. *Psychological Review*, 98, 224 – 253.

McAlister, A. , Perry, C. , Killen, J. , Slinkard, L. A. , & Maccoby, N. (1980). Pilot study of smoking, alcohol and drug abuse prevention. *American Journal of Public Health*, 70, 719 – 721.

McGlone, M. S. , & Tofighbakhsh, J. (2000). Birds of a feather flock conjointly (?): Rhyme as reason in aphorisms. *Psychological Science*, 11, 424 – 428.

McGuire, A. (2002, August 19). Charity calls for debate on adverts aimed at children. *The Herald* (Scotland), p. 4.

McGuire, W. J. (1964). Inducing resistance to persuasion: Some contemporary approaches. In L. Berkowitz (Ed.), *Advances in experimental social psychology* (Vol. 1, pp. 192 – 229). New York: Academic Press.

McGuire, W. J. (1986). The myth of massive media impact: Savagings and salvagings. In G. Comstock (Ed.), *Public communication and behavior*, Vol. 1. Orlando, FL: Academic Press.

Miller, N. , & Campbell, D. T. (1959). Recency and primacy in persuasion as a function of the timing of speeches and measurements. *Journal of Abnormal and Social Psychology*, 59, 1 – 9.

Miller, N. , Maruyama, G. , Beaber, R. J. , & Valone, K. (1976). Speed of speech and persuasion. *Journal of Personality and Social Psychology*, 34, 615 – 624.

Mills, J. (1958). Changes in moral attitudes following temptation. *Journal of Personality*, 26, 517 – 531.

Mischel, W. (1968). *Personality and assessment*. New York: Wiley.

Morojele, N., & Stephenson, G. M. (1994). Addictive behaviors: Prediction of abstinence intentions and expectations in the theory of planned behavior. In D. R. Rutter & L. Quine (Eds.), *Social Psychology and health: European perspectives* (pp. 47 - 70). Aldershot, UK: Avesbury.

Muller, S., & Johnson, B. T. (1990). Fear and persuasion: A linear relationship? *Paper presented to the Eastern Psychological Association convention*.

Myers, D. G. (2012). *Social Psychology* (11th edition). Boston, MA: McGraw-Hill.

Nel, E., Helmreich, R., & Aronson, E. (1969). Opinion change in the advocate as a function of the persuasibility of his audience: A clarification of the meaning of dissonance. *Journal of Personality and Social Psychology*, 12, 117 - 124.

Nelson, T. E., Biernat, M. R., & Manis, M. (1990). Everyday base rates (sex stereotypes): Potent and resilient. *Journal of Personality and Social Psychology*, 59, 664 - 675.

O'Brien, L. T., & Crandall, C. S. (2003). Stereotype threat and arousal: Effects on women's math performance. *Personality and Social Psychology Bulletin*, 29, 782 - 789.

Olson, J. M., & Cal, A. V. (1984). Source credibility, attitudes, and the recall of past behaviours. *European Journal of Social Psychology*, 14, 203 - 210.

Olson, J. M., & Zanna, M. P. (1993). Attitudes and attitude change. *Annual Review of Psychology*, 44, 117 - 154.

Orbell, S., Blair, C., Sherlock, K., & Conner, M. (2001). The theory of planned behavior and ecstasy use: Roles for habit and perceived control over taking versus obtaining substances. *Journal of Applied Social Psychology*, 31, 31 - 47.

Oskamp, S. (1991). Curbside recycling: Knowledge, attitudes, and behavior. *Paper presented at the Society for Experimental Social Psychology meeting*, Columbus, Ohio.

Oskamp, S., Harrington, M. J., Edwards, T. C., Sherwood, D. L., Okuda, S. M., & Swanson, D. C. (1991). Factors influencing household recycling behavior. *Environment and Behavior*, 23, 494 - 519.

Palmer, E. L., & Dorr, A. (Eds.) (1980). *Children and the faces of television: Teaching, violence, selling*. New York: Academic Press.

Paloutzian, R. (1979). Pro-ecology behavior: Three field experiments on litter pickup. *Paper presented at the Western Psychological Association convention*.

Pennebaker, J. W., & Sanders, D. Y. (1976). American graffiti: Effects of authority and reactance arousal. *Personality and Social Psychology Bulletin*, 2, 264 - 267.

Petkova, K. G., Ajzen, I., & Driver, B. L. (1995). Salience of anti-abortion beliefs and commitment to an attitudinal position: On the strength, structure, and predictive validity of anti-abortion attitudes. *Journal of Applied Social Psychology*, 25, 463 - 483.

Pettigrew, T. F. (1969). Racially separate or together? *Journal of Social Issues*, 25, 43 - 69.

Pettigrew, T. F. (1979). The ultimate attribution error: Extending Allport's cognitive analysis of prejudice. *Personality and Social Psychology Bulletin*, 5,461-476.

Petty, R. E., & Briñol, P. (2012). The Elaboration Likelihood Model. In P. A. M. Van Lange, A. Kruglanski, & E. T. Higgins (Eds.), *Handbook of theories of social psychology* (Vol.1, pp.224-245). London, England: Sage.

Petty, R. E., & Brock, T. C. (1981). Thought disruption and persuasion: Assessing the validity of attitude change experiments. In R. E. Petty, T. M. Ostrom, & T. C. Brock (Eds.), *Cognitive responses in persuasion* (pp.55-79). Hillsdale, NJ: Erlbaum.

Petty, R. E., & Cacioppo, J. T. (1977). Forewarning cognitive responding, and resistance to persuasion. *Journal of Personality and Social Psychology*, 35,645-655.

Petty, R. E., & Cacioppo, J. T. (1986). The elaboration likelihood model of persuasion. In L. Berkowitz (Ed.), *Advances in Experimental Social Psychology* (Vol. 19, pp.123-205). New York: Academic Press.

Petty, R. E., & Krosnick, J. A. (Eds.). (1995). *Attitude strength: Antecedents and consequences* (Vol.4). Hillsdale, NJ: Erlbaum.

Petty, R. E., Cacioppo, J. T., & Goldman, R. (1981). Personal involvement as a determinant of argument-based persuasion. *Journal of Personality and Social Psychology*, 41,847-855.

Petty, R. E., Haugtvedt, C. P., & Smith, S. M. (1995). Elaboration as a determinant of attitude strength: Creating attitudes that are persistent, resistant, and predictive of behavior. In R. E. Petty & J. A. Krosnick (Eds.), *Attitude strength: Antecedents and consequences* (pp.983-1130). Hillsdale, NJ: Erlbaum.

Petty, R. E., Wells, G. L., & Brock, T. C. (1976). Distraction can enhance or reduce yielding to propaganda: Thought disruption versus effort justification. *Journal of Personality and Social Psychology*, 34,874-884.

Petty, R. E., Wheeler, S. C., & Bizer, G. Y. (2000). Attitude functions and persuasion: An elaboration likelihood approach to matched versus mismatched messages. In G. R. Maio & J. M. Olson (Eds.), *Why we evaluate: Functions of attitudes* (pp.133-162). Mahwah, NJ: Erlbaum.

Pliner, P., Hart, H., Kohl, J., & Saari, D. (1974). Compliance without pressure: Some further data on the foot-in-the-door technique. *Journal of Experimental Social Psychology*, 10,17-22.

Quattrone, G. A., & Jones, E. E. (1980). The perception of variability within ingroups and outgroups: Implications for the law of small numbers. *Journal of Personality and Social Psychology*, 38,141-152.

Regan, D. T., & Fazio, R. (1977). On the consistency between attitudes and behavior: Look to the method of attitude formation. *Journal of Experimental Social Psychology*, 13,28-45.

Reuben, E., Sapienza, P., & Zingales, L. (2014). How stereotypes impair women's careers in science. *Proceedings of the National Academy of Sciences of the United States of America*, 111,4403-4408.

Rhine, R. J., & Severance, L. J. (1970). Ego-involvement, discrepancy, source credibility, and attitude change. *Journal of Personality and Social Psychology*, 16, 175 - 190.

Rhodes, N., & Wood, W. (1992). Self-esteem and intelligence affect influenceability: The mediating role of message reception. *Psychological Bulletin*, 111, 156 - 171.

Riess, M., & Schlenker, B. R. (1977). Attitude change and responsibility avoidance as modes of dilemma resolution in force-compliance situations. *Journal of Personality and Social Psychology*, 35, 31 - 30.

Robberson, M. R., & Rogers, R. W. (1988). Beyond fear appeals: Negative and positive persuasive appeals to health and self-esteem. *Journal of Applied Social Psychology*, 18, 277 - 287.

Ruiter, R. A. C., Abraham, C., & Kok, G. (2001). Scary warnings and rational precautions: A review of the psychology of fear appeals. *Psychology and Health*, 16, 613 - 630.

Ruiter, R. A. C., Kok, G., Verplanken, B., & Brug, J. (2001). Evoked fear and effects of appeals on attitudes to performing breast self-examination: An information-processing perspective. *Health Education Research*, 16, 307 - 319.

Sagarin, B. J., Cialdini, R. B., Rice, W. E., & Serna, S. B. (2002). Dispelling the illusion of invulnerability: The motivations and mechanisms of resistance to persuasion. *Journal of Personality and Social Psychology*, 383, 526 - 541.

Sakai, H. (1999). A multiplicative power-function model of cognitive dissonance: Toward a integrated theory of cognition, emotion and behavior after Leon Festinger. In E. Harmon-Jones & J. S. Mills (Eds.), *Cognitive dissonance: Progress on a pivotal theory in social psychology* (pp. 120 - 138). Washington, DC: American Psychological Association.

Schifter, D. E., & Ajzen, I. (1985). Intention, perceived control, and weight loss: An application of the theory of planned behavior. *Journal of Personality and Social Psychology*, 49, 843 - 851.

Schmader, T., Johns, M., & Forbes, C. E. (2008). An integrated process model of stereotype threat effects on performance. *Psychological Review*, 115, 336 - 356.

Schnall, S., & Laird, J. D. (2003). Keep smiling: Enduring effects of facial expressions and postures on emotional experience and memory. *Cognition and Emotion*, 17, 787 - 797.

Sears, D. O. (1981). Life stage effects on attitude change, especially among the elderly. In S. B. Kiesler, J. N. Morgan, & V. K. Oppenheimer (Eds.), *Aging: Social change* (pp. 183 - 204). New York: Academic Press.

Sharot, T., Velasquez, C. M., & Dolan, R. J. (2010). Do decisions shape preference? Evidence from blind choice. *Psychological Science*, 21, 1231 - 1235.

Shavitt, S. (1990). The role of attitude objects in attitude function. *Journal of Experimental Social Psychology*, 26, 124 - 148.

Sherif, M., Harvey, D. J., White, B. J., Hood, W. R., & Sherif, C. W. (1961). *The robbers' cave experiment*. Norman, OK: Institute of Group Relations.

Sherman, J. W., Kruschke, J. K., Sherman, S. J., Percy, E. J., Petrocelli, J. V., & Conrey, F. R. (2009). Attentional processes in stereotype formation: A common model for category accentuation and illusory correlation. *Journal of Personality and Social Psychology*, 96, 305–323.

Shih, M., Pittinsky, T. L., & Ambady, N. (1999). Stereotype susceptibility: Identity salience and shifts in quantitative performance. *Psychological Science*, 10, 80–83.

Simmons, J. P., & Simonsohn, U. (2017). Power posing: P-curving the evidence. *Psychological Science*, 28, 687–693.

Simon, L., Greenberg, J., & Brehm, J. (1995). Trivialization: The forgotten mode of dissonance reduction. *Journal of Personality and Social Psychology*, 68, 247–260.

Sivacek, J., & Crano, W. D. (1982). Vested interest as a moderator of attitude-behavior consistency. *Journal of Personality and Social Psychology*, 43, 210–221.

Smith, E. R., Fazio, R. H., & Cejka, M. A. (1996). Accessible attitudes influence categorization of multiply categorizable objects. *Journal of Personality and Social Psychology*, 71, 888–898.

Snyder, M., & Swann, W. B., Jr. (1976). When actions reflect attitudes: The politics of impression management. *Journal of Personality and Social Psychology*, 34, 1034–1042.

Spencer, S. J., Logel, C., & Davies, P. G. (2016). Stereotype threat. *Annual Review of Psychology*, 67, 415–437.

Spencer, S. J., Steele, C. M., & Quinn, D. M. (1999). Stereotype threat and women's math performance. *Journal of Experimental Social Psychology*, 3, 4–28.

Stanley, D., Phelps, E., & Banaji, M. (2008). The neural basis of implicit attitudes. *Current Directions in Psychological Science*, 17, 164–170.

Steele, C. M. (1988). The psychology of self-affirmation: Sustaining the integrity of the self. In L. Berkowitz (Ed.), *Advances in experimental social psychology* (pp. 261–302). Hillsdale, NJ: Erlbaum.

Steele, C. M. (1997). A threat in the air: How stereotypes shape intellectual identity and performance. *American Psychologist*, 52, 613–629.

Steele, C. M., & Aronson, J. (1995). Stereotype threat and the intellectual test performance of African Americans. *Journal of Personality and Social Psychology*, 69, 797–811.

Steele, C. M., & Lui, T. J. (1983). Dissonance processes as self-affirmation. *Journal of Personality and Social Psychology*, 45, 5–19.

Steele, C. M., Spencer, S. J., & Aronson, J. (2002). Contending with group image: The psychology of stereotype and social identity threat. In Zanna, M. P. (Ed.), *Advances in experimental social psychology*, 34, 379–440. San Diego, CA: Academic Press, Inc.

Stout, J. G., Dasgupta, N., Hunsinger, M., & McManus, M. A. (2011). STEMing the tide: using ingroup experts to inoculate women's self-concept in science, technology, engineering, and mathematics (STEM). *Journal of personality and social psychology*, 100, 255 – 270.

Tajfel, H. (1982). *Social identity and intergroup relations*. Cambridge, England: Cambridge University Press.

Tajfel, H., & Turner, J. C. (1979). An integrative theory of inter-group conflict. In W. G. Austin & S. Worchel (Eds.), *The social psychology of inter-group relations* (pp. 33 – 47). Monterey, CA: Brooks/Col.

Teeny, J., Briñol, P., & Petty, R. E. (2017). The elaboration likelihood model: Understanding consumer attitude change. In C. V. Jansson-Boyd & M. J. Zawisza (Eds.). *Routeledge international handbook of consumer psychology* (pp. 390 – 410). Abingdon, UK: Routledge.

Terry, D. J., & Hogg, M. A. (1996). Group norms and the attitude-behavior relationship: A role for group identification. *Personality and Social Psychology Bulletin*, 22, 776 – 793.

Tesser, A. (1993). On the importance of heritability in psychological research: The case of attitudes. *Psychological Review*, 100, 129 – 142.

Trafimow, D., & Finlay, K. A. (1996). The importance of subjective norms for a minority of people: Between-subjects and within-subjects analyses. *Personality and Social Psychology Bulletin*, 22, 820 – 828.

Triandis, H. C. (1995). *Individualism and collectivism*. Boulder, CO: Westview Press.

van Veen, V., Krug, M. K., Schooler, J. W., & Carter, C. (2009). Neural activity predicts attitude change in cognitive dissonance. *Nature Neuroscience*, 12, 1469 – 1474.

Visser, P. S., & Krosnick, J. A. (1998). Development of attitude strength over the life cycle: Surge and decline. *Journal of Personality and Social Psychology*, 75, 1389 – 1410.

Waller, N. G., Kojetin, B. A., Bouchard, T. J. Jr., Lykken, D. T., & Tellegen, A. (1990). Genetic and environmental influences on religious interests, attitudes, and values: A study of twins reared apart and together. *Psychological Science*, 1, 138 – 142.

Walster, E., & Festinger, L. (1962). The effectiveness of "overheard" persuasive communications. *Journal of Abnormal and Social Psychology*, 65, 395 – 402.

Walther, E. (2002). Guilty by mere association: Evaluative conditioning and the spreading attitude effect. *Journal of Personality and Social Psychology*, 82, 919 – 934.

Wells, G. L., & Petty, R. E. (1980). The effects of overt head movements on persuasion: Compatibility and incompatibility of responses. *Basic and Applied Social Psychology*, 1, 219 – 230.

Werner, C. M., Stoll, R., Birch, P., & White, P. H. (2002). Clinical validation and cognitive elaboration: Signs that encourage sustained recycling. *Basic and Applied Social Psychology*, 24, 185 – 203.

Whiting, J. W. M., Kluckhohn, R., & Anthony, A. (1958). The function of male initiation ceremonies at puberty. In T. M. Newcomb, & E. L. Hartley (Eds.), *Readings in Social Psychology* (pp. 359 – 370). New York: Holt, Rinehart & Winston.

Wicker, A. W. (1969). Attitudes versus actions: The relationship of verbal and overt behavioral responses to attitude objects. *Journal of Social Issues*, 25, 41–78.

Wilder, D. A. (1984). Intergroup contack: The typical member and the exception to the rule. *Journal of Experimental Psychology*, 20, 177–194.

Williams, K. D., Bourgeois, M. J., & Croyle, R. T. (1993). The effects of stealing thunder in criminal and civil trials. *Law and Human Behavior*, 17, 597–609.

Wood, W., & Eagly, A. H. (1981). Stages in the analysis of persuasive messages: The role of causal attributions and message comprehension. *Journal of Personality and Social Psychology*, 40, 246–259.

Wood, W., & Kallgren, C. A. (1988). Communicator attributes and persuasion: Recipients' access to attitude-relevant information in memory. *Personality and Social Psychology Bulletin*, 14, 172–182.

Wood, W., & Quinn, J. M. (2003). Forewarned and forearmed? Two meta-analytic syntheses of forewarnings of influence appeals. *Psychological Bulletin*, 129, 119–138.

Word, C. O., Zanna, M. P., & Cooper, J. (1974). The nonverbal mediation of self-fulfilling prophecies in interracial interaction. *Journal of Experimental Social Psychology*, 10, 109–120.

York, A. (2001, April 26). The product placement monster that E. T. spawned. Salon [Online journal.] Retrieved from http://archive.salon.com/tech/feature/2001/04/26/product_placement/print.html.

Zajonc, R. B. (1968). Attitudinal effects of mere exposure. *Journal of Personality and Social Psychology*, 9, Monograph Suppl. No. 2, part 2.

Zanna, M. P., & Rempel, J. K. (1988). Attitudes: A new look at an old concept. In D. Bar-Tal & A. W. Kruglanski (Eds.), *The social psychology of attitudes* (pp. 315–334). New York: Cambridge University Press.

Zimbardo, P. G. (1972). *The Stanford prison experiment*. A slide/tape presentation produced by Philip G. Zimbardo, Inc., P. O. Box 4395, Stanford, Calif. 94305.

第6章 从众

很多人都听说过这样一个笑话：一个人正在走路时发现自己开始流鼻血，于是他在路边停下来，仰面朝天以帮助止血。一个行人路过，看到他正在看向天空，这个人也停下来朝天看。接下来是第三个、第四个……越来越多的人停下来望向天空，尽管每个人都不知道其他人为什么这样做，但是每个人都相信别人这样做是有道理的。

美国著名幽默作家詹姆斯·瑟伯(James Thurber)在他的《我的一生与艰难岁月》(*My Life and Hard Times*, 1933)一书中有这样一段描写：

突然有人开始奔跑起来。在这一刻，他很可能是想起了与他的妻子有一个约会，而现在去赴约已经迟到了。不管是什么理由，他在百老汇大街上向东跑去(也许是奔向玛瑞摩餐馆——男人最喜欢与自己的妻子约会的地方)。另一个人也开始奔跑起来，可能是一个心情不错的报童。又一个人，一位相貌堂堂的公务人员，也是一路小跑。在10分钟的时间里，从联合仓库到法院大楼，商业街上的每个人都在奔跑。一声嘟囔逐渐演变成一个可怕的词"堤坝"。"堤坝决口了！"这种恐惧被人喊了出来，这个人可能是电车里的一位瘦小老妇人，可能是一位交通警察，也可能是一个小男孩，没有人知道是谁，而且这一点现在也并不重要。两千多人一下子全都跑了起来。四周响起了"向东跑！"的喊声，向东跑就可以远离那条河，向东跑就会安全。"向东跑！向东跑！"一位目光严厉、神情坚定、身材高瘦的女人，沿着街心从我身边向东跑去。尽管大家都在喊叫，但是我仍然不确定到底发生了什么事情。我努力追上，与她并行跑着，尽管她已经快60岁了，但是从她那轻盈的奔跑姿势上，看得出她的身体非常棒。"怎么回事？"我气喘吁吁地问道。她迅速瞥了我一眼，又继续将目光投向前方，稍微加快了步伐。"别问我，问上帝去吧！"她说。

这种现象在心理学中被称作从众（conformity），即根据他人而做出的行为或信念的改变。这些人为什么会做出这种貌似愚蠢的行为？从众行为是好是坏？人们为什么会从众？何时人们不会从众？本章将会回答这些问题。首先，让我们看一下从众的经典研究。

第1节　从众的经典实验

从众表现为多种形式：有时候我们由于外部力量而表现出从众行为，但是内心并不真正相信所做的事情，这种从众叫做顺从（compliance）；在他人明确要求下做出的从众行为叫做服从（obedience）；而真诚的、发自内心的从众行为叫做接纳（acceptance）（Nail, MacDonald, & Levy, 2000）。有些时候，人们从众是因为他们处在一个新异的情境中，不知道到底应该怎么做。他们的直觉认为别人知道怎样做是正确的，因此以与他人类似的方式行动。而另外一些时候，人们选择和他人保持一致是因为他们害怕被嘲笑和排挤。神经科学研究表明，公开顺从和私下接纳涉及不同的脑机制（Edelson et al., 2011; Zaki, Schirmer, & Mitchell, 2011）。下面介绍分别对应这两类从众的经典研究。

·谢里夫的规范形成实验

谢里夫感兴趣的是，当人们处在一种模糊的情境下时，会如何将他人作为参照（Sherif, 1936）。假设你是谢里夫实验中的一名被试，在实验开始时，你独自一人坐在一间黑暗的房间里，研究者要求你盯着面前大约 4.5 米处的一个光点。最初光点是静止的，但是过了一段时间之后，它开始移动，你需要估计光点移动的方向和它移动了多少距离。你很难做出准确的判断，于是你答出一个估计的数字，"5 厘米"。接着重复这一程序，你回答，"8 厘米"。多次重复之后，你的估计接近某个平均值，例如 6 厘米。几天之后，当你再次参加实验时，有另外两个人和你一起参与实验，每个人都必须大声说出他们的判断。这样的实验重复多次，你的反应是否会受到另外两人的影响？答案是肯定的。

谢里夫利用的是一种被称作自主游动效应（autokinetic effect）的现象，黑暗房间中的光点实际上从未移动过，人们感觉它在移动是由于视错觉。这种错觉因人而异，不同人感觉到的移动是不同的。因此，在实验的第一个阶段，不同被试估计的平均值很不一样，有人认为光点移动了 3 厘米，有人则可能认为光点移动了 20 厘米之多。但是，当三个人一起进行实验时，被试的判断会受到他人的影响，在几轮实验之后，同一组的被试会达成一个共同的估计值，结果如图 6.1 所示。谢里夫这个实验的情境是模糊的,被试并不知道正确答案到底是什么,实际上也没有正确答案。在这种情境下,被试将同一组的其他人作为参照对象,从而接受团体的估计。并且,当谢里夫让被试再次单独判断光点的移动距离时,他们仍然回答之前团体的估计值。还有研究发现,甚至在一年之后重测被试时,他们仍回答团体产生的估计值(Rohrer et al., 1954)。这些研究表明,被试真心相信他人的判断是正确的,因而表现出从众行为,这是一种真心接纳的表现。另一项研究同样利用自主游动效应,研究者雇用一名同谋假装被试,在群体试次中对于光点的移动距离给出非常夸张的估计,观察对真被试的影响(Jacobs & Campbell, 1961)。在提供一次夸张的估计之后,假被试离开群体,代之以一名真被试,接下来这名被试又被更新的被试所取代。结果发现,最初的假被试的夸张估计至少持续5代被试,尽管夸张的幅度逐渐减小。可见,经由群体形成的规范,尽管是错误的,但是却可以持续传递下去。上述研究考察的是模糊的实验情境,被试并不清楚真正的答案,他们遵从了群体规范。但是,在接下来的实验中我们将会看到,即便在客观现实非常清楚的情境下,人们也会从众。

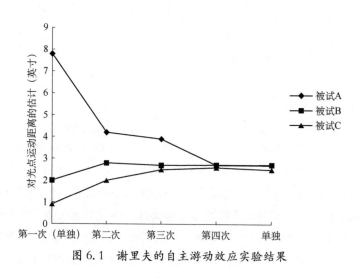

图 6.1 谢里夫的自主游动效应实验结果

· **阿希的群体压力实验**

与谢里夫的实验不同,另一位心理学家阿希考察人们在非常明确的情境下的从众行为(Asch, 1955, 1957)。假设你是阿希实验中的一名被试,在你来到实验室之后,实验者告知你要参加的是一个知觉判断实验。你与其他6个人围着桌子坐好,并被排好回答顺序,你排在7个人中的第6位。实验开始后,实验者向大家展示两张卡片,一张卡片上有一条标准线段,另一张卡片上有三条长度不同的线段,7个人需要依次大声回答哪条线段与标准线段一样长。阿希所用的实验材料示例见图6.2,很明显,线段2与标准线段一样长。每名被试都回答说"第二条",轮到你时,你自然很肯定地回答"第二条"。接下来是第二轮实验,看起来依然很简单,每个人都给出了正确答案。但是,当第三轮实验开始后,尽管你认为第三条线段是正确答案,但是第一名被试回答说"第一条",并且前面几个人全部回答说"第一条",现在轮到你了,你会怎么回答?你会相信你的眼睛,回答说"第三条",还是同意其他人,回答说"第一条"?

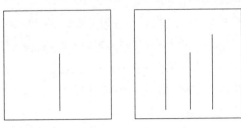

图6.2　阿希使用的实验材料示例

实际上,除了你是真正的被试之外,其他6人都是实验者的同谋,他们按照预先的约定,在18次试验的12次中,一致地给出错误答案。研究者感兴趣的是,在客观现实——与标准线段一样长的线段——非常清楚的情况下,当其他人一致做出某种错误回答时,被试是否会顺从多数人的一致意见。结果如图6.3所示,76%的被试至少曾经出现过一次从众行为,只有24%的被试从未从众。并且,有很多人在12次试验中的大多数试验中都从众。总体而言,大约有37%的回答是从众的。现实生活也许不可能出现人们一致坚持错误答案的情况,但是阿希的实验却很有启发意义。在阿希的研究中,正确答案非常清楚,而其他人对于被试而言全是陌生人,也根本没有人要求他跟其他人保持一致,但是被试仍然会表现出从众行为。可以想象,在现实世界中,面对熟悉的他人或自己所属群体的一致意见,提出异议或做出与群体不一致的行为是多么困难。

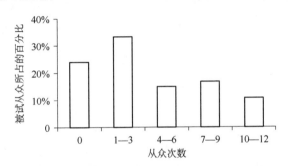

图6.3　阿希实验中的12个关键试次中被试从众的百分比

·米尔格拉姆的服从权威实验

另一位研究者米尔格拉姆感兴趣的是,在直接的要求之下,人们是否会做出不道德甚至是残忍的行为?特别是,当提出要求的人或机构属于合法的权威,例如军官对士兵、警察对市民、专家对普通人、经理对雇员等,人们会顺从与自己的道德感或价值观念相违背的要求吗?在一系列研究中,米尔格拉姆考察了当权威的要求与道德不符时,人们的服从行为(Milgram, 1963, 1965a, 1974)。

假设你是这项研究中的一名被试,你看到报纸上的广告,来到耶鲁大学的实验室参加一项关于学习和记忆的研究。你到达实验室时,遇到另外一位被试,他是一名47岁的和蔼可亲的会计师。实验者则身穿白色的实验室外套,向你解释,这项研究的目的是考察惩罚对学习的影响。你和另一位被试一人需要扮演"教师",另外一人需要扮演"学生",角色分配由抽签决定。在抽签之后,你发现自己抽到的是"教师"角色。你需要教导"学生"学习一系列词对,然后对他进行测验。实验者要求你,如果"学生"一出错,你就要给他实施一次电击,并且电击强度逐渐增强。实验者让你体验了一次轻微的电击之后,你看着"学生"被带到隔壁的房间,被绑到椅子上,手臂上被缠上电极。实验者让你坐在一台电击发生器面前,上面有一排开关,相邻的开关之间电压间隔15伏特,最弱的开关为15伏特,最强的开关为450伏特。开关上还表示有"轻微电击"、"强电击"、"危险:高强电击"等,而在最强的开关上则标有"×××"。实验者告诉你,"学生"第一次犯错时,你需要给他施加15伏特的电击,随后,他每多犯一次错误,你就需要将电击的强度增加一级。实验正式开始后,很快,"学生"开始犯错,你对他施加了几次强度递增的电击。当电击强度达到75伏特时,你从对讲机里听到"学生"的叫声。当电击继续增强时,"学生"大叫并声称要退出实验,"学生"在不同强度电击下的反应如表6.1所示。你听到"学生"痛苦的叫声,以及他要求退出,但是实验者指示你继续进行下去(见表6.1)。这个时候,你会怎么做?你会将电击增加到多大强度才停止下来?

表6.1 米尔格拉姆的服从研究中"学生"的抗议过程和实验者要求继续实验的指令 (Milgram, 1963, 1974)

"学生"的抗议	
75伏:	啊!
90伏:	啊!
105伏:	啊!(更大声)
120伏:	啊!喂,真疼啊。

| 续 表 |

"学生"的抗议

135 伏： 啊！！
150 伏： 啊！！！实验者！够了。让我出去。我告诉过你我有心脏病的，我的心脏开始不舒服了。请让我出去。我的心脏开始不舒服了。我拒绝继续。让我出去。
165 伏： 啊！让我出去！（大叫）
180 伏： 啊！我痛得受不了了。让我从这出去！（大叫）
195 伏： 啊！让我出去。让我出去。我的心脏不舒服。让我从这出去！你没有权力把我关在这里！让我出去！让我出去！让我出去！让我出去！我的心脏不舒服。让我出去！让我出去！
210 伏： 啊！实验者！让我出去。我受够了。我不会继续做实验了。
225 伏： 啊！
240 伏： 啊！
255 伏： 啊！放我出去。
270 伏： （痛苦地尖叫）让我出去。让我出去。让我出去。让我出去。你听到了吗？让我出去。
285 伏： （痛苦地尖叫）
300 伏： （痛苦地尖叫）我绝对拒绝再回答了。让我出去。你不能把我关在这里。让我出去。让我出去。
315 伏： （剧烈痛苦地尖叫）我告诉你我拒绝回答。我不再做这个实验了。
330 伏： （更剧烈和持续痛苦地尖叫）让我出去。让我出去。我的心脏很不舒服。让我出去。我告诉你。（歇斯底里地叫）让我出去。让我出去。你没有权力把我关在这里。让我出去！让我出去！让我出去！让我出去！让我出去！让我出去！

实验者使用的指令

  指令 1：请继续。
  指令 2：实验需要你继续。
  指令 3：你绝对需要继续下去。
  指令 4：你别无选择，必须继续。
  这 4 条指令按顺序排列，只有指令 1 不成功时才使用指令 2，依此类推。如果 4 条指令之后被试仍然拒绝服从实验者，实验停止。实验者的声音一直都坚定而有礼貌。每次被试畏缩不前或犹豫时，实验者就重新按顺序发出指令。
  特殊指令：如果被试问到"学生"是否会受到永久性生理伤害时，实验者会说，尽管电击很疼，但是不会造成永久性伤害，所以请继续。（必要时，使用指令 2、3 或 4）
  如果被试说"学生"不愿意继续了，实验者会说，不管"学生"喜不喜欢，你必须要继续，直到他学会所有词对。所以请继续。（必要时，使用指令 2、3 或 4）

  米尔格拉姆向心理学专业大学生、中产阶级成人和心理医师描述了这个实验，请他们估计有多少人会将电击加到 450 伏。这三个群体都认为自己在 135 伏处就会不服从要求，没有人觉得自己会进行到 300 伏以上。当要求估计其他人会进行到多大强度时,他们认为只有1/100甚至1/1000的人会加到最高强度。但是,实际上,当米尔格拉姆考察了不同年龄(20岁至50岁)、不同职业(白领、蓝领、专业人士)的被试后,发现大约62.5%的被试一直加到450伏(见图6.4),被试施加的平均最大电击为360伏(Milgram,1974)。

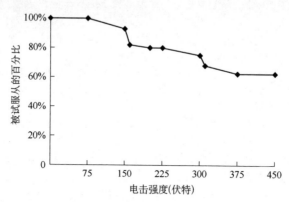

图6.4　米尔格拉姆的服从研究结果(Milgram,1965a)

当然,实验中的"学生"实际上是实验者的同谋,真正的被试总是被分配为"教师"角色。"学生"也并没有真正受到电击,在被试不知情的情况下,他们离开椅子,被试听到的是预先录制好的声音。然而被试并不知道这一点,他们以为隔壁房间里真有一位痛苦的"学生"在受到电击,而且他们在实验者的要求下会持续增加对这个人的电击。作为一名经历过二战的犹太人,米尔格拉姆很感兴趣的是,纳粹德国实施的残忍屠杀究竟是少数变态人的行为,还是普通人在权威要求下的自然反应。他本来并未预期美国被试有很高的服从比例,打算在做完实验之后去德国重复这个实验,以进行文化间的比较。但是,当看到实际的数据之后,他打消了去德国的念头,因为他意识到服从权威似乎是一种非常普遍的趋势。在接下来的研究中,米尔格拉姆操纵多个情境因素,考察了促进或阻碍服从的条件,例如同伴的反应、与受害者的距离等,下文还会继续讨论。

米尔格拉姆的研究结果令人震惊,他证实在权威的要求下,普通人也会做出残忍的行为,这些研究具有重要的理论和现实意义。后续研究表明,服从权威者并不是虐待狂或格外残忍,完全服从的人与成功抗拒服从压力的人没有人格差异(Elms & Milgram,1966);女性与男性在服从上没有差异(Blass,1999);澳大利亚、约旦、西班牙、德国、荷兰等国家的人们的反应与米尔格拉姆研究中的被试类似(Aronson,2008)。但是,也有研究者批评这些研究的伦理道德问题。服从权威研究中的被试非常痛苦,他们流汗、颤抖、神经质地大笑等。有研究者认为,被试心理会受到严重伤害,自尊会受到打击(Baumrind,1964)。而米尔格拉姆辩解说,对被试历时一年的跟踪调查并没有发现他们遭受长期的心理伤害,在被试了解实验目的之后,多数人的反应是正面的。而且,由于几乎没有人预见到会有如此高的服从比例,米尔格拉姆的研究对于洞悉人类行为提供了非常有价值的信息。

第2节 从众的原因

为什么人们会从众?原因主要有两种,一种是希望正确,第二种是希望被喜欢(Cialdini & Goldstein, 2004)。这两种原因分别叫做信息性社会影响(informational social influence)和规范性社会影响(normative social influence)(Deutsch & Gerard, 1955)。研究显示,人们往往不能准确报告社会影响对其行为(例如能源节省和食物摄入)的作用(Nolan et al., 2008; Spanos et al., 2014)。

· 信息性社会影响

有些时候,人们相信他人对某种模糊情境的解释更正确,可以帮助自己选择一种合适的行为方式,这个时候我们将他人作为指导行为的信息来源,因此与其行为保持一致,这种影响叫做信息性社会影响(Deutsch & Gerard, 1955)。正如谢里夫的实验所显示,当现实比较模糊时,人们将其他人作为信息来源,相信群体的估计是正确的。因此,信息性社会影响导致的是接纳,人们真诚地相信他人的正确,因而与他人保持一致。影响信息性从众的关键变量是情境的模糊性:情境越模糊,人们就越不确定什么是正确的观点和行为,就越容易将他人作为信息来源(Baron, Vandello, & Brunsman, 1996)。

与信息性社会影响有关的另一个重要变量是,保持正确对个体而言的重要性。一般来说,正确的重要性越高,就越容易产生信息性从众。在一个研究中,被试进行一个模拟的目击者识别任务,需要从一组人当中将"罪犯"辨认出来(Baron, Vandello, & Brunsman, 1996)。在每个任务中,首先向被试呈现"罪犯"的幻灯片,然后,被试看到一组共4个人的幻灯片,其中一个是罪犯,被试的任务是从中挑出罪犯,罪犯有时会身穿不同服装出现在一组人中。被试需要完成13次任务,并且每次任务都在小组中进行,每个小组包括一名真被试和三名实验者助手。在看完每个任务的幻灯片后,小组中的4个人依次报告答案。关键在于第7次任务,三个实验者助手将在被试之前给出答案,并且他们给出的是一致的错误答案,因此这个关键试次测验的是信息性社会影响。研究者操纵的变量之一是任务的难度:困难任务的幻灯片呈现时间为0.5秒,容易任务的幻灯片呈现时间为5秒。研究者还操纵了正确完成任务的重要程度:在高重要性条件下,告知被试他们将要参加的是目击者识别能力的一个真实测验,并将很快应用于警察局和法庭,以区分目击者识别能力的强弱,被试得分将用于建立常模,并且准确率最高的被试将得到 20 美元的奖励;在低重要性条件下,告知被试这次研究是首次试图考察目击者识别能力,并且任务还有待进一步改进,研究者只是希望从中得到启示。

这项研究的结果如图 6.5 所示:当任务很重要时,被试在困难任务中比在容易任务中更多从众;而当任务不太重要时,被试在困难任务中与在容易任务中的从众比例没有差异(Baron, Vandello, & Brunsman, 1996)。可见,当情境非常模糊、很难得到正确答案时,人们会将其他人作为参照标准,顺应他人的回答。并且,任务对个体而言越重要,他们就越有可能顺从他人的意见。但是在这项研究中,被试实际上顺从了一种错误的一致意见。因此,尽管信息性从众的逻辑是合理的,有些时候也确实能给我们提供有用的信息,但另外一些时候却会导致我们做出错误判断或决定。

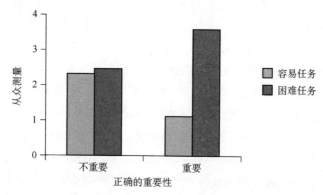

图 6.5　重要性影响信息性从众(Baron, Vandello, & Brunsman, 1996)

信息性社会影响在现实生活中有很多表现。例如,当你来到一家从未光顾过的西餐厅时,你自然会观察周围人的行为举止并照做,你假设其他人知道在这种情境下正确的反应是什么。但是,有些时候其他人也并不了解真实情况,或者对当前的模糊情境产生了误解,那么依赖他人可能会造成严重的错误。在 1938 年的美国,一部名为《星球大战》的广播剧在电台播出,一天晚上讲述的是火星人入侵地球。这天晚上,由于很多听众错过了开头,错误地以为是真正的新闻报道,至少 100 万人信以为真并报警,很多听众惊慌失措,努力试图避开这场入侵。研究者认为,之所以这么多人对一个广播剧信以为真,原因之一就是信息性社会影响(Cantril, 1940)。在当时的模糊情境下,很多听众向周围的人寻求信息,但是看到的是别人的惊恐,彼此加强了对方的恐慌。这种情绪和行为在人群中迅速传播的现象被称作传染(contagion)(Levy & Nail, 1993)。在本章开始的例子里,人们以为其他人知道该怎么做，因此从众，但是其他人实际上也只拥有误导性的信息，这个时候会出现错误行为的传染。喜剧节目中所加入的预先录制好的笑声，也是利用传染效应来引起观众发笑。不过，与以为这些笑声来自外群体成员相比，当人们以为这些笑声来自内群体成员时，他们笑得更厉害（Platow et al.，2005）。类似地，打哈欠也会传染，当我们看到或听到其他人打哈欠时，我们也会不由自主地打哈欠（Provine，2005）。传染的消极一面是人们可能会模仿不道德行为，不过这取决于做出不道德行为的人是谁：观察到内群体成员从事不道德行为增加了被试自己不道德的可能性，但观察到外群体成员从事不道德行为却降低了被试自己不道德的可能性（Gino, Ayal, & Ariely, 2009）。

变色龙效应（chameleon effect）是指个体对他人的姿势、言谈举止、面部表情等行为的无意识模仿（Chartrand & Bargh, 1999）。行为模仿有助于增进彼此的喜欢、和谐关系和流畅的社会交往（Chartrand & van Baaren, 2009）。当陌生人发现对方吃的是类似的食物时，他们会更喜欢彼此和更亲密、信任，合作也会增加（Woolley & Fishbach, 2017）。当人们遭受社会排斥（social exclusion）时，他们更有可能无意识地模仿交往对象，这提示行为模仿具有适应性价值——恢复受威胁的归属需要（Lakin, Chartrand, & Arkin, 2008）。

受信息性社会影响误导的另一种表现是群体心因性疾病（mass psychogenic illness），指的是在一群人身上出现类似但原因不明的症状（Colligan, Pennerbaker, & Murphy, 1982）。在学校、医院、监狱、修道院等人群集中的地方，尤其容易发生这种现象。1998年，在美国田纳西州的一所学校里，170名师生出现胃痛、头晕、恶心等症状，但是政府部门的检查却没有发现任何病毒、细菌、毒药等致病因素（Jones et al.，2000）。心理学家认为这种现象是群体心因性疾病，最初是一个或几个人报告有身体症状，他们的症状可能是由于压力引起的。而周围人对他们的症状构建一些看似合理的解释，这种解释在人群中传播，越来越多的人认为自己也患有类似的症状。随着得病人数的增加，错误的臆断传播得越来越广，而大量的媒体报道又加剧了错误信息的传播。

在现代社会，信息的传递不仅在人际间进行，而且通过报纸、杂志、广播、电视、互联网等媒体迅速传递，这在某种程度上加剧了信息性从众的影响力。糟糕的是，某些消极的行为或者虚构的信息也很容易迅速传播，造成不良后果。统计数据发现，在媒体报道了自杀事件之后，死于飞机事故、汽车事故的人数大大增加。另外，致病事故激增的现象仅局限于自杀事件被广为报道的地区。并且，对自杀事件的宣传声势越大，随后的事故发生率就越高。社会学家菲利普斯认为这是一种维特效应（Phillips, 1979, 1980）。维特效应指的是，在德国文学家歌德发表了《少年维特之烦恼》之后，在整个欧洲卷起了一股模仿主人公维特自杀的风潮。菲利普斯追踪了各式各样的维特效应，他统计了1947年至1968年期间美国的自杀事件，发现每次轰动性自杀新闻报道后的两个月内,自杀的平均人数增加了 58 名(见图 6.6);并且这种现象主要发生在对之前的自杀广为宣传的地区,宣传越广泛,随后自杀的人数就越多。当人们在面临各种问题时,常见的反应是观察其他人尤其是与自己类似的其他人会怎样做。在得知他人自杀之后,不少人会认为自杀对自己来说也是一种解决方法。菲利普斯的理论不仅解释了已有现象,而且还做出了有价值的预测,这些预测同样被实际统计数据所证实。例如,人们更容易模仿的是与自己类似的人,因此轰动性自杀事件的主角和随后的明显或隐蔽的自杀者之间应该有相似之处。数据显示,当报纸详细报道了年轻人的自杀事件后,更多出现的是年轻司机的车祸;而当报道了老年人的自杀事件之后,车祸中的主角更多是老年人(Phillips, 1980)。类似地,任何一种广为宣传的暴力事件都会引起很多人的模仿,例如拳击冠军赛之后凶杀率的提高,学校中的大规模屠杀事件的传染,等等。甚至,不一定是真实的事件,即便只是虚构的电影或电视剧中的自杀情节,也会造成一系列自杀死亡事件(Phillips, 1982; Gould & Shaffer, 1986; Hafner & Schmidtke, 1989)。一些集中于自杀问题的严肃戏剧播出之后,自杀率也会伴随上升。而且,青少年更容易受到外界影响,模仿倾向更强,很容易成为这些报道的受害者。因此,媒体工作者应该认真思考他们报道自杀、凶杀等负面事件的方式,避免引起类似的模仿情况。

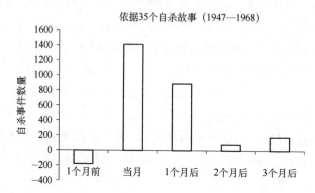

图 6.6　自杀事件报道前一个月、当月和后数个月自杀事件数量的变化(Cialdini, 2000)

注:通常情况下自杀率为 0。

· 规范性社会影响

在阿希的实验中,客观事实非常清楚,在单独进行判断时,被试回答的准确率在 99% 以上。但是,当被试处于群体中时,尽管群体成员是陌生人,但被试却会跟随大家的错误回答。在这里,人们并不是因为希望正确才从众,而是出于另外的原因。

人们希望得到他人的喜爱和接纳，人们遵守一个团体关于可接受的行为、价值观和信念的外显或内隐的规则——社会规范(Deutsch & Gerard, 1955)。偏离群体规范的成员会被嘲笑、惩罚或排挤(Miller & Anderson, 1979)。而拥有同伴是人的基本需要，他人对个体的幸福感非常重要，遭到社会拒绝和隔离是非常痛苦的，因此我们会努力与他人保持一致。如果是为了得到他人的喜爱和接纳而从众，这叫做规范性社会影响(Deutsch & Gerard, 1955)。这类影响导致人们公开顺从群体的观念和行为，但私底下不一定接纳。在阿希和类似的研究中，人们甚至会担心与陌生人不一致所带来的后果，不愿意冒失去社会认同的危险(Crutchfield, 1955)。可想而知，当处于朋友、家人、同事、领导等内群体成员的影响之下时，保持独立性是多么困难的一件事情。在阿希的后续实验中，当被试不需要大声报告答案，而是将答案写在纸上时，从众比例大大减少，12个关键试次中平均只有1.5次从众行为(Asch, 1957)。可见，当不需要担心其他人如何看待自己时，规范性从众大为减少。在运动比赛当中，观众发出的声音对裁判的判罚会产生影响，这可能是主场优势的来源之一。实验室研究显示，在裁判对犯规录像进行判罚时，观众发出的噪声越多，裁判出示的黄牌就越多(Unkelbach & Memmert, 2010)。另一项研究表明，当给裁判更多时间做出决策时，他们更有可能受社会压力的影响做出有利于主场球队的判罚(Picazo-Tadeo, González-Gómez, & Guardiola, 2017)。

在一个实验中，研究者考察了团体是如何对待偏离群体规范的人的(Schachter, 1951)。研究者让一群大学生阅读并讨论一名少年犯的案例，大多数学生对案例持中间态度，认为这名少年犯应该得到结合爱和惩罚的判决。被试并不知情的是，研究者在他们当中安排了一名实验助手，要求这名助手始终反对群体成员的意见。这项研究发现，其他成员开始时试图说服这个人同意他们的观点，但是，当他们发现助手始终坚持自己的看法时，他们不再理睬他。并且，他们还惩罚了这名助手。当要求被试提名一位未来讨论中将被除名的人时，被试提名了这名持不同看法者。当要求他们分配未来讨论的各项任务时，他们给这名助手安排不重要或很无聊的工作。可见，试图对抗规范性社会影响的个体会遭受不良后果，难怪人们即便内心并不同意，公开的行为和言语也会顺从群体的意见。很多青少年之所以会做出缺乏理智甚至危险的行为，也是因为规范性影响的作用。在20世纪90年代的巴西，一些青少年热衷于一项危险的举动，他们在快速行驶的火车上张开双臂站在火车顶上。平均每年因此丧生的青少年有150人，还有400人以上因为摔下火车或撞上高压电缆而受伤，然而青少年仍在继续这项冒险(Arnett, 1995)。

规范性社会影响还在不怎么危及生命的领域影响我们的生活。在多数文化中，崇尚的是苗条的女性身材，少数的例外是非洲的一些国家，例如尼日利亚。人们通过各种媒体和人际交流，了解到当前时代和文化下流行的体格规范，这在一定程度上属于信息性社会影响。在很小的时候,孩子就从电视等媒体以及流行的玩偶例如芭比娃娃等身上得知,瘦的身材是有魅力的,理想的女性身材就是苗条的。而如果女性不注意保持良好的身材,甚至达到非常肥胖的程度,往往会遭受很大的压力,甚至被周围的人排斥。在保持苗条的压力之下,女性努力保持很瘦的身材,这又是一种规范性社会影响。很多女性尽管并不肥胖,却依然对自己的身材不满意,以至于想方设法减肥(Sands & Wardle, 2003),例如,节食、呕吐、腹泻、使用药物等。甚至,一些人在追求完美身材的过程中患上了厌食症、贪食症等饮食障碍。有研究者考察了从众压力与饮食障碍之间的关系,针对贪食症展开研究(Crandall, 1988)。贪食症指的是周期性暴饮暴食,然后通过禁食、催吐、腹泻等方法来清除腹中的食物。这项研究发现,女大学生努力使自己暴饮暴食的行为符合自己所在社团和朋友的标准,而如果不这样行动或与其他人不一致,她们很快就会变得不受欢迎甚至被排斥(Crandall, 1988)。

很多时候,信息性社会影响和规范性社会影响同时起作用,正如上述女性对理想身材的追求,既受到媒体宣传的美丽典范的影响,又是因为希望自己被喜欢和不受排斥。在米尔格拉姆的服从权威研究中,被试之所以顺从实验者的要求,对无辜的人施加强度很大的电击,是因为这两种影响都在起作用。首先,权威人物——耶鲁大学一名穿实验白大褂的实验者——直接要求他们电击所谓的"学生",人们很难拒绝。他们会担心,如果自己拒绝实验者的要求,实验者会很失望和生气,在这种压力下,他们不得不服从。在米尔格拉姆实验的一个变式中,安排了三名"教师",其中一名是真被试,另外两名是实验者助手(Milgram, 1974)。三人分工合作,一名实验助手负责念出单词表上的词对,另一名实验助手负责告知"学生"他的回答是否正确,真正的被试负责在"学生"犯错时施加电击,并且每犯一次错误就增加电击的强度。当电击强度达到150伏特时,一名实验助手拒绝继续实验,尽管实验者要求他继续。当达到210伏特时,另一名实验助手也拒绝继续。结果发现,当看到同伴拒绝继续时,只有10%的被试一直施加到最高的电击水平。这说明,当同伴不服从时,规范性压力降低,被试更有可能不服从。其次,人们在面临模糊不清的情境时,容易在信息性社会影响下从众。在米尔格拉姆的实验中,被试面临的情境是不熟悉、令人迷惑的。当"学生"痛苦地大叫,但实验者告诉被试电击不会造成永久性伤害时,被试利用实验者的意见来决定怎样做才是正确的。在另一个实验变式中,实验者没有规定应该使用何种强度的电击,而是让被试决定。并且,在实验开始前,实验者因故离开实验室。另一位实验助手与被试一起充当"教师",实验助手负责记录"学生"的反应时。在实验者离开后,实验助手提议说"学生"每犯一次错误就增加一级电击强度。结果发现,被试的服从大大减少了,只有20%的人加到最大强度的电击。这说明当提出要求的人看起来缺乏专业知识时,大多数被试并不根据他/她的意见来决定该如何行动。在另一个实验中,两位实验者向被试提出要求,而当"学生"发出痛苦的叫声时,两名实验者对于是否继续发生争论,这个时候100%的被试都停止实验。这同样说明,被试将权威人物作为信息来源,而当权威人物自己都不清楚当前情境时,被试停止服从。

米尔格拉姆的研究具有重要的现实意义,提示在信息性社会影响和规范性社会影响的双重作用下,人们会做出残忍甚至滥杀无辜的行动。在越战期间的1968年,一队新到越南参战的美国士兵登上直升机,向一所村庄进发,据情报称那里有越南士兵。当他们到达这个村庄时,发现当地只有村民,而且多数是妇女、孩子和老人。这个时候,一名中尉命令士兵杀死村民,于是多数士兵参与其中,几百名平民遭到屠杀,这就是令人震惊的美莱村(My Lai)惨案。这些士兵是残忍恶毒的杀人狂吗?并不是。这些士兵当时并没有参战经验,当时的情境对他们而言是模糊的,他们并不知道应该怎么做。当听到上级命令、看到其他人开枪时,他们以为这就是应该做的正确反应,于是他们也参与到其中。另外,这些士兵也害怕遭到上司和同伴的排斥,因此选择了从众。更何况他们的上司直接命令他们开枪,多数人不假思索地遵守服从权威的社会规范。二战期间,很多德国士兵和平民参与了针对犹太人的种族大屠杀,还有更多的德国人默许纳粹对犹太人的灭绝政策。米尔格拉姆的研究提示我们,大屠杀的参与者并非恶魔和疯子,他们只是受制于从众压力、服从权威的社会规范的普通人。20世纪30年代,纳粹通过报纸、电影、广播等各种媒体,使用大量的宣传海报和召集大规模群众集会,宣传纳粹的意识形态。这些宣传成功地影响了很多德国人,他们将犹太人视为威胁自身生存、应该被消灭的种族(Staub, 1989)。在信息性社会影响的作用下,他们接受宣传中所传递的解决犹太人问题的方法——消灭他们。同时,尽管一些德国人不相信纳粹的宣传,但是在当时的情况下,一旦他们做出或表达不支持纳粹的事情或观点,将会被告发、逮捕甚至杀害。在双重影响的作用下,一些人服从命令,参与屠杀犹太人,一些人不敢提出质疑,默许对犹太人的残忍举动。

如果渴望正确和渴望被喜欢的动机发生冲突,人们会怎么做?研究者制造二者发生冲突的情境,并操纵情境中的某些变量,记录人们的反应。在之前提到的目击者识别任务中,当幻灯片只呈现0.5秒钟即情境非常模糊,并且保持正确非常重要时,被试的信息性从众比例非常高(Baron, Vandello, & Brunsman, 1996)。在容易任务中,幻灯片呈现5秒钟,以至于单独完成任务的被试的准确率达到97%。在这个任务中,实验助手给出明显的错误答案,一组被试认为任务非常重要,另一组被试则认为任务无关紧要,比较两组被试做出规范性从众的比例。结果表明,当准确完成任务的重要性很高时,被试倾向于忽略群体的错误答案,抵制规范性影响的作用,只有16%的试次从众;而低重要性条件下则有33%的从众。从这些结果可见,当正确答案非常明显,群体显然错误,而保持正确的动机又非常强烈时,人们可以部分抵抗规范性从众的压力。但是,16%的从众比例也说明,即便在这种情境下,社会认同的压力依然存在,人们依然不可能完全不从众(Baron, Vandello, & Brunsman, 1996)。多数情况下,被试需要向群体说明自己决定的理由,即可说明性会增加个体从众的可能性(Pennington & Schlenker, 1999),但也并非总是如此。另一项研究发现,当强调与他人合作并保持和谐关系的重要性,并且被试需要向群体成员解释同意或不同意他们观点的原因时,被试更多出现规范性从众;而当强调准确的重要性,并且需要就自己的决定向人们做出解释时,被试表现出最强的独立性和做出最正确的决定(Quinn & Schlenker, 2002)。

·自我合理化

"态度"一章提供了很多研究证据,证实当人们做出某种行为之后,态度也会随之发生改变。当人们出于某些原因做出与他人一致的行为之后,保持认知一致性的压力会使他们对自己的行为进行合理化。因此,即便个体最初的从众行为可能只是公开顺从,内心并不同意,但是个体在做出了这一行为之后,就会为自己的行为寻找理由,在这个过程中原有的态度可能会发生改变。研究证实,在从众行为之后,人们可能会改变对情境的知觉,从而将从众行为合理化(Buehler & Griffin, 1994)。在米尔格拉姆的实验中,并非一开始就要求被试对"学生"施加最大强度的电击,而是让他们从最低强度开始,逐步加大电击强度。被试第一次施加的电击只有15伏特,"学生"并没有抗议。每一次施加电击,被试在服从实验者要求之后都会为自己寻找理由,在服从了几次之后,他们已经对自己的行为合理化了。米尔格拉姆发现,在电击受害者之后,许多被试开始贬低"学生",认为他们愚蠢和顽固,被电击是他们自找的(Milgram, 1974)。一旦人们伤害受害者,他们就需要为自己寻找理由,这里他们找到的理由是,惩罚是受害者的智力或性格缺陷所导致的,受害者不值得同情。因此,每次电击后的合理化都为下一次电击提供了理由,这种循环的互相加强导致了最终被试将电击加到最高强度。20世纪60年代末、70年代初,希腊的军政府就是利用这种渐进的方法训练拷问官的(Staub, 1989)。他们首先挑选的是尊重和顺从权威的人,然后委派这些人看守罪犯,观看其他人殴打犯人,参与集体殴打,最终负责实施折磨。在这个训练过程中他们开始贬低受害者,最终发展为残忍的刽子手,最初的顺从变成了最终的接受。社会心理学家研究了世界各地的种族灭绝现象,展示了这种将平民转换为刽子手的强大力量(Staub, 1989, 2003)。批评产生蔑视,蔑视造成残忍,残忍导致兽行,然后是杀戮和大屠杀。在行动之后形成或改变态度,态度又证实进一步行为的合理性。在这种力量的作用下,原本善良的普通人会对自己的不道德行为进行合理化,变成邪恶的人(Tsang,2002)。并且,当多个人分工合作共同完成一项任务时,残忍的事情更容易发生。发出命令的人告诉自己并没有亲自实施屠杀工作,真正实施的人认为自己只是在服从命令而已(Milgram,1976)。

·应用从众促进有益行为

从众本身并无好坏之分,当人们盲目从众,失去自己的判断力时,从众可能会导致严重错误,而从众规律也可以用来促进有益行为。针对美国大学生饮酒非常严重的问题,一些研究者试图引发信息性从众,减少饮酒的数量。研究发现,一般学生对周围同学饮酒数量的知觉高于真实情况。因此,如果告诉大学生学校中真实的饮酒水平,可能可以引导他们减少饮酒量(Lederman et al.,2003)。另一项研究关注如何促进大学生节约用水(Aronson & O'Leary,1982—1983)。研究者最初在大学的男生淋浴间里悬挂告示,要求大家在打肥皂时关上水龙头以节约用水,结果发现只有6%的男生按要求做。接着,研究者征集了一些学生作为助手,让他们作为示范者,当有人进入淋浴间时,示范者会立即关掉水龙头,打肥皂,开水龙头冲洗干净并离开。在这个过程中,示范者并不会刻意关注进来的学生,另外有助手暗中观察大学生是否会在打肥皂时关掉水龙头。结果发现,49%的学生会照做,当有两名示范者时,照做的比例增加到67%(Aronson & O'Leary,1982—1983)。可见,在这种不确定的情境中,示范者为人们提供了应该怎样做的信息,成功地诱发出从众,从众在这里是一种好的行为——节约用水。另一项研究考察人们乱扔垃圾的行为,发现人们是否将没用的纸张扔到垃圾桶里在很大程度上取决于其他人的做法(Cialdini,Reno,& Kallgren,1990)。在这个研究中,研究者在一些汽车的挡风玻璃雨刷下放置了广告单,然后观察人们发现这些广告单后会怎么做。对于实验组的被试,研究者安排的助手会从他们身边走过,弯腰捡起地上的快餐袋,扔到垃圾桶里;对于控制组的被试,地上没有快餐袋,实验助手只是从他们身边走过。结果发现,控制条件下有37%的人将广告单扔到地上,而实验条件下只有7%的人这样做(Cialdini,Reno,& Kallgren,1990)。慷慨也是可以传染的,人们会模仿他人的亲社会行为,这称作亲社会从众(prosocial conformity)。并且,亲社会从众不仅限于简单的亲社会行为模仿,而且还可以扩展到其他类型的亲社会行为,甚至是移情反应:观察到慷慨捐赠的被试捐款数量更多,在一个新的情境中对他人付出更多的时间、精力给予帮助;观察到他人的移情反应不仅增加了被试本人的移情反应,而且还增加了被试的捐赠数量(Nook et al.,2016)。

一些研究者详细考察了利用社会规范引导人们实施有益行为的可能性。社会规范分为两类:一类是指令性规范(injunctive norms),详细说明在特定情境下什么是被人们赞同或反对的行为;另一类是描述性规范(descriptive norms),表明人们在特定情境下的真实行为如何(Cialdini, Kallgren, & Reno, 1991)。指令性规范对符合规范的行为进行奖赏,对不符合规范的行为施加惩罚。而描述性规范则告诉我们人们真正做了什么。西奥迪尼及其同事认为,如果想要鼓励人们的有益行为,那么需要弄清楚情境中主要起作用的规范。在另一个关于丢垃圾的研究中,研究者设置了三种条件,暗中观察去停车场开车的被试的行为(Reno, Cialdini, & Kallgren, 1993)。在控制条件下,安排实验助手从被试面前路过,没有说或做任何事情。在描述性规范条件下,实验助手拿着一个快餐店的空袋子,在路过被试身边时把它扔到了地上,这一行为暗示被试:"人们在这里是这样做的。"在指令性规范条件下,实验助手在经过被试时从地上捡起了一个快餐店的空袋子,这一行为传递的信息是:"乱扔垃圾是不对的。"另外研究者还安排了两种情境,在一种情境下,停车场丢满了垃圾;在另一种条件下,停车场很干净,没有垃圾。实验结果如图 6.7 所示。结果表明,控制组被试有 37%—38% 的人会把挡风玻璃雨刷下的广告单丢到地上,在周围环境脏乱或干净时类似。在描述性规范条件下,在脏乱环境中,实验助手的行为表示"多数人都在这里乱扔垃圾";在干净环境中,这一行为表示"人们不应该在这里乱扔垃圾"。结果是,描述性规范在干净环境中比脏乱环境中更能减少人们乱扔垃圾的行为。在指令性规范条件下,看到实验助手捡垃圾的被试意识到乱丢垃圾是不对的,因此不管周围环境如何丢垃圾的行为最少(Reno, Cialdini, & Kallgren, 1993)。为此研究者认为,在阻止不被社会赞同的行为、激发有益行为的过程中,指令性规范比描述性规范的作用更大。并且,当规范与行为有关并且人们意识到规范的存在时,遵守的可能性更大(Kallgren, Reno, & Cialdini, 2000)。因此有必要在情境中安排一些引人注意的元素,提醒人们想起相关的规范,促使人们服从规范。

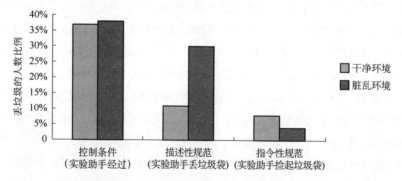

图 6.7 描述性规范与指令性规范对丢垃圾行为的影响(Reno, Cialdini, & Kallgren, 1993)

第3节 从众的影响因素

在不同的情境下,从众压力的大小有所不同。在某些情境下,人们更容易从众;在另一些情境下,人们相对能够保持独立的想法和行为。下面讨论影响从众比例的因素。

·群体大小

当群体的规模增大时,从众的可能性增加。研究发现,3至5个人比1至2个人引发的从众行为更多;但是,当人数增加到5个人以上时,从众行为不会继续增多(Asch,1955;Gerard,Wilhelmy,& Conolley,1968)。在一个现场实验中,研究者让1、2、3、5、10或15个人在纽约市一处繁华的人行道上,抬头向天空看,观察路过者也跟着抬头观望的比例(Milgram,Bickman,& Berkowitz,1969)。结果发现,在群体规模从1人增加到5人时,从众比例逐渐增加,但是在5个人以上时,从众比例不再继续增加,见图6.8。另外,群体组成的方式也影响从众比例。在一个实验中,研究者让被试阅读一个陪审团案例,在让他们给出自己的判断之前,让被试观看四名实验者同谋做出判断的录像(Wilder,1977)。结果发现,当被试看到的是两个独立的两人小组的判断时,他们从众的比例高于当看到一个四人小组的判断时的从众比例;类似地,两个三人小组比一个六人小组引发更多的从众,三个两人小组造成的从众比例更高。也就是说,在人数相同的情况下,多个小群体的一致意见比一个大群体的一致意见更容易引起从众。

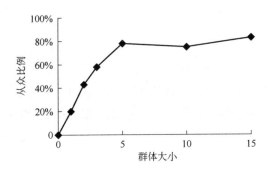

图 6.8 群体大小与从众比例(Milgram,Bickman,& Berkowitz,1969)

·群体的一致性

在阿希的实验中,6名实验者同谋给出一个相同的错误答案,以至于在事实非常清楚的情况下,被试平均也有37%的回答是从众的。可见,意见一致的群体带来的从众压力非常大。而当群体的意见并不完全一致,哪怕只有一个人与其他人的意见不一致时,从众的比例也会明显下降,阿希的后续实验发现被试从众比例降为原来的1/4(Asch,1955)。不管这名持不同意见的人是一个令人尊敬的专家还是一个普通人,从众比例都会大大下降(Morris & Miller,1975;Allen & Levine,1969)。当看到群体中有人持不同意见时,即便这个人的观点是错误的,也会增加个体的独立性。一项研究让被试看到四人小组中的一人错误地将蓝色判断为绿色,尽管持异议者本身是错的,但是却鼓励被试表达自己的独立观点,被试在76%的试次中做出了自己的正确判断;而在没有异议者的被试中,被试的从众比例高达70%(Nemeth & Chiles,1988)。由于群体的一致意见对于引发从众非常重要,因此,当群体内部有其他人不认同群体意见但又不敢提出时,一名异议者的影响非常大,可以引发其他人提出自己的反对意见。

·群体的凝聚力

凝聚力(cohesion)指的是群体对个体的吸引程度,群体的凝聚力越高,个体就越容易从众。与我们认为是群体之外的人或者无关紧要的群体相比,吸引力很高并且我们强烈认同的群体造成的从众压力更大(Clark & Maass,1988)。人们非常害怕被自己喜欢的人或群体拒绝,因此更容易受他们影响。凝聚力很高的群体做出的判断或决策不一定是最好的,因为群体成员更关心的是保持一致和避免冲突,这样甚至会导致糟糕的决策,这一点将在下一章继续讨论。

·群体成员的地位

如果一个人拥有很多的专业知识,也就是所谓的专家,那么这个人对他人的影响力更大(Bickman,1974)。如果一个人与我们类似或者对我们很重要,或者在特定情境下很像专家或权威,我们更容易遵从这个人的行为或看法(Aronson,2008)。研究表明,人们更愿意听从穿制服者的意见,即便只是一些很小的事情(Bushman,1988);人们避免与地位低的人保持一致(Swim,Ferguson,& Hyers,1999);不乱穿马路者的在场会使乱穿马路的人数比例从25%的基线降低到17%,而穿着考究的不乱穿马路者的示范作用最好(Mullen,Copper,& Driskell,1990)。在米尔格拉姆的服从研究中,地位低的人比地位高的人更愿意服从研究者的要求(Milgram,1974)。年幼儿童和黑猩猩也更有可能模仿高地位个体的行动(综述见:Price,Wood,& Whiten,2017;Whiten,2017)。

在一个群体之中,如果一名成员对自己的处境没有安全感,那么他更有可能从众。在一项实验中,大学生被邀请参加一个很有吸引力且很有威望的小组,接着,使一部分被试相信自己很受其他人欢迎,使另一部分被试相信自己不是很受欢迎(Dittes & Kelley, 1956)。然后从两方面测量被试的从众程度:一方面是就少年犯罪问题展开的讨论中被试所表达的意见;另一方面是被试在完成简单知觉任务时面对群体压力的表现。结果表明,与那些感觉自己完全受到欢迎的被试相比,认为自己只是一般受欢迎的被试更容易遵从小组的规范和标准;而那些处境安全的人更容易说出自己的不同意见和做出偏离小组的行为(Dittes & Kelley, 1956)。

· 事先承诺

在阿希的实验中,假设你不是第六个回答,而是第一个回答,而且当你回答后,发现后面回答的人都给出的是另一个答案。这个时候,研究者给你一次改变答案的机会,你会放弃原来的回答转而与大家一致吗?答案很可能是否。个体一旦在公众面前做出承诺,就会坚持自己最初的判断。一项研究采用类似阿希的研究方法,发现如果没有事先表态,约有25%的被试回答遵从多数人的错误判断;而如果被试在听到其他人回答之前已经做了公开表态,那么只有不到6%的回答是从众的(Deutsch & Gerard, 1955)。基于相同的道理,一名裁判在看到后续裁判的评分之后很少会调整自己最初的给分;陪审员公开举手表决时,由于先举手的人很少会因为多数人的意见而改变自己最初的立场,往往会发生搁置判决的现象。事先的承诺会使个体相对能够抵抗从众,也相对难以被说服。

· 服从的影响因素

米尔格拉姆以及其他研究者对服从现象进行了进一步研究,探讨了影响服从的多个条件,得到的服从比率从0到93%不等。在米尔格拉姆最初的实验中,服从比例大约为65%,在他的实验中存在一些增加服从可能性的因素。当被试单独面对实验者的要求时,他/她可能很难拒绝。当被试与其他两名公然反对实验者的"教师"一起参与实验时,完全服从者的比例降到10%(Milgram, 1965b)。在米尔格拉姆的实验中,主持实验的是耶鲁大学实验室的一位专家,他让被试相信研究的是一个重要的科学问题。权威的机构和专家都增加了服从的可能性。在一个实验中,米尔格拉姆将实验转移到康涅狄格州布里奇波特闹市区的一栋破旧商业楼里进行,结果服从比例下降到48%(Milgram, 1965a)。可见,耶鲁大学这所权威机构的声望在很大程度上促成了服从。

在另一个实验中,米尔格拉姆操纵实验者的身份,在实验进行过程中,科学家身份的实验者被另一名没有权威的实验助手所代替。在说明有关学习任务的要求和准备完成之后,还没有说明使用何种水平的电击,实验者就被一个电话叫走。在实验者离开之后,另一名"被试"代替实验者来发布命令,这名"被试"实际上是实验助手。这名代替者要求被试在"学生"每次出错时加大电击水平,并且在被试犹豫时,催促被试继续实施电击。结果发现,被试完全服从的比例下降为20%。实验助手假装厌恶被试的反抗,自己在电击发生器前面坐下,试图接管教师角色。这个时候多数不服从的被试进行抵抗,一些人试图拔下电击发生器,甚至把实验助手从椅子上揪起来推出房间。对于不是合法权威者的命令,人们不服从甚至反抗。与此相对,医生对于护士而言是一种很有影响的权威人物。在一项研究中,一名不认识的医生要求护士给病人服用明显过量的药物(Hofling et al., 1966)。研究者把这个要求告诉护士和学护理的学生时,几乎所有人都回答说自己不会服从命令。但是,实际结果却是,22名护士在接到给病人过量用药的电话之后,其中的21名护士都毫不犹豫地服从了。另外,权威人物是否在场也会影响服从。米尔格拉姆发现,当实验者不在房间里而是通过电话来发布命令时,完全服从的被试比例下降到25%;很多继续实验的人施加的电击强度比要求的低,但是他们欺骗实验者自己正在按要求进行。

受害者离被试的距离也会影响服从。当被试无法看到"学生"也听不到他们的抗议声时,几乎所有被试都会服从到最后;当被试与"学生"在同一房间时,服从比例降到40%;当要求被试逼迫"学生"把手臂直接放在发出电击的金属板上,而不是远距离地用电击发生器发出电击时,被试的服从比例下降到30%。可见,当目睹他人遭受痛苦时,人们难以做出伤害他人的举动;而如果人们看不到当前行为造成的伤害后果时,服从更容易发生。在一个对米尔格拉姆实验的重复研究中,当受害者不可见时,被试的服从比例类似于米尔格拉姆的发现;当受害者可见时,被试的服从比例下降了很多(Dambrun & Vatiné, 2010)。在现实生活中,人们更容易贬低和伤害远离自己的人;而对于那些个人化的、生动的人物,人们更有同情心。例如在战争中,被命令使用远距离火炮或炸弹进行攻击的士兵更容易服从命令;而近距离搏斗时,很多士兵会不服从。

第4节 从众的个体差异和文化差异

情境的力量非常巨大,人们很难抗拒从众压力。但是,即便在最强大的压力之下,也总有一些人坚持自己的立场;相反,有些时候从众压力不是很大,也总有一些人努力与他人保持一致。另外,在"自我"一章提到,集体主义文化强调社会关系和互相依赖,流行的谚语是"突出的钉子先被敲下";而个人主义文化强调个体的独立和自主,流行的谚语是"吱吱响的轮子先上油"(Markus & Kitayama,1991)。因此,在不同的文化中,关于是否应该从众于群体规范,要求是不同的。

·个体差异

尽管心理学家一致试图寻找人格特征与社会行为之间的关系,但是结果不太理想,二者之间只有微弱的联系(Mischel,1968)。通常,根据人格分数很难预测个体行为;相反,情境特征则能更好地预测社会行为。尤其在情境力量非常强大时,例如在权威的直接要求下,不管个体的人格、价值观、态度等因素如何,他们均会服从,而个体差异的作用很小。然而,尽管难以根据个体差异变量预测特定情境下的行为,但个体差异变量却能够较好地预测个体在多种情境下的平均行为(Epstein,1980)。当社会影响的力量比较弱时,人格特征能够预测行为(Monson, Hesley, & Chernick,1982)。有研究者认为,自尊较低的人可能更容易从众,因为他们担心遭到群体的拒绝和惩罚(Asch,1956)。研究发现,自尊与规范性从众之间确实存在联系(Crutchfield,1955);那些认为自己强烈需要认同的人们更容易从众(Snyder & Ickes,1985)。与低权力的个体相比,高权力的个体更能抵抗从众压力,在表达态度时较少受到他人观点的影响(Galinsky et al.,2008)。

通常认为,女性比男性更容易从众(Crutchfield,1955)。但是,总结现有研究可见,答案并非表面上这么简单。一项研究采用元分析技术,综合了145个关于易受影响程度的研究结果,这些研究共包含2.1万名被试(Eagly & Carli,1981)。结果发现,平均而言,男性比女性更不容易受影响,但是,这种差异非常小。从众的性别差异还取决于所受从众压力的类型。在群体压力情境中,如果他人可以直接得知你的从众程度,那么女性确实比男性更容易从众;而如果人们是唯一知道自己是否从众的人时,例如私下做出反应而不是公开回答,那么性别差异不复存在(Eagly,1987)。研究者认为,性别差异是由于社会所要求的性别角色的不同:男性被教导要独立面对直接的社会压力,而女性则被教导要温和和顺从(Eagly,1987)。另外,研究还发现,进行从众研究的研究者性别也会影响实验结果,男性研究者比女性研究者更容易发现男性比女性不容易从众(Eagly & Carli,1981)。这又可能是由于,研究者更可能使用自身熟悉的材料和场景进行实验,而当人们面临不熟悉、模糊的情境时更容易从众,因此女性被试在男性研究者设计的情境中更可能表现出从众行为。另外一些研究也发现,当任务是男性取向的时候,性别差异较大(Javornisky,1979)。

·文化差异

人们所在的文化也会影响从众的可能性。米尔格拉姆在挪威和法国重复了阿希的研究,结果发现挪威被试的从众程度高于法国被试(Milgram,1961)。米尔格拉姆认为,挪威社会有高度凝聚力和浓厚的群体认同感,而法国的人们则在社会和政治生活中都很难达成一致(Milgram,1961)。另一项研究在 7 个国家重复了阿希的实验,结果发现多数国家和地区的从众比例比较接近,黎巴嫩、中国香港和巴西分别为 31%、32% 和 34%,但是津巴布韦的班图人从众比例却高达 51%(Whittaker & Meade,1967)。这是因为班图社会很重视群体一致,对不从众者会实施制裁。还有研究者在澳大利亚、奥地利、德国、意大利、约旦、南非、西班牙和美国重复了服从权威实验,结果发现服从比例比较类似,但有的国家更高,例如在慕尼黑高达 85%(Blass,2000)。

可见,世界各地的人们都会表现出从众和服从,但是也确实具有文化差异。一项研究对 17 个国家和地区的 133 个采用阿希范式的研究进行了元分析,这些国家和地区包括美国、加拿大、英国、法国、荷兰、比利时、德国、葡萄牙、日本、中国香港、斐济、津巴布韦、刚果、加纳、巴西、科威特、黎巴嫩,结果发现文化确实影响从众倾向(Bond & Smith,1996)。在美国、法国等个人主义文化的国家,从众比例低于集体主义文化的国家和地区,例如中国香港、日本和挪威。在集体主义文化中,同意他人意见被看作是老练和明智的表现,可以促进群体内的和谐和互相支持的关系;而在个人主义文化下,强调独立和自主,从众则被看作是一种负面的特征(Bond & Smith,1996;Triandis et al.,1988)。有研究者假设,不同的文化价值观导致对从众的不同看法(Berry,1967;Berry et al.,1992)。在打鱼和捕猎为生的社会,成员的独立、自主和冒险这些特质对于搜寻和捕获食物非常重要,因此这些特质被看重,例如加拿大巴芬岛上的爱斯基摩人,代表非西方的个人主义文化;在农耕社会,合作、顺从和妥协非常重要,例如非洲塞拉利昂的谭姆恩族(Temne)人,代表集体主义文化;苏格兰被试则代表西方的个人主义文化。采用阿希的线段判断实验比较这三种文化的结果发现,爱斯基摩被试从众最少,平均每 15 人中不到 3 人从众;苏格兰被试其次,每 15 人中 4 人从众;谭姆恩族被试则从众最多,平均每 15 人中有 9 人以上从众(Berry,1967)。另外,从众程度随着时间流逝也有变化,研究发现与二三十年前阿希的结果相比,英国、加拿大、美国等国家的从众比例有所下降(例如:Bond & Smith,1996;Larsen,1990)。

需要注意,人们更容易从众于内群体成员而不是陌生人。例如,当英国被试认为其他人与自己一样是心理学专业的学生时,从众比例相对较高;而当认为其他人是艺术历史专业的学生时,从众比例较低(Abrams et al.,1990)。有研究发现德国被试和日本被试在阿希范式上的从众比例低于北美被试,这可能是由于人们只顺从于自己所属和认同的群体,而不顺从陌生人(Williams & Sogon, 1984; Moghaddam, Taylor, & Wright, 1993)。即便个人主义文化中的人相对而言不如集体主义文化中的人那样愿意与群体保持一致,但是遵守一定的群体规范仍是社会正常运转所必需的。

第5节 如何抵制从众

尽管信息性社会影响和规范性社会影响的力量很大,但是有些时候,人们是可以抵抗从众压力的。当群体发生错误,或者权威发出不道德的命令时,人们尤其需要保持自己的独立性。

·阻抗

在"态度"一章提到阻抗(reactance)的概念,即个体感觉自己的自由和选择受到限制时,他们往往会反抗。因此,如果社会压力太过强大,以至于让人们感觉自由受到侵犯,他们有可能会努力不从众。

·保持独特性

尽管人们希望正确和被人喜欢,但是也很少有人希望与别人完全一样,以至于失去自己的个人身份。尤其在西方文化下,人们往往拥有对个性化的渴望(desire for individuation),即希望将自己与他人区分开来(Maslach, Santee, & Wade, 1987)。研究表明,当个体认为自己中等独特时,他们的自我感觉更好,并且,他们以能够维持其个性的方式行动(Snyder & Fromkin, 1980)。在一个实验中,研究者让大学生相信,他们"最重要的10个态度"与10000名其他学生的态度不同或几乎相同。然后,让被试参与从众实验,结果发现那些感觉自己没有独特性的被试最有可能通过不从众来维护其个性。在另一个实验中,那些听说其他人表达了与他们相同的态度的被试改变了他们的立场,以维持自己的独特感(Snyder & Fromkin, 1980)。当要求儿童描述自己时,他们最有可能提到自己独特的特征,例如提到自己与他人不同的性别、出生地、头发颜色、体重、种族等(McGuire & Padawer-Singer, 1976)。独特性需求高的个体和被诱发出独特性需求的个体更能抵抗多数人的影响(Imhoff & Erb, 2009)。另外,研究发现,如果个体在大多数情况下都能够遵守群体规范,那么偶然偏离群体规范可能并不会带来严重后果(Hollander, 1958)。当个体顺应群体一段时间之后,就会获得一些特异信用(idiosyncrasy credits),如果个体得到足够的特异信用,那么偶尔偏离群体规范也不会受到惩罚(Hollander, 1958)。

· 少数人影响

有些时候,个体或群体中的少数人能够影响多数人的行为或信念,这称作少数人影响(minority influence)(Moscovici, 1985)。少数人影响多数人的关键是:持有少数观点的人必须保持一致,表达相同的观点,并且,少数人群体内部必须彼此认同。在一个实验中,被试在一个由 6 人组成的小组中评估幻灯片的颜色,实际上所有幻灯片的颜色都是蓝色的,只是亮度有所不同(Moscovici, Lage, & Naffrechoux, 1969)。控制组由 6 名真被试组成,他们对所有幻灯片都回答为蓝色。实验组中有两名实验助手,其他人是真正的被试,这两名实验助手坚持把幻灯片说成绿色。结果发现,大约有 1/3 的被试至少报告看到了一张绿色的幻灯片,有 8% 的被试报告所有幻灯片都是绿色的。可见,少数人的意见确实在一定程度上影响了多数人。研究者考察了少数人影响如何发挥作用,发现了一些决定少数人影响力的因素,例如,少数人必须十分确定地坚持自己的观点;当少数人能够有效地反驳多数人的观点时,影响力更大;少数人通常因为信息性社会影响获得接受;等等(Wood et al., 1994; Maass & Clark, 1984)。

小结

1. 根据他人而做出的行为或信念的改变叫做从众。从众有多种表现形式。

2. 由于外部力量而从众,但是内心并不真正相信所做的事情,这种从众叫做顺从。真诚的、发自内心的从众行为叫做接纳。在他人明确要求下做出的从众行为叫做服从。

3. 在谢里夫的光点判断实验中,当被试处于模糊的情境下时,他们很容易从众,并且这种从众属于接纳。

4. 在阿希的线段判断实验中,正确答案非常明显,当其他人一致回答某个错误答案时,被试有些时候也会顺从群体的错误回答。

5. 在米尔格拉姆的服从实验中,在实验者的直接要求下,多数被试会对一名无辜的人施加强度非常大的电击。这项实验证明,在权威的命令下,普通人也会做出残忍的、伤害他人的行动。

6. 人们之所以从众,原因之一是希望正确。当人们处于模糊情境中时,他们相信其他人拥有更多的信息,因此将他人作为自己的参考,与他人行为保持一致,这叫做信息性社会影响。

7. 人们面临的情境越模糊,保持正确的重要性越高,人们越容易出现信息性从众。

8. 变色龙效应是指个体对他人的姿势、言谈举止、面部表情等行为的无意识模仿。

9. 人们在模糊情境下将他人作为信息来源,但是有些时候他人拥有的信息也是错误的,这个时候容易出现社会传染和群体心因性疾病。媒体加速信息的传递,使得信息性从众更容易发生,甚至出现自杀、暴力等事件的传染。

10. 从众的第二种原因是希望被喜欢。群体关于可接受的行为、价值观和信念的外显或内隐规则叫做社会规范,违背社会规范的成员会遭到惩罚。人们为了得到他人的喜爱和接纳而从众,这叫做规范性社会影响。

11. 信息性社会影响和规范性社会影响经常同时起作用,使得人们服从权威,做出残忍伤害别人的举动。

12. 当强调社会关系的重要性时,人们更多地表现出规范性从众;当强调准确的重要性时,人们更多地表现出信息性从众。

13. 在做出从众行为之后,保持认知一致性的压力会使人们对自己的行为进行合理化,导致态度的改变。因此,伤害他人的行为之后的合理化造成人们贬低受害者和伤害的进一步升级。

14. 可以利用从众规律引导人们做出节约用水、不乱扔垃圾、亲社会行为等有益行为。

15. 指令性规范详细说明在特定情境下什么是被赞成或反对的行为;描述性规范表明人们特定情境下的真实行为如何。在阻止非社会赞许行为、激发有益行为方面,指令性规范的作用可能更大;不过需要提醒人们意识到相应的规范。

16. 随着群体规模的增大,从众的可能性增加;但是,当群体大小在 5 人以上时,从众比例不再继续增加。在人数相同时,多个小群体比一个大群体更容易引发从众。

17. 当群体意见一致时,人们更容易从众;而一旦有人提出异议,可以大大减少从众比例。

18. 群体对个体的吸引程度叫做凝聚力。对个体吸引力大的、重要的群体产生的从众压力更大。

19. 在高地位个体的影响下,人们更容易从众;地位低的个体更容易从众。

20. 如果已经事先给出回答,那么即便后来听到他人与自己不同的意见,人们也较少从众。

21. 对米尔格拉姆服从实验的后续研究发现,权威的机构和权威的专家会增加服从比例;受害者离人们越远,人们越容易服从。

22. 自尊较低的个体更容易从众。高权力的个体更少从众。但是,当情境力量非常强大时,个体差异往往表现不出来。平均而言,女性比男性更容易从众,但是这种差异非常微小。并且,在男性擅长的任务上,或者研究者为男性时,更多发现性别差异。

23. 从众和服从在世界各地都存在,这是因为遵守社会规范在所有文化下都需要,不过不同文化确实存在差异。集体主义文化中的从众倾向高于个人主义文化中的从众倾向。

24. 当社会压力强大到让个体感觉自由受到限制时,他们会努力不从众。个体虽然希望被喜欢和正确,但是他们也希望与他人区别开来,为此他们会强调自己的独特性。

25. 有些时候,少数人能够成功地影响多数人,这需要他们观点一致,彼此认同,自信,提供信息,反驳多数人观点等。

参考文献

Abrams, D., Wetherell, M., Cochrane, S., Hogg, M. A., & Turner, J. C. (1990). Knowing what to think by knowing who you are: Self-categorization and the nature of norm formation, conformity and group polarization. *British Journal of Social Psychology*, 29, 97–119.

Allen, V. L., & Levine, J. M. (1969). Consensus and conformity. *Journal of Experimental Social Psychology*, 5, 389–399.

Arnett, J. (1995). The young and the reckless: Adolescent reckless behavior. *Current Directions in Psychological Science*, 4, 67–71.

Aronson, E. (2008). *The social animal* (10th edition). New York: Worth/Freeman.

Aronson, E., & O'Leary, M. (1982–1983). The relative effectiveness of models and prompts on energy conservation: A field experiment in a shower room. *Journal of Environmental Systems*, 12, 219–224.

Asch, S. E. (1955). Opinions and social pressure. *Scientific American*, 19, 31–35.

Asch, S. E. (1956). Studies of independence and conformity: I. A minority of one against a unanimous majority. *Psychological Monographs: General and Applied*, 70, 1–70.

Asch, S. E. (1957). An experimental investigation of group influence. In Walter Reed Army Institute of Research, *Symposium on preventive and social psychiatry* (pp. 15–17). Washington, DC: U.S. Government Printing Office.

Baron, R. S., Vandello, J. A., & Brunsman, B. (1996). The forgotten variable in conformity research: Impact of task importance on social influence. *Journal of Personality and Social Psycholgy*, 71,915 - 927.

Baumrind, D. (1964). Some thoughts on the ethics of research: After reading Milgram's "Behavioral study of obedience." *American Psychologist*, 19,421 - 423.

Berry, J. W. (1967). Independence and conformity in subsistence-level societies. *Journal of Personality and Social Psychology*, 7,415 - 418.

Berry, J. W., Poortinga, Y. H., Segall, M. H., & Dasen, P. R. (1992). *Cross-cultural psychology: Research and applications*. New York: Cambridge University Press.

Bickman, L. (1974). The social power of a uniform. *Journal of Applied Social Psychology*, 4,47 - 61.

Blass, T. (1999). The Milgram Paradigm after 35 years: Some things we now know about obedience to authority. *Journal of Applied Social Psychology*, 29,955 - 978.

Blass, T. (2000). The Milgram paradigm after 35 years: Some things we now know about obedience to authority. In T. Blass (Ed.), *Obedience to authority: Current perspectives on the Milgram paradigm*. Mahwah, NJ: Erlbaum.

Bond, R., & Smith, P. B. (1996). Culture and conformity: A meta-analysis of studies using Asch's (1952b, 1956) line judgment task. *Psychological Bulletin*, 119,111 - 137.

Buehler, R., & Griffin, D. (1994). Change-of-meaning effects in conformity and dissent: Observing construal processes over time. *Journal of Personality and Social Psychology*, 67,984 - 996.

Bushman, B. J. (1988). The effects of apparel on compliance: A field experiment with a female authority figure. *Personality and Social Psychology Bulletin*, 14,459 - 467.

Cantril, H. (1940). *The invasion from Mars: A study in the psychology of panic*. New York: Harper & Row.

Chartrand, T. L., & Bargh, J. A. (1999). The chameleon effect: The perception-behavior link and social interaction. *Journal of Personality and Social Psychology*, 76, 893 - 910.

Chartrand, T. L., & van Baaren, R. (2009). Human mimicry. *Advances in Experimental Social Psychology*, 41,219 - 274.

Cialdini, R. B. (2000). *Influence: Science and Practice* (4th Edition). Boston: Allyn & Bacon.

Cialdini, R. B., & Goldstein, N. J. (2004). Social influence: Compliance and conformity. *Annual Review of Psychology*, 55,591 - 621.

Cialdini, R. B., Kallgren, C. A., & Reno, R. R. (1991). A focus theory of normative conduct: A theoretical refinement and reevaluation of the role of norms in human behavior. *Advances in experimental social psychology*, 24,201 - 234.

Cialdini, R. B., Reno, R. R., & Kallgren, C. A. (1990). A focus theory of normative conduct: Recycling the concept of norms to reduce littering in public places. *Journal of Personality and Social Psychology*, 58,1015 - 1029.

Clark, R. D., III., & Maass, A. (1988). The role of social categorization and perceived source credibility in minority influence. *European Journal of Social Psychology*, 18,381–389.

Colligan, M. J., Pennerbaker, J. W., & Murphy, L. R. (Eds.). (1982). *Mass psychogenic illness: A social psychological analysis*. Hillsdale, NJ: Erlbaum.

Crandall, C. S. (1988). Social contagion of binge eating. *Journal of Personality and Social Psychology*, 55,588–598.

Crutchfield, R. S. (1955). Conformity and character. *American Psychologist*, 10, 191–198.

Dambrun, M., & Vatiné, E. (2010), Reopening the study of extreme social behaviors: Obedience to authority within an immersive video environment. *European Journal of Social Psychology*, 40,760–773.

Deutsch, M., & Gerard, H. B. (1955). A study of normative and informational social influence upon individual judgment. *Journal of Abnormal and Social Psychology*, 51,629–636.

Dittes, J., & Kelley, H. (1956). Effects of different conditions of acceptance upon conformity to group norms. *Journal of Abnormal and Social Psychology*, 53,100–107.

Eagly, A. H. (1987). *Sex differences in social behavior: A social-role interpretation*. Hillsdale, NJ: Erlbaum.

Eagly, A. H., & Carli, L. (1981). Sex of researchers and sex-typed communications as determinants of sex differences in influenceability: A meta-analysis of social influence studies. *Psychological Bulletin*, 90,1–20.

Edelson, M., Sharot, T., Dolan, R. J., & Dudai, Y. (2011). Following the crowd: Brain substrates of long-term memory conformity. *Science*, 333,108–111.

Elms, A. C., & Milgram, S. (1966). Personality characteristics associated with obedience and defiance toward authoritative command. *Journal of Experimental Research in Personality*, 1,282–289.

Epstein, S. (1980). The stability of behavior: II. Implications for psychological research. *American Psychologist*, 35,790–806.

Galinsky, A. J., Magee, J. C., Gruenfeld, D. H., Whitson, J. A., & Liljenquist, K. A. (2008). Power reduces the press of the situation: Implications for creativity, conformity, and dissonance. *Journal of Personality and Social Psychology*, 95,1450–1466.

Gerard, H. B., Wilhelmy, R. A., & Conolley, E. S. (1968). Conformity and group size. *Journal of Personality and Social Psychology*, 8,79–82.

Gino, F., Ayal, S., & Ariely, D. (2009). Contagion and differentiation in unethical behavior: The effect of one bad apple on the barrel. *Psychological Science*, 20,393–398.

Gould, M. S., & Shaffer, D. (1986). The impact of suicide in television movies: Evidence of imitation. *New England Journal of Medicine*, 315,690–694.

Hafner, H., & Schmidtke, A. (1989). Do televised fictional suicide models produce suicides? In D. R. Pfeffer (Ed.), *Suicide among youth: Perspectives on risk and prevention*. Washington, DC: American Psychiatric Press.

Hofling, C. K., Brotzman, E., Dairymple, S., Graves, N., & Pierce, C. M. (1966). An experimental study in nurse-physician relationships. *Journal of Nervous and Mental Disease*, 143, 171–180.

Hollander, E. P. (1958). Conformity, status, and idiosyncrasy credit. *Psychological Review*, 65, 117–127.

Imhoff, R., & Erb, H. (2009). What motivates nonconformity? Uniqueness seeking blocks majority influence. *Personality and Social Psychology Bulletin*, 35, 309–320.

Jacobs, R. C., & Campbell, D. T. (1961). The perpetuation of an arbitrary tradition through several generations of a laboratory microculture. *The Journal of Abnormal and Social Psychology*, 62, 649–658.

Javornisky, G. (1979). Task content and sex differences in conformity. *Journal of Social Psychology*, 108, 213–220.

Jones, T. F., Craig, A. S., Hoy, D., Gunter, E. W., Ashley, D. L., Barr, D. B., ... & Schaffner, W. (2000). Mass psychogenic illness attributed to toxic exposure at a high school. *New England Journal of Medicine*, 342, 96–100.

Kallgren, C. A., Reno, R. R., & Cialdini, R. B. (2000). A focus theory of normative conduct: When norms do and do not affect behavior. *Personality and Social Psychology Bulletin*, 26, 1002–1012.

Lakin, J., Chartrand, T. L., & Arkin, R. (2008). I am too just like you: Nonconscious mimicry as an automatic behavioral response to social exclusion. *Psychological Science*, 19, 816–822.

Larsen, K. S. (1990). The Asch conformity experiment: Replication and transhistorical comparisons. *Journal of Social Behavior and Personality*, 5(4), 163–168.

Lederman, L. C., Stewart, L. P., Goodheart, F. W., & Laitman, L. (2003). A case against "binge" as a term of choice: Convincing college students to personalize messages about dangerous drinking. *Journal of Health Communication*, 8, 79–91.

Levy, D. A., & Nail, P. R. (1993). Contagion: A theoretical and empirical review and reconceptualization. *Genetic, Social, and General Psychology Monographs*, 119, 233–284.

Maass, A., & Clark, R. D., III. (1984). Hidden impact of minorities: Fifteen years of minority influence research. *Psychological Bulletin*, 95, 428–450.

Markus, H. R., & Kitayama, S. (1991). Culture and the self: Implications for cognition, emotion, and motivation. *Psychological Review*, 98, 224–253.

Maslach, C., Santee, R. T., & Wade, C. (1987). Individuation, gender role, and dissent: Personality mediators of situational forces. *Journal of Personality and Social Psychology*, 53, 1088–1094.

McGuire, W. J., & Padawer-Singer, A. (1976). Trait salience in the spontaneous self-concept. *Journal of Personality and Social Psychology*, 33, 743–754.

Milgram, S. (1961, December). Nationality and conformity. *Scientific American*, December, pp. 45–51.

Milgram, S. (1963). Behavioral study of obedience. *Journal of Abnormal and Social Psychology*, 67, 371–378.

Milgram, S. (1965a). Some conditions of obedience and disobedience to authority. *Human Relations*, 18, 57 - 76.

Milgram, S. (1965b). Liberating effects of group pressure. *Journal of Personality and Social Psychology*, 1, 127 - 134.

Milgram, S. (1974). *Obedience to Authority: An experimental view*. New York: Harper and Row.

Milgram, S. (1976). Obedience to criminal orders: The compulsion to do evil. In T. Blass (Ed.), *Contemporary social psychology: Representative readings* (pp. 175 - 184). Itasca, IL: Peacock.

Milgram, S., Bickman, L., & Berkowitz, L. (1969). Note on the drawing power of crowds of different size. *Journal of Personality and Social Psychology*, 13, 79 - 82.

Miller, C. E., & Anderson, P. D. (1979). Group decision rules and the rejection of deviates. *Social Psychology Quarterly*, 42, 354 - 363.

Mischel, W. (1968). *Personality and assessment*. New York: Wiley.

Moghaddam, F. M., Taylor, D. M., Wright, S. C. (1993). *Social psychology in cross-cultural perspective*. New York: Freeman.

Monson, T. C., Hesley, J. W., & Chernick, L. (1982). Specifying when personality traits can and cannot predict behavior: An alternative to abandoning the attempt to predict single-act criteria. *Journal of Personality and Social Psychology*, 43, 385 - 399.

Morris, W. N., & Miller, R. S. (1975). The effects of consensus-breaking and consensus-preempting partners on reduction of conformity. *Journal of Experimental Social Psychology*, 11, 215 - 223.

Moscovici, S. (1985). Social influence and conformity. In G. Lindzey & E. Aronson (Eds.), *Handbook of social Psychology* (3rd ed., Vol. 2, pp. 347 - 412). New York: Random House.

Moscovici, S., Lage, E., & Naffrechoux, M. (1969). Influence of a consistent minority on the responses of a majority in a color perception task. *Sociometry*, 32, 365 - 380.

Mullen, B., Copper, C., & Driskell, J. E. (1990). Jaywalking as a function of model behavior. *Personality and Social Psychology Bulletin*, 16, 320 - 330.

Nail, P. R., MacDonald, G., & Levy, D. A. (2000). Proposal of a four-dimensional model of social response. *Psychological Bulletin*, 126, 454 - 470.

Nemeth, C., & Chiles, C. (1988). Modelling courage: The role of dissent in fostering independence. *European Journal of Social Psychology*, 18, 275 - 280.

Nolan, J. M., Schultz, P. W., Cialdini, R. B., & Goldstein, N. J. (2008). Normative social influence is underdetected. *Personality and Social Psychology Bulletin*, 34, 913 - 923.

Nook, E. C., Ong, D. C., Morelli, S. A., Mitchell, J. P., & Zaki, J. (2016). Prosocial conformity: Prosocial norms generalize across behavior and empathy. *Personality and Social Psychology Bulletin*, 42, 1045 - 1062.

Pennington, J., & Schlenker, B. R. (1999). Accountability for consequential decisions: Justifying ethical judgments to audiences. *Personality and Social Psychology Bulletin*, 25,1067 - 1081.

Phillips, D. P. (1979). Suicide, motor vehicle fatalities, and the mass media: evidence toward a theory of suggestion. *American Journal of Sociology*, 84,1150 - 1174.

Phillips, D. P. (1980). Airplane Accidents, Murder, and the Mass Media: Towards a Theory of Imitations and Suggestions. *Social Forces*, 58, 1001 - 1024.

Phillips, D. P. (1982). The impact of fictional television stories on U. S. adult fatalities: New evidence on the effects of violence in the mass media. *American Journal of Sociology*, 87,1340 - 1359.

Picazo-Tadeo, A. J., González-Gómez, F., & Guardiola, J. (2017). Does the crowd matter in refereeing decisions? Evidence from Spanish soccer. *International Journal of Sport and Exercise Psychology*, 15,447 - 459.

Platow, M. J., Haslam, S. A., Both, A., Chew, I., Cuddon, M., Goharpey, N., Maurer, J., Rosini, S., Tsekouras, A., & Grace, D. M. (2005). "It's not funny if they're laughing": Self-categorization, social influence, and responses to canned laughter. *Journal of Experimental Social Psychology*, 41,542 - 550.

Price, E. E., Wood, L. A., & Whiten, A. (2017). Adaptive cultural transmission biases in children and nonhuman primates. *Infant Behavior and Development*, 48,45 - 53.

Provine, R R. (2005). Yawning. *American Scientist*, 93,532 - 539.

Quinn, A., & Schlenker, B. R. (2002). Can accountability produce independence? Goals as determinants of the impact of accountability on conformity. *Personality and Social Psychology Bulletin*, 28,472 - 483.

Reno, R. R., Cialdini, R. B., & Kallgren, C. A. (1993). The trans-situational influence of social norms. *Journal of Personality and Social Psychology*, 64,104 - 112.

Rohrer, J. H., Baron, S. H., Hoffman, E. L., & Swander, D. V. (1954). The stability of autokinetic judgments. *Journal of Abnormal and Social Psychology*, 49,595 - 597.

Sands, E. R., & Wardle, J. (2003). Internalization of ideal body shapes in 9-to 12-year-old girls. *International Journal of Eating Disorders*, 33,193 - 204.

Schachter, S. (1951). Deviation, rejection, and communication. *Journal of Abnormal and Social Psychology*, 46,190 - 207.

Sherif, M. (1936). *The psychology of social norms*. New York: Harper and Brothers.

Snyder, C. R., & Fromkin, H. L. (1980). *Uniqueness: The human pursuit of difference*. New York: Plenum.

Snyder, M., & Ickes, W. J. (1985). Personality and social behavior. In G. Lindzey & E. Aronson (Eds.), *Handbook of social psychology* (3rd ed., pp. 883 - 947). New York: McGraw-Hill.

Spanos, S., Vartanian, L. R., Herman, C. P., & Polivy, J. (2014). Failure to report social influences on food intake: Lack of awareness or motivated denial? *Health Psychology*, 33,1487 - 1494.

Staub, E. (1989). *The roots of evil: The origins of genocide and other group violence*. Cambridge, England: Cambridge University Press.

Staub, E. (2003). *The psychology of good and evil: Why children, adults, and groups help and harm others*. New York: Cambridge University Press.

Swim, J. K., Ferguson, M. J., & Hyers, L. L. (1999). Avoiding stigma by association: Subtle prejudice against lesbians in the form of social distancing. *Basic and Applied Social Psychology*, 21, 61–68.

Thurber, J. (1933). The day the dam broke. In J. Thurber, *My life and hard times*. New York: Harper.

Triandis, H. C., Bontempo, R., Villareal, M. J., Asai, M., & Lucca, N. (1988). Individualism and collectivism: Cross-cultural perspectives on self-ingroup relationships. *Journal of Personality and Social Psychology*, 54, 323–338.

Tsang, J-A. (2002). Moral rationalization and the integration of situational factors and psychological processes in immoral behavior. *Review of General Psychology*, 6, 25–50.

Unkelbach, C., & Memmert, D. (2010). Crowd noise as a cue in referee decisions contributes to the home advantage. *Journal of Sport and Exercise Psychology*, 32, 483–498.

Whiten, A. (2017). Social learning and culture in child and chimpanzee. *Annual Review of Psychology*, 68, 129–154.

Whittaker, J. O., & Meade, R. D. (1967). Social pressure in the modification and distortion of judgment: A cross-cultural study. *International Journal of Psychology*, 2, 109–113.

Wilder, D. A. (1977). Perception of groups, size of opposition, and social influence. *Journal of Experimental Social Psychology*, 13, 253–268.

Williams, T. P., & Sogon, S. (1984). Group composition and conforming behavior in Japanese student. *Japanese Psychological Research*, 26, 231–234.

Wood, W., Lundgren, S., Ouellette, J. A., Busceme, S., & Blackstone, T. (1994). Minority influence: A meta-analytic review of social influence processes. *Psychological Bulletin*, 115, 323–345.

Woolley, K., & Fishbach, A. (2017). A recipe for friendship: Similar food consumption promotes trust and cooperation. *Journal of Consumer Psychology*, 27, 1–10.

Zaki, J., Schirmer, J., & Mitchell, J. P. (2011). Social influence modulates the neural computation of value. *Psychological Science*, 22, 894–900.

第 7 章 群体行为

　　1912年4月14日,号称"不沉之城"的泰坦尼克号载着2224名乘客和船员撞上冰山,1513人葬身冰海。事故分析显示,尽管当时有4条信息显示前方可能有冰山,而且一名瞭望员提出要借助双筒望远镜,但根本未被理睬。船长爱德华·史密斯是一名支配型又受尊敬的领导者,命令船只在黑夜中全速前进。这里存在一种无懈可击的错觉,船长曾经说过,"就连上帝本人也无法使这艘船沉没"。并且有从众的压力,船员们斥责那名不能使用肉眼的瞭望员,这名瞭望员抛弃了他的疑虑。另外,还存在精神守卫者(mindguards),泰坦尼克号上的电报员没能把最后也是最完整的一条冰山警报传达给船长。

泰坦尼克号的沉没悲剧在一定程度上是群体决策的后果。在这一决策中，出现了严重妨碍群体决策有效性的因素。在本章中，我们将分析群体行为，包括群体对个体的影响、去个性化和群体决策等。我们将会看到，在群体当中，群体成员之间的互动，会对工作效率、判断和决策等方面产生重要影响。

第1节 群体

每个人都属于一个或多个正式和非正式的群体，例如班级、部门、家庭、社团、朋友等。心理学中将群体(group)定义为两个或两个以上彼此互动、互相依赖的人，他们的需要和目标使得他们互相影响(例如：Lewin, 1948; Shaw, 1981)。群体可以满足归属需要、确认身份、提供信息、提供奖励、达成目标等。并且，群体将所属成员知觉为"我们"，将其他人知觉为"他们"(Turner, 1987)。因此从严格意义上讲，一个课堂讨论小组的学生属于一个群体，但是处于同一个房间但彼此并无互动的人不属于群体。不过有些时候，无关个体的集合与群体之间的界限不那么清晰。

群体大小不一，可能只有两名成员，也可能包括几十个人，通常多数群体包含2—6名成员(Levine & Moreland, 1998)。这是因为，群体成员之间需要互动，如果人数太多就不太可能做到。另外，群体成员在某些方面往往有相似之处，例如年龄、性别、观点、信念、兴趣、爱好等(Levine & Moreland, 1998)。相似的原因之一是，开始就很相似的人倾向于彼此吸引，形成群体(Feld, 1982)；第二个原因是群体运作会使得成员之间越来越相似(Moreland, 1987)。例如，从众压力会使个体做出与其他成员一致的行为，而自我合理化会使得个体的态度和观点都发生改变，从而使得群体成员之间更相似。

· 社会规范

群体正常运作的重要因素之一是社会规范(social norms)，即关于群体成员应该遵守的可接受的行为、价值观和信念的外显或内隐的规则(Deutsch & Gerard, 1955)。有些规范是所有社会成员都应该遵守的，例如排队买票；有些规范是特定群体的成员需要遵守的，例如信奉印度教的教徒禁止吃某些食物。一些社会规范是明确和清楚标明的，例如公路上的限速标志、草坪上的禁止践踏标牌等。还有一些规范并未明文列出，而是人们默认的不成文规定，例如与人面对面谈话时应该保持一定的距离，何时应该送礼物给朋友，怎样应对别人的夸奖等。社会规范调节特定情境下人们所做出的行为，因此多数成员的某种行为是整齐划一的，而违背规范的成员将会遭受嘲笑、教导、排斥等消极后果，甚至在极端情况下被迫离开群体。由于社会规范严格或宽松地指出了特定情境下什么是合适的行为,因此群体成员知道自己应该如何说和如何做,并且可进行良好的社会互动。

一项研究以十几岁的美国女孩群体为研究对象,考察她们从 6 年级到 8 年级这三年期间爱情规范的发展变化(Simon, Eder, & Evans, 1992)。研究者发现,这些友谊群体的规范之一是,浪漫关系很重要,但不能作为人生的全部。违背规范的成员遭到批评,把全部身心投入到男朋友身上的女孩会被取笑,被称作花痴;对男孩兴趣太少的女孩被认为不太正常或者是同性恋。研究者还发现,在这三年当中规范有一定的演变。在 6 年级的时候,异性约会较少,多名女孩共同喜欢一个男孩是很常见的。7 年级时,规范发生变化,群体成员都可以积极追求男孩,女孩不应该追求已经与其他女孩交往或被其他女孩追求的男孩。没有遵守群体规范的女孩会因被嘲笑或批评而服从规范。

·社会角色

在一个群体中,成员的分工和所起的作用不尽相同。社会角色(social roles)指的是群体对特定成员行为模式的共同期望。规范是所有成员都应该遵守的,而角色则指出特定位置的成员应该做的事情。例如,在一家公司中,经理、会计、秘书、销售人员等人充当不同的角色,他们的分工和适当的行为也有所不同,这样一来所有成员分工合作,各司其职,才能维持群体的正常运作。根据自己的社会角色,每名成员都知道自己应有的行为方式。当群体成员遵守明确的角色分工时,他们感到满意并且表现出色(Bettencourt & Sheldon, 2001)。我们每名个体都充当多个角色,例如公司职员、儿子、父亲、成人学生等,这些角色构成了我们在特定情境下应该如何行动的指南。但是,当面临两个截然不同的角色时,个体可能会体验到角色冲突。

当人们过分专注于自己所充当的角色时,有可能会丧失自己的身份认同和人格特征。正如斯坦福监狱实验所展示,心理健康、情绪稳定的大学生在接受了分配给他们的看守或囚犯角色之后,假扮的角色引起了社会现实的变化(Haney & Zimbardo, 1977)。扮演看守的大学生变得傲慢、残忍、乖戾,想出各种办法惩罚"犯人";扮演囚犯的大学生变得被动、无助、沉默、崩溃,一些人不得不被提前释放。这些普通的大学生过分沉浸于扮演的角色,以至于失去了自我认同和道德感。在虚拟的监狱中,角色的力量都有这么强大,可想而知在现实世界中,在真实的角色的影响下,人们行为的改造力量有多大。

· 地位

群体成员的社会地位存在差异,群体中不同角色或职位的地位是不同的。例如在学校中,校长的地位很高,而清洁工的地位相对较低;在公司中,总经理拥有很高的地位,而秘书的地位相对较低。由于地位会给个体带来各种利益,因此人们会努力争取较高的地位。研究者提出了期望状态理论(expectation states theory),用来解释群体中成员地位差异的产生原因(Berger et al.,1986)。这一理论认为,群体成员希望达到特定的目标,因而愿意赋予能够帮助群体取得成功的成员更高的地位。在最初的接触中,群体成员会评估每个人帮助实现群体目标的能力,这种评估是群体成员最初地位的基础。另外,个体在群体中的地位不仅受到任务相关品质的影响,而且还受到年龄、性别、种族、职业、财富等特征的影响,这些特征被认为与能力相关联,被称作弥散地位特征(diffuse status characteristics)。但是有时候这些特征并不是真的与达成目标的能力相联系,因此根据它们来派定地位可能会出错。有时候,女性和少数民族成员往往因此而处于劣势(Forsyth,1990)。研究还发现,人们有时候可以通过表达愤怒来维持和提升个人的地位(Tiedens,2001)。研究者让软件公司的职员互相评价愤怒和悲伤情绪的频率,然后将这些数据与每个人在公司的职位高低、当前薪水和未来晋升的可能性三个指标计算相关。结果发现,悲伤情绪的频率与三个指标都没有相关;而愤怒的情绪则与三个指标有高相关。也就是说,表达的愤怒越多,现在和将来可能的地位就越高。可见,尽管过多的愤怒可能不利,但至少在某些群体中,在某些时候,表达愤怒的情绪可能是获得较高地位的有效手段。

· 凝聚力

凝聚力(cohesiveness)是指一个群体将成员约束在一起并促进成员间彼此喜欢的品质(Hogg,1993)。凝聚力强的群体中成员之间的关系紧密且持久,成员对群体的认同很高;凝聚力弱的群体中成员之间联系松散,缺乏共同目标,对群体不甚满意。有多个因素会影响群体的凝聚力(Cota et al.,1995)。当群体成员彼此喜欢时,凝聚力较高。群体完成任务的有效性越高,凝聚力越高,例如研究发现成功完成任务可以促进群体的凝聚力(Mullen & Cooper,1994)。个体目标与群体目标越匹配,以及群体达到目标的成功程度越高,群体的凝聚力越高。其他影响群体凝聚力的因素还包括:群体大小,小群体比大群体凝聚力更高;进入群体所付出的努力越多,群体凝聚力越高;外界的威胁和竞争越大,群体凝聚力越高;等等。通常,一个群体的凝聚力越高,成员就越希望处于群体之中,参与群体的活动,并试图吸引更多志趣相投的成员加入(Levine & Moreland, 1998)。高凝聚力群体的成员更容易受群体的影响,并服从群体规范(McGrath, 1984)。不过,凝聚力高并不一定会促进群体的表现。如果维持良好关系对群体成员而言比解决问题更加重要时,凝聚力会阻碍群体的表现,在后面的"群体盲思"部分将会继续讨论这一现象。

第2节 他人在场

有些时候,我们独自一人完成自己的任务;有些时候,我们做事情的时候有他人在场,其他人与我们同时做同一件事,或者其他人只是观察我们做事而本身并不参与。这些人可能与我们属于同一群体或者关系非常亲密,例如家人或朋友,也有可能是纯粹的陌生人,与我们并无太多关联。研究发现,只要有他人在场,不管他们是什么人或做什么,都有可能影响我们的表现(例如：Triplett, 1898；Allport, 1920；Zajonc, 1965)。

·社会助长

当有他人在场时,与独自一人相比,人们表现得更好,这称作社会助长(social facilitation)。早在1898年,就有一位心理学家发现,自行车手一起参加比赛时,成绩比单独骑车时要好(Triplett, 1898)。这位学者在实验室对这一现象进行验证,发现儿童一起在卷轴上绕线的速度快于单独做的时候。后续研究发现,他人在场时,不管是做相同的工作,还是只作为观察者,都可以提高被试完成很多任务的成绩,例如简单乘法、划消指定字母等(Allport, 1920)。在动物身上也有类似的现象,例如当有同类在场时,蚂蚁挖沙的数量是单独情境下的3倍(Chen, 1937)。

但是,并非所有时候他人在场都有促进作用。一些研究发现,他人在场会降低被试在某些任务上的表现,例如学习无意义音节、走迷宫、计算复杂乘法等(Pessin, 1933);蟑螂、鹦鹉、金丝雀等动物走迷宫的速度在同类在场时变慢(Allee & Masure, 1936)。作为学生,我们可能会有这样的经历,在独自背诵时明明已经背好的课文,在班级同学面前背诵时却结结巴巴,频频忘词。那么,为什么有时候他人在场会提高成绩,有时候却会阻碍成绩呢? 一个提示是不同研究使用的任务不同。一般来说,当涉及的任务对被试而言简单、熟悉时,他人在场有促进作用;但是,当涉及的任务相对困难、被试不太熟悉时,他人在场会阻碍表现,这被称作社会抑制(social inhibition)。

心理学家扎荣茨(Zajonc, 1965)提出了一种理论,认为他人在场会造成唤醒

(arousal),而唤醒会促进优势反应(dominant responses)。所谓优势反应是指特定情境下最容易做出的那个反应,它可能正确也可能错误:当面对简单和熟悉的任务时,优势反应往往是正确的;而对于复杂和不熟悉的任务,优势反应往往是不恰当的。因此,扎荣茨的理论可以很好地解释看似矛盾的两种结果,他人在场增加唤醒,唤醒会提高简单任务的作业成绩,但是会降低困难任务的作业成绩。根据这一理论,我们可以推论,技术熟练的人在他人在场时表现得更好,而技术不熟练的人在他人在场时表现得更差。在一项研究中,根据暗中记录的成绩,将被试分为优秀台球选手和差劲台球选手,然后考察在4人观看时这些被试的表现(Michaels et al.,1982)。结果表明,当有4名观众时,优秀选手的成绩从暗中记录条件下的71%的击中率上升到80%,而差劲选手则由36%降低到25%。当有他人在场时,学生学习走简单迷宫所需的时间减少了,而学习走复杂迷宫所需的时间则增加了(Hunt & Hillery,1973)。与有另一名待考者在场相比,单独参加考试的新手司机更有可能通过驾照考试(Rosenbloom et al.,2007)。因此,如果你参加的是一项你非常擅长的比赛或测试,那么观众在场是有利的;而如果你不太熟练,那么最好还是独自进行。

通常,运动员对体育比赛所需要的技能非常熟练,因此观众的支持性反应往往会促进他们的表现,从而造成比赛中的主场优势(home advantage)。研究者统计了大量体育比赛的数据,结果显示,球队获胜的场次中主场获胜的百分比高于其他场次,尤其以足球和篮球比赛更为明显,这一比例分别是69%和65%,冰球、橄榄球和棒球比赛的比例分别为61%、57%和54%(Courneya & Carron, 1992; Schlenker et al.,1995)。主场表现比客场好有很多原因,例如主队运动员对主场环境的熟悉,客队运动员的旅途疲劳,裁判的偏向,主队运动员对主场领地的优势感(Schwartz & Barsky, 1977)。然而主场比赛一个很大的优势就是观众,运动员在主场比赛时拥有更多的支持者,主队运动员感觉到来自球迷的拥护和赞扬;而客队运动员则感觉不被观众支持,甚至感受到敌意(Sanna & Shotland, 1990)。研究发现,当观众的鼓励持续一段时间,并且位置上比较集中时,观众的支持更为有效(Schwartz & Barsky,1977)。因此,室内比赛(例如篮球)比室外比赛(例如棒球)的主场优势更明显,原因是前者观众席更紧凑。

他人在场造成的唤醒状态表现包括出汗增加,呼吸加快,肌肉收缩增加,血压升高,心跳加快等(Moore & Baron, 1983)。另外,他人在场的效果会随着人数的增加而增大(Knowles, 1983)。有些时候,庞大的观众群体会造成高度唤醒,以至于干扰熟练的行为。例如,大学生篮球运动员在球场满员的情况下会处于高度唤醒状态,他们无防守投篮的准确率略低于球场几乎无人时(Sokoll & Mynatt, 1984)。拥挤也会增加唤醒状态。研究者将大学生分为10人一组,一组人待在一个20乘30英尺大小的房间里,另一组人待在一个8乘12英尺大小的房间里(Evans, 1979)。结果发现,待在拥挤房间里的被试比待在宽敞房间里的被试心率更快、血压更高。另一项研究发现,拥挤使得被试在完成复杂任务时更容易犯错(Nagar & Pandey, 1987)。可见,拥挤会造成唤醒,从而增强优势反应。

·为什么他人在场会造成唤醒

为什么他人在场会造成生理上的唤醒?一种解释是,我们关心别人如何评价自己,希望给别人留下好印象,因此造成动机和唤醒的增加,这叫做评价焦虑(evaluation apprehension)(Cottrell et al., 1968)。根据这种观点,如果人们认为他们自己正在受到在场的人评价,那么他们的优势反应提高得最明显;而如果人们并不担心在场的别人评价自己,那么不会引起唤醒。研究证实,如果他人被蒙住眼睛,或者观看时心不在焉,那么他人在场不会影响被试的表现(Cottrell et al., 1968)。另一项研究观察长跑队员的表现,这些队员跑步时遇到一位坐在草地上的女性,结果发现,如果这位女性当时面对他们,与背对着他们相比,那么队员跑步的速度更快(Worringham & Messick, 1983)。与评价焦虑理论的预期一致,那些最担心别人如何评价自己的人往往最容易受到他人在场影响(Gastorf, Suls, & Sanders, 1980)。

第二种解释认为,他人在场会造成分心,个体需要同时注意任务和他人,这种冲突会造成认知系统负担过重,从而引起唤醒,这一理论叫做分心/冲突理论(distraction/conflict theory)(Baron, 1986)。这一理论认为,如果需要同时注意他人和一项困难任务,会造成认知过载,从而干扰作业成绩。根据这种看法,任何造成分心的来源都会造成分心和生理唤醒,不管是他人在场还是其他分心物的存在。研究表明,非人的分心刺激,例如突然的闪光也会造成与他人在场类似的效应(Baron, 1986)。

第三种观点认为,只要有他人在场,即便没有评价焦虑或分心,也会造成唤醒(Zajonc, 1980)。这种看法认为,任何人或动物都有先天的社会唤醒机制,只要有同类在场,自然就会引起警觉和唤醒,不一定是由于评价焦虑和分心。一项研究安排蟑螂独自或在4个旁观蟑螂在场的情况下走简单迷宫或复杂迷宫,发现在简单迷宫中旁观者在场促进成绩,而在复杂迷宫中则降低成绩(Zajonc, Heingartner, & Herman, 1969)。蟑螂不太可能关注别的蟑螂如何评价自己,很可能它在同类在场时自然就会进入唤醒状态。另一项研究让被试评判对颜色的喜欢,发现他人在场时比独自一人时被试的好恶程度有所增强(Goldman, 1967)。这一颜色偏好判断任务并无正确答案,因此他人无法评价被试,不会存在评价焦虑,但是被试仍然表现出唤醒,说明纯粹他人在场也会引起唤醒。

· 社会懈怠

上述的社会助长和社会抑制现象，发生在当个体付出的努力和取得的成绩可以被评估时。而有些时候，人们共同完成某项任务，但是个体付出的努力无法与其他人区分开来，这个时候个体付出的努力比单独完成任务时要小，这种现象叫做社会懈怠(social loafing)(Latané, Williams, & Harkins, 1979)。社会懈怠容易发生在累加任务中，即当群体成员的贡献累加起来得到一个整体输出的时候。最早发现这一现象的是19世纪80年代的一位法国工程师林格尔曼(Ringelmann)，他发现当群体一起拉绳子时，平均每个人拉动的力量小于单独拉动时的每个人的平均力量(Kravitz & Martin, 1986)。心理学家对这一现象进行了实验验证，其中要排除的一个因素就是群体拉绳子时，大家用力的方向和时间可能有差异，导致群体总力量的减少。几位研究者让被试以为自己和其他人一起拉绳子，而实际上只有被试一个人在拉，要求被试尽全力去拉动绳子(Ingham et al., 1974)。结果发现，如果被试以为自己一个人在拉，那么他拉动的力量比他以为与2—5个人一起拉的力量要多18%。可见，并非是成员间的力量彼此抵消，而是每个人付出的努力确实减少了。另一项研究采用类似的方法，让大学生被试6个人围成一个半圆，戴上眼罩和耳机，让被试以为自己与其他人一起叫喊或鼓掌，而实际上他们是单独这样做(Latané, Williams, & Harkins, 1979)。结果证实了社会懈怠，被试认为自己与其他5个人一起叫喊或鼓掌时所发出的声音比他们认为自己单独做时少了约60%(见图7.1)。

在总结了涉及4000多名被试的49个研究之后，研究者发现，随着群体大小的增加，每名个体付出的努力减少，即社会懈怠增加(Williams, Jackson, & Karau, 1995)。社会懈怠不仅出现在拉绳、鼓掌、叫喊等体力劳动中，而且在智力活动中

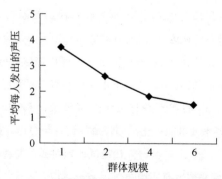

图7.1 随着群体规模的增大，平均每人制造的噪声强度下降(Latané, Williams, & Harkins, 1979)

也有体现,例如尽可能多地想出某种物品的用途等。为什么会出现社会懈怠?在社会助长效应中,个体担心别人评价自己的表现,付出的努力更多,表现比单独一人时更好。而在社会懈怠现象中,个体的努力无法被单独评价,不需要为结果负责,因此评价焦虑不起作用。可见,当个体担心他人评价自己时,评价焦虑导致社会助长;当个人的努力混杂在群体中无法单独评估时,评价焦虑减少,导致社会懈怠。

研究者提出了集体努力模型(collective effort model),用于解释社会懈怠(Karau & Williams, 1993, 2001)。根据这一模型,个体在群体任务中的努力程度主要取决于三个因素。第一个因素是个体认为自己的个人努力对于成功完成群体任务的必要性或重要性的大小;第二个因素是个体认为群体成功的价值大小;第三个因素是个体是否认为自己的努力会被认可和奖励。如果个体认为自己的努力对于群体成功无关紧要,即便努力也不会被认可,或者个体不看重群体成功的价值,那么很容易出现社会懈怠。相反,如果个体认为自己必须努力群体才能成功,非常重视群体的成功,以及认为自己的努力会得到评估,那么不会出现社会懈怠。因此,集体努力模型预测,改善这三个因素中的任何一个都有可能减少社会懈怠。研究证实,当群体规模变小,任务很有价值或很重要,与喜欢的朋友或熟人合作,认为个人的贡献必不可少等条件满足时,社会懈怠确实有所减少(Karau & Williams, 1993)。

另外,有研究发现与社会懈怠相反的现象,也就是人们在群体任务中付出的努力比单独行动时还要多。在一个研究中,当被试认为群体中其他成员能力或努力不够时,他们付出了更多的努力,这称作社会补偿(social compensation)(Williams & Karau, 1991)。不过,必要满足两个条件才会出现社会补偿:个体必须非常看重群体的最终结果;个体必须认为其他成员不会努力工作或没有能力影响结果(Williams & Karau, 1991)。例如,假设你和另外三名同学被分配到一个小组,老师将根据你们共同完成某项作业的结果来给你们期中成绩。如果你非常希望得到高分,但又预期其他人不会为作业付出太多,那么你会格外努力以取得好的分数。

社会懈怠及其影响因素的研究具有重要的实用意义。在现实生活中,如果不管个体对群体作出多少贡献,都平均分配报酬,那么显然会造成社会懈怠。个体通常会在自己的努力无法被单独监控和评估时偷懒。但是,根据现有的研究结果,很多方法可以阻止社会懈怠。如果每个人的努力和成绩都可以被单独评价,那么可以有效地减少社会懈怠,这一点在流水线工人身上已经得到了证实(Williams, Harkins, & Latané, 1981; Faulkner & Williams, 1996)。当群体目标非常有吸引力和挑战性时,社会懈怠减少(Karau & Williams, 1993)。在面临挑战性任务时,个体可能会认为付出自己的努力必不可少。如果群体成员相信努力可以取得好的成绩并且会得到奖励,那么他们会努力工作(Shepperd & Taylor, 1999)。如果小组成员彼此是朋友而非陌生人,或者成员对群体的认同度很高,那么社会懈怠也会减少

(Karau & Williams, 1997)。

· 社会懈怠的文化差异和性别差异

几乎所有文化中都存在社会懈怠现象。在日本、泰国、中国台湾、印度和马来西亚的研究发现,当要求群体制造喧闹声音时,社会懈怠现象很明显(Gabrenya et al., 1985)。但是,集体主义文化中的个体表现出的社会懈怠程度比个人主义文化中的个体要低(Karau & Williams, 1993)。这可能是由于集体主义文化强调互相依赖和群体目标的实现,因此人们会努力去完成群体任务。另外,女性的社会懈怠程度低于男性(Karau & Williams, 1993),这可能与女性比男性更加关系导向有关(Wood, 1987)。

· 去个性化

在1967年的一所美国大学里,一名学生声称要从楼上跳下来自杀,当时有200多名大学生围观。下面观看的学生大声地一起叫道:"跳!跳!……"结果这名学生真的跳了下来,当场死亡。这些学生为什么会这样做?他们是丧心病狂、缺乏道德感的罪犯吗?从一定意义上看,他们在当时的情况下是罪犯,但是,当他们独自一人时,每个人又几乎都是遵纪守法、有自制力的普通人。社会心理学家对这类现象进行了研究,他们发现,当人们处于群体当中时,对行为的规范限制就会放松,导致冲动行为和偏差行为的增加,这叫做去个性化(deindividuation)(Festinger, Pepitone, & Newcomb, 1952)。也就是说,当人们作为个体行动时,会受到道德感和社会规范的制约;但是当处于群体情境时,人们有些时候会失去道德感和责任感,忘记自己的身份,做出不道德甚至暴力的行为。这些偏差行为是人们在单独行动时不太可能做出的。

去个性化导致的不良行为程度有轻有重,从球迷聚众咒骂裁判、辱骂对方和互相攻击,集体破坏公物,到暴力抢劫、暴动乃至滥用私刑。在美国历史上,有很多白人对黑人滥施刑罚乃至处死他们的事件,参与者在独自一人时并不会杀人,但是当处于群体中时,他们成了共同的凶手。2003年战后的伊拉克,大量暴徒冲进大学、医院和博物馆,抢走成千上万的财物,他们成群结队地涌进,一批又一批。在卡特里娜飓风后的新奥尔良,也发生了大量的盗窃和抢劫事件。这些平时规规矩矩的普通民众,为何在人群之中完全丧失了道德感?有研究者认为,群体会弱化自我觉知(self-awareness),导致人们不考虑自己的价值观和行为,丧失自控力和责任感,完全根据群体和情境做出反应(Diener, 1980; Prentice-Dunn & Rogers, 1980)。与第4章有关自我觉知的讨论一致，自我觉知的个体更自控、诚实和遵守自己的价值观念。因此，能够增强自我觉知的因素，例如镜子、大的姓名标签、个性化的装扮等，都可以降低去个性化(Ickes, Layden, & Barnes, 1978)。相反，酒精会降低自我觉知，从而促进去个性化(Hull et al., 1983)。另一种解释是，去个性化促进了人们对群体的认同和对群体规范的顺从(Postmes & Spears, 1998)。当群体成员聚集并出现去个性化时，他们更可能会只遵守群体规范，而不顾整个社会的其他规范。因此，去个性化并不总会导致攻击或其他反社会行为，也取决于群体规范，群体规范可能会促成消极行为也可能会促成积极行为。

群体的规模大小是去个性化是否出现的重要影响因素。群体越大，个人就越难被识别，他们就越容易失去自我觉知和责任感。研究者分析了21起人群围观某人声称要跳楼或跳桥的事件，他们发现，如果群体规模较小并且暴露于日光下，人们通常不会劝诱那个人往下跳；但是如果人群规模比较大，或者夜色笼罩赋予人们匿名性时，人群通常会劝诱或嘲讽那个试图跳下的人(Mann, 1981)。在使用私刑的暴徒中也有类似效应，团伙的规模越大，其成员就越有可能失去自我觉知，并乐于实施暴行，例如纵火、折磨或者肢解受害者；暴徒的人数越多，他们杀害受害人的方式就越残忍(Mullen, 1986)。在另一个研究中，研究者将两辆旧车的牌照拆掉，引擎盖打开，然后他把一辆车放在纽约大学老布朗克斯校园附近的一条街道上，把另一辆车放到斯坦福大学在帕洛阿尔托的校园附近(Zimbardo, 1970)。前者是一个比后者小得多的城市。这项研究发现，在后一处，10分钟之内就有一批人拿走了电池和散热器，在三天内共发生了23起偷窃和破坏事件；而在前一处，唯一一名接触汽车的人出现在一个星期之后，他在快要下雨的时候把引擎盖关上了。研究者认为，城市的巨大人流会足以产生匿名性，从而造成破坏行为(Zimbardo, 1970)。

一些研究者专门考察了匿名性(anonymity)对去个性化的影响。在一个实验中，研究者让女大学生穿上同样的白色衣服和帽兜，然后让她们对另一名女性施加电击(Zimbardo, 1970)。结果发现，与彼此可以辨认并且身上贴着大名字标签的女生被试相比，身份隐蔽者施加的电击时间要长一倍。这些女生身着的衣服和头饰很像美国曾经臭名昭著的3K党，3K党成员对于黑人的残忍行为与去个性化的规律相一致。在另一个研究里，实验者利用万圣节的传统活动——"不给就捣蛋"(trick-or-treating)，考察了群体和匿名对去个性化的作用(Diener, 1976)。研究者在西雅图的很多住户家里等待，当孩子单独或结伴回来时，热情地招待他们，并邀请他们"从这些糖果里拿一颗"。然后，研究者离开房间，并躲在暗处观察孩子的举动。结果发现，结伴的孩子比独自一人的孩子多拿糖的可能性多一倍。并且，匿名的孩子比被问到姓名和住处的孩子多拿糖的可能性也多一倍。可见，结伴或匿名时，孩子更有可能偷拿额外的糖果；当群体和匿名两个条件都符合时，偷拿的比例最高。互联网具有很高的匿名性,相对应的研究结果是,网络中的敌意和激进行为比面对面交流中要多得多(Douglas & McGarty, 2001)。用油彩和面具装饰面孔和身体的部落中折磨和杀死敌人的情况更多(Waston, 1973)。很多暴力事件中的攻击者都头戴面具、头巾或其他伪装,与没有伪装的攻击者相比,这些身份被隐藏的攻击者的暴力行为更严重(Silke, 2003)。

不过,匿名也并不总会引发反社会行为。有研究者认为,类似3K党的白袍和头巾、万圣节的怪物和魔鬼面具都带有负面暗示,可能会暗示人们做出消极行为(Johnson & Downing, 1979)。在一个实验中,研究者让一部分女性被试穿上护士制服,然后对别人施加电击。结果发现与普通装扮、身份明确的被试相比,穿制服者施加的电击数量要少得多。可见,匿名使得个体的自我意识减弱,群体意识增强,使个体更容易根据社会情境中的线索做出反应(Postmes & Spears, 1998)。如果线索是积极的,那么去个性化导致亲社会行为;如果线索是消极的,那么去个性化导致反社会行为。

第3节 群体决策和问题解决

人们相信,群体决策优于个体决策,因此很多重要决策都是由群体成员共同做出的,例如陪审团制度、政府和商业机构决策等。一般认为,两个或多个人组成的群体可以互相交流信息,彼此激发思想和指出错误,从而做出比个体更好的决策。事实真的如此吗?研究者指出,群体的表现有时候好于、有时候却差于个体成员之和,关键因素之一是自我的可区分性(differentiation of selves)(Baumeister, Ainsworth, & Vohs, 2016)。

·群体的决策规则

群体成员所拥有的信息、专长和起始观点往往各不相同,他们如何达成一致意见?研究者对群体成员最初的观点与最终的决策结果进行比较,发现了一些常见的决策规则(decision rules)(Miller, 1989)。一种常见的原则是"多数决定"原则,即群体最终选择大多数人支持的决策,也就是少数服从多数(Nemeth et al., 2001)。另一种原则叫做"群体无异议"原则,意味着必须全部成员都同意,才能达成某项决策(Miller, 1989)。群体一致通常较难达到,群体需要说服持不同意见者,但是一旦达成一致,成员对结果会更加满意。第三种原则是"正确胜出"原则,即群体成员最终接受正确的解决方案或决策,这种原则适用于只有一种正确答案的情形(Laughlin & Adamopoulos, 1980)。尽管这些决策规则非常简单,但它们确实解释了多数群体决策的规律。

· 群体内的信息交流

在群体中,有一些信息是群体成员共同掌握的,这些信息被称作共有信息(shared information);还有一些信息是少部分乃至单个群体成员所独有的,其他成员并不了解,即非共有信息或独有信息(unshared information)。之所以群体讨论被认为有利,原因之一是群体成员可以彼此交流信息。但是,群体中的信息能否得到充分地交流和传播?在一个研究中,4名被试组成的小组共同讨论哪位候选人应该当选为学生会主席(Stasser & Titus, 1985)。在共享信息条件下,每名被试都得到同样的信息,都知道候选人A有8条优点、4条缺点,明显优于其他候选人。在这种条件下,83%的被试都同意选择候选人A。在非共享信息条件下,每名被试得到的信息不尽相同,每个成员都知道A有2条优点、4条缺点,4条缺点都是一样的,但是每名被试所知道的2条优点各不相同。这样一来,如果每组的4名被试能够充分分享和交流信息,那么最终大家都会得知A的8条优点和4条缺点,与共享信息条件下是相同的。但是,这项研究却发现,在非共享信息条件下只有24%的被试选择候选人A。这是因为,在讨论当中,被试只关注那些大家共有的信息——A的4条缺点,而很少涉及自己拥有的独有信息,导致很少有被试发现A有8条优点之多(Stasser & Titus, 1985)。类似地,在讨论学术职位候选人、医学案例等的时候,群体成员也往往将注意集中在多数人都了解的共有信息上,而忽略那些只有少数人掌握的独有信息(Larson, Foster-Fisherman, & Keys, 1994; Larson et al., 1996)。群体成员花更多时间讨论共有信息,而没有很好地利用对决策可能非常重要的独有信息(Gigone & Hastie, 1993)。

那么,如何让群体更多地讨论非共有信息呢?一种方法主要考虑的是,非共有信息往往在讨论一段时间之后更有可能被提起,因此必须使群体讨论的时间足够长,这样才能涉及非共有信息(Larson et al., 1998)。第二种方法是,安排不同成员负责不同领域的专门知识,这样一来每个人都认识到自己是唯一负责特定种类信息的人,那么每名成员就更可能提到自己掌握的这类独有信息,其他成员也会更关注这些信息(Stewart & Stasser, 1995)。许多夫妻都是采用第二种方法,他们分工负责记忆不同类型的信息,这比各自单独记忆的效果要好(Wegner, Erber, & Raymond, 1991)。群体可以建立类似规则,由不同的成员负责记忆任务的不同方面,从而提高效果(Moreland, 1999)。如果人们清楚地知道哪个人负责哪类信息,并且花充分的时间来讨论这些非共有的信息,那么群体成员无法分享独有信息的缺陷就能得到克服(Stasser, 2000)。

· 群体极化

很多人认为,个体有可能会冒险,但是如果有其他人共同参与决策,那么他们会提出反对并进行修正,因此群体决策比个体决策更加谨慎。实情果真如此吗?一位麻省理工学院的研究生斯托纳(Stoner)在他的硕士论文中,设计了一些选择困境问卷,比较个体决策和群体决策的结果(Choice Dilemmas Questionnaire,CDQ)(Stoner, 1961)。选择困境问卷描述了一些两难情境,被试需要建议故事中的主角在多大程度上承担风险。例如一个故事是这样的:"海伦是一名很有创作天赋的作家,但是迄今为止她都是依靠写通俗小说过着还算舒适的生活。最近她突然萌生了一个念头,想要写一部可能会产生重大影响的长篇小说。如果这部小说能够完成并且被人们接受的话,那么它可能会在文坛产生举足轻重的影响,而且这会在很大程度上促进她事业的发展。另一方面,如果她的想法最终没能实现,又或者这部小说是一部失败之作,那么她将耗费大量的时间和精力而得不到任何回报。"接下来的问题是:"当这部小说取得成功的概率至少为_____时,海伦应该尝试写这部小说?选项分别为 1/10、2/10、3/10、4/10、5/10、6/10、7/10、8/10、9/10、10/10。"首先,被试单独思考这一问题,并给出自己的决定。接下来,每 4—5 名被试被分为一组,对该问题进行讨论并达成一致决定。最后,研究者对单独决定时被试回答的平均值与最终达成的群体决定进行比较。斯托纳最初的研究发现,群体决策比个体决策更冒险,这被称作冒险偏移(risky shift)。例如,一项研究表明,在类似的问题中,被试平均认为需要 30% 的成功概率才会建议主角冒险;但是在群体讨论之后,被试认为只要有 10% 的成功概率就建议冒险(Wallach, Kogan, & Bem, 1962)。

不过,后续研究发现,并非所有群体决策都会出现冒险偏移。在某些选择困境中,被试在群体讨论中会变得更加谨慎。例如考虑这样一个情境:"罗杰是一名已婚男子,他有两个正上学的孩子,有一份稳定但薪水不高的工作。他能负担得起必需的生活用品,但很少买得起奢侈品。他听说一家没什么名气的公司的新产品如果卖得好的话,该公司的股票会升值为原来的三倍,而如果卖得不好,则股票价格会大跌。罗杰没什么储蓄,要投资这家公司,他正在考虑卖掉他的人寿保险单。当这家公司的新产品成功的概率至少为_____时,罗杰应该投资这家公司?选项为 1/10、2/10、3/10、4/10、5/10、6/10、7/10、8/10、9/10、10/10。"对于这种情境,多数被试倾向于建议罗杰采用比较保守的策略,谨慎行事。而在群体讨论后,这种谨慎的倾向被加强了。因此,群体讨论并不总会导致向冒险的方向偏移,也会加强群体成员的初始平均倾向,导致更加极端的观点和决策,这称作群体极化(group polarization)(Moscovici & Zavalloni, 1969)。

很多研究都证实了群体极化现象，在现实生活中也可能看到很多类似的现象。一些研究者组织被试讨论多数人同意或多数人不同意的态度陈述，考察群体讨论的效果，结果证实了群体极化效应：法国学生对某些人的不喜欢在讨论之后更加恶化(Brauer, Judd, & Jacquelin, 2001)；讨论增强了法国学生起初对总统的积极态度和对美国人的消极态度(Moscovici & Zavalloni, 1969)；日本大学生在讨论交通案例之后做出更显著的"有罪"判断(Isozaki, 1984)；等等。另一些研究者选择一些观点存在分歧的问题，然后将持相同观点的被试分在同一组中，观察讨论的结果。一项研究以中学生为被试，将他们分成相对有偏见和相对无偏见两组，在讨论前和讨论后要求他们回答涉及种族态度的问题(Myers & Bishop, 1970)。结果发现，类似观点的学生之间的讨论增加了两组之间的观点差距：高偏见组的种族偏见在讨论后增加，低偏见组的种族偏见在讨论后减弱。在现实生活中，人们往往与观点或某些特征相似的人进行交往，相似的个体之间的交流会加强原有的观点。例如，男孩和女孩的差异随着他们各自同性别活动的进行而加剧(Maccoby, 2002)；大学生群体之间最初的差异随着时间过去越来越大。在学校、法庭、互联网等场所，都发现了群体极化现象。一些研究者分析了团伙犯罪，发现这些团伙的成员通常有类似的特征和敌意，他们更容易聚集在一起并彼此强化，从而走向团伙犯罪(Cartwright, 1975)。还有研究者分析了世界上的恐怖活动组织，他们认为，恐怖主义并不是突然爆发的，而是那些拥有共同不满情绪的人们聚集到了一起，互相交流之后，变得更加极端(McCauley & Segal, 1987; McCauley, 2002)。

为什么会出现群体极化？一个原因是说服性辩论(persuasive arguments)，即群体成员在讨论时提出支持自己观点的证据，其中一些是其他成员单独决策时所没有想到的(Burnstein & Vinokur, 1977)。当群体成员的初始平均观点偏向某个方向时，意味着多数人都支持这个方向，那么在群体讨论时多数人听到的是更多支持自己原来观点的论据，因此更确信原来观点的正确性，从而变得更极端。并且，当积极参与群体讨论时，个体会不断加强自己和他人的观点，从而会促进观点极端化(Brauer, Judd, & Gliner, 1995)。

第二个原因是社会比较，个体将自己的观点与其他群体成员的观点进行比较，当发现其他人有类似观点时，个体会同意其他人的看法并且表现得更为极端，目的是让其他人赞赏自己(Brown, 1974; Abrams et al., 1990)。在一个实验中，研究者询问一所牙科诊所的病人，他们认为牙科的椅子"舒适"还是"不舒适"(Baron et al., 1996)。然后，一些个体听到实验者询问："顺便问一下，X医生，上一位病人是怎么说的？"牙医总是重复病人刚刚做出的反应。最后，病人在一个从150到250的量表上评定椅子的舒适性。结果表明，与没有听到他们的观点被证实的病人相比，听到牙医回答的病人给出的评分更极端。可见，当自己的观点得到证实时，个体将其调整得更加极端,从而出现极化效应。在虚拟的网上音乐市场中,当人们得知其他人下载的音乐时,受欢迎的歌曲变得愈发受欢迎,而不受欢迎的歌曲变得愈发不受欢迎(Salganik, Dodds, & Watts, 2006)。说服性辩论和社会比较的观点都得到了研究证据支持,并且二者可以同时起作用(Isenberg, 1986)。

·群体盲思

1961年,正是冷战正酣的时期,时任美国总统的约翰·肯尼迪遇到一个重要的决策问题,他是否应该继续实施艾森豪威尔政府入侵古巴的计划。两年前,卡斯特罗领导古巴人民推翻了美国长期扶植的巴蒂斯塔政府,建立新的革命政权。从此,卡斯特罗就成为美国的头号敌人,美国政府一直企图颠覆卡斯特罗领导的古巴新政权。自1960年起,美国中央情报局就开始训练古巴流亡分子,计划随时准备登陆古巴,推翻卡斯特罗政权。肯尼迪总统召集他的智囊团,共同分析这项计划的优缺点。经过长时间的讨论,他们最终决定采取行动。1961年4月,由1400名流亡分子组成的雇佣军入侵了古巴的猪湾。但是,这次侵略是一次彻底的失败。卡斯特罗的军队全歼和俘虏了几乎所有的入侵者。这次事件被称为猪湾事件。对美国来说这次失败的进攻不但是一次军事上的失败,而且也是一次政治上的失误。国内外对这次进攻的批评非常强烈,肯尼迪政府为此大失信誉,而卡斯特罗政权被巩固,并且古巴与苏联更加靠近,这种靠近不断升级,最终导致了1962年的古巴导弹危机。肯尼迪总统不得不在美国公众面前公开承认猪湾事件是一件绝不能再发生的错误,然后声称对该事件负全责。

肯尼迪出身名门,聪明而有魅力,他的智囊团成员都是才华横溢的人,被认为是"最棒、最耀眼的一群人"。然而,正是这一群聪明人却共同犯了一个愚蠢的错误。为什么会这样?一群聪明人必然会做出愚蠢的决策吗?答案很可能是否定的。作为猪湾事件的延续,古巴同苏联的关系越来越密切,而美、苏之间的摩擦却日趋严重。1962年,苏联开始向古巴运送导弹。同年10月,美国侦察机发现了古巴境内的导弹基地,肯尼迪总统立即向苏联提出强烈抗议,要求马上拆除古巴境内的导弹发射设施,否则,美国将毫不犹豫地消灭这些直接威胁美国安全的导弹设施。当时的情况非常紧张,战争一触即发。1962年10月16日,肯尼迪总统组成了国家安全委员会执行委员会,研究如何对付苏联的行动对策。肯尼迪和他的团队最终决定,对古巴进行海上封锁,并让军队表现为进入战备状态。在美国的封锁和强硬态度的压力下,赫鲁晓夫最后宣布,从古巴撤走导弹,而美国也做出了不再入侵古巴的承诺。在纪实性电影《惊爆13天》中,记录了两次事件的前因后果。为什么这次他们选择了一个成功的策略?前后两次决策的主要区别在哪里?

心理学家贾尼斯(Janis，1972，1982)分析了包括猪湾事件在内的历史上的几次重大决策失误事件，他认为正是不良的群体过程导致了这些错误。1941年12月的珍珠港事件的几个星期之前，美军曾收到消息，日本计划袭击美军在太平洋上的某个地方。本来侦察机可以发现日军航空母舰的踪迹，或者至少提供几分钟的警报。但是自大的美军指挥官拒绝发出警报。结果美军对日本的偷袭全无准备，2400名士兵阵亡。1964至1967年，约翰逊总统和他的政策顾问团决定扩大在越南的战争，他们相信在美国强大军事力量的压制下，北越会被迫接受和谈。尽管政府情报专家和几乎所有盟国都不支持，但是他们仍然决定将战争升级。结果是，58000名美国人和100万越南人失去生命，总统被迫下台，巨大的财政赤字还加剧了20世纪70年代的通货膨胀。20世纪70年代，尼克松总统和他的幕僚做出决定，派遣一个公认判断力有问题的人去实施一项昂贵、高风险并且可能带来灾难后果的计划：闯入民主党在水门大厦的办公室安装窃听器。在事件曝光之后，这些身居高位的人做伪证、销毁证据乃至行贿，试图掩饰这次事件。他们怎么会做出这么愚蠢以及明显违法的行为，尤其是其中有很多律师和高级官员？

贾尼斯认为，做出糟糕决策的上述群体有一些共同之处，他们的凝聚力都很高，并且为了群体和谐一致而避开和压制不同观点。贾尼斯提出了群体盲思(groupthink)的概念，即"人们所采取的这样一种思考模式，在一个有凝聚力的、排他的小群体中，由于人们共同的追求占主导地位，因此该群体忽视对那些可供选择的行动方案所做的实事求是的评价"。根据贾尼斯的观点，群体盲思在某些条件下尤其容易出现：群体的凝聚力非常高，群体与外界观点隔离，群体拥有命令型领导，缺乏系统的程序用于评估各种观点等。在猪湾事件中，肯尼迪和他的智囊团刚刚赢得了总统大选，形成了一个联系紧密、观点相似的群体。他们压制不同观点，缺乏良好的决策机制，并且肯尼迪总统很快就表达支持这一入侵计划。这些都是容易造成群体盲思的前兆。

贾尼斯认为，当孕育群体盲思的土壤成熟，其症状就会逐渐出现。群体变得过度自信，觉得自身无懈可击，不可战胜。群体成员认为自己所在群体的道德无可置疑，忽视伦理和道德问题。群体漠视反对观点，对自己的立场进行合理化，也就是解释已有观点和证实其合理性。群体成员还认为敌方太过邪恶而无法谈判，或者力量太弱无法抵抗，也就是以过分简单和刻板的方式看待敌对群体。这些群体中的从众压力很大，成员会冷落那些对群体观点和计划提出疑问的人，甚至讽刺和挖苦他们。在这种情况下，群体成员会进行自我检查(self-censorship)，压制自己的反对意见，以维持群体的和谐一致。肯尼迪的一位顾问施莱辛格(Schlesinger)曾回忆说，他觉得入侵计划存在问题，但是由于害怕破坏群体和谐以及别人排斥自己，他并没有提出质疑。从众压力和自我审查会产生集体一致的错觉，人们认为所有人都同意群体的观点。一些群体成员还会充当精神守卫者(mindguards),当发现质疑群体决定的信息时,想办法排除这些信息和提出信息的人,以避免群体受到不同意见的干扰。

群体盲思的这些症状导致不良的决策过程:未能充分调查其他的可能性,没有检验所偏好方案的风险,未能恰当地寻找相关信息,没有准备应变计划,等等。珍珠港事件、猪湾事件、越战升级、水门事件、泰坦尼克号沉没等事件中,都可以发现群体盲思的前兆和症状。1986年1月,美国国家航空航天局做出发射挑战者号航天飞机的决定,航天飞机在发射几秒钟后爆炸。7名宇航员和1名平民教师在事故中丧生。在发射之前,很多工程师都反对这次发射,他们担心低温之下火箭的密封口会出现问题。但是,国家航空航天局的官员非常希望发射能够按期进行,并第一次将一位平民教师送往太空,以展示他们的发射效率和能力。负责生产火箭推进器的莫顿聚硫橡胶公司(Morton Thiokol)(简称莫顿公司)的工程师却不关心与发射有关的政治、经济和公共关系方面的问题,他们唯一考虑的是发射是否安全,因此他们强烈地反对发射。但是,莫顿公司的主管不仅要考虑技术问题,还要考虑与国家航空航天局的合同,他们依赖于航空航天局,更倾向于与航天局官员的想法保持一致。在发射前一天,莫顿公司的工程师向主管们和航空航天局的官员们再次提出反对发射的看法,官员们坚持希望发射,而主管们则处于矛盾之中。但是,当莫顿公司的首席执行官要求主管们"放下工程师的身份,只作为管理者来考虑问题"时,这些主管改变了他们的立场,开始支持发射。在进行投票表决时,莫顿公司的首席执行官将工程师排除在外,只让管理者参与表决,营造出了一种一致同意的错觉。由于精神守卫者的存在,做出最终决策的国家航空航天局首席执行官从未得知工程师们的忧虑,他自信地做出了发射的决定。可以看到,在决定发射航天飞机的决策过程当中,存在很多群体盲思的症状(Moorhead, Ference, & Neck, 1991; Esser & Lindoerfer, 1989)。一些研究者认为,伊拉克战争中也存在群体盲思,萨达姆和布什周围都有一群观点类似的顾问,他们压制反对观点,只接受支持他们观点的过滤后的信息(Newell & Lagnado, 2003)。

群体盲思的前兆: 高的群体凝聚力; 群体与外界观点隔离; 领导控制讨论并表达自己的观点; 成员感觉到群体受到威胁; 群体缺乏评估不同观点的系统程序。	群体盲思的症状: 有群体无懈可击的错觉; 认为群体道德绝无问题; 对敌对群体的刻板印象; 对群体观点进行合理化; 对持反对意见者施加压力; 成员对与群体意见不一致的观点进行自我审查; 以为群体意见完全一致的错觉; 精神守卫者使群体远离质疑其观点的信息。	决策缺陷: 未能充分调查其他的可能性; 没有检验所偏好方案的风险; 未能恰当地寻找相关信息; 没有准备应变计划。

图 7.2 贾尼斯的群体盲思理论(Janis, 1982)

贾尼斯的群体盲思理论引起了广泛关注,很多研究对这一理论进行了检验。贾尼斯收集的是已经发生的、支持其理论的历史事件,对其理论的检验需要控制良好的实证研究。后来的研究结果对群体盲思理论只提供了部分支持(Paulus,1998;Esser,1998)。例如群体凝聚力高并不总会造成群体盲思,这样的群体既有可能喜欢一致意见从而导致群体盲思,又有可能鼓励批判性分析,从而阻止群体盲思的出现(Postmes,Spears,& Cihangir,2001)。实际上贾尼斯已经指出,当凝聚力高与其他条件相结合时,例如命令型领导和从众压力,群体盲思才会出现。研究证实,支配型的领导确实与糟糕的决策存在相关;当成员希望获得群体接纳和认同时,他们会压制自己与他人不同的想法;群体确实更喜欢支持性而不是挑战性的信息;等等(例如:McCauley,1998;Hogg & Hains,1998;Schulz-Hardt et al.,2000)。另一些研究者在大范围收集各个历史时期的样本,并对决策记录进行详细分析(Tetlock et al.,1992)。他们发现,确实可以区分出两类群体,一类是有群体盲思特征的群体,另一类是判断力良好和"警惕性"的群体。不过,有些时候,即便是好的群体互动也可能会做出错误的事情。贾尼斯在他去世之前一直在努力完善他的理论。尽管存在一些对该理论的质疑,但是也确实存在支持群体盲思模式的实证证据。不管如何,贾尼斯对群体盲思的分析和研究有助于提醒我们警惕群体决策中的不良群体互动。

为了找出有助于良好决策的条件,贾尼斯还分析了一些成功解决危机的事件,例如1962年肯尼迪政府对古巴导弹危机的处理。贾尼斯建议,为了预防群体盲思,应该做到以下几点(Janis,1982)。领导者应该保持中立,不应该偏向任何立场,在其他人表达完观点之后才陈述自己的看法。领导者应该鼓励群体成员发表质疑或反对意见,可以考虑每次讨论时都在群体中设立一个魔鬼代言人(devil's advocate),这个人专门负责提出反对意见。群体还应该邀请一些群体外的专家来发表看法,因为他们相对不受群体内凝聚力的影响。还可以将群体分为几个小组,各组先分别讨论,然后再集体讨论各组的建议。也可以安排群体成员匿名写下自己的意见,或者采取不记名投票的方式,避免从众的压力。当群体采用这些改进群体互动的方法时,做出成功决策的可能性增加。1962年,当肯尼迪政府面临古巴导弹危机时,肯尼迪采取了一些步骤帮助避免再次出现群体盲思。当他的智囊团开会讨论如何应付时,肯尼迪通常不出席,以避免影响讨论。他还邀请了不属于智囊团的外部专家来参与讨论。最后,改善后的群体决策过程使得他们成功地解决了这场危机。

·群体问题解决

群体能否比个体更好地完成任务和解决问题?这个问题的答案依赖于许多因素,包括任务的类型、群体的性质、群体达成一致的方式等。对于累加型任务,群体绩效是每位成员努力的总和,尽管存在社会懈怠,但群体的力量依然大于个体;对于联合型任务,必须所有群体成员都成功,群体才能成功,这样一来群体的绩效等于能力最差的那个人;对于分离型任务,只要有一个群体成员成功地想出解决方法,群体就会取得成功,这个时候群体绩效取决于能力最高的那名成员;还有些时候,群体成员分工合作来完成某项任务,这时群体的绩效依赖于每位群体成员的能力以及他们的合作情况(Taylor, Peplau, & Sears, 2006)。

考虑这样一道题目:"有人以 600 元的价格买了一匹马,并以 700 元的价格卖出。然后,他又花 800 元钱买回了这匹马,再以 900 元卖出。在这匹马的交易中,他总共赚了多少钱?"你觉得正确答案是多少? 100 元、200 元、300 元或是其他? 一些研究者让大学生回答这个问题,发现只有 45% 的大学生能够得出正确答案(Maier & Solem, 1952)。你的回答是多少? 正确答案是 200 元。这个问题让人迷惑的原因是同一匹马被卖来卖去,如果这里是两匹不同的马,答案就很清楚了:这个人买卖 A 马赚了 100 元,买卖 B 马又赚了 100 元,所以他总共赚了 200 元。当研究者让大学生组成 5 人或 6 人的小组时,回答的正确率大为提高:有些群体中的领导者不太活跃,只是观察成员们的讨论,这类群体的正确率为 72%;有些群体的领导者鼓励和引导所有成员发表看法,这类群体的正确率为 84%。可见,对于这类逻辑问题,当群体中有成员知道正确的回答,并且鼓励型领导鼓励大家表达观点时,群体讨论可以提高回答的准确率。

一篇综述总结了在不同类型判断任务中群体表现与个体表现的比较:数量判断任务,逻辑问题判断任务和一般知识性问题判断任务(Hastie, 1986)。对于数量判断,群体比个体的准确率高 10%—30%。对于逻辑问题判断,群体通常好于个体,但是最优秀的成员独立解决问题的成绩通常好于群体。对于一般性知识问题,群体通常比中等水平成员的表现更好,但是最优秀的成员往往超过群体。在另一篇综述中,研究者总结了关于个体和群体在判断、决策、创造力、问题解决等方面的表现,得到的结论类似(Hill, 1982)。群体通常超过一般的成员,但是通常不如最优秀的成员。

群体判断的准确性还取决于采用的决策规则,即如何整合成员的观点。在一项研究中,研究者比较了 5 种不同的群体决策技术,要求被试估计一家商店下月的销售额,然后与实际销售额进行比较来衡量判断的准确性(Sniezek, 1989)。这 5 种技术分别是:"一致意见",即面对面讨论直到所有成员都接受某种意见;"辩证",即成员讨论可能导致判断偏差的因素;"独裁者",即面对面讨论选出一位最佳成员,用他的判断来代表群体;"德尔菲",即群体成员不见面,而是以某种顺序循环匿名提供答案,直到形成一致意见或关于某个问题的看法;"集体",即群体成员不进行任何形式的互动,只是简单地将所有成员的判断加以平均,这种方式被作为基线水平。这项研究发现,前面的 4 种技术都比简单汇总的准确性高,其中"独裁者"技术最准确。这项研究局限于大学生被试,以及一个特定的预测销量的问题,"独裁者"技术不见得对于所有人群、所有任务都最优。但是,这项研究至少证明,群体使用的决策技术在很大程度上影响效果,并且,有效的群体互动才能发挥群体优势。

在20世纪50年代,一位广告公司经理提出,群体有助于产生更有创造性的想法和解决方案(Osborn, 1957)。他建议使用头脑风暴(brainstorming)技术,利用头脑之间的碰撞来产生新的想法,这种方法被广告界和企业界广泛使用。在使用头脑风暴方法时,将某个特定问题交给群体去讨论,要求在较短的时间内尽量想出最多的不同建议。头脑风暴需要遵守以下原则:不能有批评,不到最后不能对别人的建议进行消极评价;建议可以随心所欲,想法越疯狂越好;数量越多越好;除了贡献自身想法外,成员还应该对别人的想法进行改进和整合。一般公众认为头脑风暴法能够比让人们单独工作时产生更多的创意,而研究者对这种方法的有效性进行了检验。在一项研究中,将被试随机分配到群体条件或单独条件下,然后给他们提供5个问题,要求在12分钟内解决(Taylor, Berry, & Block, 1958)。例如一个问题是这样的:"每年都有大批美国人去欧洲旅游,现在假设我们希望有更多的欧洲游客来美国度假。你认为有什么办法可以让更多的欧洲人来美国?"要求被试尽可能多地提供有创造性的解决方案。在群体条件下,5个人组成一组,针对问题进行讨论,然后统计群体提出的解决方案的数量;在单独条件下,被试独自思考和提出解决方案,然后被随机分为5个人的集合,将这5个人的结果集合起来,再与真正群体讨论后产生的解决方法进行比较。结果发现,单独条件下5个人提出的解决方案几乎是5人小组的两倍。后续研究同样证实,单独工作比头脑风暴产生更多和更好的想法(例如:Paulus, Larey, & Ortega, 1995)。人数众多的头脑风暴群体通常效率较低。而两个人的讨论则有可能可以促进创造性思维。

为什么头脑风暴的效果不如个体?研究者提出了一些可能的解释。第一,尽管头脑风暴的规则要求不能批评他人的想法,但是个体还是有可能有评价焦虑,担心自己给别人留下的印象。这种担心可能会造成个体对于提出奇思异想感到忐忑不安,抑制创造性思维。研究发现,头脑风暴尤其会破坏对群体互动感到焦虑和不安的个体的表现(Camacho & Paulus, 1995)。第二,在头脑风暴中每次只能有一个人说话,一名成员想出了新的点子却不能马上说出来,而必须要等轮到自己时才能说。在等待时,他/她可能不得不反复回想这个点子,而不是动脑筋去想新的,并且同时又要听其他人的想法,这二者会互相干扰(Brown & Paulus, 1996)。另外,头脑风暴中的人们表现出的水平往往相近,想出数量大致相当的点子。这可能与社会匹配有关,低水平成员的表现给大家设立了一个较低的标准,导致其他成员的表现也降低(Paulus & Dzindolet, 1993)。

既然头脑风暴的效率通常低于个体,为什么又有很多人认为头脑风暴会增加绩效呢?一个原因是人们对群体绩效的评估可能不太准确(Paulus et al., 1993)。在头脑风暴后,人们发觉群体产生了很多的解决方法,但是他们没有真正将群体产生的想法数量与同等数量个体的想法总和进行比较。另外，群体讨论后产生的想法更能被成员接受，成员更有动机去实施，人们喜欢群体讨论而不是单独工作，都是头脑风暴受欢迎的原因(Paulus et al.，1993)。

研究者提出改进群体头脑风暴的三种方法(Brown & Paulus, 2002)。一种办法是结合群体和个体头脑风暴。首先进行群体头脑风暴，然后让个体在受到启发之后继续进行个体思考，这样的效果比顺序颠倒和单独使用效果要好。第二，可以让小组成员用书写和阅读来代替说和听，这样可以解决每次只能听一个人意见的问题。第三，对于较大的群体，可以让成员利用联网的计算机来交流看法，既可以减少评价焦虑，又可以避免发生阻塞。

· 领导

领导是一个群体中最有影响力的人，有些领导可能促成群体盲思，而有些领导则可以集思广益，带领群体取得突出成绩。领导可以通过选举产生，也可能由上级任命，或者某些成员随着时间过去自然地成为领导。研究发现，群体中说话最多的人更容易被内部成员和群体外个体认为是领导(Mullen, 1991)。

什么样的人更容易成为好的领导？曾经一度流行的一种观点是伟人理论(the great person theory)，这一理论认为，不管面临的情境性质如何，拥有一些关键的人格特质才能成为一位杰出的领导。一些研究者比较了领导者与追随者的区别，结果发现：领导有非常突出的能力可以帮助群体完成目标；领导拥有良好的人际沟通技巧，有助于促进有效的群体互动；领导希望获得承认和荣誉的动机较强；情绪稳定；自信；等等(例如：Forsyth, 1990; Hogan, Curphy, & Hogan, 1994)。但是，人格特质与领导能力之间的相关往往较低，很少有人格特质与有效的领导有高的相关。一位研究者分析了所有美国总统的100条个人信息，包括其家庭背景、受教育程度、职业、人格等，结果发现只有身高、家庭的人口规模、书籍出版数量与有效的领导相关联，而其他的97条特征包括人格特质与领导有效性均无相关(Simonton, 2001)。

更多的社会心理学家强调个人特质与社会情境之间的交互作用，认为不同的情境需要不同的领导特质。有研究者提出了领导效能的权变模型(contingency model of leadership effectiveness)，认为领导的有效性取决于领导者的风格是任务导向还是关系导向，以及领导对群体的控制和影响程度(Fiedler, 1978, 1993)。任务导向型领导(task-oriented leader)关注的是成功完成群体的任务，而不太关心员工的情感和人际关系。这类领导组织工作、设置规范、集中于目标的实现。关系导向型领导(relationship-oriented leader)将员工的情感和人际关系作为首要关注的目标。这类领导者努力维持群体和谐，关注情感，表达支持和提高群体凝聚力。权变理论认为，哪种类型的领导者更有效取决于领导对群体的控制和影响程度这一情境因素。在这个维度上,一端是高控制的工作环境,领导者与下级有良好的人际关系,在组织中的地位强大有权力,群体要完成的任务是结构化和清楚明确的。在另一极端上是低控制的工作环境,领导与下级的关系不佳,领导的权力较少,要完成的任务不明确,需要创造性或者复杂的解决方案。权变理论认为,哪种领导类型更有效取决于工作情境:任务导向型领导适合高控制和低控制的情境,而关系导向型领导适合中等控制的情境(见图7.3)。在情境的控制程度较高时,员工比较愉快,一切运作顺利,无需担心他们的情感和人际关系,因此任务导向型的领导将非常有效。当情境的控制程度较低时,同样需要任务导向型的领导,来发挥权威,掌控混乱和模糊的工作环境。在情境控制程度中等时,关系型领导者可以有效关注因人际关系和消极情感导致效率受损的情况,安抚员工和协调人际关系,从而取得成功。研究者在多种群体的领导中对权变模型进行检验,结果支持图7.3的模型(例如:Chemers,2000)。

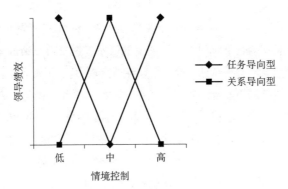

图 7.3　领导效能权变模型(Fiedler, 1978, 1993)

·性别与领导

与男性领导者相比,女性领导者预先就已经处于不利的境地。人们对两性的性别角色有相对固定的预期,女性被期望表现出亲和性特征,即关心他人福利、温暖、乐于助人、善良、有亲和力等;男性被期望表现出事业型特征,即决断、高控制欲、支配他人、独立、自信等。不符合性别角色预期的人们被视为反常。在一个研究中,男性和女性实验助手在几个学生群体中扮演领导者角色,领导解决某个商业问题(Butler & Geis, 1990)。所有实验助手都表现出独断但热情的领导风格,主导群体的讨论,考察群体成员对领导的反应。结果发现,当男性领导独断专行时,得到成员正面的反应;但是当女性领导表现出类似行为时,成员尤其是男性成员却做出负面反应。一些研究者总结了性别与领导之间关系的研究,他们发现,女性领导者往往面临双重束缚(例如：Carli & Eagly, 1999; Eagly & Karau, 2002)。第一，如果女性领导表现出与性别角色相一致的行为，也就是亲和性特征，那么她们会被认为缺乏领导潜质。第二，如果她们表现出事业型特征，那么她们又会被认为"不像女人"。因此，女性很难成为领导者尤其是高层领导者。对女性领导者的偏见随着时代进步似乎正在减少(Eagly & Karau, 2002);有越来越多的人开始接受女性以"男性"化的方式行事(Twenge, 1997)。另外，人们也逐渐认为，有效的领导者既应该表现出传统的女性特征即亲和性，又应该表现出传统的男性特征即有事业心(Eagly & Karau, 2002)。一项印度研究显示，女性担任领导者提升了女性青少年的职业抱负和教育成就(Beaman et al., 2012)。

·文化与领导

一些研究者将领导方式分为专制型、民主型和放任型三种类型(Lewin, Lippitt, & White, 1939)。专制型领导者的行动方式是，以自我为中心，自己掌握权力和进行决策，密切监督下属的工作。民主型领导者把权力交给群体，组织群体成员讨论决策，鼓励人们表达意见。放任型领导放弃权力，只负责布置任务，对群体的活动不参加、不干预和不监督。研究发现，一些国家(例如印度尼西亚和尼日利亚)比另一些国家(例如丹麦和荷兰)的领导采取民主型领导方式的程度要低。很多研究都证实，组织中赞赏和实施专制型与民主型领导的程度在国家之间存在差异(House et al., 2004)。有研究者对此提出了经济解释、气候解释以及二者交互作用下的解释(Van de Vliert, 2006)。经济解释认为，在从捕猎动物到放牧动物、从采摘植物到种植植物转变的过程中，专制型领导方式发展起来，很多国家现在依然主要以农业人口居多(例如阿尔巴尼亚、印度尼西亚、摩洛哥)，专制型领导方式仍然盛行；接下来，在从农业社会向工业社会转变的过程中，随着经济发展和社会经济复杂性的增加，民主型领导更有效和更有吸引力。因此，在富有的国家，人们认为专制型领导效率较低。气候解释关注的是一个区域内普遍的冷或热的天气，包括地理气候(geoclimate)和生物气候(bioclimate)。地理气候是指平均温度水平，从极地的冷向赤道的热逐渐升高；生物气候是指从舒适温度水平的平均偏离，纬度上接近极地的区域气候令人难受(例如加拿大和芬兰)，陆地气候的国家(例如澳大利亚和中国)，沙漠区域的国家(例如苏丹和尼日尔)，纬度接近赤道的海洋气候的国家(例如菲律宾和哥斯达黎加)。地理气候解释认为寒冷地区的人们认为专制型领导的效率低。生物气候解释认为气候不舒适的国家(过冷或过热)的人们认为专制型领导的效率低。有可能经济与气候之间存在交互作用：在富有的国家，气候不舒适与认为专制型领导效率低相关联，在贫穷的国家，气候不舒适与认为专制型领导效率高相关联；

或者趋势刚好相反。有研究者收集了61种文化的数据,在每种文化中,来自国内组织的中层管理者回答了测量对专制型领导方式的重视程度的问题(Van de Vliert, 2006)。该项研究的结果证实了经济与生物气候之间的交互作用：在气候不舒适（过热或过冷）的富有国家,专制型领导被认为没有效率,在气候不舒适的贫穷国家,专制型领导被认为效率较高。

第4节　竞争、冲突与合作

有些时候,群体成员有共同的目标,他们互相合作,分享信息,为了共同的利益努力。而有的时候,群体成员或群体之间的利益互相冲突,这时他们彼此竞争,乃至有可能发展为严重的冲突。当人们知觉到行动或目标的不兼容时,冲突便会出现。冲突可能出现在两名或多名个体之间,也可能出现在两个或多个群体之间,甚至大到国家与国家之间也存在竞争和冲突。很多社会心理学家致力于研究冲突的本质以及如何解决冲突、促进合作。许多这方面的研究采用模拟日常生活关键特点的实验室游戏方法来进行。

·社会困境

社会心理学研究经常使用的一类情境称作社会困境(social dilemma),在这种情境中,如果多数人都采用对个人最有利的行为,就会对所有人造成不利的影响。也就是说,对个体而言最好的选择往往不是群体整体最好的选择。实验室研究社会困境常用的一个情境称作"囚徒困境"(prisoner's dilemma)。在经典的囚徒困境情境下,两名合伙犯罪的嫌疑犯A和B被捕并面临指控,他们被关在不同的房间,并被告知有两种选择：认罪或不认罪。由于证据不足,检察官希望促使嫌疑犯单独承认自己的罪行,他设置了这样一种方法：如果一名嫌疑犯认罪而另一名不认罪,那么前者将被释放,而不认罪的嫌疑犯则遭到最严厉的惩罚；如果两名嫌疑犯都认罪,他们都将得到中等程度的惩罚；如果两人都不认罪,那么都会得到较轻的判决（如图7.4所示）。

	嫌疑犯A 不认罪	嫌疑犯A 认罪
嫌疑犯B 不认罪	都被判1年	A被释放 B被判10年
嫌疑犯B 认罪	A被判10年 B被释放	都被判5年

图 7.4　经典的囚徒困境游戏

如果你是其中的一名嫌疑犯,你会选择认罪还是不认罪?你可能会这么想:如果另一人认罪,那么自己最好也认罪,这样自己会遭到中等程度的惩罚而不是最重的惩罚;如果另一人不认罪,那么自己最好的选择依然是认罪,这样自己可以直接被释放。因此,不论对方究竟如何选择,自己选择认罪总是比较有利的做法。但是另一名嫌疑犯也会这么想,他/她也会认罪,因而最终的结果往往是二人都认罪,从而都被判5年。而从整体来看,最优的选择是两人都不认罪,从而每人只被判1年。但是,当每个人都只计算自己的利益时,他们做出的选择对二人是不利的。心理学家采用很多类似囚徒困境的情境,要求人们做出选择,被试需要考虑的结果是物品、金钱或学分等。奖励或惩罚的安排可以变化,并且游戏可以进行多个回合,一个典型的奖励结构如图7.5所示。在每一个回合中,个体A和B都可以选择选项X或Y,但是在做出自己的选择时并不知道对方的选择。两人在纸条上写下自己的选择,然后同时展开。如果A选择了选项X而B选择了选项Y,那么A将损失15元钱,B将赚得15元钱;如果A和B都选择了选项X,那么A和B各赚得10元钱;如果A和B都选择了选项Y,那么A和B各损失5元钱;如果A选择了Y而B选择了X,那么A将赚得15元钱,B将损失15元钱。在这里X属于合作选项,因为这样两人都赢钱;而Y则属于竞争选项,选择Y的人可能会让对方输自己赢,或者两个人都输。与嫌疑犯面临的选择类似,背叛对方或者说竞争总能给自己带来更好结果;但是,如果双方都不合作,那么最终结果比他们互相信任并合作时要差得多。因此困境在于:每个人都知道合作会让双方受益,但是每个人都无法相信对方,只能选择对自己而言更好的,从而导致双方都受损。研究发现,人们往往因为无法沟通和无法彼此信任,因而选择竞争策略(Dawes,1991)。不过,研究者也发现,有很多因素会影响人们究竟选择合作还是竞争策略(Insko et al.,2001)。现实生活中有大量类似于囚徒困境的例子,人们若选择合作则可以双赢,而如果选择竞争则会双损,但双方往往都会选择竞争,例如美苏双方的军备竞赛。

	A 选X	A 选Y
B 选X	各赚10元	A赚15元 B损失15元
B 选Y	A损失15元 B赚15元	各损失5元

图7.5 实验室版囚徒困境的奖励结构

另一类常见的社会困境叫做公有地困境(commons dilemma),指的是如果每个人都适度使用公共资源,公共资源就能自我补充,而如果每个人都过度使用公共资源,公共资源将会耗尽(Hardin,1968)。这一名字来自一个公用草地的例子。一个小镇上有一块草地,不属于任何一个家庭所有,而是归居民共有,每名居民都可以让自家的羊在这块草地上吃草。对于每个居民而言,自家养的羊越多,个人的收益就越大。因此,各家各户都增加羊群的数量,但随着羊群的不断增加,这块公有草地因过度放牧而变得荒芜乃至消失。现代的许多资源都容易出现这种情况,例如水、能源、空气、道路、网络宽带、公共卫生等共享但有限的资源。每个人都为了自己的利益而多消耗哪怕一点公共资源,并且说服自己不会对总资源有太大影响,而每个人都这样做时,公共资源将耗尽。这种行为倾向并非只出现在个人主义文化中。一项研究选用集体主义文化中的日本被试,让被试参加一个虚拟游戏,在游戏中,被试支付同样数量的金钱来种植一片虚拟树林,在树木成长过程中,被试可以通过砍伐虚拟树木的方式来获得现金(Sato,1987)。结果与个人主义文化的被试类似,大多数树木在成长到最佳砍伐时机之前就被抢着砍掉了。

·卡车游戏

在一个研究竞争与合作的经典实验中,要求被试想象自己是两家货运公司之一的主管,目标是尽量快地将货物从起点运送到目的地(Deutsch & Krauss, 1960)。两辆卡车各有自己的起点和终点,并且各有一条互不相关、不与对方冲突的路线,但是,对双方而言最短的一条路线是共同的一条单行路,仅能供一辆卡车通过,如图7.6所示。如果两辆卡车都驶入这条最短的近路,就必须有一辆车退回去,另一辆车才能通过,否则双方都会堵在路上。对于双方而言,最佳的解决方案是互相合作,轮流使用最短的这条路线。然而,被试却经常竞争对捷径的使用权,结果是双方都蒙

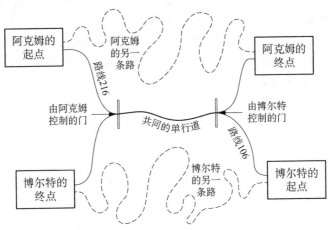

图 7.6 卡车游戏(Deutsch & Krauss, 1960)

受损失。在另一个版本的游戏中,双方各有一道自己能够控制的门,当把门关闭时,对方的卡车将无法通过。结果更加糟糕,双方互相竞争,损失得更厉害。

· 如何促成合作

在上述情境中,人们选择的行为方式往往加剧了竞争和冲突,不利于合作。那么,如何促成合作,提高人们的共同利益呢?

奖励结构

群体成员之间互相依赖的程度决定了奖励结构。当一个人的收益必然意味着另一个人或其他人的损失时,这属于竞争性的奖励结构。例如,在奥运体育比赛中,只有一个人能拿金牌;在科目成绩排名上,只有一个人是第一名。在这类情境中,如果个体希望获得奖励,就必须与他人竞争。在合作性奖励结构中,群体成员必须彼此合作,才能让群体获得奖励。例如,一支球队的球员必须相互合作,才能赢得比赛,如果各自为战,即使个人能力再强球队也无法获胜。在这种情况下,个体的最佳选择是与其他人合作。而如果个体的结果之间彼此独立,互不影响,这叫做个体化奖励结构。这个时候,个体所采取的行动和得到的结果对他人没有影响。现实生活中的奖励结构往往是混合的。在学校中,一些教师把激烈竞争的学习环境变成合作环境,让学生参与合作学习小组,共同学习课程所要求的内容。与竞争性和个体化学习相比,这种方式可以减少课堂上的竞争和偏见,改善学生之间的关系,学生的成绩得以提高。当将人置于重复囚徒困境游戏环境中,并且游戏的奖惩结构也促进合作时,人们在随后的单次游戏中表现出更高的合作性(Peysakhovich & Rand, 2016)。

社会规范

作为社会成员,人们需要遵守社会规范,其中一种是互惠规范。互惠是指人们倾向于回报对方给予的好处或者报复对方造成的伤害。因此,当别人对你采取竞争策略时,你会回报以竞争;而对方最初合作时,你也会做出让步或合作。在囚徒困境游戏中,最有效的策略被证明是一报还一报策略:首先采取合作行动,然后总是根据对方上一次的表现做出回应,当对方合作时,自己也合作,当对方竞争时,自己也竞争(Axelrod, 1984)。研究证实,这种策略经常能够成功引发对方采取合作策略。当通过游戏标签来暗示当前情境的社会规范时,人们在囚徒困境中的决策受到明显影响:当情境被称作是"华尔街游戏"(Wall Street Game)时,合作率只有不到三分之一;当情境被称作是"社区游戏"(Community Game)时,合作率达到了约三分之二(Liberman, Samuels, & Ross, 2004)。

个人取向

个体在与他人合作的倾向上有很大的差异。研究发现,当个体在面临社会困境时,主要有三种不同的社会价值观取向(social value orientation,SVO):一种是亲社会取向,倾向于最大化群体所有成员的收益;第二种是竞争取向,倾向于使自己相对于他人的收益最大化,希望超过别人;第三种是个人主义取向,倾向于最大化自己的收益,不考虑他人(McClintock & Liebrand, 1988)。这些取向是合作是否出现的重要决定因素。

直觉

社会直觉假设(social heuristics hypothesis,SHH)认为,人们日常生活中的社会交往通常是长期、重复和多次进行的,因而合作是有益的,人们会发展出偏向合作的直觉(Rand et al., 2014)。根据这一理论,人们的直觉和自发反应是合作。但是,在一次性的社会困境游戏中,对个体有益的策略是不合作,因此思考之下人们会选择自利而不是合作。研究证据支持这一假设:当通过认知负载、自我损耗、时间限制和直觉启动等操纵诱发被试知觉思考时,人们在公共产品游戏、囚徒困境、信任游戏、最后通牒游戏中表现出的合作行为增加(综述见:Rand, 2016)。

群体与个体

如果人们在游戏中的对手是朋友,或者他们期望未来与对方有进一步的交往,他们往往会选择合作性策略(Pruitt & Kimmel, 1977)。并且两名个体比两个群体在囚徒困境游戏中表现出更多的合作行为,这被称为中断效应(discontinuity effect)(Schopler & Insko, 1999)。这种效应有多种可能的原因(Insko et al., 2001)。第一,人们更愿意相信另一个体是真诚和值得信赖的,希望与其合作;而对群体的不信任感远高于个体,认为群体一有机会就会在背后伤害我们。第二,当群体为自身利益采取竞争方式时,群体成员之间会彼此支持和认同,而个体如果选择竞争则不会得到社会支持。第三,个体之间的竞争,两人的身份非常明确,而群体之间的竞争,个体的身份是隐蔽的。在一个研究中,被试以个人或三人一组的形式参加囚徒困境游戏,研究者告知一半被试只有一次选择与对手合作或竞争的机会,告知另一半被试有多次选择机会(Insko et al., 2001)。研究者假设,如果有多次机会,群体竞争的倾向会减弱,因为多次游戏会受到上述三种因素的影响。结果证实了他们的假设。

文化

与个人主义文化相比,集体主义文化更重视培养孩子的合作性(Markus &

Kitayama，1991)。有研究比较了7—9岁的墨西哥儿童、墨西哥裔美国儿童、美国白人儿童在游戏中的表现(Kagan & Madsen，1971)。结果发现,墨西哥儿童的合作次数比例为63%,墨西哥裔美国儿童的合作次数比例为29%,而美国白人儿童的合作次数比例只有10%。当控制儿童的居住地和经济背景时,文化差异依然存在;并且,这些差异不能够由家庭大小或父母教养方式所解释。因此,文化差异可能反映了广泛的关于竞争和合作的文化价值观,它们不仅在家庭教育中被传授,而且还通过学校教育、媒体、体育、游戏等方式传给个体(Kagan，1984)。儿童接触美国语言、文化和价值观越多,竞争性就越强。

沟通

在囚徒困境和卡车游戏研究中,不允许被试互相交流,因此双方互不信任,各自追求自身的利益。如果允许双方自由沟通,是否会促进合作? 答案是不一定。在卡车游戏的一个版本中,被试可以通过对讲机进行自由交流,或者研究者强制被试每个实验回合都进行交流(Deutsch & Krauss，1960)。但结果发现,被试经常使用对讲机威胁对方,双方并没有培养起信任感。不过,当指导人们如何用沟通建立信任关系时,往往可以促进合作。当每对个体进行面对面沟通、能看到彼此的非言语行为时,他们更有可能建立友好关系,达成合作(Drolet & Morris，2000)。

协商

在现实生活中,人们的选择通常不像实验室情境那么简单地非此即彼,而是有更宽泛的选择维度和范围。因此,通过协商(negotiation),即对立双方通过提出要价和还价,最终达成双方都同意的解决方案。例如,在购买产品时,买方与卖方讨价还价,如果一切顺利,一方或双方都做出让步,最终达成双方都能接受的价格。但是,也有可能双方都不肯让步,无法达成一个最终价格,因此交易失败。哪些因素会影响协商的成功?

也许最重要的一点是,人们对于谈判结果性质的看法。人们往往认为"非赢即输":如果对方获得不好的结果,那么自己就成功了;如果对方获得好结果,那么自己就失败了(Thompson et al.，1995)。但是,很多时候并非如此,协商结果可以是双赢的,即可以取得双方利益的共同最大化,对双方都有利。不过,通过协商来达成双赢并非让双方进行简单的妥协,而是努力达成整合式解决方案(integrative solution),即冲突双方根据彼此不同的利益,进行利益交换:每一方都在对其而言不重要的方面但对于对方很重要的方面做出让步,从而最终达成解决方案(Aronson，Wilson，& Akert，2004)。

阿伦森等人(2004)举了这样一个例子,假设工会和公司正在为新的劳动合同进行协商：工会要求增加6%的工资，并增加六天的年休假；公司建议加2%的工资，但不增加年休假天数。一个简单的解决方案是双方在两方面都做出妥协：同意加4%的工资和增加三天的年休假。这是一个好的解决方案吗？不一定是，因为双方对问题中的两个方面（加工资和年休假）不一定同等看重。如果工会更看重的是加工资，并非更长的年休假，而公司则更关心减少年休假的天数，并非控制工资数额，那么，双方最看重的利益是有差异的，更好的解决方案是整合式的：工会得到6%的加工资，以交换年休假不变，前者让工会满意，后者让公司满意。

　　与此类似，只要协商双方在重视的利益上存在差异，就有可能达成整合式解决方案。研究者分析了一个现实生活中的例子，即1978年的戴维营对话（Pruitt & Rubin, 1985）。在当时，埃及和以色列就西奈半岛的控制权进行谈判，双方似乎持完全对立的目标：埃及想要完整地收回西奈半岛，而以色列自1967年以来一直占领这里并拒绝归还。双方的协商失败，都不肯接受分割西奈半岛的提议。表面上看起来，双方的立场完全冲突、不可协调。但实际上，双方最看重的利益是有区别的：以色列的重点在于防御陆空侵袭，寻求军事安全，而埃及主要看重的是对几千年以来一直属于其领土的区域行使主权。因此，这里涉及的利益包括两方面，军事保护（以色列的重点）和主权（埃及的重点），二者对双方的重要性程度是不同的。最终双方在谈判中发现了这一点，并产生了一个整合解决方案：以色列归还西奈半岛，但埃及必须将西奈半岛设为非军事化区域。

　　表面上看，整合式解决方案很容易形成，因为谈判双方只需要弄清楚彼此最重视的问题，然后在对方重视、己方不重视的方面做出让步。但是，实际上，人们在谈判中往往不愿意分享信息，不肯透露自己看重的利益；或者由于互不信任，人们不愿意相信或曲解对方提供的信息。不管如何，谈判双方往往难以达成整合式解决方案（Thompson, 1997）。在一个研究中，要求被试在一个假设的冲突中站在雇主或雇员一边（Thompson, 1995）。雇主和雇员的主要利益是不同的：对雇员而言，获得高薪更重要；对雇主而言，降低医疗赔偿更重要。在研究开始时，双方都不清楚对方重视的问题，而是需要在协商过程中弄清楚。结果发现，人们不能很好地发现对方最看重的利益。在研究中有一些学生没有参与协商，而是观看了协商过程的录像，并估计每个议题对双方的相对重要性。结果表明，与参与协商的被试相比，没有介入的旁观者做出的判断更准确。这主要是由于双方互不信任，因此难以寻找到对双方都有利的解决方案。因此，第三方的调解者往往可以起到帮助作用，因为中立的调解者通常更能找到对双方都有利的解决方法（Kressel & Pruitt, 1989）。在现实生活中的劳资纠纷、法律案件、离婚诉讼、种族冲突、国家分歧等冲突中，第三方调解者往往有助于和解达成。研究者让不同年龄的被试阅读关于人际间冲突和群体间冲突的故事，并预测冲突的走向。结果显示，与年轻和中年人相比，老年人更能考虑多方面的视角,能够容忍妥协,并承认知识的局限(Grossmann et al.,2010)。这提示老年人更能胜任协商中的调解者角色。

小结

1. 群体是指两个或两个以上彼此互动、互相依赖的人,他们的需要和目标使得他们互相影响。群体大小不一,群体成员往往在某些方面有相似之处。

2. 社会规范指的是关于群体成员应该遵守的可接受的行为、价值观和信念的外显或内隐的规则。它是群体正常运作的必要元素。社会角色是指群体对特定成员行为模式的共同期望,它指出特定位置的成员应该做的事情。

3. 凝聚力是指一个群体将成员约束在一起并促进成员间彼此喜欢的品质。高凝聚力有时会促进群体表现,有时则会阻碍群体成功。

4. 只要有他人在场,就有可能影响人们的行为和表现。有时候会出现社会助长,即他人在场时比独立一人的表现要好。但是,当涉及的任务相对困难、被试不太熟悉时,他人在场会阻碍表现,即社会抑制。

5. 扎荣茨提出优势反应理论,用来解释社会助长和社会抑制。他认为他人在场会造成唤醒,从而促进特定情境下最容易做出的反应,可能正确也可能不正确。这种理论也可以解释体育比赛中的主场优势。

6. 他人在场为什么会造成唤醒,有三种可能的原因:一是评价焦虑,即人们关心他人如何评价自己,从而造成动机和唤醒增加;二是由于他人在场分心,从而造成认知系统负担过重;三是纯粹的他人在场而没有评价焦虑或分心也会造成唤醒。

7. 当人们共同完成某个任务,但是个体付出的努力无法与其他人区分开来,这个时候个体付出的努力比单独完成任务时要小,这叫做社会懈怠。当群体成员的贡献累加起来得到整体结果时,社会懈怠很容易发生。

8. 集体努力模型可以解释社会懈怠:如果个体认为自己的努力对于群体成功无关紧要,即便努力不会被认可,或者个体不看重群体成功的价值,那么容易出现社会懈怠。

9. 有时候,人们认为群体中其他成员能力或努力不够时,他们付出了更多的努力,这称作社会补偿。但是,只有当个体非常看重群体的最终结果,以及个体必须认为其他成员不会努力工作或没有能力影响结果时,才会出现社会补偿。

10. 当人们处于群体当中时,对行为的规范限制就会放松,导致冲动行为和偏差行为的增加,这叫做去个性化。去个性化会导致人们在群体中丧失道德感,做出单独行动时不可能做出的事情。去个性化的原因可能是弱化的自我觉知,以及对群体规范的认同。群体规模和匿名会影响去个性化的程度。

11. 群体达成最终决策的原则有多种，例如多数决定、群体无异议、正确胜出。

12. 群体成员在讨论时，往往花更多时间讨论大家共同掌握的共有信息，而没有很好地利用对决策可能非常重要的少部分人拥有的独有信息。延长讨论时间以及让群体成员分工负责不同类型的信息，可以减少这一现象。

13. 群体讨论往往会加强群体成员的初始平均倾向，导致更加极端的观点和决策，这叫做群体极化。群体极化的一个原因是群体成员在讨论时提出支持自己观点的证据，加强了支持这一观点的成员的信心；第二个原因是社会比较，个体为了让他人赞赏自己，同意他人的看法并表现得更极端。

14. 贾尼斯提出群体盲思概念，即人们所采取的这样一种思考模式，在一个有凝聚力的、排他的小群体中，由于人们共同的追求占主导地位，因此该群体忽视对那些可供选择的行动方案所做的实事求是的评价。贾尼斯还讨论了群体盲思的前兆、症状和决策后果。他用这一理论解释许多历史上的重大决策失误。

15. 预防群体盲思的方法包括，群体领导者保持中立，在群体中设置一个专门提出反对意见的人，请群体外的专家发表意见，将群体分组讨论后再整合。

16. 对于不同类型的任务，群体成绩与个体成绩相比各有长处。

17. 广告业提倡头脑风暴方法，要求群体成员互相激发想法，在较短的时间内想出尽量多的各种提议。不过，头脑风暴并不像人们认为得那么有效。结合群体和个体头脑风暴，采用书写头脑风暴或电子头脑风暴，可以改进效果。

18. 伟人理论认为拥有一些关键的人格特质可以成为一位杰出的领导。尽管人格特质与领导能力有一些关系，但相关较低。

19. 领导效能的权变模型认为，领导的有效性取决于领导者的风格是任务导向还是关系导向，以及领导对群体的控制和影响程度。任务导向型领导关注的是成功完成群体的任务，而不太关心员工的情感和人际关系；关系导向型领导将员工的情感和人际关系作为首要关注的目标。任务导向型领导适合高控制和低控制的情境，而关系导向型领导适合中等控制的情境。

20. 领导风格存在性别差异和文化差异。

21. 如果多数人都采用对个人最有利的行为，就会对所有人造成不利的影响，这叫做社会困境。在实验室中有多种模拟社会困境的范式，其中常见的一种是囚徒困境。另一种社会困境叫做公有地困境，指的是如果每个人都适度使用公共资源，公共资源就能自我补充，而如果每个人都过度使用公共资源，公共资源将会耗尽。在社会困境中，人们往往没有选择对双方最有利的解决方法，而是互相竞争和发生冲突。

22. 奖励结构、社会规范、个人取向、直觉、群体与个体、文化、沟通、协商等因素都会影响人们选择合作还是竞争。

23. 对立双方可以通过提出要价和还价，最终达成双方都同意的解决方案，这叫做协商。人们经常没有认识到存在双赢结果，即可以取得双方利益的共同最大化，对双方都有利。

24. 冲突双方可以根据彼此不同的利益，进行利益交换：每一方都在对其而言不重要的方面但对于对方很重要的方面做出让步，从而最终达成解决方案，这叫做整合式解决方案。只要协商双方在重视的利益上存在差异，就有可能达成整合式解决方案。

25. 由于互不信任，协商双方往往无法得知对方最重视的利益，因此难以达成整合式解决方案。第三方调解者更有可能发现双方各自更看重的利益，找到对双方都有利的解决方法。

参考文献

Abrams, D., Wetherell, M., Cochrane, S., Hogg, M. A., & Turner, J. C. (1990). Knowing what to think by knowing who you are: Self-categorization and the nature of norm formation, conformity and group polarization. *British Journal of Social Psychology*, 29, 97–119.

Allee, W. C., & Masure, R. M. (1936). A comparison of maze behavior in paired and isolated shell-parakeets (Melopsittacus undulatus Shaw) in a two-alley problem box. *Journal of Comparative Psychology*, 22, 131–155.

Allport, F. H. (1920). The influence of the group upon association and thought. *Journal of Experimental Psychology*, 3, 159–182.

Aronson, E., Wilson, T. D., & Akert, R. M. (2004). *Social Psychology* (5th edition). Upper Saddle River: Prentice Hall.

Axelrod, R. (1984). *The evolution of cooperation*. New York: Basic Books.

Baron, R. S. (1986). Distraction/conflict theory: Progress and problems. In L. Berkowitz (Ed.), *Advances in experimental social psychology* (Vol. 19, pp. 1–40). Orlando, FL: Academic Press.

Baron, R. S., Hoppe, S. I., Kao, C. F., Brunsman, B., Linneweh, B., & Rogers, D. (1996). Social corroboration and opinion extremity. *Journal of Experimental Social Psychology*, 32, 537–560.

Baumeister, R., Ainsworth, S., & Vohs, K. (2016). Are groups more or less than the sum of their members? The moderating role of individual identification. *Behavioral and Brain Sciences*, 39, 1–56.

Beaman, L., Duflo, E., Pande, R., & Topalova, P. (2012). Female leadership raises aspirations and educational attainment for girls: A policy experiment in India. *Science*, 335, 582–586.

Berger, J., Webster, M., Ridgeway, C., & Rosenholtz, S. J. (1986). Status cures, expectations, and behavior. In E. J. Lawler (Ed.), *Advances in group processes* (Vol. 3, pp. 1 - 22). Greenwich, CT: JAI Press.

Bettencourt, B. A., & Sheldon, K. (2001). Social roles as mechanism for psychological need satisfaction within social groups. *Journal of Personality and Social Psychology*, 81, 1131 - 1143.

Brauer, M., Judd, C. M., & Gliner, M. D. (1995). The effects of repeated expressions on attitude polarization during group discussions. *Journal of Personality and Social Psychology*, 68, 1014 - 1029.

Brauer, M., Judd, C. M., & Jacquelin, V. (2001). The communication of social stereotypes: The effects of group discussion and information distribution on stereotypic appraisals. *Journal of Personality and Social Psychology*, 81, 463 - 475.

Brown, R. (1974). Further comment on the risky shift. *American Psychologist*, 29, 468 - 470.

Brown, V. R., & Paulus, P. B. (1996). A simple dynamic model of social factors in group brainstorming. *Small Group Research*, 27, 91 - 114.

Brown, V. R., & Paulus, P. B. (2002). Making group brainstorming more effective: Recommendations from an associative memory perspective. *Current Directions in Psychological Science*, 11, 208 - 212.

Burnstein, E., & Vinokur, A. (1977). Persuasive argumentation and social comparison as determinants of attitude polarization. *Journal of Experimental Social Psychology*, 13, 315 - 332.

Butler, D., & Geis, F. L. (1990). Nonverbal affect response to male and female leaders: Implications for leadership evaluations. *Journal of Personality and Social Psychology*, 58, 48 - 59.

Camacho, L. M., & Paulus, P. B. (1995). The role of social anxiousness in group brainstorming. *Journal of Personality and Social Psychology*, 68, 1071 - 1080.

Carli, L. L., & Eagly, A. H. (1999). Gender effects on social influence and emergent leadership. In G. N. Powell (Ed.), *Handbook of gender and work* (pp. 203 - 222). Thousand Oaks, CA: Sage.

Cartwright, D. S. (1975). The nature of gangs. In D. S. Cartwright, B. Tomson, & H. Schwartz (Eds.), *Gang delinquency*. Monterey, CA: Brooks/Cole.

Chemers, M. M. (2000). Leadership research and theory: A functional integration. *Group Dynamics: Theory, Research, and Practice*, 4, 28 - 43.

Chen, S. C. (1937). Social modification of the activity of ants in nest-building. *Physiological Zoology*, 10, 420 - 436.

Cota, A. A., Evans, C. R., Dion, K. L., Kilik, L., & Longman, R. S. (1995). The structure of group cohesion. *Personality and Social Psychology Bulletin*, 21, 572 - 580.

Cottrell, N. B., Wack, D. L., Sekerak, G. J., & Rittle, R. M. (1968). Social facilitation of dominant responses by the presence of an audience and the mere presence of others. *Journal of Personality and Social Psychology*, 9, 245 - 250.

Courneya, K. S., & Carron, A. V. (1992). The home advantage in sport competitions:

A literature review. *Journal of Sport and Exercise Psychology*, 14, 13 – 27.

Dawes, R. M. (1991). Social dilemmas, economic self-interest, and evolutionary theory. In D. R. Brown & J. E. Keith Smith (Eds.), *Frontiers of mathematical psychology: Essays in honor of Clyde Coombs*. New York: Springer-Verlag.

Deutsch, M., & Gerard, H. B. (1955). A study of normative and informational social influences upon individual judgment. *Journal of Abnormal and Social Psychology*, 51, 629 – 636.

Deutsch, M., & Krauss, R. M. (1960). The effect of threat upon interpersonal bargaining. *Journal of Abnormal and Social Psychology*, 61, 181 – 189.

Diener, E. (1976). Effects of prior destructive behavior, anonymity, and group presence on deindividuation and aggression. *Journal of Personality and Social Psychology*, 33, 497 – 507.

Diener, E. (1980). Deindividuation: The absence of self-awareness and self-regulation in group members. In P. B. Paulus (Ed.), *Psychology of group influence* (pp. 209 – 242). Hillsdale, NJ: Erlbaum.

Douglas, K. M., & McGarty, C. (2001). Identifiability and self-presentation: Computer-mediated communication and intergroup interaction. *British Journal of Social Psychology*, 40, 399 – 416.

Drolet, A. L., & Morris, M. W. (2000). Rapport in conflict resolution: Accounting for how face-to-face contact fosters mutual cooperation in mixed-motive conflicts. *Journal of Experimental Social Psychology*, 36, 26 – 50.

Eagly, A. H., & Karau, S. J. (2002). Role congruity theory of prejudice toward female leaders. *Psychological Review*, 109, 573 – 598.

Esser, J. K. (1998). Alive and well after 25 years: A review of groupthink research. *Organizational Behavior and Human Decision Processes*, 73, 116 – 141.

Esser, J. K., & Lindoerfer, J. S. (1989). Groupthink and the space shuttle Challenger accident: Toward a quantitative case analysis. *Journal of Behavioral Decision Making*, 2, 167 – 177.

Evans, G. W. (1979). Behavioral and physiological consequences of crowding in humans. *Journal of Applied Social Psychology*, 9, 27 – 46.

Faulkner, S. L., & Williams, K. D. (1996). A study of social loafing in industry. *Paper presented to the Midwestern Psychological Association convention*.

Feld, S. L. (1982). Social structural determinants of similarity among associates. *American Sociological Review*, 47, 797 – 801.

Festinger, L., Pepitone, A., & Newcomb, T. (1952). Some consequences of deindividuation in a group. *Journal of Abnormal and Social Psychology*, 47, 382 – 389.

Fiedler, K. (1978). The contingency model and the dynamics of the leadership process. In L. Berkowitz (Ed.), *Advances in experimental social psychology* (Vol. 11, pp. 59 – 112). Orlando, FL: Academic Press.

Fiedler, K. (1993). The leadership situation and the black box in contingency theories. In M. M. Chemers & R. Ayman (Eds.), *Leadership theory and research* (pp.

2 - 28). New York: Academic Press.

Forsyth, D. R. (1990). *Group dynamics* (2nd edition). Pacific Grove, CA: Brooks/Cole.

Gabrenya, W. K. , Jr. , Wang, Y. E. , & Latané, B. (1985). Social loafing on an optimizing task: Cross-cultural differences among Chinese and Americans. *Journal of Cross-Cultural Psychology*, 16, 223 - 242.

Gastorf, J. W. , Suls, J. , & Sanders, G. S. (1980). Type A coronary-prone behavior pattern and social facilitation. *Journal of Personality and Social Psychology*, 8, 773 - 780.

Gigone, D. , & Hastie, R. (1993). The common knowledge effect: Information sharing and group judgment. *Journal of Personality and Social Psychology*, 65, 959 - 974.

Goldman, J. (1967). A comparison of sensory modality preference of children and adults. *Dissertation: Thesis* (Ph. D.). Ferkauf Graduate School of Humanities and Social Sciences, Yeshiva University.

Grossmann, I. , Na, J. , Varnum, M. E. W. , Park, D. C. , Kitayama, S. , & Nisbett, R. E. (2010). Reasoning about social conflicts improves into old age. *Proceedings of the National Academy of Sciences of the United States of America*, 107, 7246 - 7250.

Haney, C. & Zimbardo, P. (1977). The socialization into criminality: On becoming a prisoner and a guard. In J. Tapp & F. Levine (Eds.), *Law, justice, and the individual in society: Psychological and legal issues* (pp. 198 - 223). New York: Holt, Rinehart & Winston.

Hardin, G. (1968). The tragedy of the commons. *Science*, 162, 1243 - 1248.

Hastie, R. (1986). Review essay: Experimental evidence on group accuracy. In B. Grofman and G. Owen (Eds.), *Information pooling and group decision making: Proceedings of the Second University of California, Irvine, Conference on Political Economy*. Greenwich, CT: Jai Press.

Hill, G. W. (1982). Group versus individual performance: Are N + 1 heads better than one? *Psychological Bulletin*, 91, 517 - 539.

Hogan, R. , Curphy, G. J. , & Hogan, J. (1994). What we know about leadership: Effectiveness and personality. *American Psychologist*, 49, 493 - 504.

Hogg, M. A. (1993). Group cohesiveness: A critical review and come new directions. In W. Stroebe & M. Hewstone (Eds.), *European review of social psychology* (Vol. 4, pp. 85 - 111). Chickester, England: Wiley.

Hogg, M. A. , & Hains, S. C. (1998). Friendship and group identification: A new look at the role of cohesiveness in groupthink. *European Journal of Social Psychology*, 28, 323 - 341.

House, R. J. , Hanges, P. J. , Javidan, M. , Dorfman, P. W. , & Gupta, V. (Eds.). (2004). *Culture, leadership, and organizations: The GLOBE study of 62 societies*. Thousand Oaks, CA: Sage.

Hull, J. G. , Levenson, R. W. , Young, R. D. , & Sher, K. J. (1983). Self-awareness-reducing effects of alcohol consumption. *Journal of Personality and Social Psychology*, 44, 461 - 473.

Hunt, P. J., & Hillery, J. M. (1973). Social facilitation in a location setting: An examination of the effects over learning trials. *Journal of Experimental Social Psychology*, 9, 563-571.

Ickes, W., Layden, M. A., & Barnes, R. D. (1978). Objective self-awareness and individuation: An empirical link. *Journal of Personality*, 46, 146-161.

Ingham, A. G., Levinger, G., Graves, J., & Peckham, V. (1974). The Ringelmann effect: Studies of group size and group performance. *Journal of Experimental Social Psychology*, 10, 371-384.

Insko, C. A., Schopler, H. J., Gaertner, G., Wildschutt, T., Kozar, R., Pinter, B., Finkel, E. J., Brazil, D. M., Cecil, C. I., & Montoya, M. R. (2001). Interindividual-intergroup discontinuity reduction through the anticipation of future interaction. *Journal of Personality and Social Psychology*, 80, 95-111.

Isenberg, D. J. (1986). Group polarization: A critical review and meta-analysis. *Journal of Personality and Social Psychology*, 50, 1141-1151.

Isozaki, M. (1984). The effect of discussion on polarization of judgments. *Japanese Psychological Research*, 26, 187-193.

Janis, I. L. (1971, November). Groupthink. *Psychology Today*, pp. 43-46.

Janis, I. L. (1982). *Groupthink: Psychological studies of policy decisions and fiascoes* (2nd edition). Boston: Houghton Mifflin.

Johnson, R. D., & Downing, L. L. (1979). Deindividuation and valence of cues: Effects of prosocial and antisocial behavior. *Journal of Personality and Social Psychology*, 37, 1532-1538.

Kagan, S. (1984). Interpreting Chicano cooperativeness: Methodological and theoretical considerations. In J. L. Martinez & R. H. Mendoza (Eds.), *Chicano psychology* (2nd ed., pp. 289-333). New York: Academic Press.

Kagan, S., & Madsen, M. C. (1971). Cooperation and competition of Mexican, Mexican-American, and Anglo-American children of two ages under four instructional sets. *Developmental Psychology*, 5, 32-39.

Karau, S. J., & Williams, K. D. (1993). Social loafing: A meta-analytic review and theoretical integration. *Journal of Personality and Social Psychology*, 65, 681-706.

Karau, S. J., & Williams, K. D. (1997). The effects of group cohesiveness on social loafing and compensation. *Group Dynamics: Theory, Research, and Practice*, 1, 156-168.

Karau, S. J., & Williams, K. D. (2001). Understanding individual motivation in groups: The collective effort model. In M. E. Turner (Ed.), *Groups at work-theory and research: Applied social research* (pp. 113-141). Mahwah, NJ: Erlbaum.

Knowles, E. S. (1983). Social physics and the effects of others: Tests of the effects of audience size and distance on social judgment and behavior. *Journal of Personality and Social Psychology*, 45, 1263-1279.

Kravitz, D. A., & Martin, B. (1986). Ringelmann rediscovered: The original article. *Journal of Personality and Social Psychology*, 50, 936-941.

Kressel, K., & Pruitt, D. G. (1989). A research perspective on the mediation of social conflict. In K. Kressel & D. G. Pruitt (Eds.), *Mediation research: The process and effectiveness of third party intervention* (pp. 394 – 435). San Francisco: Jossey-Bass.

Larson, J. R., Christensen, C., Abbott, A. S., & Franz, T. M. (1996). Diagnosing groups: Charting the flow of information in medical decision-making teams. *Journal of Personality and Social Psychology*, 71, 315 – 330.

Larson, J. R., Christensen, C., Franz, T. M., & Abbott, A. S. (1998). Diagnosing groups: The pooling, management, and impact of shared and unshared case information in team-based medical decision making. *Journal of Personality and Social Psychology*, 75, 93 – 108.

Larson, J. R., Foster-Fisherman, P. G., & Keys, C. B. (1994). Discussion of shared and unshared information in decision-making groups. *Journal of Personality and Social Psychology*, 67, 446 – 461.

Latané, B., Williams, K., & Harkins, S. (1979). Many hands make light the work: The causes and consequences of social loafing. *Journal of Personality and Social Psychology*, 37, 822 – 832.

Laughlin, P. R., & Adamopoulos, J. (1980). Social combination processes and individual learning for six-person cooperative groups on an intellective task. *Journal of Personality and Social Psychology*, 38, 941 – 947.

Levine, J. M., & Moreland, R. L. (1998). Small groups. In D. T. Gilbert, S. T. Fiske, & G. Lindzey (Eds.), *The handbook of social psychology* (4th edition, Vol. 2, 415 – 469). New York: McGraw-Hill.

Lewin, K. (1948). *Resolving social conflicts: Selected papers in group dynamics*. New York: Harper.

Lewin, K., Lippitt, R., & White, R. K. (1939). Patterns of aggressive behavior in experimentally created "social climates". *The Journal of Social Psychology*, 10, 269 – 299.

Liberman, V., Samuels, S. M., & Ross, L. (2004). The name of the game: Predictive power of reputations versus situational labels in determining Prisoner's Dilemma game moves. *Personality and Social Psychology Bulletin*, 30, 1175 – 1185.

Maccoby, E. E. (2002). Gender and group process: A developmental perspective. *Current Directions in Psychological Science*, 11, 54 – 58.

Maier, N. R. F., & Solem, A. R. (1952). The contribution of a discussion leader to the quality of group thinking: The effective use of minority opinions. *Human Relations*, 5, 277 – 288.

Mann, L. (1981). The baiting crowd in episodes of threatened suicide. *Journal of Personality and Social Psychology*, 41, 703 – 709.

Markus, H., & Kitayama, S. (1991). Culture and the self: Implications for cognition, emotion, and motivation. *Psychological Review*, 98, 224 – 253.

McCauley, C. (1998). Group dynamics in Janis's theory of groupthink: Backward and forward. *Organizational Behavior and Human Decision Processes*, 73, 142 – 163.

McCauley, C. (2002). Psychological issues in understanding terrorism and the response to terrorism. In C. Stout (Ed.), *The Psychology of Terrorism* (Vol. 3, pp. 3 - 30). Westport, CN: Praeger.

McCauley, C., & Segal, M. (1987). Social psychology of terrorist groups. In C. Hendrick (Ed.), *Review of Personality and Social Psychology* (Vol. 9, pp. 231 - 256). Beverly Hills, CA: Sage.

McClintock, C. G., & Liebrand, W. B. G. (1988). Role of interdependence structure, individual value orientation, and another's strategy in social decision making: A transformational analysis. *Journal of Personality and Social Psychology*, 55, 396 - 409.

McGrath, J. E. (1984). *Groups: Interaction and performance*. Englewood Cliffs, NJ: Prentice Hall.

Michaels, J. W., Blommel, J. M., Brocato, R. M., Linkous, R. A., & Rowe, J. S. (1982). Social facilitation and inhibition in a natural setting. *Replications in Social Psychology*, 2, 21 - 24.

Miller, C. G. (1989). The social psychological effects of group decision rules. In P. B. Paulus (Ed.), *Psychology of group influence* (2nd ed., pp. 327 - 356). Hillsdale, NJ: Erlbaum.

Moore, D. L., & Baron, R. S. (1983). Social facilitation: A physiological analysis. In J. T. Cacioppo & R. Petty (Eds.), *Social psychophysiology* (pp. 434 - 466). New York: Guilford Press.

Moorhead, G., Ference, R., & Neck, C. P. (1991). Group decision fiascoes continue: Space shuttle Challenger and a revised groupthink framework. *Human Relations*, 44, 539 - 550.

Moreland, R. L. (1987). The formation of small groups. In C. Hendrick (Ed.), *Review of personality and social psychology* (Vol. 8, pp. 80 - 110). Newbury Park, CA: Sage.

Moreland, R. L. (1999). Transactive meory: Learning who knows what in work groups and organizations. In L. L. Thompson & J. M. Levine (Eds.), *Shared cognition in organizations: The management of knowledge* (pp. 3 - 31). Mahwah, NJ: Erlbaum.

Moscovici, S., & Zavalloni, M. (1969). The group as a polarizer of attitudes. *Journal of Personality and Social Psychology*, 12, 124 - 135.

Mullen, B. (1986). Atrocity as a function of lynch mob composition: A self-attention perspective. *Personality and Social Psychology Bulletin*, 12, 187 - 197.

Mullen, B. (1991). Group composition, salience, and cognitive representations: The phenomenology of being in a group. *Journal of Experimental Social Psychology*, 27, 297 - 323.

Mullen, B., & Cooper, C. (1994). The relation between group cohesiveness and performance: An integration. *Psychological Bulletin*, 115, 210 - 227.

Myers, D. G., & Bishop, G. D. (1970). Discussion effects on racial attitudes. *Science*, 169, 778 - 789.

Nagar, D., & Pandey, J. (1987). Affect and performance on cognitive task as a function of crowding and noise. *Journal of Applied Social Psychology*, 17, 147 - 157.

Nemeth, C. J. , Connell, J. B. , Rogers, J. D. , & Brown, K. S. (2001). Improving decision making by means of dissent. *Journal of Applied Social Psychology*, 31,45 - 58.

Newell, B. , & Lagnado, D. (2003). Think-tanks, or think tanks. *The Psychologist*, 16,176.

Osborn, A. F. (1957). *Applied imagination*. New York: Scribners.

Paulus, P. B. (1998). Developing consensus about groupthink after all these years. *Organizational Behavior and Human Decision Processes*, 73,362 - 374.

Paulus, P. B. , & Dzindolet, M. T. (1993). Social influence processes in group brainstorming. *Journal of Personality and Social Psychology*, 64,575 - 586.

Paulus, P. B. , Dzindolet, M. T. , Poletes, G. , & Camacho, L. M. (1993). Perception of performance in group brainstorming: The illusion of group productivity. *Personality and Social Psychology Bulletin*, 19,78 - 89.

Paulus, P. B. , Larey, T. S. , & Ortega, A. H. (1995). Performance and perceptions of brainstormers in an organizational setting. *Basic and Applied Social Psychology*, 17,249 - 265.

Pessin, J. (1933). The comparative effects of social and mechanical stimulation on memorizing. *American Journal of Psychology*, 45,263 - 270.

Peysakhovich, A. , & Rand, D. G. (2016). Habits of virtue: Creating norms of cooperation and defection in the laboratory. *Management Science*, 62,631 - 647.

Postmes, T. , & Spears, R. (1998). Deindividuation and antinormative behavior: A meta-analysis. *Psychological Bulletin*, 123,238 - 259.

Postmes, T. , Spears, R. , & Cihangir, S. (2001). Quality of decision making and group norms. *Journal of Personality and Social Psychology*, 80,918 - 930.

Prentice-Dunn, S. , & Rogers, R. W. (1980). Effects of deindividuating situational cues and aggressive models on subjective deindividuation and aggression. *Journal of Personality and Social Psychology*, 39,104 - 113.

Pruitt, D. G. , & Kimmel, M. J. (1977). Twenty years of experimental gaming: Critique, Synthesis, and suggestions for the future. *Annual Review of Psychology*, 28, 363 - 392.

Pruitt, D. G. , & Rubin, J. (1985). *Social conflict: Escalation, impasse, and resolution*. Reading, MA: Addison-Wesley.

Rand, D. G. (2016). Cooperation, fast and slow: Meta-analytic evidence for a theory of social heuristics and self-interested deliberation. *Psychological Science*, 27,1192 - 1206.

Rand, D. G. , Peysakhovich, A. , Kraft-Todd, G. T. , Newman, G. E. , Wurzbacher, O. , Nowak, M. A. , & Green, J. D. (2014). Social heuristics shape intuitive cooperation. *Nature Communications*, 5, Article 3677.

Rosenbloom, T. , Shahar, A. , Perlman, A. , Estreich, D. , & Kirzner, E. (2007). Success on a practical driver's license test with and without the presence of another testee. *Accident Analysis and Prevention*, 39,1296 - 1301.

Salganik, M. J. , Dodds, P. S. , & Watts, D. J. (2006). Experimental study of inequality and unpredictability in an artificial cultural market. *Science*, 311,854 - 856.

Sanna, L. J., & Shotland, R. L. (1990). Valence of anticipated evaluation and social facilitation. *Journal of Experimental Social Psychology*, 57, 819-829.

Sato, K. (1987). Distribution of the cost of maintaining common resources. *Journal of Experimental Social Psychology*, 23, 19-31.

Schlenker, B. R., Phillips, S. T., Boniecki, K. A., & Schlenker, D. R. (1995). Championship pressures: Choking or triumphing in one's own territory? *Journal of Personality and Social Psychology*, 68, 632-643.

Schopler, J., & Insko, C. A. (1999). The reduction of the interindividual-intergroup discontinuity effect: The role of future consequences. In M. Foddy, M. Smithson, S. Schneider, M. Hogg (Eds.), *Resolving social dilemmas: Dynamic, structural, and intergroup aspects* (pp. 281-293). Philadelphia: Psychology Press.

Schulz-Hardt, S., Frey, D., Luthgens, C., & Moscovici, S. (2000). Biased information search in group decision making. *Journal of Personality and Social Psychology*, 78, 655-669.

Schwartz, B., & Barsky, S. (1977). The home advantage. *Social Forces*, 55, 641-661.

Shaw, M. E. (1981). *Group dynamics: The psychology of small group behavior*. New York: McGraw-Hill.

Shepperd, J. A., & Taylor, K. M. (1999). Social loafing and expectancy-value theory. *Personality and Social Psychology Bulletin*, 25, 1147-1158.

Silke, A. (2003). Deindividuation, anonymity, and violence: Findings from Northern Ireland. *Journal of Social Psychology*, 143, 493-499.

Simon, R. W., Eder, D., & Evans, C. (1992). The development of feeling norms underlying romantic love among adolescent females. *Social Psychology Quarterly*, 55, 29-46.

Simonton, D. K. (2001). Predicting presidential performance in the United States: Equation replication on recent survey results. *Journal of Social Psychology*, 141, 293-307.

Sniezek, J. A. (1989). An examination of group process in judgmental forecasting. *International Journal of Forecasting*, 5, 171-178.

Sokoll, G. R., & Mynatt, C. R. (1984). Arousal and free throw shooting. *Paper presented at the Midwestern Psychological Association convention*, Chicago.

Stasser, G. (2000). Information distribution, participation, and group decision: Explorations with the DISCUSS and SPEAK models. In D. R. Ilgen & C. L. Hulin (Eds.), *Computational modeling of behavior in organizations: The third scientific discipline* (pp. 135-161). Washington, DC: American Psychological Association.

Stasser, G., & Titus, W. (1985). Pooling of unshared information in group decision making: Biased information sampling during discussion. *Journal of Personality and Social Psychology*, 48, 1467-1478.

Stewart, D. D., & Stasser, G. (1995). Expert role assignment and information sampling during collective recall and decision making. *Journal of Personality and Social Psychology*, 69, 619-628.

Stoner, J. A. F. (1961). A comparison of individual and group decisions involving risk. *Unpublished master's thesis*, Massachusetts Institute of Technology, 1961. Cited by D. G. Marquis in, Individual responsibility and group decisions involving risk. *Industrial Management Review*, 3,8-23.

Taylor, D. W., Berry, P. C., & Block, C. H. (1958). Does group participation when using brainstorming facilitate or inhibit creative thinking? *Administrative Science Quarterly*, 2,23-47.

Taylor, S. E., Peplau, A. L., & Sears, D. O. (2006). *Social Psychology* (12th edition). Englewood Cliffs, NJ: Prentice Hall.

Tetlock, P. E., Peterson, R. S., McGuire, C., Chang, S., & Feld, P. (1992). Assessing political group dynamics: A test of the groupthink model. *Journal of Personality and Social Psychology*, 63,403-425.

Thompson, L. (1995). They saw a negotiation: Partisanship and involvement. *Journal of Personality and Social Psychology*, 68,839-853.

Thompson, L. (1997). *The mind and heart of the negotiator*. Upper Saddle River, NJ: Prentice-Hall.

Thompson, L., Valley, K. L., & Kramer, R. M. (1995). The bittersweet feeling of success: An examination of social perception in negotiation. *Journal of Experimental Social Psychology*, 31,467-492.

Tiedens, L. Z. (2001). Anger and advancement versus sadness and subjugation: The effect of negative emotion expressions on social status control. *Journal of Personality and Social Psychology*, 80,86-94.

Triplett, N. (1898). The dynamogenic factors in pacemaking and competition. *American Journal of Psychology*, 9,507-533.

Turner, J. C. (1987). *Rediscovering the social group: A self-categorization theory*. New York: Basil Blackwell.

Twenge, J. M. (1997). Attitudes toward women, 1970-1995: A meta-analysis. *Psychology of Women Quarterly*, 21,35-51.

Van de Vliert, E. (2006). Autocratic leadership around the globe: Do climate and wealth drive leadership culture? *Journal of Cross-Cultural Psychology*, 37,42-59.

Wallach, M. A., Kogan, N., Bem, D. J. (1962). Group influences on individual risk taking. *Journal of Abnormal and Social Psychology*, 65,75-86.

Waston, R. I., Jr. (1973). Investigation into deindividuation using a cross-cultural survey technique. *Journal of Personality and Social Psychology*, 25,342-345.

Wegner, D. M., Erber, R., & Raymond, P. (1991). Transactive memory in close relationships. *Journal of Personality and Social Psychology*, 61,923-929.

Williams, K. D., & Karau, S. J. (1991). Social loafing and social compensation: The effects of expectations of coworker performance. *Journal of Personality and Social Psychology*, 61,570-581.

Williams, K. D., Harkins, S., & Latané, B. (1981). Identifiability as a deterrent to social loafing: Two cheering experiments. *Journal of Personality and Social Psychology*, 40,303-311.

Williams, K. D., Jackson, M., & Karau, S. J. (1995). Collective hedonism: A social loafing analysis of social dilemmas. In D. P. Schroeder (Ed.), *Social dilemmas: Perspectives on individuals and groups* (pp. 117-142). Westport, CT: Praeger.

Wood, W. (1987). Meta-analytic review of sex differences in group performance. *Psychological Bulletin*, 102, 53-71.

Worringham, C. J., & Messick, D. M. (1983). Social facilitation of running: An unobtrusive study. *Journal of Social Psychology*, 121, 23-29.

Zajonc, R. B. (1965). Social facilitation. *Science*, 149, 269-274.

Zajonc, R. B. (1980). Compresence. In Paulus P. B. (Ed.), *The psychology of group influence* (pp. 35-60). Hillsdale, NJ: Lawrence Erlbaum.

Zajonc, R. B., Heingartner, A., & Herman, E. M. (1969). Social enhancement and impairment of performance in the cockroach. *Journal of Personality and Social Psychology*, 13, 83-92.

Zimbardo, P. G. (1970). The human choice: Individuation, reason, and order versus deindividuation, impulse, and chaos. In W. J. Arnold & D. Levine (Eds.), *Nebraska symposium on motivation*, 1969 (Vol. 17, pp. 237-307). Lincoln: University of Nebraska Press.

第8章 人际吸引和亲密关系

在一些亚洲国家,很多父母在考虑儿女的婚姻问题时,会要求广义的"门当户对",也就是要求婚姻双方在家庭背景、社会地位、教育、收入等方面大致匹配。他们会反对他们认为不匹配的婚姻,要求子女重新考虑"配得上"他或她的结婚对象。在尼泊尔,个体的配偶是由父母决定的,父母通常需要综合考虑对方的家庭、社会地位和经济状况。新婚夫妻通常是在结婚那天才第一次见面。在这些提倡集体主义的国家,个体在选择结婚伴侣时需要考虑家庭和其他群体成员的意见。而在个人主义的国家,恋爱和婚姻对象的选择完全被视为个人的事情,不需要考虑家人的意见。哪种婚姻更可能成功?让人意外的是,在个人主义的典型国家美国,第一次结婚的离婚率达50%左右。而在很多东方国家,父母影响下结成的婚姻却能够成功地持续下去。

如亚里士多德所说，人无疑是"社会性动物"。人们有与他人建立持续和亲密的关系的强烈需要，即归属需要。而如果归属需要无法满足，个体被他人排斥和拒绝，会感觉非常痛苦(DeWall & Bushman, 2011)。

在一个研究中，要求青少年和成人被试在一周的时间内随身携带一个呼叫装置，当这个装置在每天中随机选取的时间响起时，被试需要填写一份简短的问卷，回答他们正在做什么，独自一人还是与他人在一起(Larson et al., 1982)。结果表明，接近四分之三的非睡眠时间，人们都是与其他人在一起的；只有在做家务、洗澡、听音乐或在家里学习时，被试才更可能独自一人；在其他时候，不管是在学校还是在工作，人们都倾向于与他人在一起。可见，人们需要他人的陪伴。当人们感到恐惧时，尤其希望他人陪伴自己。在一个研究中，被试被随机分配到高恐惧体验组和低恐惧体验组：研究者告知被试将要接受电击，在高恐惧组，指导语向被试强调电击会令其痛苦；在低恐惧组，指导语尽量淡化电击的严重性，让被试放心(Schachter, 1959)。研究者告诉被试，在正式开始之前有10分钟的间隔，请被试在几个房间里等候。被试可以选择自己等候或是与他人一起等候，或是无所谓。结果发现，在高恐惧条件下，63%的被试愿意与其他人一起等；而在低恐惧条件下，只有33%的被试愿意与他人一起等。

如果被人忽视、排斥或拒绝，人们会有什么感受？无论是何种文化，无论是在学校、工作场所还是在家庭中，社会排斥的影响都非常大。人们的反应通常是抑郁、焦虑，感到情感受伤以及努力修复关系，最后可能陷入孤独(Williams & Zadro, 2001; Williams, 2007)。即便是在网络上的虚拟世界中被排斥，也会引起严重的压力、焦虑和挫折感(Williams, Cheung, & Choi, 2000)。排斥是一种非常强大的惩罚武器，会带来非常强烈的痛苦(Williams, 2011; Williams & Nida, 2011)。并且，功能性磁共振成像研究发现，社会拒绝引发了与身体疼痛类似的脑活动(Eisenberger et al., 2003)。人们对排斥的反应还包括攻击、冲动进食等(DeWall & Bushman, 2011)。

我们会受哪些人吸引？我们与什么样的人建立友谊、恋爱和婚姻关系？亲密关系如何持久？为什么有时候亲密关系会破裂？本章将会讨论这些问题。

第1节 人际吸引的要素

产生最初的人际吸引的要素包括接近性、相似性、外表吸引力，其他个人特点和互惠式喜欢等。

·接近性

最简单的一个人际吸引规律是时间和空间上的接近(proximity)。研究发现,大多数人的朋友和恋人是那些与其接近的人,例如同住在一个小区、在同一个单位工作或曾一起上课的人(Berscheid & Reis, 1998)。

为了排除相关关系中的其他解释,一些研究者采用接近实验的设计。在一个现场研究中,研究者利用一所大学的宿舍公寓,考察接近性的效应(Festinger, Schachter, & Back, 1950)。他们研究的区域包括17栋两层楼的建筑,每一栋有10间公寓(每层5间)。在住户搬进来的时候,他们不能选择住在哪里,而是接近于随机地被分配到空着的公寓中。因此,这提供了类似于实验的随机分配。在居住一段时间之后,要求住户回答在这个区域内他们最好的三位朋友。结果发现,65%的朋友居住在同一栋建筑内。并且,在同一栋楼内部,41%的人跟隔壁邻居成了朋友,22%的人跟间隔一户的人成为朋友,16%的人与间隔两户的人成为朋友,而只有10%的人与走廊另一头即间隔三户的人成为朋友。另外,人际吸引并非简单地受物理距离影响,关键的是功能性距离,也就是人们的生活轨迹发生交叉的程度。

为什么接近的人容易彼此吸引?第一个原因是与接近的人交往是有好处的。与相距较远的人交往,所付出的花费、时间和精力更多,例如电话和交通费用、时间成本等。而与接近的人交往不需要耗费太多努力,并且双方很容易互相提供帮助。从社会交往理论的角度看,近距离交往的收益-成本差更大。第二个原因是对互相交往的预期。一个研究以女性大学生为被试,给她们提供关于另两名女性的模糊信息,其中一个人被试预期将会与其进行亲密交谈(Berscheid et al., 1976)。结果发现,被试喜欢她们预期将要与其亲密交谈的人。当我们预期将来要与某人打交道时,我们倾向于喜欢他们。根据认知失调理论的看法,如果我们不喜欢将与我们交往的人,这会带来不协调,因此我们倾向于喜欢他们。对于与我们居住接近、一起学习或一起工作的人,我们并不能拥有完全的控制。因此,为了减少认知不协调,我们倾向于喜欢他们,这也有助于与他们建立和谐的关系。

第三个原因称作曝光效应(mere exposure effect),即我们接触某一刺激的次数越多,对其产生好感的可能性就越大。接近使得人们更可能互相遇见并增加熟悉度,而熟悉也会导致喜欢。扎荣茨最早发现这一效应(Zajonc, 1968, 2001)。在他的研究中,采用单词、无意识词语或文字、人像图片等作为刺激,控制呈现这些刺激的次数,然后要求被试评价对刺激的喜欢程度。结果表现,刺激的出现频率越高,人们就越喜欢它。在一个现场研究中,研究者操纵一名女性助手出现在教室中的频率,她不会与任何人交流,只是在教室中坐在第一排,让学生们都能看到她(Moreland &

Beach，1992)。这名女助手出现在不同教室中的次数分别是一学期 0 次(控制组)、5次、10 次和 15 次。在学期结束时，请学生们评价喜欢女助手的程度，结果是女助手出现次数最多的教室中的学生更喜欢她。曝光效应还体现在对自己面孔的喜欢上。人的左右脸并非完全对称，我们看到的自己(通常是在镜子中)与别人看到的我们是不一样的，它们互为镜像。在一项研究中，研究者给被试拍照，并把照片以及照片反转后的镜像照片给被试及其朋友看(Mita，Dermer，& Knight，1977)。结果证实了假设，被试的朋友(61%)更喜欢真正的照片，而被试(68%)更喜欢镜像照片。

曝光效应也可以在意识之下发生。在一项研究中，给一些被试以正常速度呈现刺激，而给另一些被试以极快的速度呈现刺激(这称作阈限下呈现)，被试无法意识到他们看到的是什么(Bornstein & D'Agostino，1992)。在两种条件下都出现了曝光效应，并且无意识条件下的效应甚至更强。在最严重的顺行遗忘症患者中，也存在曝光效应，他们喜欢在学习阶段呈现过的面孔超过新的面孔(Marin-Garcia，Ruiz-Vargas，& Kapur，2013)。

广告商认识到这一效应，努力增加他们的产品或品牌在人们面前的出现频率。政治候选人会加大自己的名字、面孔、声音等在媒体上曝光的频率。这些应用就是利用人们不假思索的、自动的喜爱反应。

不过，曝光效应有一定的限制，我们并非对所有重复出现的刺激都产生喜欢。如果人们对某一物体或人的初始印象是中性或者偏积极的，那么重复暴露能够增加对其的喜欢。但是，如果人们对某些刺激的初始反应是消极的，那么重复接触不但不会增加好感，反而会增加厌恶(Swap，1977)。不过，幸运的是，人们对多数刺激的初始反应是中性或积极的，因此多数情况下会出现曝光效应。另外，过多的重复接触也可能会带来厌烦(Bornstein，Kale，& Cornell，1990)。而在患有恐惧症(例如恐惧蜘蛛)的个体中，出现的是反向曝光效应：与呈现过的蜘蛛图片相比，他们更偏爱新呈现的蜘蛛图片(Becker & Rinck，2016)。

·相似性

究竟是相似还是相反会导致吸引？研究证实，人际吸引的一个基本原则是，相似者彼此互相吸引，如同谚语所说："物以类聚，人以群分。"对大学生的研究发现，态度上的相似性是随后产生好感的重要预测指标(Newcomb，1956)。丈夫与妻子之间的人格相似性越高，他们对婚姻关系就越满意和越不可能离婚(Caspi & Herbener，1990；Weidmann et al.，2017)。与随机配对的人相比，朋友、情侣以及夫妻之间在态度、信仰和价值观等方面更相似(Byrne，1971)。不过，相关并不代表因果关系，究竟是否是相似导致了吸引，还是反向的关系？

在关于相似性的一个最早的实验研究中,研究者以密歇根大学的学生为被试,要求他们填写一份关于态度和价值观的问卷,然后分配他们住到宿舍中(Newcomb, 1961)。研究操纵让一些同住者的态度类似,而让另一些同住学生的态度不同。在13周后,那些住在同一宿舍并且态度相似的人更容易成为亲密的朋友;而那些同住但态度差别很大的人则彼此厌恶,无法成为朋友。另一位研究者发明了一种叫做虚构他人技术(phantom other technique)的范式,成为研究人际关系的典型范式(Byrne, 1971)。在研究中,被试填写关于态度的问卷,然后阅读研究者声称是陌生人填写的问卷。实际上,并不存在另一个人,这个所谓的陌生人是虚构的。研究者故意编造出一些与被试的回答非常类似、中等相似或非常不同的答案。要求被试说明他们认为自己会在多大程度上喜欢所读到问卷的填写者。结果表明,相似性对喜欢的影响很大。

相似性可以体现在很多方面,既包括态度、观念和价值观的相似,也包括兴趣、经历、人格、年龄、性别、种族、外表、受教育程度、宗教信仰、社会阶层等众多方面的相似。例如,在大五人格特质上接近的人们对彼此更加喜欢,并且随着时间流逝而更加喜欢(Botwin, Buss, & Schackelford, 1997);性格相似的夫妻比性格不同的夫妻婚姻更美满(Caspi & Herbener, 1990)。人们青少年时期最好的朋友往往与自己有相似的性别、年龄和种族(Kandel, 1978)。约会对象在年龄、智力、未来教育计划、宗教信仰、外表和身高上都彼此接近(Hill & Peplau, 1998)。仅仅是发现陌生人与自己吃类似的食物,也会增加对其的信任和合作(Woolley & Fishbach, 2017)。另外,尽管实际的相似性会影响人际吸引,知觉到的相似性影响也很大。研究发现,知觉到的相似性与婚姻满意度之间的相关高于真正的相似性与婚姻满意度之间的相关(Levinger & Breedlove, 1966)。行为上的相似性也会增进喜欢。有时候人们会不经意地模仿他人的行为,这种无意识的行为模仿可以促进关系和谐(Lakin & Chartrand, 2003)。与被接受的人们相比,遭受社会排斥的人们更有可能模仿互动对象的行为,这可以帮助他们满足被威胁的归属需要(Lakin, Chartrand, & Arkin, 2008)。

一般人的观点可能会觉得相反或者说互补的人会相互吸引。人们可能会认为,互补的夫妻会很美满,一个外向和支配性的人与腼腆和喜欢服从的人很合适;坚决果断和优柔寡断的人刚好配对。但是,这种看法几乎没有得到研究的证实。人们喜欢彼此性格相近的人,远高于性格不同的人;即便是支配性的人也喜欢同样有主见而不是服从的人(Dryer & Horowitz, 1997)。不过,在少数情况下,一对伴侣之间可能存在支配与被支配的互补(complementarity)(Dryer & Horowitz, 1997)。支配的一方希望伴侣听取自己的建议,被支配的一方在需要时希望伴侣能够给予帮助和建议。不过,大多数情况下,相反和互补假说并未得到证实。正如一位研究者所说:"因相反而结婚或成为伴侣的倾向从未真正得到证实,唯一的例外是性别(Buss, 1985)。"

另外有研究者指出,尽管从现象上看是相似导致喜欢,但实际上起作用的是相异:相异导致不喜欢,称为排斥假设(repulsion hypothesis)(Rosenbaum,1986)。研究者为了检验这一假设,在实验中增加了一个控制条件,不提供任何态度信息,要求被试指出一张照片上的人吸引自己的程度。结果发现,被试对态度相似的陌生人和对态度未知的陌生人在吸引力评分上没有差异,而对态度相异的陌生人的评价显著低于态度未知的陌生人(Rosenbaum,1986)。研究发现,相异的态度对喜欢的抑制作用高于相似态度对喜欢的促进作用(Singh & Ho,2000)。现在通常认为,相似和相异都对人际吸引有影响。

为什么相似的人会彼此喜欢?首先,从认知一致性的角度看,喜欢一个人而同时又与这个人观点不一致会产生冲突。为了达成认知上的一致,我们会喜欢同意我们观点的人,不喜欢反对我们观点的人。认知一致倾向驱使我们选择观点相近的人作为朋友,也可能让我们相信甚至夸大朋友与自己观点的一致性。第二,相似的人会同意我们的观点,这会增强我们对自己的信心,让我们感觉自己正确(Byrne & Clore,1970)。第三,我们认为相似的人将会喜欢我们,预期与这类人会有愉快和友好的交往,因此主动寻求与他们建立关系(Condon & Crano,1988)。

·外表吸引力

你在考虑约会对象、伴侣或配偶时,最看重的因素是什么?一些大学生可能会把外表吸引力排在靠后的位置(Tesser & Brodie,1971)。但是实际上,大学生和其他群体的被试都主要受到他人外表吸引力的影响(Feingold,1990)。一项研究以明尼苏达大学的752名新生为被试,首先对他们进行人格和能力等测试,然后在迎新周活动中,给这些新生随机分配舞伴(Hatfield et al.,1966)。在迎新晚会上,每对被试一起跳舞和聊天,持续两个半小时。然后,要求被试对他们的伙伴进行评价,并报告再次约会对方的愿望。研究者对智力水平、独立、真诚、支配、依赖、外向等各种可能性进行考察。结果发现,最重要的决定因素是外表吸引力。另外,该研究并没有发现性别差异,男女同样受对方的外表吸引力影响。不过,有一些研究表明,尽管男性和女性都重视外表吸引力,但是男性的重视程度更高一些(Feingold,1990)。然而,这种性别差异在被试报告的态度上比在实际的行为上要大。另一项研究要求男性和女性被试就潜在的性伴侣和潜在的结婚对象,对23种特质的偏好程度进行评分(Regan & Berscheid,1997)。性伴侣属于短期的、没有承诺的关系,而结婚对象是长期的、互相承诺的关系。结果发现,在对潜在的性伴侣的评分中,男性和女性都把外表吸引力排在首位。而在考虑潜在的婚姻对象时,男性和女性都没有把外表吸引力排在首位,不过男性比女性要更重视外表吸引力。一项全球性的互联网调查数据显示,在选择伴侣时排名前三名的属性当中,男性比女性更重视外表和面孔吸引力,女性比男性更重视诚实、幽默、善良和可靠(Lippa, 2007)。

匹配现象

尽管人们喜欢漂亮的伴侣,但是研究发现,人们对相似伴侣的渴望超过对漂亮伴侣的渴望(Buston & Emlen, 2003)。人们倾向于选择在吸引力和其他方面(例如自我价值、受欢迎程度)与自己匹配的人作为伴侣,这称作匹配(matching)现象(Taylor et al., 2011)。研究表明,夫妻、约会伴侣甚至是同属于一个大学联谊会的人,在外表吸引力上都有很高的一致性(Feingold, 1988);当知道对方可以自由接受或拒绝自己时,人们通常会选择接近那些在外表吸引力方面与自己大致匹配的异性(Berscheid et al., 1971);男性在接近异性时尤其受外表吸引力匹配的影响(van Straaten et al., 2009)。不过,有些夫妻在外表上似乎不太匹配。但是,外表吸引力较低的一方往往在其他方面有优势,例如富有或地位高,以补偿外表的不足(Kanazawa & Kovarb, 2004)。

什么是美的?

也许你已经发现,关于某个人外表是否有吸引力,你跟周围的人看法很一致。研究表明,人们可以容易地评价他人的外表吸引力,并且不同的人对同一个体的评分非常一致(Cunningham et al., 1995);关于面孔吸引力的偏好在发展上出现很早,且跨文化一致(综述见:Rhodes, 2006)。既然人们的评价这么一致,他们评定外表吸引力的标准究竟是什么?

一种研究方法是采用计算机化的面孔照片,对许多照片进行合成,考察人们更喜欢哪些面孔。得克萨斯大学的两位研究者首先采用这一方法,他们将很多大学生的照片扫描进电脑,然后用电脑对这些照片进行合成,两张照片的合成恰好是两人原本照片的算术平均(Langlois & Roggman, 1990)。他们增加合成脸的原始照片数量至16张和32张,要求被试评估合成照片和原始照片的吸引力程度。结果发现,合成照片的原始照片数量越多,人们越认为合成照片有吸引力。后续研究在美国、中国、尼日利亚和印度都发现了类似的效应(Pollard, 1995)。如果最初的原始照片就是一些有吸引力的面孔,那么在合成之后比普通脸的合成脸更吸引人(Perrett, May, & Yoshikawa, 1994)。在12个月大的婴儿和恒河猴中也发现了对平均脸的偏好,不过这一效应依赖于与面孔相关的视觉经验(Damon et al., 2017)。

为什么合成脸很有吸引力?一个原因是平均之后的合成脸去掉了面孔中不典型或不熟悉的成分,更接近于人们的面孔所拥有的原型(prototype)。我们关于人脸的原型是在接触了大量不同面孔后所形成的,因此合成脸比其他特定的脸更接近原型(Halberstadt,2006)。第二个原因是,合成的脸非常对称,左右两边几乎完全相同。研究发现,人们认为对称的脸比不对称的脸更有吸引力(Cowley,1996)。

另一种研究方法是找出被评价为有吸引力的一群个体,然后考察他们的共同点在哪里。在一个研究中,要求男性大学生评价50张女性照片的吸引力程度(Cunningham,1986)。然后,研究者测量了每张照片中女性面部特征的相对尺寸。结果发现,大眼睛、小鼻子、小下巴、突出的颧骨、小脸颊、高挑的眉毛、灿烂的笑容等与高的吸引力评分相关。大眼睛、小鼻子和小下巴属于娃娃脸的特征,而突出的颧骨、高挑的眉毛、灿烂的笑容是成熟美的特征。拥有这些特征的女性在全世界都被认为是美女(Jones,1995)。研究者用类似的方法考察了女性对男性照片的评分(Cunningham,Barbee,& Pike,1990)。他们发现,大眼睛、宽大的下颚、突出的颧骨、宽大的脸颊和灿烂的笑容等特征与高评分有关。不过,男性的吸引力要复杂一些。

另外,身材也与外表吸引力评分有关。男性认为最有吸引力的女性的腰部与臀部的比率(waist-to-hip ratio)是0.7,即腰部比臀部瘦30%,这一比例的身材对不同文化背景下的男性都有吸引力(Singh & Luis,1995),这一体型与高的生殖能力相关联(Perilloux,Webster,& Gaulin,2010)。而与生殖能力减弱相关联的因素例如绝经、营养不良、怀孕都会改变腰臀比。女性在判断男性时,偏爱约0.9的腰臀比,这暗示着健康和活力。不过,只有一个好身材并不足以吸引女性,只有男性薪水较高时,他的腰臀比才会影响女性对他的评价(Singh,1995)。

文化与外表吸引力

研究发现,不同文化下对于外表吸引力的认知经常是一致的(Cunningham et al.,1995;Jones,1995;Pollard,1995)。不同国家、不同民族和种族的评分者对来自不同国家、不同民族和种族的照片进行外表吸引力评分,一致性相当高,大约在0.66至0.93之间(Langlois & Roggman,1990)。从进化心理学的角度看,美丽实际上反映了健康、年轻和具有生殖能力,因此喜欢这类女性的男性在繁衍后代上是有利的。研究发现,腰臀比接近0.7的女性更容易怀孕、更健康,腰臀比接近0.9的男性比腰部肥胖的男性更健康(Singh,1994,1995)。因此人们实际上被显示最佳健康状况的身材所吸引。另外,一岁大的婴儿就已经开始偏爱成人认为美丽的面孔,他们玩漂亮玩具的时间也超过玩普通玩具的时间(Langlois et al.,1991)。这说明人们对漂亮外表的一致看法,至少并不仅仅是媒体宣传的影响,而是与生俱来的。上述研究证明,美丽的标准可能存在进化的基础,因此存在文化普遍性(Buss,1999)。

不过,文化也并非完全没有影响。例如,美国的白人女性认为体形肥胖的人没有吸引力、笨拙和不受欢迎,而黑人女性不这么认为(Hebl & Heatherton,1998)。

在非洲国家例如加纳,男性心目中理想的女性体形要比美国男性心目中的理想的女性体形要胖一些(Cogan et al.,1996)。一般而言,在资源贫乏的文化中,人们偏爱的女性体形偏胖;而在资源富足的文化中,人们偏爱的女性偏瘦。这一现象在个体水平上也存在:那些感到贫穷或饥饿的男性偏爱的女性体形比感到富有或饱足的男性偏爱的女性体形要胖一些(Nelson & Morrison, 2005; Swami & Tovée, 2006)。不过,黑人男性和白人男性都喜欢 0.7 的腰臀比(Singh & Luis, 1995)。

对外表吸引力的刻板印象

人们往往认为漂亮的人也有一些积极的特点,研究者称之为"美即是好的刻板印象"(Dion, Berscheid, & Walster, 1972)。与外表没有吸引力的人相比,外表有吸引力的人被认为更可能具有如下积极特点:善良,坚强,有趣,外向,好相处,性格好,有教养,等等;在未来,他们的婚姻更幸福,生活更充实,社交和职业上更成功,等等(Dion, Berscheid, & Walster, 1972)。甚至儿童也认为漂亮的小孩有很多优秀的特点(Langlois et al., 2000)。关于外表吸引力的刻板印象在个人主义和集体主义文化下都存在。不论是韩国学生还是美国学生,他们都认为美丽的人好交际,快乐,友善,智慧,有社交技巧,适应良好等(Wheeler & Kim, 1997)。不过,一些被认为与外表吸引力相关的特质存在文化差异,例如韩国学生倾向于认为漂亮的人敏感、有同情心、诚实等,这与其文化价值观有关(Wheeler & Kim, 1997)。

人们关于外表吸引力的刻板印象是否符合事实? 从一定程度上看,答案是肯定的。研究表明,高吸引力的人的确社交技能更高(Langlois et al., 2000)。研究者根据 737 名 MBA 毕业生的照片对其外表吸引力进行等级评定,并考察了他们的职业状况,包括他们刚开始就业以及之后十年中的职业情况(Frieze et al., 1991)。他们使用的外表吸引力评分采用 5 点量表,结果发现,在外表吸引力评分上每提高一级,男性可多赚 2600 美元,女性可多赚 2150 美元。另一些研究者考察了法官在法庭上做出的判罚,收集的案件中涉及 915 名女性被告和 1320 名男性被告(Downs & Lyons, 1991)。结果发现,外表吸引力与判罚之间的关系依赖于罪行轻重:如果被告所犯的是轻罪,外表有吸引力的男性被告和女性被告受到的判罚较轻;不过,如果所犯的是重罪,外表吸引力则不起作用。

尽管外表有吸引力的人看起来确实有某些积极特点,但是正如"社会认知"一章所示,自我实现的预言在其中起一定作用。当人们认为某个漂亮的人具有一些积极特点时,这种预期可能会通过社会互动变成现实。"社会认知"一章中提到一个研究,男大学生与所谓有吸引力或无吸引力的女性通过电话对话,这段对话被录音,并由不知情的第三者听录音后对女性进行评判(Snyder, Tanke, & Berscheid, 1977)。结果发现,这些独立评分者的评价是,与以为交谈对象没有吸引力的男性相比,相信自己正与一位有吸引力的女性交谈的男性听起来更善于交际、更宽容、外向、幽默等。并且，那些开始被知觉为外表有吸引力的女性在实际谈话中听起来也更善于交际、更镇定等。也就是说，男性头脑中的信念促使他们以特定的方式对待女性，这种互动使得女性做出他们期望的表现。也就是说，男性认为漂亮的女性善于交际、外向和幽默，他们的期望通过社会互动变成了现实。

不过，外表漂亮并不总会带来好处。漂亮的人可能会遭受性骚扰和同伴的嫉妒和排斥，他们也不能确定别人对他们的正面反应究竟是因为自己的能力和内部品质，还是只是由于外表。并且，如果外表漂亮，人们很可能不太愿意发展其他方面的能力。

·其他个人特点

有研究者要求大学生评定他们喜欢拥有某些人格特质的程度（Anderson, 1968）。结果发现，一些特质普遍受欢迎，例如真诚、诚实、忠诚、可靠，而不受欢迎的特质有例如虚伪和不诚实。另外，在人际交往中表现热情的个体，普遍受到喜欢（Lydon, Jamieson, & Zanna, 1988）。

另一种重要的个人特征是能力。能力最高的人是否最讨人喜欢？答案很可能是否定的。在一个有趣的研究中，研究者让男性大学生听一段讲话录音，录音展示了4个不同的人（Aronson, Willerman, & Floyd, 1966）。这4个人分别是近乎完美的人、犯错误的近乎完美的人、平庸的人、犯错误的平庸的人。完美与否通过录音中的个体回答问题以及自我描述的情况来操纵：有的个体回答出难题中的92%，并且承认自己是优秀学生，参加过田径队，做过编辑；有的个体只回答出难题中的30%，承认自己成绩一般，没能加入田径队，只是做过校对员。在谈话接近结束时，录音中有的个体不小心打翻了咖啡，洒到了自己衣服上。最后，被试评价录音中的个体。结果表明，被试最喜欢打翻了咖啡的能力超群者，没有失误的能力超群者排在第二，没有失误的平庸者排在第三，打翻咖啡的平庸者得到的评价最低。也就说，人们更喜欢有一点过失的能力超群者。但是，如果平庸者出现失误，会让其吸引力降得更低。

·互惠式喜欢

如果我们得知别人喜欢自己，我们也很有可能会喜欢对方。一个人喜欢他人的程度，可以反过来预测对方喜欢他或她的程度（Kenny & Nasby, 1980）。在一个研究中，女助手与男性被试保持目光接触，身体向他倾斜，专注地倾听他的讲话，男性被试倾向于把这些行为解释为她喜欢他;尽管被试知道她与他的观点存在矛盾,却仍然会喜欢上她(Gold, Ryckman, & Mosley, 1984)。与给予我们负面评价的人相比,我们更喜欢正面评价我们的人(Sigall & Aronson, 1969)。不过,如果别人的赞扬没有根据,或者我们知道他们表扬我们有隐藏的动机,我们对他们的喜欢程度会降低。认为别人喜欢自己也会发生自我实现的预言。在一个研究中,让一部分被试相信与他结对的学生喜欢他,让另一部分被试相信与他结对的学生不喜欢他,然后,被试与对方见面并进行交谈(Curtis & Miller, 1986)。结果发现,与认为对方不喜欢自己的被试相比,认为对方喜欢自己的被试,在交谈中更多地暴露自己的想法,更多地同意对方的看法,表现得更讨人喜欢,显得热情和令人愉快。并且,最终的结果是,认为自己被对方喜欢的被试,确实受到了对方的喜欢,尽管最初的事实并非如此。也就是说,被告知对方喜欢或不喜欢自己的被试,行为上发生改变,引发对方做出对应的回应。另外,当不太确定别人喜欢自己的程度时,人们会更受吸引。研究显示,与得知对方非常喜欢自己和一般喜欢自己相比,得知对方有可能非常喜欢自己、也有可能一般喜欢自己的被试,最受对方吸引(Whitchurch, Wilson, & Gilbert, 2011)。

第2节 人际关系理论

在最初的吸引之后,你可能会跟某些人建立持久的长期关系,而跟另一些人断绝关系。哪些因素决定了继续或结束的关系? 社会心理学中的相互依赖(interdependence)理论认为,人们相互作用、互相影响,一个人得到的结果至少部分依赖于另一个人的行为。其中一种著名理论叫做社会交换理论(social exchange theory),根据个体之间交换的收益和代价,分析人们之间的相互作用(Thibaut & Kelley, 1959; Kelley & Thibaut, 1978)。这一理论认为,我们追求成本最低、回报最大的人际交往。

· 社会交换理论

社会交换理论类似于经济模型,认为人们对可能的关系进行计算,维持收益最大化的人际关系。社会交换理论中涉及几个基本的概念,包括收益、成本、结果、比较水平和替代选项比较水平。

收益与成本

社会交往中的收益是指我们与他人接触所获得的令人满意的体验和物品,它们让我们觉得一段关系是有价值的。收益包括多种形式，可以是与某人交往所获得的外部资源（例如金钱、地位、信息、帮助等），也可以是情感方面的（例如感觉亲密、爱、接纳和情感支持等）。而成本是发生在关系中的消极事情，包括经济上的花费、时间消耗、对对方的忍耐等。某种关系的收益与成本之差是结果（outcome），它可能是正的，代表净收益，也可能是负的，代表净损失。如果某种关系的结果为正值，那么它会带来积极结果，人们可能会喜欢这段关系。但是，社会交换理论认为，关键并不在于结果值的绝对大小，而是某段关系相对于其他可能关系的相对结果大小。也就是说，人们在评估一段关系的结果时，会把它与其他可能关系的结果进行比较。

比较水平和替代选项比较水平

我们在考虑某个关系的结果是否令自己满意时，会把它与两个比较标准进行比较，分别是比较水平（comparison level，CL）和替代选项比较水平（comparison level for alternatives，CL_{alt}）。比较水平是指我们对人际关系结果的期望，即认为自己应该获得的结果的价值。它主要取决于一个人过去的经验。每个人都曾经拥有过很多与他人交往的经历，这些经历会影响个体对现在或将来的人际关系的期望。如果一个人的比较水平较低，那么一段关系的结果可能比较容易让其满意。相反，如果某个人曾经有过一段结果高的关系，那么比较水平会很高，同样一段关系可能会让其不满意和不快乐。因此，比较水平决定人们对关系的满意度。也就是说：结果－比较水平＝对关系满意或不满意。

满意度并不是决定我们关系是否持久的最关键决定因素。替代选项比较水平是指人们对于一段可以代替旧关系的新关系的结果水平的预期。也就是说，如果脱离当前的关系，转向另一段可以获得的最好的替代关系得到的结果。替代选项比较水平决定了我们对关系的依赖度。如果另一段可能的关系会给我们带来更佳的结果，那么即使我们对现有关系满意，我们也会离开现有关系，转向结果更好的关系。相反，如果我们没有其他更好的替代选项，那么即使我们对现在的关系不满意，我们也不会离开它。因此，人们有可能离开幸福的关系，只要替代选项比较水平好于现状；人们也有可能停留在悲惨的关系中，只要替代选项比较水平比现状还要差。需要注意，替代选项比较水平是一个复杂的判断，它包含其他关系的诱惑，还要考虑离开当前关系的成本；并且，它是人们自己所认为的，很多因素会影响人们对替代选项的认知。

四种类型的关系

根据社会交换理论的观点，人们在考虑了结果、比较水平、替代选项比较水平之后，会产生几种不同的关系类型（Brehm, Kassin, & Fein, 2005）。如果人们现有关系的结果超过比较水平和替代选项比较水平，那么他们的关系是幸福而稳定的。如果人们现有关系的结果低于比较水平和替代选项比较水平，那么他们的关系是不幸福而且不稳定的。如果人们的比较水平高于现有结果，而现有结果又高于替代选项比较水平，那么虽然人们在现有关系中是不幸福的，但由于没有更好的选择，他们的关系是稳定的。最后，如果替代选项比较水平高于现有结果，现有结果又高于比较水平，那么尽管人们对现有的关系感觉幸福，但由于还存在更好的选择，他们的关系是不稳定的。

·公平理论

一些研究者提出，社会交换理论忽视了关系中的一个关键要素，即公平。他们对社会交换理论进行了修订，成为它的一个分支，称作公平理论（equity theory）。这一理论认为，人们并不是简单地以最小成本换取最大收益，而是还要考虑关系中的公平性，双方得到的结果与贡献的成本的比值相似。如果知觉到关系中存在不公平，那么一方会感到过度受益，另一方感到过度受损，双方都会感觉到不安，这样的关系是不稳定的。人们会想办法恢复关系中的平等：一种方法是恢复实际上的公平；另一种方法是通过认知策略来恢复知觉上的公平，实际上不一定改变行为。而如果任何方法都不能恢复公平感，那么人们会结束关系。公平理论的假设得到了研究证据的支持（Hatfield et al., 1985）。

·交换关系与共有关系

你可能已经注意到，我们并非每时每刻都在计算关系中的收益与成本，并与预期比较。在某些关系中，我们不一定遵循社会交换理论的预测。研究者区分了两种类型的关系，分别是交换关系（exchange relationship）和共有关系（communal relationship）（Clark & Mills, 1979）。在交换关系中，人们很关心交往双方在收益和成本分配上的公平，对于付出的成本，希望在不久的将来能收回相应的回报。如果出现不公平，双方都会不舒服：受益的一方会感觉愧疚，受损的一方会愤怒或沮丧。交换关系通常发生在陌生人之间和偶然认识的人之间短暂、肤浅和任务导向的交往中。而在共有关系中，人们避免严格的成本收益计算，而是真正关心对方的需要，感觉需要相互回应彼此的需要。在共有关系中，人们会主动去满足对方的需要，只是为了让对方开心，并不期望回报，对方也是如此。共有关系发生在家庭成员、亲密朋友和恋人之间。尽管共有关系中的双方并不关心立即的回报，但是他们预期长期和持久的回报，并且信任对方将会回报自己。

研究发现,共有关系中的人们比交换关系中的人们更关注对方的需要(Clark, Mills, & Powell, 1986);共有关系中的人们更喜欢讨论与情绪有关的话题,交换关系中的人们更喜欢讨论非情绪的话题(Clark & Taraban, 1991)。在一个研究中,让被试与一名陌生人或一位亲密的朋友配对,然后把这名同伴安排到另一房间去完成一项复杂的任务(Clark, Mills, & Corcoran, 1989)。研究者告诉一半被试,如果同伴需要帮助,他们会启动开关以通过被试房间内的灯光来发出信号;告诉另一半被试,灯光信号意味着同伴进展顺利,不需要帮助,完成任务获得的奖赏可以分给同伴和被试。然后,研究者考察被试注视灯光以确定同伴是否发信号的频率。结果表明:如果同伴是陌生人,这接近一种交换关系,当被试被告知信号意味着奖赏时,被试花更多时间注视灯光;如果同伴是亲密朋友,这属于共有关系,当被试被告知信号意味着同伴需要帮助时,他们花更多时间注视灯光。可见,共有关系中的人们非常关心对方的需要。

第3节 亲密关系

亲密关系与一般的关系有什么不同? 一般认为,亲密关系至少有如下几个特征:了解,人们对对方有很多了解,双方分享经历、爱好、情感等;关心,彼此关心对方,对对方有深切的感情;依赖,双方彼此影响;互动,双方是紧密联系、不可分割的一对;信任,相信对方会尊重和善待自己;承诺,双方期望这种关系永远持续下去,花费时间和精力去保持关系(Walster, Walster, & Berscheid, 1978)。当然,并非所有亲密关系都拥有上述六个特点。但是,人们最满意和最有意义的关系通常包括上面六点。还有研究者总结出亲密关系的14条原理,涉及人们如何评价其和伴侣的关系、如何维护关系、人们为关系设定的标准、威胁关系的因素、社会文化对关系的影响等等(Finkel, Simpson, & Eastwick, 2017)。

·友谊

友谊是一种"自愿的、个人的关系,通常能够提供亲密和帮助,双方彼此喜爱并寻求对方的陪伴"(Fehr, 1996)。研究者或采用简单的开放性问题,例如"写下友谊的几个特点"、"朋友是……的人",或采用结构化调查问卷来评估友谊的属性。研究结果发现友谊有几种至十几种特征不等,一些研究者将发现的特征总结为三个维度:情感维度,思想和情感的分享、亲密和关心、朋友提供的情感支持、鼓励、同情和信任等;共同维度,参与共同的活动、相似和非情感的帮助;社交维度,朋友是消遣、趣味和娱乐的重要来源(de Vries, 1996)。友谊与浪漫的爱情关系有所不同,爱情更可能涉及对伴侣着迷,希望独占伴侣等特点,个体对爱人也要求更高的忠诚和支持。

在特定文化下,人们具有共享的关于朋友应该做什么和不应该做什么的观点,称为友谊关系的准则。研究者总结出43条友谊准则(rules of friendship),包括例如给予帮助,信任和彼此倾诉,情感支持,尊重隐私等,还包括需要避免的事情,例如避免责任,避免唠叨,避免公开批评等(Argyle & Henderson, 1984)。他们还发现,不同文化下人们认可的准则有所不同,并且,人们并不会总是遵守友谊的所有准则。但是,不遵守准则的友谊更容易破裂。

·友谊与性别

男性和女性的友谊存在差别。研究发现,男性的友谊围绕着共同活动(common activities)展开,他们一起去酒吧,打球,玩牌,困难时互相帮助;而女性的友谊则以感情分享(emotional sharing)为主,她们经常在一起聊感情、生活,互相提建议和彼此安慰,互相之间非常了解(Fehr, 1996)。研究者还总结出友谊的其他一些性别差异,例如,年轻女孩多为两两交往,而男孩以群体形式在一起;男性和女性谈论的是不同的话题,男性多谈论体育,女性多讨论关系和个人问题;女性的友谊是全面的,包含很多方面,男性的友谊是特定的,做不同事情有不同的伙伴;女性之间的自我表露高于男性;女性之间的友情比男性更亲密;等等(Fehr, 1996)。正如一位研究者所描述,男性之间的友谊是"肩并肩的",女性之间的友谊是"面对面的"(Wright, 1982)。当然,不同性别的友谊也有很多共同之处。对于友谊中的性别差异,有两种看法:一派认为,"在关系研究中所发现的性别差异无处不在"(Berscheid & Reis, 1998);另一派认为,"总的来说,男性与女性拥有的最好的、最亲近的同性友谊之间的相似多于差异"(Winstead et al., 1997)。

·爱情

如果一个男人或女人具有你期望伴侣拥有的所有品质,但是你不爱他/她,你会与他/她结婚吗?研究者对美国的大学生进行了调查,结果是:在1968年,64.6%的男性回答不会,24.3%的女性回答不会;在1976年,86.2%的男性回答不会,80.0%的女性回答不会;在1984年,85.6%的男性回答不会,84.9%的女性回答不会(Simpson, Campbell, & Berscheid, 1986)。可见,在1984年的美国社会,大多数男女认为浪漫爱情是婚姻所必需的。另一项研究询问11个国家的大学生这个问题,他们发现,为爱情而结婚在美国、巴西、英国、澳大利亚等西方或西方化的国家被看作最重要;而在一些发展中的东方国家,例如印度、巴基斯坦和泰国,则最不受重视

(Levine et al., 1995)。并且,研究者根据各个国家的集体主义和个人主义的程度在一个连续量表上给它们打分,并检验文化取向与婚姻态度的相关。结果表明,个人主义程度与爱情对婚姻的必要性之间存在0.56的正相关。在中国香港和日本等经济繁荣的集体主义文化中,强调爱情作为婚姻基础的程度介于西方发达国家与东方发展中国家之间。另外,对爱情的看法与婚姻幸福之间存在相关:在美国等个人主义文化中,人们强调爱情在婚姻中的重要性,离婚率远高于集体主义文化中的离婚率,集体主义文化中的人们对婚姻的态度要更实际一些。

什么是爱情?有多种描述和归类爱情的方式。1970年,心理学家鲁宾编制了一套问卷来测量爱情和喜欢(Rubin, 1970)。他认为,爱情包含强烈的依恋感、亲密感以及对被爱者的关爱三者。例如,爱情量表中的题目包括:如果不能与＿＿＿＿待在一起,我会很痛苦(依恋);我感到自己可以向＿＿＿＿吐露和分享几乎所有的事情(亲密);我几乎可以为＿＿＿＿做任何事情(关爱)。鲁宾认为,喜欢是一种赞美和友好的情感,测量题目例如:＿＿＿＿是我喜欢的那类人;我认为＿＿＿＿的适应能力非常高;＿＿＿＿是我希望成为的那种人。鲁宾对正在约会但没有订婚的大学生施测爱情和喜欢量表,要求他们根据自己的约会对象和一位亲密朋友分别填写爱情和喜欢量表。结果表明,在喜欢量表上,大学生对约会对象与亲密朋友的情感差不多;但是,在爱情量表上,大学生对约会对象的情感比亲密朋友要强烈得多。并且,与在爱情量表上得分较低的约会对象相比,得分较高的约会对象目光接触更频繁,持续时间更长(Rubin, 1973)。从鲁宾的研究可见,爱和喜欢确实是不同的感情。

激情之爱与伴侣之爱

有研究者区分了两种不同类型的爱情:激情之爱(passionate love)和伴侣之爱(companionate love)(Hatfield & Rapson, 1993)。激情之爱是指对某个人强烈的情绪、渴望和关注。它往往混合生理唤醒、性吸引、对身体亲密接触的渴望以及渴望对方回报同样的爱情等元素,还伴随着对关系可能发生破裂的担忧。如果对方回应自己的爱情,人们感觉狂喜和满足;如果对方没有回应,人们感到痛苦和绝望。伴侣之爱是一种比较温和和稳定的体验,双方相互信任,相互尊重,感觉亲密和关心。伴侣之爱通常不伴随着激情和生理唤醒。如果一段亲密的感情经受住时间考验,最终就会成为稳定而温馨的伴侣之爱。脑成像研究显示,处于热恋阶段的人们在看爱人照片时,富含多巴胺的奖励与动机相关脑区被激活(Aron et al., 2005)。

研究者编制了激情之爱量表,如表8.1所示(Hatfield & Sprecher, 1986)。激情之爱中包含有生理唤醒,它可以看作是我们在生理上被外表吸引力的人所唤醒而知觉到的心理体验。不过,人们对生理唤醒的归因可能会出错,错误地把某些唤醒归因为受对方吸引。在一个研究中,男性被试在通过一座危险、摇晃的高高的吊桥时,遇到一名女研究助手,她请他们帮忙完成一份调查(Dutton & Aron, 1974)。被试需要回答几个问题,并对一幅主题统觉测验图片给出简短的描述。在被试完成后,这名女性留下自己的姓名和电话,告诉他们如果想了解更多信息可以打电话给她。结果发现,在危险的吊桥上遇到这名女性的被试与其他人相比,对图片的描述中包含更多的性幻想;并且,他们也更有可能打电话联系这名女性。可见,被试将恐惧引起的生理唤醒归因为这名女性对他的吸引。观看恐怖电影、坐过山车、体育锻炼、被激怒等都会造成生理唤醒。在产生生理唤醒的同时,如果对方是一名有外表吸引力的异性,人们特别容易做出这种浪漫的归因(White & Knight, 1984)。处于激情中的恋人迷恋和疯狂地想念对方。并且,这种爱情在一定程度上是"盲目"的。人们会低估或忽略爱人的缺点,将伴侣理想化(Gold et al., 1984)。

表8.1　激情之爱量表(Hatfield & Sprecher, 1986)

　　这份量表请你描述你在激情式爱情中的感受。想一个你现在爱得最有激情的人。如果你现在没有谈恋爱,想一想你的前一个恋爱对象。如果你从没谈过恋爱,想一个你最关心的人。在完成这份问卷时,始终想着这个人。回答你在感情最为强烈时候的感受。

　　请用1—9之间的数字尽量准确地描述你的感受。1代表完全不正确,9代表完全正确。

1. 如果_____离开我,我会感到非常绝望。
2. 有时候,我感觉不能控制我的想法;它们都在_____上。
3. 当我做了让_____快乐的事情时,我感到快乐。
4. 我就想与_____在一起,而不是其他人。
5. 如果我想到_____爱上别人,我会感到嫉妒。
6. 我渴望知道关于_____的一切事情。
7. 我希望在身体上、感情上和精神上得到_____。
8. 我对来自_____的感情的渴望是无止境的。
9. 对我来说,_____是完美的浪漫伴侣。
10. 当_____触摸我时,我能感觉到我的身体做出回应。
11. _____似乎总是在我的脑海中。
12. 我希望_____了解我:我的思想、我的恐惧和我的希望。
13. 我热切地寻找表明_____渴望我的标志。
14. _____强烈地吸引我。
15. 当我与_____的关系出现问题时,我会非常沮丧。

　　把所有15题的分数相加,得分越高,激情之爱的程度越高。总分范围是15至135。男性和女性的平均分均为7.15。

当询问结婚十几年的夫妻,他们的婚姻为什么能够持续这么久时,他们回答并不像激情之爱那样愿意为对方做任何事情,或者没有对方会感到痛苦;他们最常提到的理由是,"我的配偶是我最好的朋友",以及"我很喜欢我的配偶",一般回答都是如此。与激情之爱相比,伴侣之爱相对温和,双方以温馨和互相依赖的方式生活。恋爱初期以激情为主,而随着恋爱或婚姻的持续,激情会逐渐冷却,而另外一些因素例如共享的价值观和共同的活动则会逐渐增强。

爱情三元论

斯腾伯格提出爱情的三元论(triangular theory of love),认为所有爱情体验都由三个成分构成,分别是亲密、激情和承诺,这三个成分可以组合为不同类型的爱情(Sternberg, 1986)。亲密(intimacy)是指在关系中亲近和相互联系的感觉,以及彼此相互支持和交流。激情(passion)是指爱情关系中的性渴望和强烈的情感需要。承诺(commitment)是指将自己投身于一份感情的决定以及维持感情的努力。承诺是一种认知元素,在短期,它是爱一个人的决定,在长期中,它是维持爱情的努力。一段爱情关系中拥有每个成分的程度都可能在一个连续体上由浅到深有所不同,从而组合出复杂的多种感情。斯腾伯格考虑了每个成分的有无,简单组合为八种不同的爱情。

如果亲密、激情和承诺都缺乏,就不存在爱情,两个人之间的关系随便、肤浅和没有承诺。如果只有亲密,这属于喜欢。如果有强烈的激情,但缺乏亲密和承诺,称为迷恋,当人们被不熟悉的人激起热情时会有这种体验。如果没有亲密和激情,只有承诺,这属于空洞的爱情,既没有激情也没有温暖,只剩下留在一起的决定。亲密和激情结合在一起是浪漫的爱情。亲密和承诺相结合,形成伴侣之爱,在持久而幸福的婚姻中,激情已经逐渐消失,往往属于这种爱情。激情和承诺相结合,但缺乏亲密,会产生虚幻的爱情,在短暂的激情之后就结婚,而彼此不是很了解和喜欢,属于这种爱情。当亲密、激情和承诺都存在时,称作圆满的爱情。

依恋方式与爱情

一些社会心理学家指出,可以用依恋理论来理解成年人的爱情(Hazan & Shaver, 1987)。发展心理学提出依恋(attachment)理论,解释婴儿与主要照料者之间的关系(Bowlby, 1969)。根据这一理论,如果照料者对婴儿的需要及时做出回应,并且对他们表现出关怀和积极情绪,婴儿会发展出安全型依恋方式(secure attachment style):他们信任照料者,不担心被抛弃,认为自己有价值和讨人喜爱。这种依恋方式的人喜欢与人交往,容易与人发展出信任关系。如果照料者有时候非常热情和关心,有时候却心不在焉、焦虑甚至忽视婴儿,婴儿会发展为焦虑-矛盾型依恋方式(anxious/ambivalent attachment style):他们无法预测照料者何时回应他们的需要,变得紧张和过分依赖。这样的人既希望与他人建立关系,又总是没有安全感,容易过分要求和嫉妒。如果照料者对婴儿冷淡、疏远,以及拒绝他们的亲近要求,婴儿会发展为回避型依恋方式(avoidant attachment style):因为建立亲密关系的努力被拒绝,他们虽然渴望与照料者亲近,但是会压制这些需要。这种依恋方式的人难以建立信任和亲密的关系。

依恋理论认为,人们在婴儿和儿童时期获得的依恋方式,通常会伴随他们一生,扩展到人们与其他人的关系中。在一项研究中,研究者在报纸上刊登一份如表8.2所示的"爱情小测验",要求读者选择最符合自己的浪漫关系的描述(Hazan & Shaver, 1987)。结果发现,56%的人是安全型依恋,25%的人是回避型依恋,19%的人是焦虑-矛盾型依恋。研究表明,安全型依恋方式的成人对他人更信任和投入,对浪漫关系更满意。与回避型和焦虑-矛盾型依恋方式的人相比,他们在关系中体验到更多的积极情感和更少的消极情感。他们比不安全依恋的人更有可能拥有满意、相互依赖和亲密的浪漫关系(Simpson, 1990)。回避型依恋方式的成人难以信任他人,与他人亲近会不舒服,对浪漫关系的满意度较低;焦虑-矛盾型依恋方式的人对浪漫关系也不满意,他们很可能沉迷于关系,但又害怕伴侣不想像他们希望得那样亲近(Freeney, Noller, & Roberts, 2000)。另外,安全型依恋的个体在三类人中有最持久的长期浪漫关系。焦虑-矛盾型依恋方式的个体最容易开始一段浪漫关系,当时他们往往并不了解对方,而他们的浪漫关系持续时间最短;如果他们的爱情得不到回应,他们是三类人中最沮丧和最愤怒的。回避型依恋方式的个体最不可能开始一段浪漫关系,并且最有可能报告他们从来没有体验过爱情;他们在人际关系中与对方保持距离,并且是三类人中对关系的责任感最低的(Morgan & Shaver, 1999)。

表8.2 依恋方式测量(Hazan & Shaver, 1987)

选择最符合你的陈述。
A. 我发觉与人亲近相对容易,对于依赖他人和他人依赖自己都感到安心。我不经常担心被抛弃,也不担心某人跟我太亲近。
B. 与人亲近会让我觉得有些不安,我发觉难以完全相信他们,难以让自己依赖他们。当有人与我太亲近时,我感到紧张,我的伴侣经常要求我亲近一些,所要求的亲近让我不安。
C. 我发现别人不愿意以我希望的那种亲密程度与我亲近。我经常担心我的伴侣不是真的爱我,或者担心伴侣不是真的想和我在一起。我想完全地和另一个人融为一体,这种想法常会把别人吓跑。

在体验不愉快情绪时,安全型依恋的人会转向伴侣寻求安慰和支持,他们能够保持相对平静;回避型依恋的人会躲开伴侣,变得有敌意;焦虑-矛盾型依恋的人则会变得过度焦虑和不安(Simpson, Rholes, & Nelligan, 1992)。在一个研究中,异性情侣被带入实验室,首先完成一份测量依恋方式的问卷。然后,研究者告诉情侣中的女性,她将参与的实验程序会给多数人带来一定程度的焦虑和痛苦。并且,研究者还说,基于实验程序的性质,他们不能够再透露关于实验的更多信息。接下来,研究者声称实验还需要几分钟时间准备,要求女性和她们的伴侣在实验开始之前一起等待几分钟。在之后的 5 分钟内,情侣互动的情形被录像机记录下来,研究者对录像进行分析。结果发现,安全型依恋的女性在焦虑等待的过程中向男朋友寻求支持和安慰,而回避型依恋的女性却在身体和情感上都避开男友。而面对女友的焦虑,与回避型依恋的男性相比,安全型依恋的男性给予女友更多的安慰和鼓励(Simpson, Rholes, & Nelligan, 1992)。

·文化与爱情

在前文提到,与集体主义文化下的人们相比,个人主义文化下的人们认为爱情在婚姻中更重要(Levine et al., 1995)。另一个研究发现,种族文化背景不同的加拿大大学生对于爱情具有不同的态度(Dion & Dion, 1993)。与来自英国、西班牙、德国等国家的学生相比,亚裔学生更认同伴侣式的、基于友谊的浪漫爱情,这种形式的爱情"不会打破现有的复杂家庭关系网络"。对美国人和中国人的跨文化比较发现,美国伴侣认为激情之爱更重要,而中国伴侣认为伴侣之爱更重要(Ting-Toomey & Chung, 1996)。不过,有一项文化人类学研究调查了 166 个社会,包括地中海地区、泛撒哈拉非洲地区、亚欧地区、太平洋群岛地区、北美地区、南美洲和中美洲地区,在其中的 147 个社会中发现了激情之爱存在的证据(Jankowiak & Fischer, 1992)。并且,即便在不接受激情之爱或不把激情之爱看作理想状况的社会中,也存在激烈的浪漫爱情(Jankowiak, 1995)。

另一项研究考察了中国和美国的流行爱情歌曲,试图从中发现不同文化下的爱情体验(Rothbaum & Tsang, 1998)。与美国歌曲相比,中国歌曲明显更多地提到爱情带来的痛苦和负面后果。另外,中国文化中有缘分的概念,认为命运决定人际关系的走向,如果关系出了问题,双方是无法挽回的,只能接受命运和随后而来的痛苦。尽管中国歌曲比美国歌曲悲伤,但是它们描绘的爱情的强烈程度没有差异,都把爱描述为激情和性爱的。还有一项研究考察了不同文化下与激情之爱相关联的情绪,被试来自美国、意大利和中国,研究者要求被试把几百个形容词划分为不同的类别(Shaver, Wu, & Schwartz, 1992)。令研究者意外的一个发现是,中国被试划为爱情的一些情绪词带有悲伤色彩。

总体而言,浪漫爱情的定义带有文化色彩,不过它在各种文化中普遍存在。特定文化中的规则会改变体验、表达和记忆浪漫爱情的方式。有研究者指出,与西方年轻人相比,中国年轻人的爱情程度也很深,他们也体验到类似的甜蜜和痛苦;不过,中国年轻人的爱情会遵守一些社会准则,为了家庭可能要牺牲个人的利益,他们会避免一时的迷恋、不负责任的性交以及忽视家庭关注去约会(Levinger,1994;Moore,1998)。

婚姻的意义和目的,以及选择配偶的方式,在文化之间存在差异。一些国家例如印度,有着包办婚姻(arranged marriages)的传统,与例如美国这样的自由婚姻(marriages of choice)有所不同。有研究者发现包办婚姻的爱情评分随时间推移而提高,自由婚姻的爱情评分随时间推移而下降;但也有研究者发现两种婚姻在爱情评分、承诺和满意度上并无差异(Myers, Madathil, & Tingle, 2005; Regan, Lakhanpal, & Anguiano, 2012)。

·长期关系中的交换和公平

在相对持久的亲密关系中,人们并非像社会交换理论所认为的那样,随时计算关系中的收益与成本。但是,他们也不是完全不注意交换和公平。研究发现,在情侣关系的前3个月,大学生更关注收益问题,如果感觉收益很大,他们会报告自己感觉很快乐和满意;在7个月时,情侣们相信他们的收益越来越多(Rusbult, 1983)。不过,随着关系的持续,人们越来越留意他们在关系中付出的代价,如果报告成本逐渐增加,那么他们对关系的满意度会显著下降。

在社会交换理论中已经提到,很多人虽然对关系并不满意,但是他们不会离开他们的伴侣,因为替代选项可能比现状更差。另一个原因是个体在关系中可能已经投入了太多。亲密关系的投资模型(investment model)认为,人们是否会离开一段关系,不仅取决于他们就收益、成本、比较水平和替代选项比较水平而言的对关系的满意度,还取决于他们在关系中已经投入的投资水平,一旦离开关系就会失去这些投资(Rusbult, 1983)。投资被定义为投入当前关系中的任何东西,包括有形的资产,例如需要分割的家具、餐具、房子、金钱,也包括无形的东西,例如孩子对自己的感情、花费在关系中的时间和精力、个人的损失感、从配偶家庭和朋友处得到的关爱,等等。因此,如果想要预测某个人是否会保持一段关系,需要考虑多方面因素。首先,对关系是否满意取决于关系的结果(收益减去成本)是否超过比较水平。第二,对关系的承诺取决于满意度、对关系的投资水平和替代选项比较水平,这三个变量可以预测对关系的承诺,从而预测关系的稳定性。

在一个研究中,研究者要求异性恋大学生在7个月中完成一些问卷(Rusbult, 1983)。每隔三周左右,被试回答关于社会交换理论中每个成分的问题,研究者还记录了学生是保持这段关系还是分手。结果表明,对关系的满意度、替代选项和对关系的投资程度都能够预测他们对关系的忠诚度以及是否终止关系。对来自中国的情侣和亲密异性朋友的研究也发现了类似的结果(Lin & Rusbult,1995)。而对于很糟糕的关系,投资模型同样适用。有研究者考察了去家庭暴力庇护中心寻求保护的女性,询问她们的受虐待的浪漫关系或婚姻(Rusbult & Martz,1995)。结果发现,没有比当前关系更好的选择、在关系中投资较多以及对关系不满程度较低的女性,更有可能保持在受虐待的关系中,或者在离开家庭暴力庇护中心后回到对方身边。

如果关系程度较浅,人们相对频繁地计算双方的收益与成本比是否公平。如果交往程度加深,人们倾向于不会要求付出立即有回报,不管在友谊还是婚姻中都是如此。研究发现,长期关系中的人们不会在乎短期的公平,他们被一种松散的互惠式公平概念所支持,而不是严格的利益交换(Clark & Mills,1979)。刚结识的人属于交换(exchange)关系,他们不断计算付出和收益信息,当感觉不公平时,容易对关系不满意;亲密朋友、家庭成员和浪漫情侣之间属于共有(communal)关系,他们关心对方的需要,并不斤斤计较得失(Clark et al.,2010)。但是,处于共有关系中的人们也并非完全不关注公平(Sprecher,2016)。亲密伴侣对短期内是否公平并不在意,因为他们相信他们的关系最终会走向公平的状态。而如果随着时间过去,他们仍然感觉不公平,那么他们会不满意甚至结束关系。

·自我表露

向他人透露个人信息和感受的过程叫做自我表露(self-disclosure)(Derlega et al.,1993)。自我表露有助于亲密关系的发展。人们在沮丧的时候,会更多地自我表露,这可以改善心情(Vittengl & Holt,2000)。人们越来越多地通过互联网来发送消息和进行沟通,这可能会减少他们与家人和朋友面对面交流以及电话通话的时间;不过,也有研究显示,以计算机为媒介的沟通比面对面的沟通更能引发人们自发的自我表露(Joinson,2001)。

在现实生活中,有意义的自我表露可能需要45分钟或更长时间。社交渗透理论(social penetration theory)认为,大多数关系开始于浅显的信息交流,然后逐渐转向更有意义的表露,关系的发展与自我表露的系统变化紧密相关(Altman & Taylor,1973)。随着关系的发展,人们暴露的个人信息在广度(所谈论话题的多样性)和深度(所谈论话题的个人意义)上都逐渐加大,尽管二者不是以相同的速度发展的:在关系开始时,通常广度先发展,人们谈论很多不同的表浅话题;接下去,深入的自我表露增加,在广度变化不大的情况下,表露的深度不断增加。关系早期的自我表露是互惠(reciprocity)性质的:一个人的自我表露会引发对方的自我表露;如果一个人表露较少,对方也表露较少(Miller,1990)。人们喜欢那些逐渐进行自我表露以及彼此自我表露的人(Altman & Taylor, 1973)。当关系稳定之后,互惠式的自我表露减少。

自我表露并非总是循序渐进的。有些时候,人们可能对陌生人讲述一些对好朋友都不会说的事情。这可能是因为你知道你将永远不会再遇见对方,因此不用担心对方会泄露你的秘密(Altman & Taylor, 1973)。另外的时候,迅速而深入的自我表露的目的是为了建立长期关系。但是,这种不成熟的表露是有危险的,最初的立即亲密让人兴奋,但是一段时间后关系变得糟糕的可能性较大(Altman & Taylor, 1973)。另外,即便是最亲密的关系,人们很可能也不会彻底自我表露,而是会保留一些只属于自己的秘密(Altman, Vinsel, & Brown, 1981)。并且有些话题属于禁忌话题(taboo topics),关系双方都会避免谈及,因为他们共同默认这些敏感话题可能会危害他们的关系,例如他们关系的现状和未来(Baxter & Wilmot, 1985)。

适当的自我表露有助于关系的发展,能够在亲密关系中培育喜欢和满意。研究发现,配偶之间的自我表露越多,他们的婚姻满意度越高,也更容易保持持久的感情(Meeks, Hendrick, & Hendrick, 1998)。如果某人愿意跟我们分享他/她的秘密,特别是如果他/她是一个内向的人,多数人会感觉很高兴(Taylor, Gould, & Brounstein, 1981)。我们会喜欢那些愿意自我表露的人。我们也会向自己喜欢的人敞开胸怀,并且在自我表露之后会更喜欢这些人(Collins & Miller, 1994)。因此,自我表露与亲密关系的发展互相促进。研究者还发现,与仅仅是闲谈聊天相比,深入和实质性的交流更有助于增强幸福感(Mehl et al., 2010)。

那么,可否通过有意的自我表露,培养亲密的关系?有研究者发展了一种谈话技术,可以帮助陌生人之间袒露心声(Aron et al., 1997)。他们把互不相识的大学生配对,让他们相处45分钟。在最初的15分钟,让学生们交流一些不怎么亲密的话题,例如:"你最近一次唱歌是在什么时候?"接下来的15分钟,要求他们谈论比较亲密的话题,例如:"你最珍贵的记忆是什么?"最后的15分钟,要求进行更多的自我表露,例如:"你最后一次在别人面前哭泣是在什么时候?"与花45分钟谈论一般话题(例如:"你的高中是什么样的?")的控制组被试相比,自我表露逐渐升级的学生感觉彼此之间更加亲密。甚至有30%的学生报告说交谈对象比他们生活中最亲密的朋友还要亲密。尽管实验室中的亲密感不能等同于真实的友情,但是仅是在研究者要求下的自我表露就可以轻易让个体产生对他人的亲密感,这是很有意义的发现。

· 自我表露与文化和性别

上述研究多数是美国被试的结果,他们所处的个人主义文化强调个体,重视每个人独特的情感和经历表达。集体主义文化下是否也有类似结果?一项跨文化研究比较了美国和日本的大学生,询问他们在不同的话题上会向朋友和同伴透露多少信息(Barnlund,1989)。结果表明,不管是美国还是日本文化,与不亲密的同伴相比,人们都会对亲密朋友做更多的自我表露;但是,日本学生自我表露的水平低于美国学生。文化不仅影响自我表露的水平,也影响自我表露与关系满意度之间的关系。另一项研究比较了美国夫妻与印度夫妻的婚姻满意度与自我表露之间的关系(Yelsma & Athappilly,1988)。结果发现,美国夫妻的高满意度与更多的言语表露相关联;印度自由恋爱结合的夫妻也是如此;但是,经人安排结合的印度夫妻的婚姻满意度与言语表露没有关系。

在已经建立的关系中,女性比男性更多地进行自我表露,她们也引发更多的自我表露,不过元分析发现性别差异虽然显著但是较小(Dindia & Allen,1992)。并且,自我表露的性别差异取决于关系的性质和对方的性别(Miller,1990)。在对待一般的熟人或陌生人时,男性和女性的自我表露并无差异。在同性关系中,女性的自我表露多于男性。不过,一项跨文化比较研究发现,美国大学生男性之间的自我表露的平均得分低于中国香港男性和约旦男性,三组学生自我表露水平的平均得分分别为6.6、8.2和8.4(Reis & Wheerler,1991)。可见,美国文化相对比较压抑男性之间的亲密关系。另外,在大学生男女关系中,女性比男性更愿意暴露自己的弱点,隐藏自己的优点;而男性比女性更喜欢暴露自己的优点,隐藏自己的缺点(Hacker,1981)。

·亲密关系的结束

一个不好的消息是,婚姻满意度在结婚后就开始下降,在孩子出生之后会进一步下降。不过,总体而言,结婚的人比单身者更快乐、更健康。有少数婚姻会以离婚告终;在美国等一些国家,一半甚至一半以上婚姻会以离婚告终。联合国的一项数据显示,在1997年,美国的离婚率大约为(每十人)4.5,墨西哥为0.4,智利为0.4,南非为0.8,日本为1.8,荷兰为2.2,瑞典为2.4,加拿大为2.6,英国为2.9,俄罗斯为4.5(United Nations,1999)。离婚率在过去的一个世纪中几乎一直在上升。什么样的人不太容易离婚?研究发现,一些因素的结合可以预测稳定的婚姻,例如,在稳定的双亲家庭中长大,结婚前的恋爱时间较长,受过较好且相似的教育,收入稳定,年龄和信仰接近,20岁以后结婚,婚前没有同居或怀孕,等等(Tzeng,1992)。亲密关系的投资模型也可以解释离婚的原因。如果现有婚姻的结果比替代选项比较水平要差,那么婚姻很可能无法持续;否则,即便一段婚姻的结果比个体的预期即比较水平差,只要没有更好的替代选项,婚姻也有可能会保持下去。另外,如果分手的阻力很大,例如维持婚姻的法律和社会压力、宗教和道德约束、维持两个家庭的成本等,那么个体可能不会离婚(Levinger，1976)。

有些时候，最初吸引我们的某些个人品质可能最终会成为破坏我们与伴侣关系的罪魁祸首，称为致命的吸引(fatal attractions)。在一个研究中，要求大学生考虑他们最近结束的一段浪漫关系，列出最初对方吸引他们的特点(Felmlee，1995)。接着，研究者要求学生回忆他们最不喜欢对方的特点。结果显示，正是一些最初吸引彼此的特点最终导致了两人的分手。在结束了的关系中，有大约30%涉及"致命的吸引力"。例如，一名女生最初喜欢男友的原因是"他实在是与众不同"，而在分手时变成了"我跟他没有共同点"；另一名女生最初受男友吸引是因为"他对一切事情都无所谓"，而在后来她说他最大的缺点就是不成熟。哪些特点最容易成为亲密关系中的"致命吸引力"？研究发现，首先，当一个人与你在某些特殊方面有所不同时，就会成为致命吸引力(Felmlee，1998)。例如如果一个人最初吸引你的地方是他比你年纪大很多、很成熟，那么最后分手很可能是因为他太老了，与你没有共同语言。第二，某个人因为拥有不同于一般人的某种属性而显得与众不同。最初吸引你的原因是他很神秘，而最后变成他太古怪了。第三，一个人拥有与一般人相比很极端的特点，显得与众不同。例如，某个人对你表现出强烈的兴趣和热情，你被他吸引，但最终你可能认为他占有欲太强，很容易嫉妒。因此，当最初你因为某人与你的很大差异而被他或她吸引时，这很可能会变成致命吸引力(Felmlee，1998)。

如果个体对关系不满意，会如何反应？研究者发现了四种对不满意的反应方式，分别是表达、忠诚、忽视和退出(Rusbult, Morrow, & Johnson, 1987)。表达是指人们主动地讨论问题，寻求解决方法，尝试改变，采取积极的措施改善关系。如果个体曾经对关系很满意，在关系中投资很大，通常会采取表达方式。忠诚是指被动而乐观地等待状况好转，希望坚持下去，期望情况随着时间过去会变好。如果人们认为关系中的问题较小，没有很好的解决方法，对关系投资较大，或者不满程度总体不高时，会做出忠诚反应。忽视是无视另一方的存在，听任关系继续恶化下去。如果个体过去就对关系不太满意，投资也不多，最有可能发生这种情况。他们减少与伴侣待在一起的时间，忽视伴侣的存在，拒绝讨论问题，对伴侣态度恶劣。退出是指主动地结束一段关系。如果对关系不满意，投资相对较少，或者有替代的更好的选择时，人们会搬走，虐待伴侣，通过离开或离婚来结束关系。

在分手的时候，关系双方感受如何？研究发现，这依赖于人们在结束关系的决策中所扮演的角色。在一个研究中，要求大学生集中于已经结束的最重要的浪漫关系，填写关于他们在分手过程中的体验的问卷(Akert，1998)。另外他们还回答自己及其伴侣在结束关系的决策中承担责任的程度。在决策中承担较多责任的被试叫做"终结者"，承担较少责任的被试叫做"承担者"，承担责任与伴侣相等的被试称作"共谋者"。结果发现，这些角色是分手体验最重要的决定因素。"承担者"感觉最糟糕,报告很高的孤独、抑郁、悲伤和愤怒,几乎所有人都报告在分手后几周内体验到身体症状,例如头疼、胃痛、进食和睡眠障碍等。"终结者"体验到的沮丧、痛苦和压力程度最低,尽管他们感到内疚和难过,但是体验到身体症状的只有39%。"共谋者"不如"承担者"沮丧和痛苦,但是也不像"终结者"那样不受影响,60%的人报告有身体症状。另外,分手后的情绪和生理反应存在性别差异;人们是否希望在分手后保持朋友关系也存在性别差异,而且这种性别差异与他们在分手决策中所承担的责任存在交互作用。

最后,如何保持良好的婚姻?研究发现,不幸福的夫妻互相争吵、责备、命令和羞辱,而幸福的夫妻更一致、妥协、赞成和愉快(Karney & Bradbury, 1995)。当然,良好的婚姻并非没有冲突,但是夫妻双方能够解决冲突。在成功的婚姻中,积极的互动例如微笑、触摸、赞美、欢笑远超过消极互动例如讽刺、反对和羞辱,二者的比值在 5 比 1 以上。一项持续 6 年的追踪研究发现,如果丈夫能够接受妻子的批评,婚姻通常能够保持;如果丈夫反唇相讥,婚姻破裂的可能性较大(Gottman, 1998)。最不好的反应是用敌对的话语或用暴力来向对方表达不同意见,这会引发更消极和更具破坏性的反应。避开引起冲突的话题也不是很好的解决方法。夫妻双方应该以商量的方式来处理不同意见,表现出移情和理解,避免敌意和防御(Baron & Byrne, 2002)。

在热恋的情侣中,双方经常进行持久的眼神凝视(Rubin, 1973)。那么,要求人们进行眼神凝视是否会引发爱恋?在一项研究中,要求一对互不相识的男女专心地彼此凝视两分钟,一半被试凝视对方的手,另一半被试凝视对方的眼睛(Kellerman, Lewis, & Laird, 1989)。结果表明,凝视眼睛者报告触电一样的感觉并被对方吸引。因此,行为上的变化可以引发爱情。沟通训练可以帮助夫妻解决冲突,抑制破坏性言语和行为,避免发泄愤怒和打击伴侣,很可能可以改善婚姻关系。在美国的一些州开设了关系教育和婚姻教育课程,以帮助学生们学习解决婚姻问题。

小结

1. 人们有与他人建立亲密关系的强烈需要。

2. 在时间和空间上接近的人们容易彼此吸引。这是因为与接近的人交往可以带来收益;对相互交往的预期可以增加喜欢;第三个原因是接近会导致熟悉,熟悉因曝光效应会造成喜欢。

3. 我们接触某一刺激的次数越多,对其产生好感的可能性就越大,即曝光效应。曝光效应可能发生在各种刺激上,甚至在意识之下发生。不过,如果对刺激的初始反应是厌恶,重复暴露可能会增加厌恶。

4. 态度、性格、兴趣、价值观、经历、年龄、外表、受教育程度等的相似可以增加吸引力。相似产生吸引的原因之一是人们希望保持认知一致性，另外相似的人可以增强我们对自身的良好感觉，并且我们预期相似的人会喜欢我们。

5. 外表吸引力对人际吸引的影响很大，人们倾向于受漂亮的人吸引。人们还倾向于选择在外表吸引力和其他方面与自己匹配的人作为伴侣，这称作匹配现象。

6. 关于什么样的人有外表吸引力，人们的看法有很高的一致性。由很多普通人的照片合成之后的平均脸看起来有吸引力。另外，有大眼睛、小鼻子、小下巴、突出的颧骨、小脸颊、高挑的眉毛、灿烂的笑容的女性，有大眼睛、宽大的下颚、突出的颧骨、宽大的脸颊和灿烂的笑容的男性，被认为有吸引力。男性认为最有外表吸引力的女性的腰臀比为 0.7，女性认为最有外表吸引力的男性的腰臀比为 0.9。

7. 不同文化下的人们对漂亮的看法相当一致，这可能与进化有关。不过，非洲国家人们理想的女性体形通常比西方国家的要胖。

8. 人们倾向于认为漂亮的人有很多积极的特质，例如外向、擅长社交、聪明、快乐、幽默等。漂亮的人确实有一些积极的特点，不过部分原因是自我实现的预言。

9. 能力高而又有一些小失误的人最讨人喜欢，平庸的人犯错误会给人留下最糟糕的印象。

10. 喜欢是相互的，如果我们知道别人喜欢自己，我们也会喜欢他们。

11. 相互依赖理论认为，人们相互作用、互相影响，一个人得到的结果至少部分依赖于另一个人的行为。两种著名的相互依赖理论是社会交换理论和公平理论。

12. 社会交换理论认为，人们对可能的关系进行计算，选择收益最大化的人际关系。

13. 某种关系的结果是这段关系带来的收益（物质和非物质的）与付出的成本之差。比较水平是指我们对人际关系结果的期望，即认为自己应该获得的结果的价值。替代选项比较水平是指人们对于一段可以代替旧关系的新关系的结果水平的预期。

14. 现有关系的结果与比较水平的差别决定了人们对关系的满意度；现有关系的结果与替代选项比较水平的差异决定了人们对关系的依赖度。结果、比较水平和替代选项比较水平的不同组合会产生几种不同的关系，包括幸福和稳定的关系、不幸福而且不稳定的关系、幸福但不稳定的关系以及不幸福但稳定的关系。

15. 公平理论认为，人们不仅会考虑关系中的收益和成本，而且还会考虑公平，也就是趋向于与对方的结果与成本比值接近。如果知觉到不公平，人们会努力恢复公平，否则可能会结束关系。

16. 社会交换理论和公平理论适合解释交换关系，即人们关心收益和成本以及公平，希望付出的成本能收到回报的关系。而在共有关系中，人们避免严格的成本收益计算,而是真正关心对方的需要,感觉需要相互回应彼此的需要。交换关系通常发生在陌生人和偶然认识的人之间。共有关系发生在家庭成员、亲密朋友和恋人之间。

17. 友谊是亲密关系的一种,是自愿的、个人的关系,通常能够提供亲密和帮助,双方彼此喜爱并寻求对方的陪伴。不同文化存在一些关于友谊的准则,不遵守友谊准则的关系更容易破裂。男性的友谊更多是"背靠背"的,女性的友谊更多是"面对面"的。

18. 在个人主义文化下,人们认为爱情是婚姻的必要条件。爱情与喜欢是不同的。

19. 激情之爱是指对某个人强烈的情绪、渴望和关注,往往混合生理唤醒、性吸引、对身体亲密接触的渴望以及渴望对方回报同样的爱情等元素。伴侣之爱是一种比较温和、稳定的体验,双方相互信任,相互尊重,感觉亲密和关心,通常不伴随着激情和生理唤醒。

20. 爱情三元论认为所有爱情体验都由亲密、激情和承诺三个成分组合而成。这三种成分的不同组合形成八种不同的爱情,分别是无爱、喜欢、迷恋、空洞的爱情、浪漫的爱情、伴侣之爱、虚幻的爱情、圆满的爱情。

21. 各种文化下都存在激情之爱,不过文化会影响体验、表达和记忆激情的方式。

22. 婴儿时期与主要照料者的关系会影响婴儿乃至成年人的依恋方式,分别是安全型、回避型和焦虑-矛盾型依恋方式。依恋方式会影响成年人的关系。

23. 长期关系中人们并非斤斤计较于收益和成本,不过如果长期持续付出而没有回报,他们也会不满意。

24. 亲密关系的投资模型认为,人们是否会离开一段关系,不仅取决于他们就收益、成本、比较水平和替代选项比较水平而言的对关系的满意度,而且还取决于他们在关系中已经投入的投资水平。这里投资可以是有形的资产或无形的东西。

25. 自我表露是指向他人透露个人信息和感受的过程。社交渗透理论认为,关系刚开始时的自我表露较浅,随着关系的深入会不断拓宽和加深。自我表露有助于亲密关系的发展和对关系的满意度。文化会影响自我表露的水平以及自我表露与关系满意度之间的关系。自我表露存在一定的性别差异。

26. 美国等西方国家的离婚率较高。投资模型可以预测人们离婚与否。夫妻双方的一些特征可以预测婚姻稳定性。另外如果离婚的阻力大,也可能不会离婚。

27. 有些时候,最初吸引我们的某些个人品质可能最终会成为破坏我们与伴侣关系的罪魁祸首,这称为致命的吸引力。

28. 人们对不满意的关系的四种反应是表达、忠诚、忽视和退出。分手的时候双方的体验取决于他们对结束关系决策的责任,即他们属于"终结者"、"承担者"还是"共谋者"。

29. 保持良好婚姻的一些方法包括积极的互动,例如微笑、触摸、赞美、欢笑等。另外,沟通训练可以为夫妻双方提供帮助。

参考文献

Akert, R. M. (1998). Terminating romantic relationships: The role of personal responsibility and gender. *Unpublished manuscript*, Wellesley College.

Altman, I., & Taylor, D. (1973). *Social penetration: The development of interpersonal relationships*. New York: Holt, Rinehart, & Winston.

Altman, I., Vinsel, A., & Brown, B. A. (1981). Dialectic conceptions in social psychology: An application to social penetration and privacy regulation. In L. Berkowitz (Ed.), *Advances in experimental social psychology* (Vol. 14, pp. 107 – 160), New York: Academic Press.

Anderson, N. H. (1968). Likableness ratings of 555 personality-trait words. *Journal of Social Psychology*, 9, 272 – 279.

Argyle, M., & Henderson, M. (1984). The rules of friendship. *Journal of Social and Personal Relationships*, 1, 211 – 237.

Aron, A., Fisher, H., Mashek, D. J., Strong, G., Li, H., & Brown, L. L. (2005). Reward, motivation, and emotion systems associated with early-stage intense romantic love. *Journal of Neurophysiology*, 94, 327 – 337.

Aron, A., Melinat, E., Aron, E. N., Vallone, R. D., & Bator, R. J. (1997). The experimental generation of interpersonal closeness: A procedure and some preliminary findings. *Personality and Social Psychology Bulletin*, 23, 363 – 377.

Aronson, E., Willerman, B., & Floyd, J. (1966). The effect of a pratfall on increasing interpersonal attractiveness. *Psychonomic Science*, 4, 227 – 228.

Barnlund, D. C. (1989). *Communications style of Japanese and Americans*. Belmont, CA: Wadsworth Publishing.

Baron, R. A., & Byrne, D. (2002). *Social Psychology* (10th edition). Boston, MA: Pearson/Allyn and Bacon.

Baxter, L. A., & Wilmot, W. W. (1985). Taboo topics in close relationships. *Journal of Social and Personal Relationships*, 2, 253 – 269.

Becker, E. S., & Rinck, M. (2016). Reversing the mere exposure effect in spider fearfuls: Preliminary evidence of sensitization. *Biological Psychology*, 121, 153 –159.

Berscheid, E., & Reis, H. T. (1998). Attraction and close relationships. In D. T. Gilbert, S. T. Fiske, & G. Lindzey (Eds.), *The handbook of social psychology* (4th edition., Vol. 2, pp. 193 – 281). New York: McGraw-Hill.

Berscheid, E., Dion, K., Walster (Hatfield), E., & Walster, G. W. (1971). Physical attractiveness and dating choice: A test of the matching hypothesis. *Journal of*

Experimental Social Psychology, 7,173 – 189.

Berscheid, E., Graziano, W., Monson, T., & Dermer, M. (1976). Outcome dependency: Attention, attribution, and attraction. *Journal of Personality and Social Psychology*, 34,978 – 989.

Bornstein, R. F., & D'Agostino, P. R. (1992). Stimulus recognition and the mere exposure effect. *Journal of Personality and Social Psychology*, 63,545 – 552.

Bornstein, R. F., Kale, A. R., & Cornell, K. R. (1990). Boredom as a limiting condition on the mere exposure effect. *Journal of Personality and Social Psychology*, 58, 791 – 800.

Botwin, M. D., Buss, D. M., & Schackelford, T. K. (1997). Personality and mate preferences: Five factors in mate selection and marital satisfaction. *Journal of Personality*, 65,107 – 136.

Bowlby, J. (1969). *Attachment and loss: Vol. 1. Attachment*. New York: Basic Books.

Brehm, S. S., Kassin, S. M., & Fein, S. (2005). *Social psychology* (6th edition). Boston, MA: Houghton Mifflin Company.

Buss, D. M. (1985). Human mate selection. *American Scientist*, 73,47 – 51.

Buss, D. M. (1999). *Evolutionary psychology: The new science of the mind*. Boston: Allyn & Bacon.

Buston, P. M., & Emlen, S. T. (2003). Cognitive processes underlying human mate choice: The relationship between self-perception and mate preference in Western society. *Proceedings of the National Academy of Sciences*, 100,8805 – 8810.

Byrne, D. (1971). *The attraction paradigm*. New York: Academic Press.

Byrne, D., & Clore, G. L. (1970). A reinforcement model of evaluative processes. *Personality: An International Journal*, 1,103 – 128.

Caspi, A., & Herbener, E. S. (1990). Continuity and change: Assortative marriage and the consistency of personality in adulthood. *Journal of Personality and Social Psychology*, 58,250 – 258.

Clark, M. S., & Mills, J. (1979). Interpersonal attraction in exchange and communal relationships. *Journal of Personality and Social Psychology*, 37,12 – 24.

Clark, M. S., & Taraban, C. (1991). Reactions to and willingness to express emotion in communal and exchange relationships. *Journal of Experimental Social Psychology*, 27,324 – 336.

Clark, M. S., Lemay, E. P., Graham, S. M., Pataki, S. P., & Finkel, E. J. (2010). Ways of giving benefits in marriage: Norm use, relationship satisfaction, and attachment-related variability. *Psychological Science*, 21,944 – 951.

Clark, M. S., Mills, J., & Powell, M. C. (1986). Keeping track of needs in communal and exchange relationships. *Journal of Personality and Social Psychology*, 51, 333 – 338.

Clark, M. S., Mills, J. R., & Corcoran, D. M. (1989). Keeping track of needs and inputs of friends and strangers. *Personality and Social Psychology Bulletin*, 15,533 – 542.

Cogan, J. C. , Bhalla, S. K. , Sefa-Dedeh, A. , & Rothblum, E. D. (1996). A comparison study of United States and African students on perceptions of obesity and thinness. *Journal of Cross-Cultural Psychology*, 27,98 - 113.

Collins, N. L. , & Miller, L. C. (1994). Self-disclosure and liking: A meta-analytic review. *Psychological Bulletin*, 116,457 - 475.

Condon, J. W. , & Crano, W. D. (1988). Inferred evaluation and the relation between attitude similarity and interpersonal attraction. *Journal of Personality and Social Psychology*, 54,789 - 797.

Cowley, G. (1996, June 3). The biology of beauty. *Newsweek*, 61 - 66.

Cunningham, M. R. (1986). Measuring the physical in physical attractiveness: Quasi-experiments on the sociobiology of female facial beauty. *Journal of Personality and Social Psychology*, 50,925 - 935.

Cunningham, M. R. , Barbee, A. P. , & Pike, C. L. (1990). What do women want? Facial-metric assessment of multiple motives in the perception of male facial physical attractiveness. *Journal of Personality and Social Psychology*, 59,61 - 72.

Cunningham, M. R. , Roberts, A. R. , Barbee, A. P. , Druen, P. B. , & Wu, C. (1995). "Their ideas of beauty are, on the whole, the same as ours": Consistency and variability in the cross-cultural perception of female physical attractiveness. *Journal of Personality and Social Psychology*, 68,261 - 279.

Curtis, R. C. , & Miller, K. (1986). Believing another likes or dislikes you: Behaviors making the beliefs come true. *Journal of Personality and Social Psychology*, 51,284 - 290.

Damon, F. , Méary, D. , Quinn, P. C. , Lee, K. , Simpson, E. A. , Paukner, A. , Suomi, S. J. , & Pascalis, O. (2017). Preference for facial averageness: Evidence for a common mechanism in human and macaque infants. *Scientific Reports*, 7,46303.

Derlega, V. , Metts, S. , Petronio, S. , & Margulis, S. T. (1993). *Self-disclosure*. Newbury Park, CA: Sage.

de Vries, B. (1996). The understanding of friendship: An adult life course perspective. In C. Magai & S. McFadden (Eds.), *Handbook of emotion, aging, and the life course* (pp. 249 - 268). New York: Academic Press.

DeWall, C. N. , & Bushman, B. J. (2011). Social acceptance and rejection: The sweet and the bitter. *Current Directions in Psychological Science*, 20,256 - 260.

Dindia, K. , & Allen, M. (1992). Sex differences in self-disclosure: A meta-analysis. *Psychological Bulletin*, 112,106 - 124.

Dion, K. K. , Berscheid, E. , & Walster, E. (1972). What is beautiful is good. *Journal of Personality and Social Psychology*, 24,285 - 290.

Dion, K. L. , & Dion, K. K. (1993). Gender and ethnocultural comparisons in styles of love. *Psychology of Women Quarterly*, 17,463 - 473.

Downs, C. A. , & Lyons, P. M. (1991). Natural observations of the links between attractiveness and initial legal judgments. *Personality and Social Psychology Bulletin*, 17,541 - 547.

Dryer, D. C. , & Horowitz, L. M. (1997). When do opposites attract?

Interpersonal complementarity versus similarity. *Journal of Personality and Social Psychology*, 72,592-603.

Dutton, D. G., & Aron, A. P. (1974). Some evidence for heightened sexual attraction under conditions of high anxiety. *Journal of Personality and Social Psychology*, 30,510-517.

Eisenberger, N. I., Lieberman, M. D., & Williams, K. D. (2003). Does rejection hurt? An fMRI study of social exclusion. *Science*, 302,290-292.

Fehr, B. (1996). *Friendship processes* (p.7). Thousand Oaks, CA: Sage.

Feingold, A. (1988). Matching for attractiveness in romantic partners and same-sex friends: A meta-analysis and theoretical critique. *Psychological Bulletin*, 104,226-235.

Feingold, A. (1990). Gender differences in effects of physical attractiveness on romantic attraction: A comparison across five research paradigm. *Journal of Personality and Social Psychology*, 59,981-993.

Felmlee, D. H. (1995). Fatal attractions: Affection and disaffection in intimate relationships. *Journal of Social and Personal Relationships*, 12,295-311.

Felmlee, D. H. (1998). "Be careful of what you wish for...": A quantitative and qualitative investigation of "fatal attractions". *Personal Relationships*, 5,235-253.

Festinger, L., Schachter, S., & Back, K. (1950). *Social pressures in informal groups: A study of human factors in housing*. Stanford, CA: Stanford University Press.

Finkel, E. J., Simpson, J. A., & Eastwick, P. W. (2017). The psychology of close relationships: Fourteen core principles. *Annual Review of Psychology*, 68,383-411.

Freeney, J. A., Noller, P., & Roberts, N. (2000). Attachment and close relationships. In C. Hendrick & S. S. Hendrick (Eds.), *Close relationships: A sourcebook* (pp.185-201). Thousand Oaks, CA: Sage.

Frieze, I. H., Olson, J. E., & Russell, J. (1991). Attractiveness and income for men and women in management. *Journal of Applied Social Psychology*, 21,1039-1057.

Gold, J. A., Ryckman, R. M., & Mosley, N. R. (1984). Romantic mood induction and attraction to a dissimilar other: Is love blind? *Personality and Social Psychology Bulletin*, 10,358-368.

Gottman, J. M. (1998). Psychology and the study of marital processes. *Annual Review of Psychology*, 49,169-197.

Hacker, H. M. (1981). Blabbermouths and clams: Sex differences in self-disclosure in same-sex and cross-sex friendship dyads. *Psychology of Women Quarterly*, 5,385-401.

Halberstadt, J. B. (2006). The generality and ultimate origins of the attractiveness of prototypes. *Personality and Social Psychology Review*, 10,166-183.

Hatfield (Walster), E., Aronson, V., Abrahams, D., & Rottman, L. (1966). Importance of physical attractiveness in dating behavior. *Journal of Personality and Social Psychology*, 4,508-516.

Hatfield, E., & Rapson, R. L. (1993). *Love, sex, and intimacy: Their psychology, biology, and history*. New York: HarperCollins.

Hatfield, E., & Sprecher, S. (1986). Measuring passionate love in intimate relationships. *Journal of Adolescence*, 9,383 - 410.

Hatfield, E., Traupmann, J., Sprecher, S., Utne, M., & Hay, J. (1985). Equity and intimate relations: Recent research. In W. Ickes (Ed.), *Compatible and incompatible relationships* (pp. 91 - 118). New York: Springer-Verlag.

Hazan, C., & Shaver, P. (1987). Romantic love conceptualized as an attachment process. *Journal of Personality and Social Psychology*, 52,511 - 524.

Hebl, M. R., & Heatherton, T. F. (1998). The stigma of obesity in women: The difference is black and white. *Personality and Social Psychology Bulletin*, 24,417 - 426.

Hill, C. T., & Peplau, L. A. (1998). Premarital predictors of relationship outcomes: A 15-year followup of the Boston Couples Study. In T. N. Bradbury (Ed.), *The developmental course of marital dysfunction* (pp. 237 - 278). New York: Cambridge University Press.

Jankowiak, W. R. (1995). Introduction. In W. R. Jankowiak (Ed.), *Romantic passion: A universal experience?* (pp. 1 - 19). New York: Columbia University Press.

Jankowiak, W. R., & Fischer, E. F. (1992). A cross-cultural perspective on romantic love. *Ethnology*, 31,149 - 155.

Joinson, A. N. (2001). Self-disclosure in computer-mediated communication: The role of self-awareness and visual anonymity. *European Journal of Social Psychology*, 31,177 - 192.

Jones, D. (1995). Sexual selection, physical attractiveness, and facial neotony: Cross-cultural evidence and implications. *Current Anthropology*, 36,723 - 748.

Kanazawa, S., & Kovarb, J. L. (2004). Why beautiful people are more intelligent. *Intelligence*, 32,227 - 243.

Kandel, D. B. (1978). Similarity in real-life adolescent friendship pairs. *Journal of Personality and Social Psychology*, 36,306 - 312.

Karney, B. R., & Bradbury, T. N. (1995). The longitudinal course of marital quality and stability: A review of theory, method, and research. *Psychological Bulletin*, 118,3 - 34.

Kellerman, J., Lewis, J., & Laird, J. D. (1989). Looking and loving: The effects of mutual gaze on feelings of romantic love. *Journal of Research in Personality*, 23,145 - 161.

Kelley, H. H., & Thibaut, J. W. (1978). *Interpersonal relations: A theory of interdependence*. New York: Wiley.

Kenny, D. A., & Nasby, W. (1980). Splitting the reciprocity correlation. *Journal of Personality and Social Psychology*, 38,249 - 256.

Lakin, J. L., & Chartrand, T. L. (2003). Using nonconscious behavioral mimicry to create affiliation and rapport. *Psychological Science*, 14,334 - 339.

Lakin, J. L., Chartrand, T. L., & Arkin, R. M. (2008). I am too just like you: Nonconscious mimicry as an automatic behavioral response to social exclusion. *Psychological Science*, 19,816 - 822.

Langlois, J. H., & Roggman, L. A. (1990). Attractive faces are only average. *Psychological Science*, 1,115 - 121.

Langlois, J. H., Kalakanis, L., Rubenstein, A. J., Larson, A., Hallam, M., & Smoot, M. (2000). Maxims or myths of beauty? A meta-analytic and theoretical review. *Psychological Bulletin*, 126,390 - 423.

Langlois, J. H., Ritter, J. M., Roggman, L. A., & Vaughn, L. S. (1991). Facial diversity and infant preferences for attractive faces. *Developmental Psychology*, 27, 79 - 84.

Larson, R., Csikszentmihalyi, M., & Graef, R. (1982). Time alone in daily experience: Loneliness or renewal? In L. A. Peplau & D. Perlman (Eds.), *Loneliness: A sourcebook of current theory, research and therapy* (pp. 40 - 53). New York: Wiley-Interscience.

Levine, R., Sato, S., Hashimoto, T., & Verma, J. (1995). Love and marriage in eleven cultures. *Journal of Cross-Cultural Psychology*, 26, 554 - 571.

Levinger, G. (1976). A social psychological perspective on marital dissolution. *Journal of Social Issues*, 32(1), 21 - 47.

Levinger, G. (1994). Figure versus ground: Micro and macro perspectives on the social psychology of personal relationships. In R. Erber & R. Gilmour (Eds.), *Theoretical frameworks for personal relationships* (pp. 1 - 28). Hillsdale, NJ: Erlbaum.

Levinger, G., & Breedlove, J. (1966). Interpersonal attraction and agreement: A study of marriage partners. *Journal of Personality and Social Psychology*, 3, 367 - 372.

Lin, Y. H., & Rusbult, C. E. (1995). Commitment to dating relationships and cross-sex friendships in America and China. *Journal of Social and Personal Relationships*, 12, 7 - 26.

Lippa, R. A. (2007). The preferred traits of mates in a cross-national study of heterosexual and homosexual men and women: an examination of biological and cultural influences. *Archives of Sexual Behavior*, 193 - 208.

Lydon, J. E., Jamieson, D. W., & Zanna, M. P. (1988). Interpersonal similarity and the social and intellectual dimensions of first impressions. *Social Cognition*, 6, 269 - 286.

Marin-Garcia, E., Ruiz-Vargas, J. M., & Kapur, N. (2013). Mere exposure effect can be elicited in transient global amnesia. *Journal of Clinical and Experimental Neuropsychology*, 35, 1007 - 1014.

Meeks, B. S., Hendrick, S. S., & Hendrick, C. (1998). Communication, love and relationship satisfaction. *Journal of Social and Personal Relationships*, 15, 755 - 773.

Mehl, M. R., Vazire, S., Holleran, S. E., & Clark, C. S. (2010). Eavesdropping on happiness: Well-being is related to having less small talk and more substantive conversations. *Psychological Science*, 21, 539 - 541.

Miller, L. C. (1990). Intimacy and liking: Mutual influence and the role of unique relationships. *Journal of Personality and Social Psychology*, 59, 50 - 60.

Mita, T. H., Dermer, M., & Knight, J. (1977). Reversed facial images and the mere-exposure hypothesis. *Journal of Personality and Social Psychology*, 35, 597 - 601.

Moore, R. L. (1998). Love and limerance with Chinese characteristics: Student romance in the PRC. In V. C. de Munck (Ed.), *Romantic love and sexual behavior* (pp. 251 - 283). Westport, CT: Praeger.

Moreland, R. L., & Beach, S. R. (1992). Exposure effects in person perception: The development of affinity among students. *Journal of Experimental Social Psychology*,

28, 255-276.

Morgan, H. J., & Shaver, P. R. (1999). Attachment processes and commitment to romantic relationships. In J. M. Adams & W. H. Jones, *Handbook of interpersonal commitment and relationship stability* (pp. 109-124). New York: Kluwer.

Myers, J. E., Madathil, J., & Tingle, L. R. (2005). Marriage satisfaction and wellness in India and the U. S.: A preliminary comparison of arranged marriages and marriages of choice. *Journal of Counseling and Development*, 83, 183-190.

Nelson, L. D., & Morrison, E. L. (2005). The symptoms of resource scarcity: Judgements of food and finances influence preferences for potential partners. *Psychological Science*, 16, 167-173.

Newcomb, T. M. (1956). The prediction of interpersonal attraction. *Psychological Review*, 60, 393-404.

Newcomb, T. M. (1961). *The acquaintance process*. New York: Holt, Rinehart and Winston.

Perilloux, H. K., Webster, G. D., & Gaulin, S. J. C. (2010). Signals of genetic quality and maternal investment capacity: The dynamic effects of fluctuating asymmetry and waist-to-hip ratio on men's ratings of women's attractiveness. *Social Psychological and Personality Science*, 1, 34-42.

Perrett, D. I., May, K. A., & Yoshikawa, S. (1994). Facial shape and judgments of female attractiveness. *Nature*, 368, 239-242.

Pollard, J. S. (1995). Attractiveness of composite faces: A comparative study. *International Journal of Comparative Psychology*, 8, 77-83.

Regan, P. C., & Berscheid, E. (1997). Gender differences in characteristics desired in a potential sexual and marriage partner. *Journal of Psychology and Human Sexuality*, 9, 25-37.

Regan, P. C., Lakhanpal, S., & Anguiano, C. (2012). Relationship outcomes in Indian-American love-based and arranged marriages. *Psychological Reports*, 110, 915-924.

Reis, H. T., & Wheerler, L. (1991). Studying social interaction with the Rochester Interaction Record. In M. P. Zanna (Ed.), *Advances in experimental social psychology* (pp. 269-318). New York: Academic Press.

Rhodes, G. (2006). The evolutionary psychology of facial beauty. *Annual Review of Psychology*, 57, 199-226.

Rosenbaum, M. E. (1986). The repulsion hypothesis: On the nondevelopment of relationships. *Journal of Personality and Social Psychology*, 51, 1156-1166.

Rothbaum, F., & Tsang, B. Y. -P. (1998). Love songs in the United States and China: On the nature of romantic love. *Journal of Cross-Cultural Psychology*, 29, 306-319.

Rubin, Z. (1970). Measurement of romantic love. *Journal of Personality and Social Psychology*, 16, 265-273.

Rubin, Z. (1973). *Liking and loving: An invitation to social psychology*. New York: Holt, Rinehart & Winston.

Rusbult, C. E. (1983). A longitudinal test of the investment model: The development (and deterioration) of satisfaction and commitment in heterosexual involvements. *Journal of Personality and Social Psychology*, 45,101 – 117.

Rusbult, C. E., & Martz, J. M. (1995). Remaining in an abusive relationship: An investment model analysis of nonvoluntary dependence. *Personality and Social Psychology Bulletin*, 21,558 – 571.

Rusbult, C. E., Morrow, G. D., & Johnson, D. J. (1987). Self-esteem and problem-solving behaviour in close relationships. *British Journal of Social Psychology*, 26,293 – 303.

Schachter, S. (1959). *The psychology of affiliation*. Stanford, CA: Stanford University Press.

Shaver, P. R., Wu, S., & Schwartz, J. C. (1992). Cross-cultural similarities and differences in emotion and its representation. In M. S. Clark (Ed.), *Review of personality and social psychology: Vol. 13. Emotion* (pp. 175 – 212). Newbury Park: CA: Sage.

Sigall, H., & Aronson, E. (1969). Liking for an evaluator as a function of her physical attractiveness and nature of evaluations. *Journal of Experimental Social Psychology*, 5,93 – 100.

Simpson, J. A. (1990). Influence of attachment styles on romantic relationships. *Journal of Personality and Social Psychology*, 59,971 – 980.

Simpson, J. A., Campbell, B., & Berscheid, E. (1986). The association between romantic love and marriage: Kephart (1967) twice revisited. *Personality and Social Psychology Bulletin*, 12,363 – 372.

Simpson, J. A., Rholes, W. S., & Nelligan, J. S. (1992). Support seeking and support giving within couples in an anxiety-provoking situation: The role of attachment styles. *Journal of Personality and Social Psychology*, 62,434 – 446.

Singh, D. (1994). Is thin really beautiful and good? Relationship between waist-to-hip ratio (WHR) and female attractiveness. *Personality and Individual Differences*, 16,123 – 132.

Singh, D. (1995). Female judgment of male attractiveness and desirability for relationships: Role of waist-to-hip ratio and financial status. *Journal of Personality and Social Psychology*, 69,1089 – 1101.

Singh, D., & Luis, S. (1995). Ethnic and gender consensus for the effect of waist-to-hip ratio on judgments of women's attractiveness. *Human Nature*, 6,51 – 65.

Singh, R., & Ho, S. J. (2000). Attitudes and attraction: A new test of the attraction, repulsion and similarity-dissimilarity asymmetry hypotheses. *British Journal of Social Psychology*, 39,197 – 211.

Snyder, M., Tanke, E. D., & Berscheid, E. (1977). Social perception and interpersonal behavior: On the self-fulfilling nature of social stereotypes. *Journal of Personality and Social Psychology*, 35,656 – 666.

Sprecher, S. (2016). Inequity leads to distress and a reduction in satisfaction: Evidence from a priming experiment. *Journal of Family Issues*, 1 – 15.

Sternberg, R. J. (1986). A triangular theory of love. *Psychological Review*, 93, 119–135.

Swami, V., & Tovée, M. J. (2006). Does hunger influence judgments of female physical attractiveness? *British Journal of Psychology*, 97, 353–363.

Swap, W. C. (1977). Interpersonal attraction and repeated exposure to rewarders and punishers. *Personality and Social Psychology Bulletin*, 3, 248–251.

Taylor, D. A., Gould, R. J., & Brounstein, P. J. (1981). Effects of personalistic self-disclosure. *Personality and Social Psychology Bulletin*, 7, 487–492.

Taylor, L. S., Fiore, A. T., Mendelsohn, G. A., & Cheshire, C. (2011). "Out of my league": a real-world test of the matching hypothesis. *Personality and Social Psychology Bulletin*, 37, 942–954.

Tesser, A., & Brodie, M. (1971). A note on the evaluation of a "computer date". *Psychonomic Science*, 23, 300.

Thibaut, J. W., & Kelley, H. H. (1959). *The social psychology of groups*. New York: Wiley.

Ting-Toomey, S., & Chung, L. (1996). Cross-cultural interpersonal communication: Theoretical trends and research directions. In W. B. Gudykunst, S. Ting-Toomey, & T. Nishida (Eds.), *Communication in personal relationships across cultures* (pp. 237–261). Thousand Oaks, CA: Sage.

Tzeng, M. (1992). The effects of socioeconomic heterogamy and changes on marital dissolution for first marriages. *Journal of Marriage and the Family*, 54, 609–619.

United Nations Department of Economic and Social Affairs. (1999). *Demographic yearbook: 1997* (49th edition). New York: Author.

van Straaten, I., Engels, R. E., Finkenauer, C., & Holland, R. W. (2009). Meeting your match: How attractiveness similarity affects approach behavior in mixed-sex dyads. *Personality and Social Psychology Bulletin*, 35, 685–697.

Vittengl, J. R., & Holt, C. S. (2000). Getting acquainted: The relationship of self-disclosure and social attraction to positive affect. *Journal of Social and Personal Relationships*, 17, 53–66.

Walster, E., Walster, G. W., & Berscheid, E. (1978). *Equity: Theory and research*. Boston: Allyn & Bacon.

Weidmann, R., Schönbrodt, F. D., Ledermann, T., & Grob, A. (2017). Concurrent and longitudinal dyadic polynomial regression analyses of Big Five traits and relationship satisfaction: Does similarity matter? *Journal of Research in Personality*, 70, 6–15.

Wheeler, L., & Kim, Y. (1997). What is beautiful is culturally good: The physical attractiveness stereotype has different content in collectivistic cultures. *Personality and Social Psychology Bulletin*, 23, 795–800.

Whitchurch, E. R., Wilson, T. D., & Gilbert, D. T. (2011). "He loves me, he loves me not...": Uncertainty can increase romantic attraction. *Psychological Science*, 22, 172–175.

White, G. L. , & Knight, T. D. (1984). Misattribution of arousal and attraction: Effects of salience of explanations for arousal. *Journal of Experimental Social Psychology*, 20,55 - 64.

Williams, K. D. (2007). Ostracism. *Annual Review of Psychology*, 58,425 - 452.

Williams, K. D. (2011). The pain of exclusion. *Scientific American Mind*, January/February, 30 - 37.

Williams, K. D. , & Nida, S. A. (2011). Ostracism: Consequence and coping. *Current Directions in Psychological Sciences*, 20,71 - 75.

Williams, K. D. , & Zadro, L. (2001). Ostracism: On being ignored, excluded and rejected. In M. Leary (Ed.), *Interpersonal rejection*. New York: Oxford.

Williams, K. D. , Cheung, C. K. T. , & Choi, W. (2000). Cyberostracism: Effects of being ignored over the Internet. *Journal of Personality and Social Psychology*, 79, 748 - 762.

Winstead, B. A. , Derlega, V. J. , & Rose, S. (1997). *Gender and close relationships* (p. 123). Thousand Oaks, CA: Sage.

Woolley, K. , & Fishbach, A. (2017). A recipe for friendship: Similar food consumption promotes trust and cooperation. *Journal of Consumer Psychology*, 27, 1 - 10.

Wright, P. H. (1982). Men's friendships, women's friendships and the alleged inferiority of the latter. *Sex Roles*, 8,1 - 20.

Yelsma, P. , & Athappilly, K. (1988). Marital satisfaction and communication practices: Comparisons among Indian and American couples. *Journal of Comparative Family Studies*, 19,37 - 54.

Zajonc, R. B. (1968). Attitudinal effects of mere exposure. *Journal of Personality and Social Psychology*, 9(Monograph Suppl. No. 2, part 2),1 - 29.

Zajonc, R. B. (2001). Mere exposure: a gateway to the subliminal. *Current Directions in Psychological Science*, 10,224 - 228.

第 9 章 助人行为

1964年3月的一天,一个名叫基蒂·吉诺维斯(Kitty Genovese)的女性,在深夜下班走到她在纽约市皇后区的住宅附近时,遭到一名持刀歹徒的袭击。吉诺维斯不停尖叫并恳求帮助,歹徒曾经逃跑但又返回。在长达35分钟的时间内,歹徒三次袭击了她,吉诺维斯最终痛苦地死去。在她死亡20分钟之后,警察才接到报警电话。让人震惊的是,有38名附近的邻居承认听到或看到了这一过程,但是却没有一个人对她提供帮助,甚至没有人在她还活着的时候报警。几天之后,《纽约时报》发表了一篇评论文章,与其他进行后续报道的媒体一道,抨击美国人的冷漠、自私自利和麻木不仁。真的是这样吗?在2001年的"9·11事件"中,有几百名警察和消防员以及很多民众为了从世贸中心救人,牺牲了自己的生命。国内的中央电视台定期举办感动中国的人物评选活动,我们从中看到无数无私帮助他人和舍己救人的普通人。

为什么有些人冷漠自私,有些人却冒着生命危险,无私助人?或者更确切地说,为什么有时候人们不会帮助他人,有时候却不计报酬、不顾自身安危地帮助陌生人?

助人行为或亲社会行为(prosocial behavior)是指任何对他人有益的行为,不管出于什么目的。有一些助人行为属于纯粹的利他(altruism)行为,是指在无利可图或不期望获得任何回报,甚至需要助人者付出代价的情况下,个体自愿地帮助他人的行为。因此,助人行为的概念要更宽泛一些,它既包括无私的利他行为,也包括出于某种目的所做出的助人行为。

第1节 人们为什么会帮助他人

人们为什么会帮助他人,甚至有时候冒着生命危险?心理学家提供了多种解释。

·进化心理学

在不少动物中都发现了帮助行为,例如海豚会救助受伤的同伴;一种猴子会发出呼叫以提醒同伴躲避天敌,而将自己置身于危险之中;一种鸟为了保护雏鸟,会假装受伤地在袭击者附近飞,并停在远离巢穴的地方。人类的助人行为更是数不胜数。但是,帮助行为在进化上是有劣势的。正如《自私的基因》一书的论述,为了陌生人的利益而牺牲自我的基因是不会存活下来的,只有自私的基因才有存活的可能。因此,如果一名个体帮助其他个体,那么他/她自身存活的概率可能就会降低,他/她的基因延续的可能性也较低,那么助人的行为如何能够经过进化依然保留下来?

一种解释采用亲缘选择(kin selection)的概念,认为人们愿意帮助那些与自己拥有共同基因的人,自然选择会偏好这些帮助近亲的行为(Hamilton, 1964)。根据这一观点,个体并非寻求个人的生存最大化,而是努力提高基因存活的可能性,在必要的时候可以牺牲自己。你与父母、兄弟姐妹、孩子和其他亲属都或多或少拥有某些共同的基因。个体的基因有一半与兄弟姐妹相同,有八分之一与表兄弟姐妹或堂兄弟姐妹相同。根据这一看法,与帮助陌生人相比,人们更愿意帮助自己的亲属;与帮助共同基因较少的人或动物相比,生物体更愿意帮助共同基因较多的生物体。研究者证实了这一看法。与异卵双胞胎相比,同卵双胞胎互相帮助的程度明显要高(Segal, 1984)。在面临火灾、自然灾害等生死攸关的情境时,不管是美国人还是日本人,不管是男性还是女性,人们报告会帮助的人的顺序是:先年轻人后老年人,先家人后朋友,先邻居后陌生人(Burnstein, Crandall, & Kitayama, 1994)。研究者比较了人们对于兄弟姐妹、堂兄弟姐妹和熟人的帮助意愿,结果表明,亲缘关系越近,人们越有可能帮助(Stewart-Williams,2007)。并且,5岁儿童就已经表现出符合亲缘选择理论的利他行为(Lu & Chang, 2016)。不过,这并不意味着人们在帮助之前会有意去计算基因的共同度,而是说遵循近亲选择原则的人其基因存活下来的可能性较大,因此已经成为根植在人们行为中的本能行为。另外,当面临的帮助情境并非生死攸关时,人们通常不会表现出明显的亲缘选择。这也与进化的原则一致,因为这类情境并不会危及基因的生存。

第二种解释从互惠的角度出发,认为生物体帮助其他个体是为了期待对方将来也会帮助自己(Trivers, 1971)。根据达尔文的看法,关键在于群体选择:一群完全自私的、各行其是的人,会比那些相互帮助和合作的人构成的群体更难生存,后者在群体竞争中是有优势的。因此,帮助他人是有生存价值的,在需要的时候被帮助者会反过来给帮助者提供帮助,双方生存的可能性都增加,并且这也有助于群体的存活。可见,自然选择在多个层面上起作用,既有个体层面,又有群体层面(Wilson & Wilson, 2008)。

·社会规范

一些心理学家指出,进化不能解释所有的亲社会行为。例如,一些帮助陌生人甚至牺牲自己的无私利他行为找不到进化上的根源。因此,他们指出,人类社会逐渐演化出一些适合群体繁荣和幸福的规则,形成了社会规范,规定人们在生活中要做出的行为和应该尽到的义务(Campbell, 1975)。不过,一些心理学家相信,学习社会规范的能力高度适应和具有生存优势,经过自然选择,已经成为人类基因构成的一部分(Simon, 1990)。

一种规范是互惠规范(reciprocity norm),即应该帮助那些曾经帮助过我们的人。在一个实验中,被试参与一个所谓的艺术欣赏,与另一个人一起给一些画评分,后者其实是实验者的助手(Regan, 1971)。在一种实验条件下,评分之间的休息时间,助手离开了几分钟,他返回时带回了两瓶可乐,一瓶给被试,一瓶给自己,并且说:"我问过主持实验的人是否可以买喝的,他说可以,所以我给你也买了一瓶。"在第二种条件下,实验者给被试和助手提供可乐。在第三种条件下,助手和实验者都没有提供可乐。在第二次评分休息时,实验者离开房间,助手请求被试帮他一个忙,他说自己正在卖彩票,卖掉的彩票足够多的话他能得到50块钱的奖金,他希望被试可以买这些彩票。他对被试说买多少都可以,当然也是越多越好。接下来,记录被试同意购买的彩票的数量,作为助人行为的指标。结果很明显,那些接受过助手可乐的被试买的彩票数量最多。可见,由于互惠规范,我们感觉自己有义务在将来回报自己收到的恩惠、礼物、邀请、帮助等。而如果人们违背互惠规范会被他人厌恶和排斥。因此,在邮寄调查问卷时附上一点小礼物,可以增加问卷的回收率;在免费品尝或收到一点小礼品之后,顾客很有可能会购买他们本来会拒绝的产品和服务;人们更愿意为曾经帮助过他们的人所属的慈善机构捐款;等等。研究表明,在很多文化下互惠规范的力量都很强大;并且,反方向破坏互惠规范的人,也就是只给予却不给别人回报机会的人,也会遭到讨厌(Gergen et al.,1975)。即便当最初的给予者无法得知时,人们也会回报对方,这表明互惠已经是一种内化了的社会规范(Burger et al.,2009)。人们对互惠规范的认识和使用也存在一定的文化差异,亚洲人比北美人更有可能拒绝一个偶然认识的人送给他们的礼物,这是由于前者在这一情境中更有可能唤起互惠规范,因而为了避免不能互惠的负债感而拒绝礼物(Shen, Wan,& Wyer Jr.,2011)。研究者在 21 个月大的婴儿中就已发现了互惠现象,婴儿更愿意帮助曾给自己礼物或者试图这样做的个体(Dunfield & Kuhlmeier, 2010)。5 岁大的儿童在决定要给伙伴分享多少时,会考虑对方回报自己的可能性(Sebastián-Enesco & Warneken, 2015)。

第二种有关的社会规范是社会责任规范(social responsibility norm),指的是我们应该帮助那些需要帮助的人,不要考虑事后是否得到回报。这一规范提倡人们有义务帮助他人,尤其是那些最需要和最应该得到帮助的人。不过,尽管所有社会都赞成社会责任规范,但是对这一规范的支持程度和具体的规范内容存在文化差异。例如,与个人主义文化的西方国家相比,在集体主义文化的印度,人们更强烈地支持社会责任规范(Baron & Miller, 2000)。在一个研究中,美国被试和印度被试回答他们认为助人者是否应该帮助需要帮助的人,一些人的问题非常严重,例如生命垂危需要送往医院,一些人的问题较小,例如只是需要几片治头疼的药(Miller, Bershoff,& Harwood, 1990)。助人者与需要帮助者之间的关系也有所不同,分别是陌生人、朋友或父母孩子关系。结果发现,当需要帮助者有生命危险时,两种文化的被试都认为助人者有责任提供帮助,不管他们之间的关系如何,这一看法是跨文化一致的。但是,如果需要帮助的是小问题,印度被试依然认为应该帮助,哪怕需要帮助者是陌生人;而美国被试则只有不到一半的人认为应该帮助遇到小问题的陌生人。可见,印度人对社会责任的定义很宽泛,他们认为帮助他人是一种义务;而美国人更多把帮助他人看作是个人的选择。另一项研究比较了美国和巴西的被试,发现双方都赞成社会责任规范,但巴西被试报告自己会愉快做这些应该做的事情,而美国被试对助人行为没有很大的热情(Bontempo, Lobel,& Triandis, 1990)。并且,在公开条件和匿名条件下,巴西被试都报告自己愿意从事亲社会行为;而美国被试在匿名条件下从事高代价的亲社会行为的意愿低于公开条件。可见,巴西被试已经内化了助人的社会责任规范,而美国被试则在一定程度上服从于社会赞许性的压力。社会责任规范的使用还取决于受害者的困境是由什么造成的:与灾难由人为因素导致相比,当人们认为灾难由自然原因导致时,他们的捐献意愿和实际捐献更高(Zagefka et al., 2011)。如果人们将发展中国家的贫困归因于穷人自身,他们更不可能进行捐献(Campbell, Carr, & MacLachlan, 2001)。

·社会交换理论

社会交换理论认为,人们从事任何行为都是为了获得收益最大化。当然,这并不意味着我们每时每刻都在监控付出和回报,而是说人们更有可能采取减去成本之后收益最大的行为。在助人行为中的收益主要有两类,一类是外部激励或奖励,一类是内部回报。前者包括金钱、社会赞许,接受帮助者反过来帮助自己等;而内部回报包括提高自尊和自我价值感,减轻内疚和压力,改善心情等。助人的成本包括自己受伤,时间和精力,造成痛苦和尴尬等(Dovidio et al., 1991)。与将一小笔钱花在自己身上相比,将这笔钱花在别人身上(也称亲社会花费)的人们在一天结束时心情更好,说明后者带来的内部回报更大(Dunn, Aknin, & Norton, 2008)。有研究发现,亲社会花费(prosocial spending)有助于老年人的心血管健康(Whillans et al., 2016)。即便是强制性的慈善捐赠也会引起人们奖励相关脑区的激活(Harbaugh, Mayr, & Burghart, 2007)。这些都是人们或者有所觉察,或者一无所知的助人行为带来的回报。根据社会交换理论的看法,只有当助人的收益超过成本时,人们才会实施帮助行为。有研究者考察了大学校园中的献血行为,发现大学生在决定是否献血之前,确实会计算献血的代价(疼痛、疲惫、时间)和收益(助人的快乐感、免费礼品),以及不献血的代价(内疚感,他人的指责)和收益(节省时间,不会因献血而不适和焦虑)(Piliavin, Evans, & Callero, 1982)。

另外,苦恼、内疚等消极感受都有可能增加助人行为。如果设法让人们做出说谎、伤害别人、出现失误、欺骗、破坏财物等行为,往往会诱发出内疚感,人们会努力去消除内疚感,方法之一是帮助别人。在一个研究中,被试前去参加一个实验,在他们等待时,另一名声称已经参加过实验的人进来取忘记拿的东西,他跟被试聊天并告诉被试实验内容是一份测验,以及测验的正确答案(McMillen & Austin, 1971)。接下来,研究者进屋并介绍了实验,然后询问被试是否曾参与过这个实验或曾经听说过有关它的内容。几乎所有被试都说自己没有参与和听说过,也就是撒了谎。在测验完成之后,研究者告诉被试他们可以离开了,不过如果他们有空的话,希望他们能帮助给一些问卷评分。结果表明,没有被引诱说谎的控制组被试只提供了 2 分钟的帮忙,而说了谎的被试平均付出了 63 分钟。其他研究也证实,人们做错事之后的内疚感会促使他们做一些事情来减轻这种感觉,尤其是当错误被人知道时,更是会努力在公众面前挽回自己的形象。并且,即便错误不为人知,人们也会采取行动消除自己内心的内疚感(Regan, Williams, & Sparling, 1972)。两三岁的儿童在偶然伤害了别人之后,也有强烈的动机帮助受害者,这很可能是由于内疚感的驱使(Hepach, Vaish, & Tomasello, 2016)。类似地,坏心情也经常会增加助人行为,因为助人行为可以抵消不良的感受,让自我感觉变好(Cialdini, Kenrick, & Baumann, 1981)。

·移情与利他

从社会交换的角度看,任何助人行为都是利己的,即使没有明显的物质收益,也能带来内心的满足或减轻内心的痛苦。那么,是否存在纯粹意义上的、完全无私的利他?心理学家巴特森认为,答案是肯定的,他认为有些时候人们是出于自私的理由帮助别人,而有的时候人们的动机是完全无私和利他的(Batson et al., 1981; Batson, 2001)。他认为一个关键的要素是移情(empathy),即将自己置于他人的立场,体会他人经历的事件和体验到的情绪。巴特森提出了移情-利他假设(empathy-altruism hypothesis):如果我们对他人产生移情,那么我们会出于纯粹的利他主义去帮助他人;如果没有发生移情,那么起作用的是社会交换,我们只有在收益超过付出的时候才会帮助他人。巴特森承认在现实生活中很难区分真正的利他和利己的助人行为,一个看起来利他的行为可能实际上能够为助人者带来内心的好处。巴特森及其同事努力通过实验操纵来区分基于移情的利他和基于利己的助人。

在一个研究中,巴特森等人让一名年轻女子假装正在忍受痛苦的电击,让女大学生被试观看(Batson et al., 1981)。一半被试得知,这名女子与她们有相似的价值观和兴趣爱好,以唤起她们的移情。在实验间隙时,那名痛苦的女子说她对电击非常敏感。实验者建议被试能否考虑代替她的位置,接受剩下的电击。一部分被试还得知,她们在看过女子遭受电击的情形之后,她们的实验任务就完成了,不需要继续留下来。结果表明,对于那些已经被唤起移情的被试,多数人都愿意代替那名年轻女子来接受余下的电击。

在另一个研究中,被试是参加心理学课程的学生,需要帮助的人是一名叫卡罗尔(Carol)的学生(Toi & Batson, 1982)。被试听到关于卡罗尔的访谈录音,卡罗尔在当中描述自己因为车祸双腿受伤,现在还坐在轮椅上,并且她的课程落后了很多,需要有别的学生帮助她才能完成课程。在高移情条件下,让被试想象一下,如果自己像卡罗尔一样遭遇到这种事件,感受会是怎么样的;在低移情条件下,让被试尽量客观和不要关注卡罗尔的感受。另外,研究者还操纵不帮助卡罗尔将会付出的代价：高代价组被试得知卡罗尔下周将会来班级上课，因此每次课程被试都会看到她，这一条件的目的是让被试知道如果没有帮助她会感到较高的内疚；低代价组被试得知卡罗尔不会来上课，因此不用面对她。研究者考察的是在不同移情程度和不同代价的情况下，被试愿意帮助卡罗尔学习的百分比，结果如图 9.1 所示。这些结果证实了巴特森的移情-利他假说：在高移情条件下，不管卡罗尔是否将会在课堂上出现（也就是不帮助她的代价有多大），被试愿意帮助她的程度是类似的，百分比都在约 80% 这么高；而在低移情条件下，只有当被试将会在心理学课程上遇见卡罗尔（也就是会有较高的内疚感）时，他们才会倾向于帮助她，而如果不会遇见，愿意提供帮助的人数百分比要小得多。因此，当移情高的时候，人们不计代价地帮助他人，而移情低的时候，人们会根据帮助人和不帮助人的收益及代价来决定是否助人。

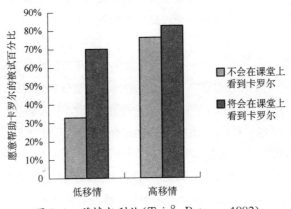

图 9.1　移情与利他(Toi & Batson, 1982)

不过，另一些研究者虽然同意移情会增加利他行为，但是他们认为这种表面上的利他本质上还是利己，人们只是为了减少移情产生的消极感受而助人(Cialdini et al., 1997)。在一个研究中，让被试产生对他人的移情，但是研究者让被试相信，他们感觉到的悲伤可以通过另一种方式来解决，即听让人开心的磁带(Schaller & Cialdini, 1988)。结果发现，即便人们产生移情，但是如果他们知道有其他方式能让自己感觉好起来，他们就不会特别愿意帮助他人。因此，西奥迪尼等人认为，不存在完全彻底的、只是为了增加他人福利的利他行为。

而巴特森等研究者也提供了另外的证据，证实人们有些时候确实只关心他人的福利，不关心自己的福利(Batson, 2001)。现在看来，研究者公认的是，一些助人行为明显是为了避免惩罚或赢得回报，还有一些助人行为是不那么明显的利己，例如减轻内心痛苦或获得自我价值感。但是，究竟是否存在完全无私的利他，争论可能还要继续。

第2节 影响助人的情境因素

什么情境下人们倾向于提供帮助,什么情境下不帮助?在吉诺维斯的例子中,为什么38个目击者中没有一个人对她提供帮助?心理学家已经发现了一些影响助人的情境因素。

· 旁观者数量

吉诺维斯的悲惨遭遇让一般大众和媒体批评道德沦丧和人心冷漠。然而,两位心理学家拉坦内和达利(Latané & Darley, 1970)提出了另一种解释。他们认为,正是由于几十名旁观者的存在,才导致没有人提供帮助。也就是说,目击一个紧急事件的旁观者越多,他们中的任何一个人提供帮助的可能性越小,拉坦内和达利称之为旁观者效应(bystander effect)。

在一个经典实验中,研究者声称进行的是一个关于校园生活的研究,被试独自一人待在一个房间里,通过对讲机与另一些房间内的被试进行通话,讨论如何适应大学生活(Latané & Darley, 1970)。在讨论进行过程中,一名学生突然出现癫痫发作,他大声呼救,呼吸窒息,说话困难,最后他说他快要死了,然后通话中断。研究者考察的是当被试相信自己独自与呼救者讨论,或者相信自己和另外一个人与呼救者讨论,和另外四个人与呼救者一起讨论时,他们提供帮助的比例和在帮助前等待的时间。结果发现,当被试相信他是唯一一个与呼救者通话即唯一知道他发病的人的时候,85%的学生在60秒之内去帮助他;如果被试相信除了自己之外还有另一名学生听到时,在60秒之内只有62%的被试提供帮助,一直到6分钟之后提供帮助的被试比例仍未到100%;当被试相信连自己在内总共有五个人得知紧急事件时,只有31%的人在60秒之内进行帮助,6分钟时也仍然总共只有62%的人提供帮助。当然,这个实验中的呼救者和除被试之外的其他"学生"都是假装的,被试听到的只是预先录制的声音。这个实验室实验有力地证实,紧急事件发生时在场的人数越多,任何一个人提供帮助的可能性就越小;而且,在试图提供帮助的人中,旁观者数量越多,他们就越不可能马上采取行动,拖延的时间越长。

在另一个现场实验中,研究者在一家商店的收银员的配合下,假装发生了偷窃事件(Latané & Darley, 1970)。商店里有一名或两名顾客,收银员走到后面检查货物时,两名年轻男子走进来偷走了一打啤酒。结果发现,当人们独自看到这一情况时,他们更有可能报告收银员。在另外的研究里,研究者在乘坐电梯时,假装不小心掉了一枚硬币,暗地观察电梯里的乘客是否会帮助(Latané & Nida, 1981)。上千次试验的结果是,当旁边只有一名乘坐者时,他们得到帮助的可能性是40%,当旁边有六名乘坐者时,他们得到帮助的可能性不超过20%。

· **助人行为的五个步骤**

为什么会出现旁观者效应?拉坦内和达利提出了一个完整的模型,把人们面对紧急事件时的反应分为五个步骤,如图9.2所示。其中的多个步骤与旁观者效应有关。这五个步骤中的任何一个步骤出现问题,人们都不会助人。

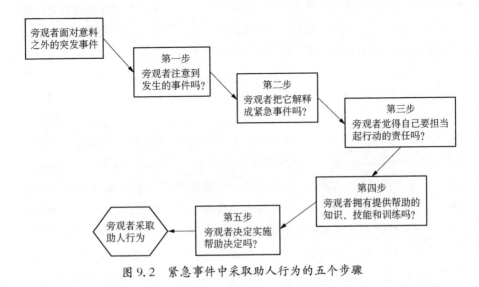

图9.2 紧急事件中采取助人行为的五个步骤

首先,人们必须注意到发生的事件。很多时候,人们太过匆忙或时间过于紧张,没能注意到紧急事件的发生。在一个研究中,被试是一所神学院的学生,他们前往一栋建筑参与一个关于帮助他人的演讲(Darley & Batson, 1973)。一组被试被告知,他们去那栋楼的时间很宽裕;第二组被试被告知,他们赶到那栋楼的时间刚好够;第三组被试被告知,他们赶去的时间很紧张,已经迟到了。在被试前往目的地的途中,路上有一个躺在门口的老人,这个老人低着头不停地咳嗽和呻吟。多少人会帮助这个老人?如研究者所预期:时间宽裕的被试有63%的人提供帮助,时间刚好的被试有45%的人提供了帮助,时间仓促的被试只有10%的人提供帮助。那些匆忙赶路的学生全心全意往前赶,并没有留意到有一个人需要帮助。

第二,人们必须把事件解释成紧急事件。即便人们确实注意到有人躺在门口,他们可能也无法确定这个人发生了什么状况,究竟需不需要帮助。如果一对男女在路上纠缠,他们是歹徒和受害者,还是吵架的恋人或夫妻?一个躺在路边的人究竟是喝醉还是病倒了,或者是一名睡在那里的流浪汉?如果看到一个通风口有白色的气体飘出,究竟是着火了,还是它只是水形成的雾气?一个拿着皮包匆忙在路上跑过的人是一个抢劫犯,还是一个赶着上班的人?多数情况下,人们很容易为一个事件找到常规的、日常的解释,而不是不寻常和不太可能的解释。但是,如果发生的真是紧急事件,人们的这种倾向会阻碍他们的帮助行为。而如果很确定有人需要帮助,人们助人的可能性大大增加。在一个实验中,被试听到一对男女的争吵声,那名女子大声喊叫:"放开我!"(Shotland & Straw, 1976)。在一种条件下,被试还听到这个女子喊,"我不知道为什么我会嫁给你",这时只有19%被试会干预。在另一种条件下,被试听到这名女子喊,"我不认识你",这时65%的被试会干预或报警。可见,当被试很清楚这名女子需要帮助时,他们确实会插手;而如果争吵者是一对夫妻或情侣,或者争吵者的关系不清楚,被试有可能会假定他们是夫妻或情侣,因此会决定不插手。

当有其他旁观者在场,尤其这些旁观者看起来无动于衷时,人们特别容易把一件事解释为非紧急事件。在紧急事件中,人们参照其他人的态度和行为来做出反应,而实际上没有人能确定发生了什么事情。因为每个人都不确定,都在等待和犹豫,人们会假定一切正常,没有发生紧急事件,这叫做人众无知(pluralistic ignorance)。拉坦内和达利(1968)对此有一段描述:"每个人都认为,既然大家都是无所谓的样子,说明一切正常。与此同时,事情变得越来越危险,终于达到了某个临界点。这个时候,终于有人不再受到其他人表面上的镇定的影响,站出来采取了行动。"在一个实验中,被试一个人或者与其他人一起待在一个房间里,等待参加一个所谓的"城市生活问题态度"的研究(Latané & Darley, 1968)。被试在等待的时候,被要求填写一份问卷。几分钟后,被试发现一个通风口正在冒出白烟,并且烟越来越多,他们几乎看不清楚东西。与此同时,房间里的其他人都仍然在填写问卷,没有做出任何反应。有些时候,房间里的其他人也是真正的被试;而有些时候,除了真正的被试一个人之外,房间里其他人都是实验者的同谋,他们故意装出一副若无其事的样子。如果你是被试,你会开门出去呼救吗?结果表明,当只有被试一个人独自在房间里填写问卷时,75%的人看到浓烟后会停下来,出门去向实验者报告;如果三个人在房间里,只有38%的人报告;而如果三个人中有两个人是实验者的同谋、装作无动于衷时,只有10%的被试向实验者报告情况。可见,当不确定究竟发生了什么事情时,人们以周围的其他人作为信息来源和参照,当其他人无动于衷时,人们也不会采取任何行动。而实际上每个人都在这样假定,而每个人都因其他人的不行动,假定没有发生任何紧急或异常的事情。而当目击者很确定有人发生了紧急情况时,绝大多数人都会帮助一名受伤的工人(Clark & Word, 1972)。另外,人众无知在一群陌生人之间表现得最为明显。这是因为,如果目击者是一群互相认知的人或者朋友,他们很可能会互相沟通,弄清楚究竟发生了什么以及应该怎么做。研究发现,当一群朋友在一起时,旁观者效应大大减少(Rutkowski, Gruder, & Romer, 1983)。

第三个步骤是,人们必须假定自己有责任去提供帮助。当发生紧急事件时,责任不一定清晰:如果只有一个人在场,这个人会认为自己有责任做点事情,提供帮助的可能性很大;如果有多个人在场,助人的责任和没能助人的代价由这些人共同分担,每个人提供帮助的可能性都降低。因此,当目击者的人数增多时,会发生"群体行为"一章所提到的责任分散现象,每名目击者助人的责任感降低。在吉诺维斯的例子中,即便邻居们相信发生了紧急事件,每名邻居也可能都觉得这是大家的责任,而不是自己的责任。而且,他们不知道别人是否提供了帮助,他们很可能假定有人已经报了警。在一个研究中,一名女子在沙滩上铺开毯子,把收音机放在上面,然后就去游泳了(Moriaity, 1975)。一段时间之后,一名男子走过来,他看到了毯子上的收音机,迅速地把它拿起来然后走掉了。旁边的一名晒太阳的人是否会阻止小偷?在这个现场研究中,只有20%的人会阻止小偷并质问他。在另一种条件下,这名女子事先与旁边的人聊过几句天,并且请求这个人在她去游泳的时候帮她照看一下东西。这个时候,同意照看的人中有95%会在随后阻止小偷。因此,在人们明确认为自己有责任时,他们很有可能会提供帮助。另外,当旁观者是朋友或者与受害者同属一个群体时,旁观者人数越多,越有可能提供帮助(Levine & Crowther, 2008)。

第四,人们还必须知道如何提供帮助,也就是说拥有提供帮助所需要的特定技能。有些紧急事件很容易处理,如果你确定一个人正在试图偷窃一家商店,你可以立即打电话报警。而有些紧急事件需要特殊的知识或技能,很多旁观者不具备这样的能力。例如,如果一个人因溺水而昏迷,需要立即急救,那么没有急救知识的人不会提供帮助。在一个研究中,被试看到一个人由于操作设备而遭受电击,晕倒在地(Clark & Word, 1974)。如果被试受过操作电子设备的培训,或者拥有这方面的经验,90%的人会提供帮助;而如果没有这方面的经验,只有58%的人会试图帮助。

第五,决定实施帮助。即使人们注意到了有事件发生,把它解释为紧急事件,认为自己有责任干预,并且具有相应的能力和经验,他们还必须决定帮助别人,才会最终采取行动。而这种决定主要是在助人的积极结果或收益与消极结果或成本之间的权衡。社会交换理论对与助人相关的利弊权衡进行了阐述。而且研究证实,至少在部分情境下,人们在决定助人之前会权衡成本和收益(Dovidio et al., 1991)。

· 环境条件

人们所处的环境是城市还是农村以及城市的规模对助人行为影响很大。有研究者考察了55个不同规模的澳大利亚城市,从1000人以下的小城镇,到百万人口以上的大城市,研究了多种助人行为,例如帮助学生完成一份颜色调查表,为患某种疾病的人捐款,给走错路的陌生人指出正确路线,帮助一名摔倒在人行道上的陌生人等(Amato, 1983)。结果发现,在这里提到的4种助人行为中,随着城市规模的扩大,助人的比例减少。另外对美国、加拿大、以色列、土耳其、英国、苏丹等国家的研究也发现了类似结果。在帮助陌生人方面,城市规模和人口密度可能是最重要的影响因素。而且,起作用的并非是人们成长的家乡的规模大小,而是他们被测验当时所处的城市环境(Steblay, 1987)。大城市中的某些因素阻碍了助人行为的发生,而小城镇中的某些因素增加了助人行为的可能性。在大城市中,阻碍助人行为的因素包括:大城市中的环境更喧闹、信息量更大,人们为了避免信息过载会减少对外界的关注;大城市人口稠密,人们在目击紧急事件时更有可能与其他人在一起,从而发生旁观者效应;城市居民彼此认识的可能性低于小镇居民,因此发生紧急事件时更有可能身处一群陌生人中间;等等。

另外,人们所处环境的天气状况也会影响助人。在阳光灿烂和气温舒适的时候,人们更愿意帮助研究者完成一份问卷;在阳光灿烂的时候,人们给侍者的小费数量更多(Cunningham, 1979)。

·时间压力

当人们时间紧张时,他们帮助别人的可能性减少。达利和巴特森关于咳嗽老人的研究已经证实了这一点。当时间紧张时,人们很容易忽视周围发生的事情,没有留意到紧急事件。当时间紧张时,人们很有可能面临矛盾,究竟是帮助这个人还是抓紧时间去做应该做的事情(可能是帮助另一个人)? 例如,赶往目的地的学生可能面临冲突,应该帮助这名老人,还是帮助在等待自己前往的研究者? 在一个研究中,巴特森等人试图检验这一可能(Batson et al., 1978)。他们安排大学生前往一座建筑参加实验,告诉一半被试他们时间很充裕,告诉另一半被试他们迟到了。另外,让一半被试相信自己的参与对研究者非常重要,让另一半被试相信参与与否无关紧要。在被试前往那座建筑的路上,他们遇到一名学生倒在楼梯上,需要帮助。结果发现,总体而言,时间压力低的被试比时间压力高的被试更有可能帮助这名受伤者(65%对40%)。但是,如果区分参与研究的重要性,结果是这样的:如果被试认为自己的数据对研究者不重要,时间紧张的学生与时间宽松的学生提供帮助的比例差不多(70%对80%);而如果被试认为自己参与研究很重要,时间压力对帮助比例的影响是很大的,两组被试相差大约60%。可见,人们在做出帮助决定之前,会权衡究竟应该帮助研究者还是受伤者。

· 亲社会榜样

当存在助人的亲社会榜样时,人们会倾向于做出帮助行为。在一个现场研究中,一名女子的车胎漏气,停在路边,这名女子实际上是研究者的同谋(Bryan & Test, 1967)。如果开车的司机在之前看到路上有人帮助另一名汽车出问题的人,他们帮助这名女子的可能性更大。研究者还发现,如果在购物者前面有人捐款,他们更有可能在募捐处捐出一些款项(Bryan & Test, 1967)。另外,媒体上出现的亲社会榜样也会鼓励助人行为。在一个研究中,儿童首先观看了不同的影片片段,然后他们参加一个游戏,胜出者可以赢得奖金(Sprafkin, Liebert, & Poulous, 1975)。第一组儿童看到的是一部影片中的营救片段;第二组看到的是同一部影片中与助人主题无关的片段;第三组儿童看到的是另一部影片中的幽默片段。在游戏的过程中,他们遇到一群饿得乱叫的小狗,这些儿童是否会停下来帮助这些小狗,但是很可能会丧失获胜的机会? 结果发现,儿童的表现依赖于他们看过的电影片段,在电视上看过营救场景的儿童更有可能在现实生活中采取帮助行为。

· 文化

如前文所述,各种文化中都存在与助人有关的社会规范,但是不同文化中个体对这些规范的内化程度和具体的规范内容有所不同(Bontempo, Lobel, & Triandis, 1990)。另外,所有文化中的人们都会区分内群体(个体认为自己是成员的群体)和外群体(个体不认为自己是其中一员的群体),人们帮助内群体成员的可能性高于外群体成员。不过,集体主义或相互依赖文化中个体对内群体("我们")和外群体("他们")的划分更为清晰,这导致了文化差异:集体主义文化中的个体比个人主义文化中的个体更多地帮助内群体成员,但是他们比个人主义文化中的个体更少帮助外群体成员(Leung & Bond, 1984)。

另外,一些文化价值观提倡帮助他人。在西班牙语中有个单词是 simpatia,葡萄牙语中有个类似意思的单词 simpatico,是指一系列社会和情绪特质,包括友好、礼貌、和蔼、令人愉快和乐于助人,而这个词在英文中没有对应的单词。为了比较不同文化的城市中帮助行为的差异,研究者安排了一些表面上的偶然事件,例如掉落钢笔,一个腿不方便的人撒落了一堆杂志,一个盲人在路口等着过马路,观察人们帮助行为的百分比(Levine, Norenzayan, & Phibrick, 2001;Levine, 2003)。他们考察了 23 个国家和地区的大城市,包括巴西的里约热内卢、哥斯达黎加的圣何塞、印度的加尔各答、西班牙的马德里、丹麦的哥本哈根、墨西哥的墨西哥城、美国的纽约、中国的上海、新加坡、意大利的罗马、马来西亚的吉隆坡等。他们发现,与非 simpatia 价值取向的国家和地区的城市相比,simpatia 价值取向的国家和地区的城市(例如里约热内卢、圣何塞、马德里等)的助人行为要多一些,大约为66%对83%。另外,还有一些国家虽然持 simpatia 价值取向与否不清楚,但是他们高度重视友好和亲社会行为,例如印度的加尔各答、丹麦的哥本哈根、中国的上海等,人们也更愿意帮助陌生人。而新加坡、纽约和吉隆坡等城市的助人比例较低。

第3节 影响助人的个人因素

在需要帮助的情境中,总是至少会涉及助人者和被帮助者,他们各自的特点以及两者之间的关系也会影响助人发生的可能性。

·什么人会提供帮助

哪些人会倾向于帮助别人?为什么会这样?

人格

西方人经常用撒马利亚人(Samaritan)来形容乐于助人的人。《圣经》的寓言故事讲述了撒马利亚人的故事:"一名男子从耶路撒冷到耶利哥,途中遇上强盗,强盗抢光了他的财物,打伤他后逃走了。有一名传教士经过这里,看到了受伤的男子,从路的另一边走掉。接着又来了一个利未人,他也看到了受伤男子,但是他也从路的另一边走掉了。这时,撒马利亚人经过这里,看到受伤的男子,起了怜悯之心。他为受伤者包扎伤口,为他敷药。然后他把受伤者放在马背上,驮到一家小旅馆并照顾他。第二天,他把一些钱给老板,请老板好好照顾这个受伤的人。"善良的撒马利亚人是一种什么性格的人?研究者希望发现一种利他人格(altruistic personality),也就是在各种情况下使得个体帮助他人的个人品质。研究发现,社会赞许需要较高的人更有可能捐钱给慈善机构,尤其易发生在他人在场的情况下(Satow, 1975)。某些人确实比其他人更有可能提供帮助,这种个体差异还具有时间上的稳定性。例如,信任他人的人比不信任他人的人更有可能实施亲社会行为(Cadenhead & Richman, 1996)。

那么,利他人格究竟是什么?研究者对被试实施了一系列人格测试,主要考察可能预测亲社会行为的特点;然后考察被试在目击一起突发事件时提供或不提供帮助的情况(Bierhoff, Klein, & Kramp, 1991)。结果发现,构成利他人格的因素包括:移情,那些愿意帮助的人有更高的移情能力;相信世界是公平的,这些人认为好的行为会受到奖励,坏的行为会受到惩罚;社会责任感,帮助他人的人相信每个人都有责任尽量帮助需要帮助的人;内控,提供帮助的人自己能够控制发生的事情;低利己主义,这些人利己、自我中心和竞争的程度较低。这些人格特质确实被证明与现实生活中的帮助行为有关。近期研究显示,五大人格维度中的宜人性(agreeablenes)与助人行为的联系最为密切(Habashi, Graziano, & Hoover, 2016)。

不过,有研究者对利他人格提出了质疑。他们发现,利他人格测验的分数并不能有效地预测特定情境下的助人行为(Batson, 1998)。在一个研究中,研究者考察了上万名小学生和中学生在各种条件下乐于助人的程度(Hartshorne & May, 1929)。他们考察的条件包括,给住院的孩子找故事和图画的意愿,给慈善机构捐款,给贫穷的孩子送小礼物等。如果确实存在利他人格,那么这些学生在各种条件下助人的程度应该有一定的一致性。然而,结果并非如此,在一种条件下亲社会的学生,在另一种条件下不一定会助人,二者之间的相关并不高,平均只有大约0.23。因此,当你知道一个人在一种情境下多么乐于助人时,你并不能肯定地预测他或她在另一种情境下是否会助人。这样的研究否认了利他人格的存在吗?也许没有。正如社会心理学家一直在强调的,社会情境对人的行为影响很大,由于这一点,人格和态度不能很好地预测人们在特定情境下的行为,而只能预测很多情境的平均行为。因此,上一节描述的很多情境因素可能会促进或阻碍助人行为的出现。而且,除了人格之外,心情、性别等个人因素也会影响助人行为,下文将会阐述。

移情

如移情-利他假设的理论和研究证据显示,当人们对需要帮助的人发生移情时,助人的可能性大大增加。利他人格研究把移情当作一个人格特点或能力。移情包含情感和认知两个成分:移情的人能体会到其他人的感受;移情的人知道其他人的感受以及为什么会有这种感受(Duan, 2000)。移情有一定的遗传基础,遗传可以解释大约三分之一的移情变异;学校教育、父母的教养方式和所起的榜样作用、媒体中的亲社会榜样都会影响移情能力的发展(Baron & Byrne, 2002)。另外,女性比男性有更高的移情能力;并且,当人们面对与自己在外表、种族、经历等方面相似的个体时,他们会表现出更多的移情(Baron & Byrne, 2002)。

性别

男性还是女性更多向别人提供帮助? 在对32个得到干预的犯罪情境的考察发现,干预危险犯罪(例如银行抢劫、持械抢劫和拦路抢劫)的人绝大多数是男性(Huston et al., 1981)。这意味着男性比女性更乐于助人吗? 可能并不是这样。在这个研究中,干预犯罪的人更高大和更强壮,更有可能受过警察方面的训练,这样的人显然是男性居多。而且,女性的移情能力更强,这可能会增加她们助人的可能性。总结已有研究可见,在助人行为方面,性别与情境之间存在交互作用(Eagly & Crowley, 1986)。当求助者是陌生人,并且情境存在潜在危险时,男性更有可能帮助,例如车胎破掉或有人掉下地铁轨道。在近7000名因救人而获得卡耐基英雄奖章的人中,91%是男性。如果是长期的照料行为而不是帮助突发情形中的陌生人,女性提供的帮助更多(George et al., 1998)。一项跨文化研究考察了来自匈牙利、美国、保加利亚、俄罗斯、澳大利亚、捷克和瑞典7个国家的12—18岁的青少年,结果发现,在其中的5个国家,女孩比男孩更多报告她们参与社区中的志愿工作;在捷克和瑞典,没有发现这种性别差异(Flanagan et al., 1998)。男性与女性在助人行为上的差异很可能与他们的性别角色有关。

宗教信仰

研究表明,拥有宗教信仰能够预测长期的志愿工作和慈善活动,例如帮助穷人、病人和老人。与没有宗教信仰的人相比,有宗教信仰的人在志愿工作上花的时间更多,捐款的数额更多,更看重穷人的权益,更愿意参与投票、陪审团工作、社区项目,与邻居交谈等(Hansen, Vandenberg, & Patterson, 1995;综述见:Galen, 2012)。也有研究显示,有宗教信仰家庭的父母报告自己的孩子更有同情心和对公平更为敏感,但实际上家庭宗教信仰程度与儿童的利他行为呈负相关(Decety et al., 2015)。这提示宗教信仰与亲社会行为的关系较为复杂。研究者还采用宗教启动方法来考察宗教概念对于各种亲社会行为的因果影响(Willard, Shariff, & Norenzayan, 2016)。例如,与启动中性概念或不启动相比,启动上帝概念增加了人们在独裁者游戏中分配给匿名陌生人的金钱比例(Shariff & Norenzayan, 2007)。不过,近期的研究未能重复出这一结果(Gomes & McCullough, 2015)。

心情

暂时的情绪状态会影响人们帮助他人的可能性。我们都知道,如果在某个人心情好的时候请求他或她一件事情,请求被答应的可能性比较大。也就是说,与中性情绪的人相比,心情好的人更愿意帮助别人。在一个研究中,研究者在公用电话机的退币口留下一枚硬币,等待有人捡到这枚硬币(Isen & Levin, 1972)。当有名路人捡起这枚硬币离开电话亭时,一名研究助手在这个人面前经过,装作不小心把手里的纸张撒落一地,这个人是否会停下帮助研究助手?研究表明,没有发现硬币的人只有4%的人帮助他捡起纸张,而发现硬币的人有84%的人帮助他。

研究一致发现,心情好的人更乐于帮助别人,不管好心情是来自收到礼物、测验成绩优异、听到动听的音乐、闻到好闻的气味、回忆快乐的事情,还是其他原因

(Salovey, Mayer, & Rosenhan, 1991)。心情好的人向他人提供的帮助包括献血，帮助别人找到隐形眼镜，捡起陌生人掉的钢笔，为陌生人换零钱，帮助别人做调查，在工作中帮助同事，向慈善机构捐款，等等。而且好心情效应在儿童和成年人身上都得到了证实。在另一个研究中，一名研究助手给在 0 至 20 分钟以前收到一份免费样品的人打电话，对他们说自己最后的一点钱只够用来拨这一通电话，请求这些人帮助他打电话传递一条信息(Isen, Clark, & Schwartz, 1976)。结果发现，人们打电话传递信息的意愿在收到样品之后的 5 分钟之内上升，而在 5 分钟之后，好心情逐渐减退，帮助行为逐渐下降。

为什么心情好的人愿意帮助别人？研究正在继续探讨具体的原因，不过已经发现一些可能的解释。第一，好心情让人们看到事情好的一面，把一个平常看起来显得笨拙或烦人的人看作是无辜和需要帮助的人，认为这个人是值得帮的。第二，根据积极情绪保持假说，帮助他人可以让自己感觉良好，保持或延长我们积极的情绪状态(Carlson, Charlin, & Miller, 1988; Isen et al., 1978)。另外，好心情的效应有一个限制条件，即帮助他人不能破坏好心情。如果帮助他人可能会降低积极情绪，那么积极情绪下的人们会减少帮助行为(Rosenhan, Salovey, & Hargis, 1981)。儿童和成人研究均表明，积极情绪使人注意到他人的需要，从而使亲社会行为更有可能发生；并且，从事亲社会行为可以促进积极情绪(Aknin, Van de Vondervoort, & Hamlin, 2018)。

当心情不好时，你更愿意帮助别人，还是不太愿意帮助他人？如前文所述，当人们感到内疚时，他们的助人行为增加。例如，去教堂做礼拜的人在忏悔前比忏悔后更愿意给慈善机构捐钱，可能是因为向牧师忏悔减轻了他们的负罪感(Harris, Benson, & Hall, 1975)。类似地，当在实验室中引诱被试说谎，从而使他们产生内疚感时，他们的助人行为大大增加(McMillen & Austin, 1971)。另外，在某些条件下，悲伤也会导致助人行为增加；不过，儿童似乎不符合这一规律(Cialdini & Kenrick, 1976)。研究发现，与中性心情相比，低年级小学生在悲伤时的助人行为减少，而高中生在悲伤时的助人行为增多。为什么坏心情会增加成年人的助人行为？根据消极状态减轻假设(negative-state relief hypothesis)的看法，处于消极情绪的人们会努力减轻自己的不良感受，如果他们认为帮助别人可以让自己感觉变好或者减轻自己的坏情绪，他们就会提供帮助(Cialdini, Darby, & Vincent, 1973; Cialdini et al., 1987)。这与社会交换理论的看法是一致的，也就是人们把帮助他人作为一种获取内心回报、减轻消极情绪的手段。另一个支持的证据是，当人们相信自己的悲伤可以通过听开心的磁带来减轻时，那么即便他们因与受害者共情而感到悲伤，他们也不太愿意帮助受害者，因为听磁带或其他方式就能让自己感觉变好，不需要帮助别人(Schaller & Cialdini, 1988)。并且，儿童之所以不出现悲伤-帮助他人效应，可能是因为从帮助他人中得到内心快乐需要发展到一定年龄才会出现,因此他们不认为帮助他人会减轻悲伤(Cialdini & Kenrick, 1976)。

另外,坏心情促进助人行为这一效应也有限定条件。首先是愤怒这种消极情绪不会增加助人行为。其次,如果心情不好的人完全沉浸在对自己的关注中,他们也不会帮助别人。在一个研究中,研究者让大学生独自一人倾听描述一个将要因癌症而死去的人的录音,并把他/她想象为自己最好的异性朋友(Thompson, Cowan, & Rosenhan, 1980)。通过操纵指导语,让一半被试将注意力集中于自己的忧虑和悲伤,例如:"他就要死去了,你将失去他,再也不能跟他说话了……你将看着他逐渐地离你而去……最后,你会变成一个人。"让另一半被试将注意力集中于朋友身上:"他在病床上打发时光……他告诉你,对接下来会发生什么一无所知是最难受的事情。"不管是哪组被试,他们都被深深地打动和哭泣。接下来,研究者立即给予被试机会,让他们可以匿名帮助一名研究生完成她的研究项目。结果发现,自我关注组的被试只有25%的人提供了帮助,而他人关注组的被试有83%的人提供了帮助。可见,当心情不好的时候,关注自己的人不太可能帮助别人,而如果心情不好的人并非沉浸在自己的世界里,并且认为帮助他人可以让自己摆脱坏心情,那么他们很有可能助人。

·什么人容易得到帮助

什么样的人更容易得到帮助?研究发现,求助者的特征会影响他们获得帮助的可能性,例如男性更愿意帮助女性,人们更愿意帮助喜欢的人、主动求助的人、值得帮助的人、与他们关系亲密的人,等等。

性别

人们关于性别的刻板印象之一是,女性更柔弱和更有依赖性,那么女性是否更多得到帮助?研究者分析了35个比较男性和女性受害者得到帮助的研究,这些研究多数考察的情境是与需要帮助的陌生人的短暂相遇,在这些情境下一般大众会预期男性更勇敢(Eagly & Crowley, 1986)。结果表明,当需要帮助的人是女性时,男性更多提供帮助;女性给男性和女性提供帮助的程度类似。例如,如果车子出了问题,单独的女性比单独的男性或一对男女得到更多帮助(Snyder, Grether, & Keller, 1974)。并且,那些停下来提供帮助的人多数是独自驾车的男性。男性对女性提供帮助很可能不全是由利他动机驱动的,例如部分原因是受到性吸引。研究发现,男性对外表有吸引力的女性的帮助超过外表没有吸引力的女性(West & Brown, 1975)。另外,女性也比男性更多地寻求身体和精神上的帮助,例如打咨询热线求助的多数是女性(Addis & Mahalik,2003)。

相似性

人们更乐意帮助与自己相似、隶属于同一群体或自己喜欢的人。如"人际吸引"一章所示,人们更喜欢外表有吸引力的人和与自己相似的人。在很多时候,外表上有吸引力的人更容易得到帮助。在一个研究中,研究者把一封申请研究生院的信件放在机场的电话亭里,这封信正要寄出,但是似乎被主人不小心遗忘在那里了(Benson, Karabenick, & Lerner, 1976)。为了操纵失主的外表,申请书上有一张照片,一半被试看到的照片是非常有吸引力的人,另一半被试看到的照片是没什么吸引力的人。研究者记录拾到申请书的人将其寄出的比例。结果很明显,如果申请书上的照片很有吸引力,不管照片上是男性还是女性,捡到的人都更有可能寄出它,这样做的人数比例为47%;而没有吸引力的人的申请书被寄出的比例只有35%。人们也更喜欢与自己在外表、态度、性取向等方面相似的人。在一个现场研究中,研究助手穿上另类的"嬉皮士"服装,或者穿上保守的服装,然后向衣着保守或者另类的大学生请求帮助,向他们借一个硬币打电话(Emswiller, Deaux, & Willits, 1971)。结果发现,帮助相似求助者的比例是77%,而帮助不相似求助者的比例只有32%。类似地,人们对于性取向相同(例如异性恋者帮助异性恋者)、同一球队球迷、面孔看起来相似的人都更有可能提供帮助。即便是非常偶然的相似性,例如生日相同、名字相同,或者指纹类似,都会增加人们答应他人要求的可能性(Burger et al., 2004)。

求助

如果人们不能确定一个事件是否属于需要干预的紧急事件,他们就不太可能给予帮助。因此,主动求助的受害者,可以减少目击者感受到的模糊性,使得他们尽快地提供帮助。如果主动要求海滩上的人帮助自己照看一下东西,被托付的人更有可能阻止小偷(Moriaity, 1975)。而在实际情况中,不少人因为种种原因没有主动求助,例如因为害羞、不安全依恋、担心显得无能等。

责任归因

如果你看到一个人处于困境中,你帮助他或她的可能性部分取决于你对这个人的归因。如果你认为某个人并不是由于个人错误而遭受失败或痛苦,你更有可能提供帮助;而如果你认为某个人是由于个人的责任而陷入困境,你帮助这个人的可能性较低。在一个研究中,一名学生向被试借课堂笔记,并说明借笔记的原因(Barnes, Ickes, & Kidd, 1979)。与借笔记的原因是由于无法控制的因素造成的相比,如果这名学生借笔记是由于他懒惰和不想好好记笔记,那么被试帮助他的可能性较小。

类似地，如果有人因为生病而不是懒惰需要借钱，如果有人因为意外事故而不是浪费了时间需要补课，如果某人因为生病而不是醉酒跌倒在地，人们提供帮助的可能性更大。因此，关键在于对个人控制的归因：如果人们相信问题是由一个人不可控制的外部因素造成的，他们更可能提供帮助；而如果人们相信问题是由一个人可控的原因造成的，他们帮助这个人的可能性较低。

共有关系

与交换关系相比，属于共有关系的人们更关心彼此的需要，他们较少考虑帮助中涉及的成本和收益，而是主要为了满足对方的需要。至少，他们不会关心短期的收益，而是更关心长期收益。一般而言，人们更愿意帮助共有关系中的同伴，例如朋友或家人，而不是交换关系中的同伴，例如刚认识的人或陌生人（Williamson et al.，1996）。

人们对接受帮助的感受

你是否总是会对帮助你的人心怀感激？答案可能是否定的。接受帮助的体验并不总是积极的，人们会预见到这些体验，甚至会因此拒绝别人的帮助。首先，接受帮助可能会威胁自尊。如果人们相信自己的困境是由不可抗拒的外部力量造成的，他们更有可能寻求帮助。但是，如果人们认为自己的问题是由个人能力不足造成的，那么接受帮助很可能意味着自己是无能的、失败的和依赖别人的，这是对自尊的严重威胁（Fisher, Nadler, & Whitcher-Alagna, 1982）。特别是，如果帮助者是一个朋友或家庭成员，或者在年龄、教育、经历等方面与自己很相似，受助者尤其会感觉自尊受到打击；而从不认识或不相似的陌生人那里受到帮助对自尊的打击要小一些。在人们感到自尊受威胁时，人们可能会憎恨帮助者。他们也因此有时候不愿意求助。其次，社会交换理论和互惠规范都意味着，人们在获得帮助后应该回报帮助者。如果人们认为自己有能力回报帮助者，他们才会感激帮助他们的人，以及愿意接受帮助（Fisher, Nadler, & Whitcher-Alagna, 1982）。如果人们认为自己没有能力回报帮助，他们可能会拒绝别人的帮助，因为欠债感会令人不舒服。

第4节 增加帮助行为

在了解与助人有关的各种动机、环境和个人因素之后，能否利用这些知识来促进帮助行为？答案是肯定的。研究证明，从降低旁观者效应、提供利他榜样等方面着手，可以有效地增加帮助行为。

·增加旁观者干预的可能性

前文详细论述了旁观者效应,以及拉坦内和达利提出的助人行为的五个步骤。从这些机制着手,可以有效降低旁观者效应,提高旁观者帮助的可能性。为了让旁观者将发生的事情解释为紧急事件,并感觉自己有责任进行干预,应该尽量让他们明白发生了什么以及确定自己负有责任。在一个研究中,研究者让商店里的购物者目击一次盗窃行为(Bickman & Green,1977)。其中一些目击者曾经看过关于警惕商店盗窃以及如何举报的标志,但几乎没起作用。另一些目击者听到一位旁观者清楚地把事件解释为一次盗窃;还有一些目击者听到这名旁观者继续说"我们有责任去报告"。结果表明,后两种条件都显著地增加了人们对盗窃行为的检举。需要帮助的人也应该主动地明确说明自己的困境,具体指出你需要的帮助方式,以及指明某个人来帮助你。这些都可以减轻周围的人对你的状况和他们责任的不确定性,提高被帮助的可能性。例如,西奥迪尼建议,如果你突然中风倒在地上,你应该立即大喊"救命",并且从围观的人中挑出一个人来,注视着他,指着他直接对他说:"你,穿蓝夹克的先生,我需要帮助,请打电话叫一辆救护车来。"这样一来,你可以消除所有的不确定性,甚至指明了如何帮助你,旁观者效应可以大大减少。

由于移情、相似、内疚等可以提高帮助的可能性,也可以从这些因素着手。例如,在一个现场研究中,当参观博物馆的游客违反了"请勿触摸"的警示时,研究者对他们进行批评;类似地,当游览动物园的游客给动物喂食,研究者也批评他们不应该这样做(Katzev et al., 1978)。结果发现,感到内疚的被试中有58%随后会帮助一位不小心掉了东西的人;而没被批评的人则只有三分之一提供帮助。可见,通过提高人们对违背道德或违背社会规范的行为的认识,可以引发内疚感,从而提高他们帮助别人的可能性。致力于促进移情的干预,在满足一些限制条件的前提下,有助于亲社会行为的发生(综述见:Bloom, 2017; Zaki & Cikara, 2015)。

另外,通过降低人们之间的匿名感,突出求助者的个人特征,也会增加求助成功的可能性。例如,如果女研究助手与一位购物者有过对视并给了他一个微笑,或者曾与他有过几句简短的对话,那么当研究者需要帮助的时候,这名购物者提供帮助的可能性远大于其他人(Solomon et al., 1981)。镜子、摄像机、姓名标签、被观察和评价等提高自我觉知的方法,也有可能增加亲社会行为。

并且,如果人们了解一些有关助人的心理学知识,也是有用的。在一个研究中,研究者随机安排学生听拉坦内和达利关于旁观者效应的演讲,或者听一个无关主题的演讲(Beaman et al., 1978)。两周之后,所有被试参加一个他们以为完全无关的社会研究,其间他们看到一名学生摔倒在地。这是一个典型的模糊情境,在通常的情形下,旁观者效应很容易发生。并且,有一名研究者助手假扮成普通学生,表现得漠不关心。真正的被试很容易假定没有发生特别事情,事实上确实如此,听过无关演讲的学生只有25%的人停下来帮助这个摔倒的人。而听过关于旁观者效应演讲的学生中,43%的人会停下来提供帮助。可见,知道自己如何容易受到这类情境的影响,有助于克服旁观者效应。

·亲社会榜样

如果目睹别人做出亲社会行为,或者听说其他人助人的事件,或者在媒体上看到亲社会榜样,都会促进人们做出帮助行为。因此,并非宣传不好的负面行为,而是宣传积极的有益行为,效果可能更好。西奥迪尼认为,通过定义良好行为的规范,例如人们普遍诚实、整洁、节制,可以起到很好的作用(Cialdini, 2003)。在一个现场实验中,研究者试图让游客不要拿走国家公园中的树木化石。一部分游客被告知:"以前的游客把树木化石拿走了。"另一部分游客被告知:"以前的游客没有拿走树木化石。"结果发现,后一种情况下几乎没有游客拿走化石。电视中的亲社会榜样也可以起到很好的作用。研究发现,与看中性电视节目和不看电视节目相比,观看亲社会节目会把个体的亲社会行为从50%提高到74%(Hearold, 1986)。亲社会榜样也可以让儿童变得更乐于助人。玩亲社会视频游戏也可以增加亲社会行为。与玩中性游戏相比,玩亲社会视频游戏的被试在之后更有可能帮助别人(Greitemeyer & Osswald, 2010)。来自多个国家、多个年龄人群的相关、纵向和实验研究证据都支持亲社会视频游戏对促进亲社会行为的作用(Gentile et al., 2009)。

·提高长期帮助的动机

有一种助人行为与短暂地帮助偶遇陌生人的行为是不一样的,它需要长期的付出和坚持。例如,有很多人定期到医院照顾残疾的婴儿,到孤儿院陪孤儿们学习和玩耍,为无家可归者提供食物,为艾滋病患者提供帮助,等等。这些行为属于志愿工作(volunteer work),没有报酬,但它们是有计划和长期的,需要耗费志愿者大量的时间和精力。研究表明,志愿者有多种不同的动机(Clary & Snyder, 1999)。这些动机包括:个人的价值观,例如"我觉得帮助他人很重要"、"我认为我有帮助他人的人道主义责任";获取知识、经验和个人发展,例如"志愿活动让我从第一手经验中学习";提高自尊,例如"帮助别人让自己感觉良好";减轻自己的消极情绪,例如"志愿活动让我忘记我个人的问题";建立和加强社会关系,例如"我认识的人对志愿工作很感兴趣";等等。因此,尽管志愿者都在做持续帮助他人的工作,但是他们的动机是不一样的。并且,志愿工作既包含利他的动机,例如渴望帮助他人以及出于个人的价值观,也包含利己的动机,例如获得新的经验,建立新的社会关系,让自己感觉良好等。在持续一年的追踪研究里,有一半左右的志愿者退出了这些工作,研究者考察了与志愿工作能够坚持下去的有关的因素。结果发现,人们参加志愿服务的动机是预测他们坚持时间的关键因素。那些出于提高自尊、个人发展这类原因而参加志愿工作的人,更有可能坚持一年以上。也就是说,这些看起来有些"自私"的动机能够让人们坚持下去。而由于人道主义价值观等"无私"动机参与的人,反而不能坚持很久。

另外,需要记住"态度"一章中提到的一个重要规律——过度合理化效应:如果对一种行为提供过多的奖励或过度的惩罚威胁,个体会将行为原因归于外部要求而非内部动机,从而削弱原本可能存在的内部动机和兴趣。因此,在奖励人们的良好行为或者惩罚不良行为时不能过度,否则会降低他们的内部动机。研究证实,人们如果感到自己从事志愿工作是由于外部要求,他们将来就不太可能自主选择参加志愿工作(Stukas, Snyder, & Clary, 1999)。因此,作为志愿活动的组织者,既不能给予太多的奖励来引诱人们参与,也不能强迫他们参与,否则会降低他们再次参加志愿工作的意愿。类似地,大学生在没有报酬也没有潜在社会压力的情况下,如果答应帮助别人,他们会感到自己是有爱心、乐于助人和乐于奉献的人(Batson et al., 1978)。这样的归因会大大增加他们将来继续助人的可能性。

小结

1. 助人行为是指任何对他人有益的行为,不管出于什么目的。利他行为范围较窄,是指在无利可图或不期望获得任何回报,甚至需要助人者付出代价的情况下,个体自愿地帮助他人的行为。

2. 进化心理学认为,人们更愿意帮助那些与自己拥有共同基因的人,自然选择偏好这些帮助近亲的行为,即亲缘选择。另外,个体帮助他人也是为了对方将来可以反过来帮助自己,这种互惠有助于群体的生存。

3. 两种与助人行为有关的社会规范是互惠规范和社会责任规范。互惠规范是指应该帮助那些曾经帮助过我们的人。社会责任规范是指应该帮助那些需要帮助的人。集体主义文化对社会责任规范的认同强于个人主义文化。

4. 社会交换理论认为,人们助人也是为了收益最大化,只有当收益超过成本时,人们才会实施助人行为。

5. 移情是指将自己置于他人的立场,体会他人经历的事件和体验到的情绪。巴特森提出的移情-利他假设认为,如果对他人发生移情,人们会出于纯粹的利他而去帮助这个人；如果没有发生移情，那么人们在决定是否助人时会计算收益和成本。

6. 目击一个紧急事件的旁观者越多，他们中的任何一个人提供帮助的可能性越小，这叫做旁观者效应。拉坦内和达利的研究证实了旁观者效应。

7. 拉坦内和达利提出面对紧急事件时的五个步骤，首先是注意到发生的事件，第二是把发生的事件解释成紧急事件，第三是假定自己有责任帮助，第四是拥有提供帮助所需要的特定技能，第五是权衡利弊后决定帮助。其中的任何一个步骤出现问题，人们都不会实施帮助。

8. 当很多人目击了一个事件，但没有人确定发生了什么时，大家都会等待和犹豫，从而每个人都根据别人的不行动假定一切正常，这叫做人众无知。

9. 通常，城市规模越大、人口越稠密，人们帮助他人的可能性越低。时间压力较大时，人们助人的可能性减少。亲社会榜样可以提高现实世界中的帮助行为。

10. 不同文化下对内群体和外群体的帮助行为有所不同。有些文化提倡帮助他人。

11. 利他人格是指在各种情况下使得个体帮助他人的个人品质。利他人格由宜人性、移情、世界公平信念、社会责任感、内控、低利己主义等因素构成。不过，除了利他人格之外，情境、心情、性别等因素也会影响助人行为，因此利他人格对特定情境下的助人行为预测性不高。

12. 女性的移情能力更强。男性更有可能帮助处在危险的情境中的陌生人，女性更有可能进行长期的照料帮助。

13. 与中性情绪的人相比，好心情会提高人们帮助他人的可能性，除非帮助他人会破坏好心情。积极情绪与亲社会行为可以相互促进。

14. 与中性心情相比，坏心情在很多时候也会提高人们帮助他人的可能性，愤怒心情除外。根据消极状态减轻假设，处于消极情绪的人们会努力减轻自己的不良感受，如果他们认为帮助别人可以让自己感觉变好或者减轻自己的坏情绪，他们就会提供帮助。不过，如果心情不好的人专注于自我，那么他们不会帮助别人。

15. 如果帮助者是男性，女性比男性更多得到帮助。女性比男性更多主动寻求帮助。

16. 人们更愿意帮助外表有吸引力或者与自己相似的人。

17. 如果人们相信问题是一个人由不可控的外部因素造成的，他们更有可能提供帮助；而如果人们认为问题是由一个人可控的原因造成的，他们帮助这个人的可能性较低。

18. 接受帮助并不总是一种积极的体验，它可能会威胁自尊，并且接受帮助意味着应该回报帮助者。受助者可能因此体验到消极情绪，或者拒绝别人的帮助。

19. 如果让旁观者清楚发生了什么事情以及让他们感觉自己有责任帮助，旁观者效应大大减少。了解有关旁观者效应的原理也可以减少这一不良反应。让人内疚、促进移情也可以提高帮助行为。

20. 亲社会榜样可以让儿童和成人更多地帮助他人。

21. 人们从事志愿工作有多种不同的动机，例如个人的价值观，获取知识、经验和个人发展，提高自尊，建立和加强社会关系等。提高自尊和个人发展等动机可以预测人们对志愿工作的坚持。另外，让人们将助人归因于内部动机，可以增加他们再次帮助的可能性。

参考文献

Addis, M. E., & Mahalik, J. R. (2003). Men, masculinity, and the contexts of help seeking. *American Psychologist*, 58, 5–14.

Aknin, L. B., Van de Vondervoort, J. W., & Hamlin, J. K. (2018). Positive feelings reward and promote prosocial behavior. *Current Opinion in Psychology*, 20, 55–59.

Amato, P. R. (1983). Helping behavior in urban and rural environments: Field studies based on a taxonomic organization of helping episodes. *Journal of Personality and Social Psychology*, 45, 571–586.

Barnes, R. D., Ickes, W., & Kidd, R. F. (1979). Effects of the perceived intentionality and stability of another's dependency on helping behavior. *Personality and Social Psychology Bulletin*, 5, 367–372.

Baron, J., & Miller, J. G. (2000). Limiting the scope of moral obligations to help: A cross-cultural investigation. *Journal of Cross-Cultural Psychology*, 31, 703–725.

Baron, R. A., & Byrne, D. (2002). *Social Psychology* (10th edition). Boston, MA: Pearson/Allyn and Bacon.

Batson, C. D. (1998). Altruism and prosocial behavior. In D. T. Gilbert, S. T. Fiske, & G. Lindzey (Eds.), *The handbook of social psychology* (4th edition, Vol. 2, pp. 282–316). New York: McGraw-Hill.

Batson, C. D. (2001). Addressing the altruism question experimentally. In S. G. Post, L. B. Underwood, J. P. Schloss, & W. B. Hurlbut (Eds.), *Altruism and altruistic love: Science, philosophy, and religion in dialogue* (pp. 89–105). New York: Oxford University Press.

Batson, C. D., Cochran, P. J., Biederman, M. F., Blosser, J. L., Ryan, M. J., & Vogt, B. (1978). Failure to help when in a hurry: Callousness or conflict? *Personality and Social Psychology Bulletin*, 4, 97–101.

Batson, C. D., Coke, J. S., Jasnoski, M. L., & Hanson, M. (1978). Buying kindness: Effect of an extrinsic incentive for helping on perceived altruism. *Personality and Social Psychology Bulletin*, 4, 86–91.

Batson, C. D., Duncan, B. D., Ackerman, P., Buckley, T., & Birch, K.

(1981). Is empathic emotion a source of altruistic motivation? *Journal of Personality and Social Psychology*, 40, 290–302.

Beaman, A. L., Barnes, P. J., Klentz, B., & McQuirk, B. (1978). Increasing helping rates through informational dissemination: Teaching pays. *Personality and Social Psychology Bulletin*, 4, 406–411.

Benson, P. L., Karabenick, S. A., & Lerner, R. M. (1976). Pretty pleases: The effects of physical attractiveness, race, and sex on receiving help. *Journal of Experimental Social Psychology*, 12, 409–415.

Bickman, L., & Green, S. K. (1977). Situational cues and crime reporting: Do signs make a difference? *Journal of Applied Social Psychology*, 7, 1–18.

Bierhoff, H. W., Klein, R., & Kramp, P. (1991). Evidence for the altruistic personality from data on accident research. *Journal of Personality*, 59, 263–280.

Bloom, P. (2017). Empathy and its discontents. *Trends in Cognitive Sciences*, 21, 24–31.

Bontempo, R., Lobel, S. A., & Triandis, H. C. (1990). Compliance and value internalization in Brazil and the U.S.: Effects of allocentrism and anonymity. *Journal of Cross-Cultural Psychology*, 21, 200–213.

Bryan, J. H., & Test, M. A. (1967). Models and helping: Naturalistic studies in aiding behavior. *Journal of Personality and Social Psychology*, 6, 400–407.

Burger, J. M., Messian, N., Patel, S., del Prado, A., & Anderson, C. (2004). What a coincidence! The effects of incidental similarity on compliance. *Personality and Social Psychology Bulletin*, 30, 35–43.

Burger, J. M., Sanchez, J., Imberi, J. E., & Grande, L. R. (2009). The norm of reciprocity as an internalized social norm: Returning favors even when no one finds out. *Social Influence*, 4, 11–17.

Burnstein, E., Crandall, R., & Kitayama, S. (1994). Some neo-Darwinian decision rules for altruism: Weighing cues for inclusive fitness as a function of the biological importance of the decision. *Journal of Personality and Social Psychology*, 67, 773–789.

Cadenhead, A. C., & Richman, C. L. (1996). The effects of interpersonal trust and group status on prosocial and aggressive behaviors. *Social Behavior and personality*, 24, 169–184.

Campbell, D., Carr, S. C., & MacLachlan, M. (2001). Attributing 'third world poverty' in Australia and Malawi: A case of donor bias? *Journal of Applied Social Psychology*, 31, 409–430.

Campbell, D. T. (1975). On the conflicts between biological and social evolution and between psychology and moral tradition. *American Psychologist*, 30, 1103–1126.

Carlson, M., Charlin, V., & Miller, N. (1988). Positive mood and helping behavior: A test of six hypotheses. *Journal of Personality and Social Psychology*, 55, 211–229.

Cialdini, R. B. (2003). Crafting normative messages. *Current Directions in Psychological Science*, 12, 105–109.

Cialdini, R. B., & Kenrick, D. T. (1976). Altruism as hedonism: A social development perspective on the relationship of negative mood state and helping. *Journal of Personality and Social Psychology*, 34, 907-914.

Cialdini, R. B., Brown, S. L., Lewis, B. P., Luce, C., & Neuberg, S. L. (1997). Reinterpreting the empathy-altruism relationship: When one into one equals oneness. *Journal of Personality and Social Psychology*, 73, 481-494.

Cialdini, R. B., Darby, B. L., & Vincent, J. E. (1973). Transgression and altruism: A case for hedonism. *Journal of Experimental Social Psychology*, 9, 502-516.

Cialdini, R. B., Kenrick, D. T., & Baumann, D. J. (1981). Effects of mood on prosocial behavior in children and adults. In N. Eisenberg-Berg (Ed.), *The development of prosocial behavior* (pp. 339-359). New York: Academic Press.

Cialdini, R. B., Schaller, M., Houlihan, D., Arps, K., Fultz, J., & Beaman, A. (1987). Empathy-based helping: Is it selflessly or selfishly motivated? *Journal of Personality and Social Psychology*, 52, 749-758.

Clark, R. D., III, & Word, L. E. (1972). Why don't bystanders help? Because of ambiguity? *Journal of Personality and Social Psychology*, 24, 392-400.

Clark, R. D., III, & Word, L. E. (1974). Where is the apathetic bystander? Situational characteristics of the emergency. *Journal of Personality and Social Psychology*, 29, 279-287.

Clary, E. G., & Snyder, M. (1999). The motivation to volunteer: Theoretical and practical considerations. *Current Directions in Psychological Science*, 8, 156-159.

Cunningham, M. R. (1979). Weather, mood, and helping behavior: Quasi-experiments with the sunshine Samaritan. *Journal of Personality and Social Psychology*, 37, 1947-1956.

Darley, J. M., & Batson, C. D. (1973). From Jerusalem to Jericho: A study of situational and dispositional variables in helping behavior. *Journal of Personality and Social Psychology*, 27, 100-108.

Decety, J., Cowell, J. M., Lee, K., Mahasneh, R., Malcolm-Smith, S., Selcuk, S., & Zhou, X. (2015). The negative association between religiousness and children's altruism across the world. *Current Biology*, 25, 2951-2955.

Dovidio, J. F., Piliavin, J. A., Gaertner, S. L., & Schroeder, D. A. (1991). The arousal: cost-rewardmodel and the process of intervention: A review of the evidence. In M. S. Clark (Ed.), *Review of Personality and Social Psychology* (pp. 86-118). Newbury Park, CA: Sage.

Dovidio, J. F., Piliavin, J. A., Gaertner, S. L., Schroeder, D. A., & Clark, R. D., III. (1991). The arousal cost-reward model and the process of intervention. In M. S. Clark (Ed.), *Review of personality and social psychology* (Vol. 12, pp. 86-118). Newbury Park, CA: Sage.

Duan, C. (2000). Being empathetic: The role of motivation to empathize and the nature of target emotions. *Motivation and Emotion*, 24, 29-49.

Dunfield, K. A., & Kuhlmeier, V. A. (2010). Intention-mediated selective helping in infancy. *Psychological Science*, 21,523 - 527.

Dunn, E. W., Aknin, L. B., & Norton, M. I. (2008). Spending money on others promotes happiness. *Science*, 319,1687 - 1688.

Eagly, A. H., & Crowley, M. (1986). Gender and helping behavior: A meta-analytic review of the social psychological literature. *Psychological Bulletin*, 100,283 - 308.

Emswiller, T., Deaux, K., & Willits, J. E. (1971). Similarity, sex, and requests for small favors. *Journal of Applied Social Psychology*, 1,284 - 291.

Fisher, J. D., Nadler, A., & Whitcher-Alagna, S. (1982). Recipient reactions to aid. *Psychological Bulletin*, 91,33 - 54.

Flanagan, C. A., Bowes, J. M., Jonsson, B., Csapo, B., & Sheblanova, E. (1998). Ties that bind: Correlates of adolescents' civic commitments in seven countries. *Journal of Social Issues*, 54,457 - 475.

Galen, L. W. (2012). Does religious belief promote prosociality? A critical examination. *Psychological Bulletin*, 138,876 - 906.

Gentile, D. A., Anderson, C. A., Yukawa, S., Ihori, N., Saleem, M., Ming, L.,... Sakamoto, A. (2009). The effects of prosocial video games on prosocial behaviors: International evidence from correlational, longitudinal, and experimental studies. *Personality and Social Psychology Bulletin*, 35,752 - 763.

George, D., Carroll, P., Kersnick, R., & Calderon, K. (1998). Gender-related patterns of helping among friends. *Psychology of Women Quarterly*, 22,685 - 704.

Gergen, K. J., Ellsworth, P., Maslach, C., & Seipel, M. (1975). Obligation, donor resources, and reactions to aid in three cultures. *Journal of Personality and Social Psychology*, 31,390 - 400.

Gomes, C. M., & McCullough, M. E. (2015). The effects of implicit religious primes on dictator game allocations: A preregistered replication experiment. *Journal of Experimental Psycholgoy: General*, 144, e94 - e104.

Greitemeyer, T., & Osswald, S. (2010). Effects of prosocial video games on prosocial behavior. *Journal of Personality and Social Psychology*, 98,211 - 221.

Habashi, M. M., Graziano, W. G., & Hoover, A. E. (2016). Searching for the prosocial personality: A Big Five approach to linking personality and prosocial behavior. *Personality and Social Psychology Bulletin*, 42,1177 - 1192.

Hamilton, W. D. (1964). The genetical evolution of social behavior. *Journal of Theoretical Biology*, 7,1 - 52.

Hansen, D. E., Vandenberg, B., & Patterson, M. L. (1995). The effects of religious orientation on spontaneous and nonspontaneous helping behaviors. *Personality and Individual Differences*, 19,101 - 104.

Harbaugh, W. T., Mayr, U., & Burghart, D. R. (2007). Neural responses to taxation and voluntary giving reveal motives for charitable donations. *Science*, 316,1622 - 1625.

Harris, M. B., Benson, S. M., & Hall, C. (1975). The effects of confession on altruism. *Journal of Social Psychology*, 96,187 - 192.

Hartshorne, H., & May, M. A. (1929). *Studies in the nature of character: Vol.*

2. *Studies in service and self-control*. New York: Guilford Press.

Hearold, S. (1986). A synthesis of 1043 effects of television on social behavior. In G. Comstock (Ed.), *Public communication and behavior*, Vol. 1. Orlando, FL: Academic Press.

Hepach, R., Vaish, A., & Tomasello, M. (2016). Children's intrinsic motivation to provide help themselves after accidentally harming others. *Child Development*, 88, 1251–1264.

Huston, T. L., Ruggiero, M., Conner, R., & Geis, G. (1981). Bystander intervention into crime: A study based on naturally-occurring episodes. *Social Psychology Quarterly*, 44, 14–23.

Isen, A. M., & Levin, P. A. (1972). Effect of feeling good on helping: Cookies and kindness. *Journal of Personality and Social Psychology*, 21, 384–388.

Isen, A. M., Clark, M., & Schwartz, M. F. (1976). Duration of the effect of good mood on helping: Footprints on the sands of time. *Journal of Personality and Social Psychology*, 34, 385–393.

Isen, A. M., Shalker, T. E., Clark, M., & Karp, L. (1978). Affect, accessibility of material in memory, and behavior: A cognitive loop. *Journal of Personality and Social Psychology*, 36, 1–12.

Katzev, R., Edelsack, L., Steinmetz, G., & Walker, T. (1978). The effect of reprimanding transgressions on subsequent helping behavior: Two field experiments. *Personality and Social Psychology Bulletin*, 4, 126–129.

Latané, B., & Darley, J. M. (1968). Group inhibition of bystander intervention in emergencies. *Journal of Personality and Social Psychology*, 10, 215–221.

Latané, B., & Darley, J. M. (1970). *The unresponsive bystander: Why doesn't he help?* New York: Appleton-Century-Crofts.

Latané, B., & Nida, S. (1981). Ten years of research on group size and helping. *Psychological Bulletin*, 89, 308–324.

Leung, K., & Bond, M. H. (1984). The impact of cultural collectivism on reward allocation. *Journal of Personality and Social Psychology*, 47, 793–804.

Levine, M., & Crowther, S. (2008). The responsive bystander: How social group membership and group size can encourage as well as inhibit bystander intervention. *Journal of Personality and Social Psychology*, 95, 1429–1439.

Levine, R. V. (2003). The kindness of strangers. *American Scientist*, 91, 226–233.

Levine, R. V., Norenzayan, A., & Phibrick, K. (2001). Cross-cultural differences in helping strangers. *Journal of Cross-Cultural Psychology*, 32, 543–560.

Lu, H. J., & Chang, L. (2016). Resource allocation to kin, friends, and strangers by 3-to 6-year-old children. *Journal of Experimental Child Psychology*, 150, 194–206.

McMillen, D. L., & Austin, J. B. (1971). Effect of positive feedback on compliance following transgression. *Psychonomic Science*, 24, 59–61.

Miller, J. G., Bershoff, D. G., & Harwood, R. L. (1990). Perceptions of social responsibility in India and in the United States: Moral imperative or personal decisions?

Journal of Personality and Social Psychology, 58, 33 – 47.

Moriaity, T. (1975). Crime, commitment, and the responsive bystander: Two field experiments. *Journal of Personality and Social Psychology*, 31, 370 – 376.

Piliavin, J. A., Evans, D. E., & Callero, P. (1982). Learning to "Give to unnamed strangers": The process of commitment to regular blood donation. In E. Staub, D. Bar-Tal, J. Karylowski, & J. Reykawski (Eds.), *The development and maintenance of prosocial behavior: International perspectives* (pp. 471 – 492). New York: Plenum.

Regan, D. T. (1971). Effects of a favor and liking on compliance. *Journal of Experimental Social Psychology*, 7, 627 – 639.

Regan, D. T., Williams, M., & Sparling, S. (1972). Voluntary expiation of guilt: A field experiment. *Journal of Personality and Social Psychology*, 24, 42 – 45.

Rosenhan, D. L., Salovey, P., & Hargis, K. (1981). The joys of helping: Focus of attention mediates the impact of positive affect on altruism. *Journal of Personality and Social Psychology*, 40, 899 – 905.

Rutkowski, G. K., Gruder, C. L., & Romer, D. (1983). Group cohesiveness, social norms, and bystander intervention. *Journal of Personality and Social Psychology*, 4, 542 – 552.

Salovey, P., Mayer, J. D., & Rosenhan, D. L. (1991). Mood and healing: Mood as a motivator of helping and helping as a regulator of mood. In M. S. Clark (Ed.), *Prosocial behavior: Review of personality and social psychology* (Vol. 12, pp. 215 – 237). Newbury Park, CA: Sage.

Satow, K. L. (1975). Social approval and helping. *Journal of Experimental Social Psychology*, 11, 501 – 509.

Schaller, M., & Cialdini, R. B. (1988). The economics of empathic helping: Support for a mood management motive. *Journal of Experimental Social Psychology*, 24, 163 – 181.

Sebastián-Enesco, C., & Warneken, F. (2015). The shadow of the future: 5-Year-olds, but not 3-year-olds, adjust their sharing in anticipation of reciprocation. *Journal of Experimental Child Psychology*, 129, 40 – 54.

Segal, N. L. (1984). Cooperation, competition, and altruism within twin sets: A reappraisal. *Ethology and Sociobiology*, 5, 163 – 177.

Shariff, A. F., & Norenzayan, A. (2007). God is watching you: Priming God concepts increases prosocial behavior in an anonymous economic game. *Psychological Science*, 18, 803 – 809.

Shen, H., Wan, F., & Wyer Jr., R. (2011). Cross-cultural differences in the refusal to accept a small gift: The differential influence of reciprocity norms on Asians and North Americans. *Journal of Personality and Social Psychology*, 100, 271 – 281.

Shotland, R. L., & Straw, M. K. (1976). Bystander response to an assault: When a man attacks a woman. *Journal of Personality and Social Psychology*, 34, 990 – 999.

Simon, H. A. (1990). A mechanism for social selection and successful altruism.

Science, 250, 1665 – 1668.

Snyder, M., Grether, J., & Keller, K. (1974). Staring and compliance: A field experiment on hitch-hiking. *Journal of Applied Social Psychology*, 4, 165 – 170.

Solomon, H., Solomon, L. Z., Arnone, M. M., Maur, B. J., Reda, R. M., & Rother, E. O. (1981). Anonymity and helping. *Journal Social Psychology*, 113, 37 – 43.

Sprafkin, J. N., Liebert, R. M., & Poulous, S. W. (1975). Effects of a prosocial televised example on children's helping. *Journal of Personality and Social Psychology*, 48, 35 – 46.

Steblay, N. M. (1987). Helping behavior in rural and urban environments: A meta-analysis. *Psychological Bulletin*, 102, 346 – 356.

Stewart-Williams, S. (2007). Altruism among kin vs. nonkin: effects of cost of help and reciprocal exchange. *Evolution and Human Behavior*, 28, 193 – 198.

Stukas, A. A., Snyder, M., & Clary, E. G. (1999). The effects of "mandatory volunteerism" on intentions to volunteer. *Psychological Science*, 10, 59 – 64.

Thompson, W. C., Cowan, C. L., & Rosenhan, D. L. (1980). Focus of attention mediates the impact of negative affect on altruism. *Journal of Personality and Social Psychology*, 38, 291 – 300.

Toi, M., & Batson, C. D. (1982). More evidence that empathy is a source of altruistic motivation. *Journal of Personality and Social Psychology*, 43, 281 – 292.

Trivers, R. L. (1971). The evolution of reciprocal altruism. *Quarterly Review of Biology*, 46, 35 – 57.

West, S. G., & Brown, T. J. (1975). Physical attractiveness, the severity of the emergency and helping: A field experiment and interpersonal simulation. *Journal of Experimental Social Psychology*, 11, 531 – 538.

Whillans, A. V., Dunn, E. W., Sandstrom, G. M., Dickerson, S. S., & Madden, K. M. (2016). Is spending money on others good for your heart? *Health Psychology*, 35, 574 – 583.

Willard, A. K., Shariff, A. F., & Norenzayan, A. (2016). Religious priming as a research tool for studying religion: evidentiary value, current issues, and future directions. *Current Opinion in Psychology*, 12, 71 – 75.

Williamson, G. M., Clark, M. S., Pegalis, L. J., & Behan, A. (1996). Affective consequences of refusing to help in communal and exchange relationships. *Personality and Social Psychology Bulletin*, 22, 34 – 47.

Wilson, D. S., & Wilson, E. O. (2008). Evolution "for the good of the group". *Ameirican Scientist*, 96, 380 – 389.

Zagefka, H., Noor, M., Brown, R., De Moora, G. R., & Hopthrow, T. (2011). Donating to disaster victims: Responses to natural and humanly caused events. *European Journal of Social Psychology*, 41, 353 – 363.

Zaki, J., & Cikara, M. (2015). Addressing empathic failures. *Current Directions in Psychological Science*, 24, 471 – 476.

第 10 章 攻击

2007年4月16日,美国弗吉尼亚理工大学发生了美国历史上最严重的枪击事件。枪击事件造成包括凶手在内的33人死亡,20多人受伤。近年来,美国多次发生严重的校园枪击事件,其中很多案件的凶手是学校的学生。每次这样的事件发生之后,人们都会议论纷纷,为什么这些学生会这样做? 2006年的报告显示,美国私人拥有枪支数量超过2亿,居世界第一,每年死在枪下的美国人高达3万人。一些学者指出,枪支盛行是校园枪击案频繁发生的原因之一。另一些专家认为,电影、电视、电子游戏等媒体中流行各种暴力场景,造成青少年崇尚暴力。无独有偶,2008年9月23日,芬兰考哈约基市的一所学校发生枪击事件,造成数名学生死亡。2004年,云南大学的一名学生与同学发生矛盾,杀死了4名同学。在20世纪的100年间,全世界爆发了250场战争,夺走了1.1亿人的生命,其中既有世界大战,又有残忍的种族屠杀。毫无疑问,人类社会一直存在着各种各样的攻击和暴力行为。这是由于人性本恶吗?媒体中的暴力真的对普通人有这么大的影响吗?个体、家庭、学校,乃至整个社会能否找到一些方法,减少攻击行为的发生?

心理学家将攻击（aggression）定义为意图伤害他人的身体行为或言语行为。它可能是身体上或言语上的，可能成功也可能失败。关键在于做出攻击的个体是有意地想要伤害他人。因此，偶然发生的事故、治疗疾病造成的痛苦虽然伤害了别人，但是不属于攻击。另一方面，如果有意想要让人痛苦，即便不成功，也是攻击行为。研究者区分了两种不同类型的攻击（Berkowitz, 1993）。一种是敌意性攻击（hostile aggression），它是一种由愤怒引起的、目的在于让他人受伤或痛苦的攻击。另一种是工具性攻击（instrumental aggression），它只是把伤害他人作为达到其他目的的一种手段，并非以伤害为最终目的。冲动性的谋杀通常属于敌意性攻击，而很多恐怖活动由于目的是胁迫或威慑敌方政府，多为工具性攻击。

如何研究人类的攻击行为，同时又不会对他人造成危险？实验室研究中经常通过让人们决定伤害他人的程度，例如给他人施加的电击强度或噪声强度，来测量攻击行为（Buss, 1961）。当然，这种伤害其实是假的，只是让被试感觉自己在电击他人。例如，一种常用的方法是，告知被试他/她与别人一起参与关于惩罚对学习的效果的研究。在抽签之后，被试被分配为教师角色，另一个人（实际上是研究助手）被分配为学生角色，然后"教师"开始给"学生"呈现学习材料。每次"学生"正确时，被试提供一个表示正确的奖励信号；如果"学生"犯错，被试对这个人施加电击，他可以自由选择采用哪种强度的电击。由于被试可以自由选择他/她所希望的电击程度，研究者认为，这种程序能够测量被试伤害他人的愿望（Buss, 1961）。另一种实验方法叫做分数减少攻击范式（Point Subtraction Aggression Paradigm），被试与另一个人一起参与游戏，每个人都可以按键从三者中选择：给对手钱，从对手的总数中减少钱，保证对手不拿走自己的钱（Cherek et al., 1997）。实验者可以操纵对手的行为让人生气或者让人高兴，考察被试的反应。这些方法确实能够有效地测量攻击：在实际生活中有攻击历史的人（例如暴力罪犯）比没有攻击历史的人（例如普通人或非暴力罪犯）选择更强的电击，或者从对手手里减少更多的钱；现实生活中影响攻击的变量（例如挑衅、高温、酒精、暴露于媒体的暴力）在实验室中也影响这些攻击的测量指标（Anderson & Bushman, 1997; Baron & Byrne, 2002）。

第1节　关于攻击的理论

人们为什么会攻击他人？哲学家、思想家、科学家长期以来一直在探讨这个问题。一些学者认为攻击是一种天生的本能，一些学者认为人们在遭受挫折之后很容易攻击别人，还有学者认为充斥在我们周围的环境和媒体中的暴力导致模仿。另外，神经化学物质、激素水平等因素也会影响攻击。

· 本能理论

古代的哲学家和思想家就已经开始思考人性本恶还是本善的问题。性恶论支持者认为只有通过强制性的规则和法律，才能限制人类的攻击本性。弗洛伊德的看法与此相通，他认为，人类生来就有生本能(Eros)和死本能(Thanatos)，后者在指向内部时产生自毁行为，指向外部时成为攻击行为。弗洛伊德认为，死本能在每个有机体内部发挥作用，并且日积月累会越来越多，如果得不到释放，就会在某个时候暴发。诺贝尔奖获得者、动物习性学家洛仑兹(Lorenz)也认为，攻击是人类和其他物种的一种本能，它是在进化过程中发展起来的，帮助最强壮的个体打败弱小个体，将基因遗传给下一代。根据洛仑兹的看法，攻击尽管是一种本能，不过并非是破坏性的，而是在进化上具有适应意义。

攻击真的是本能吗？不少研究围绕这一问题展开。不过，由于难以在人类身上进行检验，多数研究证据是间接的，基于观察结果或者人类以外的其他物种的研究。一位学者郭仁远试图证明猫捕食老鼠并非出于本能。他把一只小猫和一只小老鼠放在一个笼子内喂养(Kuo, 1961)。结果发现，这只小猫不仅没有攻击老鼠，而且两者关系很亲密。并且，把这只小猫再与别的老鼠放在一起时，它也不去捕杀别的老鼠。但是，这个实验并不能证明攻击并非本能，对这一结果的一种解释是攻击本能受到了早期经验的抑制。研究证明，如果把一只老鼠在隔离条件下喂养，让它没有攻击同类的经验，然后把它与另一只老鼠关在一起，发现这只被隔离的老鼠会立即出现攻击，并且威胁对方和进行打斗的方式与有经验的老鼠是一样的(Eibl-Eibesfeldt, 1963)。攻击行为及其表现方式不需要学习就可以拥有。不过，这两个实验都无法非常确定地证实攻击究竟是否是本能，前者只是证明了攻击可以被经验所抑制，后者只是证明了攻击不需要学习。在后一个实验中，老鼠也许是受到其他老鼠这一外部刺激的影响才表现出攻击。

洛仑兹的实验为这一争论提供了新的证据。他考察了攻击性很强的一种热带鱼，这种鱼的雄性会对其他雄性发起攻击，以保护自己的领地(Lorenz, 1966)。在通常情况下，雄鱼并不攻击雌鱼，也不会攻击其他种类的鱼。但是，如果从它们的生活环境中把同种的雄鱼拿走，只剩下一只雄鱼和同种的雌鱼，或者只剩下一只雄鱼和异种的雌鱼，这只雄鱼就会攻击雌鱼或异种的雄鱼。洛仑兹认为，攻击普遍具有生存价值，是一种经过进化保留下来的机制。进化心理学家也认为，攻击对远古人类具有适应意义，帮助他们获得资源，抵御侵犯，恐吓和除掉情敌，防止配偶不忠诚等，因此攻击性强的个体可以获得高的社会地位和很多的繁殖机会(Buss & Kendrick, 1998)。对于男性而言，攻击行为尤其具有适应性价值。当男性的社会地位遭到挑战,或者与其他男性竞争时,他们特别具有攻击性(McAndrew,2009)。

不过,尽管人类和其他物种的攻击倾向是进化遗留下来的,具有适应价值,但是,动物尤其是人类已经演化出一种抑制机制,只有在需要的时候才发起攻击。而且,人类的攻击行为尤其受到经验和社会环境的影响。

·挫折-攻击假说

如果你刚得知考试成绩很糟糕,这时候,又有人对你进行言语上的侮辱,你是不是特别容易反击甚至动手打他？根据挫折-攻击假说(frustration-aggression hypothesis)的看法,"攻击总是挫折的结果,攻击行为的出现意味着存在挫折,挫折的存在总是导致某种形式的攻击"(Dollard et al., 1939)。挫折指的是达成目标的行为受阻。在一个经典实验中,让儿童透过障碍看到一间放满玩具的房间,这些玩具非常吸引人(Barker, Dembo, & Lewin, 1941)。一组儿童开始只能在外面看着这些玩具,非常渴望想去玩,但是不允许他们玩,经过很长时间的等待之后,才允许他们进入房间。另一组儿童没有经过观看和等待,他们直接进入房间。观察这两组儿童玩玩具的表现发现,后一组儿童高兴地玩那些玩具,而前一组儿童接触到玩具时的表现非常有破坏性,他们把玩具往地上和墙上扔,用脚踩踏它们,敲打它们,等等。

不过,攻击行为并不总是由挫折所引起。在下文将会看到,挫折以外的因素,例如身体疼痛、高温也会增加人们的攻击性。并且,挫折也并不总是导致攻击行为。有些时候,人们对挫折的反应是悲伤或绝望,或者尝试通过其他途径战胜挫折感。为此,研究者对挫折-攻击理论进行了修正,修改了关于这两个要点的假设。首先,攻击并不一定是挫折引起的,不过挫折确实是一种常见的造成攻击的情境。第二,挫折不一定总会引起攻击,挫折通常会造成愤怒,它只是攻击的一种情绪准备状态,是否导致攻击还依赖于其他因素(Berkowitz, 1989)。较为完善的挫折-攻击假说就引起挫折的情境、挫折导致的攻击方式等方面进行了具体探讨。

什么容易造成挫折感？

挫折感的一个主要决定因素是,人们知觉到的与渴望的目标或物品的接近程度。与目标越接近,人们遭受阻碍后产生的愤怒感就越强。在一个现场研究中,研究者安排一名实验助手在排队买票、在饭店门口排号、在超市付款时插队(Harris, 1974)。有些时候,助手插到排在队伍第2位的人前面,而有些时候插到排在队伍第12位的人前面。结果很明显,在前一种情况下,被插队的人的攻击性最强。也就是说,已经到了嘴边的"肥肉"又飞走了,这是最让人愤怒的。

当挫折出乎意料或者看起来不合理时,人们的攻击性也较强。在一个研究中,研究者招募一批学生来进行募捐,他们需要打电话给陌生人,请求这些人为慈善活动捐款,学生们可以从每一份答应的捐款中获得少量报酬(Kulik & Brown, 1979)。引导一些学生相信捐款率将会很高,引导另一些学生相信捐款率将会很低。结果发现,与期望低的学生相比,期望很多人会捐款的学生在被拒绝时,表现出更强的攻击性,他们言语激烈,用力地摔电话。另外,一些接电话的人(实际上是研究助手)拒绝捐赠的理由听起来比较合理,而另一些人的理由几乎没有道理,在后一种情况下被试表现出更强的攻击性。

研究发现,当一个社会的失业率上升时,暴力犯罪率也随之上升(Catalano, Novaco, & McConnell, 1997)。那么,这是否意味着剥夺(deprivation)会产生挫折感?剥夺是指个体"没能达成有吸引力的或渴望的目标"(Berkowitz, 1989),例如贫困。挫折与绝对剥夺很可能没有关系。例如,在20世纪30年代美国经济大萧条时期,暴力犯罪率并没有显著上升。相反,相对剥夺(relative deprivation)很容易引起攻击。相对剥夺是感觉自己与类似的其他人相比、与自己期望的相比、与自己应得的相比得到的要少。只要期望与实际所得相比存在差距,即使个体已经非常富裕,他们也很容易有挫折感。正如一位学者所描述的,"当不幸看起来不可避免时,人们能够耐心忍受;但是当看起来可以摆脱它们时,人们变得无法忍受它们"(de Tocqueville, 1856)。相对剥夺导致挫折感的假设得到了很多证据支持,前面提到的插队和募捐实验也可以用它来解释。研究者分析了84个国家中政治上的不稳定,也证实了相对剥夺-挫折-攻击的假设(Feierabend & Feierabend, 1968, 1972)。他们发现,当一个国家快速现代化、城市化和文明进步时,人们认识到越来越多的可能性。并且,不可能一下子所有人都变得富有,而只能逐渐扩散。因此,虽然生活质量正在提高,但是人们的预期和渴望与实际情况之间的差距反而加大,这造成很强的挫折感。研究发现,在贫富差距较大的国家和社区,犯罪率较高(Kawachi et al., 1999)。另外,电视中描绘的富有生活也会成为挫折感的来源。一项美国的研究发现,电视在城市中推广与犯罪率的飞速上升是同步的(Hennigan et al., 1982)。

挫折后的攻击会指向哪里?

如果有人阻碍你达成目标,你是否会把这个人作为攻击对象?答案是不一定。攻击不一定指向挫折的来源(Dollard et al., 1939)。如果人们因担心报复或惩罚而不愿直接攻击挫折源,他们会把敌意转移到一些安全的目标或社会接受的目标上,这叫做置换(displacement)。在一个研究中,被试在某种条件下学习一些词语难题,然后从另一名被试(实际上是研究助手处)那儿获得对他们学习表现的评估(Pedersen, Gonzales, & Miller, 2000)。一组被试在无挑衅的条件下学习,他们要学习的内容非常简单,学习时的背景音乐舒缓平静,实验者以中性的态度对待他们。另一组被试被分配在挑衅条件下,他们的学习内容非常难,同时听到嘈杂的、令人分心的音乐,实验者以非常粗鲁的方式对待他们。在学习之后,实验助手对他们进行评估,一半被试得到的是中性的评估,另一半被试得到的是轻微的负面评估。最后,研究者要求被试从几个方面评价实验助手,作为攻击的衡量指标。研究结果如图10.1所示。在无挑衅的条件下,实验助手给予的轻微负面评估这一触发事件不会引发攻击;而在挑衅条件下,轻微的触发事件引发被试强烈的攻击反应,针对的并非是原本的挑衅来源,而是这名新的触发者。可见,当一个人心怀愤怒时,一个原本不会有太大作用的轻微冒犯可能会引起其过度的攻击反应。当新的目标与挫折源有某些相似之处,并且发生某些轻微引起不快的事情时,很容易引发个体的攻击,出现触发的置换攻击(triggered displaced aggression);并且,不喜欢的目标和外群体成员更容易成为置换攻击的对象(Pedersen et al., 2008)。

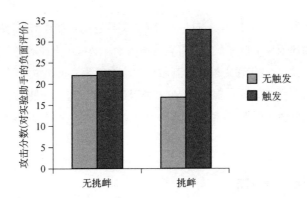

图 10.1 体验挫折感的人们在轻微触发事件下出现攻击行为(Pedersen, Gonzales, & Miller, 2000)

·社会学习理论

社会学习理论认为,人们的攻击行为是习得的(Bandura, 1979)。根据强化和惩罚原理,人们会重复那些带来奖励的行为,避免带来惩罚的行为。因此,当攻击行为得到好处时,人们会越来越有攻击性。并且,人们不仅在亲身体验行为的后果时才会发生学习,人们还经常通过观察和模仿进行学习。当看到他人做出攻击行为,并且没有受到惩罚时,人们会习得攻击行为。在一个经典研究中,班杜拉让儿童看到一名成年人对一个充气玩偶进行约10分钟的攻击,这名成年人用手打,用脚踢,用锤子砸,把它抱起来砸到地上,同时嘴里不停地骂它,例如"打你的鼻子"、"踢你"等

(Bandura et al.，1961)。接下来，把儿童带到一个有很多好玩的玩具的房间里，但是只让他们玩了两分钟，这样做是为了让儿童体验到挫折感。最后，让儿童单独和一些玩具以及一个充气娃娃待在一起，观察他们的行为。结果显示，那些没有看到成年人攻击性行为的儿童，尽管也有挫折感，但是他们平静地玩玩具，几乎没有攻击那个娃娃。而看到了成年人攻击性行为的儿童表现出很多攻击行为，他们采用与成年人类似的攻击言语和手法，重复他说的话和他的举动。还有一些儿童创造出了新的攻击方式。班杜拉认为，在日常生活中，人们常见的榜样来自家庭、文化和大众媒体(Bandura，1979)。研究发现，对孩子进行虐待的父母往往在小的时候受过父母的虐待(Straus & Gelles，1980)。文化和媒体的影响将在下文具体讨论。

第2节 与攻击有关的个人因素和情境因素

不论是本能、挫折还是学习，只是造成了人们攻击的可能性增加，而究竟是否表现出攻击行为还依赖于很多个人因素和情境因素。这些因素或者作为内部条件推动人们有攻击倾向，或者作为外部的刺激拉动攻击行为。可以说，任何一个单一的因素都不太可能直接导致攻击行为，在多种因素的相互配合下更容易出现攻击行为。除了下面陈述的因素外，媒体中的暴力也是攻击的一个重要影响因素，将在下一节专门讨论。

·神经化学和遗传因素

人脑中的某些区域与攻击行为关系格外密切，例如杏仁核。当刺激这个区域时，人的敌意程度增加，驯服的动物变得凶狠；当抑制这个脑区的活动时，人的敌意程度下降，狂暴的动物变得驯服(Moyer，1987)。有研究者用脑部扫描来测量杀人犯的脑活动，以及测量具有反社会行为障碍的男性的灰质数量(Raine et al.，1998，2000)。他们发现，杀人犯的前额皮层活动比正常人低14%，反社会男性的前额皮层活动比正常人低15%。而前额皮层是一个与抑制控制有关的脑区，它能够充当攻击行为的阻止装置。其他研究也发现，异常的脑可能确实与异常的攻击行为相关联。

脑中的化学物质中有一种叫做5-羟色胺，它对攻击起抑制作用，并且控制冲动的额叶区域中有许多5-羟色胺的受体。研究发现，有暴力倾向的灵长类动物与人类儿童和成年人的5-羟色胺水平偏低；实验室研究发现，当降低人们的5-羟色胺水平或者打断5-羟色胺的正常活动时，攻击行为增加(Bernhardt，1997；Bjork et al.，

1999)。

一种叫做睾丸素的雄性激素也会影响攻击行为。研究发现,暴力罪犯的睾丸素水平高于非暴力罪犯;在25岁以后,人们的睾丸激素水平和暴力犯罪率都有所下降;睾丸素水平高的青少年和成年人更容易出现不良行为,吸食毒品以及对挑衅做出攻击反应;降低睾丸素水平的药物可以削弱有暴力倾向的男性的攻击性;睾丸素水平低的男性不太容易被激起攻击行为(Myers, 2005)。另外,给实验室的动物注射睾丸素会使它们的攻击性加强(Moyer, 1987)。

酒精会降低人们对行为的控制能力,降低自我觉知,导致人们做出社会不赞许或在正常情况下不会做出的行为,例如攻击。这可以解释为什么酒吧和夜总会是经常发生暴力斗殴的场所。因谋杀、强奸等暴力犯罪被捕的罪犯中,有一半以上在犯罪前喝了酒。家庭暴力事件也经常与酗酒有关,如果酗酒的丈夫能够通过治疗停止酗酒,他们虐待妻子的行为往往也会停止。实验室研究发现,喝醉了酒的被试与没有饮酒或少量饮酒的被试相比,对挑衅更容易做出攻击反应(Taylor & Chermack, 1993)。酒精的影响不仅是因为它去除了人们对自己行为的抑制,还因为它改变了人们加工信息的方式。喝醉酒的人通常会对社会情境中最先出现的或最明显的方面做出反应,往往会忽视细节(Bushman, 1997)。例如,如果清醒的时候你被人撞了一下,你可能会认为这个人不是故意的;但是如果你喝醉了酒,你很可能会忽视细节,认为这个人是有意的,从而进行报复。并且,喝醉酒的人对侵犯和社会压力特别敏感,很容易对略有冒犯的情况做出过激反应(Taylor & Sears, 1988)。

不过,醉酒并非对所有人有相同的影响。酒精摄入导致攻击行为尤其会发生在那些在平时通常不会表现出攻击行为的人身上。在一个研究中,首先让被试完成一次问卷和访谈,以测量他们的攻击倾向性。然后,让这些年轻男性喝酒精饮料或不含酒精的饮料(Pihl, Lau, & Assad, 1997)。接下来,让被试在一个竞争性反应时任务中与对手竞争,如果对手在一轮比赛中比他们慢,被试就可以对他施加一定水平的电击;如果被试输了,对手也可以给被试施加电击。在实验中,一些被试暴露于弱的挑衅下,即对手对他们施加较低的电击;一些被试暴露于强的挑衅下,即对手对他们施加较强的电击。研究者本来的预期是,在高挑衅条件下,高攻击倾向的被试不管是否喝了酒,都更有攻击性。但是实际上并非如此,从攻击水平这个因变量的情况可见,攻击倾向与醉酒的效果之间存在交互作用,如图10.2所示。当两组人都清醒时,高攻击倾向者比低攻击倾向者更有攻击性;而喝醉之后,低攻击倾向者显著变得更有攻击性,而高攻击倾向者的攻击水平却稍微有所下降,以至于两组被试的攻击水平几乎相当。或者换一种方式表达:低攻击倾向者在喝醉酒时明显比清醒时更有攻击性,而高攻击倾向者在醉酒后比清醒时的攻击水平略有下降。可见,酒精对那些在正常情况下攻击倾向较弱的人作用尤其大。

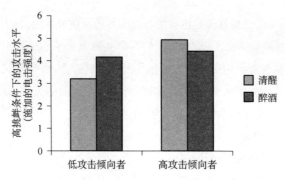

图 10.2 酒精对攻击水平的影响取决于个体原本的攻击倾向（Pihl, Lau, & Assad, 1997）

攻击行为和犯罪行为中也有基因遗传的作用。攻击性在个体的一生中保持相对稳定（Huesmann et al., 2003）。行为遗传学研究表明，与异卵双胞胎相比，同卵双胞胎更有可能在"脾气很大"和"经常打架"这类问题上给出一致回答；如果异卵双胞胎中的一个人犯罪，另一个人犯罪的概率为五分之一，而如果同卵双胞胎中的一人犯罪，另一人犯罪的概率是二分之一（Myers, 2005）。

· 性别与攻击

男性与女性相比是否更有攻击性？答案可能是肯定的。男孩与女孩相比更有攻击性，甚至老年男性与老年女性相比也更有攻击性。在很多国家都有类似发现。因暴力犯罪（谋杀、抢劫等）而被捕的人多为男性，而女性通常是由于财产犯罪（盗窃、诈骗、伪造等）而被捕（Aronson, Wilson, & Akert, 2004）。不过，攻击与性别的关系其实不这么简单。如果只从身体上的攻击来看，男性比女性更有攻击性。但是，如果考察的是其他类型的攻击，例如关系型攻击（relational aggression），女性要多于男性（Coie et al., 1999）。关系型攻击指的是通过破坏他人与同伴的关系来对其进行攻击，例如在背后说人闲话、诽谤、散布谣言，等等。这种间接攻击的性别差异从8岁儿童就开始出现，一直增加到15岁，然后保持稳定到成年；并且，在芬兰、瑞典、意大利、波兰、澳大利亚等国家都存在这种差异（Baron & Byrne, 2002）。另外，在没有挑衅的时候性别差异较大，当不存在挑衅时，男性比女性更有可能表现出攻击行为；而如果存在挑衅，特别是挑衅比较严重的时候，女性和男性一样有攻击性（Betancourt & Miller, 1996）。这可能是因为男性比女性更容易把日常生活中发生的模糊的事情理解成挑衅，从而发起攻击行为来反击。另外，在对亲密伴侣的攻击上，男性和女性存在很大差异。来自美国的统计数据显示，针对女性的暴力犯罪中来自其情侣的比例远高于针对男性的暴力犯罪中来自其情侣的比例;并且,被谋杀的女性中被其情侣、丈夫、前任情侣或前夫杀害的比例远高于男性被伴侣谋杀的比例。

·人格和归因

哪种性格特征的人攻击倾向较强?一种描述个体的方式是 A 型行为模式(Type A behavior pattern)和 B 型行为模式,前者具有高度竞争,总是表现出赶时间,急躁和好斗的特征;反之则是 B 型行为模式(Glass,1977)。研究发现,A 型行为模式的人攻击性要更强一些(Berman, Gladue, & Taylor, 1993)。并且,A 型行为模式比 B 型行为模式的人更有可能进行敌意性攻击,攻击的目的就是伤害他人,他们更不可能参与工具性攻击。

同样一个负面行为,如果你认为发起者故意这样做或是可以控制的,你很可能会变得愤怒和做出攻击行为;如果你把它知觉为对方无意为之或者是对方无法控制的,那么你会不那么愤怒。也就是说,你对某个消极事件的原因知觉或者归因影响你的攻击程度。有研究者考察了人们感到愤怒的情境,发现59%的愤怒针对的是被知觉为故意和没有理由的行为,28%的愤怒针对可能发生但可以避免的事件,只有2%的愤怒针对的是不可避免的意外或事件(Averill, 1983)。在一个研究中,要求男性大学生与一名对手完成一个对抗性的竞争任务,允许双方电击对手(Greenwell & Dengerink, 1973)。被试收到声称是来自对手的信息,表明这名对手有意随着每次试验的进行提高电击强度,或者对手有意把电击强度设置在一个恒定和适中的水平。一半被试受到的实际电击会逐渐加强,而另一半被试受到的电击强度保持不变。结果显示,所谓的对手的意图比实际的电击强度对被试给对手施加的电击设置影响更大。另外,个体知觉或得知负面事件原因的时机也很重要。在一个研究中,一名实验助手将被试写的文章批评得一无是处,接下来,被试有一次报复的机会,他们可以决定制造多大的噪声来干扰实验助手(Johnson & Rule, 1986)。被试也得知这名实验助手贬低他们的原因是他们在一次重要考试中的成绩很差,一半被试在被贬低之前就得到这条信息,一半被试在被贬低之后才知道。结果发现,那些预先就知道情况的被试,在受到贬低时的生理反应不那么强烈,他们对实验助手施加的噪声水平也较低;而被侮辱之后才得知情况的被试,这条信息对他们不起太大作用。

攻击性倾向较强的个体往往有敌意归因偏差,也就是把他人的模糊行为知觉为有敌对意图或动机的归因偏差(Dodge & Coie, 1987)。研究证实,长期具有攻击倾向的儿童通常有敌意归因偏差,他们把模棱两可的事件解释为他人对自己怀有敌意,从而以攻击来进行报复。因此,一些学者提出,改变归因方式有可能可以减少攻击性儿童的攻击行为(Graham, Hudley, & Williams, 1992)。他们训练非裔美国儿童澄清有意和无意的区别,教他们在面对模糊的负面结果时,对意图进行非敌意的归因。在一段时间的干预之后,这些儿童进行的敌意归因显著减少,并且攻击性行为明显减少。而且,当这些儿童体验到由同伴造成的挫折时,与长期攻击倾向强且没有受过干预的儿童相比,对同伴的敌意归因较少,相应的攻击性也较低(Graham, Hudley, & Williams, 1992)。

·令人厌恶的事件:疼痛、不适、挫折等

如果个体感受到身体疼痛,并且无法逃脱,那么通常会发生攻击行为。研究者发现,如果把两只老鼠关在一个笼子里,然后给它们施加电击,它们会互相攻击,并且电击越强烈,它们的互相攻击就越激烈(Azrin, 1967)。身体疼痛与攻击之间的关系在各种各样的动物中都得到了证实,例如猴子、松鼠、公鸡、狐狸、响尾蛇、海龟、猫等。而且动物在攻击时不会挑选目标,不管周围是同类、非同类还是物体,它们都会进行攻击。痛苦也会提高人类的攻击性。研究者让被试把手放在一杯微温的水里,或者放在一杯刺骨的冰水里,然后让一个人在被试身边不断发出烦人的声音(Berkowitz, 1988)。那些把手放在冰水里的被试更急躁和生气,他们也更有可能抨击发出讨厌声音的这个人。为此,Berkowitz认为,令人厌恶的事件是敌意性攻击行为的诱发因素,任何形式的厌恶事件,例如希望破灭、人身侮辱、身体疼痛等,也包括挫折,都可能会造成情绪的爆发(Berkowitz, 1998)。

除了疼痛,其他形式的身体不适,例如高温、潮湿、空气污染、拥挤、难闻的气味等,都会提高人们攻击的可能性(Rotton & Frey, 1985)。其中研究较多的是高温。对1967至1971年期间发生在79个美国城市的暴力骚乱事件的分析发现,它们多数发生在炎热的天气(Carlsmith & Anderson, 1979)。研究还证实,天气越炎热,暴力犯罪发生的可能性越大(Anderson & Anderson, 1984)。更重要的是,炎热的天气并没有增加财产犯罪(例如盗窃、诈骗)发生的可能性。类似地,在炎热的天气举行的体育比赛中的犯规行为更多;在炎热的天气里,汽车里没有冷气的驾驶员更可能在堵车时按喇叭。不过,高温与攻击行为之间的相关并不意味着因果关系,也许是由于高温使得人们更多地待在室外,而室外的群体活动通过某种机制增加了攻击行为。因此需要实验证据来证明高温对攻击的效果。在一个研究中,让被试在常温教室里填写问卷,或者在温度高达32摄氏度的教室里填写(Griffitt & Veitch, 1971)。结果发现,高温教室里的学生感觉疲劳和更有攻击性,对陌生人也表现出更多的敌意。不过,高温与攻击之间并不是简单的线性关系;在实验室研究中,随着温度的升高直到80华氏度,攻击逐渐增加,当温度继续增加时,攻击减少;现实生活中的暴力

事件也是如此,攻击随着温度的升高而增加,但是在80多华氏度之后,随着温度的升高,攻击行为减少(Baron & Byrne, 2002)。

被人攻击或侵犯也是愤怒的常见来源,不管是身体上的还是言语上的。在一个研究中,被试与另一个人一起在反应时测验中进行比赛,在每轮测验之后,获胜者可以决定给失败者施加多大强度的电击(Ohbuchi & Kambara, 1985)。实际上,被试的对手是一个预先设置好的计算机程序,这个程序会逐渐增加电击的强度。结果发现,真正的被试多数会采取报复行动。在另一个研究中,被试为一个新产品设计一个广告,然后由一名实验助手来评价这些广告(Baron, 1988)。一些被试虽然受到严厉的批评,但是批评者态度温和而且体谅,例如"我认为还有不少改善的余地";另一些被试受到的批评带有侮辱性质,例如"我认为你再怎么努力也不会有创意"。当被试有报复机会时,与受到温和对待的被试相比,被侮辱的被试更有可能进行报复。不过,在归因部分讨论过,在被侮辱或攻击时,人们会问自己,对方是有意还是无意的。如果相信对方是无意为之,多数人是不会进行报复的。

被同伴排斥也是一种非常痛苦的体验。在很多国家的校园中发生的杀人事件,行凶者多数是被学校同学排斥、拒绝、嘲笑和羞辱的人。在一个研究中,大学生遇到一群人,并且变得彼此熟悉起来(Twenge et al., 2001)。然后研究者要求他们指出他们想要和其中的哪些学生合作。其中一部分被试得到的信息是没有人想要和他们一起合作,而实际上这些被试是随机选出的。结果表明,当随后提供攻击机会时,与未被拒绝的被试相比,被拒绝的被试表现出非常强烈的敌意,这些敌意既针对那些拒绝他们的人,也针对那些无关的个体。可见,实验室环境中的社会排斥已经会增加攻击倾向,在现实生活中长期被排斥和拒绝,会有多么严重的后果。行凶者的行为是极端不正常的,但是在其中可能有社会排斥的作用。学校中的很多学生在谴责行凶者的同时,也表达对他们内心痛苦的理解。一些学生承认,自己对被拒绝和羞辱感到非常愤怒。横断、纵向和实验研究均证明社会排斥与攻击之间的关联(例如:Poon & Teng, 2017; Stenseng et al., 2014)。此外,让人们接触自然风景,能够削弱社会排斥对攻击的促进作用(Poon et al., 2016)。

· 唤醒

在关于情绪的经典研究中,给被试注射肾上腺素,让他们体温升高、心跳加速和呼吸急促等,即进入唤醒状态(Schachter & Singer, 1962)。如果被试不知道注射药物的效果,并且接下来他们与一个愤怒的人待在一起,被试也会变得愤怒。也就是说,躯体上的唤醒状态被解释为何种情绪,依赖于人们对这种唤醒的解释和归类,也就是所谓的认知评价。如果刚进行过锻炼,或者参加过摇滚音乐会,或者参与过竞争性游戏，人们很容易错误地把自己的唤醒状态归因为挑衅，从而采取攻击行为来反击(Zillmann, 1983, 1988)。兴奋迁移(transfer of excitation)理论认为，一种情境下的唤醒将会持续，并会增强后来情境中的情绪反应(Zillmann, 1983)。根据这一理论，生理上的唤醒虽然会随着时间过去逐渐消失，但是个体从一个情境转到另一个情境时，有可能有上一个情境残留下来的一部分唤醒。当个体体验到这些唤醒，并且把它归于当前情境中的事件时，就会增强对一个轻微挑衅的反应。那么，性唤醒是否也会增强随后的攻击？反过来，攻击是否会增强随后的性唤醒？兴奋迁移理论认为答案是肯定的，这一理论认为性唤醒和愤怒等其他形式的唤醒状态之间可以互相增强。但是，研究发现，性唤醒与攻击之间的关系比较复杂。例如，被试在被激怒之后接触中性刺激(例如风景图片)或引起中等程度性唤醒的刺激(例如裸体图片)，然后给他们提供报复挑衅者的机会，结果是暴露于中等程度性唤醒刺激的被试表现出较低的攻击水平。另一个研究则发现，当被试暴露于很强的性唤醒材料时，这种高水平的性唤醒会增加攻击。因此，性唤醒与攻击之间可能不是简单的直线关系(Baron & Byrne, 2002)。

·群体和匿名性

如"群体行为"一章中的讨论，人们在群体中容易发生群体极化、去个性化、责任分散等，而这些因素可能会降低个体的责任感、道德感和对自身行为的控制，从而导致攻击行为(综述见：Meier, Hinsz, & Heimerdinger, 2007)。在一个研究中，男性大学生被一个虚构的同伴激怒，然后决定对其施加的电击，结果发现，这名学生在群体条件下决定的电击强度比在个体条件下要大(Jaffe & Yinon, 1979)。在另一个研究中，研究者让大学生电击某个人，或者让大学生建议别人电击某个人的强度(Gaebelein & Mander, 1978)。也就是说，在前一种条件下他们是攻击者，后一种条件下他们是教唆者(instigator)。当受害者完全无辜时，亲自执行电击的攻击者实施的电击强度比教唆者建议的强度要弱。因此，当一项攻击命令由别人执行时，下命令者可能觉得自己不需要负责任，他们建议的攻击强度更强。另外，去个性化随着群体规模的增加而增大。在使用私刑的暴徒中，群体的规模越大，他们杀害受害人的方式就越残忍(Mullen, 1986)。另外，匿名也会增加去个性化的程度。在一个研究中，研究者要求女性大学生被试对另一名学生(实际上是研究助手)施加电击(Zimbardo, 1969)。在匿名条件下，被试坐在昏暗的房间里，身穿夸大的袍子，戴着很大的兜帽，不会被提到名字。在非匿名条件下，房间灯光很明亮，被试很容易被辨认，她们没有穿袍子和戴兜帽，身上佩戴有姓名标签。结果如同研究者的预期，在匿名条件下，被试施加的电击强度更大、时间更长。

· 攻击线索

如果有人激怒了你,而当时你的手边刚好有一把枪,你会怎么做?也许你会拿起枪来向他射击,也许你不会。但不管怎样,周围环境中有枪会增加你发动攻击的可能性。攻击线索是指与攻击反应有关的物体(例如武器),它会增加攻击行为发生的可能性。在一个研究中,研究者设法让大学生变得很愤怒,接下来他们有机会电击让他们愤怒的人(Berkowitz & LePage, 1967)。一些被试的房间里有一把羽毛球拍,另一些被试的房间里有一把枪。结果发现,后者对他人施加的电击更强烈。Berkowitz认为,"枪支不仅允许暴力发生,它们还会刺激暴力的发生,手指扣动扳机,而扳机也可能会拉动手指"(Berkowitz, 1981)。这意味着在枪支盛行的国家或地区,暴力事件更有可能发生,事实上也确实如此。美国是一个枪支拥有率非常高的国家,而在英国禁止枪支自由流通,英国人口是美国人口的四分之一,而谋杀率只有美国的十六分之一。当某些地区通过了限制人们持枪的法律之后,与枪有关的谋杀和自杀事件迅速下降。在一项研究中,研究者让来自不同国家的青少年阅读包含人际冲突情境的故事,并让他们猜测结局会是什么(Archer, 1994)。结果显示,美国青少年比来自其他国家的青少年预测的结局更暴力,并且更致命、残酷,而且涉及枪支。因此,不少学者相信,枪支的盛行会充当有力的攻击线索,增加攻击行为发生的可能性。

· 文化与攻击

从自然选择和进化的角度看,攻击是人类和其他物种共有的倾向。不过,多数心理学家认为,攻击只是一种选择性策略,并不会每时每刻都体现出来。对于人类而言,社会情境的作用更为重要。人们是否表现出攻击行为,是先天倾向、学习到的抑制反应和社会情境性质交互作用后的结果(Aronson, Wilson, & Akert, 2004)。跨文化研究表明,不同文化下人们的攻击性程度确实存在差异。例如,欧洲历史充斥着战争,而在某些原始部落(例如新几内亚的Arapesh、中非的Pygmies)中,攻击行为非常罕见(Baron & Richardson, 1994)。

美国社会内部的攻击和暴力行为也存在着地域差异。美国南部的杀人率比北方高(Nisbett, 1993)。不过,南部人并不是赞成暴力,而是认为在保护自己和家庭、在受到侮辱时应该使用暴力来解决。研究者认为这与美国南部早期的畜牧经济有关。在这种所谓的荣誉文化(culture of honor)中,人们赞成为了自卫和保护家庭,维护尊严和社会秩序而使用暴力。在一个研究中,以在美国南部和北部长大的男性大学生为被试,考察他们对侮辱的反应(Cohen et al.,1996)。在实验中,被试不小心撞到了实验助手,这名实验助手辱骂他们。结果发现,北部被试对辱骂的反应比较平淡,或者索性不予理睬;而南部被试则认为自己的男性尊严受到了触犯,他们更愤怒,生理反应更强烈(血液中的皮质醇和睾丸素水平升高),也更有可能实施攻击行为。荣誉文化与校园暴力有显著关联:在崇尚荣誉文化的州,学生带武器去学校的比例更高,20年间校园枪击案的实际发生率也更高(Brown, Osterman, & Barnes, 2009)。

第3节 媒体与攻击行为

如班杜拉的经典实验所示,儿童很容易模仿攻击性的成年榜样。大众媒体,包括电视、电影、印刷材料、网络、电子游戏等,对儿童、青少年和成年人的影响都非常大。而这些媒体中包含大量的暴力和色情内容。美国学者的研究显示,58%的电视节目中包含暴力,在这些暴力节目中,有78%的节目没有对暴力行为表示批评和惩罚的内容(Seppa, 1997)。杂志、电影和电视、录像和网站中包含大量色情内容。电子游戏中的暴力和血腥内容也越来越多,人们在游戏中大肆杀戮。这些充斥在我们周围的暴力和色情内容会对我们产生什么影响?它们是否会让人们变得越来越暴力?大量的相关研究数据、实验室实验和现场实验证据证实,观看暴力会造成攻击行为的增多。

·媒体暴力与攻击行为

研究显示,儿童花在看电视上的时间非常长,甚至超过他们在清醒的时候所从事的任何一项其他的活动。有人估计,一名美国儿童在小学毕业时平均看了8000次谋杀和10万次以上其他的暴力活动(Huston et al., 1992)。研究证明,儿童在电视上观看的暴力节目越多,他们的攻击行为就越多(Eron, 1987)。这一关系在美国、英国、澳大利亚、荷兰、南非、以色列、芬兰、波兰等国家都成立。并且,在控制了智商、人格、受教育程度等可能的中介因素之后,观看电视暴力与攻击行为之间仍然存在相关。并且,纵向研究显示,8岁时观看暴力电视节目最多(占前20%)的儿童,在15年后做出攻击行为的可能性是平常人的两倍(Huesmann et al., 2003)。类似地,青春期时接触暴力电视节目可以预测成年后的攻击行为。另外,不少国家和地区的谋杀率也随着电视的引入而增长。随着互联网的普及,网络上的暴力视频、暴力图片和有关仇恨的内容等正在产生越来越大的影响(Donnerstein, 2011)。经常访问暴力网站的青少年,更有可能参与严重暴力行为,例如枪击、抢劫、性侵等(Ybarra et al., 2008)。

当然，这些相关研究的数据并不代表确定的因果关系，需要实验研究的证据来确定观看暴力是否导致了攻击行为(Bushman & Anderson, 2015)。班杜拉的玩偶实验证实，儿童在观看成年人殴打玩偶的行为或行为录像之后，会做出类似的攻击行为。在另一个研究中，让一半儿童观看非常暴力的警匪电视片段，另一半儿童观看一段同样长度的非暴力电视片段(Liebert & Baron, 1972)。接下来，这些儿童到一个房间里与另一些儿童一起玩，结果发现观看了暴力片段的儿童对其他儿童表现出的攻击行为远超过其他儿童。并且，观看暴力片段的效果对那些本来攻击倾向就比较高的儿童尤其强烈。研究者首先让老师评价儿童的攻击倾向，然后让一半儿童观看一部充满暴力的警匪影片，让另一半儿童观看一部刺激但非暴力的自行车比赛影片(Josephson, 1987)。接下来，让这些儿童参加一场曲棍球比赛。结果显示，那些被老师评定为攻击倾向较高的儿童在观看暴力影片后攻击行为显著增加，例如他们用球棍打别的球员，肘击别人和向对手大喊大叫。与被评为攻击倾向低但观看暴力影片的儿童以及攻击倾向高但观看非暴力影片的儿童相比，他们的攻击行为增加得最多。因此，本来就具有攻击性的儿童，格外容易在看了暴力影片后表现出攻击行为，而本来没有攻击性的儿童，至少不会因为看了一部暴力影片就做出攻击行为。但是，如果长期接触暴力影片，即使是原本不具攻击性的儿童，也会变得更有攻击性。美国(Parke et al., 1977)和比利时(Leyens et al., 1975)的两个研究小组分别在美国和比利时儿童中进行现场实验，让这些儿童长时间接触暴力或非暴力的电视节目。结果显示，在持续接触暴力节目之后，即使是那些起初没有强烈攻击倾向的儿童，也比控制组儿童表现出更强烈的攻击行为。关于媒体暴力(特别是电影、电视和电子游戏)对儿童和青少年的负面影响，科学家们已广泛达成共识(Anderson et al., 2015; Bushman, Gollwitzer, & Cruz, 2015)。

由于儿童和青少年的态度和行为更容易受到外界信息的影响，所以目前的大多数研究以儿童和青少年为被试。不过，在成年人身上的研究发现了类似的效应，观看媒体暴力同样会增加成年人的攻击行为(Zillmann & Weaver, 1999)。有研究者分析了美国1973年至1978年间重量级拳击赛与谋杀率之间的关系。结果显示，在每一场重量级拳击比赛的接下来一周，谋杀率都会上升，而且该场拳击比赛的宣传越广，谋杀率上升得就越高(Phillips, 1983)。并且，凶手显然是在模仿拳击比赛中的情景：如果黑人拳击手输了一场比赛，在接下来的一周中年轻黑人在凶杀中的死亡率明显增加；如果白人拳击手输了，那么在凶杀中死亡的年轻白人显著增加。

1972年，第一个电子游戏诞生，它是一个乒乓球游戏。几年之后，第一个暴力电子游戏诞生，之后的几十年里，暴力电子游戏不断增多，其血腥和残忍程度、对道德的忽视也越来越严重(Gentile & Anderson, 2003)。研究者的注意力也越来越多地集中在电子游戏上。暴力电子游戏与暴力电视节目和影片对人们的影响有一些相似之处,但是它们对攻击的增强作用可能还要更强一些。为什么这样说?对于电影和电视中的暴力,人们只是观看它们;而在电子游戏中,人们还要认同角色身份,进行角色扮演,并主动地在游戏中练习暴力行为。并且,在游戏中人们参与暴力活动的全部过程,从选择对象,购买武器,接近目标,进行瞄准,直至最后开枪。在不断的游戏过程中,他们的技能不断增加,而且暴力行为实施得越成功,他们获得的奖励就越多。在一个研究中,大学生首先玩一段时间的暴力电子游戏,然后要求他们预测汽车尾部受到撞击的司机的行为(Bushman & Anderson, 2002)。结果发现,他们倾向于认为司机会做出攻击性回应,例如辱骂或动手打架。可见,玩暴力电子游戏会增加攻击性思维。研究显示,与玩非暴力电子游戏相比,玩暴力电子游戏会造成:增加攻击性思维,提高唤醒水平(心跳加速、血压升高),增加攻击性情感(挫折感增加,敌意上升),增加攻击行为,减少亲社会行为,等等(Anderson, 2003, 2004; Anderson et al., 2004)。对大量研究证据的元分析表明,暴力视频游戏增加攻击思维、愤怒情绪、生理唤醒和攻击行为,且降低移情和助人行为(Anderson et al., 2010)。

· 色情内容与攻击行为

在杂志、电影和录像带中,色情内容越来越多。这些媒体的色情内容中既包含暴露的身体图片和性爱镜头,也包括露骨的色情文学,即能够提高性兴奋水平的性爱描写。而且,很多色情题材中包含性暴力,典型的性暴力描写是这样的:一名男性要求与一名女性性交,这名女性起初拒绝并反抗,然而这名男性强行抓住她并继续采取行动,接下来这名女性的反抗越来越弱,她也产生了性唤醒,进入愉悦状态。这类性暴力描写和其他色情内容是否会增加攻击行为和对女性的强暴事件?心理学家的研究证实,观看性暴力描写会增加男性对女性的攻击性,降低同情心以及增加对女性的错误认识等。

在一个研究中,让男性被试观看三种影片其中的一种,一部描写女性的非暴力的中性影片,一部是不涉及暴力的色情影片,第三部是涉及强暴的性暴力影片(Donnerstein, 1980)。接下来,被试参加一个表面上无关的实验,他们教一名实验助手学习无意义音节。当这名助手犯错时,被试可以对他或她施加电击,并且电击强度由被试控制。结果显示,观看过暴力色情影片的被试使用的电击强度最强,尤其是当实验助手是女性时,而观看了非暴力的色情影片的被试施加的电击强度最弱。这项研究表明,观看针对女性的暴力色情电影会增加以女性为对象的攻击行为。在另一个研究中,男性大学生观看两部色情影片其中之一,一部影片描绘两名成年人正在满足地做爱,另一部影片描绘一件强暴事件(Malamuth, 1981)。在看完影片后,要求被试进行性幻想。结果表明,观看强暴影片的男性有更多的性幻想。另有研究显示,男性被试在连续观看了3天的性暴力电影之后,与没有观看这些电影的男性相比,他们对暴力事件受害者的同情心下降,并且低估受害者所受伤害的严重程度(Mullin & Linz, 1995)。在控制了反社会、敌意等风险因素之后,色情产品消费仍能预测男性的性攻击行为(Vega & Malamuth, 2007)。

另外,观看性暴力内容会增加人们对强暴谬论(rape myth)的接受,也就是认为女性欢迎性袭击,认为她们在说"不"的时候并不是真正要拒绝的意思(Malamuth & Check, 1981)。观看性暴力影片使得男性接受对女性的暴力,甚至认为女性喜欢被强迫进行性行为。一项对高中学生的调查显示,95%的男性和97%的女性认为,男性应该在女性说"不"的时候停止性进攻;但是,他们中也有一半左右的人认为,女性在说"不"的时候不一定真的是拒绝的意思(Monson, Langhinrichsen-Rohling, & Binderup, 2000)。不少女性相信,也许其他女性喜欢被男性征服的感觉,而她们实际上几乎都认为自己不是这样的(Malamuth et al., 1980)。这些对女性喜欢被强迫的错误认识很可能与媒体上的性暴力有关。这些流行的错误认识可能又进一步造成了强奸事件的增多。美国的调查报告显示,过去几十年中发生的强暴和强暴未遂事件中,几乎有一半不是陌生人的袭击,而是约会强暴(date rape),也就是说受害者认识施暴者,甚至双方就是约会对象。这些状况与强暴谬论不无关系。

·媒体内容影响攻击行为的原因

媒体中的暴力或色情暴力究竟会对人们的心理产生什么影响?从已有研究可见,有时候观看暴力直接导致攻击行为的增多。而即便在观看暴力后没有表现出攻击行为,人们对暴力事件的反应也已经发生了变化。如果不断接触媒体中的暴力,人们对暴力事件的敏感程度会降低。在一个研究中,让被试观看一段暴力的影片,同时连续测量他们的皮肤电反应,并在影片结束后由被试评定自己的焦虑和愉快唤醒的程度(Krahé et al., 2011)。结果表明,与很少接触媒体暴力的被试相比,经常接触媒体暴力的被试表现出较弱的皮肤电反应,以及较高的愉快唤醒。在另一个研究中,让被试观看一部暴力警匪片,或者观看一部激烈但非暴力的排球比赛(Thomas et al., 1977)。接下来,被试观看两名儿童互相之间进行身体上、言语上的攻击。结果显示,与看了排球比赛的被试相比,观看暴力影片的被试对这些攻击行为的情绪反应较低,他们没有表现出不安。也就是说,在观看暴力电视节目后,人们对现实生活中的暴力的容忍程度增加。那么,媒体暴力通过哪些具体的机制起作用?以下是已经得到证实的部分原因。

第一,观看暴力场景会起到去敏感化(desensitization)的作用。前面的几个实验都证实了去敏感化。人们对暴力场景逐渐习以为常,生理反应下降,对受害者的痛苦丧失同情心。一家公司的调查显示,尽管实际上电影中的暴力镜头越来越多,但是13—17岁的青少年报告感觉电影中有太多暴力的比例却在下降,1977年是44%,而2003年只有27%。可见,很多青少年已经对暴力镜头麻木。

第二,媒体中的内容造成人们对现实世界的歪曲认识。电视中描绘的世界与现实世界相差甚远。例如,美国的电视剧中已婚人士比例只占10%,而现实世界中已婚比例为61%;谋杀案件在刑侦题材电视剧中占50%,而现实生活中的谋杀只占犯罪的0.2%(Myers,2005)。因此,每天看电视时间较长的人对电视中的描绘信以为真,夸大现实中暴力事件发生的概率,把世界看作是一个很危险的地方,担心别人会袭击自己。

第三,观看暴力节目会启动攻击性思维。在观看暴力节目之后,人们对他人行为会做出更有敌意的解释,对攻击性词语的识别更迅速,更容易用攻击性词语去完成词语补全任务,等等(Bushman,1998)。在研究中,研究者首先让被试观看暴力或非暴力的录像,然后让被试参加一个表面上与前者没有关系的任务。例如,让被试自由地列出有攻击性和没有攻击性的单词,看过暴力录像的被试列出更多的攻击性单词;如果要求被试判断一些字母串是不是英文单词,而这些单词有一半是攻击性的,一半是非攻击性的,观看过暴力录像的被试对攻击性单词的反应更快。

第四,在看到媒体中的人物实施暴力时,人们会降低对自己行为的抑制。在通常情况下,人们会遵守社会规范,压制自己的愤怒而不是直接攻击别人。而在接受暴力内容之后,人们的行为抑制降低,直接做出攻击行为(Berkowitz,1984)。

第五,媒体中的暴力还会引发模仿。人们从电视和电影中学会新的攻击方式。

暴力影片和暴力电子游戏的销售量都很高,可见有很多人喜欢。而不少广告商都在自己的广告中加入暴力或色情画面,或者在暴力或色情节目中间插播广告,他们假定这有助于促销他们的产品。事实真的如此吗?在一个研究中,让被试观看暴力节目、色情节目或中性的节目,这些节目中插播有9条广告(Bushman & Bonacci,2002)。接下来,让被试立即回忆广告中的品牌,并把它们从超市货架的照片中找出来;24小时之后,研究者打电话给这些被试,再次让他们回忆广告中的品牌。结果表明,收看中性节目的人比收看暴力或色情节目的人对广告内容的回忆更多。这很可能是因为电视上的暴力或色情画面分散了观众对产品的注意。可见,暴力节目不仅从道德上来说不合适,而且它们也不会给广告商带来利益。

第4节 减少攻击

如何减少攻击行为?根据不同的理论出发点,可能提倡不同的方法:本能理论提倡进行宣泄,以防止攻击能量过度累积;社会学习理论建议利用正面的榜样,去除攻击性榜样；挫折-攻击理论则会提议减少现实生活中的挫折感。究竟哪些方法有效？

・宣泄？

弗洛伊德认为，人的攻击能量会不断累积，需要采取一定的方式进行释放，否则的话，压力就会累积起来，到一定程度的时候会以极度暴力的形式爆发，或者发展为精神疾病。弗洛伊德建议用宣泄（catharsis）的方法来释放攻击能量，不少学者支持宣泄假说，认为如果用相对无害的方式发泄愤怒和敌意，那么个体进行危险攻击行为的可能性就会减少（Dollard et al., 1939）。宣泄的概念比最初弗洛伊德提出的时候要宽泛一些，包括实际采取攻击行为，观看他人进行攻击行为，想象进行攻击行为等，这些活动被认为可以释放攻击能量。一些心理治疗师认为宣泄可以治疗心理疾病。宣泄真的能够减少攻击吗？

弗洛伊德的支持者建议的宣泄方式多种多样，一种途径是参与或观看激烈竞争的体育比赛。一些研究者测量了在激烈的比赛之前和之后，球员和观众的敌意水平，但是他们发现球员和观众的敌意水平在比赛后不降反升（Arms, Russell, & Sandilands, 1979）。如果是通过观看攻击行为来宣泄呢？前一节关于媒体暴力的讨论，提供了大量的研究证据，证明观看电视、电影等媒体中的暴力会增加攻击行为。而在电子游戏中，人们不仅观看而且进行角色扮演，在虚拟的世界中攻击他人，这能起到减少攻击的作用吗？答案依然是否定的。玩暴力电子游戏的人们的攻击行为增多得可能比单纯观看还要厉害。

如果实际实施攻击行为，是否会起到宣泄效果呢？这种宣泄直接针对激怒你的人，或者采用替代的方式，例如击打沙袋、玩偶或墙壁，或者采用言语上辱骂和发泄的方式。在一个研究中，让男性大学生与另一个人配对，后者其实是实验助手（Geen, Stonner, & Shope, 1975）。首先，被试与实验助手讨论对许多事情的看法，每次实验助手不同意被试的看法时，被试就会遭受电击，以此来激怒被试。接下来，在一个声称研究"惩罚对学习的影响"的步骤中，被试充当老师，实验助手充当学生。第一个学习任务中，要求一些被试对犯错的实验助手施加电击，另一些被试只是负责记录实验助手的错误。在第二个学习任务中，所有被试都有机会实施电击。如果宣泄能够减少攻击，那么在第一个学习任务中已经电击过实验助手的人，在第二个学习任务中对实验助手施加的电击强度应该较弱。而实际结果与宣泄假设刚好相反，先前电击过实验助手的人，在有第二次机会时，对实验助手的电击强度更强。在另一个研究中，安排被激怒的被试击打沙袋，让一组被试一边击打一边回想让自己愤怒的人，让另一组被试把击打沙袋当作锻炼身体，还有一组控制组被试不击打沙袋(Bushman, 2002)。然后,被试可以对惹怒他们的人施加噪声轰炸。结果表明,击打沙袋并回想愤怒来源的被试感觉更愤怒,更有攻击性。还有一项研究考察了言语宣泄对攻击的影响(Ebbesen, Duncan, & Konecni, 1975)。在这个研究中,被试是100名刚刚收到解雇通知的工程师和技师。在访谈他们时,询问被试一些让他们有机会表达对雇主或主管的敌意的问题,例如:"你能够想出哪些公司对你不公平的例子?"随后,让他们填写一份问卷,评估他们对公司和主管的态度。结果发现先前的发泄机会并没有降低敌意,相反,敌意增加了。因此,通过各种途径发泄愤怒不仅不会减少愤怒和敌意,而且反而会增加它们,以及导致攻击行为的增多(Bushman, 2002)。

为什么会这样?在"态度"一章提到认知一致性理论认为,人们需要在自己的态度和行为之间保持一致性。一旦做出某种行为,人们就必须要对这一行为进行合理化。在采取攻击行为之后,人们也会对这一行为进行合理化。具体来说,当攻击了他人之后,这会与自己是一个善良、有道德的人的看法相冲突,怎么解决这一冲突?伤害通常难以挽回,容易做的是在心理上改变对你伤害的人的看法,你可以告诉自己,对方是罪有应得。这种贬低受害者的做法会增加你进一步伤害他们的可能性。因此,从现有的研究证据来看,宣泄假说并未得到充分的数据支持(综述见:Denzler & Förster, 2012)。

· 惩罚?

如果发泄不能减少攻击,那么对攻击行为进行惩罚呢,惩罚是否可以减少攻击行为?一些父母对孩子的暴力倾向进行惩罚,通常是采用体罚的方式,例如打屁股、打耳光,甚至更严重的体罚方式。体罚往往能收到即时效果,父母会发现孩子很快就不在自己面前做出受到惩罚的行为。但是,这会是真心悔过吗?认知一致性理论依然有与此有关的看法和证据,对孩子进行严厉的惩罚只会让他们表面上停止不适当的行为,但他们的内心并没有对适当行为产生认同。当父母不在面前的时候,儿童会变本加厉地实施被惩罚的行为。反而是刚刚能够阻止不适当行为的轻微惩罚能够让儿童将规则内化,从而在将来不做出那些行为。并且,体罚孩子的父母实际上是在亲自示范攻击行为,孩子很可能会模仿父母的举动。研究表明,父母对孩子的体罚越厉害,孩子在与同伴的交往中表现出的攻击行为就越多(Strassberg et al., 1994)。可见,对儿童的体罚至少无法起到减少攻击的作用。而且,小时候被体罚过的儿童,在成年之后更容易出现很多问题行为,其中就包括虐待儿童和殴打配偶。

另一些惩罚针对的是成年人的攻击行为。例如法律规定以严厉的刑罚来惩戒谋杀和强奸罪犯,一些国家和地区对杀人犯实施死刑。这些惩罚会降低攻击行为乃至于犯罪率吗？答案不太确定。研究表明,惩罚要起到消除不良行为(例如攻击行为)的效果,必须满足很多条件,例如,惩罚必须是迅速的,它必须紧跟着攻击行为发生;必须确定,只要一出现攻击行为就必然会遭到惩罚;惩罚必须足够强大,让受到惩罚的人感到难受;惩罚还必须让接受者认为它是公正或应该的(Baron & Byrne, 2002)。而现实生活中的惩罚很少能满足这些条件。例如,惩罚不可能及时实施,很多罪犯在犯案一段时间后才被逮捕和判刑;有许多罪犯没有被抓到,因此惩罚也不是确定的。调查数据显示,对谋杀罪判处死刑的国家并不比没有死刑的国家谋杀率低;废除死刑之后的地区并没有发生谋杀率的升高,重新恢复死刑也没有降低谋杀率(Aronson, Wilson, & Akert, 2004)。

·控制愤怒和减少攻击

所谓释放攻击能量的宣泄方法无法减少敌意和攻击,反而会增加它们,而从外部对攻击行为进行惩罚似乎也收效甚微。那么,究竟什么方法可以减少攻击呢？一些方法是由愤怒的个体来控制自己的愤怒,从而阻止攻击行为。作为激怒别人的人,也可以采取一些办法来消除对方的愤怒。作为冲突之外的第三方或者外部的组织、机构或社会,也有一些方法可以减少攻击行为。

驱散愤怒

当人们愤怒的时候,他们的思维会发生变化,清晰思考的能力下降,抑制攻击(例如告诉自己攻击会带来的负面后果)的能力也下降。人们在愤怒当中采取的行动往往是不理智甚至是暴力的。如果反复回想让自己愤怒的事情或人,个体会变得越来越愤怒。被激怒的被试如果花 25 分钟反复回想这件事情,会更有攻击性(Bushman et al., 2005)。如何减少愤怒？一种方法是分散注意力,通过阅读、看令人愉快的电影或电视节目等方式。这可以给愤怒一段时间,让它逐渐消失。如果朋友或伴侣激怒了你,有效的方法是,简单而平静地指出你生气了,以及准确和公平地说明他们的什么行为让你生气。这种方式可以让愤怒的你舒服一些,而且不会贬低对方,也能够让双方互相理解(Aronson, Wilson, & Akert, 2004)。这比喊叫、辱骂、忍受或摔东西要有用得多。除了向激怒你的人表达,你也可以向其他人说出你的愤怒。

移情

在一个现场实验中,当排在十字路口最前面的汽车在绿灯变亮时动作迟缓,阻碍了后面的汽车时,后面大批的汽车司机连续不断地按喇叭;如果一名行人在过马路途中绿灯变亮,被挡住的汽车同样大按喇叭;但是,如果这名行人拄着拐杖,鸣喇叭的比例会大大减少(Baron,1976)。这些司机对这名行动不便的行人产生了同情心。当人们体验他人的感受时,他们更愿意表现出满足他人需要的行为,助人倾向增加,攻击行为减少。研究表明,人们的移情越高,采取攻击行为的可能性越低(Feshbach & Feshbach, 1969)。因此,如果能够在人们之间产生移情,攻击行为有可能会降低。一些研究者设计训练移情的方法,并检验攻击性是否因此而降低。他们首先在小学中教育孩子采取他人的立场,扮演不同的角色,分辨不同的情绪,等等(Feshbach & Feshbach, 1981)。这些移情训练有效地减少了儿童的攻击行为。对大学生的研究也发现,学习过从他人立场去考虑问题的被试,与没有受到训练的被试相比,对他人实施的电击强度要弱(Richardson et al., 1994)。在一个以日本大学生为被试的研究中,要求被试对另一个学生施加电击(Obuchi, Ohno, & Mukai, 1993)。在一种条件下,这名被电击的学生首先透露了自己的一些个人信息,这使得被试更容易对这名受害人产生移情;在另一种条件下,受害者没有透露个人信息。结果显示,在前一种条件下,被试实施的电击强度较弱。

道歉

前文已经提到,人们愤怒和发动攻击的程度不仅取决于挫折感,而且还取决于对事件原因的知觉或归因。如果你认为某个人有意伤害你或做出对你不利的事情,与你认为他无意或无法控制发生的事情相比,你更有可能发起攻击。因此,作为引起他人挫折感的一方,真诚道歉和承担责任并请求原谅,可以减少对方攻击自己的可能性(Ohbuchi, Kameda, & Agarie, 1989)。并且,提供合理的理由,例如个人控制能力之外的因素,也有助于减少对方的怒气和攻击(Weiner et al., 1987)。

示范非攻击性榜样

由于观看攻击性榜样会引起攻击行为,因此减少攻击的方法之一是示范非攻击性榜样。研究证实,如果让人们观看一个被激怒的个体表现出非攻击性的行为,例如用克制、理性和愉快的方式表达不满,那么这些人在随后自己被激怒时,表现出的攻击行为要少得多(Donnerstein & Donnerstein, 1976)。

社交技巧训练

一些人不知道如何应对自己的愤怒,也不知道如何让愤怒的他人平静下来,这些人格外容易采取攻击行为来解决冲突,或者不当地激起对方的攻击。为此,一些研究者提议,教导人们以建设性的方式来表达愤怒或批评,在冲突的时候寻求协商和妥协,以及对他人的需要和愿望敏感(Aronson, Wilson, & Akert, 2004)。这些训练是有效的。在一个研究中,让儿童分成四人一组在一起玩耍,教导其中一些儿童以建设性的方式对待他人,并因此得到奖励;另一些儿童没有受到这样的教导,而是因为攻击性或竞争性行为获得奖励(Davitz, 1952)。接下来,研究者告诉儿童将会给他们播放一部很有趣的影片,接着播放开始,并给儿童发放糖果。但是,在影片最有意思的地方,研究者突然中断影片并收回糖果。然后,让儿童自由玩耍,研究者观察他们的攻击性或建设性行为。结果显示,受过训练的儿童表现出较少的攻击行为。

减少攻击线索

攻击性线索(例如武器)会诱发愤怒的人表现出攻击行为,因此应该减少环境中的这类线索(Engelhardt & Bartholow, 2013)。不少国家和地区让武器的获得难度增加,加大枪支管制的力度,可以减少生活中的暴力活动。

减少挫折

挫折感是愤怒的主要来源,因此社会应该减少其成员的挫折感,例如让财富分配更为平均等(Pabayo, Molnar, & Kawachi, 2014)。

小结

1. 攻击是指意图伤害他人的身体行为或言语行为。由愤怒引起的、目的就是让他人受伤或痛苦的攻击叫做敌意性攻击;并非把伤害作为最终目的,而是把伤害他人作为达到其他目的的一种手段的攻击,叫做工具性攻击。实验室中常用的衡量攻击的标准是被试给他人施加的电击强度。

2. 弗洛伊德认为攻击是一种本能,它的能量会不断累积,如果得不到释放就会爆发。进化心理学家认为,攻击曾经是一种适应性行为,因此它遗留下来。但是,人类的行为不是简单地受本能控制,而是更多地受到后天经验和社会环境的影响。

3. 挫折-攻击假说认为,人们在遭受挫折时,会表现出攻击行为。Berkowitz 对这一假说进行修正,认为挫折会造成愤怒,而究竟是否会导致攻击还依赖于其他因素。

4. 如果感觉自己与类似的其他人相比、与自己期望的相比、与自己应得的相比得到的要少,这属于相对剥夺,感受到相对剥夺的人比感受到绝对剥夺的人更容易表现出攻击行为。人们不一定会攻击让自己产生挫折的对象,而是会转移去攻击那些社会接受或安全的、不会遭到报复的目标,这叫做置换攻击。

5. 社会学习理论认为,人们通过观察和模仿他人的攻击行为,习得攻击行为。

班杜拉的玩偶实验有力地证实了这一点。

6. 杏仁核这一脑区受到刺激,动物和人的敌意程度会增加。前额皮层活动的下降与攻击有关。5-羟色胺水平下降时,人们的攻击行为增加。睾丸素水平也与攻击行为相关。人们在酒精的影响下,更容易做出攻击行为,尤其是那些在正常情况下攻击倾向较弱的人。攻击还有一定的遗传性。

7. 平均而言,男性比女性攻击性强。但是,这也依赖于具体的攻击类型。身体上的攻击男性显著多于女性。而在关系型攻击方面,即通过破坏他人与同伴的关系来进行攻击,女性多于男性。男性对亲密异性伴侣的暴力显著多于女性。另外,当挑衅比较严重的时候,女性与男性的攻击性程度差不多。

8. 高度竞争、赶时间、急躁和好斗的个体攻击倾向较强,这类人具有 A 型行为模式。人们对消极事件的归因也影响攻击,如果把令人愤怒的情境归因于他人有意为之或者可控的因素,人们更容易爆发攻击。有些个体具有敌意归因偏差,很容易把他人的模糊行为知觉为有敌对意图或动机,这类人攻击倾向较强。改变归因方式可以减少他们的攻击。

9. 任何令人厌恶的事件,例如身体疼痛、挫折、高温、被人攻击或侮辱、被同伴排斥等,都有可能会引发攻击行为。

10. 兴奋迁移理论认为,一种情境造成的生理唤醒可能会持续一段时间,造成后面情境中的情绪反应加强。因此,身体上的唤醒可能会增强攻击。这一理论得到部分证实。

11. 在群体情境下,人们的攻击行为更强,这可能与去个性化有关。匿名也会增加去个性化的程度。

12. 环境中的攻击线索,即与攻击有关的物体,会增加攻击行为发生的可能性。

13. 从进化角度来看,攻击是人类的共同倾向。但是,后天经验和社会情境的作用很大。不同文化和地区的攻击行为确实存在差异。在美国南部流行荣誉文化,人们认为在保护自己或家庭、在受到侮辱时应该采取暴力手段来解决。

14. 媒体中充斥着大量暴力。研究证实,观看媒体暴力会造成攻击行为的增加。观看性暴力影片会增加男性对女性的攻击行为,以及对强暴谬论的接受,即认为女性喜欢被强迫进行性行为。

15. 媒体中的暴力会造成去敏感化,人们对暴力场景的生理反应和不安下降;媒体中的内容造成人们对现实世界的歪曲认识,担心别人会袭击自己;观看暴力节目会启动攻击性思维;人们会降低对自己行为的抑制;媒体中的暴力还会引发模仿;等等。在暴力或色情节目中间插入广告实际上不利于人们对广告信息的注意和记忆。

16. 宣泄是指用相对无害的方式发泄愤怒和敌意,例如观看他人攻击或想象进行攻击,参与激烈的体育活动,喊叫,言语辱骂,击打无生命的物体等。宣泄假说的支持者认为宣泄可以降低攻击行为。但是,研究结果反对这一假说。并且,宣泄不仅不会降低攻击,而且反而会加强攻击和敌意,原因之一是人们对自己的攻击行为进行合理化。

17. 针对儿童的体罚不能有效减少攻击,甚至会造成儿童更多的攻击行为。针对成年人的惩罚由于不能及时传递、不确定、不够强烈等原因,往往也起不到很好的作用。

18. 分散注意力,以及向激怒自己的人或其他人陈述自己生气的理由,可以减轻愤怒。对他人产生移情也可以减少攻击,因此训练移情是一种有效的办法。作为激怒别人的一方,及时道歉并说明合理理由,有助于减少攻击。示范非攻击性榜样、进行社交技巧训练、减少攻击线索和挫折等方法,都有助于减少攻击。

参考文献

Anderson, C. A. (2003). Video games and aggressive behavior. In D. Ravitch and J. P. Viteritti (Eds.), *Kids stuff: Marking violence and vulgarity in the popular culture*. Baltimore, MD: Johns Hopkins University Press.

Anderson, C. A. (2004). An update on the effects of violent video games. *Journal of Adolescence*, 27,113-122.

Anderson, C. A., & Anderson, D. C. (1984). Ambient temperature and violent crime: Tests of the linear and curvilinear hypotheses. *Journal of Personality and Social Psychology*, 46,91-97.

Anderson, C. A., & Bushman, B. J. (1997). External validity of "trivial" experiments: The case of laboratory aggression. *Review of General Psychology*, 1,19-41.

Anderson, C. A., Andrighetto, L., Bartholow, B. D.,... Warburton, W. (2015). Consensus on media violence effects: Comment on Bushman, Gollwitzer, and Cruz. *Psychology of Popular Media Culture*, 4,215-221.

Anderson, C. A., Carnagey, N. L., Flanagan, M., Benjamin, A. J., Eubanks, J., & Valentine, J. C. (2004). Violent video games: Specific effects of violent content on aggressive thoughts and behavior. *Advances in Experimental Social Psychology*, 36, 199-249.

Anderson, C. A., Shibuya, A., Ihori, N., Swing, E. L., Bushman, B. J., Sakamoto, A.,... Saleem, M. (2010). Violent video game effects on aggression, empathy, and prosocial behavior in eastern and western countries: A meta-analytic review. *Psychological Bulletin*, 136,151-173.

Archer, D. (1994). American violence: How high and why? *Law Studies*, 19,12-20.

Arms, R. L., Russell, G. W., & Sandilands, M. L. (1979). Effects on the hostility of spectators of viewing aggressive sports. *Social Psychology Quarterly*, 42,275 - 279.

Aronson, E. , Wilson, T. D. , & Akert, R. M. (2004). *Social Psychology* (5th edition). Upper Saddle River: Prentice Hall.

Averill, J. R. (1983). Studies on anger and aggression: Implications for theories of emotion. *American Psychologist*, 38,1145 - 1160.

Azrin, N. H. (1967, May). Pain and aggression. *Psychology Today*, pp. 27 - 33.

Bandura, A. (1979). The social learning perspective: Mechanisms of aggression. In H. Toch (Ed.), *Psychology of crime and criminal justice* (pp. 198 - 236). New York: Holt, Rinehart & Winston.

Bandura, A. , Ross, D. , & Ross, S. A. (1961). Transmission of aggression through imitation of aggressive models. *Journal of Abnormal and Social Psychology*, 63,575 - 582.

Barker, R. G. , Dembo, T. , & Lewin, K. (1941). *Frustration and regression: An experiment with young children*. Iowa City: University of Iowa Press.

Baron, R. A. (1976). The reduction of human aggression: A field study of the influence of incompatible reactions. *Journal of Applied Social Psychology*, 6,260 - 274.

Baron, R. A. (1988). Negative effects of destructive criticism: Impact on conflict, self-efficacy, and task performance. *Journal of Applied Psychology*, 73,199 - 207.

Baron, R. A. , & Byrne, D. (2002). *Social Psychology* (10th edition). Boston, MA: Pearson/Allyn and Bacon.

Baron, R. A. , & Richardson, D. R. (1994). *Human aggression* (2nd edition). New York: Plenum.

Berkowitz, L. (1981, June). How guns control us. *Psychology Today*, pp. 11 - 12.

Berkowitz, L. (1984). Some effects of thoughts on anti-and prosocial influences of media events: A cognitive-neoassociation analysis, *Psychological Bulletin*, 95,410 - 427.

Berkowitz, L. (1988). Frustrations, appraisals, and aversively stimulated aggression. *Aggressive Behavior*, 14,3 - 11.

Berkowitz, L. (1989). Frustration-aggression hypothesis: Examination and reformulation. *Psychological Bulletin*, 106,59 - 73.

Berkowitz, L. (1993). *Aggression: Its causes, consequences, and control*. New York: McGraw-Hill.

Berkowitz, L. (1998). Affective aggression: The role of stress, pain, and negative affect. In R. G. Geen & E. Donnerstein (Eds.), *Human aggression: Theories, research, and implications for social policy* (pp. 49 - 72). San Diego, CA: Academic Press.

Berkowitz, L. , & LePage, A. (1967). Weapons as aggression-eliciting stimuli. *Journal of Personality and Social Psychology*, 7,202 - 207.

Berman, M. , Gladue, B. , & Taylor, S. (1993). The effects of hormones, Type A behavior pattern and provocation on aggression in men. *Motivation and Emotion*, 17, 125 - 138.

Bernhardt, P. C. (1997). Influences of serotonin and testosterone in aggression and dominance: Convergence with social psychology. *Current Directions in Psychology*,

6,44-48.

Betancourt, B. A., & Miller, N. (1996). Gender differences in aggression as a function of provocation: A meta-analysis. *Psychological Bulletin*, 119,422-447.

Bjork, J. M., Dougherty, D. M., Moeller, F. G., Cherek, D. R., & Swann, A. C. (1999). The effects of tryptophan depletion and loading on laboratory aggression in men: Time course and a food-restriction control. *Psychopharmacology*, 142,24-30.

Brown, R. P., Osterman, L. L., & Barnes, C. D. (2009). School violence and the culture of honor. *Psychological Science*, 20,1400-1405.

Bushman, B. J. (1997). Effects of alcohol on human aggression: Validity of proposed explanations. In M. Galanter (Ed.), *Recent developments in alcoholism* (Vol. 13, pp. 227-243). New York: Plenum.

Bushman, B. J. (1998). Priming effects of media violence on the accessibility of aggressive constructs in memory. *Personality and Social Psychology Bulletin*, 24,537-545.

Bushman, B. J. (2002). Does venting anger feed or extinguish the flame? Catharsis, rumination, distraction, anger, and aggressive responding. *Personality and Social Psychology Bulletin*, 28,724-731.

Bushman, B. J., & Anderson, C. A. (2002). Violent video games and hostile expectations: A test of the general aggression model. *Personality and Social Psychology Bulletin*, 28,1679-1686.

Bushman, B. J., & Anderson, C. A. (2015). Understanding causality in the effects of media violence. *American Behavioral Scientist*, 59,1807-1821.

Bushman, B. J., & Bonacci, A. M. (2002). Violence and sex impair memory for television ads. *Journal of Applied Psychology*, 87,557-564.

Bushman, B. J., Bonacci, A. M., Pedersen, W. C., Vasquez, E. A., & Miller, N. (2005). Chewing on it can chew you up: Effects of rumination on triggered displaced aggression. *Journal of Personality and Social Psychology*, 88,969-983.

Bushman, B. J., Gollwitzer, M., & Cruz, C. (2015). There is broad consensus: Media researchers agree that violent media increase aggression in children, and pediatricians and parents concur. *Psychology of Popular Media Culture*, 4,200-214.

Buss, A. M. (1961). *The psychology of aggression*. New York: Wiley.

Buss, D. M., & Kendrick, D. T. (1998). Evolutionary social psychology. In D. T. Gilbert, S. T. Fiske, & G. Linzey (Eds.), *The handbook of social psychology* (pp. 982-1026). New York: McGraw-Hill.

Carlsmith, J. M., & Anderson, C. A. (1979). Ambient temperature and the occurrence of collective violence: A new analysis. *Journal of Personality and Social Psychology*, 37,337-344.

Catalano, R., Novaco, R., & McConnell, W. (1997). A model of the net effect of job loss on violence. *Journal of Personality and Social Psychology*, 72,1440-1447.

Cherek, D. R., Moeller, F. G., Schnapp, W., & Dougherty, D. M. (1997). Studies of violent and nonviolent male parolees: I. Laboratory and psychometric measurements of aggression. *Biological Psychiatry*, 41,514-522.

Cohen, S., Nisbett, R. E., Bowdle, B. F., & Schwarz, N. (1996). Insult, aggression, and the southern culture of honor: An "experimental ethnography". *Journal of Personality and Social Psychology*, 70, 945–960.

Coie, J. D., Cillessen, A. H. N., Dodge, K. A., Hubbard, J. A., Schwartz, D., Lemerise, E. D., & Bateman, H. (1999). It takes two to fight: A test of relational factors and a method for assessing aggressive dyads. *Developmental Psychology*, 35, 1179–1188.

Davitz, J. (1952). The effects of previous training on post-frustration behavior. *Journal of Abnormal Psychology*, 47, 309–315.

Denzler, M., & Förster, J. (2012). A goal model of catharsis. *European Review of Social Psychology*, 23, 107–142.

de Tocqueville, A. (1955, First published 1856). *The Old Regime and the French Revolution*. New York: Anchor Books.

Dodge, K. A., & Coie, J. D. (1987). Social-information-processing factors in reactive and proactive aggression in children's peer groups. *Journal of Personality and Social Psychology*, 53, 1146–1158.

Dollard, J., Doob, L., Miller, N., Mowrer, O. H., & Sears, R. R. (1939). *Frustration and aggression*. New Haven, CT: Yale University Press.

Donnerstein, E. (1980). Aggressive erotica and violence against women. *Journal of Personality and Social Psychology*, 39, 269–277.

Donnerstein, E. (2011). The media and aggression: From TV to the Internet. In J. P. Forgas, A. W. Kruglanski, K. D. Williams (Eds.), *The psychology of social conflict and aggression* (pp. 267–284). New York, NY US: Psychology Press.

Donnerstein, E., & Donnerstein, M. (1976). Research in the control of interracial aggression. In R. G. Green & E. C. O'Neal (Eds.), *Perspective on aggression* (pp. 133–168). New York: Academic Press.

Ebbesen, E. B., Duncan, B., & Konecni, V. J. (1975). Effects of content of verbal aggression on future verbal aggression: A field experiment. *Journal of Experimental Social Psychology*, 11, 192–204.

Eibl-Eibesfeldt, I. (1963). Aggressive behavior and ritualized fighting in animals. In J. H. Masserman (Ed.), *Science and psychoanalysis* (Vol. 6, pp. 8–17). New York: Grune & Stratton.

Engelhardt, C. R., & Bartholow, B. D. (2013). Effects of situational cues on aggressive behavior. *Social and Personality Psychology Compass*, 7, 762–774.

Eron, L. D. (1987). The development of aggressive behavior from the perspective of a developing behaviorism. *American Psychologist*, 42, 425–442.

Feierabend, I., & Feierabend, R. (1968, May). Conflict, crisis, and collision: A study of international stability. *Psychology Today*, pp. 26–32, 69–70.

Feierabend, I., & Feierabend, R. (1972). Systemic conditions of political aggression: An application of frustration-aggression theory. In I. K. Feierabend, R. L. Feierabend, & T. R. Gurr (Eds.), *Anger, violence, and politics: Theories and research* (pp. 136 – 183). Englewood Cliffs, NJ: Prentice Hall.

Feshbach, N., & Feshbach, S. (1969). The relationship between empathy and aggression in two age groups. *Developmental Psychology*, 1, 102 – 107.

Feshbach, N., & Feshbach, S. (1981, April). Empathy training and the regulation of aggression: Possibilities and limitations. *Paper presented at the convention of the Western Psychological Association*.

Gaebelein, J. W., & Mander, A. (1978). Consequences for targets of aggression as a function of aggressor and instigator roles: Three experiments. *Personality and Social Psychology Bulletin*, 4, 465 – 468.

Geen, R. G., Stonner, D., & Shope, G. (1975). The facilitation of aggression by aggression: A study in response inhibition and disinhibition. *Journal of Personality and Social Psychology*, 31, 721 – 726.

Gentile, D. A., & Anderson, C. A. (2003). Violent video games: The newest media violence hazard. In D. A. Gentile (Ed.), *Media violence and children*. Westport, CT: Ablex.

Glass, D. C. (1977). *Behavior patterns, stress, and coronary disease*. Hillsdale, NJ: Erlbaum.

Graham, S., Hudley, C., & Williams, E. (1992). An attributional approach to aggression in African-American children. *Developmental Psychology*, 28, 731 – 740.

Greenwell, J., & Dengerink, H. A. (1973). The role of perceived versus actual attack in human physical aggression. *Journal of Personality and Social Psychology*, 26, 66 – 71.

Griffitt, W., & Veitch, R. (1971). Hot and crowded: Influences of population density and temperature on interpersonal affective behavior. *Journal of Personality and Social Psychology*, 17, 92 – 98.

Harris, M. (1974). Mediators between frustration and aggression in a field experiment. *Journal of Experimental Social Psychology*, 10, 561 – 571.

Hennigan, K. M., Del Rosario, M. L., Health, L., Cook, T. D., Wharton, J. D., & Calder, B. J. (1982). Impact of the introduction of television on crime in the United States: Empirical findings and theoretical implications. *Journal of Personality and Social Psychology*, 42, 461 – 477.

Huesmann, L. R., Moise-Titus, J., Podolski, C-L., & Eron, L. D. (2003). Longitudinal relations between children's exposure to TV violence and their aggressive and violent behavior in young adulthood: 1977 – 1992. *Developmental Psychology*, 39, 201 – 222.

Huston, A. C., Donnerstein, E., Fairchild, H., Feshbach, N. D., Katz, P. A., & Murray, J. P. (1992). *Big world, small screen: The role of television in American society*. Lincoln: University of Nebraska Press.

Jaffe, Y., & Yinon, Y. (1979). Retaliatory aggression in individuals and groups. *European Journal of Social Psychology*, 9, 177 – 186.

Johnson, T. E., & Rule, B. G. (1986). Mitigating circumstance information, censure, and aggression. *Journal of Personality and Social Psychology*, 50, 537 – 542.

Josephson, W. D. (1987). Television violence and children's aggression: Testing the priming, social script, and disinhibition prediction. *Journal of Personality and Social Psychology*, 53,882-890.

Kawachi, I., Kennedy, B. P., Wilkinson, R. G., & Kawachi, K. W. (Eds.) (1999). *Society and population health reader: Income inequality and health*. New York: New Press.

Krahé, B., Moller, I., Kirwil, L., Huesmann, L. R., Felber, J., & Berger, A. (2011). Desensitization to media violence: Links with habitual media violence exposure, aggressive cognitions, and aggressive behavior. *Journal of Personality and Social Psychology*, 100,630-646.

Kulik, J., & Brown, R. (1979). Frustration, attribution of blame, and aggression. *Journal of Experimental Social Psychology*, 15,183-194.

Kuo, Z. Y. (1961). Genesis of the cat's response to the rat. In E. Aronson (Ed.), *Instinct* (p. 24). Princeton, NJ: Van Nostrand.

Leyens, J. P., Camino, L., Parke, R. D., & Berkowitz, L. (1975). Effects of movie violence on aggression in a field setting as a function of group dominance and cohesion. *Journal of Personality and Social Psychology*, 32,346-360.

Liebert, R. M., & Baron, R. A. (1972). Some immediate effects of televised violence on children's behavior. *Developmental Psychology*, 6,469-475.

Lorenz, K. (1966). *On aggression*. New York: Harcourt, Brace and World.

Malamuth, N. M. (1981). Rape fantasies as a function of exposure to violent sexual stimuli. *Archives of Sexual Behavior*, 10,33-47.

Malamuth, N. M., & Check, J. V. P. (1981). The effects of media exposure on acceptance of violence against women: A field experiment. *Journal of Research in Personality*, 15,436-446.

Malamuth, N. M., Haber, S., & Feshbach, S. (1980). Testing hypotheses regarding rape: Exposure to sexual violence, sex differences, and the "normality" of rapists. *Journal of Research in Personality*, 14,121-137.

McAndrew, F. T. (2009). The interacting roles of testosterone and challenges to status in human male aggression. *Aggression and Violent Behavior*, 14,330-335.

Meier, B. P., Hinsz, V. B., & Heimerdinger, S. R. (2007). A framework for explaining aggression involving groups. *Social and Personality Psychology Compass*, 1, 298-312.

Monson, C. M., Langhinrichsen-Rohling, J., & Binderup, T. (2000). Does "no" really mean "no" after you say "yes"?: Attributions about date and marital rape. *Journal of Interpersonal Violence*, 15,1156-1174.

Moyer, K. E. (1987). *Violence and aggression: A physiological perspective*. New York: Paragon House.

Mullen, B. (1986). Atrocity as a function of lynch mob composition: A self-attention perspective. *Personality and Social Psychology Bulletin*, 12,187-197.

Mullin, C. R., & Linz, D. (1995). Desensitization and resensitization to violence against women: Effects of exposure to sexually violent films on judgments of domestic violence victims. *Journal of Personality and Social Psychology*, 69,449-459.

Myers, D. G. (2005). *Social Psychology*, 8th edition. New York: McGraw-Hill.

Nisbett, R. E. (1993). Violence and U. S. regional culture. *American Psychologist*, 48,441-449.

Obuchi, K., Ohno, T., & Mukai, H. (1993). Empathy and aggression: Effects of self-disclosure and fearful appeal. *Journal of Social Psychology*, 133,243-253.

Ohbuchi, K., & Kambara, T. (1985). Attacker's intent and awareness of outcome, impression management, and retaliation. *Journal of Experimental Social Psychology*, 21,321-330.

Ohbuchi, K., Kameda, M., & Agarie, N. (1989). Apology as aggression control: Its role in mediating appraisal of and response to harm. *Journal of Personality and Social Psychology*, 56,219-227.

Pabayo, R., Molnar, B. E., & Kawachi, I. (2014). The role of neighborhood income inequality in adolescent aggression and violence. *Journal of Adolescent Health*, 55,571-579.

Parke, R. D., Berkowitz, L., Leyens, J. P., West, S. G., & Sebastian, J. (1977). Some effects of violent and nonviolent movies on the behavior of juvenile delinquents. In L. Berkowitz (Ed.), *Advances in experimental social psychology* (Vol. 10, pp. 135-172). New York: Academic Press.

Pedersen, W. C., Bushman, B. J., Vasquez, E. A., & Miller, N. (2008). Kicking the (barking) dog eEffect: The moderating role of target attributes on triggered displaced aggression. *Personality and Social Psychology Bulletin*, 34,1382-1395.

Pedersen, W. C., Gonzales, C., & Miller, N. (2000). The moderating effect of trivial triggering provocation on displaced aggression. *Journal of Personality and Social Psychology*, 78,913-927.

Phillips, D. P. (1983). The impact of mass media violence on U. S. homicides. *American Sociological Review*, 48,560-568.

Pihl, R. O., Lau, M. L., & Assad, J. M. (1997). Aggressive disposition, alcohol, and aggression. *Aggressive Behavior*, 23,11-18.

Poon, K-T., & Teng, F. (2017). Feeling unrestricted by rules: Ostracism promotes aggressive responses. *Aggressive Behavior*, 43,558-567.

Poon, K-T., Teng, F., Wong, W-Y., & Chen, Z. (2016). When nature heals: Nature exposure moderates the relationship between ostracism and aggression. *Journal of Environmental Psychology*, 48,159-168.

Raine, A., Lencz, T., Bihrle, S., LaCasse, L., & Colletti, P. (2000). Reduced prefrontal gray matter volume and reduced autonomic activity in antisocial personality disorder. *Archives of General Psychiatry*, 57,119-127.

Raine, A., Stoddard, J., Bihrle, S., & Buchsbaum, M. (1998). Prefrontal glucose deficits in murderers lacking psychosocial deprivation. *Neuropsychiatry, Neuropsychology, & Behavioral Neurology*, 11,1-7.

Richardson, D., Hammock, G., Smith, S., & Gardner, W. (1994). Empathy as a cognitive inhibitor of interpersonal aggression. *Aggressive Behavior*, 20, 275–289.

Rotton, J., & Frey, J. (1985). Air pollution, weather, and violent crimes: Concomitant time-series analysis of archival data. *Journal of Personality and Social Psychology*, 49, 1207–1220.

Schachter, S., & Singer, J. E. (1962). Cognitive, social, and physiological determinants of emotional states. *Psychological Review*, 69, 379–399.

Seppa, N. (1997). Children's TV remains steeped in violence. *APA Monitor*, 28, 36.

Stenseng, F., Belsky, J., Skalicka, V., & Wichstrøm, L. (2014). Preschool social exclusion, aggression, and cooperation: A longitudinal evaluation of the need-to-belong and the social-reconnection hypotheses. *Personality and Social Psychology Bulletin*, 40, 1637–1647.

Strassberg, Z., Dodge, K. A., Pettit, G. S., & Bates, J. E. (1994). Spanking in the home and children's subsequent aggression toward kindergarten peers. *Development and Psychopathology*, 6, 445–461.

Straus, M. A., & Gelles, R. J. (1980). *Behind closed doors: Violence in the American family*. New York: Anchor/Doubleday.

Taylor, S. P., & Chermack, S. T. (1993). Alcohol, drugs and human physical aggression. *Journal of Studies on Alcohol*, Supplement No. 11, 78–88.

Taylor, S. P., & Sears, J. D. (1988). The effects of alcohol and persuasive social pressure on human physical aggression. *Aggressive Behavior*, 14, 237–243.

Thomas, M. H., Horton, R., Lippincott, E., & Drabman, R. (1977). Desensitization to portrayals of real-life aggression as a function of exposure to television violence. *Journal of Personality and Social Psychology*, 35, 450–458.

Twenge, J. M., Baumeister, R. F., Tice, D. M., & Stucke, T. S. (2001). If you can't join them, beat them: Effects of social exclusion on aggressive behavior. *Journal of Personality and Social Psychology*, 81, 1058–1069.

Vahedi, S., Fathiazar, E., Hosseini-Nasab, S. D., Moghaddam, M., & Kiani, A. (2007). The effect of social skills training on decreasing the aggression of pre-school children. *Iranian Journal of Psychiatry*, 2, 108–114.

Vega, V., & Malamuth, N. M. (2007). Predicting sexual aggression: the role of pornography in the context of general and specific risk factors. *Aggressive Behavior*, 33, 104–117.

Weiner, B., Amirkhan, J., Folkes, V. S., & Verette, J. A. (1987). An attributional analysis of excuse giving: Studies of a naïve theory of emotion. *Journal of Personality and Social Psychology*, 52, 316–324.

Ybarra, M., Diener-West, M., Markow, D., Leaf, P., Hamburger, M., & Boxer, P. (2008). Linkages between Internet and other media violence with seriously violent behavior by youth. *Pediatrics*, 122, 929–937.

Zillmann, D. (1983). Transfer of excitation in emotional behavior. In J. T.

Cacioppo & R. E. Petty (Eds.), *Social psychophysiology: A sourcebook* (pp. 215-240). New York: Guilford Press.

Zillmann, D. (1988). Cognition-excitation interdependencies in aggressive behavior. *Aggressive Behavior*, 14, 51-64.

Zillmann, D., & Weaver, J. B., III. (1999). Effects of prolonged exposure to gratuitous media violence on provoked and unprovoked hostile behavior. *Journal of Applied Social Psychology*, 29, 145-165.

Zimbardo, P. (1969). The human choice: Individuation, reason, and order versus deindividuation, impulse, and chaos. In W. Arnold & D. Levine (Eds.), *Nebraska Symposium on Motivation*, 17, 237-307.